神聖的教化

——先秦兩漢婚姻禮俗中的宇宙觀、倫理觀與政教論述

林素娟 著

臺灣 學ㄟ書局 印行

神聖的教化
——先秦兩漢婚姻禮俗中的宇宙觀、倫理觀與政教論述

目　次

表　目　次

緒　論

一、研究視域的提出

　　男女婚姻的結合，牽涉層面極為廣泛，一直是研究家族結構、社會制度、倫理道德、禮教功能、兩性問題、民俗……所關注的焦點。傳統儒家倫理學的角度，將婚姻定義為人倫之始，於是在政教上，婚姻一直居於十分重要的核心位置。而古宗教將婚姻視為宇宙中二種力量的結合，其與繁育、豐產密切相關。透過男女婚姻的結合再現宇宙之生化與創造，於是婚姻被提高到天地運行之理及宇宙圖式再現的層次。在禮俗與政教上，此種宇宙圖式的再現，關係著是否循天道而行，以再現宇宙神聖的化育，其於人間世界的秩序、繁育與豐產，乃至於倫理觀、政教上發揮著決定性的影響。由於其關涉甚廣，使得婚姻研究一方面難度倍增，另方面價值也甚高。在漢族婚姻禮俗與相關制度的演化歷程中，先秦至兩漢尤為關鍵時期。此時段歷經婚姻型態與禮俗的重大變革，入漢以後，某些先秦婚姻型態逐漸消沈，或形貌雖似，特質已亡；某些婚姻倫理觀早先雖未嘗當道，但入漢以後，至少在中上階層社會幾乎成為毋須置疑的行事準則。也正因為如此，本書以漢族婚姻禮俗與制度史上的重要奠基期的春秋兩漢為研究重心。

　　檢視現有以先秦、兩漢婚姻為課題的研究成果，會發現： 1.專著為數不多❶，單篇論文則甚夥，特別是近年來，中國大陸地區此類單篇論文幾達數百篇以上，不過這些論文大多因為受限於篇幅，難以深入細論議題，更難以要求在深入細部問題之後，對婚姻課題有一較為全面的觀照。 2.既有研究多從史學角度切入，較少從經學入手。就取材而言，難免有欠缺之憾，但更嚴重的是此種發展對現象與規範間的差異與互動難以進行深入探究。因為現象與規範間並非截然二分，二者之間存在著複雜的互動關係，也正因為如此，經生對婚姻問題的爭論以及理想的建構影響婚姻禮俗與倫理觀甚為深遠，此乃研究時不可或缺的面向；同時，透過經生的「記憶」與「建構」亦可彰顯禮儀與制度諸多文本及詮釋等重要課題。 3.近現

---

❶　陳顧遠，《中國古代婚姻史》（臺北：臺灣商務印書館，1964 年）、史風儀，《中國古代的婚姻與家庭》（武漢：湖北人民出版社，1987 年）、王潔卿，《中國婚姻——婚俗、婚禮與婚律》（臺北：三民書局，1988 年）、鄭偉志，《唐前婚姻》（上海：上海文藝出版社，1988 年）、陳鵬，《中國婚姻史稿》（北京：中華書局，1990 年）、陳東原，《中國婦女生活史》（上海：上海文藝出版社，1990 年）、董家遵，《中國古代婚姻史研究》（廣州：廣東人民出版社，1995 年）等等，都具有不少參考價值，但並非鎖定在先秦或兩漢。鎖定先秦或兩漢婚姻課題的專著，據管見，似乎只有楊樹達，《漢代婚喪禮俗考》（臺北：華世出版社，1976 年）、劉增貴，《漢代婚姻制度》（臺北：華世出版社，1980 年）、彭衛，《漢代婚姻形態》（西安：三秦出版社：1988 年）、陳筱芳，《春秋婚姻禮俗與社會倫理》（成都：巴蜀書社，2000 年）。至於劉德漢，《東周婦女生活》（臺北：臺灣學生書局，1976 年）、宋鎮豪，《夏商社會生活史》（北京：中國社會科學院，1994 年），《中國春秋戰國習俗史》（北京：人民出版社，1994 年）、晁福林，《先秦民俗史》（上海：上海人民出版社，2001 年），雖然均集中在先秦，且所涉與婚姻課題關係密切，甚至有些專章提及婚姻，但並不以婚姻為焦點。

代學界強調融貫中西，又主張科際整合，以免一曲之蔽，立意均頗佳，但如何適當援引西學以為參照，融合當代其他學科，又能避免過度附會和詮釋，則殊非易事。婚姻是人類普遍的現象，中國以外的婚姻研究當然足以啟發資藉。開篇已指陳，婚姻研究涉及的層面甚廣，探討婚姻課題豐富、深刻的意涵時，自不容不旁及其他領域。但婚姻也是各個具體文化脈絡下的現象，儘可有貌同、貌似而精神迥異的情況，強行挪用，新奇可喜則有餘，於理解上則不免更添蔽障之虞。採取融貫中西、科際整合的方式探討婚姻課題，已有前賢啟路，但畢竟尚未成為坦途通衢，因此本書希望在詮釋的方法上，融合當代學科如人類學、社會學、神話學、宗教學……等研究視域，賦予婚姻議題更多而豐富、深刻的意涵，同時避免過度的附會和詮釋所造成的詮釋暴力。

　　基於上述拙見，本書選擇婚姻為課題，以春秋至兩漢為限斷，在釐清當時的文化背景與政教脈絡下，融合學者的研究成果，整合與對話諸多視域，探究婚姻禮俗及制度及所彰顯的宇宙觀、倫理觀及其與政教的關係。

二、章節構想及研究方法

　　本書第一章首先從婚齡、婚期、婚配人數等議題，探討經生注解及詮釋有關婚姻經籍文獻的特色及其反映的宇宙觀、對政教的影響。前文已經言及男女婚姻的結合再現了宇宙之生化與創造，因此婚姻的儀典亦象徵著宇宙創造的歷程，儀典中的種種儀文均為宇宙運行的神秘之數以及宇宙圖式的再現。先秦時期的婚姻儀典固然有諸多神話及原始宗教的成份，至秦漢以後除了原始宗教思維及習俗

的遺續外，又深受象術、陰陽五行之說的影響。因此本書於開章即透過理想婚姻儀典的形式，來詮釋儀式如何透過宇宙圖式的再現，以重演神聖的創造。而此種精神實貫穿於整個婚禮儀式之中，其後的章節如探討親迎與否、婚姻關係的成立與否、與祖靈的連結、婚禮的空間過渡，以及行房養生與宇宙神聖時空的關係，均不斷加深此論述軸線的重要意義。

在神聖宇宙圖式建構的過程中，經生的「記憶」與「詮釋」發揮著極為重要的份位。由於研究婚姻制度和禮教問題，絕對不能略過經書，即使是先秦時期，所留下的許多文獻，亦皆經過經生的詮釋或整理。然而經生的詮釋和註解卻不可避免的受到所處時代的影響，漢代的思想及社會環境充斥著陰陽、五行、宇宙對應以及數術的色彩，漢魏經生在解釋經籍時往往受其所處的文化脈絡及思維所影響，希冀透過此圖象以展現作為人倫之始的婚姻所具有的宇宙象度。因此在詮釋經籍上往往極力再現宇宙圖象，以及婚姻所具有的繁育、生化功能。也正因此，往往發生「以今律古」或同一文獻因預設立場不同而解讀不同，或為了彌合陰陽五行的數術宇宙觀而時現矛盾、治絲益棼。也正因此在本書一開始，即對經生注解婚姻問題的限制及特色進行反省。此反省一方面可以彰顯時人將婚姻議題提高到宇宙生化的高度，另一方面透過經生注解可反映其時之宇宙觀及宇宙圖式。再者，透過經生之注經方法的探究，可對其時之注經及詮釋特色進行理解與反省。

除了對漢代婚姻所呈現的宇宙觀及經典詮釋進行理解和反省外，本章亦希望能呈現禮與俗、理想與禮制的具體實行上的差異和其間的關係。透過史料以推算春秋至漢代各階層普遍的結婚年齡

（如《春秋》經傳中各諸侯王結婚的實際年齡、《史記》、《漢書》、《後漢書》所載漢代帝王的結婚年齡）、以及出土文物（如《居延漢簡》所記漢代士卒結婚的年齡）所顯示的情況。並透過當時的政令，來觀察法令上對婚齡的要求，以及推行的成果如何。將所得成果對比於經生的說法，將發現經生的說法不論與先秦或是漢代的具體事例或法令，均有不小的差異，而且異說紛陳。但諸說法往往關係著天人符應與數的類比、陰陽、五行的調和、干支的運行、中醫對生理發展及成熟等認知。如在婚期的爭議中，本書除了透過史書、出土文物以推測實際婚期，並對政令（如《尹灣集簿》中的春令成戶）和經生說法等三方面差距進行分析外，並進一步分析盛行的春季、秋冬結婚說背後的思想基礎。如春季與巫術繁衍的關係，月令的精神，以及秋冬結婚與不違農時的想法。同時對於經生如何以其理想詮釋文本，使得同一段文獻因為主張的不同，而呈現截然不同的解讀。春秋末以至於漢代經生透過天人感應，陰陽五行生剋消長以詮釋經書和婚禮儀文的現象，在婚姻議題中，其實非常普遍。本章第三節中，緊接著探討經生對婚配人數的主張，亦在宇宙對應論下，所提出的符應之「數」，並配合著階級等差的精神而運作出的成果。

　　當然本書將婚姻之時與人的因素置於第一章，還有一個極為簡單的原因，即是婚姻是經驗世界中人類社會的一項行為，也就離不開時、地、人三項基本要件。有關舉行婚禮時的地點問題，因向來無大爭議，相關爭議（例如是否應該踰境迎親❷）、地點的意涵（例如何

---

❷　不稱「親迎」，因為它只是迎親的一種方式，而且按照某些經生的說法，並非每一階層都應親迎，某些身份的人親迎是禮，某些身份的人親迎非禮，但

以要在宗廟中舉行），將併於後文更貼切的部分探討，故此章僅處理時、人兩要件。時可分為天時、人時，前者指舉行婚禮的季節；後者指要匹配者的適婚年齡。至於人這要件，婚配型態是多對多、一對多、一對一？還是別的型態？其所反映的思維及理想為何？值得深入探究。

本章所必須特別說明的是：一，禮與俗雖有重疊之處，但二者並非等同，本章處理的是禮這部分，所以對擇日方面的趨避，歸諸其他章節。二，本章探討的不僅是禮這部分，而且是常禮，因此對喪期是否可議婚、若已議婚，聯姻雙方突逢喪事的應對，不納入此部分探討。三，本章標題為兩漢儒生、經生❸對婚齡、婚期、婚配人數的爭議。經生在爭議中，當然也會或有意或無心挾帶自身及身處時代的文化氛圍，因此反省經生對婚期、婚齡論證的問題時，並將之與實際狀況、政策、律法比對，試圖釐清其間的差距。

第一章既講到婚配人數的問題，因此就不能不接著處理春秋時期婚姻課題中最令人矚目，同時也是經生視為聖王制訂的的媵婚

自天子以至庶民，迎親都是該有的儀節。

❸ 本書中有時用經生，有時用漢代經生，有時用儒生，並非昧於講求措詞畫一，而是希望表述精確。從西漢到有清鑽研、註解經書的都可稱之為經生，彼此意見可能有極大出入，豈能不加分疏，強以漢代經生意見涵蓋歷世經生之說？因本書探討限斷，章節中雖多以兩漢經生的意見為主，但有時會因兩漢文獻無徵，或縱有徵，遠不如魏、晉經生說得完整，而下引及彼等，此所以時或但言經生，時或僅言兩漢經生。其次，研究後世所謂的五經並非儒者的充要條件，即便後來將《論》、《孟》也昇入正典行列，研究二書的態度與方式豈無雲泥之判？而《宋史》將道學傳自儒林傳中分開，又豈純屬道學中人崖岸自高？是以姑且強將先秦與兩漢儒門中人分以儒生與經生稱之。

制。它既非原始的多夫多妻型態，也非單純的一夫一妻型態，而是以一夫一妻為中心，但同時又涵攝著一對多（姪娣、妾）的現象。此婚姻制度密切關係著先秦時期國際關係的互動，以及理想婚姻圖式的呈現，因此是政教探討的核心。本書第二章將根據現有的傳述及出土史料探討媵婚制的性質與特色、在當時具體的實行情況如何，並與經生建構的圖象比對，觀察兩者間的異同。同時並探究媵婚制度所詮釋的婚姻人數、行房次第與當時宇宙觀、養生等關係。並進一步探討在時空轉移、媵婚制的基礎不復存在後，漢代貴族階層在經生「托古改制」的理想下，互動出何種風貌，而此風貌所反映的文化及政治的脈絡為何？

　　前文已提及，婚姻關係著複雜的國際關係及社會、人倫網絡，本書第三章就婚配對象的擇取積極面（為何往某個方向考量）、消極面（有那些方面由於禁制根本排除在選擇範圍之外）進行陳述。以積極面來說，婚姻在古代，至少對於春秋、兩漢時期的貴族階層而言，並非男女兩情相悅的私事，乃國際、家族間的大事，是以擇配對象的考量牽涉諸多政治及家族間關係的複雜層面。以消極面來說，也如第一章，可分為人與時兩部分。既然婚姻在古代，至少對於春秋、兩漢時期的貴族階層而言，乃是族群間的連結，這也就使得所謂人不單指個人，事實上家族立場的考量毋寧更重要，因此，族群間的互動歷史（有無仇怨）、血緣關係（是否同姓）、宗法統整（是否倫輩相宜）都勢必成為必要考量。本章節細部探討婚姻與國際關係及社會網絡連結的面向，對於姓氏之演變，同姓婚禁忌之基礎，並對姓氏與血緣關係紐帶鬆散下，同姓婚禁忌的破壞進行分析。就家族內部來說，倫輩差異極大的收繼婚（烝報婚），如何在先秦時期存在，

其特色與功能為何？小叔娶嫂之收繼為何成為禁忌？本章將透過家族與宗法結構進行說明；同時透過社會、政治及文化背景演變的角度，理解先秦時期的收繼婚如何一轉而為漢代以後的禽獸行。以此彰顯婚姻禮制的因革損益與具體政治社會環境的密切關係。

吉、凶相衝，嘉、喪異畛，即便禮無明文，按照社會風俗，喪期不婚，本無庸贅言，而且從程序角度來說，喪期不婚應該在已擇定婚配對象之後，但因為按照某些儒生、經生對「喪期不婚」此一禁制的理解，還包括喪期不議婚，而議婚不僅是已得悉對方聯姻意願的後續儀節，連最初起意、探詢也包括在內，因此仍劃歸於本章中討論。任何禁制都有一定的社會、文化基礎，必會隨著時代變遷，或鬆動，或漸趨嚴格，因此，文中也會略及上述諸禁制至兩漢期間的發展與變化。

在釐清禁制對象及時段並表明積極取向之後，本書接著探究禮書中提到的婚禮前半：納采、問名、納吉、納徵、請期、親迎六禮，以及婚禮後半成婚（共牢、合巹、同房禮）、成婦（婦見舅姑禮）、完婚（廟見、反馬、致女禮）三禮。從婚禮儀文的角度，探究禮書中提到的婚姻六禮在先秦以至於漢代社會中是否被落實，以及各禮的儀文和象徵意義。所以分成兩章，不單是因為所涉複雜，以致份量太大，無法於一章中容納，也因為行禮的地點、對象與意義不同。大體上說來，婚姻前半主要以女方家族宗廟為中心來進行，後半則主要在男方家族宗廟中進行；前六禮是男方如何使另一家族讓渡它的一位成員，後三禮則是在夫婦接觸後，新婦如何全然被男方家族接納，確立其位份；前六禮重在親迎，後三禮則重在廟見。整套過程中，以親迎、廟見這兩項儀節的爭執最多，而按照許多經生的理

解，廟見與致女、反馬彼此相扣，所以本書花較多篇幅在這些論題上，以深入並釐清經生的爭議，並對於流傳極為久遠的，並造成很大的爭議的廟見後才能成婚的說法，進行剖析。找出此種說法形成的源頭和文化背景，並透過人類學上原始宗教思維觀，重新檢視廟見的意義，及其對家族的重要性。文中除了試圖釐清經生的爭論及落實狀況，也期望能探究各項儀文的深意，以及民俗與禮制互動的狀況。因此於請期一儀，就禮文來說，無甚爭議，但就俗的角度來說，則牽涉複雜，這不僅可看出禮義落實到儀文後的變化發展，更可以由小見大，反映出禮與俗間的落差。因此本文花去不小篇幅整理各種典籍及出土文物中所反映的時日趨避，以深入探討民俗中時日禁忌所反映的思維特色，及與禮文的關係。

　　對古人而言，婚姻不僅於男女兩個當事人的私事，還是家族的公事，更有甚者，婚姻還牽涉到祖靈血食以及祖先生命之蛻變、寄寓方式的延續；正因此婚禮不僅是人類一項單純的社群活動，它與古人巫術信仰下的世界密切相關。早在戰國儒家將婚姻收納入五禮中，並賦予倫理學的意義之前，婚姻已存在久遠，其儀式往往與古宗教思維及宇宙觀密切相關。後經儒家倫理學式的意義詮釋而進行創造性的轉化，因此禮教與包括巫術信仰在內的社會習俗有著交互影響、難以割裂的關係。今日學界已逐漸認識到：兩漢經生根據後起的陰陽五行學說詮釋婚姻儀文的意義，踵事增華或有之，過度比附也難免，但其根柢則頗能上紹古代中國文化主流。也正因此，在接下來的第六章，本書嘗試從人類學的角度，探索婚禮儀式進行的過程中，隔離、與神明的連結、不祥和袚除，以及在身份轉變的過渡儀式中，於衣裳、車馬、飲食、行禮空間的展現，及其在儀式上

展現的特殊意義，以及如何透過象徵以助成執禮者身心轉化。使得古禮的研究亦能納入現代學科的研究成果，開展更深邃的意義和向度。

最後一章處理仳離及喪偶的問題。夫婦的仳離，牽涉到宗法、倫理、法律、以及經濟等諸層面的問題，本書分別從丈夫出妻，以及妻子主動求去二個方面來看此問題。由丈夫出妻的角度來探討所謂的七出條例落實的狀況，和偏重的情形如何。由婦女求去的角度，來看倫理觀中，對妻子能否主動求去？此問題由先秦到漢代呈現出越來越嚴格的趨向，我們配合著君、父、夫屬天與陽，臣、子、婦屬地與陰的架構，來看三綱說與妻斷不可離於夫之說，逐漸深入人心的情況。妻子在被離棄或夫亡後，生活如何，是否再嫁，倫理和禮教固然有很大的影響，不過經濟的問題也佔了很重要的因素。本章節中凸顯經濟層面及法令中對於婚姻議題的影響。透過禮、法等層面來看婦女在婚姻狀況中，財產的處份權和擁有權，其中牽涉到婦女出嫁時從娘家帶來的陪嫁資財，以及遺產繼承的狀況，這些資財的運用，和被離棄或夫亡後所面臨的經濟問題和應變的方式，對婦女（尤其是無子婦女）再嫁的具體考量產生重大影響。

綜上所述，本書在研究方法上採前輩學者已提出了二重證據法，即是以考古出土文物和文獻史料，作相互印證，這樣的方法對於研究古史來說，提供了極大的助益，已經成為現在研究史學的基本態度。本書站在既有文獻的基礎上，對思想層面，以及經學問題進行釐清和理解，並與國家政策、具體習俗、歷史所載之當事者行事作相互參照和研究。除了文獻資料外，亦透過出土文物來作相互的比對和印證，如婚期擇定的問題即以《睡虎地秦墓竹簡》、《放

馬灘秦簡》、《九店楚簡》的《日書》為主，以及《周家台三十號秦墓竹簡》和《尹灣漢墓簡牘》的博局占等出土材料來推定當時婚期擇日上的吉凶避忌的情形。又如透過《居延漢簡》所記來推定當時士卒階層的婚姻年齡、家庭口數、以及穀物價錢等狀況。以《睡虎地秦墓竹簡》、《張家山漢墓竹簡》來推定先秦到漢代初年的社會狀況、法律的性質和特色。又如以先秦時期的青銅禮器、媵器等研究成果來佐證媵婚制度、諸侯國間的婚配狀況、同姓婚禁忌等議題之研究。

　　除了以考古出土文物和文獻史料進行印證，本書對於經籍文本的詮釋亦極關注。透過經生對經籍文本的詮釋，分析其間的差異及其所反映的所屬時代之宇宙觀和政教關係。經生所提出的婚姻主張與現實往往有差距，或異說紛陳，本文除了進行釐清、探究其思想根據和影響，同時將史料所反映的現實狀況、經生理想、和法律政令三方面作對比，釐清具體現象、政府政策以及禮教理想三方面既相互影響，又實有分別的關係。在此分析中，對於禮與俗、大小傳統的差異、互滲和對話的課題進行論述，同時對於禮俗與時代因革損益的關係進行對比和理解。因為婚姻制度深刻受到社會、政治、經濟現實、思想潮流等各方面的影響，呈現不斷變革的現象，尤其春秋到漢代，由於政治、社會結構、經濟、現實生活、思想各層面改變頗為劇烈，對婚姻議題的討論亦造成極大的影響，本文在釐清了春秋及漢代婚姻制度及性質的基礎上，進一步探究其間的轉變和具有的意義與影響。

　　如何將現代學術研究視域融入於本書中，以使古禮俗的詮釋開拓新的視野，拓深其意蘊，賦予傳統研究課題新的精神和意義，是

現代從事古禮、俗研究所必須面對的課題和挑戰。如透過人類學、神話學的知識和視野，在理解婚禮儀式中通過儀式的運用，從原始宗教的角度探究婚禮中與祖靈互滲連結的部分，以及對禮儀所產生的影響。又如透過社會學等角度理解禮俗與社會、政教的關係；透過經濟、法律層面，多元思考婦女離婚與守貞等課題……。諸多現代學科的研究視域對於思考倫理課題所牽涉的社會、政治、經濟諸層面的複雜網絡深有啟發。惟當注意的是，在以現代學科所具有的研究視域和成果，來理解詮釋古禮制、風俗時，如何避免過份的附會和詮釋，使其既開展多元對話的可能，又不落於詮釋的暴力，是本書所努力的目標。

第一章
漢代經師註解婚姻議題的
詮釋特色及其反映的宇宙觀
——由婚齡、婚期、婚配人數談起

　　本章將透過婚齡、婚期、婚配人數等議題，來探討經生註解和討論婚姻問題的特色與限制，並理解其中的宇宙觀。在研究方法上，本章將先釐清經生的主張及其主張的思想背景和根據，並與當時的婚姻政策，以及時人生活的具體狀況作對比，以呈現經生的主張與政策、實際生活間的差距和互動的關係。

　　在論文的首章即探究經生註經的問題，是因為漢代以後婚姻議題的討論，在通過經生註解後，呈現著與先秦極為不同的特色，並在尊經的背景下，影響十分廣泛而深遠。漢人濃重的陰陽、五行、天人感應、數術色彩的想法，無孔不入地滲透在對經書的理解中，故在理解先秦思想、制度上不免有「以今律古」之嫌。以婚齡問題為例，漢代經生對婚齡的討論十分熱烈，主要因為他們將男女的結合視為陰陽合和的象徵，從而與天地相互感應，因此男女究竟幾歲

結合才能應合天地之「數」，以及陰陽運行的原理，備受重視。這樣的情形也同樣發生在結婚季節以及婚配人數的討論上；甚至在本論文所涉及到的其他婚姻議題中。不過經生的主張並沒有統一的口徑，甚至發生彼此衝突和矛盾的情形，並且與具體的政策和生活間也呈現著複雜的關係，此是必須進一步釐清的議題。

第一節　婚齡主張的爭議與其思想根據

一、經生對婚齡的主張、根據與爭議

男女適婚齡為何？漢代以及漢代以後的經生常對此爭論不休，最為普遍的說法是：男子三十歲而娶、女子二十歲而嫁。如：

《禮記》卷一〈曲禮上〉：

二十曰弱，冠，三十曰壯，有室。

《禮記》卷二十八〈內則〉：

男子二十而冠，始學禮，三十而有室，始理男事……（女子）十有五年而笄，二十而嫁；有故，二十三而嫁。

《周禮》卷十四〈地官·媒氏〉：

令男三十而娶，女二十而嫁。

《穀梁傳》卷十一〈文公十二年〉：

> 男子二十而冠，冠而列丈夫，三十而娶。女子十五而許嫁，
> 二十而嫁。

《禮記》將士人的生命歷程，配合生理的成長演變，以十年為一階段，而每個階段均有相應於身心成熟所應有的適當生活。如男子二十歲時，雖已長成，但未必完全成熟，所以先行冠禮，以加入社會化生活；而在貴族先冠後婚的原則下，士人行冠禮的年齡一般來說是在二十歲，所以士人行婚禮的年齡當在二十之後。女子的情形也是一樣，十五歲行笄禮，以後方才論及婚嫁。如此說來，士人應是男子二十以後，女子十五以後才開始進行婚禮的活動，但是為什麼上述經書卻說是三十而娶、二十而嫁呢？此說法符合先秦的實際狀況嗎？三十、二十之說，到底是適婚年齡的開始或者是適婚年齡的極限？值得注意的是：前引《禮記》所說的婚齡指的是士人階級，而《周禮》所說應是指一般庶民而言❶，至於《穀梁傳》所記的則又是在解釋魯文公同母姐妹子叔姬卒的事情，所以可說是諸侯階層

---

❶ 賈公彥，《周禮注疏》（臺北：藝文印書館，2001 年；以下簡稱《周禮》），卷十四〈地官·媒氏〉疏，頁 216-217。指出媒氏的功能在掌理「萬民」判合，在男女出生命名後即登錄名冊，以確實掌控人口的狀態及資源。這裏所說的「萬民」應指庶民階層，這一方面可以由〈媒氏〉中提到為防止經濟問題所造成的婚姻失時，容許庶民「奔」及不待禮而婚、禮物幣帛「無過五兩」的權宜之法看出。貴族的婚姻由於牽涉到複雜的禮教社會網絡的層面，所以不能像平民一般行此程序。

的事情。換言之，經書文獻所提及的三十、二十之說，其背後可能有許多脈絡有待澄清，例如適婚年齡是否會因階級的不同而呈現差異等問題。

　　漢魏經生對婚齡問題屢有爭議，不過漢代經生多傾向於以三十娶、二十嫁為正法，除了前面所引的經書常被提及之外，學者亦曾以子書，如《淮南子》卷十三〈氾論訓〉：「禮三十而娶，文王十五而生武王，非法也。」❷以及《大戴禮記》卷十三〈本命〉來做為引證，認為《淮南子》提及禮法規定三十而娶，而文王卻早婚生子，明顯屬於違禮，可見周天子亦被要求遵守三十而娶的禮法。伏生、班固、盧植、馬昭、張融等人，都認為天子以下至於庶人，同是三十而娶、二十而嫁。❸鄭玄在透過前面所引證的《周禮》、《穀梁傳》以及《大戴禮記·本命篇》等文獻之後，也採取了相同的看法。其實，漢人這種三十、二十嫁娶之數的主張，其背後有一套神秘數字及對應宇宙論（Correlative Cosmology）作為支持❹（詳後

---

❷　劉文典，《淮南鴻烈集解》（北京：中華書局，1989 年；以下簡稱《淮南子》），卷十三〈氾論〉，頁 424。

❸　詳參孫詒讓，《周禮正義》（北京：中華書局，1987 年），卷二十六〈地官·媒氏〉，頁 1036，以及王肅，《聖證論》，《叢書集成續編，漢魏遺書鈔 103》（臺北：藝文印書館，1970 年），頁 4-5。持這種說法者常將《左傳》、《儀禮·喪服》等具有反詰功能的記載當成是異代或衰世所發生的現象。

❹　若以安德森（J.B. Henderson）的分類來說，漢代的數術系統所預設的對應宇宙論（Correlative Cosmology）可區分為四種類型：一是人和宇宙之間的對應，二是政體和宇宙之間的對應，三是建立在五行基礎上的數術對應系統，四是根據易經和十翼所發展出來的對應模式。J.B. Henderson, The Development And Decline Of Chinese Cosmology, (Columbia, 1984), PP.2-19.

文）。此處首先要注意的問題是：上述漢代經生的說法，似乎與漢代當時的社會情況並不符合❺，更與先秦史料所反映的實際生活狀況，或文獻上有所齟齬、甚至矛盾的現象。事實上，這樣的說法到了漢代以後，就屢遭質疑，前文已提及，《周禮》〈地官·媒氏〉所說的「奔者不禁」，乃是庶人階層之禮，能否直接相通於貴族階級殊成疑問。在封建社會「禮不下庶人」的原則下❻，貴族階層往往期待子孫能及早繼承先人之爵業，是否可能影響其結婚年齡的提早？東漢的許慎曾就這個問題提出看法，之後譙周、范甯等人也主張貴族結婚年齡可以不拘年歲，而所謂三十而娶、二十而嫁應是庶人所行。如許慎說法：

---

❺　漢人不論貴族或平民均有早婚的傾向，以皇室來說，如漢昭帝立時年僅八歲，皇后立時年僅六歲，平帝即位時年僅九歲，王莽之女嫁予平帝時亦僅九歲，《女誡》的作者班昭亦十四歲即適人，（以上出詳參班固著，顏師古注：《漢書》（臺北：鼎文書局，1979 年），卷九十七上〈外戚傳〉，頁3958、卷九十七下〈外戚傳〉，頁 4009、范曄，《後漢書》（臺北：鼎文書局，1978 年），卷八十四〈列女傳·扶風曹世叔妻〉，頁 2786。）以平民來說結婚年齡亦很早，如宣帝時王吉上疏：「世俗嫁娶太早，未知為人父母之道，是以教化不明而民多夭。」可見早婚是當時的一種風俗（《漢書》，卷七十二〈王吉傳〉，頁 3064）。又《漢書》，卷二〈惠帝紀〉，頁 91 記當時法令「女子年十五以上至三十不嫁，五算。」注曰：「漢律人出一算，算百二十錢，唯賈人與奴婢倍算，今使五算，罪謫之也。」可見在當時官方規定女子的婚齡應在十五歲以前為合理，超過十五歲以後屬於受罰的範圍，這還是官方認定的標準，在當時早婚的風俗下，民間婚齡常是更早。

❻　拙著《先秦社會中的禮與法》曾對《禮記·曲禮上》所提到的「禮不下庶人，刑不上大夫」的意涵及其爭議加以探討（中央大學中國文學系，碩士論文，1996 年），頁 101-114。

《大戴》說男三十，女二十有昏娶，合為五十，應大衍之數，目（自）天子達於庶人同一也，故（古）《春秋左氏》說：「國君十五而生子，禮也」，二十而嫁，三十而娶，庶人禮也；《禮》：夫為婦（為夫姊）之長殤，長殤十九至十六，知夫年十四、十五，見〈士昏禮〉也。許君謹案：舜三十不娶，謂之鰥；文王十五而生武王，尚有兄伯邑考，知人君早昏娶，不可以年三十，非重昏嗣也。❼

至於鄭玄，至少按照孔穎達對他的理解，認為大夫、士與庶人的情況相同，唯有天子、諸侯才得早婚：

鄭玄不駁（許慎），明知天子諸侯十二而冠，冠而生子，大夫以下明從庶人法也。

若鄭意，依正禮，士及大夫皆三十而後娶……或有早娶者，非正法矣。天子諸侯昏禮則早矣。❽

---

❼ 孔穎達，《禮記注疏》（臺北：藝文印書館，2001 年；以下簡稱《禮記》），卷六十一〈昏義〉疏，頁 999。並參陳壽祺，《五經異義疏證》，《續修四庫全書》（上海：上海古籍出版社，1994 年），經部 171，頁 93。

❽ 以上引文分見孔穎達，《毛詩注疏》（臺北：藝文印書館，2001 年；以下簡稱《毛詩》），卷一之五〈召南·摽有梅〉孔疏，頁 62、《禮記》，卷六十一〈昏義〉孔疏，頁 999。《通典》，卷五十九〈男女婚嫁年紀議〉，頁 340：「鄭玄據《周禮》、《春秋穀梁》、《逸禮·本命篇》等，男必三十而娶，女必十五乃嫁」，「十五」下或脫「許嫁，二十」四字。

譙周、范寧的說法也大致相同❾，到後來杜佑作《通典》仍然還是採取相同的看法❿，並且，這個說法直到清代還受到孫詒讓的支持⓫。總之，學者對於流傳很廣的三十、二十嫁娶之齡的說法有所保留，或僅將之視為庶民之禮；另一方面又透過階級來理解貴族早婚的情形。這樣的做法，可以相當程度地解決現實與漢儒主張的衝突。

又有採用時有古今、禮有革易，來安頓適婚齡之差異。這可以《大戴禮記》卷十三〈本命〉為代表：「中古男三十而娶，女二十而嫁，合於五也，中節也。太古男五十而室，女三十而嫁」（詳後文），或是以思婚與適婚年齡間的差異來進行調和，如《白虎通》卷十〈嫁娶〉：

---

❾ 楊士勛，《穀梁傳注疏》（臺北：藝文印書館，2001 年；以下簡稱《穀梁傳》），卷十一〈文公十二年〉范注稱引譙周曰，頁 108-109：「國不可久無儲貳，故天子、諸侯十五而冠，十五而娶。娶必先冠，以夫婦之道、王教之本，不可以童子之道治之。禮十五為成童，以次成人，欲人君之早有繼體，故因以為節」；「男自二十以及三十、女自十五以及二十，皆得以嫁娶。先是則速；後是則晚。凡人嫁娶，或則以賢淑，或以方類，豈但年數而已？若必差十年乃為夫婦，是廢賢淑方類，苟比年數而已，禮何為然哉？則三十而娶、二十而嫁，說嫁娶之限，蓋不得復過此爾」，不僅融會階級不同、起訖界線非意味適婚二說，而且不沾牙滯齒，直指核心：前人脫離婚姻實際，專在年數上打轉，禮的精義反而失落。

❿ 杜佑，《通典》（北京：中華書局，1984 年），卷五十九〈男女婚嫁年紀議〉，頁 340-341：「三十、二十而嫁娶者……即眾庶之禮也，故下云：於是時也，奔者不禁。服經：為夫姊之長殤，士大夫之禮也。《左傳》十五而生子，國君之禮也。且官有貴賤之異，而婚得無尊卑之殊乎？則卿士大夫之子，十五、六之後皆可嫁娶矣。」

⓫ 《周禮正義》，卷二十六〈地官・媒氏〉疏，頁 1034-1040。

> 男三十筋骨堅強，任為人父；女二十肌膚充盈，任為人
> 母……七，歲之陽也。八，歲之陰也。七八十五，陰陽之數
> 備，有相偶之志。故《禮記》曰：「女子十五許嫁，笄而
> 字」……故二十而冠，三十而娶……故十五而笄，二十而嫁
> 也。

有了「相偶」的慾望（志），並不代表身心已經發展成熟，適合於
此時婚配；有了「許嫁」為預備動作，亦不等於付諸實踐的
「嫁」。因此又將它區分為「小成」、「大成」。以《禮記·曲
禮》：「二十曰弱」與文中「堅強」、「充盈」的判斷詞相互對
參，意思即更為顯豁。二十冠、十五笄但仍未盡「堅強」、「充
盈」，必須等到三十、二十始能「任」人父、母。單以論述的形式
層面來看，王肅與《白虎通》無別，但推導出的結論則不同：

> 《周官》云：「令男三十而娶，女二十而嫁」，謂男女之
> 限，嫁娶不得過此也。三十之男、二十之女不待禮而行之，
> 所奔者不禁，娶何三十之限？前賢有言，丈夫二十不敢不有
> 室，女子十五不敢不有其家。《家語》：「魯哀公問於孔
> 子：『男子十六精通，女子十四而化，是則可以生民矣，聞
> 禮男三十而有室，女二十而有夫，豈不晚哉？』孔子曰：
> 『夫禮言其極，亦不是過，男子二十而冠，有為人父之端；
> 女子十五許嫁，有適人之道，於此以往，則自昏矣。』」然

則三十之男、二十之女、中春之月者，所謂言其極法耳。❷

王肅以「端」與「極」來描述適婚年齡的起訖，前者為男十六、女十四，僅代表「可以」開始論及婚姻；後者是男三十、女二十，這並非意味著應然，而是最後的極「限」，所以男二十、女十五實為聖人中道。將「極法」視為「正法」，實是不善理會經意所生之誤解。王肅的說法主要以《孔子家語》、《周禮》、與及《儀禮》卷三十三〈喪服〉的「夫之姑姐妹之長殤」❸為根據；其中，長殤指的就是十六至十九歲之殤者❹，而夫之姐既然尚未成年，則可推知，夫之婚齡當然一定在二十歲之前。王肅這樣的說法，一方面重新對傳統三十而娶、二十而嫁的講法進行定義；另一方面，從生理的角度來說，也似乎比較能配合於當時所認定的男女生理成熟年齡。（《黃帝內經》就從生理醫學的角度，明白地提出男十六、女十四歲就已任脈通，具有生育能力了。詳下文。）也由於王肅的說法較能與當時的生理知識和早婚習俗配合，所以也就較易為人所接受。

由上可知，漢儒的主張主要以三十而娶、二十而嫁為正法，但這個說法由於和現實情況差距很大，因此漢魏之際就有人提出批評和調整；其調整的做法或是將三十、二十之數向後挪為婚齡的最後

---

❷　賈公彥，《周禮注疏》（臺北：藝文印書館，2001 年；以下簡稱《周禮》），卷十四〈地官・媒氏〉，頁 216。

❸　賈公彥，《儀禮注疏》（臺北：藝文印書館，2001 年；以下簡稱《儀禮》），卷三十一〈喪服〉，頁 390。

❹　《儀禮》，卷三十一〈喪服〉，頁 370：「年十九至十六為長殤，十五至十二為中殤，十一至八歲為下殤」。

期限，或是把它界定在庶人階級。然而，不管是直接以三十娶、二十嫁為正法，或是澄清三十、二十之說為婚齡極限，還是將此婚齡界定在庶人階級；我們都可以發現這些說法始終脫離不了與三十、二十之數的親密關係，或者是在這些數目上所進行的變化。此現象似乎不是任意之偶然。三十、二十之數與男女婚齡相配應，在漢代經生的想法中似乎相當顯題。依論者的推想，這套未必符合實情的婚齡觀點，應該是在陰陽、象數、五行、干支、生理……等數術系統的影響下所形成的❶。一言以蔽之，從上述漢代經生的思維方式來看，婚姻除了與社會政治的活動相關之外❶，它同時也是一種天地陰陽結合生化的模仿和重現❶，漢人在天人對應、人副天數的宇宙論圖式之架構下，將適婚齡符應天地陰陽之數。此思維與態度，

---

❶ 李零：「古代數術是個比較複雜的體系，如《漢志·數術略》把它分為六類：『天文』、『曆譜』是研究天象和曆數，但也包括星氣之占（星象和雲氣之占）；『五行』是以式占（用一種模擬宇宙結構的工具即式進行占卜）和從式占派生的各種日者之術（選擇時日之術）為主；『蓍龜』是指龜卜、筮占（用龜甲和蓍草進行占卜）；『雜占』是以占夢、厭劾（驅鬼除邪）、祠禳（祈福禳災）為主；『形法』則屬相術，包括相地形、相宅墓和相人、畜、物等，可以反映數術的大致範圍。」詳參李零，《中國方術考》（北京：人民中國出版社，1993 年），頁 32-33。

❶ 請參見劉增貴先生，《漢代婚姻制度》（臺北：華世出版社，1970 年）其中對皇室、豪族間的婚姻關係、政治生態及婚姻禮法均有詳實的探討。

❶ 據宗教歷史學家、宗教現象學家伊利亞德的研究發現，婚姻具有一種和宇宙生化、萬物豐饒相關的宗教向度，乃是古老而普遍性的觀點。詳參楊素娥譯，伊利亞德（Mircea Eliade），《聖與俗——宗教的本質》（臺北：桂冠圖書公司，2001 年），頁 188-191。而小南一郎也認為這種觀點，普遍地表現在漢代的思維裏，參見《中國的神話傳說與古小說》〈西王西與七夕文化傳承〉（北京：中華書局，1993 年）。

文獻中俯拾皆是，如《大戴禮記》卷八十〈本命篇〉：

> 陰窮反陽，陽窮反陰。辰故陰以陽化；陽以陰變。故男以八
> 月而生齒，八歲而齔，一陰一陽然後成道；二八十六，然後
> 情通，然後其施行，女七月生齒，七歲而齔；二七十四然後
> 化成。合於三也，小節也。中古男三十而娶，女二十而嫁，
> 合於五也，中節也。太古男五十而室，女三十而嫁，備於三
> 五，合於八十也。八者維綱也，天地以發明，故聖人以合陰
> 陽之數也。❶❽

此段文獻，明白地凸顯出男女婚姻年齡與天地陰陽運行的神秘之數
有關❶❾。基於「陰以陽化，陽以陰變」的原則，男子生理發展的階
段以陰數八的倍數為標幟，女子則以陽數七的倍數作為標幟，男子
在十六歲、女子則在十四歲時具有生育能力，而兩數合為三十。另
外，《大戴禮記》又指出，中古之時，以三十、二十歲為成婚之
齡，兩數合為五十；太古之時，以五十、三十歲為成婚齡，兩數合
為八十。三十之數是由男女生理成熟之數相加而成，五十則是以

---

❶❽　王聘珍，《大戴禮記解詁》（北京：中華書局，1992 年），卷十三〈本命〉，
　　　頁 251。

❶❾　這裏所謂的神祕數字，尤其是指和天地運行相關的象數之數。事實上，這種
　　　神祕數字超越於單是計量數字的想法，在中國並沒有斷絕過。直至宋代數學
　　　家秦九韶在其名著《數書九章·原序》仍提到：「周教六藝，數實成之。學
　　　士大夫，所從來尚矣。其用本太虛生一，而周流無窮，大則可以通神明，順
　　　性命；小則可以經世務，類萬物。」詳參周冠文、陳信傳、張文材譯，《數
　　　書九章今譯及研究》（貴州：貴州教育出版社，1993 年），頁 1。

《易·繫辭》為代表的天地演化之數[20]。因為男女正是陰陽象徵的具體化，男女結合而繁育子孫，其實也正象徵著天地相合而化生萬物的過程[21]，因此，在人副天數的數術系統下，男女婚配年齡也要取法「天地相承覆之數」[22]。至於太古之時，男五十娶、女三十嫁，兩數相合為八十，其中的「八」則象徵著四隅、四正，亦為宇

---

[20] 《禮記》，卷六十一〈昏義〉，頁 999，孔疏：「大戴說男三十女二十有昏娶，合為五十，應大衍之數目」。孔穎達，《周易注疏》（臺北：藝文印書館，2001 年；以下簡稱《周易》），卷七〈繫辭上〉，頁 152：「大衍之數五十，其用四十有九」。不過，各家對五十的具體內容之解釋有所不同，如：「荀爽云：『卦各有六爻，六八四十八加乾坤二用凡有五十，乾初九潛龍勿用，故用四十九也。』鄭康成云：『天地之數五十有五，以五行氣通，凡五行減五，大衍又減一，故四十九也。』姚信董遇云：『天地之數五十有五者，其六以象六畫之數，故減之，而用四十九。』」王弼則說：「演天地之數，所賴者五十也，其用四十九，則其一不用也，不用而用以之通，非數而數以之成，斯易之太極也。」但鄭玄的說法又點出了一個問題，即男女為陰陽、天地的象徵，因此男女婚配之齡或者更應取法於天地之數。但「天地之數五十有五」，並非大衍之數的五十。如此說來，在陽／天／男、陰／地／女二分論式下，按照「天數二十有五，地數三十」來說，應該以二十五、三十分別為男、女適婚年齡更為恰切。或許有人看出箇中牽強，所以像鄭玄改採《周易》其它經文，結合卷七〈繫辭上〉的「天一地二天三地四……」、卷九〈說卦〉的「參天兩地而倚數」，以男三十、女二十而婚乃取「象天三覆地二」來支持（《周禮》，卷十四〈地官·媒氏〉，頁 216-217 貫疏）；下文所引《白虎通》則字面上雖仍舊沿用「應大衍之數」一語，實際上卻與原文文脈不相干，乃是從數以十為一單位入手，以「數三終，奇，陽節也」、「數再終，偶，陰節也」兜合。以上引文詳參《周易》，卷七〈繫辭上〉，頁 153。

[21] 男女結婚其實是模仿和重覆宇宙的創生，這種結構非常普遍，參見伊利亞德《聖與俗──宗教的本質》，頁 188-191。

[22] 《周禮》，卷十四〈地官·媒氏〉，鄭注，頁 216。

宙圖式之展現❷。總之，人間男女要符應天地陰陽消息與演化的宇宙圖象，婚齡即在此思維與態度下，具體地套合而成。將夫婦關係類比於天地關係，乃是戰國以來就有的說法。因為男女正是天父地母和陰陽的象徵，所以男女的結合，也就象徵著天地的交泰以及陰陽的和諧，故《易·繫辭》說：「天地氤氳，萬物化醇，男女媾精，萬物化生」❷，〈歸妹卦〉的象辭也提到：「歸妹，天地之大義也，天地不交，而萬物不興，歸妹，人之終始也。」❷這都將男女結合與天地交泰類比在一起。

男女的結合與豐產間的關係很早即為人所注意，與原始宗教及

---

❷ 關於四隅與四正，最明顯的莫過於表現在考古所發現的式盤上，而這種式盤正是數術對應系統的實際運用工具，此可證諸李零對考古發現的考證：「式是一個小小的宇宙模型，它的空間、時間結構和配數、配物的原理，處處都帶有模擬的特點。但這裏要講的是，古人發明這個模型，目的不僅僅在于『模仿』，還想藉助它做各種神祕推算，提出問題和求得答案，以溝通天人。」、「先秦兩漢時期，天文學上流行的宇宙模式是『蓋天說』。觀察者把天穹看作覆碗狀，而把大地看作沿『二繩四維』向四面八方延伸的平面。天穹以斗極為中心，四周環布列星，下掩而與地平面相切。二者按投影關係，可視為方圓迭合的兩個平面。式就是模仿這種理解而做成。式圖的空間結構經分解，包括四方、五位、八位、九宮、十二度等不同形式」、「現已發現年代最早的式是在西漢文帝時……從文獻記載看，式作為實際存在的工具至少在戰國時期就已出現……式在戰國時期的流行，不僅可以從文獻記載陰陽五行說的內容結構得到印證，而且也可以由出土發現。」詳參李零，《中國方術考》（北京：人民中國出版社，1993 年），頁 32-33、102、120、150。

❷ 《周易》，卷八〈繫辭下〉，頁 171。

❷ 《周易》，卷五〈歸妹〉象辭，頁 118。

豐產儀式關係密切；㉖不過明白將天地與男女相類比，似乎還是陰陽思想較發達後的產物。㉗而在陽尊陰卑，天尊地卑的思考格局下，天父地母的想法，或許也就很容易被類比地建立起來。在此背景下逐漸發展為「牝牡之氣御於玄天」㉘、「天地，夫婦也，天施氣於地以生物」㉙，將早期男女的交媾與豐產的關係，漸漸地轉成以陰陽的角度來理解。由於人間的「夫婦之道取法天地」㉚、「天地合氣萬物自生，猶夫婦合氣，子自生矣。」㉛等想法，所以夫婦關係的協調與否，也就可以直接感應於天地的調和與否，甚至直接影響到宇宙的秩序與和諧，由此導出「夫婦節而天地和」㉜的說法。反過來說，天地的失序，有時也會與夫婦關係的失和聯想在一起，例如《春秋繁露》〈求雨〉篇就曾提及久旱不雨的情況下，須「令吏民夫婦皆偶處」㉝，來感應天地以期達到致雨的效果。又如

㉖　可參考拙著，〈土地崇拜與豐產儀典的性質與演變──以先秦及禮書為論述核心〉，《清華學報》39 卷第 4 期（2009 年）。

㉗　錢穆，〈周官著作時代考〉（《錢賓四先生全集》（八），臺北：聯經出版公司），頁 350-358 指出將天地、日月等並提並區分陰陽，是陰陽思想發展後的產物。

㉘　《淮南子》，卷四〈墜形訓〉，頁 67。

㉙　黃暉，《論衡校釋》（北京：中華書局，1996 年），卷三〈奇怪篇〉，頁162。

㉚　《論衡校釋》，卷十八〈自然篇〉，頁 782：「儒家說夫婦之道，取法於天地，知夫婦法天地，不知推夫婦之道以論天地之性，可謂惑矣。」

㉛　《論衡校釋》，卷十八〈自然篇〉，頁 775。

㉜　孫詒讓，《墨子閒詁》（臺北：華正書局，1987 年），卷一〈辭過〉，頁 35。

㉝　蘇輿，《春秋繁露義證》（北京：中華書局，1996 年），第七十四〈求雨〉，頁 437。

《後漢書·周舉傳》曾記載東漢順帝陽嘉三年（134）河南大旱，周舉就將之歸咎於男女婚娶失時，陰陽閉隔所致❸❹。

　　夫婦的關係既是陰陽的具體化，能對天地運行發生感應，為求天地的和諧，夫婦之道也就應儘量取法天地之道，甚至使它就是天地之道的具體流行。然而天地的現象紛然雜陳，天地之道的運行理則又該如何來理解把握呢？基本上，《易傳》是以象、數來說明天地生化的理序❸❺。而漢代的數術系統，應該就是在《易傳》的象數基礎上，更進一步地強調數的對應性；換言之，即透過對天地運行的規律，而抽象出「數」來依循，此時的「數」乃成了天地運行的具體原則，正所謂「神雖非數，因數而顯」❸❻。總之，漢人透過陰陽五行和象數的對應形成了一套彌天蓋地的數術系統❸❼，人身小

---

❸❹　《後漢書》，卷六十一〈周舉傳〉，頁 2025：「舉對曰：『臣聞易稱天尊地卑，乾坤定矣。二儀交媾，乃生萬物……夫陰陽閉隔，則二氣否塞，二氣否塞，則人物不昌，人物不昌則風雨不時，風雨不時，則水旱成災。』」

❸❺　此如易學家杭辛齋所指出的：「凡言象者，不可不明消息。消則減，息則滋。……乾息坤，坤消乾，陰陽之大義，造化之橐籥，物理所莫能遺，人事所莫能外，故物無大小，事無巨細，言象者必先明乎消息盈虛之故，而象始可明。」、「凡言象者，不可忘其數。……卦有定位，即有定數。易象乾元用九，乃天一不用，用地二至地十。數定而象之無定者，可因數而定，故觀象必倚數。如體物者，必準諸度量，測遠者必察其角度，自舍數言象，而象茫如捕風矣。」杭辛齋《學易筆談·卷三》〈象義一得〉收入《無求備齋·易經集成·137 冊》（嚴靈峰主編，成文出版社），頁 148、145。

❸❻　《周易》，卷七〈繫辭上〉疏引顧懽語，頁 152。

❸❼　數術所包含範圍十分廣大，《漢書》，卷三十〈藝文志〉，頁 1763-1775，即將其分為天文、曆譜、五行、蓍龜、雜占、形法等部分，共百九十家，二千五百二十八卷。

宇宙與人世所有的行事，皆需要和大宇宙相對應，並企圖在此對應的圖式下，來引發感應乃至合和的效果。這種特別依循「數」的數術原則，我們可以從漢代董仲舒所謂的「人副天數」，來見出端倪：

> 人有三百六十節，偶天之數也。形體骨肉，偶地之厚也。上有耳目聰明，日月之象也。體有空竅理脈，川谷之象也。心有哀樂喜怒，神氣之類也……人之身首妾而員，象天容也。髮，象星辰也。耳目戾戾，象日月也。鼻口呼吸，象風氣也。胸中達知，象神明也。腹胞實虛，象百物也。❸

> 天地之符，陰陽之副，常設於身，身猶天也，數與之相參，故命與之相連也。天以終歲之數，成人之身，故小節三百六十六，副日數也；大節十二分，副月數也；內有五臟，副五行數也；外有四肢，副四時數也；乍視乍暝，副晝夜也；乍剛乍柔，副冬夏也；乍哀乍樂，副陰陽也；心有計慮，副度數也；行有倫理，副天地也；此皆暗膚著身，與人俱生，比而偶之弇合，於其可數也，副數，不可數者，副類，皆當同而副天一也。是故陳其有形，以著無形者，拘其可數，以著其不可數者，以此言道之亦直以類相應，猶其形也，以數相

中也。**❸❾**

人身小宇宙不但與天地大宇宙相符應，更可從形體上具體地和日、月、五行、四時等天地之「數」相套合。另外，有關身體的功能、活動，以及情感的反應……等等不易以數來直接歸納的，也可與天地的活動來以「類」相從，而形成董仲舒在〈陰陽義〉所說的：「天亦有喜怒之氣、哀樂之心，與人相副。以類合之，天人一也。」**❹❶**其實，這種透過數字來符應宇宙之道的情形，早在戰國秦漢之際就已逐漸形成了，例如《呂氏春秋》、《淮南子》、《黃帝內經》等就已經存在，只是到了董仲舒人副天數的系統下，此體系似乎發展的更成熟且包羅甚廣，解釋層面也收納的更多，幾乎所有的人間事務，均被要求與天地之道作具體的符應。在此思潮的氛圍下，男女的婚齡當然也不例外，必須與天地衍化之「數」相符應。而由於《易‧繫辭》「大衍之數」的五十，乃象徵著自然演化萬物之數，以之來對應人間男女繁育子孫一事，正可以達到生生不息之俾利。所以，儘管上述漢儒經生的三十、二十婚齡之說，與下述我們指出的史料所反映的實情有一段差距，卻仍然常常出現在漢代經生對先秦經書的注疏觀點裏。三十、二十之說或許是最常見的數術觀點，但卻不是唯一的類比，例如上述《大戴禮記》也提到了八十之數，同樣也是一種「數」的類比，只是在《大戴禮記》中，它們分別被放在上古與中古等不同的時段中。

---

❸❾　《春秋繁露義證》，卷十三〈人副天數〉，頁 357。
❹❶　《春秋繁露義證》，卷十二〈陰陽義〉，頁 341。

　　男女婚齡還牽涉到生理成熟與否的實際問題，在《黃帝內經·素問·上古天真論》中，曾對男女生理的發展有所說明：

> 女子……二七而天癸至，任脈通，太衝脈盛，月事以時下，故有子……七七任脈虛，太衝脈衰少，天癸竭，地道不通，故形壞而無子……男子……二八腎氣盛，天癸至，精氣溢瀉，陰陽和，故能有子……八八天癸竭，精少，腎臟衰，形體皆極……天癸盡矣……而無子耳。❹

女子的生育力與任脈的虛實通滯，關係極為密切❷。一般而言，女子在十四歲時天癸（即天水之氣）至、任脈（即陰脈之海）通❸，會具有月經和生育能力，七七四十九歲以後天癸竭、地道不通，所以月經停止，失去生育的能力，因此女子的結婚年齡當在十四歲以後，正符合十五許嫁而笄的說法。另外，《禮記·內則》也提到：「夫婦之禮，唯及七十，同藏無間。故妾雖老，年未滿五十，必與五日之御。」❹行房與否亦是從生殖力的角度進行理解。女性的生理發

---

❹　《黃帝內經·素問》（北京：人民衛生出版社，1994 年），頁 4-5。

❷　詳參李建民，〈任脈索隱〉，《氣的文化研究：文化、氣與傳統醫學學術研討會論文》，中央研究院民族研究所主辦，2000 年 10 月。有學脈學數術觀的身體論述又可詳參李建民，《死生之域──周秦漢脈學之源流》（臺北：中央研究院歷史言研究所，2000 年）。

❸　關於任脈（陰脈之海）、天癸（即天水之氣）和女子生育的關係，與及和督脈（陽脈之海）的關係……等討論，詳參楊宇譯，石田秀實，《氣、流動的身體》（臺北：武陵出版社，1996 年），頁 62-64。

❹　《禮記》，〈內則〉，頁 533。

展與「七」的周期密切相關，除了前述的「陰以陽化」的原理外，
亦受到原始宗教以「七」作為女性生命周期的思維之影響。「七」
與宇宙的創造以及生育繁衍有密切的關係，「七」亦和月的運行周
期相關，而月與女性生育力有密不可分的關係。日本學者小南一郎
考察中國七夕風俗，並在七夕風俗中發現數量極多與「七」有關的
儀式行為，此種情形早在漢代就已存在。與「七」相關的七夕節，
實和母神以及宇宙生命力的繁衍、祈農事有著極密切的關係。**⑮**由
於「七」與女性的生育有密切的關係，所以用「七」來作為女性生
理的周期之數，是很可以理解的。相對於「男長女幼」、「陽舒陰
促」、「陽以陰變」的原則，男子的年歲周期當是比女子大的陰
數，「八」則最能符合此一要求。

　　東漢《白虎通義》卷十〈嫁娶〉，亦透過符應陰陽調和的原
理，來構作一套男女的婚齡之說：

　　　　七，歲之陽也。八，歲之陰也。七八十五，陰陽之數備，有
　　　　相偶之志。故《禮記》曰：「女子十五許嫁，笄而字。」

---

⑮　小南一郎指出：「七夕的傳承與『七』這個數字緊密結合著，這從本文中引
　　用的種種圍繞七夕行事亦可得知。又設定七月七日這個日期與另外的三月上
　　巳或五月端什等以干支為主確定的祭日不同，推測原就確定在七日這一天，
　　表示這一行事與『七』的數字有密切關係。『七』與月的盈虧有關，這在道
　　教中的『三元』亦可看出。」詳參《中國的神話傳說與古小說》，〈西王母
　　與七夕文化傳承〉（北京：中華書局，1993 年），頁 48-52。另外，葉舒憲
　　也指出「七」是最具代表性的神秘數字之一，它與天地和人的被創造有密切
　　關係，參見葉舒憲，《中國古代神秘數字》（北京：社會科學文獻出版
　　社），第七章，頁 135-169。

> 《禮》之稱字，陰繫于陽，所以專一之節也。陽尊，無所
> 繫。陽舒而陰促，三十數三終，奇，陽節也。二十數再終，
> 偶，陰節也。陽小成於陰，大成於陽，故二十而冠，三十而
> 娶。陰小成於陽，大成於陰，故十五而笄，二十而嫁也。一
> 說二十五繫者，就陰節也。《春秋穀梁傳》曰：「男二十五
> 繫心，女十五許嫁，感陰陽也。」陽數七，陰數八，男八歲
> 毀齒，女七歲毀齒。陽數奇，故三，三八二十四，加一為二
> 十五，繫心也。陰數偶，故再成十四，加一為十五，故十五
> 許嫁也。各加一者，明其專一繫心。所以繫心者何？防其淫
> 佚也。❹

這裏除了最常見的三十、二十的說法外，還提出《穀梁傳》二十五
和十五的說法，不過，此說法在今本《穀梁傳》中似乎已不見其
文。不論三十、二十，還是二十五、十五，二者均是將男女應合於
陰陽之數，來形成婚齡之說的基礎。如前文已略為提及的，男八女
七之數是陰陽調和思想的呈現，女子繫於男子，而七、八二數乃合
為十五，此是女子許嫁之年，十五是陽數，而嫁年二十為陰數，為
小成於陽、大成於陰。男子無所繫屬，以十之二倍（陰數）為小
成，十之三倍（陽數）三十為大成。至於《穀梁傳》若用男八、女
七均以二倍（偶數）的結果為婚齡起點，實悖乎男子以陽數，以及
「陰以陽化，陽以陰變」❹的原則，因此穀梁家改以八（偶）三

---

❹　《白虎通疏證》，卷十〈嫁娶〉，頁 453-456，今本《穀梁傳》未見其文。
❹　王聘珍，《大戴禮記解詁》，卷十三〈本命〉，頁 251。

（奇）、七（奇）二（偶）相乘的運用。只是如此一來，造成男、女婚齡二四、十四均屬陰偶的結果；若男子加一，使之為陽數，而女子不加一，保持為陰數，則方法上不一致。《穀梁》說於是採男女俱加一之法，男子八乘以三（陽）加一、女子七乘以二（陰）加一，得出二十五與十五二數，但二十五與十五又均屬陽奇，仍舊顯得牽強。於此可以看出經生以男陽、女陰，「陰以陽化，陽以陰變」，以及陰陽調和的數理來詮釋婚齡時的努力，以及其中困境。

另外，五行與干支也會影響到婚齡的解釋，如《淮南子》卷十三〈氾論訓〉也提到「禮三十而娶」，而高誘的注解是這樣的：

> 三十而娶者，陰陽未分時，俱生於子。然男從子數左行，三十年立於巳；女從子數右行，二十年亦立於巳，合夫婦，故聖人因是制禮，使男三十而娶，女二十而嫁。❹❽

同樣的說法亦見於許慎的《說文解字》九篇上，釋「包」中：

> 包，妊也，象人裏妊，巳在中，象子未成形也，元氣起於子，子，人所生也，男左行三十，女右行二十，俱立於巳，

---

❹❽　然高誘仍不得不向現實妥協，所以原書雖批評「文王十五而生武王，非法也」，他卻於注中為之開脫：「歲星十二歲而周天，天道十二而備，故國君十二歲而冠，冠而娶，十五生子，重國嗣也，不從故制也」，見《淮南子》，卷十三〈氾論〉，頁424。

為夫婦。❹

「子」是元氣「未分」、二氣將判之點，本諸陽男左、陰女右的原則，分別由「子」兩向出發，由子左行至巳，歷六位；右行至巳，歷八位，陽氣左行三週，歷位三十、陰氣右行二週，歷位二十之時，二氣會遇於巳。至於何以左行陽氣需三週、右行陰氣僅需兩週，大概是根據「陽舒而陰促」為說，應用在人身上，即女性較男性發育成熟得早。加以三是奇數、二是偶數，與陽男、陰女分別屬同一範疇。

　　總之，男三十而娶，女二十而嫁的經生說法，具有濃厚的宇宙論傾向、數術學意味。不論就生理因素還是宇宙衍化的對應來說，陰陽調和與「數」佔了極重要的地位，男女的結合和生命的繁育關係本來就極為密切；而漢代在數術系統發達後，以此套系統來和男女婚齡相符應，結果更使得兩性的結合本身，從天地交媾的生化象徵，朝向具體的術數化對應，產生了諸如男女婚姻年齡必須合於大衍之數、天地之數、四向四隅、干支時辰……等等對應宇宙論的架構。但是，這套數術系統下的經生婚齡觀，是否合乎歷史現象中的實際婚齡呢？在宗法、政治、經濟……等等實際面向的考量下，婚姻的年齡是否可能依著經生的數術觀點來進行呢？以下我們將轉到另外的角度，來進一步討論。

---

❹　段玉裁，《說文解字注》（臺北：天工書局，1987 年），九篇上〈包部〉，頁 434。

二、由政策面、歷史實況面看婚齡

　　這一節暫且放下經文的糾葛，探索春秋至兩漢期間婚齡的政策及實際狀況。當政者對婚姻是持鼓勵和促成的態度，因為結婚不論對當政者或家族本身均有積極的意義，不但可以增加人口和勞動力，也可以滿足宗法下對於子嗣的渴望，以及防止男女曠怨所造成的社會問題。而且婚姻不失時也是自然不失時的象徵，因此對於年齡過大而未婚或鰥寡者有一些權宜的辦法，如《周禮》中就不只一次提到了政策上對男女婚姻的重視和提倡，於是在許多官職中都特別設有掌理男女婚姻的職事。如《國語》卷二十〈越語上〉記載越王句踐當時一道婚姻與生育的法令：

> 令壯者無取老婦，令老者無取壯妻。女子十七不嫁，其父母有罪；丈夫二十不娶，其父母有罪。將免者以告，公令醫守之，生丈夫，二壺酒一犬；生女子，二壺酒一豚，生三人，公與之母，生二人，公與之餼。

在吳越對峙，越國圖強的背景下，越國非常重視人口的繁衍，以期增加人力資源。為了不使生育力浪費，特別訂出一些措施，例如規定兩性結合的年齡不可相差太多，以使得正當壯年，有旺盛生育力的男女能得善用。除了鼓勵結婚外，還鼓勵生產，公家參與產時的醫療和補助，並有保母制度，值得注意的是生男生女禮物價值似乎差不多，沒有性別的歧視，這也和國家鼓勵生育的背景有關。其次，為使具有生育力的男女能夠盡速結婚，政策上規定男二十、女

十七歲之前必須完成婚姻手續，這對當時的實際情況來說應該是個偏早的年齡。當政者雖然對男女婚姻持鼓勵的態度，但在政策的推行上結婚年齡是幾歲呢？這與當時具體的環境有關，所以略有差距，同時也能反應出當時社會的一些情況，如《墨子》卷六〈節用上〉宣稱：

> 昔者聖王為法曰：丈夫年二十，毋敢不處家；女子年十五，毋敢不事人，此聖王之法也。聖王既沒，于民次也，其欲早處家者，有所二十年處家；其欲晚處家者，有所四十年處家。以其早與其晚相踐，後聖王之法十年。若純三年而字，子生可以二三人矣。此不惟使民早處家而可以倍與？且不然已。❺⓿

《墨子》指出前代曾有男二十而娶，女十五而嫁的禮法，但在《墨子》所處的時代，這樣的禮法已不被看重，所以男子有二十歲成家的，也有晚到四十歲才成家的情況發生。當時民風較《墨子》所認為的聖王所制定的二十、十五歲晚了十年的現象很多，所以《墨子》不禁感慨，若以三年能生下一子計算，其間所差距的人口可能是一倍之多了。《韓非子》卷十四〈外儲說右下〉有段傳說：

> 齊桓公微服以巡民家，人有年老而自養者，桓公問其故，對

---

❺⓿　孫詒讓，《墨子閒詁》（臺北：世界書局，1981 年），卷六〈節用上〉，頁320-321。

曰：「臣有子三人，家貧無以妻之，儆未及反。」桓公歸以
告管仲，管仲曰：「畜積有腐棄之財，則人飢餓，宮中有怨
女，則民無妻。」桓公曰：「善。」乃論宮中有婦人而嫁
之。下令于民曰：「丈夫二十而室，婦人十五而嫁。」

這三則文獻反映了幾個值得注意的現象：首先，當時平民的婚齡相
當任意，所謂「次（恣）也」，「欲早處家者」與「欲晚處家者」
婚齡相去可達一倍。相傳鍾離春年四十為齊宣王正后，莊姪年十二
嬪於楚頃襄王❺，可見《墨子》之詞未必盡屬誇飾。因此，會出現
壯者娶老婦、老者娶壯妻的情況。對照《周易》卷三〈大過〉九二
爻辭：「老夫得其女妻」、九五爻辭：「老婦得其士夫」，可知此
風已久，不宜率然歸諸衰世禮壞使然。其次，因為經濟上遭剝削、
災荒等因素而家貧，以及戰禍連年，固然會間接導致失婚，士人甚
至可以借題發揮，將之歸咎於王侯人數眾多所致，用以節約開銷，
並使王侯將心力由內寵轉向政務，但從《周禮》卷十四〈地官·媒
氏〉職掌：

中春之月，令會男女，於是時也，奔者不禁，若無故而不用
令者罰之。司男女之無夫家者而會之。凡嫁子娶妻入幣純帛
無過五兩，禁遷葬者與嫁殤者。

---

❺　梁端校注，《列女傳》（臺北：臺灣中華書局，1981 年），卷六〈辯通
　傳〉，頁 8b、12a。鍾離春「極醜無雙」並不必然是「衒嫁不讎」的源由，
　卷八〈續列女傳〉，頁 10，孟氏女同樣「姿貌甚醜，而德行甚脩，鄉里多求
　者」，「行年三十」而未嫁，乃是女子本身「不肯」。

《毛詩》卷三〈衛風・有狐・序〉：

> 古者國有凶荒，則殺禮而多昏，會男女之無夫家者，所以蕃
> 育人民也。❷

可見除了某些親長，所謂意圖「不用令者」，基於自身利益或好惡
阻攔，固是原因之一，民間本身的禮俗更是緊要的癥結。如果將嫁
娶化約為男女兩個人情投意合的事，失婚的比例必然驟降。第三，
當政者對婚姻當然是持鼓勵和促成的態度，《周禮》中不少官職都
涉及男女婚姻❸。因為嫁娶不但可以消極防止男女曠怨造成的社會
問題，也可以積極增加勞動力、兵稅之源，所謂「有人此有土，有
土此有財」❹。而且在當時的宇宙觀下，婚姻不失時也是自然不失
時的象徵，人民的繁庶乃是政治清明的表徵，能滿足當政者自我陶
醉的心理。但一般狀況下，政府並未以法律手段，即所謂「有罪」
與否，來干預婚配這種社會活動。句踐意圖儲備國力，以報吳仇，
情況特殊，乃有此舉。第四，政策上要推行二十而娶，十五或十七
而嫁，一方面固然反映當時民間許多不是在此年齡結婚，而且對參

---

❷ 《周禮》，卷十〈地官・大司徒〉賈疏，頁 158：「昏禮有六，并有玄纁束
帛。凶荒為昏，不可備行此禮，使有女之家得減口數，有男之家易得其妻，
故娶昏者多也。」

❸ 如前揭書，卷九〈地官・大司徒〉，頁 151、卷十五〈地官・遂人〉，頁
232-233、卷十二〈地官・黨正〉，頁 184-185、卷十七〈春官・大宗伯〉，
頁 277。

❹ 《禮記》，卷六十〈大學〉，頁 987。

越國的情況，可知：按當時的實際情況來說，這種婚齡應屬偏早。《墨子》的聖人之法中雖說是男「二十不敢不處家」，但下文又明言二十處家在當時乃屬於「早處家者」。然而話又說回來，賞罰僅是促進命令較易推行，包括不與社會脫節在內、命令本身的合理性才是關鍵，一項根本難以遵從的命令形同具文，不僅造成社會不安，也使得出令者威權大損。由這點看來，以及幾乎雷同的婚齡規定出現地區橫跨大江南（越）北（齊、魯）、《墨子》敢於將自己的主張託諸「聖人之法」，而不畏論敵可能的詰難，男二十、女十五的婚齡又應確有一定普遍程度的社會、文化基礎。

　　秦代法律以六尺為成年，在此之前，繇役負擔及觸犯法律的刑罰都較輕。換算成現在單位，六尺約合 138 公分。這樣的身高最多應不超過十五歲。《睡虎地秦簡》〈法律問答〉既記錄了未及六尺逃妻的案例（詳後文），也就意味在當時確實存在女子未滿十五婚配的現象，至於是否普及，尚無法斷言。

　　至於漢代，《漢書》卷一〈高帝紀・七年春詔〉記載：

　　　　民產子，復，勿事二歲。

卷二〈惠帝紀・六年十月詔〉：

　　　　女子年十五歲以上至三十歲不嫁，五算。

《集解》引應劭曰：

> 漢律：人出一算，算百二十錢，唯賈人與奴婢倍算。今使五
> 算，罪謫之也。

《後漢書》卷三〈章帝紀·元和二年正月詔〉：

> 令云：「人有產子者復，勿算三歲。」今諸懷妊者，賜胎養
> 穀人三斛，復其夫，勿算一歲，著以為令。

這些政令都發佈在開國初葉，應該與當時久經戰亂，人口銳減❺❺有
關，因此政府鼓勵生產，懲戒婚姻失時。在這種脈絡下，漢惠帝頒
佈的政令以十五歲作為女子婚齡之始，或許就可推知：這對當時的
社會大眾而言，可能偏早。

　　學者據見存的史料考察，漢代男女成婚年紀平均在二十歲以
前，女子較男子為早❺❻。我們還可以從《居延漢簡》中登錄的士卒

---

❺❺　《史記三家注》（臺北：鼎文書局，1979 年；以下簡稱《史記》），卷十六
　　〈高惠高后文功臣表〉，頁 527：「時大城名都民人散亡，戶口可得而數，
　　裁什二、三，是以大侯不過萬家，小者五、六百戶」、《漢書》，卷二十四
　　上〈食貨志〉，頁 1127：「漢興，接秦之弊，諸侯并起，民失作業，而大饑
　　饉，凡米石五千，人相食，死者過半」。

❺❻　《漢代婚姻制度》，第三章〈婚姻禮俗〉，頁 47-49，根據文獻、木簡所記男
　　女婚嫁年齡三十例：「無論男女婚嫁年齡都在十三至十九歲之間」，這三十
　　例中，同時包括了貴族與平民階級，〈琴瑟和鳴──歷代的婚禮〉，《敬天
　　與親人》（臺北：聯經出版公司，1983 年），頁 437-438，也提到：「筆者
　　曾統計三十個漢代男女的婚齡，發現都在十三到十九歲間。女子婚齡比男子
　　又略早……帝王方面婚齡更低」。《漢代婚姻形態》，頁 85-115，認為漢代
　　男子的普遍初婚年紀在十四至十八歲之間，女子則普遍是在十三、四至十

家庭狀況，來推算婦女婚後生育的年齡，並以此作為婚齡的推測（參見表 1.1：〈《居延漢簡》所記士卒家庭成員、人口數統計以及年齡狀況〉），不過此處婚齡的推測，主要以妻齡為主❺❼。我們的作法是，如果有生養子女，基於古人計歲習慣：始生即為一歲，將妻子現年扣除長子女的歲數，作為懷孕年齡。這樣的作法可能會遇到的問題是，如果沒有生養子女的記載，則無法推算懷孕年齡，如五五六葉（274.28）只記載「□□妻大女母年五十二」❺❽，未見其他子女的記載，即是一個顯著的例子。另外，表中也有關於同住弟妹年齡的記載，這些同住的弟妹及子女應該處於未婚的狀況，所以也能作為婚齡推測的一個參考。據此推算出的婦女懷孕的年齡約為十九歲左右。昭、宣時期❺❾的王吉曾經上疏指稱：當時由於「世俗嫁娶太早」，一方面造成胎兒的稟氣以及對母體的不良影響，另一方面，因為缺乏生活經驗，所謂「未知為人父母之道」，養育不當，造成「民多夭」❻⓪，上面推算所得似乎顯得晚了些，這可能是因為：一、所算的是懷孕的年齡，實際的結婚年齡必然較此為早，至於兩

六、七歲之間。不過這是連帶貴族階級一起計算的，漢代貴族的婚齡較一般來說較早，尤其王室更形偏低，因此，庶民的平均值可能會比此數據高些。

❺❼　因為記載上，是採取夫為戶長，而記下其妻妾、父母、子女、弟妹的狀況，夫的實際年齡，反而未被記下。不過從簡（203・12）父母兩方的年齡差三歲的情況，以及當時社會的觀念和風俗，男子的婚齡應該大於女子。

❺❽　勞榦，《居延漢簡》考釋之部（南港：中央研究院歷史語言研究所，1986年），五五六葉（274・28），頁 182。

❺❾　《漢書》，卷九十七上〈外戚列傳・史皇孫王夫人傳〉，頁 3962：「年十四，嫁為同鄉王更得妻」，時尚在武帝年間。

❻⓪　前揭書，卷七十二〈王吉傳〉，頁 3064。

者間的差距為幾年，由於具體狀況不同，難以推估。二、持為推算
依據的懷孕年齡，是以養育下來的子女為準，至於因夭折、不舉等
狀況未能養育的子女則未見諸記載，所以作為推算準據的年齡不能
完全代表初次懷孕的年齡，則實際結婚年齡必然較之更早。三、王
吉十分重視經學，並欲將之落實於政策之中❻，此處所謂的「太
早」未必不可能是相對於經生所提出的理想婚齡而言。

　　至於春秋至兩漢貴族的婚齡，《左傳》卷三十〈襄公九年〉：

> 公送晉侯，晉侯以公宴于河上。問公年，季武子對曰：「會
> 于沙隨之歲，寡君以生。」晉侯曰：「十二年矣，是謂一
> 終，一星終也。國君十五而生子，冠而生子，禮也，君可以
> 冠矣，大夫盍為冠具？」武子對曰：「君冠，必以祼享之禮
> 行之，以金石之樂節之，以先君之祧處之。今寡君在行，未
> 可具也，請及兄弟之國而假備焉。」晉侯曰：「諾。」公還
> 及衛，冠于成公之廟，假鍾磬焉，禮也。

可見當時諸侯十二歲行冠禮，被認為符合天道，因為從出生至十二
歲，正是歲星循行一周，象徵宇宙進入一個新的週期，此時生命也
當進入一個新的階段。經傳中沒有明確記載魯襄公的實際婚齡，但
根據《史記》卷三十三〈魯世家〉，襄公三歲立為君，在位三十一

---

❻　王吉「少好學，明經」，並屢以經生理想勸諫帝王，例如：當昭帝崩，亡
　　嗣，而迎昌邑王時，王吉以「高宗諒闇，三年不言」，勸諫王「慎毋有所
　　發」。對於漢家列侯尚公主，諸侯承翁主的現象，則認為「夫詘於婦，逆陰
　　陽之位，故多女亂」。引文出處同上注，頁 3058-3064。

年，死後三個月，太子繼亡，於是立襄公妾敬歸的兒子為君，即魯昭公，當時年紀十九歲，如此推算起來，襄公於在位第十二年、十五歲時生了昭公，他結婚自在此之前，或許即在行冠禮後不久，與晉悼公所說十二而冠，十五生子，以及周代聖王文王十三歲生伯邑考，十五歲生武王❷的傳言基本吻合。

　　至於其他在位時成婚的魯君年齡，先說魯桓公。據《左傳》卷一〈隱公元年〉，惠公晚年娶宋女仲子生桓公，惠公卒時，「為其少故也」❸，所以由隱公攝政，十一年後隱公卒，桓公即位，三年（709 BC）九月娶文姜❹，此時桓公應不過二十上下。據《左傳》卷六〈桓公六年〉，是年（706 BC）九月，莊公生，十二年後桓公卒，莊公繼位，二四年（670 BC）娶齊女哀姜，當時年三十七，算是特殊的例子。莊公在位三十二年，由莊公與哀姜之娣叔姜所生八歲的閔公即位❺，才過一年，即被弒，由閔公的庶兄僖公繼立❻，

---

❷　《淮南子》，卷十三〈氾論〉，頁 424、《毛詩》，卷八〈齒譜〉疏引《大戴禮·文王世子篇》，頁 277。

❸　孔穎達，《左傳注疏》（臺北：藝文印書館，2001 年；以下簡稱《左傳》），卷四〈隱公十一年〉，頁 82。若據《史記》，卷十四〈十二諸侯年表〉，頁 242，宋武公十八年，即魯惠公二十一年（748 BC），仲子生，則惠公四十六年（723 BC）卒時，仲子二十六歲，魯桓公當時至多十歲。

❹　《左傳》，卷六〈桓公三年〉，頁 103。

❺　前揭書，卷十一〈閔公元年〉杜注及孔疏，頁 190。

❻　《史記》，卷三十三〈魯世家〉，頁 1533，以釐（僖）公為湣（閔）公弟，然《漢書》，卷二十七中之上〈五行志〉，頁 1375、徐彥，《公羊傳注疏》（臺北：藝文印書館，2001 年；以下簡稱《公羊傳》），卷十〈僖公元年〉解詁，頁 120、《左傳》，卷十二〈西公元年〉釋文，頁 197，均認為僖公乃閔公之庶兄，司馬遷之說恐不可從。

八年（652 BC）秋七月致夫人聲姜**❻❼**，那時僖公恐怕至少過二十歲**❻❽**。僖公的兒子文公於在位第四年與出姜結婚**❻❾**，以僖公八年成婚、在位三十三年來看，與聲姜所生之文公這時以二十五歲上下、不超過三十歲較合理。文公在位十八年卒，根據《公羊傳》卷十八〈成公十五年〉，文公死時，與出姜所生之「子幼」，尚需「抱之」，可以肯定其年紀比十歲還小很多**❼❶**，文公與嬖幸的次妃敬嬴所生的宣公以年長的理由為襄仲援立，雖無法確定敬嬴是否為出姜之媵，即便不是，以其父文公享年不過三九至四三之間，宣公即位時也至多二十八歲，即位當月即娶穆姜**❼❶**。根據《公羊傳》卷十八〈成公十五年〉，在位十八年的「宣公死」時，「成公幼」，則宣公子成公於在位第十四年娶齊姜時**❼❷**，婚齡應在二十歲上下。

以晉國來說，雖無晉侯婚齡的直接記錄，但還是可由一些線索推知。據《史記》卷十四〈十二諸侯年表〉、卷三十九〈晉世家〉，穆侯七年（805 BC）生世子仇，二十七年（785 BC）卒時，世子仇已二十一歲了，因動亂，四年後方接位，是為文侯，在位三十五年、年六十卒，此後傳昭侯、孝侯、鄂侯、哀侯，分別在位六

---

❻❼ 《左傳》，卷十三〈僖公七年〉，頁 216。

❻❽ 僖公既是莊公娶哀姜之前與姬妾成風所生，假設娶哀姜時，成風十六歲，僖公一歲，誠如此，僖公即位時方十二歲。據前揭書，卷十八〈文公四年〉，頁 306，是年（623 BC）十一月成風卒，卒年至少已六十三，按當時一般情況，似乎可假設成風在世七十左右，則僖公即位時至早不過十九歲上下。

❻❾ 前揭書，卷十八〈文公四年〉，頁 305-306。

❼❶ 《禮記》，卷一〈曲禮上〉，頁 16：「人生十年曰幼」。

❼❶ 《左傳》，卷二十一〈宣公元年〉，頁 361。

❼❷ 前揭書，卷二十七〈成公十四年〉，頁 464。

年、十六年、六年、九年，若假定文、昭、孝、鄂侯均是其父二十歲所生的長子，此時哀侯也年僅十一歲而已，若其列祖婚齡更遲一些，或昭、孝、鄂非其父之長子，則哀侯有尚未出生的危險，可以推知，他們的結婚年齡普遍應在二十歲以前，哀侯在位第九年被擄時，已有子，即小子侯，可見其婚齡同樣應在二十歲以前。誠然，按照《左傳》卷五〈桓公二年〉的說法，鄂侯為孝侯弟，如按照上文二十生子的假設，小子侯即位時已二十歲，與稱謂不符❼；若假設哀侯以上晉侯都是二十五歲左右生子，則哀侯十三歲即位，小子侯沖齡繼立。晉獻公二十三年，即魯僖公六年（654 BC），公子夷吾因驪姬之亂奔梁，於梁生子圉，據《左傳》卷十四〈僖公十七年〉，是年（643 BC）子圉為質於秦，秦君妻以辰嬴，當時子圉才十二歲。

　　至於漢代，學者曾指出：漢代成婚年紀平均在二十歲以前，帝王婚齡又較一般為早❼。如漢昭帝年僅八歲即位，十二歲立六歲的上官桀女為后；平帝即位時年僅九歲，十二歲時立九歲的王莽女為后❼。《後漢書》卷十上〈皇后紀·序論〉說：天子擇入後宮的民女年齡是「年十三以上，二十以下」，但考之史實，年齡在十六歲

---

❼　瀧川龜太郎，《史記會註考證》（臺北：洪氏出版社，1983 年），卷三十九〈晉世家〉，頁 622，考證引中井積德曰：「幼弱而無諡，遂稱小子侯焉耳」，沈家本曰：「小子侯，猶言孺子王耳」。

❼　《漢代婚姻制度》，第三章〈婚姻禮俗〉，頁 47-49、〈琴瑟和鳴——歷代的婚禮〉，頁 437-438。

❼　《漢書》，卷七〈昭帝紀〉，頁 221、卷十二〈平帝紀〉，頁 355、356，卷九十七上〈外戚列傳·孝昭上官皇后傳〉，頁 3960，卷九十七下〈孝平王皇后傳〉，頁 4009。

以上的很少。

三、小結

　　透過經書及漢代經師的說法、戰國時期的婚姻政策之推測、以及戰國時期的貴族婚齡史實之考查等三方面的探究，我們發現，春秋時期貴族男子結婚的年齡以十五到二十歲上下為常態，女子的年齡雖然因為史料的闕如難以推算，不過以常理來說應較男子為早。這樣的情形與《墨子》所說的聖王之法以及流傳在戰國時期的二十而娶、十五而嫁基本上吻合，甚至也曾被採納為政策來推行。不過在二十而娶、十五而嫁被定為當政者推行政策的同時，也讓我們發現，戰國之時許多平民結婚年齡應該是較二十、十五歲為晚的情形，這可能與當時經濟、社會、階級、戰爭等問題有關。由戰國時期到漢代以後，在逐漸加深的陰陽、五行、人副天數的數術思想發展與系統化的情形下，男女婚姻正是陰陽合、天地交的具體象徵，必須與天地演化之數相配合，而三十、二十之婚齡以應「大衍之數」的觀點，漸漸成為流行的說法；當然，這個說法的背後還雜陳當時人對陰陽的調和、生理的成熟、干支、五行，以及神秘數字等等的想法。不過三十、二十並不是唯一的說法，如《大戴禮記》就還提到五十、三十合為八十，以應四正、四隅的說法，只不過在流傳上不若五十之說那樣盛行，這也可以顯示出副天之數的說法可能並不只有一套。三十而娶、二十而嫁之說，雖然能夠符應天地之「數」，但可能與現實是有所距離的，漢人在實際婚齡上是偏向於早婚的，這在王吉上疏中可以看出，即使在西漢惠帝頒下的政策中，女子十五歲之後即被視為超過了適婚的年齡，當要受罰的。又

如班彪之女「年十有四執箕帚於曹氏」、荀爽之女「年十七適陰氏」❼。三十、二十成婚之說在面對當時具體的社會情境以及前代的經書、史籍的衝突下，漢魏以降即造成不少爭議，迫使經生嘗試從神秘術數中尋求依據，增強其說法的權威性。修正的說法也被提出，其中以王肅將三十、二十之說挪為婚齡的極限，正常婚齡以十六、十四歲為主，以配合生理成熟的年齡，至於許慎、范甯、杜佑等人則將之視為庶人之禮的代表。

第二節　婚期主張的思維特色與詮釋方法探究

此節將分成四個主要部分，第一部分，先簡單呈現經師對婚期的不同主張，並分析其主張所常使用之文獻。第二部分，反省經師對婚期問題注解的態度、方法及注解的性質與其限制。第三部分，對婚期說的形成及演變試圖提出理解。第四部分，探究史書中所提貴族的實際婚期，這可以和婚期的學說作對比，觀察婚期學說與實際婚期的關係。

一、經師對婚期的思考與主張

經師對於舉行婚禮之季節的看法有好幾派主張，有主張在春季，也有主張在秋冬，或說在秋末至仲春以前，或四季皆可行禮，這幾種說法，均各自有其文獻與論點作為支持。以下分別討論之。

---

❼　《後漢書》，卷八十四〈列女傳〉，頁 2786、2798。

㈠春季說

　　主張婚禮當在春季舉行的，以馬融、鄭玄等為代表。這個主張的其中一個最重要的理由，即是順應天時。如鄭玄所說：「中春，陰陽交，以成婚禮，順天時也。」**⑦**宇宙的規律是春生、夏長、秋收、冬藏，而人事的行動也要與其同節合拍，《呂氏春秋》十二紀、《禮記·月令》皆是這種理想精神的具體表現。這種符應天時的態度，也常成為政策的指導原則，例如春天正是萬物交媾、繁衍，天地生化的季節，人也當在此時合男女，以符應天地交通之機時；《白虎通·嫁娶》就表達了東漢初官方對於春季婚配的看法：「嫁娶必以春何？春者天地交通，萬物始生，陰陽交接之時也。」**⑦⑧**春季婚配的主張，最常被提及的經籍文獻有：

　　《周禮》卷十四〈地官·媒氏〉：

> 中春之月，令會男女，於是時也，奔者不禁，若無故而不用令者罰之。**⑦⑨**

　　《大戴禮記》第四十七〈夏小正〉：

> （二月）綏多士女——綏，安也。冠子、取婦之時也。**⑧⓪**

---

⑦　《周禮》，卷十四〈地官·媒氏〉，頁217。

⑦⑧　陳立，《白虎通疏證》（北京：中華書局，1994年），頁466-467。

⑦⑨　《周禮》，卷十四〈地官·媒氏〉，頁217。

⑧⓪　王聘珍，《大戴禮記解詁》（北京：中華書局，1983年），頁31。

《禮記》卷十五〈月令〉：

> （仲春）玄鳥至，至之日，以大牢祠于高禖。❽

以上三條引文均明白標示出二月或中春為婚配、求育的時節。引文所錄〈月令〉一段皆在談祭祀高禖之事：仲春時節燕鳥繁育，天子帥領眾嬪妃祭祀高禖，以達到求育的目的。但婚嫁與繁殖被認為具有同質性的關係，鄭玄就認為仲春燕鳥飛來的時節具有「孚乳、嫁娶」❽的象徵意涵，所以祭祀高禖和求育的二月，也同時是婚嫁的時節。除了以上的引文外，《易》的〈咸〉卦、〈泰〉卦、〈歸妹〉卦，以及《毛詩》中的〈召南·摽有梅〉、〈鄭風·野有蔓草〉、〈唐風·綢繆〉、〈陳風·東門之楊〉等，亦曾被經師用來作為春時婚娶的證明。

　　不過反對春季成婚者也提出質疑，如〈媒氏〉的這段文獻，被認為屬於庶民所行之禮，貴族是否適用，則不無疑問。其次，此時合男女是否屬於禮法上為了要補救失時，才採行的權變措施？能否作為常禮來看，也值得討論。還有，若從經師前引的幾個卦的卦象本身來看，並不能看出與中春有直接的關係（詳後文）。而經師所提《詩》中的幾首詩，就詩的本身來看，多只能說是男女悅慕的表現，小序雖說是描述婚姻失時，但所失的究竟是何時？經師則有不同的解讀。是不是可以直接說成是春季，仍待討論。如毛傳、鄭箋

---

❽　《禮記》，卷十五〈月令〉，頁 299。
❽　《禮記》，卷十五〈月令〉，鄭注，頁 299。

同引這幾首詩，而註解卻有所不同，這牽涉到解經的態度與詮釋的問題，將在後面進行討論。

㈡秋冬說

　　主張婚禮應在秋冬時節舉行，以王肅為代表：

> 吾幼為鄭學之時，為謬言尋其義，乃知古人皆以秋冬，自馬氏以來乃因《周官》而有二月。[83]

王肅認為仲春嫁娶的說法，是自馬融以來才以《周禮》為依據而形成的，古籍的主張其實是以秋冬為婚期。另外，孔晁也批評《詩》及《周禮》所提到的仲春結婚的例子並非婚姻之正時，而是不待備禮而婚的一種現象（詳後文）。秋冬結婚也可以從文獻中找到根據，如《荀子》中提到：

> 霜降逆女，冰泮殺內。

「逆」即迎也，「內」即「納」也，指納婦之事，「冰泮」此處指冰解。娶婦親迎之事在秋季霜降之後開始，等到春季冰溶解後嫁娶的行動即告終止。此外，《詩》中也有一些例子可以作為佐證，如〈衛風・氓〉提到了女子和男友約定婚期的情形：

---

[83]　《周禮》，卷十四〈地官・媒氏〉賈疏引，頁 217，並參《聖證論》（臺北：藝文印書館，1970 年《叢書集成續編・漢魏遺書鈔 103》），頁 6-7。

匪我愆期，子無良媒，將子無怒，秋以為期。❽

兩人將婚期約定在秋季。《毛傳》還以〈陳風·東門之楊〉以及〈唐風·綢繆〉來論證婚期當在秋冬。不過，這與鄭玄所說有很大不同（將在後論及）。《韓詩傳》也記載：

古者霜降逆女，冰泮殺止，士如歸妻，迨冰未泮。❽

〈邶風·匏有苦葉〉也提到：「士如歸妻，迨冰未泮」，毛傳以「散」來理解「泮」❽，鄭箋也說：「冰未散，正月中以前也」❽（但這個說法與鄭玄所主張的中春時節結婚不同，於是鄭玄將此處「歸妻」說成是「請期」❽，在冰未泮時請期，那麼親迎合婚就要延至二月的中春時節了），都將「冰泮」訓解為冰溶解。冰解凍的時候即停止納婦的活動，那麼冰又是何時解凍呢？鄭玄既說「正月中」以前冰尚未溶解，可見冰溶解要等到正月中以後到仲春二月之間了，所以鄭玄箋注〈溱洧〉「方渙渙兮」時說：「仲春之時，冰以釋水，則渙渙然」❽，《禮記·月令》記載孟春時「東風解凍，蟄蟲始振。」❾時間也是

---

❽　《毛詩》，卷三〈衛風·氓〉，頁 134。
❽　《周禮》，〈地官·媒氏〉，頁 217：「中春之月，令會男女」，賈疏引。
❽　《毛詩》，卷二〈邶風·匏有苦葉〉，頁 89。
❽　《毛詩》，卷二〈邶風·匏有苦葉〉，鄭箋，頁 89。
❽　同上。
❽　《毛詩》，卷四〈鄭風·溱洧〉，鄭箋，頁 182。
❾　《禮記》，卷十四〈月令〉，頁 284。

正月。東漢崔寔的《四民月令》也記載正月為冰開始溶解的季節❾❶。至於霜降的時節大約在季秋，所以《禮記·月令》說季秋「霜始降，則百工休」❾❷。由上所說可以知道，霜降到冰泮之間的婚期，應該就是由季秋開始到孟春以前的一段時間。

為什麼婚禮要在霜降至冰泮之間來舉行呢？秋季下霜以後農業停歇，春季冰溶解以後農事又要開始，這段時間正是休耕的時候，主要考慮的重點應在不違農時，正是所謂：

> 三時務業，因向休息而合昏姻，萬物閉藏於冬，而用生育之
> 時，娶妻入室、長養之母，亦不失也。❾❸

秋冬結婚以不違農時的想法也見於《孔子家語》：

> 群生閉藏乎陰，而為化育之始，故聖人因時以合偶，男子窮
> 天數也。極霜降而婦功成，嫁娶者行焉；冰泮而農桑起，婚
> 禮而殺於此。❾❹

---

❾❶ 崔寔，《四民月令》，《歲時習俗資料彙編》（一）（臺北：藝文印書館，1970 年），頁 6：正月「雨水中地氣上騰」注：「正月冰解，土壤起沒橛之也。」

❾❷ 《禮記》卷十七〈月令〉，頁 337。

❾❸ 《聖證論》，頁 6-7。

❾❹ 王肅注，《孔子家語》（臺北：世界書局，1967 年），卷六〈本命〉，頁 63。

秋、冬結婚除了上述人事方面的理由，尚有天道方面的準據，《春秋繁露》卷十六〈循天之道〉說：

> 天地之陰陽當男女，人之男女當陰陽……天之道，嚮秋冬而陰來，嚮春夏而陰去。是故古之人霜降而迎女，冰泮而殺內，與陰俱近，與陽俱遠也。❾❺

將婚禮中男（陽）往女方家中迎娶，女（陰）來歸於夫家，與自然的陽往陰來配合。

　　除了將婚禮與自然的陽往陰來相配合外，秋冬結婚似乎也與農民具體的生活情境相配合。《漢書》〈食貨志〉提到了農民的生活情況：

> 春令民畢出在壄，冬則畢入於邑……所以順陰陽，備寇賊，習禮文也，春，將出民，里胥平旦坐於右塾，鄰長坐於左塾，畢出然後歸，夕亦如之。入者必持薪樵，輕重相分，班白不提挈。冬，民既入，婦人同巷，相從夜績，女工一月得四十五日，必相從者，所以省費燎火，同巧拙，而合習俗也。男女有不得其所者，因相與歌詠，各言其傷。❾❻

---

❾❺　《春秋繁露義證》（北京：中華書局，1992 年），第七十七〈循天之道〉，頁 446、450。

❾❻　《漢書》，卷二十四上〈食貨志〉，頁 1121。

何休注解《公羊傳》時亦提及當時農人生活的情形：

> 民春夏出田，秋冬入保城郭，田作之時，春，父老及里正旦
> 開門，坐塾上，晏出後時者不得出，莫不持樵者不得入，五
> 穀畢入，民皆居宅，里正趨緝績，男女同巷……男女有所怨
> 恨，相從而歌。[97]

根據秋收冬藏的原則，秋、冬是農閒之時，正有餘暇籌備婚禮種種
事宜，依據農業生活的習慣，農忙以後即住田中，要到收成後才回
到家中，也就在此時才能有足夠的時間與資源來備辦婚禮。

三 四時皆可嫁娶

這個說法以束皙為代表：

> 《春秋》二百四十年，魯女出嫁，夫人來歸，大夫逆女，天
> 王娶后，自正月至十二月，悉不以得時失時為褒貶，何限於
> 仲春、季秋以相非哉？夫《春秋》舉秋毫之善，貶纖芥之
> 惡，故春狩於郎，書時，禮也；夏城中丘，書不時也。此人
> 間小事，猶書得時失時，況婚姻人倫端始，禮之大者，不譏
> 得時、失時、不善者邪……夫冠婚笄嫁，男女之節，冠以二
> 十為限，而無春秋之期，笄以嫁而設，不以日月為斷，何獨
> 嫁娶當繫於時月乎？王肅云：「婚姻始於季秋，止於仲
> 春」，不言春不可以嫁也。而馬昭多引《春秋》以為之證，

---

[97] 《公羊傳》，卷十六〈宣公十五年〉，頁208。

反《詩》【及《詩》以為之證】，相難錯矣！兩家俱失，義皆不通。通年聽婚，蓋古正禮也。❾❽

束晢依據《春秋》經傳所記行婚禮的實際情況，而對漢代以來經生的仲春和秋冬兩派婚期爭議提出質疑，這確實是個有力的質疑，漢代以來的經生所提出的學說為什麼對應在《春秋》史料所呈現的情實上有所出入？這正可以反映出經師注經與現實之間往往有距離。正因為具體的情況與漢代流行的結婚季節有所出入，後來的經生為了調和兩者，逐漸傾向於主張全年皆可以舉行婚禮，或是以階級的差別作為分判，將季節的限制歸屬於某一階級。束晢之見解為杜佑所接受，認為較前人的主張合理通暢❾❾。

(四)貴族階級通年皆可嫁娶，庶民階級婚期定於秋冬到中春前

對於以上所提到的三種說法，清人孫詒讓曾加以考察、調和，並提出了他的看法：

《詩》、《禮》諸經及《管》、《荀》諸子所說昏時，錯互難合。竊謂〈士昏禮〉不著時月，則本無定時可知，荀卿所說始於季秋，殺於中春者，蓋謂齊民之家，及時趨暇，大略如是，非必著為令也。〈夏小正〉：「二月綏多士女」，及

---

❾❽　《通典》，卷五十九〈嫁娶時月議〉引，頁 341。

❾❾　杜佑說：「今案〈士昏禮〉請期之辭云：『唯是三族之不虞』，卜得吉日，則可配合。婚姻之義，在於賢淑，四時通用，協於《詩》、《禮》，安可以秋、冬之節方為好合之期？先賢以時月為限，恐非至當，束晢之說，暢於禮矣」。出處同上注。

> 此《經》中春令會男女，亦因時已近夏，民間昏事漸殺，故
> 令其及時成禮。孔晁謂是期盡之法，說自可通。其士以上，
> 無農事之限，則昏娶卜吉，通於四時，既非限中春，亦不必
> 在秋冬。⑩

孫詒讓認為庶人階級因為有農忙的限制，所以婚期多集中在秋冬二季到開春以前農閑的這段時間；至於貴族階級，因為沒有農事的限定，所以一年四季皆可行婚禮。這樣的說法，一方面可以回應《春秋》記載貴族通年皆行婚禮的狀況，另一方面又同時顧及到不違農時等問題，相較之下，這個說法比偏於仲春或秋冬者，解釋似乎更為周延一些。但從不違農時的角度來說，貴族階級結婚過程必須消耗大量的人力、物力，這些人力勢必要從庶民階級中取得，所以貴族階級的婚期是否可完全不被農時所牽絆，不無疑問。

二、對經師註解婚期的方法與限制的反省

前文已經略微提到，鄭玄主張仲春結婚，但對於《毛詩》〈邶·匏有苦葉〉的詩句「士如歸妻，迨冰未泮」解釋得很勉強，硬將「歸妻」說成是「請期」，而不是婦至。因為若解為婦至，則與鄭玄主張春季成婚的立場相矛盾，從這裏就隱約看出鄭玄的說法，在經書上仍不免有抵牾之處。下文則從鄭箋與毛傳對同樣文本的不同訓解，以進一步探討經師注解婚期的特色與限制。

---

⑩　《周禮正義》，卷二十六〈地官·媒氏〉，頁 1044。

　　《毛詩》〈召南·摽有梅〉⑩、〈鄭·野有蔓草〉⑩、〈唐·綢繆〉⑱、〈陳·東門之楊〉⑭的各篇小序中，均提到男女婚姻「失時」的問題，不過就詩本身來看，似乎無法直接看出究竟何時為失時，何時又是得時。而由於鄭箋和毛傳對婚禮季節所持看法不同，所以對失時的看法也就不同。如鄭玄認為婚禮當在仲春舉行，所以過了仲春之後即落於「失時」⑯；毛傳的作者認為婚禮當在季秋到孟春之間舉行，仲春時節的婚禮乃是專為年紀已達極限的男女所特設的變禮。除此而外，其他季節皆不是結婚的季節⑯。由於二者對於婚姻季節的主張不同，所以對詩篇的解釋也出現了完全不同的狀況。以〈綢繆〉來看：

　　綢繆束薪，三星在天，今夕何夕，見此良人，子兮子兮，如

---

⑩　《毛詩》，卷一之五〈召南·摽有梅·小序〉，頁 62-63：「〈摽有梅〉，男女及時也。召南之國被文王之化，男女得以及時也」。

⑩　前揭書，卷四之四〈鄭·野有蔓草·小序〉，頁 182：「〈野有蔓草〉，思遇時也，君之澤不下流，民窮於兵革，男女失時，思不期而會焉」。

⑱　《毛詩》卷六之二〈唐風·綢繆〉，見後文引，頁 222-223。

⑭　前揭書，卷七之一〈陳·東門之楊·小序〉，頁 253：「〈東門之楊〉，刺時也。昏姻失時，男女多違，親迎，女猶有不至者也。」孔疏：「毛以昏姻失時者，失秋冬之時；鄭以為失仲春之時。」

⑯　此說法在鄭解詩中常可看見，將失時解為失仲春之時，孔疏說：「鄭以為婚姻之禮必在仲春，過涉後月，則為不可，今魯國之亂，婚姻皆後於仲春之月，賢者見其失時，指天侯以責娶者。」頁 222。

⑯　毛傳對行婚禮的主張於解詩時常可看見，亦舉〈綢繆〉孔疏的說法來看：「毛以為婚之月自季秋盡於孟春，皆可以成婚，三十之男，二十之女，乃得以仲春行嫁，自是以外，餘月皆不得為婚也。」頁 222。

> 此良人何？綢繆束芻，三星在隅，今夕何夕，見此邂逅，子
> 兮子兮如此邂逅何？綢繆束楚，三星在戶，今夕何夕，見此
> 粲者，子兮子兮如此粲者何？❼

〈小序〉：

> 〈綢繆〉，刺晉亂也，國亂則昏姻不得其時焉。❽

毛傳認為小序所說的失時，指的是「不得初冬，冬末開春之時」
❾，鄭玄則認為所謂失時乃指「不及仲春之月」❿；就因為彼此對
時間的看法不同，所以對於詩中提到的「三星在天」、「三星在
隅」、「三星在戶」之有關時間性問題，也就成了詮釋的攻防重
點。如毛傳認為所謂「三星」指的是「參星」⓫，由《漢書·天文

---

❼ 　《毛詩》卷六之二〈唐風·綢繆〉：小序：「綢繆，刺晉亂也，國亂則婚姻
　　不得其時焉。」，鄭箋：「三星謂心星也，心有尊卑，夫婦、父子之象，又
　　為二月之合宿，故嫁娶者以為候焉。昏而火星不見，嫁娶之時也，今我束薪
　　於野，乃見其在天，則三月之末四月之中見於東方矣，故云不得其時。」頁
　　222-223。

❽ 　同上。

❾ 　《毛詩》〈唐風·綢繆〉，孔疏引，頁 222。

❿ 　《毛詩》〈唐風·綢繆〉，鄭箋，頁 222。

⓫ 　《毛詩》〈唐風·綢繆〉，「三星在天」，毛傳：「三星，參也。在天謂始
　　見東方也，男女待禮而成，若薪芻待人事而後束也，三星在天，可以嫁娶
　　矣。」頁 222。

志》來看，「參星」是由白虎宿中的三顆星所組成❶，「三星在天」指「參星」始見於東方，時間約在十月之時，「三星在隅」指「參星」在東南隅，時間是十月之後，十一、十二月間；「三星在戶」則指「參星」正中直戶，時間在正月中；這三個時間正是季秋到孟春之間，是可以行婚禮的時間，此即毛傳以〈綢繆〉為陳述婚姻正時來刺亂。鄭玄對「三星」的解釋是：

> 三星謂心星也，心有尊卑，夫婦、父子之象，又為二月之合宿，故嫁娶者以為候焉。昏而火星不見，嫁娶之時也，今我束薪於野，乃見其在天，則三月之末，四月之中見於東方矣，故云不得其時。❶

「心星」，又名「火星」，其在二月時合宿，故以二月為嫁娶之月；而「三星在天」指火星始見東方，時間是三月之末至四月之中，「三星在隅」時間約在四月之末至五月中，「三星在戶」指的是五月之末到六月中的時間，這三個時間均過了仲春後，是鄭玄認為不該行婚禮的時間，此即鄭玄舉失時來刺亂❶。

　　由上可知，毛傳和鄭箋二者不但對「三星」的認定不同，而且對於「三星」所在的位置與標示的時間亦有不同的看法。一個認為

---

❶　《漢書》，卷二十六〈天文志〉，頁 1279：「參為白虎，三星直者，是為衡石」，集解引孟康曰：「參，三星者，白虎宿中，東西直，似稱衡也」。

❶　《毛詩》〈唐風·綢繆〉，鄭箋，頁 222。

❶　以上毛傳及鄭玄對「三星」的詮釋見《毛詩》〈唐風·綢繆〉，毛傳，鄭箋及孔疏，頁 222-223。

所指的是婚姻正時，另一個認為是指婚姻失時。此外，在詩句的解釋上，也出現一些問題，如〈綢繆〉詩中「今夕何夕，見此良人」一句，鄭玄解為「今夕何夕者，言此夕何月之夕乎？而女以見良人，言非其時。」❶但這樣的解法與文脈中男女相見恨晚的歡娛實在並不相稱，也與類似的用法意義相左，孔疏也注意到了這個問題：

> 《說苑》稱鄂君與越人同舟，越人擁楫而歌曰：「今夕何夕兮，得與搴舟水流，今日何日兮，得與王子同舟。」如彼歌意，則嘉美此夕，與箋意異者，彼意或出於此，但引詩斷章，不必如本也。❶

類似這樣的問題，在這首詩中仍有不少，此處不再一一例舉。其實毛傳、鄭箋一直在「失時」上作文章，而且對婚姻時節各有一套看法，以至或自覺或不自覺地以文本來作為自己看法的註腳，但這樣作法不免在許多地方顯出牽強。此現象在他們詮解其他詩作中，也一樣可以看見。如〈召南・摽有梅〉原詩是以梅實的多寡來喻年華的逝去及待嫁的急迫性，毛傳也扣緊在年齡上來說，在以男三十、女二十為嫁娶極限下，對於此三章分別訂出了相應的年齡，來作為解釋背景❶；鄭玄則以婚配季節已過為解釋的關鍵，認為由首章至

---

❶ 　《毛詩》〈唐風・綢繆〉，鄭箋，頁 222。

❶ 　《毛詩》，卷六之二〈唐・綢繆〉，孔疏，頁 223。

❶ 　前揭書，卷一之五〈召南・摽有梅〉孔疏，頁 62：「毛以卒章云三十之男、二十之女為蕃育法，二章為男年二十八九、女年十八九，首章謂男年二十六

第三章梅實由七成到落盡，時序也由孟夏、仲夏到季夏，距離中春時節的婚期「正時」越來越遠⑱。然而，鄭玄所說的衰是指時衰，與毛傳的年衰不同，且將迫切出嫁的心情解釋成為求符合婚姻時序，和原詩求嫁的迫切性心境格格不入。此類例子仍多，此處雖不能一一例舉，不過仍可以從一斑之窺中，看出此種解經所可能帶來的限制。

　　除了以上對《詩》詩句等詮釋上有爭議外，主張仲春結婚的經師，還常將《詩》中提及春季男女歡愛之事，用為春季結婚的證明，如馬昭說：

> 《詩》云：「有女懷春，吉士誘之」、「春日遲遲，女心傷悲」、「嘒彼小星，三五在東」、「綢繆束芻，三星在隅」、「我行其野，蔽芾其樗」、「倉庚于飛，熠熠其羽」凡此皆興於仲春嫁娶之候。⑲

以上所引分別出自〈野有死麕〉、〈七月〉、〈小星〉、〈綢繆〉、〈我行其野〉、〈東山〉。其中〈東山〉詩中提到所謂「倉

　　七、女年十六七。以梅落喻男女年衰，則未落宜據男年二十五、女年十五矣，則毛以上二章陳昬盛正昏之時，卒章蕃育法，雖在期盡，亦是及時。」

⑱　同上，孔疏，頁 62：「鄭據《周禮》，仲春為昬是其正，此序云男女得以及時，言及者，汲汲之辭，故三章皆為繁育之法，非仲春也……既以仲春之月為正，去之彌遠，則時益衰，近則衰少，衰少則似梅落少，衰多則似梅落多，時不可為婚，則似梅落盡。」

⑲　《通典》，卷五十九〈嫁娶時月議〉，頁 341。

庚」，為春日之物，這也可以在〈七月〉「春日載陽，有鳴倉庚」
❿，以及《淮南子》〈時則〉仲春之月「蒼庚鳴」❶中得到證實，
詩中並明白提到「之子于歸，皇駁其馬，親結其縭，九十其儀」
❷，所述為嫁娶之事無疑（除此篇外，〈桃夭〉與〈燕燕〉二篇亦談及嫁娶
之事，所言之物，亦是春日物侯❸，也可作為春日嫁娶的證明）。此外，〈七
月〉中所提到的「春日遲遲，采蘩祁祁，女心傷悲，殆及公子同
歸」❹，也可被視為春日行婚嫁的證明。其他如〈野有死麕〉提到
女子「懷春」❺、〈綢繆〉的爭議已如上述。〈我行其野〉提到
「蔽芾其樗」，鄭箋云：「樗之蔽芾始生，謂仲春之時，嫁取之
月。」❻是從樹木生長抽條的狀況來論斷季節為春天。對於馬昭的
說法，孔晁提出批評：

　　《周官》云：「凡娶判妻入子者皆書之」此謂霜降之侯，冰

---

❿　　《毛詩》，卷八之一〈豳風・七月〉，頁281。
❶　　《淮南子》，卷五〈時則〉，頁70。
❷　　《毛詩》，卷八之二〈豳・東山〉，頁296。
❸　　《毛詩》，卷一之二〈周南・桃夭〉：「桃之夭夭，灼灼其華，之子于歸，
　　　宜其室家。」頁37。〈邶風・燕燕〉：「燕燕于飛，差池其羽，之子于歸，
　　　遠送于野」頁77。桃是春季物侯，在古籍中使用為春季的象徵情形很普遍，
　　　《淮南子》，卷五〈時則〉，頁162仲春之月，也說「始雨水，桃李始
　　　華」。（《禮記》〈月令〉也有相同的文句）燕，亦是春季物侯，使用於象
　　　徵春季亦極普遍，《禮記》〈月令〉仲春提到「是月也，玄鳥至」，玄鳥，
　　　即燕也，前面已經提過其和婚姻生育的關係。
❹　　《毛詩》，〈豳風・七月〉，頁281。
❺　　《毛詩》，卷一之五〈召南・野有死麕〉，頁65。
❻　　《毛詩》，卷十一之二〈小雅・我行其野〉，頁383。

泮之時，正以禮昏者也。次言：「仲春令會男女，奔者不禁」此昏期盡，不待備禮。玄鳥至，祀高禖，求男之象，非嫁娶之侯。**⑫**

又「有女懷春」，謂女無禮，過時故思。「春日遲遲」，蠶桑始起，女心悲矣。「嘒彼小星」，喻妾侍從夫人。「三星在隅」，孟冬之月，參見東方，舉正昏以刺時。「蔽芾其樗」，喻行遇惡夫。「熠熠其羽」，喻嫁娶盛飾，皆非仲春嫁娶之侯。玄據期盡之教，以為正婚，則奔者不禁過於是月。**⑱**

孔晁所說，固然呈現在《詩》的理解上，各家見解的差異，不過，問題的關鍵處乃在於孔晁主張秋冬結婚之說，所以對馬昭所舉《詩》中有關春日結婚的例子完全不能接受，其中不免也有因為觀點不同所造成的意氣和限制。

漢代經師解釋婚姻季節，還用到《易經》，尤其是〈咸〉卦、〈泰〉卦、〈歸妹〉之卦，以作為春娶之證。鄭玄對〈泰卦〉六五爻「帝乙歸妹，以祉元吉」的解釋是：

六五爻辰在卯，春為陽中，萬物以生，生育者嫁娶之貴，仲

---

⑫　《周禮正義》，卷二十六，〈地官·媒氏〉正義引，頁 1041。
⑱　同上。

　　春之月嫁娶，男女之禮福祿大吉。⑫⑨

不過，若直接就卦象來看，如〈咸〉艮下兌上，艮為少男居下，兌
為少女居上，同樣是以「男下女」，就整個宇宙而言，代表「天地
感而萬物化生」；就人事應用而言，代表宜於婚姻，所以卦辭說
「取女吉」⑬⓪。〈泰卦〉卦象乾下坤上，象徵天地交而萬物通，亦
象徵著以男下女，所以是陰陽交配婚娶之象，其六五爻為「帝乙歸
妹以祉元吉」所述即為婚姻之事⑬①。〈歸妹卦〉卦象為兌下震上，
「妹為小女之稱也，兌為少陰，震為長陽，少陰而承長陽，說以動
嫁妹之象。」⑬②六五爻爻辭為：「帝乙歸妹，其君之袂，不如娣之
袂，良月既望，吉」⑬③。三則都有婚姻的象徵意涵，不過三卦的卦
象中似乎無法明白看出時序是在春，甚至是仲春，如果一定要如此
推測，很可能因春季在時序上正是陰陽交接之時，同時也是萬物孚

---

⑫⑨　《周禮》，卷十四〈地官·媒氏〉賈疏引，頁 217。今本「鄭說」，阮元，
　　《校勘記》，頁 224，認為當從《通典》，卷五十九〈嫁娶時月議〉所錄張
　　融之文，頁 341，訂正為「舊說」。舊說並不排斥其指涉即鄭說，張融特未
　　稱名道姓而已，此其一；爻辰基礎乃以乾、坤十二爻分值子、丑等十二辰，
　　內有京房、鄭玄二系，於〈乾〉初至上六爻分值子至戌，二家無異，至若
　　〈坤〉六爻，因逆行、順行之別，坤六五，前者配置為亥，後者配置為卯，
　　今既論〈泰〉之六五，認為值卯，是必為鄭氏獨門《易》學，此其二。卯乃
　　二月仲春，介於正月寅、三月辰此二陽月間，故曰「春在陽中」，鄭氏牽合
　　以申一己之婚期說。此條意見為朱曉海先生所提示，謹此致謝。
⑬⓪　前揭書，卷四〈咸〉及〈象〉，頁 82。
⑬①　《周易》，〈泰〉卦，頁 41-43。
⑬②　《周易》，〈歸妹卦〉，頁 118-119。
⑬③　前揭書，卷五〈歸妹〉及王注，頁 118-119。

乳之時，和上下卦陰與陽相接，以及儒家喜談的婚禮中以男下女的精神相合，所以容易如此聯想和類比。

　　以上我們透過經師對婚期主張的不同，來檢視其對經書所作的詮釋和影響，以及此種詮釋所可能帶來的矛盾和限制。我們發現主張婚期當在春季的說法，對經籍文獻試圖作出統攝和詮釋的情況較多，這似乎可以反映出在漢代春季說的主張較為強勢和流傳，以至於在經籍上的滲透和整合程度上較深。其次，經師在注經的過程中，常會將文獻納入某學說或主張的系統下，以至於對於經意的詮釋會出現一些差異或牽強附會。前文透過經師對《詩》句的理解、篇意的論斷，對《易經》卦象、卦辭的理解上，一再看到經師常常借經籍文獻來證明己見的現象。例如，在毛傳與鄭玄對婚期主張的不同觀點下，二者在對《詩》同一篇目的理解上，也就出現了很大的不同。第三，在不同主張論難的過程中，一方面可以看到不同派別對經籍的理解和詮釋不同，另一方面還可看出各學派對經籍詮釋囿限於其學說所發生的盲點，這在馬昭與孔晁的論難中也可以看出。

　　經師對於婚姻季節的詮釋，既然常依主張不同而出現對文獻解讀的差異，要繼續追問的是，成婚季節之說的基礎何在？漢代經師對婚姻季節的主張是前有所承？亦或是受到新的環境與思維的啟發？此主張落實在現實生活的情況又如何？

三、婚期說的形成與發展

　　討論婚期問題前，先將前文所討論的內容作個整理，以清眉目。前文已提及《周禮‧地官‧媒氏》有仲春會男女的政策、《大

戴禮記・夏小正》也於仲春（二月）時節有娶婦之文、《禮記・月令》二月仲春正是嫁娶與生育的時節。除此而外，在子書中也可發現春季結婚的痕跡，如《管子・時令》篇有「春以合男女」之文。此外，《毛詩》中的一些篇章如〈東山〉、〈燕燕〉、〈桃夭〉、〈七月〉等詩篇，也可以看出春季結婚的現象確實存在。不過，應注意的是，現象的存在是一回事，是不是成為一種禮制或限制性的法則又是另一回事。換言之，《詩》所存在的春季成婚之篇章，只能證明春季成婚現象確實存在；而且以文脈來看，春季結婚不能視之為違禮，但並不能證明，結婚只能被限制在春季舉行。

至於秋、冬成婚的現象，也可在文獻上找到根據。《荀子・大略》可為代表。《詩》的〈氓〉與〈匏有苦葉〉也可以作為秋、冬結婚的表現；不過，如前所述，這同樣地不能證明婚期只能被限定在秋冬舉行。其他如〈野有蔓草〉、〈摽有梅〉、〈綢繆〉、〈東門之楊〉、〈行露〉等篇，由於經師有所爭論，此處暫不將其納入以上的討論。

由上述可知：不論持何說，在故籍中都可尋得先民於春季或秋、冬舉行婚禮的現象。如果欲以：經生要的是經文而非一般書籍上的立論根據，諸如《荀子・大略》乃諸子百家言，非六藝王官學，不得作數，而《周禮》在當時尚未被士林全盤接納為正典，大、小戴《記》也非高居經的位階，均不具絕對權威來辯稱的話；然而從《毛詩》觀之，既可以看出春季結婚確實是存在的，也有無疑義的經文顯示婚期在秋、冬。當經師將經籍文獻中記載的結婚季節，直接當作一種禮法上的限定，並且將其他季節結婚者，都視為違禮或婚姻失時，就會造成解釋文獻上的困難，因為在經籍文獻

中，春與秋、冬皆可找到行婚禮的現象及證據，於是也就形成了對婚期的爭論（後來的經生立於前人的爭論上，常加以調和，並為滿足如《春秋》等史策的記載，提出了四季皆可成婚，或貴族四季皆可成婚的說法，而將婚期的限定推給庶民階層，以此來對春與秋、冬婚期二說，嘗試給予統合，希望能同時照顧到經籍所說及史實。不過漢人爭論的焦點仍是在春與秋、冬二說上。）其實形成漢人爭論焦點的背後，乃是漢人欲確立如何才能有效地符應天地之道的思維預設。春季結婚之說，就是漢代講求順應天時以及陰陽感應的原則下，才特別被凸顯。

　　除了陰陽感應外，春季成婚其實有更早、更基礎的部分，那就是在原始宗教中春季的交合與豐產儀式的密切關係。從人類學及宗教學的研究成果來看，男女兩性的結合，被認為能感應促進農畜的豐產❸❹，同時也與季節和雨水的調和有密切的關係❸❺，這種感應是在一種神秘的互滲下進行的。《禮記·月令》中提到祭高禖的求育巫術，就是在仲春時節舉行（「以大牢祠于高禖，天子親往，后妃帥九嬪御。」❸❻）祭祀高禖時，君王與群妃進行「御」的行為，來交感萬

---

❸❹　可參考弗雷澤，《金枝》（久大、桂冠聯合出版，1991 年版）〈兩性關係對於植物的影響〉，汪培基譯，頁 207-213。

❸❺　男女婚姻以時，可以感應天地之和，如孫詒讓，《墨子閒詁》（北京：中華書局，1957 年）卷一〈辭過篇〉第六：「夫婦節而天地和」，頁 22，《禮記》〈郊特牲〉：「天地合而萬物興焉，夫婚禮，萬世之始也。」《春秋繁露·求雨》，男女婚姻失時、失婚將會感應天地使農業及生產發生問題，所以政策上不能使男女老而不婚，一方面增加生產力，另一方面也防止宇宙失序，又如〈歸妹卦〉所說「天地不合而萬物不興」。關於此部分也可以參考第一節〈婚齡主張的爭議與其思想根據〉。

❸❻　《禮記》〈月令〉，頁 299-300。

物及子嗣的繁育。在民俗上，為了求農物的豐產，常以性的結合作
為感應的手段，如在社地上常有男女幽會尋歡⑬，在《詩》中許多
男女冶遊均是在春季時發生的，其場景常與水有關⑱，水及水中之
魚⑲等均具有強烈生殖意象。與生育求偶有密切關係的上巳節傳統
亦都在春季舉行⑭。這都可以看出春季結婚說並不只是陰陽五行及
月令精神下的產物，它實有更早、更根源的源頭，也就是在原始巫
術中春季與生育、性的密切關係。

---

⑬ 參見楊儒賓，〈吐生與厚德──土的原型象徵〉之土地女媧與生殖，《中國
文哲研究集刊》，第二十期，2002 年 3 月，頁 13-22。有關豐產儀式與土地
及兩性媾合的關係，可參考拙作〈土地崇拜與豐產祭典的性質與演變──以
先秦及禮書為論述核心〉，《清華學報》，第 39 卷 4 期。

⑱ 孫作雲認為《詩經》男女春季冶遊與水有密切關係，可能與上巳節求子的風
俗有關。《詩經與周代社會研究》（北京：中華書局，1966 年）〈詩經戀歌
發微〉。

⑲ 魚與性的關係，參見《聞一多全集（一）》（臺北：里仁書局，1996 年）
〈說魚〉，頁 117-138。

⑭ 楊儒賓：「祭祀高禖的日子往往集中在上巳節，而且選擇在水邊舉行。水的
氾濫流行及豐沛生殖力，更助長了『社』的生殖作用。」〈吐生與厚德──
土的原型象徵〉前揭文。朱曉海先生：「修禊不但是爭奇鬥豔的機會，而且
成為堂而皇之獵取或尋求愛者的社交場合。我們知道：自古三月就有高禖之
祭，是男女交際以至『淫』奔的節目，東漢固然仍保留宗教部分，行禮如
儀，實質部分則似乎讓渡給被禊，與之合併。」〈漢賦漢俗互注示例並推
論〉，頁 7-8（以上兩篇均見於第二屆中國古典文學國際研討會──紀念聞一
多先生百週年誕辰論文，民國 88 年 10 月）。宋兆麟：「到了三月上巳日，
人們都到河邊沐浴，舉行消災求吉儀式，稱被禊。……上巳節除被禊外，還
有祭高禖、浮卵、聚餐、野合及其他娛樂活動，其目的是求子、維持人類自
身繁衍。」《中國生育、性、巫術》（臺北：漢忠出版社，1997 年），頁
122。

　　春季成婚與農業下種的時間有密切的關係，從〈月令〉來看，春雨到下種是在正月中以後到二月仲春間發生的：

> 是月也，天子乃以元日祈穀于上帝，乃擇元辰，天子親載耒耜，措之參于保介之御間，帥三公、九卿、諸侯、大夫躬耕帝籍。⑭

> 是月也，天氣下降，地氣上騰，天地和同，草木萌動，王命布農事。⑭

《呂氏春秋·孟春紀》文句大致相同，《四民月令》正月中提到「雨水中地氣上騰，土長冒橛，陳根可拔」注為：「正月冰解，土墳起，沒橛之也」⑭，底下所說則是下種種植之事，種植的事可以持續進行到二月仲春⑭。由正月中冰開始溶解，到二月仲春是農業開始興盛的季節，貴族們忙於祭祀求豐年、籍田等禮，庶民們則忙於鬆土下種等事務。然而事不止於此，據《禮記》卷十五〈月令〉，仲春時要舉行祭高禖的巫儀，祭祀時，君王向群妃進行「御」的行為，以求子嗣繁育，民間也在此時合男女。合男女與下種的時間正相重疊，這應是早期藉男女交合以期感發自然的生產

---

⑭　《禮記》卷十四〈月令〉孟春，頁287。

⑭　同上，頁288。

⑭　《四民月令》，正月，頁6-9。

⑭　《四民月令》，正月，頁6：「急菑彊土，黑壚之田，可種春麥、蟲豆，盡二月止，可種瓜，瓠芥，葵𦰏，大小蔥、蓼蘇、牧宿子及雜蒜。」

力、求豐產的巫術，其後才逐漸演變為春季合男女的政策和鼓勵春季結婚的措施。漢儒繼承了春季男女交合、生育、農業繁衍的古風遺俗，並以陰陽和天地對應的系統再進一步去詮釋它、擴大它，將一些經籍文獻均納入其中，形成一個解釋系統，此一系統在陰陽與天人符應的想法下，逐漸演變成具有規範性（結婚定於仲春）的學說。

漢代自宣帝以後直到東漢有依月頒令的制度，由出土的《尹灣集簿》中發現，漢成帝時有「以春令成戶」的施政❶，將「理陰陽、順四時」、「中春之月令會男女」❶的想法落實在政令上。這雖可視為春季成婚說影響下的結果，但也未始不會由果復轉為因，讓漢代經生在思考婚期問題時，愈發傾向春季說，而漢代的經師在思考春季結婚的問題時，也就在此氛圍下進行的。

如果早期在春季交合是一種自然本能的衝動與求豐產的巫術行為，而不像戰國以後逐漸形成的一套具有規範性的學說，那麼春季以外的結合並非不可以發生，但可能不若春季那樣地普遍罷了；我們也大約可以從文獻上看出秋冬結合的記載實不若春季來得多，而且若從《毛詩》中提到秋季結婚的二條文獻來看（〈邶風·匏有苦葉〉、〈衛風·氓〉）均出於衛國境內，而春季結婚卻遍及周南、召南、邶風、豳風範圍顯然較廣。這是不是意味著早先秋冬結婚所行的地域很小？由於資料十分有限，在此仍無法遽下論斷。不過，秋

---

❶ 邢義田，〈月令與西漢政治——從尹灣集簿中的「以春令成戶」說起〉，《新史學》，9卷1期（1998年3月），頁1-54。

❶ 《史記》，卷五十六〈陳丞相世家〉，頁 2061。《周禮》，卷十四〈地官·媒氏〉，頁 217。

冬結婚由於能夠配合農閒的時間，所以在不違農時的考慮下逐漸被提倡，在先秦儒家作品中，可以看到一再要求當政者重農與不違農時❼，這顯然與當時政局紊亂、戰爭頻仍，當政者常發動民眾從事種種勞役和兵役❽，造成農業嚴重影響有關。因此特別提倡不違農時的秋冬為婚期。漢代時期雖以春季說流傳較廣，但對於戰國到秦漢之際的文獻中所提到的秋冬說也保持著關切的態度，毛傳對《毛詩》篇章的詮釋即是其例，尤其到了王肅，為了反駁鄭玄、馬融的春季說，特別標舉出秋冬，成為此派學說的代表。

　　對於兩種說法的爭議，在月令中也出現了整合的方式，如《管子·幼官》提到春、秋皆可合男女：

　　　　（春）十二，始卯，合男女。十二，中卯。十二下卯。三卯同事。

　　　　（秋）十二，始卯，合男女。十二，中卯。十二下卯。三卯

---

❼　邢昺，《論語注疏》（臺北：藝文印書館，2001 年；以下簡稱《論語》），卷一〈學而〉，頁 6：「使民以時」；孫奭，《孟子注疏》（臺北：藝文印書館，2001 年；以下簡稱《孟子》），卷一上〈梁惠王〉，頁 12：「不違農時，穀不可勝食也」；王先謙，《荀子集解》（臺北：華正書局，1993，以下簡稱《荀子》），卷六〈富國〉，頁 115-116：「無奪農時，如是則國富矣」、卷七〈王霸〉，頁 149：「罕舉力役，無奪農時，如是，農夫莫不朴力而寡能矣」。

❽　詳參杜正勝，《編戶齊民》（臺北：聯經出版公司，1992 年），頁 49-96。

同事。❹

《四民月令》也保留了二月、八月嫁娶的記載❺，可見這兩種說法當時在民間應該都不算陌生。就提倡秋、冬成婚說的政治、社會因素而言，兩漢與先秦無別；若說宇宙論的根據，秋、冬成婚同樣可振振有詞，為漢「群儒首」、「世儒宗」❺的董仲舒就如是主張，是以漢代雖以春季說較具主流勢力，秋、冬成婚說只是暫時蟄伏，不可能從學界、社會上消失。待王肅登高一呼，此後即成了分庭抗禮的局面了。

四、春秋貴族實際婚期的考察

以下先根據記載，羅列出春秋貴族婚嫁的季節：

（甲）周王室：

周桓王娶紀女：冬，「祭公來，遂逆王后于紀」。春，「紀季姜歸
　　　　于京師」❺。

周惠王娶陳女：春，「虢公、晉侯、鄭伯使原莊公逆王后于陳，陳
　　　　媯歸于京師」❺。

---

❹　《管子》（臺北：中華書局，1978 年）第三卷，第八〈幼官〉，頁 3-4。
❺　《四民月令》，頁 9：「（二月）是月也，擇元日可結婚」、頁 25：「（八
　　月）是月也，可納婦」，也將這種規範保留下來。
❺　《漢書》，卷五十六〈董仲舒傳·贊曰〉，頁 2526、卷三十六〈劉向傳〉，
　　頁 1930。
❺　《左傳》，卷七〈桓公八年〉，頁 118。
❺　前揭書，卷九〈莊公十八年〉，頁 159。

周定王娶齊女：「夏，定王使子服求后于齊」，「冬，召桓公逆王
　　　后于齊」❿。

周靈王娶齊女：「（春）劉夏逆王后于齊」❺。

周莊王嫁女於齊：「夏，單伯送王姬」，「秋，築王姬之館於
　　　外」，「冬，王姬歸于齊」❻。

周莊王嫁女於齊：「冬，王姬歸于齊」❼。

（乙）諸侯：

魯：

魯桓公娶齊女：秋，「公子翬如齊逆女，九月，齊侯送姜氏于讙，
　　　公會齊侯于讙，夫人姜氏自至齊」❽。

魯莊公娶齊女：「冬，公如齊納幣」，次年「春，公至自齊」，又
　　　次年「夏，公如齊逆女」，「秋，公至自齊」，「八月丁丑，
　　　夫人姜氏入」❾。

魯文公娶齊女：「夏，逆婦姜于齊」⓿。

魯宣公娶齊女：（正月）「公子遂如齊逆女」，「三月，遂以夫人
　　　婦姜至自齊」❶。

❿　前揭書，卷二十二〈宣公六年〉，頁 377。

❺　前揭書，卷三十二〈襄公十五年〉，頁 565。

❻　前揭書，卷八〈莊公元年〉，頁 136。

❼　前揭書，卷九〈莊公十一年〉，頁 152。

❽　前揭書，卷六〈桓公三年〉，頁 103。

❾　分見前揭書《左傳》，卷九〈莊公二十二年〉，頁 162、卷十〈莊公二十三
　　年〉，頁 171、〈莊公二十四年〉，頁 172。

⓿　前揭書，卷十八〈文公四年〉，頁 305。

❶　前揭書，卷二十一〈宣公元年〉，頁 360。

魯成公娶齊女：「秋，叔孫僑如如齊逆女」，「九月，僑如以夫人
　　婦姜至自齊」⓰。

魯嫁女於紀：「九月紀裂繻來逆女」，「十月伯姬歸于紀」⓱。

魯嫁女於杞：「夏，伯姬歸于杞」⓲。

魯嫁女於莒：「（冬）莒慶來逆叔姬」⓳。

魯嫁女於齊大夫：「秋九月，齊高固來逆叔姬」⓴。

魯嫁女於宋：「夏，宋公使公孫壽來納幣」，次年「二月，伯姬歸
　　于宋」，「夏，季孫行交如宋致女」㊐。

鄭：

鄭公子忽娶婦：「四月甲辰，鄭公子忽如陳逆婦媯，辛亥以媯氏
　　歸，甲寅入于鄭」㊑。

晉：

晉侯娶齊女：「夏，晉荀首如齊逆女」㊒。

晉平公娶齊女：「（春）宣子如齊納幣」「夏四月，韓須如齊逆
　　女」㊓。

⓰　前揭書，卷二十七〈成公十四年〉，頁 464。

⓱　前揭書，卷二〈隱公二年〉，頁 41。

⓲　前揭書，卷十〈莊公二五年〉，頁 173。

⓳　前揭書，卷十〈莊公二七年〉，頁 175。

⓴　前揭書，卷二十二〈宣公五年〉，頁 376。

㊐　前揭書，卷二十六〈成公八年〉、〈成公九年〉，頁 447。

㊑　前揭書，卷四〈隱公八年〉，頁 74。

㊒　前揭書，卷二十六〈成公五年〉，頁 439。

㊓　前揭書，卷四十二〈昭公二年〉，頁 719。

晉平公娶繼室於齊：「（五至七月間）晉韓起如齊逆女」❿。

（丙）卿大夫：

魯：「夏，公孫茲如牟娶焉」⓯。

魯：「（春）聲伯如莒逆也」⓰。

衛：「臧文仲以陳、衛之睦也，欲求好於陳，夏，季文子聘于陳，
　　　且娶焉」⓱。

齊：「秋九月，齊高固來逆叔姬」⓲。

　　《春秋》經傳所記的婚禮過程，以納徵和迎親最為詳細，但探
討結婚的時節當以婦至為標準，因為此時正是陰陽交接最重要的時
刻，不過經傳甚少記載婦至的時間，這並不是婦至不被重視，而是
將婦至納為迎親的一部分。天子與諸侯、諸侯與諸侯間行婚禮，從
迎親到婦至，由於路程遙遠，需耗去一段時間，且迎親的行列從抵
達女方之國至啟程、返抵國門期間，是否會因為擇日或種種因素而
擱延長短不等的時間，由於史闕有間，很難去推論。只能對迎親的
時節先作整理和統計，然後再由兩國路程之遠近，參考、類比經傳
中有明文記載的部分，酌量推加其時間。由於考慮到誤差問題，所
以增加後的時間會和原季節並列，以示介於此段時間中。由表 1.2
來看，若僅以迎親的時間來看，周王室娶后、嫁女六次全部集中在
冬季到春季之間，春二次，冬四次；魯公娶婦、嫁女十次，以秋季

---

❿　前揭書，卷四十二〈昭公三年〉，頁 725。

⓯　前揭書，卷十二〈僖公五年〉，頁 207。

⓰　前揭書，卷二十六〈成公八年〉，頁 446。

⓱　前揭書，卷十九上〈文公六年〉，頁 313。

⓲　前揭書，卷二十二〈宣公五年〉，頁 376。

四次、冬季二次比例最多,夏季三次,仲春一次;鄭國一次是在夏四月;晉國三次,均在夏季。另外卿大夫外娶記載了四次:魯國二次,一春、一夏;衛國夏季一次;齊國秋季一次。如果按全部統計的比例來看,各季節都有。就婦至的時間來看,經傳明文記載時間的:春季、秋季各兩次(至於鄭公子忽夏季那次,或認為乃違禮事件,暫不計),與經生爭論的仲春、季秋正好符合,可見兩派主張皆有所承,並非憑空捏造。但若加上我們所推測的季節,就會發現婦至的時節四季皆有,不過春與秋二季仍然最多,冬季也不少,夏季殿末,另外,從青銅器銘文所呈現的情況來看,亦是各季皆有,但正月情況最多❻,這與經生將婚期只定於某一個季節的說法並不相符。

此外,從先秦至西漢簡帛有關擇日的材料來看,婚嫁避忌時間遍及各季,並不限於某季。同樣,利於嫁娶的時日各季節也都有。當然,民俗中有所謂惡月的想法,如戰國以降視五月為惡月❼,此月之中諸事不利❽,據《禮記》卷十七〈月令〉,是「日短至,陰

---

❻ 由《商周青銅器銘文選》所收錄的媵器銘文來看,著有月份者計二十三件,分別為 00072、02603、02650、02738、04055、04573、04603、04604、04606、04607、10157、04612、04616、04625、10149、10171、10279、10281、10284、10298、10299、10320、10342,共計為十八人所有,其中正月初有十七件,為十三人所有,分屬於楚、陳、許、蔡、徐、晉各國。五月有二件,為一人所有,吳國。八月一件,鄧國。九月有二件,分屬曾國、鄧國。十二月有一件,鄭國。此資料承蒙中研院史語所陳昭容先生所提示。

❼ 《史記》,卷七十五〈孟嘗君列傳〉,頁2352。

❽ 如李昉,《太平御覽》(北京:中華書局,1960年),卷三十一〈時序部〉引《風俗通》,頁146:「五月蓋屋,令人頭禿」、頁147:「五月五日,以

陽爭，諸生蕩」⑲的緣故。避忌的問題自然會波及婚期的抉擇，但既然各類行事都在避忌之列，嫁娶不過其中之一，也就可反顯此月非專為婚期而設，與婚期的限制並無直接關係。

五、小結

漢代的經生對於婚期的問題十分重視，希望透過男女婚姻的和諧，達致萬物化生、天地和諧的想法，在這樣的背景下，什麼時候合陰陽就成為一件極重要的事。不過當考察《春秋》經傳中實際婚期的狀況，就會發現，經傳對於婚姻過程的記載側重在納徵和親迎，對於結婚時婦至的時間多略過，與後世經生重合陰陽時節的態度大相逕庭。

在經生對於婚期的主張中，分仲春和秋至開春以前兩派，不過，從對經籍文獻的涵攝程度和廣度來看，春季說在當時應較受重視。漢代經生主張結婚應在春季，應是承續著春季男女結合以求育、豐產等原始巫術的古風遺俗而來，在這樣的基礎上，又以陰陽、天地符應等思想、語詞去表述、支撐它。據《尹灣集簿》所載，在西漢中晚期以後曾經被推行為政策，這也顯示出春季男女結合的這支說法，在漢代對政策所實際發生的影響。不過，春季合男女的說法儘管盛行，秋、冬結婚的說法也一直存在，這是先秦以來

五綵絲繫臂者，辟兵及鬼，令人不病溫」。韓鄂，《歲華紀麗》（臺北：藝文印書館，1970 年），卷二，頁 56：「（端午）忌蓋屋，勿曝薦」注引《風俗通》：「不得曝床薦席」。周廣業，《意林注》（臺北：藝文印書館，1970 年），卷四引《風俗通》，頁 9：「五月到官，至免不遷」。

⑲　《禮記》，卷十七〈月令〉，頁 346。

就有的重農和不違農時等主張的一部分，漢代的經生在為婚姻季節的主張尋求證據時，自然必須對此回應，這就導致了婚期當定於何季節的爭論。在爭論中，兩派的經生各自於經籍文獻中找證據，並且對許多經籍文本作出符合主張的詮釋和推斷，以至於有時候同一文本，在解讀上卻因主張不同，而有詮釋全然不同的情形發生，這樣的情形不但反映出此種注經的限制，而且也反襯出：規範婚姻季節，恐怕並非經籍文獻的原意。

第三節　婚配人數符應宇宙圖式

在封建社會中，不同的階級相應的婚配人數為多少？經生對此有所主張和界定，這些主張的背後，牽涉到自然、宇宙圖象的符應，帝王、貴族的后宮問題，求育、養生等複雜的層面，與漢代經生提倡的媵婚制度，一體兩面，密切相關。我們在此先述及經生對婚配人數的主張，及其所根據的宇宙圖象符應原理（這個原理貫通了經生許多對婚姻的主張，我們在前兩節討論婚齡與婚期問題時，也已陸續提及了）。至於婚配人數的具體狀況，以及天子、諸侯娶婦所涉及媵婚制度問題，由於所涉龐雜，將在下一章〈春秋至兩漢的媵婚制及媵婚說所反映的婚姻性質與政教理想〉繼續探討。

一、天子、諸侯后妃之數

關於天子后妃之數，最常見的說法有三種：㈠一娶九女，㈡一娶十二女，㈢《禮記》系統的一百二十一人。此部分詳於下章〈春秋至兩漢的媵婚制及媵婚說所反映的婚姻性質與政教理想〉。

二、諸侯一娶九女

諸侯一娶九女，牽涉到媵娣婚制、《春秋》經傳和先秦文獻的記載、以及漢代經師的解經等複雜的問題，將於下章討論，此處不贅述。

三、大夫與士的婚配人數

《白虎通》卷十〈嫁娶〉說：

> 卿大夫一妻二妾者何？尊賢，重繼嗣也。不備侄娣何？北面之臣賤，勢不足以盡人骨肉之親。《禮·服經》曰：「貴臣貴妾」，明有卑賤妾也。

這裏說卿大夫應有二妾，而且這二妾應是指〈服經〉中所說的「貴妾」而言。不過說卿大夫不備侄娣，與史實的記載不符，如《左傳》記載衛大夫娶于宋，並寵愛宋女之娣**❿**，可見娶婦時，娣亦隨婦而嫁。此外《左傳》也記載了魯大夫臧宣叔在正妃死後有娣可以為繼室正室**❶**。而且在禮書中也明白提出大夫對姪娣之禮，如《禮記》卷四〈曲禮下〉說：在日常生活中「大夫不名世臣、姪娣」，

---

❿　《左傳》，卷五十八〈哀公十一年〉，頁 1018：「冬，衛大叔疾出奔宋。初，疾娶于宋子朝，其娣嬖」。

❶　前揭書，卷三十五〈襄公二十三年〉，頁 606：「初，臧宣叔娶于鑄，生賈及為而死，繼室以其姪，穆姜之姨子也」。

以示尊重❿。這種尊重在喪禮中也可以看出，《禮記》卷四十五〈喪服大記〉說：「大夫撫室老，撫姪娣」❿，《儀禮》卷三十三〈喪服〉說：「貴臣貴妾，傳曰：何以緦也？以其貴也」，此處所謂貴妾，鄭玄認為即指姪娣，是為姪娣服，並撫其屍❿。無論就經就史，大夫都備有姪娣。但真正值得注意的是：這還只是「貴妾」，賤妾尚未與焉。

至於士人以一妻一妾為標準，《白虎通》卷十〈嫁娶〉：

> 士一妻一妾何？下卿大夫，禮也。〈喪服小記〉曰：「士妾有子，則為之緦。」

按照階級等差，所謂「下卿大夫」，士應只蓄一妾，但《禮記》卷四〈曲禮下〉說：「士不名家相、長妾」，既名為「長妾」，似乎是對應其他庶妾來說的，陳立雖試圖為之彌縫：「妾一也，妾有子

---

❿　《禮記》，卷四〈曲禮下〉孔疏，頁 71-72：「世臣，父在時老臣也。姪是妻之兄女，娣是妻之妹，從妻來為妾也，大夫不得呼世臣及貴妾名也」。

❿　前揭書，卷四十五〈喪服大記〉孔疏，頁 781：「以姪娣為貴妾，死則為之服，故並撫之也，既撫姪娣，則賤妾不撫也」。至於天子、諸侯，於貴妾無服，見《儀禮》，卷三十三〈喪服〉，頁 389，鄭注。《禮記》，卷十〈檀弓〉，頁 192：「悼公之母死，哀公為之齊衰。有若曰：『為妾齊衰，禮與？』公曰：『吾得已乎哉？魯人以妻我。』」鄭玄即認為哀公的辯解乃「文過非也」。

❿　天子、諸侯于貴妾無服，《禮記》卷十〈檀弓〉：「悼公之母死，哀公為之齊衰。有若曰：『為妾齊衰，禮與？』公曰：『吾得已乎哉？魯人以妻我。』」頁 192。可見以禮來說諸侯于貴妾無服，哀公的辯解是為文過。

則謂之長妾，無子則逕稱妾 ⑱，然而參照《儀禮》卷五〈士昏禮〉：「雖無娣，媵先」，鄭注：「娣尊姪卑。若無娣，猶先媵，客之」，賈疏：「媵即姪也……姪與娣俱名媵」，與一妻一妾的原則明顯出入，是罅隙仍在。

四、庶人的婚配人數

　　基於階級等差精神和現實考量，庶人以一夫一妻為常態。若從階級等差的角度來看，士人尚不過一妻一妾，庶人階級在士人之下，自當降殺；若從現實考量，庶人一般來說也較乏能力置妾。雖然按禮庶人不應置妾，事實卻不盡然。如《莊子》卷七上〈山木〉記載：「陽子之宋，宿於逆旅。逆旅人有妾二人」，「逆旅」在先秦時即屬被賤視的對象⑱，但仍置妾，《韓非子》卷十〈內儲說下〉提到一位妻子因為耽心經濟好轉將導致丈夫娶妾，所以只敢向神祈求少量的賜予⑱，可見當時庶人階級置妾的情況應非罕見，故《莊子》卷十上〈漁父〉提到：「妻妾不和，長少無序，庶人之憂也」。除了經濟好轉，可能使得娶妾的情況增加外，也與子嗣有關，在強調「不孝有三，無後為大」⑱的文化中，如果妻無子，除了出妻外，也可能以娶妾的方式補救。

---

⑱　《白虎通》，卷十〈嫁娶〉，頁481。

⑱　如《睡虎地秦墓竹簡》（臺北：里仁書局，1981年），〈為吏之道〉稱引〈魏戶律〉、〈魏奔命律〉，頁554-556。

⑱　王先慎，《韓非子集解》（臺北：華正書局，1991年；以下簡稱《韓非子》），卷十〈內儲說下〉，頁203。

⑱　《孟子》，卷七下〈離婁〉，頁137。

　　經生對婚配人數的主張，背後除了符合階級的精神，而以人數遞減的方式呈現外，即便已到兩漢，禮的精神仍非如後世的理解，僅是人際社會的規範儀節，仍然具有深刻的宇宙論的面向，是「天秩」「天敘」**⑱**在人世的展現。因此，當經生對婚配人數提出主張時，依舊不脫天人對應論的延用，試圖透過對應以契合天道，同時藉著彼此感應，使自然宇宙和人事得以和諧，萬物得以生生繁育。當然以此種對應的學說，比對於前代或所處的時代的婚姻具體現象，不免發生牴觸，托古改制的理想與客觀現實間的互動，往往呈現出一種複雜的模態。

表 1.1　《居延漢簡》所記士卒家庭成員、人口數統計以及年齡狀況**⑲**

出處	戶主	妻	子	女	弟	妹	父	母	妾	人口總計	妻最遲婚齡
六十葉 (29.1)**⑲**	孫時符	大女 21歲		王女3歲		耳9歲				4	18
六十葉 (29.2)**⑲**	張彭祖符	大女 42歲	大男 輔19歲 小男	小女 足9歲					輔妻 南來 15歲	5	23

---

⑱　孔穎達，《尚書注疏》（臺北：藝文印書館，2001 年，以下簡稱《尚書》），卷四〈皋陶謨〉，頁 62。

⑲　本表的基本資料是以榮榦，《居延漢簡》考釋之部，1986 年重訂版考證的釋文為依據。

⑲　《居延漢簡》，六十葉（29‧1），頁 25。

⑲　前揭書，六十葉（29‧2），頁 26。

出處	戶主	妻	子	女	弟	妹	父	母	姜	人口總計	妻最遲婚齡
			廣宗12歲								
一三三葉(203.7)❶❾❸	孫青肩	大女謝34歲		使女於10歲未使女女足6歲						4	24
一三三葉(203.3)❶❾❹	徐誼	大女職35歲	未使男有3歲	使女侍9歲						4	26
一六一葉(203.13)❶❾❺	王並	大女嚴17歲		未使女毌知2歲						3	15
一六一葉(203.12)❶❾❻	甯蓋邑	大女足21歲					大男傴52歲	大女請卿49歲		4	22
一六一葉(203.4)❶❾❼	未記	大女佳18歲								2	19
一六二葉	李護宗	大女足29歲	使男7歲							3	22

❶❾❸　前揭書，一三三葉（203・7），頁55。

❶❾❹　前揭書，一三三葉（203・3），頁55。

❶❾❺　前揭書，一六一葉（203・13），頁65。

❶❾❻　前揭書，一六一葉（203・12），頁65。

❶❾❼　前揭書，一六一葉（203・4），頁66。

出處	戶主	妻	子	女	弟	妹	父	母	妾	人口總計	妻最遲婚齡
(203.19) ⑲⑧		歲									
一六二葉 (203.16) ⑲⑨	王音	大女倡20歲								2	21
一六二葉 (203.23) ⑳⓪	未記	大女待27歲	未使男偃3歲 小男霸2歲							4	24
一六三葉 (203.32) ⑳①	未記	大女君至28歲	使男相10歲			大女待23歲				4	18
二一八葉 (133.20) ⑳②	張霸	大女至19歲			大男輔19歲 使男動10歲					4	20
二三〇葉	丁仁					大女惡女		大女存			

---

⑲⑧　前揭書，一二二葉（203‧19），頁66。
⑲⑨　前揭書，一六二葉（203‧16），頁66。
⑳⓪　前揭書，一六二葉（203‧23），頁66。
⑳①　前揭書，一六三葉（203‧32），頁66。
⑳②　前揭書，二一八葉（133‧20），頁82。

出處	戶主	妻	子	女	弟	妹	父	母	妾	人口總計	妻最遲婚齡
(254.11)❷⓿❸						18歲使女肩13歲		67歲			
二五三葉(55.25)❷⓿❹	張孝	大女弟34歲		未使女解事6歲						3	28
二五三葉(137.20)❷⓿❺	伍尊	女足15歲								2	16
二八一葉(95.17-20)❷⓿❻	王褒	大女信18歲								2	19
二八四葉(231.25)❷⓿❼	張放	大女自予23歲	未使男望2歲								21
二九四葉(161.1)❷⓿❽	富鳳	大女君以28歲		使女始7歲未使女寄3						4	21

❷⓿❸　前揭書，二三〇葉（254·11），頁 86。
❷⓿❹　前揭書，二五三葉（55·25），頁 92。
❷⓿❺　前揭書，二五三葉（137·20），頁 92。
❷⓿❻　前揭書，二八一葉（95·17-95·20），頁 99。
❷⓿❼　前揭書，二八四葉（231·25），頁 100。
❷⓿❽　前揭書，二九四葉（161·1），頁 102。

出處	戶主	妻	子	女	弟	妹	父	母	妾	人口總計	妻最遲婚齡
				歲							
三一五葉(194.20)❷⓪❾	虞護	大女胥15歲				使女自如12歲□未使女賣者5歲				4	16
三二三葉(317.2)❷❶⓪	徐□	大女南弟28歲	未使男益有4歲	女曾1歲							24
三三四葉(27.3)❷❶❶	未記	大女止女21歲			使男12歲					3	21
三三四葉(27.4)❷❶❷	周賢	大女止瓦26歲	使男並10歲	使女捐之8歲						4	16
四四三葉(54.19)❷❶❸	奉世	倚郎16歲								2	17
五五六葉		大女母52									

---

❷⓪❾　前揭書，三一五葉（194・20），頁108。

❷❶⓪　前揭書，三二三葉（317・2），頁111。

❷❶❶　前揭書，三三四葉（27・3），頁113。

❷❶❷　前揭書，三三四葉（27・4），頁113-114。

❷❶❸　前揭書，四四三葉（54・19），頁148。

出處	戶主	妻	子	女	弟	妹	父	母	妾	人口總計	妻最遲婚齡
(274.28)❷❹		歲									
五九二葉(103.24)❷❺	未記	大女□新27歲	小男大□11歲小男汪4歲							4	16

---

❷❹　前揭書，五五六葉（274・28），頁182。
❷❺　前揭書，五九二葉（103・24），頁198。

表 1.2　春秋時期貴族迎親與婦至的季節推論

國　別	聯姻國	迎親季節	婦至季節	附　注
周桓王	娶紀女	冬	春	婦至時間為明文記載
周惠王	娶陳女	春	春→夏	
周定王	娶齊女	冬	春→夏	
周靈王	娶齊女	春	夏→秋	
齊　侯	娶周王女	冬	冬	魯主婚
齊　侯	娶周王女	冬	冬	魯主婚
魯桓公	娶齊女	秋	秋→冬	
魯莊公	娶齊女	夏	秋八月	婦至時間為明文記載
魯文公	娶齊女	夏	夏→秋	
魯宣公	娶齊女	春正月	季春三月	婦至時間為明文記載
魯成公	娶齊女	秋	季秋九月	婦至時間為明文記載
紀侯	娶魯女	秋九月	秋→冬	
杞侯	娶魯女	夏	夏→秋	
莒侯	娶魯女	冬	冬→春	
宋侯	娶魯女	春二月	春→夏	
鄭公子忽	娶陳女	夏四月	夏四月	婦至時間為明文記載
晉侯	娶齊女	夏	秋→冬	
晉平公	娶齊女	夏四月	夏→秋	
晉平公	娶齊女	夏	秋→冬	
齊大夫	娶魯女	秋九月	冬	
魯大夫	娶牟女	夏	夏→秋	
魯大夫	娶莒女	春	春→夏	
齊大夫	娶魯女	秋	秋→冬	

第二章
春秋至兩漢的媵婚制及媵婚說
所反映的婚姻性質與政教理想*

　　周代的封建制度中是否曾經存在過媵婚制？如果有，它的形式
與內容又是如何？由於文獻有限以及後代經師註解的差異，使得其
中存在著許多的爭議，而且，當我們檢視春秋史實與經師有關媵婚
制的主張時，也會對其中許多紛歧矛盾處感到困惑，為何媵婚制的
主張會與我們所能見到的史實有一段不小的差距呢？經師所說的媵
婚制是憑空構作的嗎？或是我們所見到的春秋史實是處於一種「禮
崩樂壞」的階段？這兩者之間的關係是如何？

　　要瞭解媵婚制不能略過漢代經師對媵婚制的註解和詮釋，漢代
的經師對於媵婚制有一些重要的註解，漢代的士人亦常以媵婚制對
於皇室進行勸諫，這與漢代政治環境和思想背景有密切的關係，而
這些註解和宣揚媵婚制的過程也在無形中賦予了媵婚制豐富又特殊

---

*　　本篇文章曾發表於，〈漢代經師對媵婚制度的理解及其主張的背景〉，《臺
大中文學報》，16 卷（2002 年 6 月），頁 49-104。

的意涵。

　　以下我們透過幾個部分來進行討論，首先，我們先對媵婚制的定義進行瞭解。其次，我們進一步探索何謂媵婚，看在史實中我們所能掌握的媵婚形式為何。第三，探討經師對媵婚制的主張和爭議，對照於史實，釐清彼此的關係。第四，對漢代經師及士人積極宣揚和注解媵婚制的背景進行分析，以檢視經師所提的媵婚制主張是否受此背景影響。第五，對漢代後宮及王室婚姻狀況進行瞭解，看經師所提倡的媵婚制是否曾被落實。

第一節　關於媵婚制的定義

　　要探討何謂媵婚制前，我們首先須弄清「媵」這個關鍵字：《說文解字》八篇上「㑞」說：

　　㑞，送也。❶

這個「㑞」字即「媵」之古字。《爾雅·釋言》也提到：

　　媵、將，送也。

邢疏謂：「皆謂送行也。」❷《儀禮·士昏禮》鄭玄注也說：

---

❶　許慎，《說文解字注》（臺北：天工書局，1987 年）八篇上，頁 377。

❷　《爾雅》（臺北：藝文印書館，2001 年），卷三〈釋言〉，頁 38。

媵，送也，謂女從者也。❸

從以上的定義中我們可以知道，「媵」字作動詞時，是一種「送」的行為，在婚禮中，則指嫁女時送嫁與陪嫁的行為；作名詞使用時，則是直接指陪嫁的人或物。陪嫁的器物（其上常刻有「媵」字），是為媵器❹，媵器以水器最多，傳達出女子被要求修容以奉翁姑的角色，以及婚禮中沃盥禮的需求❺。以人陪嫁，男女皆有❻，男子隨新娘到男方家為僕役者則稱為媵臣❼。以女子陪嫁，隨著新婦一

---

❸　《儀禮》，卷五〈士昏禮〉，「媵布席于奧」，鄭注，頁50。

❹　媵器的定義有寬有狹，凡嫁女器即稱為媵器，有些其上並未見「媵」字，這是常用的定義，如郭沫若說：「媵器亦間有不著媵字者」（《金文叢考》，1932年，頁67）。又有較狹的定義如李仲操：「媵器是婦女陪送之器，都明確銘有『媵』字。」（〈兩周金文中的婦女稱謂〉《古文字研究》第十八輯，頁398）

❺　陳昭容，〈從古文字材料談古代的盥洗用具及其相關問題——自淅川下寺春秋楚墓的青銅水器自名說起〉，《中央研究院歷史語言研究所集刊》第七十一本第四份（2000年12月），頁857-932。

❻　如《毛詩》，卷十一〈小雅·我行其野〉孔疏：「媵之名，不專施妾，凡送女適人者，男女皆謂之媵。」，頁383。

❼　陳奇猷，《呂氏春秋校釋》（臺北：華正書局，1985年；以下簡稱《呂氏春秋》），卷十四〈孝行覽·本味〉，頁739，記載著伊尹透過媵臣的關係而歸於湯的故事：「此伊尹生空桑之故也。長而賢，湯聞伊尹，使人請之有侁氏，有侁氏不可，伊尹亦欲歸湯，湯於是請取婦為婚。有侁氏喜，以伊尹為媵送女。」《史記》，卷三〈殷本記〉，頁94，也記載此事：「阿衡欲干湯而無由，乃為有莘氏媵臣，負鼎俎，以滋味說湯，致于王道。」另外，像晉獻公以百里傒和井伯來媵秦穆姬亦是一例，《史記》，卷五〈秦本記〉，頁186：「晉獻公滅虞、虢，虜虞君與其大夫百里傒，以璧馬賂于虞故也。既虜百里傒，以為秦繆夫人媵于秦。百里傒亡秦，走宛，楚鄙人執之。繆公聞百

起到男方家生活，地位低者為庶妾、賤妾，地位高者常與新婦是姑姪、姐妹的關係，稱為姪娣、貴妾。因此，「媵」字也可以直接指稱陪嫁的妾，《詩經・召南・江有汜》小序說此詩意在「美媵也」，孔穎達疏解：「嫡謂妻也，媵謂妾也。謂之媵者，以其從嫡，以送為名。」❽不過「媵」字後來還被用來特指陪嫁者中某一種身份的人，根據《儀禮・士昏禮》賈疏提到的「媵」的定義有二種❾，一種說法認為「媵」就是姪娣，劉熙《釋名・釋親屬》就說：「姪娣曰媵。媵，承也，承事嫡也。」❿另一種是諸侯之「媵」，身份與姪娣有別，即是在姪娣之上，還有一種身份地位高於姪娣的「媵」存在，這種說法來自於《公羊傳》及何休所說，何休不僅將「媵」與姪娣分開，還將「媵」分為左右，有「左媵」與「右媵」之別，「右媵」的地位高於「左媵」，以此地位高低的分判來決定子嗣繼承的順位，如《公羊傳・隱公元年》何休解詁就是將「媵」與姪娣分開，用來指稱地位較其所配置的姪娣為高的陪嫁

里傒賢，欲重贖之，恐楚人不與，乃使人謂楚曰：『吾媵臣百里傒在焉。請以五羖羊皮贖之』，楚人遂許，與之。」又《左傳》，卷十二〈僖公五年〉，頁 209，記載：「冬十二月丙子朔，晉滅虢，虢公醜奔京師，師還，館于虞，遂襲虞，滅之，執虞公及其大夫井伯，以媵秦穆姬」都是以男子作為陪嫁的媵臣。

❽　《毛詩》，卷一〈召南・江有汜〉，頁 65。

❾　《儀禮》，卷五〈士昏禮〉「雖無娣，媵先」賈疏，頁 54-55：「媵有二種，若諸侯有二媵外，別有姪娣……諸侯夫人自有姪娣，并二媵各有姪娣，則九女，是媵與姪娣別也。若大夫、士無二媵，即以姪娣為媵，鄭云：『古者嫁女必姪娣從，謂之媵』，是據大夫、士言也」。

❿　劉熙，《釋名》，《百部叢書集成之八四》，小學彙函（臺北：藝文印書館，1966 年），卷三〈釋親屬〉，頁 8。

者（詳後文）。

　　「媵」常被用來指稱姪娣，但何謂姪娣呢？《公羊傳》說：「姪者何？兄之子也，娣者何？弟也。」**⓫**不過此處的「兄」，應是同時包含了弟在內，即是出嫁女子的兄弟之子，《爾雅・釋親》就說：「女子謂晜弟之子為姪」**⓬**，晜，即是兄**⓭**。至於娣，應是指年紀、輩份較自己輕的妹妹而言，而且以嚴別嫡庶的角度來說通常是庶出者**⓮**，也就是說她們與被嫁者是姑姪和姐妹的關係。由以上的定義來看媵婚應是一種以姑姪、姐妹和庶妾等陪嫁的婚姻型態，這種婚姻型態具體實行的狀況，我們在後文還會透過春秋史實來加以探討。

第二節　春秋媵婚制的性質與特色

　　《春秋》經傳所記載下來的貴族媵婚情形並不多**⓯**，不過我們

⓫　《公羊傳》，卷八〈莊公十九年〉，頁97。

⓬　《爾雅》，卷四，〈釋親屬〉頁63。

⓭　《爾雅》卷四〈釋親屬〉，頁62：「晜，兄也」。

⓮　如陳鵬指出：「娣與嫡妻，姐妹也，但非同母所生，蓋禮嚴嫡庶之別，夫人之女常為夫人，娣之女常為娣，故嫡妻有二女者，未嘗同嫁一夫。如宣姜二女，一為宋桓夫人，一為許穆夫人，莊姜同母姐妹三人，莊姜嫁衛莊公，其餘一適邢，一適譚，可證也。」《中國婚姻史稿》（北京：中華書局，1990年），頁682。

⓯　《公羊傳》，卷八〈莊公十九年〉，頁97：「媵不書」，《穀梁傳》，卷六〈莊公十九年〉，頁57：「媵，淺事也，不志」，這一方面可以解釋有關貴族「媵」的記載為何如此之少，另一方面顯示《春秋》經傳記下的媵婚資料往往具有一些特殊性，這是以此推究媵婚性質時不能忽略的。

還是可以根據有限的文獻，輔以金文以及其它傳述文獻，來窺探媵婚在諸侯間實行的狀況。

一、姑姪、姐妹同嫁的現象，以及繼室的問題

以姪或妹作為姑或姐的陪嫁，這樣的情形在《春秋》經傳的記載中確實是存在的，而且也有正妃死，以姪娣繼室，正妃無子，以姪娣之子繼位的現象。根據《春秋經》的記載，隱公長女（伯姬）於隱公二年嫁到紀國 ❶，特別的是，隱公七年《春秋經》又記載了叔姬嫁到紀國的事 ❶，而伯姬此時應該尚未亡故 ❶，為什麼兩人會先後嫁到紀國？《公羊傳》何休解詁說：「叔姬者，伯姬之媵也，至是乃歸者，待年父母國也，婦人八歲備數，十五從嫡，二十承事。」 ❶《左傳》杜注也持相同意見：「叔姬，伯姬之娣也，至是歸者，待年於父母國，不與嫡俱行，故書」 ❷，都認為叔姬是伯姬的陪嫁，本來應該和伯姬一起嫁到紀國的，不過因為當時叔姬年紀還太小，並不適合一起嫁過去，所以才讓她暫時留置在母國，等待她年紀稍長，才嫁到紀國，所以經書上才會出現伯姬、叔姬先後嫁到紀國的記載，這是以娣陪嫁例子。

---

❶　《左傳》，卷二〈隱公二年〉：「冬，十月，伯姬歸于紀。」，頁42。

❶　《左傳》，卷四〈隱公七年〉：「春，王三月，叔姬歸于紀。」，頁71。

❶　《左傳》，卷八〈莊公四年〉，頁139：「三月，紀伯姬卒。」這個紀伯姬根據杜注記載，就是隱公二年，裂繻所逆的魯女伯姬。

❶　《公羊傳》，卷三〈隱公七年〉，頁37。

❷　《左傳》，卷四〈隱公七年〉，頁71。

　　又魯閔公乃是哀姜的娣所生的兒子❷，也是以娣陪嫁的例子。另外，魯昭公為齊歸之子，齊歸的身份根據《左傳》的記載是敬歸之娣❷，而敬歸，根據杜預的注解為襄公的妾❷，雖然《春秋經》〈昭公十一年〉記載：「五月甲申，夫人歸氏薨」「九月已亥，葬我小君齊歸」❷，顯示齊歸薨、葬都以夫人的禮被記錄下來，以致何休據此認為齊歸乃是襄公的適夫人❷，然何說非是。首先，薨、葬均以夫人之禮行之，除了適夫人外，還有可能是因為昭公被立為君而母以子貴的結果，這在僖公母成風、宣公母敬嬴、襄公母定姒上都可以看到此種情況；其次《公羊傳》也只說齊歸是昭公母，並沒有說她是適夫人。再者，齊歸初嫁至魯國時經傳均不見記載，異於魯國迎娶夫人，夫人初入魯國見諸記載的慣例。更要緊的是《左傳》有明文：援立昭公時「穆叔不欲」，理由之一就在於「非適嗣，何必娣之子」❷可見杜注為允。既然胡女敬歸為魯襄公的妾，

---

❷　《左傳》，卷十一〈閔公二年〉「閔公，哀姜之娣，叔姜之子也。」頁190。

❷　《左傳》，卷四十〈襄公三十一年〉：「已亥，孟孝伯卒，立敬歸之娣，齊歸之子，公子裯。」頁685。

❷　《左傳》，卷四十〈襄公三十一年〉：「立胡女敬歸之子，子野。次于季氏，秋九月癸巳卒，毀也。」杜注：「胡，歸姓之國，敬歸，襄公妾。」頁685。

❷　《左傳》，卷四十五，頁784-785。

❷　《公羊傳》，卷二十二〈昭公十一年〉，頁281：「九月已亥，葬我小君齊歸，齊歸者何？昭公之母也。」何休解詁：「歸氏，胡女，襄公嫡夫人。」

❷　魯昭公為妾子的身份，似乎也使得他在被立的過程中引發一些爭議（這當然也與他在德性上的缺失有關），如穆叔就反對昭公立為君，我們從他反對的理由，可以看出當時人對於繼承問題的態度：「穆叔不欲，曰：『大子死，有母弟則立之，無則長立，年鈞擇賢，義鈞則卜，古之道也。非適嗣，何必

而齊歸又是敬歸之娣,這可以使我們看出當時姐妹同嫁的情況應該很多,而且即使是妾亦可能有娣與其同嫁。這樣的情形也見於晉國的驪姬身上,《左傳·莊公二十八年》記載:「晉伐驪戎,驪戎男,女以驪姬,歸生奚齊,其娣生卓子。」❷⁷驪姬嫁時亦有娣隨行。

　　以齊國來看,《左傳·襄公十九年》記載:「齊侯娶于魯曰顏懿姬,無子,其姪鬷聲姬生光,以為大子。」❷⁸這是以姪陪嫁,並且當正妃無子時,以姪之子為太子的例子。

　　以上提到的都是春秋時期的例案,其實遠在此之前,就有二女同嫁一夫的傳聞,如堯以娥皇、女英嬪於舜❷⁹,有虞以二姚妻少

娣之子。且是人也,居喪而不哀,在戚而有嘉容,是謂不度,不度之人,鮮不為患,若果立之,必為季氏憂。』武子不聽,卒立之,比及葬,三易衰,衰衽如故衰。於是昭公十九年矣,猶有童心,君子是以知其不能終也。」(《左傳》〈襄公三十一年〉,頁 685-686)穆叔反對立昭公的理由,可以分成兩個部分,第一個部分牽涉到當時繼承的慣例,第二個部分則是昭公的德性問題。我們由第一部分來看,當時立君特別重視嫡庶(嫡)、年歲(長)、德性(賢)等條件,由「非適嗣,何必娣之子?」的說法,我們可以看出,因為昭公並非適嗣,因此沒有優先的繼承權。

❷⁷　《左傳》,卷十〈莊公二十八年〉,頁 177。

❷⁸　《左傳》,卷三十四〈襄公十九年〉,頁 585。

❷⁹　孔穎達《尚書正義》(臺北:藝文印書館,2001 年,以下簡稱《尚書》),卷二〈堯典〉:「釐降二女於媯汭,嬪於虞」(頁 28),《孟子》,卷九〈萬章〉:「帝使其子九男、二女、百官、牛、羊、倉廩備以事舜於畎畝之中」(頁 160),又如《列女傳》卷一〈母儀傳·有虞二妃〉,頁 1 記載:「有虞二妃者,帝堯之二女也。長娥皇、次女英。……舜既嗣位升為天子,娥皇為后,女英為妃。」

康❸，岷山以琬、琰女於夏桀❸，雖然無法確定它們是否完全合乎後來的媵婚制，但至晚殷末此制已見世，因為西周初年成書的《周易》有帝乙「歸妹以娣」，「其君之袂不如娣之袂良」的爻辭❸。

二、陪媵國的數量，以及陪媵的人數

陪媵的國家該有幾國，史料缺乏，難以論斷，不過經師對此是有爭議的，我們將在後一節中談到。

至於婚姻陪媵的人數，在《詩經》〈大雅·韓奕〉中提到韓侯取妻的場面：「韓侯迎止，于蹶之里，百兩彭彭，八鸞鏘鏘，不顯其光，諸娣從之，祁祁如雲，韓侯顧之，爛其盈門。」❸〈北風·泉水〉小序說到：「衛女思歸也，嫁於諸侯，父母終，思歸寧而不得，故作是詩以自見也。」❸從其內文「女子有行，遠父母兄弟」、「有懷于衛，靡日不思，孌彼諸姬，聊與之謀。」❸等段落來看，確與婚嫁有關，其中「諸姬」，鄭箋認為是「同姓之女」，

---

❸　如《左傳》，卷五十七〈哀公元年〉，頁 991 所記：「（有過氏）澆……滅夏后相……逃奔有虞，為之庖正，以除其害，虞思於是妻之以二姚。」

❸　《太平御覽》，卷一三五〈皇親部一·摠序后妃〉所錄《竹書紀年》，頁369：「后桀伐蒙山，山民進女於桀，二人曰：琬，曰：琰，桀受二女，無子，刻其名於苕華之上，苕是琬，華是琰，而棄其元妃於洛曰妹喜。」

❸　《周易》，卷五〈歸妹卦〉，頁 118-119：「初九，歸妹以娣，跛能履，征吉」、「六三，歸妹以須，反歸以娣」、「六五，帝乙歸妹，其君之袂，不如其娣之袂良。」

❸　《毛詩》，卷十八之四〈大雅·韓奕〉，頁 682。

❸　《毛詩》，卷二之三〈邶風·泉水〉，頁 101。

❸　《毛詩》，卷二之三〈邶風·泉水〉，頁 101。

指的也就是姪娣，雖然同樣未提及人數，但從「諸姬」之「諸」來推斷，至少有二、三人以上。另外〈衛風·碩人〉小序說是「閔莊姜也」，追溯這位「齊侯之子」當初嫁來時「庶姜孽孽」**㊱**，〈齊風·敝笱〉小序說是刺文姜，其中提到「齊子歸止，其從如雲。」，後章又重複描述「其從如雨」、「其從如水」**㊲**，所謂的「諸姬」、「庶姜」、「其從」應當都與〈韓奕〉所說「從之」的「諸娣」，至多有身份高低之別，假使「如雲」、「如雨」、「如水」不單是文學上的修辭而已，那麼陪嫁的人數恐怕是非常的多了！不只是經師所說的少數姪娣而已。

我們還可以從《韓非子》所用的一則故事來作為陪嫁人數的輔助性參考：

> 昔秦伯嫁其女于晉公子，為之飾裝，從文衣之媵七十人。至晉，晉人愛其妾，而賤公女，此可謂善嫁妾，而未可謂善嫁女也。**㊳**

在多達七十人的陪嫁者之中，雖沒有明確提到身份是否為姪娣，從數目來看，應該也包括了庶妾在內，此等排場尚且是公子所行，可以想見當時諸侯娶婦時陪嫁的排場必然更為盛大。

㊱　《毛詩》，卷三之二〈衛風·碩人〉，頁 129-130。
㊲　《毛詩》，卷五之二〈齊風·敝笱〉，頁 199。
㊳　《韓非子集解》，卷十一〈外儲說左上〉，頁 221。

三、媵是否必爲同姓

　　我們先看《春秋》經傳中關於陪媵事件的記載，《春秋經·莊公十九年》記載：「秋，公子結媵陳人之婦于鄄，遂及齊侯、宋公盟。」❸根據《公羊傳》、《穀梁傳》的記載，魯國是藉著陪嫁女子之名來行盟會之實❹（《公羊傳》對此事的討論，由於牽涉到媵婚制的性質，我們將在下文提及），魯國以女兒作為陳侯夫人的陪媵，陳侯夫人究竟為何國女呢？孔穎達推測說：「然則為人媵者，皆送至嫁女之國，使之從適而行，此鄄是衛之東地，蓋陳取衛女為婦。」❹如果陳侯夫人是衛女，那麼魯國的陪媵，就屬於同姓媵的行為。不過關於此段經文，《左傳》並無為其作傳，所以不能確定其態度如何。《公羊傳》、《穀梁傳》在此處並未提出陪媵國之間是否為同姓或異姓的問題，所以也無法以此作為推斷。

　　《公羊傳·僖公二十年》記載：「五月乙巳，西宮災，西宮者何？小寢也，小寢則曷為謂之西宮？有西宮則有東宮矣，魯子曰：以有西宮，亦知諸侯之有三宮也。西宮災何以書？記災也」何休解詁：

　　　　西宮者，小寢內室，楚女所居也。禮，諸侯娶三國女，以楚

---

❸　《左傳》，卷九〈莊公十九年〉，頁159。

❹　《穀梁傳》〈莊公十九年〉：「媵，淺事也，不志。此其志何也？辟要盟也。何以見其辟要盟也？媵，禮之輕者也。盟，國之重也，以輕事遂乎國重無說」，頁57。

❹　《左傳》，卷九〈莊公十九年〉，孔疏，頁159。

> 女居西宮，知二國女於小寢內各有一宮也，故云爾。禮，夫
> 人居中宮，少在前；右媵居西宮，左媵居東宮，少在後。**❷**

> 是時僖公為齊所脅，以齊媵為嫡，楚女廢在西宮而不見恤，
> 悲愁怨曠之所生也。言西宮、不繫小寢者，小寢，夫人所
> 統、妾之所繫也，天意若曰：楚女本當為夫人，不當繫於齊
> 女。**❸**

何休從諸侯一娶三國女的說法來推知諸侯有三宮，不過諸侯陪媵國之數，也還有爭議，因此這樣的說法也只能暫時保留。不過楚女與齊女不管誰為嫡，誰為媵，都是一個異姓媵的例子。

還有一個為大家所熟知的異姓媵例子，那就是成公十年，魯國的伯姬嫁到宋國，齊國來媵**❹**，這也是一個顯著的異姓媵的例子，而且媵的國家亦不只二國。

此外，《左傳・襄公二十三年》記載：「晉將嫁女于吳，齊侯使析歸父媵之。」**❺**晉、吳同屬姬姓，齊屬姜姓，這是同姓相婚、異姓為媵的例子。

以上我們舉出了三則異姓媵的例子，這在有限的陪媵記載中，佔了很高的比例。我們還可以透過《左傳》中所提及諸侯的夫人及姬妾的婚配情形，來看這個問題。諸侯的后妃中異姓的情形很多，

---

❷　《公羊傳》，卷十一〈僖公二十年〉，頁142。
❸　《公羊傳》，卷十一〈僖公二十年〉，頁142。
❹　《左傳》，卷二十六〈成公十年〉記「齊人來媵」有經無傳，頁449。
❺　《左傳》，卷三十五〈襄公二十三年〉，頁602。

有些明白地提到非一次所娶，有些則未提及，所以是不是同一次婚姻的陪媵則難以判定，儘管如此，從《公羊傳》主張一娶九女而不再娶以及《左傳》的「同姓媵之，異姓則否」的立場來說，后妃之間的異姓關係，就是對經師所提的媵制的說法的一種反證。我們以下先將后妃間的異姓關係作一個概略的敘述。先以魯國來看，魯僖公生母成風乃是妾，其嫡母為哀姜，魯宣公生母為敬嬴，適母為出姜，出姜生子惡及視被襄仲所殺，而由二妃敬嬴所生的宣公即位，這兩位彼此是異姓關係（一為嬴姓、一為姜姓）❹❻。魯襄公生母定姒，適母齊姜，定姒因襄公立為君，母以子貴，為夫人❹❼，二者也是異姓關係。魯昭公生母齊歸，適母敬歸，二者的關係為姐妹，不過敬歸似乎原只是妾（詳後文），與原夫人是否是一次而娶，乃至是否同姓則不得而知❹❽。其他各國諸侯夫人和諸妾異姓關係比比皆是，如晉獻公娶於賈，無子，又烝父妾齊姜，又娶大戎狐姬、小戎子以及驪姬姐妹；齊姜為姜姓，賈姬、大戎狐姬、驪姬姐妹均姬姓，小戎子允姓，分別屬於姜、姬、允三姓。晉文公的妃妾有女季隗、齊桓公女、秦穆公女、杜祁、偪姞等，也分屬於不同姓。晉平公的妾中有衛獻公女，又有齊女❹❾。鄭莊公有夫人鄧曼以及雍姞，分別生

---

❹❻　事見《左傳》，〈文公十八年〉，頁 351。

❹❼　定姒雖為夫人，不過喪葬卻未備夫人之禮，《左傳》，卷二十九〈襄公四年〉，頁 503：「八月辛亥，葬我小君定姒」，《傳》：「秋，定姒薨，不殯于廟、無櫬、不虞，匠慶謂季文子曰：『子為正卿，而小君之喪不成，不終君也，君長，誰受其咎。』」

❹❽　《左傳》，卷四十〈襄公三十一年〉，頁 685。

❹❾　《左傳》，卷三十七、卷四十二，〈襄公二十六年〉、〈昭公二年〉，頁 637、719。

下昭公和厲公❺⓿。鄭文公同時有夫人姜氏、芈氏，又有妾燕姞、陳媯、江女、蘇女❺❶。鄭穆公有少妃姚子，又有妾宋子、圭媯❺❷。衛莊公有夫人齊女莊姜，次妃陳女厲媯及其娣，同時還有嬖人❺❸。衛定公的夫人是定姜，妾為敬姒（敬姒之子後為太子）❺❹。衛襄公夫人為宣姜，嬖人婤姶生子被立為靈公❺❺。齊桓公以多寵著稱，有三夫人和六個如夫人，三夫人為王姬、徐嬴、蔡姬，六個如夫人分別屬於衛、鄭、葛、密、宋❺❻。衛、鄭、密是姬姓；葛是嬴姓，可能分別是三夫人的同姓媵，但宋為子姓，必屬異姓媵。齊靈公有夫人魯女顏懿姬以及其姪，又有妾宋女仲子、戎子、魯女穆孟姬❺❼。齊景公有夫人燕姬，又有妾鬻姒、胡姬❺❽。邾文公有二妃，一是齊女，一是晉女❺❾……。以上所舉的例子，或不只有一個夫人，且夫人屬於不同姓，或是夫人與姬妾異姓，這些情形還是在《左傳》有所記載

---

❺⓿　《左傳》，卷七〈桓公十一年〉，頁122-123。

❺❶　《左傳》，卷十五、卷二十一，〈僖公二十二年〉、〈宣公三年〉，頁249、368。

❺❷　《左傳》，卷三十四、卷五十二，〈襄公十九年〉、〈昭公二十八年〉，頁587、911。

❺❸　《左傳》，卷三〈隱公三年〉，頁53。

❺❹　《左傳》，卷二十七〈成公十四年〉，頁464-465。

❺❺　《左傳》，卷四十四、卷四十九，〈昭公七年〉、〈昭公二十年〉，頁766、854。

❺❻　《左傳》，卷十四〈僖公十七年〉，頁237。

❺❼　《左傳》，卷三十四〈襄公十九年〉，頁585-586。

❺❽　《左傳》，卷四十四、卷五十七、卷五十八，〈昭公七年〉、〈哀公五年〉、〈哀公六年〉，頁758、1000、1008。

❺❾　《左傳》，卷十九〈文公十四年〉，頁335。

的，其他不被記載下來的，一定仍十分的多。不過僅以具知的情況來看，與經師所提的媵婚制所娶均為同姓的說法，有很大的出入。

　　除了從《左傳》等史料中得知春秋時期諸侯婚姻的情況外，我們也可以從現存的媵器銘文中，得知春秋時期行媵婚的一些情形。如春秋時期的《鄎子妝簠》器上所刻的銘文為：

> 隹正月初吉丁亥，鄎子妝擇其吉金，用鑄其簠，用媵孟姜、秦嬴，其子子孫孫永保用之。**⑥**

此器為許國嫁女的媵器，其中特別令人注意的是，此器分別媵孟姜、秦嬴二女，一器如何同時媵二女呢？最可能的情況是二女同嫁，至於此兩人何者為主，何人為從，諸家雖然還有些爭議，如郭沫若說：「此殆許與秦同時嫁女，或許嫡秦為媵，秦嫡許為媵，故鑄器以分媵之。」**⑥**並沒有確定彼此的主從關係，楊樹達則認為：「許國姜姓，孟姜即許國之女，秦嬴則秦國之女子為孟姜之媵者也。」**⑥**方濬益則認為「許為大嶽之後而媵異姓之秦嬴者……是時許以鄭故嘗屬於楚，因秦嬴歸楚，而以孟姜媵之，亦小國事大之意，不復計其違禮矣。」**⑥**三種說法雖然不同，不過孟姜、秦嬴二

---

⑥　郭沫若，《兩周金文辭大系圖錄考釋》，考釋部份（東京：文求堂書店，1935 年），頁 179。

⑥　《兩周金文辭大系考釋》，頁 179。

⑥　楊樹達，《積微居金文說》（北京：中華書局，1997 年增訂本），頁 53。

⑥　方濬益，《綴遺齋彝器考釋》（臺北：台聯國風出版社，1976 年），卷八，頁 578-579。

女為嫡媵的關係，則是可以肯定的，因此這可以作為異姓媵的例子。春秋時期的《上鄀公簠》也記載了類似的例子，其銘文為：

> 隹正月初吉丁亥，上鄀公擇其吉金，鑄叔嬭、番改媵簠，其
> 沫壽萬年無期，子子孫孫永寶用之。**❻❹**

鄀國為嬭姓，上鄀公鑄器以媵其女叔嬭，而番改應是陪嫁之女，「番」為國名，「改」當為姓**❻❺**，二女不同姓，亦是異姓媵的例子。第三，《曾侯簠》，其銘文為：

> 叔姬霝乍黃邦，曾侯乍叔姬、邛嬭媵器饎彝，其子子孫孫其
> 永用之。**❻❻**

郭沫若說這是：「楚鄰國姬姓之女嫁於黃邦，楚作器以媵之，同時復媵適江之楚女也。」**❻❼**不過一器怎能同時媵二個女子呢？除非兩個女子屬於嫡媵關係，所以這應是姬姓曾國女要出嫁于黃邦，曾侯為叔姬及其陪嫁邛嬭所作的媵器，楊樹達就說：「嬭為楚羋姓之羋本字，則又事涉楚國之女子也。愚熟思之，疑叔姬為女君，而邛嬭為其媵也。……此器本為姬姓之女嫁於黃，楚以其女子邛嬭為媵，

---

❻❹ 《淅川下寺春秋楚墓》（北京：文物出版社，1991 年），頁 10。

❻❺ 關於此問題，爭論極多，詳參林聖傑，《春秋媵器銘文彙考》（臺北：文化大學中國文學系碩士論文，1996 年），頁 233-239。

❻❻ 《兩周金文辭大系考釋》，頁 165。

❻❼ 《兩周金文辭大系考釋》，頁 165。

而自為之作媵器也。……或疑邛嬭與文公元年《左傳》之江芊同，楚女已嫁於江，不得復以為媵。然楚女嫁於江者皆可稱江嬭，不必與彼為一人也。縱是一人，觀夫秦女懷嬴嘗事子圉，復事晉文公，可以釋然矣。」❻❽雖然邛嬭的身份爭議不少，不過其為芊姓，則可以確定，此器並媵姬姓、芊姓二名女子，亦是異姓媵的例子。此外《伯訧父鬲》其銘文為：「伯訧父作井姬季姜尊鬲」❻❾，方濬益謂：「井即邢國，周公之胤，故曰井姬……與鄦子安簠媵孟姜秦嬴同例。」❼❶是姬姓女與姜姓女為嫡媵關係的異姓媵例子。

　　以上所引四則春秋時期之銘文，一方面可以看出當時嫁女確實有陪媵的情形，而且，此四器所涉及的姓有：姜姓、姬姓、嬴姓、芊姓……等，可見當時陪媵的習俗，範圍應頗為廣泛，並不只限於姬姓國間。並且，在媵器銘文的記錄中，一再出現以異姓女陪媵的情形，即是在同一次嫁娶中，有異姓之女陪嫁，這種現象也可以和我們前面所舉的《左傳》中的例子相互印證，促使我們更深入地去思索經書中關於媵婚制必須同姓相媵的說法的確實性，以及其實行的狀況，一種可能是，媵須同姓是後代的經師演繹出的說法，在春秋時期並未實行。第二種可能是，「媵」在周制中確實在同姓國間實行，異姓媵是違禮的現象。但即便是如此，我們仍然可以說：這種違禮的現象至少在春秋時期已經是很普遍的了，此條禮俗似乎形同虛設。

---

❻❽　楊樹達，《積微居金文說》，頁 53。

❻❾　《綴遺齋彝器考釋》，卷二十七，頁 10。

❼❶　《綴遺齋彝器考釋》，卷二十七，頁 10。

　　西漢時期成書的《列女傳》也提到異姓媵的情形，並且顯示出當時似乎不以異姓媵為非禮，如《列女傳》卷五〈節義傳・楚成鄭瞀〉：

　　　　鄭瞀者，鄭女之嬴媵，楚成王之夫人也。**❼**

「鄭女之嬴媵」，媵與主婦一為姬姓一為嬴姓，這是以異姓為媵的例子。又卷五〈節義傳・楚昭越姬〉，也是異姓為媵的例子：

　　　　楚昭越姬者，越王勾踐之女，楚昭王之姬也。昭王燕遊，蔡姬在左，越姬參右。**❼**

蔡是姬姓，根據《世家》的說法越為姒姓，二女屬於異姓關係，而且《列女傳》卷四〈貞順傳・楚昭貞姜〉還提到楚昭王夫人為齊侯之女貞姜，這三個女子，分別屬於姬姓、姒姓、姜姓。這三則異姓媵的例子，從行文的脈絡上來看都未被視為非禮，《列女傳》是西漢時的作品，保留了許多前代的傳說，雖然在述事上，有些地方被指為過於浮誇，與史實有所出入；不過，在以上的述事中，仍然可以透露出，在西漢時期的傳說中，似乎不重媵必同姓的說法，否則以《列女傳》重在宣揚婦女的德行、教養為目的的狀況下，應該不被收錄，或是會受到批評。

---

❼　《列女傳》，卷五〈節義傳・楚成鄭瞀〉，頁 1b。
❼　《列女傳》，卷五〈節義傳・楚昭越姬〉，頁 3a。

四、媵婚制能否能容許再娶的問題

　　要討論這個問題，首先應該先界定何謂娶？何謂再娶？「娶」就其形式來說，相對於「奔」，是須要經過一定的儀節和程序的婚姻行為，不過對於諸侯的婚禮程序和儀節，史料記載十分的少，即使是魯夫人，也往往只記載何時而至，細節大多闕如，魯國外的其他諸侯國娶婦，或者所娶者不是夫人身份，記載更是有限，這使我們無法透過婚娶儀式是否完整，來對諸侯妃妾的婚娶作界定。所以面對這個問題時，我們恐怕還是要回到經師提出不再娶的背景來作考慮。經師提出不再娶在於防止妃妾過盛，對民生、經濟以及繼承造成惡性影響，則經師所謂的不再娶應該不只限於夫人后妃，還應包含姬妾在內，否則雖然夫人以及陪媵的數量被限制了，而姬妾的數量漫無限制，一樣會造成上述的種種問題，此條限制就形同具文。既然是要嚴格限制妃妾的人數，所謂諸侯一娶九女，而不再娶，意味著諸侯的妃妾為同一次婚姻所得，數量限定在九人。漢代的《鹽鐵論》就明白提到：「古者……諸侯有姪娣九人而已」[73]，《白虎通·嫁娶》也說：「九而無子，百亦無益」也將后妃的數量限定在九人。不過這樣的說法與先秦史料透露的現象顯然有極大的差距，諸侯的妃妾往往並非一次所得，數量也遠不是九人可以比擬。我們看齊桓公時與諸侯相會而訂立的葵丘之盟，具有維持封建精神的指標意義，所約定的內容重要精神在於不立二嫡，不易嫡，

---

[73]　王利器，《鹽鐵論校注》（天津：天津古籍出版社，1983 年），卷六，頁356。

不以妾為夫人❼，這些要求主要從考慮宗法繼承的穩定性來著眼，並沒有提到不再娶或限定妃妾人數的問題，事實上齊桓公本身即以多內寵著稱，所以在這個歷史時空脈絡中，著重點應放在威脅到嫡夫人地位以及宗子繼承的婚姻行為上。

從先秦史料來看，周王室是否再娶，由於所留下的資料太少，難以論斷❼。當時諸侯再娶的例子很多，再娶的原因有無子再娶、

---

❼ 《穀梁傳・僖公九年》記齊桓公葵丘之盟：「曰毋雍泉，毋訖糴，毋易樹子，毋以妾為妻，毋使婦人與國事」，這裡所說的「以妾為妻」，主要是為防止諸侯等因為一己之私愛而任意另立夫人，連帶造成太子或繼承人選的改變（易樹子），引發政局的不安。魯哀公立公子荊之母為夫人，以荊為太子即是一顯著的例子。《左傳・哀公二十四年》，頁 1050：「公子荊之母嬖，將以為夫人，使宗人釁夏獻其禮，對曰『無之』公怒曰：『女為宗司，立夫人，國之大禮也，何故無之？』對曰：『周公及武公娶於薛，孝惠娶於商，自桓以下娶於齊，此禮也則有，若以妾為夫人，則固無其禮也。』公卒立之，而以荊為大子，國人始惡之。」

❼ 毛奇齡認為周王室有再娶的情形，他提到的證據有：「（桓公八年：「祭公來逆王后于紀」）此王后，桓王后也，桓之八年，當桓王之一十六年，豈有天子立一十六年而始娶后者，此必再娶可知也。襄十二年，靈王求后于齊，齊問晏桓子以答婚之詞，至十五年而劉夏隨單靖公至齊逆后，考其年則靈王十四年也，十四年娶后與十六年娶后皆非初娶」（詳參毛奇齡，《春秋毛氏傳》，《皇清經解》（臺北：漢京文化公司，出版年不詳），春秋類 12，卷一二六，頁 11。）不過這只是就常理判斷來說，認為天子不可能在位多年而不娶，但沒有進一步的文獻記載以為佐證。毛奇齡又指出周惠王之惠后為再娶：「周惠王崩，子襄王立，襄王母早死，其後母曰惠后，生叔帶，有寵於惠王，而襄王畏之，夫後母非再娶乎？」（出處同上）不過《左傳》，卷十五〈僖公二十四年〉，頁 258 記載：「書曰：天王出居于鄭，辟母弟之難也」，杜注：「叔帶，襄王同母弟」，則可見此種說法仍有爭議。又《左傳》〈僖公二十四年〉記周襄王以狄師伐鄭，為感謝狄人的幫忙，所以不顧

元配亡故再娶、以及因私愛而再娶……等。我們看魯惠公娶妃的狀況：

> 惠公元妃孟子，孟子卒，繼室以聲子，生隱公。宋武公生仲子，仲子生而有文在其手，曰為魯夫人，故仲子歸於我。❼

此記載至少有二點值得注意：一，魯惠公娶妻于宋，元妃死後以聲子為繼室，聲子既為子姓，應該或即是宋女孟子的姪娣❼。二，惠公儘管有了繼室，仍然又再娶于宋。不過或許有人會說，這是因為其中被認為有天命的特殊因素存在（仲子生下來手上即有「為魯夫人」的紋樣），所以宋國才又把她嫁到魯國。因為惠公的再娶，且欲立仲子為夫人，這使得仲子是否能入惠公廟成為問題，因為如果仲子入了惠公廟，與元妃孟子並列，即造成了二嫡的現象，不容於宗法的架構，因此隱公為仲子另外立廟，避免了這樣的問題❼。仲子為夫

富臣的反對，要立狄女為后，《左傳》並沒有記載狄女是否為再立的后，不過《國語》（上海：上海古籍出版社，1995 年），卷二〈周語中〉，頁 50-51，記載富辰對周襄王立狄女為后的勸諫：「夫禮，新不間舊，王以狄女間姜、任，非禮，且棄舊也」，以此說法，此時周襄王已有后，狄女又非其姪娣，應為再娶所得。綜上所述，由於史料有限，要考究周王室是否有再娶之例，不易有確實的結論。

❼　《左傳》，卷二〈隱公元年〉，頁 28-29。

❼　《左傳》，卷二〈隱公元年〉，頁 29：「繼室以聲子」，杜預注：「聲，諡也，蓋孟子之姪娣也。」

❼　《左傳》，卷三〈隱公五年〉，頁 57：「九月，考仲子之宮，初獻六羽。」注：「惠公以仲子手文娶之，欲以為夫人，諸侯無二嫡，蓋隱公成父之志，為別立宮也。」

人的地位，還可以從隱公、桓公的繼承問題，以及對於仲子喪禮的記載中看出。孟子死後雖然由聲子繼室，不過其地位卻不如再娶的仲子，在兒子的繼承問題上，仲子所生的桓公擁有合法的繼承權，而聲子所生的魯隱公則只是攝位而已，這從《左傳》記隱公「立而奉之」，孔疏記載曰：「繼室雖非夫人，而貴於諸妾，惠公不立大子，母貴，則宜為君，隱公當嗣。父世正以禎祥之故，仲子手有夫人之文，其父愛之，有以仲子為夫人之意，故追成父志，以位讓桓，但為桓尚少，未堪多難，是以立桓為大子，帥國人而奉之，己則且攝君位，待其年長，故於歲首不即君位。」[79]以及《公羊傳》所說：「桓何以貴，母貴也。母貴則子何以貴？子以母貴，母以子貴」[80]可以看出。而且在聲子與仲子喪禮的記載中也可以看出仲子具有夫人的身份，桓公才是真正的合法繼承人。隱公還攝位時，仲子死了，《春秋經·隱公二年》的記載是：「十有二月乙卯，夫人子氏薨」，杜預注為：「桓未為君，仲子不應稱夫人，隱讓桓以為大子，成其母喪，以赴諸侯，故經於此稱夫人也。不反哭，故不書葬。」[81]稍晚一年，聲子也接著過世了，不過，隱公雖然還在位，聲子的葬禮，卻不用夫人禮，《春秋經·隱公三年》記聲子卒的事為：「四月辛卯君氏卒」，《左傳》解釋說：「不赴于諸侯，不反哭于寢，不祔于姑，故不曰薨，不稱夫人，故不言葬」[82]，杜注：「夫人葬禮有三：薨，則赴於同盟之國，一也。既葬，日中自墓反

79　《左傳》，卷二〈隱公元年〉，頁 29-30。
80　《公羊傳》，卷一〈隱公元年〉，頁 11。
81　《左傳》，卷二〈隱公二年〉，頁 42。
82　《左傳》，卷三〈隱公三年〉，頁 50。

虞於正寢，所謂反哭于寢，二也。卒哭而祔於祖姑，三也。若此則書曰夫人某氏薨，葬我小君某氏，此備禮之文也。」❽以此看來，惠公雖然讓聲子繼室，卻再娶了仲子，仲子具有夫人的身份，而且所生的兒子也取得了合法的繼承權。這樣的作法與經師所說的不再娶，以姪娣繼室的精神有所違背，這固然可以說是一種違禮的行為，但也不妨作為檢驗經師所說是否有失史實的線索。因為如果再娶不被允許，仲子不但不能位為夫人，她的兒子也不能得到合法的繼承權，而桓公的繼位顯然是得到合法的認可。倒過來說，如果媵制中的繼室是一種體制的必然措施，那麼聲子已繼了孟子之正室的地位，其子繼承的順位如果在孟子所生子之後，也應在其他公子之前，而不該只是為桓公攝位而已。這樣看來，此次再娶是被認可的，而且被娶者具有夫人的地位。

　　魯莊公的妃妾有哀姜、叔姜、孟任、風氏，哀姜與叔姜是姐妹關係，固然是一次婚姻所娶，根據《左傳》〈莊公三十二年〉孟任與莊公私下割臂為盟而定終身的記載，顯然與哀姜不是同一次婚娶關係，風氏與孟任也非同一次婚娶的關係。從孟任所生之子般，在莊公死後本來可以具有優先的繼承權來看，孟任的地位應當同於夫人。《公羊傳·莊公二十四年》對於莊公親迎哀姜，哀姜卻沒有與莊公同時入國一事的解釋是：「秋，公至自齊，八月丁丑，夫人姜氏入，其言入何？難也，其言日何？難也，其難奈何？夫人不僂，不可使入，與公有所約，然後入。」何休解詁：「約遠媵妾也」❽，

---

❽　《左傳》，卷三〈隱公三年〉，頁 50。

❽　《公羊傳》，卷八〈莊公二十四年〉，頁 101。

這暗示著莊公在娶哀姜以前已有婚配關係了，這個婚配的對象很可能就是孟任，所以孟任所生之子具有優先的繼承權。

再娶也可以是因為適夫人無子，如衛莊公再娶即是其例，《左傳·隱公三年》記載：

> 衛莊公娶于齊東宮得臣之妹曰莊姜，美而無子，衛人所為賦〈碩人〉也，又娶于陳曰厲媯，生孝伯，早死，其娣戴媯生桓公，莊姜以為己子。[85]

衛莊公娶於齊，莊姜無子，又再娶於陳，這與《公羊傳》所說諸侯行媵婚而不再娶的態度衝突，而且莊公再娶之國也不是齊國或與齊國同姓之國，而是來自陳國的厲媯。

不過，齊靈公娶魯女顏懿姬無子，就以魯女的姪所生之子為太子[86]，齊靈公後來又再娶叔孫僑如之女，這次的再娶，並不是因為沒有子嗣的緣故，再娶的穆孟姬，其地位如同夫人，所生之子後來被立為景公[87]。

晉獻公原娶夫人賈君，賈君無子，獻公烝父妾齊姜，齊姜所生之兒子申生被立為太子，擁有繼承權，齊姜的地位同於夫人。後來獻公又娶戎女以及驪戎女，由於地位也類同於夫人，所以她們所生的子嗣在繼承上就造成爭奪和困擾。

85　《左傳》，卷三〈隱公三年〉，頁53。

86　《左傳》，卷三十四〈襄公十九年〉，頁585。

87　《左傳》，卷三十六〈襄公二十五年〉，頁 619：「叔孫宣伯之在齊也，叔孫還納其女於靈公，嬖，生景公。」

　　也有因為妃妾死亡而再娶的，如〈昭公三年〉記載晉平公所娶的少姜死了，少姜並不是正室❽，齊人要求再嫁宗女以作為少姜的繼室❾，而晉平公也答應了這個要求，這一方面顯示，嫁女的姻親國可以透過繼室等方式來繼續維持與結姻國的婚姻關係。而繼室與被繼者之間仍是姪娣的關係。但此次繼室之女並不是原來的姪娣，所以仍是再娶的行為。而且晉平公也曾娶衛獻公女來作為釋放衛獻公回國的條件，與少姜不是同一次的婚姻關係，所以也是再娶。

　　有因為私愛等原因而再娶者，這個例子很多，我們不一一例舉，如《左傳·桓公十六年》記載的衛宣公再娶，最為鮮明：

　　　　初，衛宣公烝於夷姜生急子，屬諸右公子，為之娶於齊而
　　　　美，公取之，生壽及朔，屬壽於左公子。❿

即是因為美色，而奪子媳為婦的例子。

　　另外像晉文公、齊桓公、鄭文公顯然都是一再的娶的例子。從諸侯再娶現象的頻繁，以及再娶的后妃，其地位可以如同夫人，所

---

❽　《左傳》，卷四十二〈昭公二年〉，頁 720：「晉少姜卒，公如晉，及河，晉侯使士文伯來辭曰：非伉儷也，請君無辱。」

❾　《左傳》，卷四十二〈昭公三年〉，頁 721-722：「齊侯使晏嬰請繼室於晉，曰：「寡君使嬰曰：寡人願事君，朝夕不倦，將奉質幣以無失時，則國家多難，是以不獲，不腆先君之適，以備內宮，焜耀寡人之望，則又無祿，早世隕命，寡人失望。君若不忘先君之好，惠顧齊國，辱收寡人，徼福於大公丁公，昭臨敝邑，鎮撫其社稷，則猶有先君之適及遺姑姐妹，若而人，君若不棄敝邑而辱使董振擇之以備嬪嬙，寡人之望也。」

❿　《左傳》，卷七〈桓公十六年〉，頁 128。

生之子可以順利繼位，甚至具有繼位的優勢，並沒有因此引起輿論批評，這可以看出，當時並不以再娶為禁令。諸侯再娶可以有種種原因，有因為正妃無子，或是后妃亡故，或甚至只是一己的私愛而再娶，並不需要具備特殊或足夠的理由。我們徵引古書，也可以發現儒生標榜的聖王，如黃帝、帝嚳，都有再娶的傳說，而儒家經典更明載：「文王初載，天作之合……文王嘉止，大邦有子……文定厥祥，親迎于渭」，「纘女維莘，長子維行，篤生武王」❾❶，可知先娶商王室女，再娶有莘氏女，即太姒❾❷。經師所說不再娶的原則，落在史實上並不相符。

總之，從僅存的材料來看先秦的陪媵婚，同姓與否、人數多少，均與史實有一段很大的差距。不過在春秋時期媵婚遍行於列國間、嫁女時有姪娣陪嫁、其他諸侯國亦有以宗女一起陪嫁。陪嫁的人數可能很多，姪娣只是其中身份最尊貴者。因為姪娣的身份尊貴，所以在元妃死後或因休棄等事故而不在時，姪娣往往為其繼室，元妃無子，亦有以姪娣之子為繼承人的現象。而異姓媵及再娶等事件在春秋時期也頻繁地發生，與一些經師的主張有所出入。

第三節　經師對媵婚的主張與爭議

《公羊傳》〈莊公十九年〉說：

---

❾❶　《毛詩》，卷十六之二〈大雅·大明〉，頁 541、543。

❾❷　可參見《毛詩》卷十六之三〈思齊〉，頁 561：「思齊大任，文王之母，思媚周姜，京室之婦，太姒嗣徽音，則百斯男。」

媵者何？諸侯娶一國，則二國往媵之，以姪娣從。姪者何？
兄之子也；娣者何？弟也。諸侯壹聘九女，諸侯不再娶。❾❸

這則文獻所透露出諸屬國間媵婚的主要特點有：(1)陪嫁為媵的國家
為二國(2)諸媵彼此間的關係為姪娣(3)諸侯一次娶九個女子(4)諸侯不
再娶。《左傳》〈成公八年〉提到媵婚的另一項規則：

衛人來媵共姬，禮也。凡諸侯嫁女，同姓媵之，異姓則否。❾❹

經師媵必同姓主張來自於《左傳》所說「異姓則否」，不過單從
「異姓則否」的文句來看，「否」字本身除了能作「不可以」來解
釋外，還可以作「不必要」解，兩種解釋所產生的結果有很大的不
同。杜預注：「必以同姓者，參骨肉至親，所以息陰訟」認為陪媵
的國家須與被媵國之間是同姓的關係，這是將「否」作為「不可
以」解的典型例子，這樣的解法也形成了經師媵必須同姓的主張。
不過，這樣的解釋會遇到一些爭議，如《公羊傳》沒有提到媵必須
同姓的說法，對於宋伯姬嫁時齊人來媵也不因異姓而批評，而且史
料中存在著不少的異姓媵現象，似乎不能以違禮簡單帶過，如果將
「否」以「不必要」來解，那麼前面所說的問題就可以獲得解決，
層出不窮的異姓媵現象，似乎也就變得可以理解了。

　　經師們對於媵是否須要同姓持有不同的意見，《春秋經》〈成

---

❾❸　《公羊傳》，卷八〈莊公十九年〉，頁97。
❾❹　《左傳》，卷二十六〈成公八年〉，頁447。

公十年〉記載齊人來媵伯姬，《左傳》本身並沒有對此事特別提出意見，杜預則順著前面所理解《左傳》的態度注說：「異姓來媵，非禮也。」❾⑤《穀梁傳》對於齊國來媵之事並沒有多作評述，范寧注態度與杜預同❾⑥，所採取的是與《左傳》相同的立場。《公羊傳》並沒有提到必須同姓才能為媵，而且對於姜姓的齊女媵魯女的事情，《公羊傳》的看法是：「齊人來媵。媵不書，此何以書，錄伯姬也。三國來媵，非禮也，曷為皆以錄伯姬之辭言之？婦人以眾多為侈也。」❾⑦認為齊人來媵之所以被認為不合禮，主要是因為打破了兩國陪媵的原則，而不將批評點放在異姓媵上。然而何休卻對《左傳》媵須同姓的主張，採取了反對的態度，他說：

> 媵不必同姓，所以博異氣，今《左傳》「異姓則否」，十年「齊人來媵」，何以無貶刺之文？左氏為短。❾⑧

何休認為陪媵的女子之間不同姓，可以有博采異氣的效果，而且《春秋經》對於齊人以異姓陪媵的行為，並沒有斥責，認為《左傳》主張媵一定要同姓的說法並不確實。鄭玄則為《左傳》媵必須同姓的說法作辯護，他在《箴膏肓》說：

---

❾⑤　《左傳》，卷二十六〈成公十年〉，頁 449。

❾⑥　《穀梁傳》，卷十四〈成公十年〉，頁 138 范寧注：「異姓來媵，非禮。」

❾⑦　《公羊傳》，卷十七〈成公十年〉，頁 223。

❾⑧　見《左傳》，卷二十六〈成公八年〉孔疏引，頁 447。並參何休，《左氏膏肓》，《叢書集成續編之十三》，《漢魏遺鈔》（五）（上海：上海書店，1994），頁 8。

《禮》稱：「納女於天子云備百姓，於國君云備酒漿」，天
子云備百姓，博異氣。諸侯直云備酒漿，不得云百姓，是不
博異氣也，何得有異姓在其中。齊是大國，今來媵我，得之
為榮，不得貶也。**⑨⑨**

鄭玄認為所謂博異氣，只能用在周天子來說，對於諸侯階級並不適
用。齊國異姓陪媵的行為，所以不被貶斥，是因為齊國是大國的緣
故。不過鄭玄此辯顯得有些牽強，合禮與否與來媵者國勢強弱無
關，否則豈非有力者即有理？而且《禮記·曲禮》提到的納女之
辭，國君為「備酒漿」**⑩**，雖看不出是否必為同姓媵，但以階級等
差的精神來說，諸侯雖然不能如天子般備百姓，但能否備十姓？易
言之，此段納女之辭並不能作為媵是否須同姓的論據。

　　媵須同姓是周代媵制之規則嗎？後人對此疑慮的甚多，他們多
從史實及同姓國相媵所產生的困難來思考這個問題，例如毛奇齡
說：

如《左傳》成公九年傳有云：凡諸侯嫁女，同姓媵之，異姓
則否，則宣公嫡母哀姜，生母敬嬴；襄公嫡母齊姜，生母定
姒，皆異也。**⑩①**

---

⑨⑨　見《左傳》，卷二十六〈成公八年〉孔疏引，頁 447。並參鄭玄，《箴左氏
　　膏肓》，《黃氏逸書考》（臺北：藝文印書館，1971 年），頁 12。

⑩　《禮記》卷五〈曲禮下〉，頁 101。

⑩①　《春秋毛氏傳》，《皇清經解》，卷 130，頁 3。

前面我們已經提過，諸侯的后妃有許多彼此是異姓的關係，有些明白指出非一次所娶，有些則沒有點明，難以斷定，不過比例甚高的異姓現象存在，是個不爭的事實。所以在說媵只能同姓女的同時，該如何對這些異姓后妃作出說明，就會成為問題。

其次，媵須同姓的原則，還常要面對一個質疑，那就是：如果同姓國很少時，媵的過程就會發生困難：

> 若必同姓為之，則秦楚嫁女，別無可媵。故唐淳亦曰：莒姓、己姓、邾姓、曹姓，同姓最少，將孰媵乎？[102]

> 左氏曰：「凡諸侯嫁女，同姓媵之，異姓則否」，非也。諸侯三歸，歸各一族，自同姓耳。若嬴、曹、嬀、弋之君嫁女者，必同姓媵之，則諸侯之媵或不能備矣。天子之妃百二十，又可一姓乎？[103]

這些質疑的聲音認為，有些諸侯國如上引文所舉的莒姓、己姓、曹姓、嬴姓、嬀姓等，同姓諸侯國不多，一定要同姓相媵，在實行上會有困難。關於這個質疑我們可以透過顧棟高和陳槃對於春秋時期列國之考察，看當時國族分配的情形，若我們加入陳槃《不見于春秋大事表之春秋方國》[104]中一些可考的春秋方國，配合陳槃對顧表

[102] 《春秋毛氏傳》，卷一三〇，頁3。

[103] 劉敞，《春秋權衡》，《通志堂經解》（臺北：漢京文化事業公司，出版年不詳），春秋類19，卷五，頁16。

[104] 陳槃，《不見于春秋大事表之春秋方國》（中央研究院歷史語言研究所，1970年）。

的修正，並保留一些典籍中歧異的說法，那麼姬姓國家可考者可以高達 89 國，扣除其中可能在春秋或春秋時期被滅的 11 國❿，以及只能作為歷史陳跡的 6 國❿，那麼也還有 72 國，數量可說是非常多，姜姓國有 28 國，扣除春秋或春秋前被滅的 1 國，為歷史陳跡的 2 國，有 25 國，依此說法，嬴姓有 21 國、偃姓有 8 國、子姓有 15 國、姒姓有 9 國、媯姓有 6 國、任姓有 3 國、曹姓有 5 國、己姓有 6 國、風姓有 7 國、妘姓有 7 國、姞姓有 5 國、曼姓有 2 國、熊姓有 2 國、偃姓有 20 國、隗姓有 8 國、祁姓有 6 國、歸姓有 1 國、允姓有 4 國、漆姓與釐姓通有 3 國、姚姓有 3 國、祝姓、斟姓各有 1 國、董姓、彭姓各有 1 國，但都被當作是歷史的陳跡❿。以這樣來看，會發現有少數的姓氏屬國確實很少（如祝姓、斟姓、歸姓、熊姓、曼姓等），不利於經師所說陪媵婚的實行，但更普遍的情形是同姓國在數量上儘管不算很多，不過在實行陪媵上大致都還可以維持❿。大致上來說，若僅就各姓氏所屬的諸侯國數量來看，大多數國家在行經師所說的娶一國而以同姓二國陪媵的媵婚制上應該不會構成太大的問題。

---

❿　根據陳槃指出的這十一國有：郜、賈、邘、畢、郇、邢、應、蔣、胙、焦、楊等，參見《不見于春秋大事表之春秋方國》第一冊，頁 3。

❿　根陳槃指出這六國有：東虢、管、鄷、韓、駘、岐。出處同上。

❿　此處原有一附表，以上數字為表上統計所得，是根據顧棟高的說法、陳槃的修正，以及經籍中所提到的異說而成，不過由於篇幅所佔太長，故尊重審稿先生的意見將其刪去，讀者可以上文所提二氏的書作為參考。

❿　不過這樣的想法，還未把地域問題考慮進去，有些屬國間彼此地域相差甚遠，在陪媵的過程中會產生一些困難度，而且各諸侯國間的關係也是促成是否行媵禮的重要原因。

　　既然異姓媵的現象在春秋時期是那樣的普遍，那麼我們就可以追問：異姓媵確實是違禮的嗎？若確實是違禮，那麼我們便可以將春秋時期盛行的異姓媵現象，解釋成是因為國際局勢變遷、禮崩樂壞的結果。不過，反過來說，以異姓媵存在普遍的情形來看，即便是禮，這樣的禮也早就不被遵守了。不過經師所提媵須同姓的說法卻也不是毫無基礎的，因為同姓國家在封建精神下，本來就具有兄弟國的親密意義，經師所說同姓媵的目的就媵國間而言乃是為了透過兄弟國為媵的方式，來拉攏彼此的關係，藉著共同的子嗣來增加彼此的一體感，以親緣的關係來防止妃妾間彼此妒嫉的事情發生。就與結姻國的關係而言，同姓國家中的任一國嫁女，其他國可以女子陪媵，也可以藉此開展姻親和外交的領域。而對娶婦的國家而言，一次娶多國女子，也可以避免只與某一個女方族群結合，可能造成的生育問題，以確保子嗣昌盛❿。所以同姓為媵的提出，其實也有著強調和拉攏封建體制中同姓國關係的意義，有著穩固封建體

---

❿　確保子嗣的衍繁，本來不一定要娶同姓女，但因為國際間種種關係的連結，則常跟某一姓氏族群結親，以增進彼此的關係，西周時，周王室每隔一代就須娶姜姓女子為妻，以鞏固和姜姓國之間的關係，這與周王室須拉攏姜姓國以禦邊蠻有關，而這樣的情形到東周以後周王室衰弱，齊國強大等實際情形的影響下而產生了改變，從此，齊國與周王室通婚的情形才大幅減少。而與魯國自桓公以下則維持長期通婚關係。這種情形也可以看出諸侯國間的婚姻關係在列國爭強下受到改變，在春秋以後國際情勢愈趨複雜時，以婚姻來鞏固彼此關係所維持的力量，如一再被破壞的盟約一樣，十分薄弱。齊魯二國雖然通婚但仍戰事不斷，秦、晉二國亦然，陳、蔡嫁女齊桓公，但在立場上卻搖擺於大國之間。在強國爭霸下，諸侯國為了自保，所考慮的利害關係十分複雜，遠非婚姻關係可以維繫的，這同時也導致了婚姻之禮的淆亂和衰敗。

制的用意。也正因為如此，經師才能在此背景上提出同姓媵的說法。春秋時期列國在長期戰爭和兼併的過程中，有不少小國陸續被滅，同姓國在數量上必然會發生許多程度的變化，這種改變顯然對於同姓媵婚造成影響。前賢說禮本乎人性，也就是說，不能悖乎實際，推行同姓媵的皮之不存，毛將焉附？異姓媵縱然非禮，卻不能說不是俗。

　　媵婚制還牽涉到后妃的序位以及子嗣繼承權先後的問題，《左傳·桓公十六年》記載宣公將與夷姜所生的急子交託給「右公子」照顧，將與宣姜所生的壽及朔交給「左公子」照顧，何謂「右公子」、「左公子」？杜預說：「左右媵之子，因以為號」，孔穎達也說：

> 公子法無左右，明其因母為號，《公羊》稱諸侯取一國，則二國往媵之，以有二媵，故分為左右，說《公羊》者，言右媵貴于左媵，義或當然，此左右公子，蓋宣公之兄弟也。⑩

何休對於媵制而來的繼承的順位也有一套說明：

> 適謂適夫人之子，尊無與敵，故以齒。子謂左右媵及姪娣之子，位有貴賤又防其同時而生，故以貴也。禮，嫡夫人無子，立右媵，右媵無子，立左媵，左媵無子，立適姪娣，適

---

⑩　《左傳》，卷七〈桓公十六年〉，頁128。

姪娣無子，立右媵姪娣，右媵姪娣無子，立左媵姪娣。⑪

從孔穎達所說看出左右公子為左右媵之子這套說法是先預設了媵婚的娶一國二國陪媵的形式，因為左右公子正好能與二國陪媵的配置相合，所以就推測左右公子是左右媵之子、是宣公的庶兄弟，不過這樣的推測要站在二國陪媵的情況下才能成立，如果像宋伯姬那樣是三國陪媵，則左右公子是不是能如此解釋就成問題。而且，將媵所生之子分別左右，乃是為了區別繼承上的權力，公子的左右之位，是以母親地位做為判定的，不過此種將媵分為左右而各有姪娣的說法，所承繼的是《公羊傳》「諸侯娶一國，則二國往媵之，以姪娣從」的說法，亦即承繼了將媵與姪娣分開的結構。而何休在這個結構上，再進一步對媵者的身份高低作出細分，結果成為一個更嚴密的結構。不過考諸史實，我們會發現，這樣的繼承順位落在史實上並無法得到證實。我們至少可以從以下幾個角度來對何休所說提出質疑，如：諸侯的妃妾不見得是同一次所娶，而且后妃之間固然有地位排序的問題，但其順位也看不出與何休所說有所關聯。以晉文公的例子來說，晉文公在出奔的過程中分別娶了季隗、齊女、秦女（秦伯納女是一次五人，其中包括了曾為夷吾之妻的懷嬴），而其中妻妾的順位，根據《左傳·文公六年》的說法是「杜祁以君故，讓偪姞而上之，以狄故，讓季隗而己次之。」「辰嬴賤，班在九人。」⑫，

---

⑪　《公羊傳》，卷一〈隱公元年〉：「立適以長不以賢，立子以貴不以長」何休解詁，頁11。

⑫　《左傳》，卷十九〈文公六年〉，頁315。

這幾個妃妾並不是一次所娶、彼此的關係也不是姪娣、也非同姓，順位的安排更無法看出何休所說的次序，甚至還可以因為特殊原因而改變排列順位，如杜祁本來位於第二，後來分別讓了偪姞和季隗在上，而成了第四。這種情形在趙衰妻妾中也看得見，文公將女兒許給趙衰，這位趙姬堅持迎回趙衰在流亡時所娶的叔隗，並讓叔隗位為適夫人，叔隗所生子趙盾立為適子❸。固然文公多娶在春秋時期屬於較特殊的情況，不過我們前面已經提過春秋時期許多君王都有多娶的情況，甚至夫人不只一人，這種多娶的情況就無法用何休所提出的繼承順位作為解決。若我們換一個角度從繼承者的身份來檢視這個問題，依據前面我們所列關於媵婚的材料，會發現即位者除了適子外，尚有姪之子、娣之子、甚至庶妾之子，但沒有提到左右媵之子，正妃死後的繼室也是一樣，有姪繼室、有娣繼室，但文獻中卻沒有提到左媵或右媵繼室的，如果媵真的是在左右媵上的階層，這樣的現象就很難理解了。就實際施行會遇到的困難上來說，何休這種將媵分為左右、身份又較姪娣為高，並以此作為繼承權利的依據，勢必會遇到誰左誰右的爭議，想必很難推行，然而在史料中卻絲毫看不到相關的爭議及記載，這是不合理的。可見，《公羊傳》及何休等將媵與姪娣分開，並在其身份上細別，以作為爵位繼承依據的說法，落在史實上的根據是很薄弱的。

　　正妃亡故後，媵是否為繼室，經師有二種意見，一是：以姪娣

❸　《左傳》，卷十五〈僖公二十四年〉，頁 254-255：「文公妻趙衰，生原同、屏括、樓嬰。趙姬請逆盾與其母，子餘辭，姬曰：『得寵而忘舊，何以使人，必逆之』固請，許之，來，以盾為才，固請于公以為適子，而使其三子下之，以叔隗為內子而己下之。」

為繼室，如《左傳·成公八年》孔疏引杜預《釋例》指出：

> 夫人薨，不更聘，必以姪、娣、媵繼室。一與之醮，則終身不二，所以重婚姻，固人倫。人倫之義既固，上足以奉宗廟，下足以繼後世，此夫婦之義也。❶❶❹

《白虎通·嫁娶》也說：

> 適夫人死，更立夫人者，不敢以卑賤承宗廟。自立其娣者，尊大國也。《春秋傳》曰：「叔姬歸於紀」，叔姬者，伯姬之娣也。伯姬卒，叔姬升于適，經不譏也。❶❶❺

但是《白虎通》還提到了第二種說法，即正妃死後不再立繼室，只有在祭祀宗廟時代為攝位而已：

> 或曰：適死不復更立，明適無二，防篡煞也，祭宗廟攝而已。以禮「不聘為妾」明不升。❶❶❻

這二種說法中，以第一種說法較被接受，對《公羊傳·隱公七年》叔姬歸紀的記載，注疏者多認為叔姬後來繼立為嫡，例如徐彥疏：

---

❶❶❹ 《左傳》，卷二十六〈成公八年〉，頁445。
❶❶❺ 《白虎通疏證》〈嫁娶·人君嫡死媵攝〉，頁482。
❶❶❻ 《白虎通疏證》，〈嫁娶·人君嫡死媵攝〉，頁483。

「知後為嫡者，正以莊二十九年冬十二月紀叔姬卒，三十年八月癸亥葬紀叔姬，卒葬皆書，為嫡明矣」**⑰**，若叔姬真的被立為嫡，這可以作為媵在正妃死後可以立為正室的證明。至於第二種說法應是對當時「妾不扶正」的誤解，但此處所說的妾應不特指媵，而是在當時存在許多低於媵的庶妾，性質也與媵不同。

除了夫人死亡，以媵為繼室外，若夫人被出，也有以媵為繼室的情況。如《左傳·文公十二年》記載：「杞桓公來朝，始朝公也，且請絕叔姬而無絕昏，公許之。」杜注：「不絕昏，立其娣以為夫人」**⑱**，即是一例。

雖然春秋時期再娶的情形很多，不過正妃死後，以其姪娣為繼室、正妃無子以姪娣之子為繼承人的情形，也不乏例子，繼室的作法對於兩國間婚姻關係的穩定有一定的幫助。應該與早期媵婚制的習慣有關，只是漢儒將此種習慣加以規格化、絕對化了。

第四節　漢代經師對媵婚制的提倡及婚配人數說提出的背景

前面我們將漢代經師對帝王、諸侯后妃之數，提出的幾種不同的說法，以及對於先秦媵婚制的主張加以闡釋後，我們會發現經師的主張不但彼此間有出入，而且與我們所能看到的史料有很多的差距。現在我們要接著面對的問題是，漢儒為何要提出和宣揚這些媵

---

⑰　《公羊傳》，卷三〈隱公七年〉，頁37。
⑱　《左傳》，〈文公十二年〉，頁330。

婚的說法，他們背後的思想與意圖，除了是為了符應陰陽與宇宙圖象的要求外，還與當時帝王及官員多嬪妃而導致了許多問題的背景以及和求子嗣、養生等等的想法有關。

一、符應陰陽與宇宙圖象

關於天子后妃之數，最常見的說法有三種：一娶九女、一娶十二女、一娶一百二十一女。諸侯的婚配人數最常見的說法是一娶九女。

㈠天子、諸侯一娶九女

關於天子一娶九女，《白虎通》卷十〈嫁娶〉提及：

> 天子、諸侯一娶九女者何？重國廣繼嗣也。適九者何？法地有九州，承天之施，無所不生也。一娶九女，亦足以承君之施也。九而無子，百亦無益也。《王度記》曰：「天子、諸侯一娶九女。」

《王度記》相傳為淳于髡等遺說筆錄[119]，雖難驗證，然而當是先秦作品，屬孔壁所出古文記之一，或許不遠於情實。先秦時已頻繁使用「九」這個數字[120]，尤其在戰國至兩漢「與天地合度」的想法

---

[119]　《禮記》，卷四十三〈雜記下〉孔疏，頁748。

[120]　如《毛詩》，卷二十之三〈商頌・玄鳥〉，頁 794：「方命厥后，奄有九有」，卷二十之四〈商頌・長發〉，頁 803：「帝命式于九圍」，卷十一之一〈小雅・鶴鳴〉，頁 377：「鶴鳴于九皋，聲聞于天」；《孫子》（臺北：臺灣中華書局，1978 年），卷四〈形〉，頁 4：「善守者藏於九地之

下，自然事象常被拼湊或壓縮成「九□」的模式，如戰國時鄒衍提出大九州的想法，《呂氏春秋》提到：「天有九野，地有九州，土有九山，山有九塞，澤有九藪」**㉑**，《淮南子》卷四〈墜形〉亦然，又有九天**㉒**的說法。王逸為〈九辯〉作敘論時，對「九」的性質提出了說明：

> 九者，陽之數，道之綱紀也。故天有九星，以正機衡；地有九州，以成萬邦；人有九竅，以通精明。屈原懷忠貞之性，而被讒衰，傷君闇蔽，國將危亡，乃援天地之數，列人形之要，而作《九歌》、《九章》之頌，以諷諫懷王。明己所言，與天地合度，可履而行也。**㉓**

這段引文點出了用「九」來作為天（如九星）、地（如九州）、人（如九竅）之數背後的想法。天子是天的象徵，天地交泰而生萬物，在對應宇宙論之下，象徵天的天子與屬於陰的后妃交合，就是一種天

下，善攻者動于九天之上，故能自保而全勝也」；《大戴禮記解詁》，卷七〈五帝德〉，頁 124-125：「巡九州，通九道，陂九澤，度九山」。

㉑　《呂氏春秋》，卷十三〈有始覽〉，頁 657。

㉒　如《淮南子》，卷一〈原道〉，頁 29：「上通九天，下貫九野」，卷六〈覽冥〉，頁 192：「上通九天，激厲至精」、頁 208：「上際九天，下契黃壚」、頁 210：「登九天，朝帝於靈門」，卷十五〈兵略〉，頁 507：「放乎九天之上，蟠乎黃盧之下」，卷十九〈脩務〉，頁 640：「今不稱九天之頂，則言黃泉之底」。

㉓　王逸，《楚辭章句》（臺北：藝文印書館，1974 年），卷八〈九辯〉，頁 245-246。

地交泰的形式（以陰陽的想法來說即是天陽與地陰相配），女性屬於陰，與地母的象徵關係密切❹，天施氣於地以九州承，人間的帝王是天的象徵，其施氣，亦以九女承之。不過這樣的想法是將神話思維中的土生萬物❺、以及天地交合生萬物的過程予以陰陽化、政治化，並配合戰國以後鄒衍大九州想法所成的系統。

㈡天子一娶十二女

一娶十二女，這種說法在漢代也頗為盛行，前面提過的《白虎通》除了有天子一娶九女的說法外，也提到天子一娶十二女的說

---

❹ 諾伊曼（Erich Neumann）《大母神——原型分析》（臺北：東方出版社，1998 年），以及楊儒賓〈吐生與厚德——土的原型象徵〉之土地女媧與生殖，《中國文哲研究集刊》第二十期，2002 年 3 月，頁 13-22。胡萬川〈撈泥造陸——鯀、禹神話新探〉，《新古典新義》（臺北：臺灣學生書局，2001 年），頁 45-72。

❺ 參見伊利亞德（Eliade），《比較宗教類型》，頁 254：「水孕育萬物種子，土也孕育萬物種子。但在土中，萬物種子成長結實比較迅速。潛能與種子在水中也許要經歷多少週期以後，才可真然成形。但在土中，潛能與種子從來不曾停止活動。土永恒不停的創生，它賦給回歸到土中死寂之物生命與形式。職是之故，水可為位於每一宇宙週期之始，同時也位於其終；土則是位於每一個體生命之始及其終。任何事物只有冒出水面後，才能紛紜成形，但一旦歷史災難（如洪水）或宇宙災難降臨，它們仍舊要回歸渾沌。任何生命的展現皆因大地豐饒所致，它在土地中出生、成長，有朝一日生機已盡，它會再度回歸……水「先於」任何創造、任何形式；土則「產生」活生生的形式。神話學上水的命運是開展宇宙週期，同時也終結宇宙週期；土則是位於任何生物形式或任何立足於歷史位置形式開端與結尾。」引文轉引自楊儒賓〈水與先秦諸子思想〉（《語文、情性、義理——中國文學的多層面探討國際學術會議論文集》，臺灣大學中國文學系，1996 年），頁 565-566。

法⑫，此說早在西漢已見世，《列女傳》卷二〈賢明傳·宋鮑女宗〉即言：

> 夫禮，天子十二，諸侯九，卿大夫三，士二。

《白虎通》之後，續有經生持此說，如《公羊傳》卷十七〈成公十年〉解詁：

> 伯姬以至賢為三國所爭媵……唯天子娶十二女。

《後漢書》卷六十二〈荀爽傳〉：

> 故天子娶十二，天之數也。諸侯以下各有等差，事之降也。陽性純而能施，陰體順而能化，以禮濟樂，節宣其氣，故能豐子孫之祥，致老壽之福。

蔡邕《獨斷》：

> 帝嚳有四妃，以象后妃四星。其一明者為正妃，三者為次妃也，九嬪，夏后氏增以三三而九，合十二人。《春秋》天子娶十二，夏制也。

---

⑫　《白虎通疏證》卷十〈嫁娶〉，頁 469：「或曰：天子娶十二女，法天有十二月，萬物必生也。」

> 天子一娶十二女，象十二月，三夫人、九嬪。諸侯一娶九
> 女，象九州，一妻八妾。卿大夫一妻二妾，士一妻一妾。❿

天子娶十二女的說法也是天人符應觀念下的產物，十二女可以是十
二地支的象徵，而十二地支同時也代表了十二月，這一方面固然是
以地支來作為各月的單位，同時也與二分論式下月、地、女同屬陰
有關。至於蔡邕，還兼取星象為根據，因為在古人的想法中，人間
朝廷、後宮的組織應為「天官」的摹本，一一對應，朝廷與後宮的
組織與行事與星象間的關係與變化相互感應❿，因此，後宮人數方
面的規制自然也可在其間尋求論據。

㈢天子後宮一百二十一人

《禮記·昏義》指出天子後宮有一百二十一人，分別是：一
后、三夫人、九嬪、二十七世婦、八十一御妻❿。這和前面所提的
天子一娶十二女在數目上顯然有極大的差距，於是有的人將它理解
為周制和夏殷之制的不同，認為《禮記·昏義》所說乃是周代的制

---

❿ 蔡邕，《獨斷》，《叢書集成簡編》（臺北：臺灣商務印書館，1965 年），
卷上，頁 7。

❿ 《禮記》，卷六十一〈昏義〉，頁 1002：「天子立六官：三公、九卿、二十
七大夫、八十一元士，以聽天下之外治……后立六宮：三夫人、九嬪、二十
七世婦、八十一御妻，以聽天下之內治……天子之與后，猶日之與月，陰之
與陽，相須而后成者也。」、「男教不脩，陽事不得，適見於天，日為之
食；婦順不脩，陰事不得，適見於天，月為之食」。

❿ 《周禮》，卷七、卷八〈天官〉中的〈九嬪〉、〈世婦〉、〈女御〉，頁
116-122，也提到了九嬪、世婦、女御之職，不過並沒有規劃人數為多少，而
且也未列出夫人之職，詳參卷一〈天官·冢宰〉鄭注，頁 18。

度，而一娶十二女是夏之制（如前引蔡邕之說），而《春秋》改周之文，從夏之質，故以一娶十二為正法。我們在《周禮》中也可以看見九嬪、世婦、女御之職，不過《周禮》中並沒有說明人數有多少，而且也未列出夫人之職，對於這樣的情形鄭玄的解釋是：「不列夫人于此官者，夫人之於后，猶三公之於王，坐而論婦禮，無官職。」⑬鄭玄並曾花工夫說明聖帝明王后妃人數的遞變：

> 帝嚳而立四妃矣，象后妃四星，其一明者為正妃，餘三小者為次妃，帝堯因焉。至舜不告而取，不立正妃，但三妃而已，謂之三夫人，《離騷》所歌湘夫人，舜妃也。夏后氏增以三三而九，合十二人，《春秋說》云：「天子取十二」，即夏制也，以虞、夏及周制差之，則殷人又增以三九二十七，合三十九人，周人上法帝嚳立正妃，又三二十七為八十一人，以增之，合百二十一人。其位后也、夫人也、嬪也、世婦也、女御也，五者相參以定尊卑。⑬

帝嚳及堯的四妃，均包含了正妃在內；由舜開始至商，則不含正妃，均是站在前代既有的人數上，以三的倍數遞加，夏為：3+(3x3)=12，商為 12+(3x3x3)=39 ⑬，周為：39+(3x3x3x3)=120，

---

⑬　《周禮》，卷七、卷八〈天官〉中的〈九嬪〉、〈世婦〉、〈女御〉，頁116-122，卷一〈天官・冢宰〉鄭注，頁18。
⑬　《禮記》，卷七〈檀弓上〉，頁125。
⑬　《後漢書》，卷五十七〈劉瑜傳〉章懷注，頁661：「《公羊傳》曰：『諸侯一聘三女，天子一娶九女』，夏、殷制也」，稱引文字不見於今本《公羊傳》。

周人站在遞加的基礎上又法帝嚳立正妃，故為百二十一妃，愈到後代，人數愈多。后妃之數以三的倍數相乘，三既為陽數開始化育的象徵，同時又具有數目眾多的意涵，九則象徵著極陽之數，所以在談論帝王后妃之數，常以三和九的倍數相復而成。在數的推算下，天子十二妃的系統被列屬於夏制，百二十一妃的系統則歸諸周制，《禮記·昏義》所說乃周制，一娶十二女是夏制，孔子撰《春秋》，為漢制法，改周之文，從夏之質。這樣的說法可以同時安立前面所提到的二種不同的系統，把它當作是時代不同的產物，而且當漢人提及天子一娶十二女時，還隱含了一種由周制而返夏制的三統說的想法，故太史公說：

> 太史公曰：夏之政忠，忠之敝，小人以野。故殷人承之以敬，敬之敝，小人以鬼。故周人承之以文，文之敝，小人以僿，故救僿莫若以忠。三王之道若循環，終而復始。周、秦之間，可謂文敝矣，秦政不改，反酷刑法，豈不繆乎？故漢興，承敝易變，使人不倦，得天統矣。[133]

這種想法認為歷史的演變背後是一種循環的原理，三代各有其德，其演變的趨向是由質實走向文采，再由文采反向質實，終始相循，

---

[133]　《史記》，卷八〈高祖本紀〉，頁 394。此說蓋本諸董生對策，詳見《漢書》，卷五十六〈董仲舒傳〉，頁 2518-2519。另外《漢書》，卷二十一下〈律歷志〉，頁 1011-1023，也提到三代迭據一統，三統迭相為首，並且還將三統與五行、三辰相結合，與太史公之說有些差距，可見在三統論的架構下，配置可能不只一套。

反復循環，三代以後的各朝代亦應如三代一般，承繼著此種律動，質文遞邅。人世間政策的施行亦當與此循環相配合，用以承敝易變，如若不能接上這個律動，則自外於天理循環之外。太史公舉秦朝為例，秦朝在周文之後，文敝已盛，本當由文反質，以承敝易變，但卻反其道而行，導致其失去政權，所以漢人施政首要在反於夏之質，以質實來救文敝。這種質文循環的說法，落在后妃之數上，則如前面所說，產生改周之文，從夏之質，以一娶十二女為正法的說法。

　　儘管天子的后妃之數最常見的有以上三種說法，不過在漢代以天子一娶九女的說法最為常見，這除了前面已經提到的《白虎通·嫁娶》中所說外，還可以在漢代士人奏議中看出（詳見於第二章）。《白虎通》是東漢官方主持論禮所記的重要作品，很能顯示當時對此說的態度。一娶九女之說所以盛行，一方面與「九」這個數字被頻繁的使用，以作為「道之綱紀」的想法有關。另一方面，天子一娶九女的說法，應該也受到諸侯一娶九女之說盛行的影響，而跟著流傳。再者，漢代的士人一直勸諫帝王要少置妃妾，百二十一人顯然被認為人數過多，在由質反文的呼籲下，十二人和九人均被提及❹，而九人尤其常見。

---

❹　如《後漢書》，卷五十七〈劉瑜傳〉，頁 1856，章懷注提到：「《公羊傳》曰：『諸侯一聘三女，天子一娶九女』，夏、殷制也。」就是將九人視為夏、殷之制。

二、對於帝王後宮太盛的節制

先秦時期帝王後宮的實際人數，由於受到史料的限制，無法得悉，不過由一些蛛絲馬跡處仍可見其端倪，如《墨子・辭過》說：

> 當今之君，其蓄私也，大國拘女累千，小國累百，是以天下男多寡無妻，女多拘無夫，男女失時，故民少。❶❸❺

《管子・小匡》也提到君王沈迷於九妃六嬪，陳妾數千的敗政現象：

> 昔先君襄公高臺廣池，湛樂飲酒，田獵畢弋，不聽國政，卑聖侮士，惟女是崇，九妃六嬪，陳妾數千，食必粱肉，衣必文繡。❶❸❻

另外，《史記・平原君列傳》提到平原君在秦圍邯鄲時，姬妾仍然有數百人❶❸❼，《史記》記載秦始皇的後宮人數眾多，僅只宮室有二百七十座，宮內充滿美人，這些美人，始皇死後，無子者皆被用以陪葬，人數甚多❶❸❽，可見廣蓄妃妾在先秦時期，是個普遍的現象。

---

❶❸❺ 　《墨子閒詁》（北京：中華書局，1957 年），卷一〈辭過〉，頁 22。

❶❸❻ 　《管子》（臺灣：中華書局，據明吳郡趙氏本校刊），卷八，頁 6。

❶❸❼ 　《史記》，卷七十六〈平原君列傳〉，頁 952：「邯鄲之民炊骨易子而食，可謂急矣，而君之後宮以百數，婢妾被綺縠，餘粱肉。」

❶❸❽ 　《史記》，卷六〈秦始皇本紀〉，頁 126：「乃令咸陽之旁，二百里內宮觀二百七十，復道甬道相連，帷帳、鐘鼓、美人充之」，頁 129：「二世曰：『先帝後宮非有子者出焉，不宜，皆令從』死者甚眾」。

漢代廣蓄妻妾的情形也是很普遍的，《後漢書·皇后紀》指出西漢時高祖、孝文、孝景諸帝宮女不過千餘，而武帝以後後宮的人數卻越來越多，常至好幾千人❸。《鹽鐵論》對當時卿大夫等階級嬪妃眾多，而導致的社會問題，愷切陳詞：

> 古者，夫婦之好，一男一女成室家之道。及後，士一妾，大夫二，諸侯有姪娣九女而已。今諸侯百數，卿大夫十數，中者待御，富者盈室。是以女或曠怨失時，男或放死無匹。❹

皇帝、貴族、富有者多置妻妾而導致社會問題，在許多官員頻繁的上書中，也可以想見問題的嚴重性，他們有從經濟、民生層面來著眼的，也有從陰陽、星象、災異來看的，或從皇子少而多夭，使得繼嗣難立的角度來思考的。從經濟民生方面，如陳蕃上疏指出當時的社會現象：

> 比年收斂，十傷五六，萬人飢寒，不聊生活，而采女數千，食肉衣綺，脂油粉黛，不可貲計。❺

以及呂強所說的：

---

❸　《後漢書》，卷十上，〈皇后紀上〉，頁399。
❹　《鹽鐵論校注》，卷六〈散不足篇〉，頁356。
❺　《後漢書》，卷六十六〈陳蕃傳〉，頁2161。

> 臣又聞後宮綵女數千餘人，衣食之費，日數百金……宮女無
> 用，填積後庭，天下雖復盡力耕桑，猶不能供。⓯

廣蓄妻妾所費不貲，會對朝廷的經濟帶來沉重的負擔，而且這種負擔又將轉嫁到百姓身上，使得百姓的賦稅不斷增加，進一步造成百姓貧困的結果。貧困會造成許多社會的問題，如果又遇上天災使得收成不良，此種問題會雪上加霜，不堪負苛沉重賦稅的人民，有些流亡在外成為流民，漢代的後期流民的眾多即是嚴重的社會問題⓭，有些則賣身為奴，或者將子女賣為人奴妾，此種情況會成為一種惡性的循環。長此下去，許多女子成為貴族、富豪的婢妾，許多貧寒男子無法娶妻，使得男女婚配人口比例嚴重失調，而女子則閒置於後院，造成生育力的浪費及社會問題。廣蓄姬妾既會造成嚴重的社會問題，因此，早在先秦時就已經將後宮人數減少、釋放宮中婦女到民間成婚的政策，當成一種德政了⓮。

從廣嗣方面著眼的，如《後漢書》卷三十下〈郎顗傳〉中郎顗便宜七事以勸諫帝王，其中第四事為：

⓯ 　《後漢書》，卷七十八〈呂強傳〉，頁 2529。

⓭ 　詳參羅彤華《漢代的流民問題》（臺北：臺灣學生書局，1989 年）一書。

⓮ 　如齊桓公釋放宮中婦女，以利民間成家的故事，即是一例，詳參《韓非子集解》，卷十四〈外儲說右下〉，頁 287。漢代的皇帝如文帝十二年時曾「出孝惠皇帝後宮美人，令得嫁」（《漢書》，卷四〈文帝紀〉，頁 123），又文帝崩時又有遺詔「歸夫人以下至少使」（卷四〈文帝妃〉，頁 132），成為漢家故事，景帝崩時也「出宮人歸其家」（卷五〈景帝紀〉，頁 153），平帝崩時「出媵妾，皆歸家得嫁，如孝文時故事」（卷十二〈平帝紀〉，頁 360）。

臣竊見皇子未立，儲宮無主，仰觀天文，太子不明……去年八月二十四日戊辰，熒惑……入軒轅……北旋復還。軒轅者，後宮也，熒惑者，至陽之精也，天之使也，而出入軒轅，繞還往來，《易》曰：「天垂象，見吉凶」，其意昭然可見矣。禮，天子一娶九女‧嫡媵畢具，今宮人侍御，動以千計，或生而幽隔，人道不通，鬱積之氣上感皇天，故遣熒惑入軒轅，理人倫，垂象見異，以悟主上。昔武王下車，出傾宮之女，表商容之閭，以理人倫，以表賢德，故天授以聖子，成王是也。今陛下多積宮人，以違天意，故皇胤多夭，嗣體莫寄。《詩》云：「敬天之怒，不敢戲豫」，方今之福，莫若廣嗣，廣嗣之術，可不深思？宜簡出宮女，恣其姻嫁，則天自降福，子孫千億。❹

此則上奏是就漢代皇子少而多夭，皇室的繼位人選常造成困難的現象有感而發，並試圖找出原因，提出解決之道。郎顗提出了幾點意見，第一、人事與星象災異密切相關，舉凡皇子未立、後宮過盛，都會顯現在象徵朝廷的天廷星象中。第二、後宮過盛，宮女憂怨、不調之氣會上感於天，而生災異。第三、將東漢時期皇子多夭、嗣體莫寄的現象，歸咎於後宮太盛。第四、在此時提出天子一娶九女的說法，明顯地是用此來作為皇帝后妃之數的標準，以節制後宮的數量。第五、釋出宮女，任憑其婚嫁，是一種德政，而且可由此感動上天，而使子孫繁盛。

---

❹　《後漢書》，卷三十下〈郎顗傳〉，頁 1061-1062。

　　從陰陽災異著眼的，如《後漢書》卷五十七〈劉瑜傳〉點出了當時人對後宮婦女過多會導致水旱、疾病、妖眚同時也會對帝王的身體造成不良影響的看法：

> 古者天子一娶九女，姪娣有序，河圖授嗣，正在九房。今女嬖令色，充積閨帷，皆當盛其玩飾，冗食空宮，勞散精神，生長六疾，此國之費也、生之傷也。且天地之性，陰陽正紀，隔絕其道，則水旱為并。《詩》云：「五日為期，六日不詹」，怨曠作歌，仲尼所錄，況從幼至長，幽藏歿身。⑭

《後漢書》卷六十二〈荀爽傳〉將減少宮女的利處講得最清楚，認為可以造成陰陽和、府庫豐、眉壽長、子孫多、黎民安的效果：

> 禮者，所以興福祥之本，而止禍亂之源也……眾禮之中，婚禮為首，故天子娶十二，天之數也，諸侯以下各有等差……臣竊聞後宮采女五六千人，從官侍使復在其外，冬夏衣服，朝夕稟糧，耗費縑帛，空竭府藏，徵調增倍，十而稅一，空賦不辜之民，以供無用之女，百姓窮困於外，陰陽隔塞于內，故感動和氣，災異屢臻。臣愚以為諸非禮聘、未曾幸御者，一皆遣出，使成妃合。一曰：通怨曠，和陰陽，二曰：省財用，實府藏，三曰：脩禮制，綏眉壽，四曰：配陽施，祈螽斯，五曰：寬役賦，安黎民。此誠國家之弘利，天人之

---

⑭　《後漢書》，卷五十七〈劉瑜傳〉，頁 1855-1856。

大福也。**⒂**

我們注意到上文提到古時天子一娶九女，來對顯今日天子多後宮的弊病（前已提過章懷注提到：「《公羊傳》曰：『諸侯一聘三女，天子一娶九女』，夏、殷制也。」，在今流傳的《公羊傳》本中並無此文，不知此說法的根據何在，不過，也可以看出婚配人數的說法並不是只有一種，而且可能承繼於不同的系統。）與前段〈郎顗傳〉中提到天子一娶九女的目的一樣，是在透過前代帝王的后妃之數來對天子造成約束的效果。在漢代士人的上疏中，常可看到對後宮問題的勸諫，以上所列舉雖不過是其中之一部分，但可以看出這個問題是漢代士人所共同關切的問題，他們甚至將皇子寡而多夭、君王龍體欠安、星象災異、水旱、疾疫、妖異、國窮民困……等等問題都歸咎於後宮婦女人數過多所致。而他們勸諫帝王的方式，一方面透過前面所說的妖孽、災異和民生問題等問題以對帝王造成嚇阻的效果；另一方面，則是利用效法聖王和古制的傳統，以進行改造，前面提過九與十二這兩個數字被頻繁地運用來象徵帝王后妃之數，尤其是九這個數字被使用的相當頻繁，因此配合前代流傳實行過的媵婚制加以附益，以便實行託古改制的理想。

　　一娶九女的制度是否真的實行過，從史書中的一些脈絡可以看出漢時人對此事所持的態度，《前漢書》卷六十〈杜欽傳〉提到：「自上為太子時以好色聞，及即位，皇太后詔采良家女」杜欽建言將一娶九女之制納為制度：

<hr />

⒂　《後漢書》，卷六十二〈荀爽傳〉，頁 2054-2055。

禮，壹娶九女，所以極陽數、廣嗣重祖也。必鄉舉求窈窕，不問華色，所以助德理內也。娣姪雖缺，不復補，所以養壽塞爭也。故后妃有貞淑之行，則胤嗣有賢聖之君，制度有威儀之節，則人君有壽考之福。廢而不由，則女德不厭，女德不厭，則壽命不究於高年，《書》云：「或四三年」，言失欲之生害也。男子五十好色未衰，婦人四十容貌改前，以改前之容，侍於未衰之年，而不以禮為制，則其原不可救，而後徠異態，後徠異態，則正后自疑，而支庶有間適之心。是以晉獻被訛讒之謗，申生蒙無罪之辜。今聖主富於春秋，未有適嗣，方鄉術入學，未親后妃之議。將軍輔政，宜因始初之隆，建九女之制，詳擇有行義之家，求淑女之質，毋必有色聲音技能，為萬世大法。夫少，戒之在色，〈小卞〉之作，可為寒心，唯將軍常以為憂。❿

不過第一次建言並沒有被接受，於是杜欽再次陳述九女之制：

《詩》云：「殷監不遠，在夏后氏之世」，刺戒者，至迫近而省聽者常怠忽，可不慎哉？前言九女，略陳其禍福，甚可悼懼，竊恐將軍不深留意，后妃之制，夭壽治亂存亡之端也，迹三代之季世，覽宗宣之饗國，察近屬之符驗，禍敗曷常不由女德⋯⋯《易》曰：「正其本，萬物理」。凡事論有疑、未可立行者，求之往古，則典刑無，考之來今，則吉凶

---

❿　《漢書》，卷六十〈杜欽傳〉，頁 2667-2668。

同，卒搖易之，則民心惑，若是者，誠難施也。今九女之
制，合於往古，無害於今，不逆於民心，至易行也，行之，
至有福也。……唯將軍……逮委政之隆，及始初清明，為漢
家建無窮之基。❾

杜欽第一度建言，因「太后以為故事無有」，未採納；第二度建
言，因王鳳「循故事」❿，依然作罷，與「漢家」、「故事」尖銳
相對是杜欽所提的「往古」、「典型」、「禮」，另方面，杜欽也
坦承，他的意見乃「建…制」、「建…基」，換言之，這乃是新
的，這自然是針對漢家故事而言，但兩相結合，未始不容我們揣
想：他所說的「典型」，古禮也是某種意義的新說，未必反映歷史
實況，因為在前人用詞時，古、今本來就常作為理想、現實的符碼
❿。杜欽的進言，背後有強烈的託古改制的動機，所以極強調古時
確曾實行過天子、諸侯一娶九女的婚姻制度，不過我們從太后以及
王鳳的反應，可以看出當時的王室對於一娶九女的制度是抱持著懷

---

❾　《漢書》，卷六十〈杜欽傳〉，頁 2669。

❿　詳參邢義田，〈從「如故事」和「便宜從事」看漢代行政中的經常與權
　　變〉，《秦漢史論稿》（臺北：東大圖書公司，1987 年），頁 333-409。

❿　崇言古制，常是藉此作為理想的表述，對比於今，則是當前的現實，這種現
　　象在儒家的典籍中最為常見，如《荀子》，卷一〈勸學〉，頁 8：「古之學
　　者為己，今之學者為人」，卷三〈非十二子〉，頁 63：「古之所謂士仕士
　　者，敦厚者也……今之所謂士仕士者，汙漫者也……」、頁 63-64：「古之所
　　謂處士者，盛德者也……今之所謂處士者，無能而云能者也……」這樣的情
　　形，在漢代也仍然存在，故《漢書》，卷九〈元帝紀〉，頁 277，記載漢宣
　　帝批評當時的儒者「好是古非今，使人眩於名實」。

疑的態度，而這種懷疑的態度除了被解釋為王室本身需要欲望的滿
足，為數眾多的後宮婦女，可以同時滿足帝王的情慾以及奢華排場
和生育的要求外，在激情的託古改制理想下，這些懷疑的聲音，透
露出媵婚的一些主張是由戰國以來到漢代逐漸摶聚起來的事實，在
經過漢代經師託古改制的強烈要求下，對媵婚不斷進行闡述和宣
揚，使得媵婚制的主張漸趨完整和成熟。

三、對於生育及養生的想法

　　經師們指出天子、諸侯一娶九女為的是廣增繼嗣，鄭玄即擬出
妃妾侍寢之次：

> 五日一御，諸侯制也。諸侯取九女，姪娣兩兩而御，則三日
> 也；次兩媵，則四日也，次夫人專夜，則五日也㊗。

即是每五日要御遍九女，這樣的說法於史實上難以印證，但於常理
來說似頗牽強難行，但仍可以看出經師廣增繼嗣的用心。

　　在鄭玄等漢代經師來看，后妃人數的思想背後還與行房和生育
有密切的關係。《周禮·天官·九嬪》講到後宮侍夜的問題時說：
「九嬪掌婦學之灋，以教九御婦德、婦言、婦容、婦功，各帥其
屬，而以時御，敘于王所」㊗，至於秩序的具體內容，並沒有說

㊗　《禮記》，卷二十八〈內則〉鄭注，頁 533：「夫婦之禮，唯及七十同藏無
　　間，故妾雖老，年未滿五十必與五日之御。」鄭注：「五十始衰不能孕也，
　　妾閉房不復出御矣，此御謂侍夜勸息也。」
㊗　《周禮》，卷七〈天官·九嬪〉，頁 116。

明，但鄭玄則詳加注釋：

> 凡羣妃御見之法，月與后妃，其象也，卑者宜先，尊者宜
> 後，女御八十一人當九夕，世婦二十七人當三夕，九嬪九人
> 當一夕，三夫人當一夕，后當一夕，亦十五日而徧，云自望
> 後反之。孔子云：「日者天之明，月者地之理，陰契制，故
> 月上屬，為天使，婦從夫，放月紀。」❻

侍夜的方式所以仿照月的運行之理，這一方面是因為在陰陽觀下月
屬陰，婦人亦屬陰，月繞日而行，所以相應的也是婦人御進於男
子。其中所提到「孔子云」一段來自緯書《孝經援神契》，可以讓
我們看出這是當時流行天人相應背景下的想法。其次，月的運行由
朔至望，又由望至晦，所以御進之法亦隨之由卑至尊又由尊至卑。
第三，為何讓身份卑賤者先行呢？這似乎不符合於階級身份的要
求，孔疏解釋說：「〈禮運〉云：三五而盈，三五而闕，后以下法
之，故從微嚮著，卑者宜先，從著嚮微，卑者宜後也」❺這完全是
仿照月亮運行的規律，後宮的運行是月亮運行的象徵，同時也與月
的運行相應相感。在早期人的想法中月亮與女性有著十分密切的關
係，月象徵著女性的生育力❻，同時女性的生理周期也以月為紀，

---

❻　《周禮》，〈天官・九嬪〉，頁 116。

❺　《周禮》，〈天官・九嬪〉，頁 117。

❻　女性的意識發展以及在神話中的象徵常和月有密切的關係，且女性的生理周
　　期和生殖力亦和月相關，詳參李以洪譯，諾伊曼（Erich Neumann），《大母
　　神》（臺北：東方出版社，1998），頁 54-62。蒙子、龍天、芝子譯，M・艾

在《禮記・昏義》中談到：「男教不修，陽事不得，適見於天，日為之食；婦順不脩，陰事不得，適見於天，月為之食。」[157]都可以看出月亮與女性的關係。所以用月亮圓缺來作為御見之周期的想法是可以被理解的。

　　不管此種以月亮的運行來作為後宮御見的規則的構想是否能完全被遵行，在這樣頻繁行房的背後其實還有一種養生的想法存在，可用來理解為何王后行房之期必須放在後面？為何王后須在滿月時才能行房？月是女性的象徵，而在人間統領陰事者為王后，是月的具象，在這樣的想法下，與王后行房之日必須是滿月之時，象徵著陰道的圓滿。天子有眾多嬪妃，頻繁的行房，除了一般人所想像的滿足其權力感與情欲外，更重要的是透過行房來養生或求得子嗣，二者雖然並不完全衝突，但是仍有不同，養生者重在采補，不隨意施泄陽精，因為精是男性生命氣力所凝成的珍貴之液，任意射精將對元氣造成耗損。不過從求子的角度來說，重點則不放在限制泄精，而在要求陽精當在最為需要且有利的情況下被使用。養生可以作為生子的輔助，透過養生對於陽氣的勃發將有極大的助益[158]，此

瑟・哈婷著，《月亮神話——女性的神話》（上海：文藝出版社，1992 年）一書。

[157]　《禮記・昏義》，頁 1003。

[158]　養生亦有透過房中采補之術來進行的，《馬王堆漢墓帛書（肆）》有房中術《天下至道談》、《合陰陽》、《十問》；《史記》，卷一〇五〈扁鵲倉公列傳〉，頁 2796，提到漢文帝時名醫淳于意向同郡陽慶學的「接陰陽禁書」；《漢書》，卷三十〈藝文志・方技略〉，頁 1778，登錄《容成陰道》、《務成子陰道》、《堯、舜陰道》、《湯、盤庚陰道》、《天老雜子陰道》、《天一陰道》、《黃帝三王養陽方》、《三家內房有子方》八種房

時施氣生子不但利於受孕，而且對於胎兒的稟氣、身體和性情均會
是最有利的[159]。帝王先與身份低的女子行房，當其陽氣飽滿勃發之
時，再與王后行房，豐沛的陽氣將有利於受孕，並產下稟氣豐厚的
繼承人，這也許也能讓我們理解為什麼鄭玄對於帝王的後宮生活的
想法讓人覺得如此迂腐而誇大不實的原因[160]。采補和養生的思想在
漢代官方頗為盛行，漢代的帝王後宮人數極多，也可以滿足此一要
求。不過以漢人的想法去理解春秋乃至春秋以前的後宮情形或媵婚
制，則不免有以後律古的危險。也可以看得出來這套后妃之數的系
統與陰陽、數術、質文遞邅、甚至是采補術有很密切的關係，是戰
國以後才陸續形成的。

中書，雖均已亡佚，無從得知其內容，可是由書名看來，所謂「陰道」乃是
接陰之道，是男子所用的房中術。在戰國時期已有了房中書的記載，而性行
為與養生的技巧必定比發現房中書時間更早就已存在，隨著陰陽觀念興起，
采陰補陽與采陽補陰的方術也隨之興起。由上所述，可以推斷漢人對此道應
不陌生。

[159] 在漢人的想法中受孕的時辰、天象、父母的身心狀態等，均會影響胎兒未來
的身體、面相、性情、命格、吉凶禍福、富貴貧賤等等，所以在行房受氣上
有諸多禁忌。譬如要求行房時自然宇宙必須和諧沒有災異的現象發生，並且
也特別注意星象的狀況，以行房者自身來說，則要求身心都處於氣厚的狀
態，施氣的厚薄與胎兒壽夭福禍有密切關係。詳參黃暉，《論衡校釋》（臺
北：臺灣商務印書館，1983 年），卷一〈氣壽篇〉，頁 26-33、卷二〈命義
篇〉、〈無形篇〉、〈率性篇〉、〈吉驗篇〉，頁 41-90、卷三〈初稟篇〉，
頁 115-123，等篇對於受氣厚薄以及行房時父母心狀態對胎兒產生的影響，
有很詳細的說明，可以反映出漢人的觀念和想法。

[160] 荷蘭學者高羅佩（Gulik, R.H.）對於中國這種透過性行為以養生或求子的方
術也提出了他的看法，參見《中國古代房內考》，李零、郭曉惠等譯（上
海：人民出版社，1990 年），頁 64。

第五節　略看漢代帝王的婚配人數
與婚姻狀況

　　漢代經師對於媵婚的推究以及對婚配人數的主張，是否能顯現在漢代皇室的婚姻中呢？先秦的媵婚制是否在漢代王室留下影響呢？我們可以先就漢代後宮的情形來切入。《漢書》卷九十七〈外戚傳〉提到西漢的後宮制度及爵等：

> 漢興，因秦之稱號，帝母稱皇太后，祖母稱太皇太后，適稱皇后，妾皆稱夫人，又有美人、良人、八子、七子、長使、少使之號焉。至武帝制倢伃、娙娥、傛華、充依，各有爵位，而元帝加昭儀之號，凡十四等云。昭儀位視丞相，爵比諸侯王；倢伃視上卿，比列侯；娙娥視中二千石，比關內侯；傛華視真二千石，比大上造；美人視二千石，比少上造；八子視千石，比中更；充依視千石，比左更；七子視八百石，比右庶長；良人視八百石，比左庶長；長使視六百石，比五大夫；少使視四百石，比公乘；五官視三百石；順常視二百石；無涓、共和、娛靈、保林、良使、夜者皆視百石；上家人子、中家人子，視有秩斗食云。⓰⑴

我們可以看出漢代後宮的等級分明，其俸祿多少亦有定數，其官名有承自秦代的，亦有漢代以後陸續增加的。漢代後宮的人數究竟是

多少？就以上這些官名來看，後宮人數至少就在二十人以上了，事實上，如《三輔黃圖》記載：「武帝起光明宮，發燕、趙美女二千人充之，率取二十以下，十五以上，年滿三十者出嫁之，掖庭令總其籍。」⑯又如我們前面提到了漢代帝王後宮人數眾多所造成的弊端，以及《後漢書·皇后紀》所說：「至武、元之後，世增淫費，至乃掖庭三千，增級十四」⑯，或如《後漢書·劉盆子傳》記載的當時「掖庭中，宮女猶有數百千人。」⑯種種狀況都可以證明後宮女子的人數往往輒上千人。如果認為以上所舉的這些例子只是帝王奢淫的象徵，而不是常制，那麼我們還可以舉高祖少子淮南厲王長的事件來作為證明：淮南厲王長由於謀反而被判棄市的罪，漢文帝免除了他的死罪，並將他安置在蜀郡嚴道縣邛萊山郵置，同時准許他帶著十個平時最親幸的美人、才人同居⑯。在這樣極端的情形下還能容許十個女子同行，可想而知平時後宮的人數就絕對不只於此數了。與淮南王同時的宰相張蒼，也有妻妾數百名，武安侯田蚡房

---

⑯　《三輔黃圖》，《經訓堂叢書第三函》（臺北：藝文印書館，1966 年），卷三〈明光宮〉注，頁 5。

⑯　《後漢書》，卷十上〈皇后紀〉，頁 399。

⑯　前揭書，卷十一〈劉盆子傳〉，頁 482。

⑯　《史記》，卷一一八〈淮南衡山王列傳〉，頁 3079。：『蒼等昧死言，長有大死罪，陛下不忍致法，幸赦，廢勿王，臣請處蜀郡嚴道邛郵。遣其子，子母從居，縣為築蓋家室，皆廩食給薪菜、鹽豉、炊器、席蓐，臣等昧死請，請布告天下。』，制曰：「計食長給肉日五斤，酒二斗，令美人、才人得幸者十人從居。」

好女也以百數❻。這裏所提到的還不是皇帝的排場，以帝王來說，後宮所能容許的人數還要更多，這與漢代經師所提一娶九女的滕制有一段很大的差距。

後宮在武帝以後更名為掖庭❼，根據《漢舊儀》的記載倢伃以下皆居住於掖庭之中❽，各郡國獻女或民間選擇之女均須在掖庭待詔❾，由於後宮的人數眾多，御見有一定的規矩：

> 后妃羣妾以禮御於君所，女史書其日月，授之以環，以進退之。生子月辰，則以金環退之。當御者以銀環進之，著于左手，既御，著于右手，事無大小，記以成法。❿

> 掖庭令，晝漏未盡八刻，廬監以茵次上倢伃以下，至後庭，訪白錄，所錄所推當御見刻，盡去簪珥，蒙被，入禁中，五

---

❻ 《史記》，卷九十六〈張丞相列傳〉，頁 2682、卷一〇七〈魏其武安侯列傳〉，頁 2844。

❼ 《漢書》，卷十九上〈百官公卿表〉，頁 732：「武帝太初元年更名……永巷為掖廷。」

❽ 《漢舊儀》，《叢書集成簡編》（臺北：臺灣商務印書館，1965 年），卷下，頁 11：「倢伃以下，皆居掖庭，置令丞，廬監、宦者，女御長如侍中。」注：「案《漢書·外戚傳》晉灼注引作女長御比侍中官，〈戾太子傳〉注引作女長御比侍中。」

❾ 由《漢書》，卷九〈元帝紀〉集解引應劭曰，頁 297：「郡國獻女未御見，須命於掖庭，故曰待詔。」又後宮來源亦有透過民間采擇，如前引《漢書》，卷九十七〈外戚傳〉，頁 3935 提到「上家人子」「中家人子」，顏師古謂：「家人子者，言採擇良家子以入宮，未有職號，但稱家人子也。」

❿ 《毛詩》，卷二之三〈邶風·靜女〉毛傳，頁 105。

刻罷，即留，女御長入扶以出。御幸賜銀 指 鐶，令書得
環，數計月日，無子罷廢，不得復御。❶

以丹注面曰勺。勺，灼也。此本天子、諸侯群妾當以次進
御。其有月事者，止而不御，重以口說，故注此於面，灼然
為識。女史見之，則不書其名於第錄也。❷

但並未見皇帝如何均施雨露，妃嬪當夕日數的規則，即使那些規則
存在，皇帝憑好惡而不遵循，像管夫人、趙子兒常被臨幸，薄姬就
希見高祖，唐姬還是在高祖酒醉不辨人事的情況下才得以侍寢的
❸，內廷小臣又能奈皇帝何？否則，史書中就不至於出現表彰賢后
妃不專房的文字，如《後漢書》卷十下〈皇后紀〉所載順帝梁皇后
因為常受皇帝特意御見而辭謝的話：

夫陽以博施為德，陰以不專為義，螽斯則百，福之所由興
也，願陛下思雲雨之均澤，識貫魚之次序，使小妾得免罪謗
之累。❹

---

❶ 　《漢舊儀》卷下，頁 12，注：「案《太平御覽》服用部引作宮人御幸賜銀
　　環，《北堂書鈔》儀飾部引環上有指字。」
❷ 　《釋名》，卷四〈釋首飾〉，頁 13。
❸ 　《史記》，卷四十九〈外戚世家〉，頁 1971；卷五十九〈五宗世家〉，頁
　　2100。
❹ 　《後漢書》，卷十下〈皇后紀‧順烈梁皇后〉，頁 438-439。

也不令有外朝辟臣上奏勸皇帝均愛的奏疏：

> 臣聞玩色無厭，必生好憎之心，好憎之心生，則愛寵偏於一
> 人，愛寵偏於一人，則繼嗣之路不廣，而嫉妒之心興矣，如
> 此，則匹婦之說不可勝也。唯陛下純德普施，無欲是從，此
> 則眾庶咸說，繼嗣日廣，而海內長安。❿

> 誠修後宮之政，明尊卑之序，貴者不得嫉妒專寵，以絕驕嫚
> 之端，抑褒、閻之亂，賤者咸得秩進，各得厥職，以廣繼嗣
> 之統，息〈白華〉之怨。❿

兩篇奏疏均就自嫉妒以及廣繼嗣兩個方面來說不專寵的好處，從反
面來看，臣子所要勸諫的也正是帝王專寵的情形。

以下我們透過漢代帝王立後和繼承的實際情形來看當時婚姻的
狀況。以漢高祖來說，據《史記》〈高祖本紀〉以及〈呂后本
紀〉，漢高祖一共有八男，以年歲的排行來說，第二是呂后之子，
也就是後來的孝惠帝，第三是戚夫人之子趙隱王如意，第四是薄太
后之子，也就是後來的孝文帝，其他如長子齊悼惠王肥、五子梁王
恢、六子淮陽王友、七子淮南厲王長、八子燕王建，均是妃妾所
生，這些妃子並非一次所娶。惠帝時的張皇后是惠帝姐魯元公主的
女兒，呂后想透過惠帝與其姪女的重親關係，來穩固親族勢力，但

---

❿　《漢書》，卷六十〈杜欽傳〉，頁 2674。
❿　前揭書，卷八十五〈谷永傳〉，頁 3446。

張皇后無子，最後只能奪取後宮美人之子以冒充己子⓱，這也顯現出當時並沒有經師所說的媵婚制度以作為子嗣及繼承的保障。文帝時的竇皇后是由良家子而被選入宮的，在文帝為代王時已經娶后並生有四男，不過王后及四男陸續死亡，最後由竇氏之子為太子，竇氏立為妃⓲。景帝時的薄皇后乃是文帝母親薄太后家的女兒，不過後來因為無子失寵而被廢，後又再立武帝的母親為王皇后。武帝時的陳皇后亦因為無子而失寵，最後被廢，武帝後又寵幸衛子夫為皇后，此外像宣帝曾立過許皇后（元帝母）、霍皇后、王皇后，元帝先後立過許皇后、王皇后（成帝母），成帝先後立過許皇后、趙皇后。從以上的例子可以看出，第一：無子仍然是皇后失寵或被廢的重要原因，皇后無子後來所立的太子並沒有出自皇后同宗或陪嫁之女的。第二：許多帝王先後立過不同皇后，且彼此不是同姓，如前面提過的景帝、武帝、宣帝、元帝、成帝，這與經師所謂媵制娶的女子須同姓或不再娶、以姪娣繼室的情形相違背，第三：太子的繼承也找不到經師所說的順位，且有先立太子而再立其母為皇后的現

⓱　《漢書》，卷九十七〈外戚傳〉，頁 3940：「宣平侯敖尚帝姊魯元公主有女，惠帝即位，呂太后欲重親，以公主女配帝為皇后。欲其生子萬方，終無子，乃使陽為有身，取後宮美人子名之。」

⓲　《漢書》，卷九十七〈外戚傳〉，頁 3972-3973：「孝文竇皇后，景帝母也，呂太后時以良家子選入宮，太后出宮人以賜諸王，各五人，竇姬與在行中……至代，代王獨幸竇姬，生女嫖，孝惠七年生景帝。代王王后生四男，先代王未入立為帝而王后卒，及代王為帝後，王后所生四男更病死，文帝立數月，公卿請立太子，而竇姬男最長，立為太子，竇姬為皇后，女為館陶長公主。」

象、母以子貴的情形❿。且西漢皇后的出身又多微賤，與經師所說
媵制透過母親地位來斷定繼承順位的情形，正好相反。由帝王婚姻
的實況中，我們會發現與經師所提倡的媵婚極為不同之處❽，漢高
祖與呂后結褵在為亭長時，惠、文、景、武立元妃、元后時，儒學
尚未當令，元帝以降，儒學的地位已屹立不搖，而也就是在此時，
建九女之制等呼聲聞諸於世，這可顯示：媵婚本為貴族禮俗，民間
無與，然縱使是貴族階層，早已成了陳跡、化石。以至即便百家罷
黜，獨尊六藝後一段相當長時間內，儒生並未昌言此制。今人皆知
無所謂絕對客觀的歷史真實，都是由後世人在自身的文化脈絡、時
代背景下按個人的記憶、認知方式的記述，是以當媵婚制被高唱入
雲時，該制未必能視為舊調重彈，難保不夾雜新聲變曲。

---

❿　「有子當立」「母以子貴」是西漢時立后的重要條件之一，如文帝之妃竇
氏，景帝之妃王氏、武帝時的衛子夫，元帝之妃王氏等均因子而被立為皇
后。兩漢後妃得立的因素有所不同，根據劉增貴先生的考察：「西漢由於重
親或獻納者，乃因其家勢故，地位較高，多立為后。另一考慮，則為「有子
當立」是也，……至東漢，重親者之地位亦高……此時「立貴」成為最重要
的標準，然其所謂「貴」者非只限於重親者，而主要是指出生良家……此
外，子嗣不再是立后之條件。」詳參《漢代婚姻制度》（臺北：華世出版
社，1980 年），頁 88-90。

❽　至於東漢的情形：獻帝掌控在曹操手中，可以不計，光武、和、桓、靈都曾
立過不同皇后；明帝馬后、章帝竇后、和帝鄧后、安帝閻后、順帝梁后、桓
帝竇后均無子，繼位者均非皇后同宗或陪嫁女所生，後三者迎立者俱屬外
藩，唯馬后奉帝命養前母姊女賈貴人所生為子，略微類似，至於章帝竇后去
母（梁貴人）留子（和帝），與西漢惠帝張后事同，並不合媵婚制要求；東
漢後宮鬥爭慘烈，元后多無子，而有子姬妾時遭忌害，是以未見以子立母的
案例。

　　春秋時的媵婚，是在異姓諸侯國間選娶女公子作為婚配的對象，由該對象的姪娣與嫁女國之外的諸侯國以女子陪嫁。以西漢皇室而言，這種情形便很難發生。文帝薄太后已道破：「諸侯皆同姓」[181]，不但同姓，有時還是未出五服的共祖近親，甚至手足，彼此間不能婚配。除非降等與異姓列侯通婚，所以說降等，因為按照漢代經生的理解，「天子必取大國」[182]，一旦對象是小邦，還得先行增爵，但奇怪的是「漢家故事：常以列侯尚主」[183]，卻甚少以列侯之女為后，反倒是既娶之後才推恩外戚，封之為侯，至於惠帝娶宣平侯張敖女、宣帝娶博陸侯霍光女、平帝娶安漢公王莽女王后，都是特殊狀況。不但如此，也僅有平帝娶王后時有陪媵現象[184]，這還是王莽刻意仿古所致：

> 乃者國家之難，本從亡嗣，配取不正。請考論五經，定取禮，正十二女之義，以廣繼嗣，博采二王後及周公、孔子世列侯在長安者適子女[185]。

然而那些陪媵者應該都非王氏宗女。

---

[181]　《史記》，卷十〈文帝紀〉，頁 420。高祖臨崩前，異姓諸侯王只剩下長沙王吳芮，文帝後七年時，也因無子國除。

[182]　《白虎通疏證》，卷十〈嫁娶〉，頁 474。

[183]　《漢書》，卷九十七上〈外戚列傳·孝昭上官皇后傳〉，頁 3958。

[184]　前揭書，卷十二〈平帝紀〉，頁 360，記載平帝葬後，蓋太皇太后下詔：「其出媵妾」。

[185]　前揭書，卷九十九上〈王莽傳〉，頁 4051。

漢代皇室雖不具備如先秦時諸侯國陪滕的背景，但嫁女也一樣有陪滕的情形，如孝平帝的皇后是王莽的女兒，當平帝崩時，王皇后還只有十多歲，王莽下詔「出滕妾，皆歸家得嫁，如孝文時故事」**⑱⑥**，這一方面固然是想效法孝文皇帝時的德政，不過，還有一個很重要的原因即是：王莽欲使皇后改嫁，所以先讓跟她一起陪嫁的女子歸家改嫁，如此一來等於是孤立了皇后，透過此種方式來動搖皇后的心志**⑱⑦**。既有陪嫁，那麼我們還可以再進一步問，在先秦滕制中以姪、妹陪嫁現象在漢代皇室中是否仍然存在？或者姑姪、姐妹同嫁的情形在漢代皇室中是否存在？這種情形兩漢均曾發生，而且東漢多於西漢，如成帝時的趙飛燕姐妹，東漢明帝時的閻貴人姐妹，章帝時的竇皇后姐妹、梁貴人姐妹，順帝時梁皇后與其姑，均是一起被選入掖庭。這種姐妹、姑姪同事一主的現象雖然可能是早期姐妹或姑姪同嫁風俗的殘留，但應該反映世家豪族的興盛與王室的密切互動，與東漢王室和幾個特定的豪家大族長期通婚造成重親現象有關**⑱⑧**，同時豪家之女在嫁與王室的同時，也易造成姐妹、

---

⑱⑥ 《漢書》，卷十二〈平帝紀〉，頁 360。

⑱⑦ 《漢書補注》，卷十二〈平帝紀〉，頁 145，師古注及補注引何焯說。

⑱⑧ 從東漢一開始，皇室與世家豪族雙方都刻意透過聯姻方式，鞏固自己的勢力，導致遠較西漢歷時為久的重親現象：好幾代都以同一家族的女子為后妃，詳參《漢代婚姻制度》，頁 92。然而這並不能構成解釋姊妹、姑姪同事一夫的充足理由。因為真要考慮鞏固勢力，擴大聯姻範圍，反而可能較有利，尤其對世家豪族而言，僅採取向上婚配的單一途徑，遠不如輔以與豪族間橫向婚配為佳，即便以向上婚配來說，衡諸當時經常以外藩入承大統，以家中諸女分別與皇室近親子弟相匹配，可能更屬明智上策，而且這也確是當時的實際作法。

姑姪同事一主，或分別嫁給王室親近子弟的現象。此外，與後代相較，漢代王室的婚姻還有一個值得注意的現象，那就是不論行輩的情形很多❶❽❾，尤其以西漢王室更為明顯，不論行輩的情形與儒家所提倡的名份、倫常會產生矛盾，於是到了後代當儒家禮教、倫常滲透越深時，此種現象亦會受到壓抑和批評，但從媵婚制——姑、姪同嫁一夫——著眼，可能多少反映先秦時留下的一些遺俗。

　　從以上所述來看，漢代王室的婚姻儘管仍有陪媵，有姐妹同嫁一主的情形，但與先秦媵婚制在性質上是不同的，這與客觀環境的變遷有密切的關係。媵婚主要行于諸侯國間，是一種姐妹、姑姪同嫁的婚姻形態，它與國際的局勢、二國婚姻關係的聯繫、子嗣的確保、繼承人的問題均有密切的關係；到了漢代諸侯王均是同姓，彼此不能通婚，而且在一統的政權下，婚姻亦不具國際外交和勢力聯和等問題，使得媵婚所行的客觀環境消失，留下的只是陪媵或姐妹、姑姪同嫁帝王的現象，精神和意義均與先秦的媵婚有所不同了。

第六節　小　結

　　古時媵婚實行的情況如何呢？由春秋史實，以及先秦時的文獻和銅器銘文中，我們可以發現：1.春秋時期，諸侯確實曾施行過媵婚，而且範圍頗廣，並不限於姬姓諸國。2.陪嫁者有姪也有娣，但

---

❶❽❾　趙翼，《廿二史劄記》（臺北：華世出版社，1977 年），卷三〈婚娶不論行輩條〉，頁 59-60。

記載中以娣較多。娣與正妃雖為姐妹，但在嚴別嫡庶的情形下，娣應是庶出的，與夫人的身份有適庶的差別。 3.姪與娣是陪嫁者中身份最尊貴者，其上並沒有另外的「媵」存在，因此夫人死亡、或被休棄，有以娣繼室的現象，也有以姪繼室的現象，但以娣的情況較多。 4.除了姪娣之外，陪嫁者還有庶妾，所以陪嫁人數眾多，從史書、《詩經》以及《韓非子》等文獻來看，人數應不只九人。 5.陪媵的國家是否只能限定為二國？在《春秋經》所記的史實中並不太看得出來，宋伯姬嫁時就有三國來媵，其他有些則只記一國來媵，許多只記有姪娣，並未記載多少國來媵。不過由陪嫁人數與九女不符的情況來看，以九女所推算的三國各三人的架構，也應該持謹慎保留的態度。 6.關於陪媵國是否須限定在同姓國間，史實有限的記載中，以及銅器銘文中，出現了比例頗高的異姓陪媵的現象，可以說明春秋時期異姓陪媵的現象非常普遍，西漢時的《列女傳》也提及異姓媵的情形，似乎當時並不以異姓媵為非。 7.關於能否再娶的問題，史實所呈現也與《公羊傳》所說諸侯不再娶有所出入，諸侯再娶的情形非常多，若我們以魯惠公再娶於宋仲子的例子來看，仲子所生之桓公擁有繼承權，而繼室的聲子所生的隱公只是攝位，再比較仲子和聲子喪葬經文，我們會發現再娶應被當時人所接受，而且仲子身份實同夫人。推究再娶的原因，有因為無子、好美色、姻緣天定（魯惠公娶宋仲子）、結緣外國等諸多情況。以姪娣繼室的情形，雖然也有，不過這個現象似乎在逐漸消失中。 8.關於繼承的問題，在春秋史實中，元妃死亡、無子時有以姪娣繼室，以姪娣之子為王位繼承者的情形，以魯國穆叔「非適嗣，何必娣之子」一段話來看，以元妃之娣所生之子來繼位，在當時似乎是可以被接受的。

　　對比於春秋史實，我們會發現經師所注解的媵婚制和我們所能看到的史料有很大一段距離。經師主張的媵婚制是一娶九女，「九」這個數字早在先秦時即已被廣泛使用了，尤其是戰國以至漢代在宇宙對應論的系統下，常將天、地、人的規律透過「九」這個數字來加以呈現。落在婚姻上來說，婚姻是陰陽和合的具體呈現，尤其天子與后妃的婚配更是常和天地、日月相配應，於是以「九」來作為婚配的人數，后妃屬陰屬地，這也正與九州的想法相符合。不過天子的婚配人數並不是只有九人這一說法而已，還有十二人、一百二十一人等說法，十二是天數，與十二月相配應，一百二十一人是陽數三和九相復而成之數，都不脫於對應宇宙論的系統下的運用，不過這幾個數字系統到漢代時使用的最為普遍的是「九」，漢代的士人常透過古時「天子、諸侯一娶九女」的說法，以對漢帝王妃妾數量進行規諫，這個說法背後還含有質文遞邅，由文反質的想法。

　　除了前面我們提過一娶九女說可能形成的原因外，媵是否必須同姓，以及陪媵國是否只能兩國，經師間仍存在著爭議，這些爭議可以使我們看出這些主張的一些矛盾處。經師所提媵須同姓的說法，放在連結封建的緊密感來說是可以被理解的，同姓兄弟國透過陪媵的關係來增加彼此的一體感，同時也擴展姻親外交的領域，對娶婦國來說，也能與某一姓的國家建立穩定的關係，並透過多名同姓女保障子嗣的有無。不過這樣的說法放在春秋史實中卻顯得格格不入，這些說法是經師為了挽救封建毀壞的頹勢所提出的理想嗎？或是西周時期已有的古制，只是禮崩樂壞的春秋時期已不再遵守了呢？西周時期史料的缺乏使我們不敢妄下臆斷（而且即使出現異姓媵的

史料亦無法就此抹殺曾行此種制度的可能性），不過可以肯定的是在春秋時期異姓媵的情形非常多，此種限制似乎是不存在的。

《春秋》三傳所提及的媵婚制度，我們所能掌握的十分有限，漢儒在注解經文的同時對於爭議問題進行論辯，並對媵婚制進行了再一次的瞭解和擴充，譬如媵與姪娣之間的關係為何，姪娣是否可以繼室而成為夫人，或只能攝位、媵之間地位的排序、子嗣的繼承順位、御見的次序與周期……等等，漢儒的注解雖然使媵婚制能漸趨於豐富和完整，不過也使媵婚制的主張摻雜了一些漢代的特色。漢代經師為什麼要宣揚一娶九女的說法呢？這與限制後宮人數、養生、求子嗣等想法都有密切的關係。漢代的士人認為後宮人數眾多將導致：男女婚姻失時、人口繁殖減少、國家府庫虛耗、皇子少而多夭、帝王身心消耗、天地陰陽不調、水旱、災異等等嚴重的後果，因而深表憂心。在以古諷今、託古改制的想法下，漢代經師對於流傳的媵婚制說法加以註解和宣揚，並將之構想成一套嚴密的體系，與神秘數字、星象、養生、求子、災異等密切地結合，但這些融合了漢代特殊的時空背景與思想所構作的媵婚主張，與先秦的實際狀況頗有出入，使得漢代的一些上層人士也懷疑媵婚存在的真實性；不過媵制的建構，也在此種情況下，被廣為宣傳，在內容和形式上都越來越趨於完整和成熟。

表 2.1　《春秋》經傳中后妃姬妾的身世及婚配狀況

國別	身份	出生國	名號	配偶	子嗣	附註	不同的稱謂	出處
周王室	后	紀	紀季姜	周桓王（隱4至桓15)計22年		魯桓公九年紀季姜嫁于周王室，十五年桓王崩		桓公九年
周王室	妾	姚姓國	王姚	周莊王（桓16至莊12)計15年	子頹	五大夫奉子頹以伐周惠王，不克，出奔溫		莊公十九年
周王室	后	陳	陳媯	周惠王（莊公18年至僖公8年，計25年)	生周襄王及王子帶	莊公十八年嫁于周王室。愛少子，亂周室，欲廢大子而立王子帶，齊桓公會諸侯以定王位	惠后	莊公十八年，僖公二十四年
周王室	后	狄	隗氏	周襄王		與王子帶私通，被廢，狄師伐周。王子帶後與隗氏居於溫		僖公二十四年
周王室	后	齊	王后	周定王				宣公六年
周王室	后	齊	王后	周靈王		周靈王求后于齊		襄公十二年
周王室	后		王穆后	周景王	大子壽	大子壽早		昭公十五

國別	身份	出生國	名號	配偶	子嗣	附註	不同的稱謂	出處
						卒。同年，穆后卒		年昭公二十六年
魯	夫人	宋	孟子	魯惠公		孟子卒，繼室以聲子		隱公元年
魯	孟子娣	宋	聲子	魯惠公	隱公	卒於隱公三年	君氏	隱公元年、三年
魯	夫人	宋	仲子	魯惠公	桓公	宋武公女，生而有文（為魯夫人）在其手。隱公二年十有二月乙卯薨	子氏夫人子氏	隱公元年、二年、五年
魯	夫人	齊	文姜	魯桓公	莊公季友公子牙慶父	與齊襄公通姦，致使魯桓公客死於齊。莊公二十一年秋七月戊戌薨	夫人夫人姜氏	桓公六年，莊公元、二、七年，經：桓公三年、莊公四、五、七、十五、十九、二十、二十一、二十二年
魯	夫人	齊	哀姜	魯莊公		與共仲通，殺閔公，孫于邾，僖公元年七月戊辰齊侯誘	夫人氏夫人姜氏	莊公二十四年、閔公二年、僖公元、八年。經：僖公元

國別	身份	出生國	名號	配偶	子嗣	附註	不同的稱謂	出處
						殺于夷		年、二年
魯	哀姜娣	齊	叔姜	魯莊公	閔公	齊人因閔公為哀姜之娣，叔姜之子，故立之，後為共仲所殺		閔公二年
魯	私通者	黨氏女	孟任	魯莊公	子般	子般本立為君，為共仲所殺		莊公三十二年
魯	妾	風氏須句女	成風	魯莊公	魯僖公	僖公為莊公子之，閔公庶兄，哀姜死，成風因子貴為夫人。文公四年十一月壬寅薨	夫人風氏	閔公二年、僖公二十一年、文公四年、九年，經：文公四年、五年
魯	夫人	齊	聲姜	魯僖公	魯文公	齊人執魯僖公，聲姜會齊侯于卞，乃釋之。文公十六年八月辛未薨	夫人姜氏	僖公十七年、文公十六年、十七年。經：僖公十一年、十七年，文公十六年。
魯	夫人	齊	出姜	魯文公	惡及視	襄仲殺適（惡及視）立庶，大歸於齊	夫人姜氏、哀姜、婦姜	文公四年、九年、十八年

國別	身份	出生國	名號	配偶	子嗣	附註	不同的稱謂	出處
魯	次妃	秦	敬嬴	魯文公	魯宣公叔肹	敬嬴生宣公，嬖而私事襄仲。宣公八年戊子薨	夫人嬴氏	文公十八年、宣公八年，經：宣公八年
魯	夫人	齊	穆姜	魯宣公	魯成公宋共伯姬	宣伯(僑如)通於穆姜，欲去季孟，廢成公，襄公九年辛酉薨於東宮	夫人姜氏夫人婦姜	宣公二年、成公九年、十一年、襄公二年、九年，宣公元年，經：襄公九年
魯	夫人	齊	齊姜	魯成公		襄公二年夏五月庚寅，先穆姜而死	夫人姜氏	襄公二年，經：襄公二年
魯	妾	杞	定姒	魯成公	魯襄公	襄公四年秋七月戊子薨		襄公四年
魯	妾	胡	敬歸	魯襄公	子野	子野居喪，毀疾卒。		襄公三十一年
魯	敬歸娣	胡	齊歸	魯襄公	魯昭公(公子裯)	昭公十一年五月甲申薨。	夫人歸氏	襄公三十一年、昭公十一年，經：昭公十一年
魯	夫人	吳	孟子	魯昭公		同姓婚。哀公十二年夏五月		哀公十二年

國別	身份	出生國	名號	配偶	子嗣	附註	不同的稱謂	出處
魯	夫人	杞	定姒	魯定公	魯哀公	甲辰卒 定公十五年秋七月壬申卒，哀公尚未即位，不成小君之禮 踰月而葬，且未用夫人禮下葬	姒氏	定公十五年
晉	夫人	姜氏	姜氏	晉穆侯	大子仇成師			桓公二年
晉	妾	齊	齊姜	晉武公	太子申生及秦穆夫人	晉獻公烝之		莊公二十八年 僖公四年
晉	夫人	賈	賈君	晉獻公	無子	晉惠公烝之		莊公二十八年 僖公十五年 ☆此為姬姓同姓婚
晉	夫人	驪戎	驪姬	晉獻公	奚齊	同姓婚。驪姬譖害群公子	姬氏	莊公二十八年，僖公四年，宣公二年
晉	妾	驪戎	驪姬娣	晉獻公	卓子			莊公二十八年 僖公四年
晉	妾	戎（唐叔之後）	大戎狐姬（狐季	晉獻公	重耳	同姓婚	狐季姬	莊公二十八年 昭公十三

國別	身份	出生國	名號	配偶	子嗣	附註	不同的稱謂	出處
			姬）					年
晉	妾	戎（允姓）	小戎子	晉獻公	晉惠公			莊公二十八年
晉	夫人	梁	梁嬴	晉惠公	晉懷公及其名曰妾之妹			僖公十七年
晉	夫人	秦	懷嬴	晉懷公晉文公	公子樂	懷公二十二年逃歸，為時六年，懷嬴未相隨。後又嫁重耳，班在第九	辰嬴嬴氏	僖公二十三年
晉	夫人	姞姓	偪姞	晉文公	晉襄公	因襄公故，母以子貴，班在第二		文公六年
晉	夫人	狄	季隗	晉文公	伯儵叔劉			僖公二十三年、二十四年，文公六年
晉	夫人	杜	杜祁	晉文公	公子雍	班在第四以君故讓偪姞而上之，以狄故讓季隗而次之		文公六年
晉	夫人	秦	文嬴	晉文公				僖公二十二、年二十三年、二十四年、三十三

國別	身份	出生國	名號	配偶	子嗣	附註	不同的稱謂	出處
								年，文公六年
晉	夫人	齊	文姜	晉文公				僖公二十三年
晉	夫人	秦	穆嬴	晉襄公	晉靈公	秦康公派軍隊護送公子雍回晉國，穆嬴日哭于朝，最後趙盾立靈公為君		文公七年
晉	夫人	杞	晉悼夫人	晉悼公	晉平公			襄公二十三年
晉	妾	衛	衛姬	晉平公		衛人嫁衛姬於平公，平公乃釋衛侯		襄公二十六年
晉	妾	齊	少姜	晉平公		少姜卒，齊請繼室，晉侯受之。	少齊	昭公二年、三年
鄭	夫人	申	武姜	鄭武公	鄭莊公共叔段	莊公寤生故惡之，武姜愛共叔段，欲立之。後有鄭伯克段于鄢事		隱公元年
鄭	夫人	鄧	鄧曼	鄭莊公	鄭昭公	莊公寵祭仲，使為卿，為公娶鄧曼		桓公十一年

國別	身份	出生國	名號	配偶	子嗣	附註	不同的稱謂	出處
鄭	妃	宋大夫雍氏	雍姞	鄭莊公	厲公	雍氏挾持祭仲，欲立公子突為君，祭仲從之，昭公出奔衛國。		桓公十一年
鄭	夫人	陳	媯氏	鄭昭公		陳侯向鄭伯求婚，時昭公尚為公子	婦媯	隱公八年
鄭	夫人	楚	文芈	鄭文公		楚子入饗于鄭，文芈送于軍，且以二女嫁之		僖公二十二年
鄭	夫人	齊	姜氏	鄭文公		《春秋會要》記為妃		僖公二十二年
鄭	妾	南燕	燕姞	鄭文公	鄭穆公	燕姞本為賤妾，夢天使與己蘭，故穆公名之曰：蘭		宣公三年
鄭	妻	陳	陳媯	子儀	子華子臧	鄭文公報之生子		宣公三年
鄭	妾	江	江女	鄭文公	公子士	公子士朝于楚，楚人酖之，及葉而死		宣公三年
鄭	妾	蘇	蘇女	鄭文公	子瑕子俞彌			宣公三年

國別	身份	出生國	名號	配偶	子嗣	附註	不同的稱謂	出處
鄭	少妃		姚子	鄭穆公	鄭靈公夏姬			昭公二十八年
鄭	妾	宋	宋子	鄭穆公	子然子孔			襄公十九年
鄭	妾	嬀姓	圭嬀	鄭穆公	士子孔	圭嬀之班亞宋子而相親也		襄公十九年
衛	夫人	齊	莊姜	衛莊公	無子			隱公三年
衛	次妃	陳	厲嬀	衛莊公	孝伯	生孝伯早死		隱公三年
衛	厲嬀娣	陳	戴嬀	衛莊公	桓公	莊姜以桓公為己子		隱公三年
衛	妾		某嬖人	衛莊公	公子州吁	州吁有寵而好兵，收衛亡人，弒桓公自立。		隱公三年
衛	妾	齊	夷姜	衛莊公	急子昭伯黔牟	宣公烝之，生子		桓公十六年
衛	夫人	齊	宣姜	衛宣公	壽惠公宣姜與昭伯生齊子、戴公、文公、宋桓夫人、許穆夫人	宣姜搆急子，導致壽及急子均死。衛宣公死，齊人使宣公子、惠公庶兄昭伯烝宣姜		桓公十六年，閔公二年
衛	夫人	齊	定姜	衛定公				成公十四年，襄公十年、十

國別	身份	出生國	名號	配偶	子嗣	附註	不同的稱謂	出處
								四年
衛	妾	姒姓	敬姒	衛定公	獻公鱄	獻公居喪不哀,定姜預言國禍,感嘆不能使鱄為國君		成公十四年,襄公二十六年
衛	夫人	齊	宣姜	衛襄公	無子	通於公子朝,公子朝懼而作亂,宣姜被殺		昭公二十年
衛	嬖妾		婤姶	衛襄公	孟縶靈公	孟縶跛足,孔成子與史朝由夢及占卜,擇立居幼之靈公		昭公七年
衛	夫人	宋	南子	衛靈公		南子婚前通於宋朝,婚後衛靈公為南子召宋朝,太子蒯瞶欲殺之而失敗,出奔宋		定公十四年
衛	夫人		呂姜	衛莊公				哀公十七年
衛	夫人		夏戊女	衛出公		衛侯內娶,為大叔疾之從外孫女		哀公二十五年

國別	身份	出生國	名號	配偶	子嗣	附註	不同的稱謂	出處
楚	夫人	鄧	鄧曼	楚武王	楚文王			桓公十三年 莊公四年
楚	夫人	陳	息媯	楚文王	堵敖 成王	息媯原為息侯夫人，楚滅息娶之	文夫人	莊公十年、十四年、二十八年
楚	夫人		楚莊夫人	楚莊王	楚共王			襄公九年
楚	夫人	秦	秦嬴	楚共王		為秦景公妹		襄公十二年
楚	妾	巴	巴姬	楚共王		楚共王與巴姬埋璧于大室之庭，以擇太子		昭公十三年
楚	夫人	晉	晉姬	楚靈王		晉平公女		昭公五年
楚	夫人		郹封人女	楚平王	大子建	平王娶秦女廢大子建，歸于郹，後為吳人所虜		昭公十九年 昭公二十三年
楚	夫人	秦	嬴氏	楚平王	昭公	原為楚平王欲為太子建所娶者		昭公十九年
楚	夫人	齊	貞姜	楚昭王				《列女傳》〈節義傳〉
楚	姬	越	齊昭越姬	楚昭王	惠王			《列女傳》〈節義傳〉
楚	夫人	鄭	鄭瞀	楚成王		似原為秦		《列女傳

國別	身份	出生國	名號	配偶	子嗣	附註	不同的稱謂	出處
						女之媵		》〈節義傳〉
宋	夫人	衛	宋桓夫人	宋桓公		為昭伯烝宣姜所生		閔公二年
宋	夫人	周王室	宋襄夫人	宋襄公		為周襄王姐，宋昭公祖母。欲通公子鮑，而殺昭公，公子鮑立為文公	襄夫人王姬	文公八年、十六年
宋	夫人	魯	宋伯姬	宋共公	平公	魯宣公與穆姜所生，成公姐妹	共姬	成公八年、九年，襄公三十年
宋	妾	宋	棄	宋平公	宋元公（佐）	出生時全身赤毛而被棄，後被平公寵愛，太子痤自殺後，子為太子，母以子貴		襄公二六年，昭公二十九年
宋	夫人	小邾	宋景曹	宋元公		魯季桓子的外祖母	宋元夫人	昭公二十五年 哀公二十三年
秦	夫人	晉	穆姬	秦穆公	康公公子弘女簡璧	晉獻公女，太子申生姐	伯姬秦穆夫人	莊公二十八年、僖公五年、十五年

國別	身份	出生國	名號	配偶	子嗣	附註	不同的稱謂	出處
陳	夫人	鄭	鄭姬	陳哀公	悼大子偃師			昭公八年
陳	二妃			陳哀公	公子留	公子昭、公子過殺悼大子偃師，而立公子留		昭公八年
陳	下妃			陳哀公	公子勝			昭公八年
齊	夫人	周王室	王姬	齊襄公		由魯主婚		莊公元年
齊	妾	衛	衛姬	齊僖公	齊桓公			《史記》〈齊大公世家〉
齊	妾	魯	魯姬	齊僖公	公子糾			《史記》〈齊太公世家〉
齊	夫人	周王室	王姬	齊桓公	無子	魯主婚，齊侯親迎	共姬	莊公十一年、僖公十七年，經：莊公十一年
齊	夫人	徐	徐嬴	齊桓公	無子			僖公十七年
齊	夫人	蔡	蔡姬	齊桓公	無子	蕩舟，公怒而歸之，蔡人嫁之		僖公三年僖公十七年
齊	妾	衛	長衛姬	齊桓公	公子無虧	《列女傳》、〈賢明篇〉記衛姬被立為夫人	衛共姬	僖公十七年
齊	妾	衛	少衛姬	齊桓公	惠公			僖公十七年

國別	身份	出生國	名號	配偶	子嗣	附註	不同的稱謂	出處
齊	妾	鄭	鄭姬	齊桓公	孝公			僖公十七年
齊	妾	葛	葛嬴	齊桓公	昭公			
齊	妾	密	密姬	齊桓公	懿公			僖公十七年
齊	妾	宋	宋華子	齊桓公	公子雍			
齊	夫人	魯	子叔姬	齊昭公	齊侯舍	昭公為公子商人所殺，周王室幫忙，昭姬大歸於魯。據《公羊傳》，昭姬與單伯有淫行	昭姬	文公十四年文公十五年
齊	妃		蕭同叔子	齊惠公	頃公			成公二年
齊	夫人	宋	聲孟子	齊頃公	齊靈公	聲孟子通僑如，使其地位如高氏、國氏，僑如懼而奔衛		成公十六年、十七年
齊	夫人	魯	顏懿姬	齊靈公	無子			襄公十九年
齊	顏懿姬姪	魯	鬷聲姬	齊靈公	太子光			襄公十九年
齊	妾	宋	仲子	齊靈公	牙	仲子生牙，屬諸戎子		襄公十九年
齊	妾	宋	戎子	齊靈公		戎子欲以牙為大子		襄公十九年

國別	身份	出生國	名號	配偶	子嗣	附註	不同的稱謂	出處
						，大子光殺戎子，尸諸朝		
齊	妾	魯	穆孟姬	齊靈公	景公	叔孫僑如女。穆孟姬為陳無宇請高唐之邑，陳氏始大		襄公二十五年昭公十年
齊	夫人	北燕	燕姬	齊景公	某子	燕與齊講和，將燕姬嫁予景公，並賂以禮物		昭公七年哀公五年
齊	妾		鬻姒	齊景公	公子荼（安孺子）	荼極受寵，景公欲立為君，但以年幼，後被公子陽生所殺		哀公五年、六年
齊	妾		胡姬	齊景公				哀公六年、八年
齊	夫人	魯	季姬	齊悼公	齊簡公	魯季康子妹		哀公八年
邾	元妃	齊	齊姜	邾文公	定公	文公卒，邾人立定公，捷菑奔晉		文公十四年
邾	二妃	晉	晉姬	邾文公	捷菑			文公十四年
小邾	夫人	魯	魯大夫季公若		宋元夫人			昭公二十五年

國別	身份	出生國	名號	配偶	子嗣	附註	不同的稱謂	出處
			姐					
杞	夫人	魯	叔姬	杞桓公		為杞桓公出，文公十二年二月，子叔姬卒	子叔姬	文公十二年 經：文公十二年
杞	繼室	魯	杞叔姬	杞桓公		為杞桓公出，成公五年來歸，成公八年冬卒，九年，杞伯逆叔姬之喪以歸	叔姬	成公四年、八年、九年，經：成公五年
杞	夫人	魯	杞伯姬	杞成公		魯莊公女，僖公三十一年，杞伯姬來魯為子求婦	伯姬	莊公二十七年，經：莊公二十四年，僖公三十一年
許	夫人	衛	許穆夫人	許穆公		昭伯烝宣姜所生		閔公二年
蔡	夫人	楚		蔡景侯		景侯為太子般娶於楚，通焉，太子弒景侯		襄公二十八年 襄公三十年
紀	夫人	魯	伯姬	紀侯		莊公四年，紀侯因不能下齊而大去其國，伯姬同年死，	紀伯姬	經：隱公二年、莊公四年

國別	身份	出生國	名號	配偶	子嗣	附註	不同的稱謂	出處
						齊侯葬紀伯姬		
紀	伯姬娣	魯	叔姬	紀侯		紀為齊附庸後，叔姬歸于鄳，投靠小叔紀季	紀叔姬	經：隱公七年、莊公十二年、二十九年
郯	夫人	魯	伯姬	郯		被出，孔穎達認為可能更嫁于大夫		宣公十六年
鄫	夫人	魯	季姬	鄫子		十四年夏，季姬與鄫子遇于防，季姬使鄫子來朝，十五年季姬歸于鄫，十六年卒。《公羊傳》謂季姬與鄫子先有淫行，季姬使鄫子來請己		僖公十四年，經十五年、十六年
莒	夫人	向	向姜	莒子		向姜不安莒而歸，莒人入向，以姜氏還		隱公二年
潞	夫人	晉	潞子嬰兒夫人	潞子		晉景公姊。豐舒掌權，殺之	伯姬	宣公十五年

國別	身份	出生國	名號	配偶	子嗣	附註	不同的稱謂	出處
						，晉侯滅潞		
江		楚	江芈			楚成王妹。楚成王原立商臣，後欲廢之，商臣刺探江芈而得到證實，弒成王，商臣立為穆王		文公元年
芮	夫人		芮姜		芮伯萬	芮伯多寵人，芮姜逐之，出居於魏		桓公三年
鄎	夫人	宋	鄎夫人	鄎子		昭公十八年邾國攻打鄎國宋元公發兵打邾，因鄎夫人為向戌女故		昭公十八年、十九年

表 2.2　《春秋》經傳中卿大夫妻妾的身世及婚配狀況

國別	身份	出生國	名號	配偶	子嗣	附註	不同的稱謂	出處
衛	內子	衛	孔伯姬	孔文子	孔悝	衛莊公姐孔文子死後，和佣人渾良夫私通。助蒯聵回國	孔姬伯姬	哀公十五年、哀公十六年
衛	內子	衛	孔姞	大叔疾		孔文子使疾出其妻而妻之。疾置初妻之娣于犁，如二妻。疾出，衛人立疾弟遺，使室孔姞		哀公十一年
魯	內子		敬姜	公父穆伯	公父文伯			《國語》〈魯語〉
魯	內子	莒	戴己	穆伯	文伯	戴己卒，又聘于莒，莒人以聲己辭		文公七年
魯	戴己娣	莒	聲己	穆伯	惠叔	公孫敖在文公八年到莒國，跟隨己氏女子，在莒國生了二子，聲子怨之，故不視其喪		文公七年文公十五年

國別	身份	出生國	名號	配偶	子嗣	附註	不同的稱謂	出處
魯	妾	莒	己氏	穆伯	某甲某乙	公孫敖假借如周弔喪，帶著幣帛，奔莒，從己氏		文公八年
魯	妾	魯	聲伯之母	叔肸管于奚	聲伯某甲某乙	聲伯之母未行聘禮，被似穆姜所出，再嫁于齊管于奚，生二子而寡，歸聲伯		成公十一年
魯	妻	魯	聲伯之妹	施孝叔郤犫	某甲某乙	聲伯後為政治利益，奪其外妹（施孝叔妻）再嫁郤犫，生二子		成公十一年
魯	內子	齊	國姜	叔孫豹公孫明	孟丙、仲壬	至齊時娶國姜，生二子。後回魯國，未逆國姜，為齊公孫明所娶	北婦人	昭公四年
魯	妾		叔孫豹逃至庚宗時所遇宿之婦人	叔孫豹	牛	牛受寵於叔孫豹，計殺孟丙、逐仲壬，立庶子叔孫諾，		昭公四年

國別	身份	出生國	名號	配偶	子嗣	附註	不同的稱謂	出處
						而相之		
魯	內子	齊	季姒	季公鳥	甲	季姒在公鳥死後與饔人通，而誣告季公亥、公思展及申夜姑		昭公二十五年
魯	內子	魯	秦姬	秦遄		季公鳥妹		昭公二十五年
魯	內子	宋	宋元夫人女	季平子		季氏強橫，昭子如宋聘且逆		昭公二十五年
魯	內子		南孺子	季桓子	生男	季桓子遺言，若南孺子生男則立之，生女則立康子，南孺子生男，但子被殺	南氏	哀公三年
晉	內子	晉	趙姬	趙衰	原同屏括樓嬰	趙姬請逆盾與其母叔隗，請以盾為適子，叔隗為內子。趙盾後以中子括為公族	君姬氏	僖公二十四年，宣公二年
晉	妾	狄	叔隗	趙衰	趙盾			僖公二十三年、二十四年
晉	內子	晉	趙莊姬	趙朔	趙武	趙盾弟嬰	孟姬	成公四年

國別	身份	出生國	名號	配偶	子嗣	附註	不同的稱謂	出處
						通於趙莊姬，趙莊姬譖原、屏於晉景公，景公討伐之	姬氏	、八年、十七年
晉	內子	夏姬與申公巫臣女	申公巫臣	叔向	羊食我	叔向欲娶夏姬女，其母以夏姬不祥大為反對，欲叔向娶母黨，但懾於晉平公命，終娶之		昭公二十八年
宋	妻		孔父嘉妻	孔父嘉		大司馬孔父嘉妻道遇太宰華督，督美其色，於是攻殺孔父以奪其妻，殤公怒，遂弑殤公		桓公元年
宋	妻	姒姓	杞姒	皇野	非我	皇野欲立杞姒之子為嫡子，皇麋反對，認為應立長子		哀公十七年
宋	內子	魯	蕩伯姬	大夫蕩氏		親自越竟為子到魯逆婦		僖公二十五年

國別	身份	出生國	名號	配偶	子嗣	附註	不同的稱謂	出處
齊	內子	魯	叔姬	高固		魯宣公到齊國去，高固請齊侯強求婚配於叔姬。高固與叔姬一起來反馬，被譏		宣公五年
齊	內子	姜姓	東郭姜	棠公崔杼	棠無咎明	崔杼與東郭姜為同姓婚。崔杼前妻已死，有成及彊二子，東郭姜前夫棠公死有子棠無咎	棠姜	襄公二十五年、二十七年
齊						慶封與盧蒲癸兩人換妻、通室		襄公二十八年
齊	內子	齊	慶舍女	盧蒲癸		盧蒲癸與慶舍女為同姓婚		襄公二十八年
齊	內子	魯	季康子妹	公子陽生	公子壬	季康子以妹妻公子陽生，陽生歸齊，即位為悼公，康子妹與叔父季魴私通，不肯去		哀公八年

國別	身份	出生國	名號	配偶	子嗣	附註	不同的稱謂	出處
						齊國，齊攻下魯讙、闡二地，後季康子妹歸齊，受寵信，齊乃還二地		
齊	妻		杞梁（殖）之妻	杞梁	無子	杞梁襲莒戰死，其妻迎喪於郊，拒絕齊侯郊弔		襄公二十三年
楚	內子	楚	季芈	鐘建		鐘建負季芈逃亡，季芈以此要求妻鐘建，楚王並以為樂尹	季芈畀我	定公四年、五年
楚	妻	鄖		若敖	鬥伯比			宣公四年
楚	妻	鄖	鄖子之女	鬥伯比	子文（鬥穀於菟）			宣公四年
楚		鄭	公孫段氏	公子圍				昭公元年
陳	內子	鄭	夏姬	陳御叔連尹襄老巫臣	夏徵舒申公巫辰氏	1.夏姬先嫁御叔 2.陳靈公與孔寧、儀行父通于夏姬，導致夏徵舒弒靈公，楚滅陳 3.楚莊王		宣公九年，成公二年、七年

國別	身份	出生國	名號	配偶	子嗣	附註	不同的稱謂	出處
						欲納夏姬，申公巫臣以為不可 4.楚將子反欲取之，巫臣以為不祥而罷 5.連尹襄老取之，死於邲，不獲其尸，其子黑要烝之 6.巫臣聘諸鄭，鄭伯許之		
鄭	內子	鄭	徐吾犯之妹	公孫楚		公孫楚先聘之，公孫黑又強使委禽		昭公元年
鄭	內子	鄭	雍姬	雍糾		其父祭仲專權，厲公欲使雍糾除之，雍姬告仲，仲殺婿，厲公出奔於蔡		桓公十五年
蔡		楚		公子般		蔡景侯為大子取於楚，而通之，太子弒景侯		襄公三十年

表 2.3　春秋時期列國同姓的情形及數量統計

　　本表根據的是顧棟高《春秋大事表》卷五〈春秋列國爵姓及存
滅表〉所作列國爵姓的狀況❶，以及陳槃《春秋大事表列國爵姓及
存滅表譔異》及《不見于春秋大事表之春秋方國》對顧氏及諸家說
法的考證❶。陳槃修正一欄刮號中所列為不見於《春秋大事表》之
列國，故在計總時，也將之別列出來以＋號作為區隔。不過許多國
家的姓仍無法得知，也有些國家的姓不只一種說法，難以定奪。此
外，列國所屬的姓也可能因為重新分封或滅亡再封的過程而發生變
化，如莒氏屢滅，姓有己、嬴、曹等諸種說法、邃先為姚姓，後為
媯姓、鄣本為任姓，其後則為姜姓。還有因為族群的複雜而產生同
一國而分為數姓的情形，如夷除了妘姓，也有姜姓、越可能同時有
姒、芊二姓、雍除了姬姓外，尚有姞姓之雍。關於列國所屬姓的異
說，表中都將其保留下來，如一國同時有姬姓、姜姓、祝姓三種說
法，則於表中姬姓、姜姓、祝姓欄中分別註載其國名，如此作是為
了保存最大的可能性。表中◎記號表示：顧表中所列，春秋時期存
在的方國，※為：陳氏所加不見于春秋大事表之春秋方國，●為：
春秋或春秋前滅亡的方國，△為：歷史陳跡，總數欄第一個數字則
是以上四種情況加總所得。

---

❶　顧棟高，《春秋大事表》（臺北：鼎文書局，1974 年），卷五〈春秋列國爵
　　姓及存滅表〉，頁 171-178。
❶　陳槃，《春秋大事表列國爵姓及存滅表譔異》，《中央研究院歷史語言研究
　　所專刊之五十二》（臺北：中央研究院歷史語言研究所，1969 年）第一至七
　　冊。《不見于春秋大事表之春秋方國》（臺北：中央研究院歷史語言研究
　　所，1970 年），第一至二冊。

	顧棟高的考察		陳槃的修正（保留典籍異說）		備　註
	總數		總數		
姬姓	52　◎：37　△：4　●：11	◎：魯、蔡、曹、衛、滕、晉、鄭、吳、北燕、祭、西虢、極、邢、郕、凡、息、芮、魏、隨、巴、荀、虞、滑、原、耿、霍、陽、密、頓、毛、雍、茅、沈、劉、大戎、驪戎、鮮虞　△：東虢、管、酆、韓　●：郜、賈、冊、畢、郇、邘、應、蔣、胙、焦、楊	89　◎：57　△：6　●：11　※：15	◎：魯、蔡、曹、衛、滕、晉、鄭、吳、北燕、祭、西虢、極、邢、郕、凡、息、芮、魏、隨、巴、荀、虞、滑、原、耿、霍、陽、密、頓、毛、雍、茅、沈、劉、大戎、驪戎、鮮虞、穀、載、潞氏、淮夷、白狄、小戎、邲、蓼、六、道、冀、樊、州、貳、共、胡、大戎、茅戎、鄑、項　△：東虢、管、酆、韓、駘、岐　●：郜、賈、冊、畢、郇、邘、應、蔣、胙、焦、楊　※：周、單、召、鄆、費、甘、尹、小虢、鞏、暴、梁(二)、縱、周(二)、逢、鄧	☆隨，顧表云姬姓、載籍有作姜或祝姓者 ☆巴，顧表云姬姓，載籍有作子或嬴或風姓者 ☆耿，顧表云姬姓，載籍有作嬴姓者 ☆頓，顧表云姬姓，載籍有作嬴姓者 ☆鮮虞，顧表云姬姓，載籍又有子姓、隗姓者 ☆雍，姬姓，亦有姞姓之雍 ☆由周以下十五國為陳氏所列，不見於春秋大事表之列國 ☆鄆，除了姬姓外，亦有嬴姓或風姓等說法 ☆尹，除了姬姓外，亦有姞姓等說法
姜姓	12	◎：齊、許、申、紀	29	◎：齊、許、申、紀	☆萊為殷後子

・185・

	顧棟高的考察		陳槃的修正（保留典籍異說）		備　註
	總數		總數		
	◎：10 △：1 ●：1	、向、州、鄣、 屬、萊、姜戎 △：逄 ●：呂	◎：15 △：3 ●：1 ※：10	、向、州、鄣、 屬、姜戎、夷、 隨、潞氏、檀 州 △：逄、駘、封父 ●：呂 ※：氐、羌、孤竹、 夐、翟豲之戎、 大荔、圭戎、冀 戎、棠、代	姓國 ☆屬與賴實是 一國，顧氏 在態度上有 矛盾 ☆鄣，顧表云 姜姓、載籍 有作任姓者 ☆向，除姜姓 外，亦有子 姓、祁姓之 向 ☆由氐、羌以 下十國為陳 氏所列，不 見于《春秋 大事表》之 列國 ☆圭戎除姜姓 外，也有嬀 姓的說法
嬴姓	8 ◎：7 △：1	◎：秦、穀、黃、梁 、葛、徐、江 △：奄	25 ◎：16 △：1 ●：4 ※：4	◎：秦、穀、黃、梁 、葛、徐、江、 巴、耿、譚、莒 、鍾離、淮夷、 鄖、弦、郯 △：奄 ●：黃、蓐、姒、沈 ※：蒲、鄆、費、麋	☆陳氏云：嬴 與偃同祖 ☆穀，顧表云 嬴姓，載籍 有作姬姓者 ☆由蒲以下四 國，為陳氏 所列，不見 於《春秋大 事表》之列 國 ☆麋除嬴姓外 ，亦有作芈

	顧棟高的考察		陳槃的修正（保留典籍異說）		備　註
	總數		總數		
					姓 ☆費除嬴姓外亦有作姬姓或姒姓
羋姓	2 ◎：2	◎：楚、夔	7 ◎：5 ※：2	◎：楚、夔、權、百濮、越 ※：閭羋、夔	☆閭羋、夔為為陳氏所列，不見於《春秋大事表》之列國
子姓	5 ◎：5	◎：宋、戴、譚、蕭、權	16 ◎：13 △：1 ※：2	◎：宋、戴、譚、蕭、權、萊、巴、鍾離、黎、崇、桐、鮮虞、亳 △：邶 ※：孤竹、姚	☆戴，顧表云子姓，載籍有作姬姓者，可能是周滅殷之後，封同姓的結果 ☆譚，顧表云子姓，載籍有作嬴姓者 ☆權，顧表云子姓，載籍有作偃或羋姓者 ☆孤竹以下二國為陳氏所列，不見於《春秋大事表》之列國
姒姓	7 ◎：4 △：3	◎：杞、鄫、越 △：斟灌、斟鄩、觀、扈	14 ◎：5 △：5 ※：4	◎：杞、鄫、越、崇、巢 △：斟灌、斟鄩、觀、扈、莘 ※氐、羌、費、諸	☆鄫，亦有姬姓者 ☆越，姒姓、羋姓當並存 ☆氐、羌以下四國為陳氏

	顧棟高的考察		陳槃的修正（保留典籍異說）		備　註
	總數		總數		
					所列，不見於《春秋大事表》之列國
嬀姓	2 ◎：2	◎：陳、遂	6 ◎：4 ※：2	◎：陳、遂、盧戎、宗 ※：圭、邽戎	☆遂，其先為姚姓，後為嬀姓 ☆圭及邽戎二國為陳氏所列，不見於《春秋大事表》之列國
任姓	1 ◎：1	◎：薛	3 ◎：3	◎：薛、鄣、鑄	
曹姓	2 ◎：2	◎：邾、小邾	5 ◎：5	◎：邾、小邾、莒、牟、根牟	
己姓	4 ◎：3 △：1	◎：莒、溫、郯 △：昆吾	7 ◎：4 △：1 ※：2	◎：莒、溫、戎、蓼 △：昆吾 ※：氐、羌	☆郯非己姓，陳氏謂應為嬴姓 ☆莒，顧表云己姓，載籍有作曹姓或嬴姓者 ☆氐、羌為陳氏所列，不見於《春秋大事表》之列國
風姓	4 ◎：4	◎：宿、任、須句、顓臾	7 ◎：6 ※：1	◎：宿、任、須句、顓臾、巴、鄅 ※：鄟	☆鄟為陳氏所列，不見於《春秋大事表》之列國
妘姓	4 ◎：3	◎：夷、偪、鄅 △：檜	8 ◎：7	◎：夷、偪、鄅、羅、潞氏、牟、鄖	☆夷的妘姓指統治者，其

	顧棟高的考察		陳槃的修正（保留典籍異說）		備 註
	總數		總數		
	△：1		△：1	△：檜	人口眾多，分佈地區廣，姓應不只一個，左傳、金文中就有記載夷為姜姓者 ☆鄅，顧表云妘姓，載籍又作風姓
姞姓	3 ◎：2 △：1	◎：南燕、偪 △：密須	6 ◎：4 △：1 ※：1	◎：南燕、偪、項、雍 △：密須 ※：尹	☆尹為陳氏所列，不見於《春秋大事表》之列國 ☆尹亦有作姬姓者
曼姓	1 ◎：1	◎：鄧	2 ◎：2	◎：鄧、鄾	
熊姓	1 ◎：1	◎：羅	2 ◎：2	◎：羅、百濮	☆羅，顧表云熊姓，載籍有作妘或偃姓者
偃姓	9 ◎：8 △：1	◎：舒、英氏、六、蓼、舒蓼、舒庸、舒鳩、桐 △：有鬲	21 ◎：17 △：1 ※：4	◎：舒、英氏、六、蓼、舒蓼、舒庸、舒鳩、桐、權、羅、宗、巢、州、絞、軫、貳、頓 △：有鬲 ※：舒龍、舒鮑、舒龔、皖	☆陳氏謂與嬴姓同祖 ☆舒，其先任姓，任姓滅後，偃姓代興 ☆蓼非偃姓、乃姬姓 ☆六，顧表云偃姓，載籍有作姬姓者 ☆桐，顧表云

	顧棟高的考察		陳槃的修正（保留典籍異說）		備　註
	總數		總數		
					偃姓，載籍又作子姓 ☆舒龍以下四國為陳氏所列，不見於《春秋大事表》之列國
隗姓	2 ◎：2	◎：弦、廧咎如	8 ◎：6 ※：2	◎：弦、廧咎如、潞氏、赤狄、鮮虞、白狄 ※：蒲、復	☆弦，顧表云隗姓，載籍有作嬴姓者 ☆蒲，復二國為陳氏所列，不見於《春秋大事表》之列國
祁姓	4 ◎：4	◎：唐、鑄、杜、鼓	6 ◎：6	◎：唐、鑄、杜、鼓、黎、郯	☆鑄，顧表云祁姓，陳氏云當為任姓
歸姓	1 ◎：1	◎：胡	1 ◎：1	◎：胡	☆胡，除歸姓外，亦有姬姓者
允姓	2 ◎：2	◎：小戎、陸渾之戎	3 ◎：3 ※：1	◎：陸渾之戎、郜、戎蠻 ※：陰戎	☆陳氏謂小戎非允姓，當為姬姓 ☆陰戎為陳氏所列，不見於《春秋大事表》之列國
漆姓	1 ◎：1	◎：鄅瞞	1 ◎：1	◎：鄅瞞	☆漆姓當為來姓之訛，古字來與釐通
彭姓	1 △：1	△：豕韋	1 △：1	△：豕韋	

	顧棟高的考察		陳槃的修正（保留典籍異說）		備　註
	總數		總數		
董姓	1 △：1	△：麔夷	1 △：1	△：麔夷	
姚姓	1 △：1	△：有虞	3 ◎：1 △：1	◎：百濮 △：有虞 ※：箕	☆箕為陳氏所列，不見於《春秋大事表》之列國
祝姓			1 ◎：1	◎：隨	
斟姓			1 ◎：1	◎：介	
釐姓			2 ◎：2	◎：白狄、茅戎	☆釐姓與前漆姓相通
不知其姓	78 ◎：57 △：17 ●：4	◎：共、鄭、貳、軫、郳、絞、州、蓼、賴、牟、於餘邱、郭、樊、冀、道、柏、項、郜、麇、巢、宗、庸、崇、黎、鄋、州來、檀、鍾離、邿、沈、房、鍾吾、戎、北戎、盧戎、山戎、狄、犬戎、東山皋落氏、伊雒之戎、淮夷、介、白狄、群蠻、百濮、赤狄、根牟、潞氏、甲氏、留吁、鐸辰、茅戎、戎蠻、無終、肅慎、亳、肥 △：亳、有莘、有窮	72 ◎：22 △：12 ●：1 ※：37	◎：於餘邱、郭、柏、庸、鄩、州來、庸、房、鍾吾、北戎、山戎、犬戎、東山皋落氏、伊雒之戎、群蠻、根牟、甲氏、留吁、戎蠻、無終、肅慎、肥 △：有莘、有窮、寒、過、戈、邳、仍、有緡、蒲姑、鞏、甲父、麗 ●：夔 ※：蜀、穢、貊、今支、不屠何、翟柤、徐吾氏、莽中之戎、厹由、彭戲氏、西戎、緜諸之戎、緄戎、義渠、烏氏之	☆莘與姺實是一國，顧表分為二國 ☆共，陳氏謂當為姬姓 ☆鄭，陳氏謂當為曼姓 ☆貳，載籍有姬姓、偃姓二種說法 ☆軫，載籍有作偃姓者 ☆郳，載籍有作嬴姓、妘姓者 ☆絞，載籍有作偃姓者 ☆州，載籍有偃姓、姜姓、姬姓的說法 ☆蓼國原為己

	顧棟高的考察		陳槃的修正（保留典籍異說）	備　註
	總數		總數	
		、寒、過、戈、姺、邳、仍、有緡、駘、岐、蒲姑、闕鞏、甲父、麇、封父 ●：姒、蓐、黃、不羹		戎、朐衍之戎、林胡、樓煩、東胡、妠胡、陽夏、裨、鯈、魚、九州戎、復槀戎、夷虎、東夷、邢、酇、卿、阮、梁（一）、坎、庚	姓祝融之孫 ☆牟，載籍有曹姓、妘姓二種說法 ☆樊，載籍有作姬姓者 ☆冀，載籍有姬姓之說 ☆道，載籍有作姬姓者 ☆項，載籍有姬姓、姞姓二說 ☆郜，載籍有作允姓者 ☆麇，載籍有嬴姓、羋姓二說法 ☆巢，載籍有偃姓、姒姓二說法 ☆宗，載籍有偃姓、媯姓二說法 ☆崇，載籍有姒姓、子姓二說法 ☆黎，載籍有祁姓、子姓二說 ☆檀，載籍有作姜姓者 ☆鍾離，載籍有嬴姓、子

	顧棟高的考察		陳槃的修正（保留典籍異說）		備　註
	總數		總數		
					姓、姬姓之說
					☆郛，陳氏推定為姬姓
					☆邳，陳氏推定為殷後子姓之國
					☆沈，載籍有作嬴姓者
					☆姒，陳氏謂當為少皥後嬴姓
					☆蓐，陳氏謂當為少皥後嬴姓
					☆黃，陳氏謂當為少皥後嬴姓
					☆戎，載籍有作己姓者
					☆盧戎，陳氏謂當為舜後媯姓
					☆狄，陳氏推定赤狄為隗姓，白狄不只一姓，載籍有姬姓、厘姓、隗姓、姮姓者
					☆淮夷，載籍有作嬴姓或姬姓者
					☆介，載籍有

		顧棟高的考察		陳槃的修正（保留典籍異說）	備　註
	總數		總數		作斟姓者
					☆百濮，載籍有作姚姓、熊姓、羋姓者
					☆根牟，載籍有作曹姓者
					☆潞氏，載籍有隗姓、妘姓、姜姓、姬姓之說
					☆茅戎，載籍有姬姓、厘姓之說
					☆亳，陳氏推定為湯後子姓
					☆駘，載籍有作姬姓、姜姓者
					☆岐，陳氏推定為姬姓
					☆封父，載籍有作姜姓者
					☆由蜀以下三十七國為陳氏所列，不見於《春秋大事表》之列國
					☆東夷種姓非一，故有三夷之稱

第三章
婚姻對象的擇取與婚配禁令

第一節　讎仇不婚

「昏禮者，將合二姓之好」❶，二姓之間可能本無多少往來，也可能原先已為親屬，聯姻乃是親上加親，但是若原先處於敵對、甚至仇恨關係的兩個家族，是否可以藉著「合二姓之好」以化仇家為親家？這就涉及當時如何面對仇家的複雜問題。以盡復讎義務的對象而言，據《周禮》卷十四〈地官·調人〉所說「和難」情況：

> 父之讎辟諸海外，兄弟之讎辟諸千里之外，從父兄弟之讎不同國。君之讎眡父，師、長之讎眡兄弟，主❷、友之讎眡從父兄弟。

---

❶　《禮記》，卷六十一〈昏義〉，頁 999。

❷　《周禮》，卷十四〈地官·調人〉鄭注，頁 215：「主，大夫君也」，不過從復讎等級來看，與朋友同級，似乎不太相稱，孫詒讓認為：「主友蓋皆交遊之屬，主謂適異國所主之人也，羈旅相依，有朋友之道，故與友並言之」，似乎更為貼切。

此引文中囊括了五倫中的君臣、父子、兄弟、朋友，外加上師長之倫，沒有提到母親與姐妹，應該是被包含在父親與兄弟之中了❸。以復讎前提來說，己方是否理虧在先，乃能否允許復讎的首要考量。所以當殺父仇人的身份是君上時，若「父不受誅，子復讎可也；父受誅，子復讎，推刃之道也」❹。以復讎的態度而言，隨著親疏等差不同，或「遇諸市朝，不反兵而鬭」，或「不為魁，主人能，則執兵而陪其後」❺。以復讎期限來說，有的認為：基於「國、君一體」❻的觀念，諸侯之讎雖百世可復，大夫家則不可，言下之意，士庶人當然也得及身而止；有的則認為「復讎之義不過五世」❼。不論是五世或百世，應該都是奠基於族群一體觀，子孫之榮譽固然能光宗耀祖，祖先之恥辱也伴隨血胤傳承至後嗣。因此

---

❸　從本文著眼點來說，真正蹊蹺的是：未提到夫妻為彼此復仇。《左傳》，卷四十八〈昭公十九年〉，頁 844-845：「秋，齊高發帥師伐莒，莒子奔紀鄣，使孫書伐之。初，莒有婦人，莒子殺其夫，已為嫠婦，及老，託於紀鄣紡焉，以度而去之，及師至，則投諸外，或獻諸子占，子占使師夜縋而登，登者六十人，縋絕，師鼓譟，城上之人亦譟，莒共公懼，啟西門而出，七月丙子，齊師入紀」。這位寡婦顯然一直在等待時機，以求能夠為夫復讎，可以看出她對此的執著及重視。《公羊傳》，卷二十四〈昭公三十一年〉，頁 307-308，還提到邾婁顏公夫人為替夫復讎，而以自身為賞格，最後嫁給了為夫復讎的顏公之弟叔術。叔術所作所為的評價可置不論，不過妻子執意為夫復讎，甚至再嫁，不顧宗法忌諱，下嫁小叔，亦所不辭，經生不批評，也可看出復讎對她的重要性，以及當時人的態度了。

❹　《公羊傳》，卷二十五〈定公四年〉，頁 321。

❺　《禮記》，卷七〈檀弓上〉，頁 133。

❻　《公羊傳》，卷六〈莊公四年〉，頁 77。

❼　《禮記》，卷三〈曲禮上〉孔疏引許慎，《五經異義》，頁 58。

復讎不只具有道德、社會面的意義，還可以告慰祖先神靈。《左傳》卷二十〈文公十八年〉記載：

> 齊懿公之為公子也，與邴歜之父爭田，弗勝，及即位，乃掘而刖之，而使歜僕。納閻職之妻，而使職驂乘。夏五月，公游于申池，二人浴于池。歜以扑抶職，職怒，歜曰：「人奪女妻而不怒，一抶女，庸何傷？」職曰：「與刖其父而弗能病者何如？」乃謀弒懿公，納諸竹中，歸，舍爵而行。

其間可資注意的是「歸，舍爵而行」一舉，杜預認為這表示「齊人惡懿公，二人無所畏」，故從容如是，但似乎未能切中全部意涵。卷五〈桓公二年〉：

> 凡公行，告于宗廟，反行飲至，舍爵，策勳焉，禮也。

此乃子孫出前、入後在宗廟中飲酒的一種禮儀。魯定公八年，季寤等五人因陽虎發動政變失敗後，季寤「辨舍爵於季氏之廟而出」，「辨舍爵」確實可能如杜預所釋，有「示無懼」的意味，但這項行徑本身主要是在「告廟飲酒」❽。邴歜與閻職二人在弒君復讎後，最迫切做的事竟是回到家中祭告祖先，這固然是因為二人將要出亡，須告廟，向祖先辭行；但更要緊的是因復讎得以實現，急切告祖以上慰先人之靈。也正因此才會在隨時會遭緝捕的危急時刻，仍

---

❽　《左傳》，卷五十五〈定公八年〉，頁966。

不忘這個儀式。婚姻在古代不僅是男、女兩個當事人之間的事，更是兩個家族間的連結，所以在議婚過程中，女方家長都在祖廟中接待對方使者，男方完成接納新婦為家族新成員的儀式也須在廟中舉行。

　　復讎既如此事關重大，並與祖靈密切感應，則讎仇間之通婚自然視為禁忌。否則，將導致祖先神靈都不得安息，此乃嚴重的不孝。然而，以實際事例來看，仍有甘犯禁忌者。魯桓公偕同夫人到齊國去訪問，因為夫人文姜與娘家兄長齊襄公亂倫，竟導致桓公被害，客死於齊。此事發生後，齊國雖應魯方「無所歸咎，惡於諸侯，請以彭生除之」❾的要求，殺了彭生。但雙方皆知：主使者為齊襄公，他是魯莊公真正的殺父仇人。魯國在當時雖然沒有能力討伐齊國❿，但最低限度，魯莊公不該再和齊國往來，所謂「讎者無時焉可與通」⓫。然而先是魯莊公元年，周王室要嫁女於齊，由於階級不同，王室娶婦或嫁女，無法與諸侯國直接接觸，魯以同姓諸侯出面主婚，這或許還可以王命難違來迴護。莊公三年，魯國與齊師共同伐衛。四年，魯莊公與齊侯共同狩獵，五年又與齊人、宋人、陳人、蔡人會謀伐衛事宜。八年時又與齊國軍隊共同圍成；同年十一月齊襄公被弒。在此之前，魯國毫不避諱與齊人多次接觸，

---

❾　前揭書，卷七〈桓公十八年〉，頁130。

❿　《穀梁傳》，卷四〈桓公十八年〉，頁 42：「君弒，賊不討，不書葬，此其言葬何也？不責踰國而討于是也」，集解：「禮：君父之讎，不與共戴天，而曰『不責踰國而于是』者，時齊強大，非己所討，君子即而恕之，以申臣子之恩」。

⓫　《公羊傳》，卷六〈莊公四年〉，頁78。

未曾考慮復讎或遠避,《公羊傳》卷六〈莊公四年〉就對此加以譴責:

> 冬,公及齊人狩于郜。公曷為與微者狩?齊侯也。齊侯則其稱人何?諱與讎狩也。前此者有事矣,後此者有事矣,則曷為獨於此焉譏?於讎者,將壹譏而已,故擇其重者而譏焉,莫重乎其與讎狩也❷。

狩獵的目的在於「上所以共承宗廟,下所以教習兵行義」❸,魯國竟以和讎人同樂共獵的物品上祀宗廟,以當用於復讎的軍隊和齊人狩獵習武,實是莫大的諷刺,於孝於義皆不能被見容。因此《公羊傳》特別舉此事以概括莊公其他與齊接觸的不當行徑。

莊公九年時,魯國終於打著報讎的名號,出兵於齊,但此事並未得到贊許:

> 八月庚申及齊師戰于乾時,我師敗績。內不言敗,此其言敗何?伐敗也。曷為伐敗?復讎也。此復讎乎大國,曷為使微者?公也。公則曷為不言公?不與公復讎也。曷為不與公復讎?復讎者在下也。❹

---

❷ 《穀梁傳》,卷五〈莊公四年〉,頁 48:「齊人者,齊侯也,其曰人何也?卑公之敵,所以卑公也。何為卑公也?不復讎而怨不釋,刺釋怨也」。

❸ 《公羊傳》,卷六〈莊公四年〉解詁,頁 78。

❹ 前揭書,卷七〈莊公九年〉,頁 87。

所謂「在下」是指：莊公當時不過是以軍隊納公子糾入齊，並非想復讎。莊公忘父讎，最為人所詬病者，莫過於其娶齊女為夫人。為了討好齊女，還刻意逾制整修宗廟（丹桓公楹、刻桓公桷），並親往齊國納幣、迎娶❺，將復讎之事全然拋諸腦後。《穀梁傳》卷六〈莊公二十四年〉就表示：

> 八月丁丑夫人姜氏入。入者，內弗受也；日入，惡入者也。何用不受也？以宗廟弗受也。其以宗廟弗受何也？娶仇人子弟，以薦舍於前，其義不可受也。

意思就是上文所說：魯莊公完全不理會婚姻不是他「受」或「不受」某位女性而已，而是宗廟於「義」能否接納那位「入者」。由於婚姻乃是兩族間的密切結合，因此入者雖非仇人本身，但「仇人子弟」與仇人雖分形，猶同氣一體，與之婚配，等於就是令祖先與仇人共枕席，是可受，孰不可受？

　　雙方己處於讎仇狀態下，以至於不通婚姻，被視為合情合理。較有爭議的是，讎仇狀態是在雙方聯姻之後才發生，這又該如何是好？《左傳》卷七〈桓公十五年〉記載一則案例：

> 祭仲專，鄭伯患之，使其婿雍糾殺之。將享諸郊，雍姬知之，謂其母曰：「父與夫孰親？」其母曰：「人盡夫也，父

一而已，胡可比也？」遂告祭仲曰：「雍氏舍其室而將享子
於郊，吾惑之，以告。」祭仲殺雍糾，尸諸周氏之汪。

雍姬得悉夫婿受命去殺己父，如果不告密，則會犧牲了父親，如果
告密，則會犧牲了丈夫，左右為難，她必須在父與夫之間擇其一，
所以她從「親」疏的角度向母親請教，對方以關係是否係原生或次
生的論式，以前者位階為上為準，來判定對象是否可被取代。祭仲
的妻子此番說詞顯然有迴護丈夫的嫌疑，而且也明顯違反當時出嫁
從夫、為生父喪降服的禮俗。所以雖然最後祭仲的女兒被說服了，
卻未必能視為大多數人都能首肯的範例，倫理兩難的困境並未因此
獲得出路。《白虎通》卷十〈嫁娶〉論及已婚婦女不得去夫時，指
出：除非男方「悖逆人倫，殺妻父母」，始得仳離。但這種規範重
點在貞一，它並非針對出現人倫劇變的假設狀況而發。因為婚姻關
係是否得以維繫是一回事，婦女是否得以向身為仇人對象的丈夫報
讎是另一回事。我們可追問：是否因為前者，使得後者也合理化？
即便按理而推，夫妻此時恩斷「義絕」，已形同陌路，當然應執行
復讎義務。但人並非只是一理念之存在，倫理兩難困境的形成也並
非僅在於雙邊義務無法同時實踐的情況，或許情感上的牽絆更屬癥
結。

　　《列女傳》中有兩則案例是丈夫與娘家兄弟有怨讎。當事的婦
女分別感嘆將何以「歸」之？何以「安之」？這固然是指在不二嫁
的前提下，假使離開夫家將無所適從。但顯然也是處於倫理兩難困
境下，所謂「殺夫不義，事兄之讎亦不義」的內心寫照，處境之艱
辛使得二者均選擇自殺收場。另有一則故事是：若發生丈夫或是父

親二者均可能受害，該保全何人的問題，與雍姬的情況部分類似，「不聽之，則殺父，不孝；聽之，則殺夫，不義」。但此事件之背景並非丈夫與父親之間有何難解的矛盾，而是前者仇家劫持後者，以後者性命要脅，連累到後者。即便如此，婦女最後也抉擇自殺，以解脫其間的困境。但此種抉擇僅僅逃脫了眼前的困境，並非真正能為此倫理困境解套。認為她們「善處夫婦之間」，能使得「義明」，能做到「厚於恩義」❶，恐怕難辭規避問題之譏。

綜上所述，不論是先秦或是漢代，按照道德的理想或社會現實，對於讎仇間結婚都沒有留下什麼空間，讎人間不是不共戴天，就是要避之海外、千里，要想聯姻，本來就十分困難，而且還將背上「事讎」，「祖先不受」的罪名。如果在婚姻已經成立後，兩家出現了讎怨狀況，根據長期以來的復讎傳統，婚姻也難以繼續維持。

第二節　同姓不婚

一、同姓不婚的理由

同姓不婚是周代的婚制中重要的禁忌，許多典籍都從多方面一再申明遵行同姓不婚原則的重要性。以下分為幾點進行說明。

---

❶ 以上引文分見《列女傳》，卷五〈節義傳・代趙夫人傳〉，頁 5b-6a、〈郃陽友娣傳〉，頁 10b-11a、〈京師節女傳〉，頁 11a-12b。

㈠從生理的角度思考

《國語》卷十〈晉語四〉：

> 同姓不婚，惡不殖也。

《左傳》卷四十一〈昭公元年〉：

> 內官不及同姓，其生不殖。美先盡矣，則相生疾，君子是以
> 惡之，故志曰：「買妾不知其姓，則卜之」……男女辨姓，
> 禮之大司也。今（晉）君內實有四姬焉，其無乃是也？

即便是血緣過近的男女結合，照樣大多能孕育子嗣，只是生下的嬰
兒往往氣稟不強或有缺陷，不易存活，即所謂「不殖」。這種現象
直至今日仍舊屢見不鮮，但如何解釋此種現象，則未見細部說明。
無論如何，古人將此種血緣過近的婚配狀況視為負面，並將之擴大
到只要是同姓均不宜婚配；不僅影響子嗣，產下稟氣不良和疾疢的
胎兒，實行同姓婚者亦往往有殃咎疾病。以晉公子重耳為例，當晉
公子重耳流亡於諸侯國間時，曾路經鄭國，叔詹勸諫鄭文公最好以
禮待之，理由就是對方乃「天之所啟」，「或者將建諸」。公子重
耳為天之所啟，最大的徵兆即在：按道理，「男女同姓，其生不
蕃，晉公子，姬出也，而至于今」❶❼。換言之，重耳擁有如此強韌
的生命力，與當時人的理解發生嚴重衝突，顯示當事者若非妖孽，

---

❶❼　《左傳》，卷十五〈僖公二十三年〉，頁252。

即是上天特別眷顧的結果。

㈡宗法、倫理的角度

《禮記》卷三十四〈大傳〉：

> 同姓從宗，合族屬；異姓主名，治際會，名著而男女有別。
> 其夫屬乎父道者，妻皆母道也，其夫屬乎子道者，妻皆婦道
> 也，弟之妻婦者，是嫂亦可謂之母乎？名者，人治之大者
> 也，可無慎乎？

《白虎通》卷十〈嫁娶〉：

> 不娶同姓者，重人倫，防淫泆，恥與禽獸同也。

《公羊傳》卷二十八〈哀公十二年〉「諱娶同姓」解詁：

> 禮：「不娶同姓，買妾不知其姓，則卜之」。為同宗共祖，
> 亂人倫，與禽獸無別。

何休稱引的那段禮文，出自《禮記》卷二〈曲禮上〉❶，乃接續上
文強調「厚其別」的諸具體條目而來，其中有「諸母不漱裳……女
子許嫁，纓，非有大故，不入其門；姑、姊妹、女子子已嫁而反，
兄弟弗與同席而坐，弗與同器而食」云云，防範的是近親甚至血親

---

❶　又見《禮記》，卷五十一〈坊記〉，頁 872。

亂倫。同姓相婚，單從行輩上著眼，很容易使得本應兄弟姊妹相稱者為夫妻。其次，婦人的地位因夫而定，夫若為父，其妻為母輩；夫若為子，其妻則為媳婦輩，在這樣的情況下，同姓聯姻，如果真的詳查宗譜世系，很可能會出現：從女方序行輩，甲、乙二女乃是姊妹行，卻因分別嫁給同一家族中昭、穆二輩的男性，使得若從男方序行輩時，甲、乙一為母、一為婦，倫輩差了一輩；若從女方序行輩，則父、子轉成連襟關係。這種由於婚姻派生的身份淆亂、尊卑不明確，不僅嚴重破壞道德的要求，而且會瓦解整個宗法結構。

(三)異類相生的角度

若從異類相生及陰陽、五行相生的角度來看，亦與同姓為婚嚴重衝突。《國語》卷十六〈鄭語・史伯為桓公論興衰〉：

> 夫和實生物，同則不繼，以他平他謂之和，故能豐長而物歸之，若以同裨同，盡乃棄矣。故先王以土與金木水火雜，以成百物，是以和五味以調口，剛四支以衛體，和六律以聰耳，正七體以役心，平八索以成人，建九紀以立純德，合十數以訓百體，出千品，具萬方，計億事，材兆物，收經入，行姟極，故王者居九畡之田，收經入以食兆民，周訓而能用之，和樂如一。夫如是，和之至也，於是乎先王聘后於異姓，求財於有方，擇臣取諫工而講以多物，務和同也。聲一無聽，物一無文，味一無果，物一不講，王將棄是類也而與剗同，天奪之明，欲無弊，得乎？

《白虎通》卷四〈五行〉：

不娶同姓何法？法五行異類乃相生也。

異類相成、相輔相生的想法，落在婚姻上即是不娶同姓，鄭史伯列舉聲、物、味等生活中能接觸的事物對桓公說明專則不生的道理。這樣的想法，在陰陽、五行的想法盛行後，即以陰陽變化、五行配屬，異類相生作為理解，《國語》和《白虎通》也都從此種角度來說明同姓不婚的禁忌⑲。

㈣政治資源的聯結與擴大

《禮記》卷二十六〈郊特牲〉：

取於異姓，所以附遠厚別也。

男女婚姻重在「附遠厚別」，「厚別」是就宗法內部來說，別男女、別長幼、別尊卑，「附遠」則就異姓來說，結婚姻有連結二姓的功能，這對社會領域的擴大，甚至地位的提升、勢力的連結都有一定的功效。同姓婚姻在這個方面則顯得十分不利，因為它無法發揮聯合異姓的功能，使得家族在社會地位的穩固和擴張上都會受到

---

⑲　後代學者如顧炎武也採取此一立場，詳參顧炎武，《日知錄》（臺北：明倫出版社，1970 年），卷八〈娶妻不娶同姓〉，頁 166：「姓之為言生也。《詩》曰：『振振公姓』，天地之化專則不生，兩則生……是知禮不娶同姓者，非但防嫌，亦以戒獨也。故〈曲禮〉：『納女于天子曰備百姓』，而〈郊特牲〉註云：『百官公卿以下也，百姓王之親也』，《易》曰：『男女睽而其志通也』。是以王御不恭一族，其所以合陰陽之化而助嗣續之功者微矣。」

很大的限制。

二、同姓不婚的基礎及範圍

　　同姓不婚的限制起於何時，孔穎達曾認為：「周法始如此耳，前代則不然也，蓋以前代敬簡，未設禁防，周人以其慢瀆，故立法以禁之」❷，孔說是否屬實呢？要瞭解這個問題，似乎可以先問：夏、商時期是否有像周代那種象徵血緣傳承的姓呢？關於這個問題，《禮記》卷三十四〈大傳〉提到：

> 四世而緦，服之窮也；五世袒免，殺同姓也；六世親屬竭矣，其庶姓別於上，而戚單於下，昏姻可以通乎？繫之以姓而弗別，綴之以食而弗殊，雖百世而昏姻不通者，周道然也。

認為周代制度即使五世以上廟毀無服之親，也不通婚，主要關鍵點即在繫姓，以姓作為血緣區別的標幟。孔穎達於另處進一步解釋：

> 殷無世繫，六世而昏，故婦人有不知姓者。周則不然，有宗伯掌定繫世，百世昏姻不通，故必知姓也。❷

商代因為沒有繫姓制度，所以當具體的親族關係隨著時間流逝被沖

---

❷　　《左傳》，卷四十一〈昭公元年〉，頁 707。
❷　　《禮記》，卷三十三〈喪服小記〉：「婦人書姓」，孔疏，頁 601。

淡，而於實質並名類上不復視為一族後，在親屬的認定上就無法那樣明確，客觀條件上也就無法嚴格執行同姓不婚的規則。不論是考古出土的文物或先秦典籍，都可以證明周代婦女繫姓。由古器物上的女子稱呼來看，女子有時著娘家姓，有時著夫家姓，跟著敘述者的說話情境而有不同。女子在行笄禮後，進入議婚階段，繫姓的現象就存在了❷，這顯然是為了標誌宗族淵源，此所以《左傳》中一再提到當時男女婚配的要點為「男女辨姓」❸，以致於妾非以媵的身份伴隨新婦入門，「不知其姓」時，需要求助於神明啟示，以免觸犯大忌。如《禮記》〈曲禮〉記載「買妾不知其姓，則卜之」❹，《白虎通》指出「婦人以姓配字何？明不娶同姓也」❺，均為其例。

　　王國維認為商代婦女尚沒有繫姓的制度：

　　　　男女之別，周亦較前代為嚴，男子稱氏，女子稱姓，此周之通制也。上古女無稱姓者，有之……凡此紀錄，皆出周世。

---

❷　《儀禮·士冠禮》雖然提到了男子行冠禮後字，但沒有特別提到女子的字，「我們把周代貴族女子的字和男子的字比較了一下，就可見女子取字的方式基本上和男子相同，仿效《儀禮》的話，就是：曰：伯（或作孟）某母（或作女），仲、叔、季，雖其所當，只是因為實行外婚制，同姓不婚，對女子的姓看得很重，就必須在伯、仲下把姓標出」。詳參楊寬，〈冠禮新探〉，《古史新探》（出版地、年，不詳），頁 243。

❸　《左傳》，卷三十六〈襄公二十五年〉，頁 617、卷三十八〈襄公二十八年〉，頁 654、卷四十一〈昭公元年〉，頁 707。

❹　《禮記》，卷二〈曲禮上〉，頁 37。

❺　《白虎通》，卷九〈姓名〉，頁 417。

據殷人文字，則帝王之妣與母，皆以日名，與先王同，諸侯
以下之妣亦然。雖不敢謂殷以前無女姓之制，然女子不以姓
稱，固事實也。而周則大姜、大任、大姒、邑姜皆以姓著，
自是訖於春秋之末，無不稱姓之女子。〈大傳〉曰……然則
商人六世以後或可通婚。而同姓不婚之制，實自周始，女子
稱姓，亦自周人始矣。❷❻

然而胡厚宣持不同的看法：

王國維氏謂殷代女子不以姓稱，女子稱姓與同姓不婚為周制
之所特有，論者多從其說，以為殷代女子以甲乙為名而無
姓，自無行族外婚之理，不知殷代無論男女雖死後皆以甲乙
為其祭祀之廟號，但其生前則皆自有其名，如前舉子漁、子
畫之類，皆男子之名也。帚妌、帚好之類，皆女子之名，亦
即姓也。觀武丁之配有名帚嬶、帚周、帚楚、帚杞、帚姜、
帚來、帚龐者，嬶、周、楚、妃、媛、妹、龐皆其姓，亦即
所自來之國族。他辭又或言「取奠女子」奠即鄭，取即娶，
此非族外婚而何？❷❼

胡厚宣認為商代的女子亦繫姓，但他所謂商代女子的「姓」，學者

---

❷❻　王國維，〈殷周制度論〉，《觀堂集林》（臺北：世界書局，1964 年），卷
　　十，頁 473-474。

❷❼　胡厚宣，〈殷代婚姻家族宗法生育制度考〉，《甲骨學商史論叢》（上海：
　　上海書店，1989 年）初集，頁 135-136。

一般認為應是方國之名，與周代嚴格姓氏二分的宗法架構自有不同❷❽，既以方國之名稱女，則商代也有行族外婚制的情形，雖然有行族外婚，但並不表示對同族婚姻的禁止，如《公羊傳》卷十二〈僖公二十五年〉就記載：「宋三世無大夫，三世內娶也」，何休注：「三世謂慈父、王臣，處臼也，內娶大夫女也。」❷❾顯示出殷後代對於同姓婚的禁忌不強，這很可能是早期殷商習俗的留存。同時，從族外婚的角度來看，商人尚未建立如周代那樣女子繫姓，以表明血源，男子稱氏表明政治上的從屬的制度。因為嚴格的同姓婚禁忌與宗法制度有密切的關係，商代雖已有了初步的宗法架構❸⓪，但是

---

❷❽ 如丁山，《卜辭綜述》（未註明出版地、年）後附《甲骨文所見氏族及其制度》，頁 28 指出：「凡是卜辭所見的婦某，某也是氏族的省稱」，魯實先，《卜辭姓氏通釋》之一，《東海學報》，一卷一期，頁 4 說卜辭中婦某之某：「為方名……文多從女，則亦姓氏。」，白川靜，《甲骨文的世界》（臺北：巨流圖書公司，1977 年），頁 129-130：「卜辭中「秦」、「桑」等氏族名，有從女旁的，就表示是來自「秦」或「桑」的女子。再如婦妍的妍，卜辭中有祇作「井」形的字，所謂「妍」大概是來自「井」的女子；井是個國名，又叫井方……自井方入嫁的婦人即以「妍」名，好比來自秦地之女，則於秦字加附女旁，用意不外表示她原是該族之女子，而絕不是所謂「姓」。提到姓就使我們想到秦嬴、齊姜和魯姬，這種稱謂方式在卜辭中從來沒有也許當時殷代社會並沒有周代那樣的姓氏組織」，方炫琛，《左傳人物名號研究》（臺北：政治大學中國文學研究所博士論文，1983 年）指出：「卜人之名，俱為姓氏，而姓氏皆萌抵方名。……殷人婦女所繫之某字，則為方國之名，與男子所繫之方國名同，未嘗有姓氏之分。……疑降至周，外婚制益嚴，而封建益繁，同一祖先或分數國，國名不足以婚姻，乃區分天下族類，溯其源流為之姓制。」

❷❾ 《公羊傳》，卷十二〈僖公二十五年〉，頁 149-150。

❸⓪ 參見裘錫圭，〈關於商代的宗教組織與貴族和平民兩個階級的初步研究〉，《文史》，第十七輯，頁 1-26。

與周代相較，還未臻於成熟，周人的同姓不婚奠定在嚴格的宗法制度下❸❶，同姓者乃出自同源，同姓之下，又分別賜氏❸❷，雖然經過時代的久遠，同姓之下的各氏之間的關係會日漸疏淡，但既繫屬於同姓之下，表示源於同一遠祖，於周制來說是不通婚姻的❸❸。商人姓氏及宗法制度均未臻成熟，所以亦難行精密的同姓不婚制。

　　此外，還要釐清的是，同姓婚的限制是否除了父族外，還包含了母黨在內呢？《白虎通》卷十〈嫁娶〉提到：

　　　外屬小功已上，亦不得娶也，以《春秋傳》曰：「譏娶母黨」也。

---

❸❶　王國維，〈殷周制度論〉，頁 453-454 將同姓不婚制與宗法傳承制並舉為周代所特有之制：「周人制度之大異於商者，一曰立子立嫡之制，由是而生宗法及喪服之制，并由是而有封建子弟之制，君天子、臣諸侯之制。二曰：廟數之制，三曰：同姓不婚之制。此數者皆周之所以綱紀天下也。」

❸❷　徐復觀，《兩漢思想史》（臺北：臺灣學生書局，1990 年）卷一〈中國姓氏的演變與社會形式的形成〉，頁 307-310，對於周代的「姓」除了具有血緣性關係外，更具有濃厚的政治意含，即是以血統集團為中心政治權力符號，而卿大夫賜氏，亦是宗法結構中在小宗五世而服絕之後，再次收攏族人的方式之一。

❸❸　《周禮》，〈春官·大宗伯〉，頁 277：「以飲食之禮親宗族兄弟」條，賈公彥說：「繫之以姓而弗別者，子孫雖有氏族不同，皆繫之以正姓，若魯姓姬，子孫氏曰：仲孫、叔孫、季孫之屬，氏族雖異，同是姓姬，故云繫之以姓而不別也……云百世而昏姻不通者，以繫之以正姓，雖氏族異，昏姻不得通行也。云周道然也者，對殷道則不然，以其殷道氏族異，則得昏姻也」，又《孔叢子》（臺北：臺灣中華書局，1966 年），卷二〈雜訓篇〉，頁 5-6。《孔子家語》（臺北：世界書局，1967 年），卷十〈曲禮子貢問〉，頁 108，也分別對此問題進行論述。

「外屬」指的就是母黨，稱述的《春秋傳》文字不見諸現存文獻，但孔廣森認為該說確實符合《春秋》家的看法：

> 《春秋》書娶者五，桓、宣皆娶于姜，桓母子氏，宣母熊氏
> ❸，文公娶乎大夫，則非僖夫人之黨。得譏母黨者，莊、成
> 二公而已⋯⋯內逆女，例月，而此及僑如逆女，不月，容即
> 以娶母黨失正，故略之與？禁姑之子、舅之子相為昏姻，實
> 《春秋》之義也。❸

認為《春秋》所記莊、成二公娶婦與慣例不合，應是譏娶母黨的緣故。孔氏還指出：僖公二十五年《春秋經》記載宋蕩伯姬來逆婦，也是譏娶母黨的關係❸，與此例相同的情況還有僖公三十一年杞伯姬來魯求婦一事❸。不過此說有待斟酌。首先，《白虎通》所提到

---

❸ 此乃據《公羊傳》為說，宣公母為頃熊，《穀梁傳》從同，若於《左傳》，
則作「敬嬴」。單就文字差異來說，猶可以音訛、假借為詞，真正問題出
在：據《公羊傳》，卷十五〈宣公八年〉解詁，頁 196：「熊氏，楚女，宣
公即僖公妾子」，所謂「楚女」，即《公羊傳》，卷十一〈僖公八年〉，頁
133，所言嫡位見奪於齊媵者。按此說，則文、宣乃同父異母兄弟行，與
《穀》、《左》二家以文、宣乃父子關係迥別。

❸ 孔廣森，《公羊春秋經傳通義》，《續修四庫全書》（上海：上海古籍出版
社，1995 年），129，卷三上，頁 51。

❸ 孔廣森，《公羊春秋經傳通義》，卷四，頁 79。

❸ 牟潤孫，〈春秋時代母系遺俗公羊證義〉，《新亞學報》1 卷 1 期（1955 年
8 月），頁 414-415，認為：因為姓本自母系，則同姓不婚的限制原來應屬母
系社會的習俗，春秋時雖已轉為父系社會，特別重視父系血緣的區隔和認
定，甚至母子關係存續與否也依據與父親的關係來定奪，但舊俗猶盛，是以

的「譏娶母黨」，不見於《春秋》三傳之中，是不是《春秋》的本義，還值得商討。其次，春秋時期魯公娶齊女的現象很多（桓、莊、僖、文、宣、成都娶齊女為夫人），若以魯侯生母與所娶妻子的姓氏相參照，確實只有莊、文、成三公妻子與生母同屬齊出，文公問題姑置不論，孔氏判定娶為母黨者唯「莊、成二公而已」，似乎沒有錯，然而孔氏莫非忽略了：直到清代，按家族宗法，庶出子女皆以嫡母為母，以致身為妾的生母只能以姨娘稱呼，所以《春秋》經傳於攝位的隱公母稱君氏、尚未正式即位的哀公母稱姒氏，均不名之為夫人。然則僖公、宣公、襄公生母固然分別是成風、頃熊（敬嬴）、定姒（定弋），嫡母仍應算哀姜、出姜（按《公羊傳》當為聖姜）、齊姜，而且照哀公時宗人所說：「自桓以下，娶於齊」❸，則自莊公以降，實可謂世世娶母黨。其次，「文公娶乎大夫」根據的乃是《公羊傳》卷十二〈文公四年〉稱引的高子之說，申言之，孔氏心目中娶母黨的「母」乃生母之謂，蓋因迴避母黨，與不娶同姓，目的均在避免血親過近；然而成公妾、襄公之母為定姒，襄公之子定公娶的也是號稱定姒者❸，即便二女非出自同國，至少也是母系的同姓婚。三傳固未批評此事，孔氏所以於「譏母黨」案例中不數之，乃從何休之說，以「定弋，莒女也」、「姒氏，杞

　　春秋之義，不娶同姓，自不能不兼顧母系之親。但其母系社會此一前提本身
　　即有所爭議而待商兌，故本文不敢從此說。
❸　《左傳》，卷六十〈哀公二十四年〉，頁 1050。
❸　前揭書，卷二十九〈襄公四年〉，頁 503、卷五十六〈定公十五年〉，頁
　　985。

女」❹，然而《穀梁傳》「弋」作「姒」，「姒」作「弋」❹，適互易，顯然只是通假異文，何氏乃昧於文字表象下之語言事實。第三，「姓」在周代以前不論是否出自母系或圖騰，在周人封建穩固以後，可以確定的是，姓所標示的是父系的血緣與政治的權力，周人所謂的同姓不婚，當然首要維護的是父系的血統，但是否也同時對母系的血統作區別呢？若從先秦乃至於漢代貴族的實際婚姻狀況來看，此說會受到挑戰，因為娶母黨對春秋時期的貴族而言是極普遍的事情，春秋諸侯國間常有二國世代通婚的狀況，如魯國與齊國，秦國與晉國，周王室與齊國等，加上諸侯的媵娣制有姪娣共同隨嫁，輩份的關係自然不是後來道德所能要求的；又如晉國的叔向想要娶夏姬的女兒，而叔向的母親就希望他能娶母黨，叔向拒絕母親主要的原因是母黨方面不善生育，並未提到譏娶母黨的事情❷；又如僖公二十五年《春秋經》記載蕩伯姬來逆婦，《左傳》未加評論，《公羊傳》亦未提到對娶母黨的批評，《穀梁傳》提到：「婦人既嫁不踰竟，宋蕩伯姬來逆婦，非正也」❸，批評的重點放在踰竟上，《春秋經》僖公三十一年，記杞伯姬來求婦，情況與蕩伯姬一樣，《左傳》沒有評論，《公羊傳》、《穀梁傳》重點放在踰竟

---

❹　《公羊傳》，卷十九〈襄公四年〉，頁 242、卷二十六〈定公十五年〉，頁336。

❹　《穀梁傳》，卷十五〈襄公四年〉，頁 148，、卷十九〈定公十五年〉，頁194。

❷　《左傳》，卷五十二〈昭公二十八年〉，頁 911：「叔向欲娶於申公巫臣氏，其母欲娶其黨。向曰：『吾母多而庶鮮，吾憋舅氏矣。』」可見當時取母黨並非一種禁忌。

❸　《穀梁傳》，卷九〈僖公二十五年〉，頁91。

求婦上❹，蕩伯姬與杞伯姬皆是魯女，而又回到魯國為兒子求娶娘家的女子，這種心情與叔向母親要求兒子娶母黨一樣，表現出一種對娘家的眷戀情感。一直到漢代的貴族，在重親以及婚娶不論行輩的風氣下這種現象都還是存在。❺另外從青銅器銘文中也可以看見娶母黨的例子，如表 3.2 所錄《鬴鎛》三代所娶均是姜姓女。事實上，春秋諸侯國間常有兩方世代通婚的狀況，如周／齊、齊／魯、秦／晉等，要全然迴避母黨的機率恐怕不易。是以於「譏娶母黨」之說似乎宜暫且保留。

魏晉時期袁準《正論》曾主張內表不可通婚：

> 或曰：「同姓不相娶，何也？」曰：「遠別也。」曰：「今之人外內相婚，禮歟？」曰：「中外之親近於同姓，同姓且猶不可，而況中外之親乎？古人以為無疑，故不制也，今以古之不言，因謂之可婚，此不知禮者也。」❻

可以看出漢末、三國的社會不乏中外之親通婚的現象，而且當時人仍普遍認為中外之親通婚並不違反古禮，法律上也尚未將此列入禁

---

❹　《穀梁傳》，卷九〈僖公三十一年〉，頁 95：「婦人既嫁不踰竟，杞伯姬來求婦，非正也。」

❺　漢人婚姻重親以及不論行輩的現象很多，請參見劉增貴先生《漢代婚姻制度》。

❻　《通典》，卷六十〈內表不可婚議〉所引，頁 346。

律之中。**❹**不過，也同時透露出不娶母黨的想法在也逐漸在發展和深化。娶母黨的現象在唐代仍然存在，對於母黨的尊卑、行輩差異所引生問題曾進行討論，最後議定：「父之姨及堂姨母，父母之姑舅姐妹堂外甥，並外姻無服，請不為婚」**❹**，得到認可通行，《唐律》中並將之落實為禁律。**❹**

三、由春秋史實看同姓婚限制的破壞

儘管周禮有同姓婚的限制，但從表 3.1 來看，在春秋時代諸侯、大夫中同姓婚見諸傳述史料中的例子並非僅一二見。如魯國諸侯娶同姓女的有魯昭公娶吳孟子。另外，《公羊傳》〈昭公三十一年〉記邾婁顏亂事，魯孝公險些被殺，《列女傳》也記載此事，並提到孝公舅為魯大夫，魯國未見記載有外來的大夫，很可能娶於國內，並為同姓婚**❺**。以晉國來說，晉獻公娶賈君、狐季姬、驪姬皆為同姓，晉文公曾娶周女、晉平公內官有四姬姓，子產認為是其致病的原因，另外晉平公亦曾嫁女於同是姬姓的吳國。此外《國語·周語中》富辰勸諫周王不當以狄女為后時，舉了不利國家的女子，

---

❹ 漢代皇室多重親，娶母黨的避諱根本不存在，詳參《漢代婚姻制度》，頁 9-10、79-114。

❹ 詳參《通典》，卷六十〈外屬無服尊卑不通婚議〉所引李乾祐，〈上奏請母黨尊卑不通婚〉，頁 346。

❹ 《唐律》將之落實為禁令。長孫無忌，《唐律疏義》（臺北：臺灣商務印書館，1990 年），卷十四〈戶婚〉，頁 182：「父母之姑舅兩姨姐妹，及姨若堂姨，母之姑堂姑，己之堂姨及再從姨，堂外甥女，女婿姐妹，並不得為婚姻，違者各杖一百，並離之」。

❺ 《列女傳》，卷五〈節義傳·魯孝義保〉，頁 1a。

其中提到「郮由叔妘，珊由鄭姬」所壞，郮為妘姓之國，珊為姬姓之國，為同姓婚的例子。

大夫同姓婚的也情形也很多，如齊國崔武子娶東郭偃的姐姐，盧蒲癸娶同姓女。衛太叔懿子娶晉悼公子憖女，亦為同姓婚，又根據《列女傳》、《論衡》、《潛夫論》所記叔向母為姬姓，而叔向父羊舌氏為晉大夫，那麼這亦可能是同姓婚。又子南、子皙爭娶徐吾犯之妹，根據《左傳》杜注徐吾犯為鄭大夫，公孫楚為穆公孫，亦可能是同姓婚的例子。

銅器銘文中也可以看到同姓婚的例子**❺**。如〈兩簋〉為周王饋

---

❺ 從《商周青銅器銘文選》（北京：文物出版社，1986 年）所錄九百多則銅器銘文中，歸結出透露母、妻或女婚配線索的約有一百五十餘則（參見表 3.2），連同《春秋媵器銘文彙考》所錄八十八則媵器所反映出來的列國聯姻關係來看（參見表 3.3），其中有不少無法同時推測婚配雙方的國或姓的情形，如有些只錄婚配一方之國，對於所嫁的國家記載不明，有些雖然記載出國名，不過難考其姓，另有些國名，隨著地域不同，出現不只一個國家與姓的情況，或有些即便是同一國家但因為歷史演變等種種因素，產生分裂或姓氏改變的情形（參見表 3.4），情況極為複雜，使得是為同姓婚的論斷充滿了爭議。如《商周青銅器銘文選》所錄《伯郮父鼎》銘文，頁 346：「晉司徒伯郮父作周姬寶尊鼎」，「周姬」應是對嫁至「周」的姬姓女的稱呼，但是「周」可有好幾種不同的理解，若理解為「周王室」之「周」，即成為同姓婚，但值得注意的是，周王室不論娶婦或嫁子，均冠以「王」，未有使用「周」為稱者。也有將之視為「雕」的另文，「雕」國為妘姓，則此條便為異姓婚。然而將「周」改讀作「雕」畢竟不如如字訓解來得順適，是以若將「周」視為王畿內所封者，如《左傳》，卷四〈隱公六年〉，頁 71，提到的「周桓公」，按陳槃考證，此「周」乃姬姓，則仍是同姓婚的例子。另方面，晉司徒究竟是晉公室，還是外來大夫，也難驟定。又如《毛叔盤》為「毛叔媵彪氏孟姬」之器，毛應為姬姓，但所聯姻國「彪氏」屬於何姓則不能確

贈已嫁於吳國之女所作器，為同姓婚的例子。春秋時期的〈吳王光鑑〉銘文記有：「吳王光擇其吉金，玄銑白銑，以乍叔姬寺吁宗彝薦鑑」，此器出土於安徽壽縣蔡侯墓，當是吳王女叔姬嫁到蔡國。〈蔡侯盤〉銘文中提到：「用作大孟姬媵彝盥……敬配吳王」❷，是蔡侯女蔡大孟姬嫁到吳國的明證。蔡、吳均為姬姓，乃同姓婚。另外，〈撝仲盤〉銘文為：「撝仲滕仲女子寶盤」，〈撝仲匜〉銘文為：「撝仲滕仲女姒子子寶匜」，可見撝（鄒）為姒姓，二器與〈上曾太子鼎〉同墓出土，應為婚配關係使然❸，而曾也是姒姓，是同姓婚的例子。

　　同姓婚的情形在春秋時代並不罕見。就上文已提到的遍及周、魯、晉、衛、吳、鄭、珊、賈、齊、鄶等國，其中以姬姓佔了多數。從事件發生的氛圍來看，同姓婚禁忌在春秋時期雖然流傳甚廣，但已漸失效力和神聖性，所以不斷有貴族向同姓婚禁忌公然挑戰，當時人對此也只能以同姓婚所可能帶來的種種危險和不祥恐嚇之，沒能有進一步的約束力。前面提到叔向的母親與父親同姓，且又要叔向再娶母黨，似乎完全不理會同姓禁忌的問題。子南、子晳

　　定，《左傳》，卷五十四〈定公元年〉，頁 940，提到大夫「彪傒」，杜注：「衛大夫」，但不能確定是否為衛公族，凌迪知，《萬姓統譜》收於《文淵閣四庫全書》，第九五六冊（臺北：臺灣商務印書館，1983 年）〈幽韻〉，頁 959-960：「彪，望出齊郡」，並記有衛大夫「彪夫」，宋大夫「彪虎臣」，因此我們在此不能確定其姓。為謹慎計，故暫時概不納入同姓婚的案例。

❷　出處分見《商周青銅器銘文選》，頁 365、396。

❸　參見李學勤，《新出青銅器研究》（北京：文物出版社，1990 年），頁 246。林聖傑，《春秋滕器銘文彙考》（臺北：文化大學中國文學研究所碩士論文，1996 年），頁 266-270。

與徐吾犯同姓，但爭娶徐吾犯妹，在當時似乎也沒有引來同姓婚的批評。叔向身為晉國名臣、且有賢名，子南、子皙是鄭國重要貴族，這兩件事都發生在春秋末期，可以看出當時同姓婚禁忌的想法相較於古禮已經薄弱許多了，在這樣的氛圍下，連守禮最嚴的魯國，都發生魯公（哀公）娶同姓女為夫人的事件。雖然如此，卻不容忽略，同姓婚禁忌畢竟具有深厚久遠的歷史背景，因此，即使在春秋時期由於種種因素導致此種限制不像以往那樣被嚴格遵守，但不宜同姓婚已深入人心，否則，魯昭公就不需要諱娶吳女，將對方稱謂硬生生改為孟子了。與異姓婚相較來看，它仍屬於少數❺❹，異姓婚配才是主流。

在漢代，雖因姓氏複雜的演變而有同姓異祖的現象發生，使得同姓不婚的基礎受到嚴重影響，不過同姓婚禁忌已深入人心，加以經生廣為倡導，前面提到的《白虎通》即表達出官學對於同姓不婚的立場，為「古學」❺❺者，如許慎，也提到：

> 《易》曰：「同人于宗，吝」，言同姓相娶，吝道也，即犯誅絕之罪，言五屬之內禽獸行，乃當絕。❺❻

----

❺❹　反映在青銅器銘文上，由《商周青銅器銘文選》以及春秋媵器銘文近一千則的銘文中，歸結出婚配的線索（見表 3.2、表 3.3），可以確定的同姓婚配不及百分之一。

❺❺　許沖，〈上《說文解字》表〉，《說文解字》，頁 785：「慎本從賈逵受古學」。古學與今學的差異，詳參錢穆，〈兩漢博士家法考〉，《兩漢經學今古文平議》，頁 235-247。

❺❻　《通典》，卷六十〈同姓婚議〉引許慎，《五經異義》，頁 345。

將同姓婚視為近親婚的一種形態，認為應嚴刑禁止。儘管經師在倫理上極力提倡，但落在具體的事件中仍有同姓通婚的例子，如漢呂后姐其子為呂平，可能為同姓婚❺。以守禮自居的王莽竟娶宜春侯王咸女，並立為皇后❺，可見當時社會仍存有同姓婚的情形。不過，整體而言，漢代社會仍大致遵守著同姓不婚的禁忌❺，否則，王莽就不至於會因「姚、嬀、陳、田、王氏凡五姓者，皆黃、虞苗裔，予之同族也」，而下令元城王氏不得與餘四姓相嫁娶❻。

四、同姓婚禁忌破壞的原因

上述那些案例，以地域分佈而言，遍及周、魯、晉、衛、吳、鄭、邢、賈、齊、鄶等國，可見很難以文化、夷狄化深淺為詞，否

---

❺ 《漢書》，卷十八〈外戚恩澤侯表〉，頁 681，登載扶柳侯呂平，平乃呂后姐子，是其父可能也姓呂。但一則學者懷疑「呂」乃「昌」之形訛，再則當時儒家勢力未興，呂氏本起微賤，無學術，縱有此現象，亦不足為奇。

❺ 《漢書》，卷六十六〈王訢傳〉，頁 2888、卷九十九中〈王莽傳〉，頁 4099。

❺ 《漢代婚姻形態》，頁 118，提到考察漢代 344 例婚姻個案中，異姓通婚者占 338 例（97％），同姓通婚者占 6 例（3％），說明了「同姓不婚」在漢代仍不失為一條婚姻限制。可惜的是，作者並未將這些例子具體列出，以致無法檢證其論斷。

❻ 《漢書》，卷九十九中〈王莽傳〉，頁 4106。朱曉海先生提示：房玄齡等撰，《晉書》（臺北：鼎文書局，1979 年），卷四十六〈劉頌傳〉，頁 1308-1309：「初，頌嫁女臨淮陳矯，矯本劉氏子，與頌近親，出養於姑，改姓陳氏。中正劉友譏之，頌曰：『舜後，姚、虞、陳、田本同根系，而世皆為婚，禮律不禁，今與此同義，為婚可也。』」此事真訛難定，但由此可反觀：王莽該令確實是避同姓相婚。

則，將何以面對連守禮最嚴的魯國都發生娶吳女為夫人的事件？以時代而言，從春秋初葉（如鄫公娶叔姛），歷經中葉（如魯文公娶周女）、末葉（如蔡侯娶吳王光女叔姬）都有，可見也很難以禮樂陵夷為充足理由。否則，將何以解釋西周初、中葉之交周穆王已以盛姬為妃嬪之事❻❶？《公羊傳》卷七〈成公八年〉：

> 夏，師及齊師圍成，成降于齊師。成者何？盛也。盛則曷為謂之成？諱滅同姓也❻❷。

卷十四〈文公十二年〉：

> 春王正月，盛伯來奔。盛伯者何？失地之君也。何以不名？兄弟辭也。

若由當年公子重耳不肯收納姪兒子圉之妻懷嬴時，司空季子的那段勸解來看，一開始提出看似如同贅語的斷案：「同姓為兄弟」，但接著就透過重新界定何謂「同姓」，進行實質性的轉換，所謂「同姓」並非同父所生即足以當之，否則黃帝與炎帝俱是少典之子，卻一為姬姓、一為姜姓，而「黃帝之子二十五人」，何至於「同姓者

---

❻❶　《穆天子傳》（臺北：臺灣中華書局，1981 年），卷六，頁 1b-2b。此條為朱曉海先生所提示，謹此致謝。

❻❷　「成」或「盛」，《左》、《穀》二傳均作「郕」。《史記》，卷三五〈管蔡世家〉，頁 1563-1564：「武王同母兄弟十人……次曰成叔武……武王已克殷紂，平天下……封叔武於成」。

二人而已」？可見「同姓」核心要素不在血緣上，而在能否「同德」，這有點像夷夏之辨不在種姓，而在文化上。因此，按照舊有觀念，子圉之於重耳猶子也，但因不同德，實「道路之人也」[63]。司空季子的這番論述固可詆為曲學詭辯，但未嘗不具有某種程度的啟發性，即：同姓不婚的禁忌被破壞可能牽涉到許多原因，其中姓、氏性質的演變可能是一個重要原因。

　　姓在周朝，與血緣關係密切，而氏則與政治資源、土地的取得關係密切，故《左傳》卷四〈隱公八年〉眾仲說：「天子建德，因生以賜姓，胙之土而命之氏」。因為姓與血緣的關係密切，因此周代女子繫姓，以便作為實行族外婚的重要憑藉，而男子雖有姓，不過並不以姓稱[64]，而是稱氏，以為政治上的區別。姓、氏二分，性質不同[65]。同族同姓之人，可能因為政治上等各種原因，而有不同的氏。氏儘管可以因種種原因而改變，但是仍統攝於一個姓之下，以標幟著血統的來源。《潛夫論》卷九〈志氏姓〉中就呈現了

----

[63]　以上引文分見《國語》，卷十〈晉語四〉，頁 356。此意見蒙朱曉海先生提示，特此感謝。

[64]　詳參盛冬鈴，〈西周銅器銘文中的人名及其對斷代意義〉，《文史》，17 輯（1983 年 6 月），頁 30、〈中國姓氏的演變與社會形式的形成〉，頁 312、方炫琛，〈說姓氏〉，《中華學苑》，48 期（1996 年 7 月），頁 160。

[65]　鄭樵，《通志》（北京：中華書局，1990 年），卷二十五〈氏族略·氏族序〉，頁 439，提到的姓、氏分為二，是為代表：「三代之前姓氏分而為二，男子稱氏，婦人稱姓。氏所以別貴賤，貴者有氏，賤者有名無氏……姓所以別婚姻，故有同姓、異姓、庶姓之別，氏同姓不同者，婚姻可通，姓同氏不同者，婚姻不可通」。方炫琛對此有進一步詳細分析，詳參〈說姓氏〉，頁 159-178、《左傳人物名號研究》，第二章〈左傳人物名號條例〉。

這點❻❻。

　　周代姓氏二分的架構，在封建停止乃至於崩潰的過程中，逐漸發生變化。象徵貴族血源的姓，在貴族階級大量沒落下，而逐漸失去地位。代之而起的是氏逐漸脫離了姓，取得獨立的地位。貴族固然承繼著父祖的氏，平民亦有以不同的方式而自行命氏（詳後文），姓與氏由從屬的關係，轉變為平行的關係，甚至以氏代姓，氏在經過子孫長期延用後，也逐漸成為血緣的標幟。

　　姓氏逐漸合一，演變成姓氏不分的現象，使得在封建的架構中，原本同姓而不同氏，或是同氏而不同姓的情形，變得混淆，血緣關係難以分辨。自定姓氏，乃至於頻繁改姓改氏的狀況，更增加姓氏問題的複雜性，淡化了姓氏與血緣間的關係。此時所謂的姓（氏）其實已無法正確標示血源，得姓氏的來源很多，《風俗通義》就對此作了分析：

　　　　蓋姓有九，或氏於號，或氏於諡，或氏於爵，或氏於國，或氏於官，或氏於字，或氏於居，或氏於事，或氏於職。以號，唐、虞、夏、殷也。以諡，戴、武、宣、穆也。以爵，王、公、侯、伯也。以國，曹、魯、宋、衛也。以官，司徒、司寇、司空、司城也。以字，伯、仲、叔、季也。以居，城、郭、園、池也。以事，巫、卜、陶、匠也。以職，

---

❻❻　汪繼培，《潛夫論箋》（臺北：漢京文化公司，1984 年），卷九〈志氏姓〉，頁 401-464。

> 三鳥、五鹿、青牛、白馬也。❻

這就使得單就貴族世官這階層來說，不同血統淵源、不同地區往往會出現採取同一氏號的情況（參見表 3.5）。這些同名異實者，在姓氏不分，以氏為姓的演變下，至終竟成為同姓者（參見表 3.5）。

在傳統式封建社會瓦解過程中，舊貴族階級大量沒落，象徵貴族血源的姓其顯赫地位逐步陵夷，某些庶民也隨著編戶齊民的社會結構興起、政治環境對布衣卿相的依賴，以不同的方式自行命氏❻，甚至命姓。隨著戰國五行學派勢力高張，吹律定姓的說法萌發，傳說黃帝、孔子都是憑藉吹律自定姓❻，《白虎通》卷九〈姓名〉乾脆直接將百姓來源悉數訴諸此法：

> 古者聖人吹律定姓，以紀其族。人含五常而生，正聲有五：宮、商、角、徵、羽，轉而相雜，五五二十五，轉生四時異氣，殊音悉備，故姓有百也。

這已經足以使得所謂的姓（氏）與血源的關係被沖淡，無法正確標

---

❻ 應劭，《風俗通姓氏篇》原序，《二酉堂叢書》，《百部叢書集成》，頁2。

❻ 徐復觀先生在探討姓氏演變一文，即從姓氏在社會和政治上演變的角度著眼，分為四個階段，頗值得參考。詳參徐復觀，〈中國姓氏的演變與社會形式的形成〉，《兩漢思想史》（臺北：臺灣學生書局，1990 年），頁 314-315。

❻ 《路史後記》，卷五〈後紀〉引《是類謀》，頁 6：「聖人興起，不知姓名，當吹律聽聲，以別其姓。黃帝吹律定姓是也」、《論衡校釋》，卷三《奇怪》，頁 165：「孔子吹律，自知殷後」。

示生理統緒。加以不時由於音訛、避諱、避仇等種種原因，頻繁改姓改氏（參見表 3.4），導致姓的原初標識作用更被淡化。《通志》〈氏族略〉舉出了同氏而不同來源的狀況，這些同名異實者，在姓氏不分，以氏為姓的情形下，往往成為同姓者。由於姓氏與血緣關係被沖淡，同祖異姓或同姓異祖的情形不時發生。王符就提到此種現象：

> 故有同祖而異姓，有同姓而異祖，亦有雜厝，變而相入，或從母姓，或避怨讎。❼

這種同姓異祖的狀況，對同姓不婚禁忌造成頗大衝擊，後代士人曾對此進行討論，法令上也對同姓婚禁忌中，同姓異祖的現象放寬禁令。❼

　　除了以上所說的原因外，春秋時期諸侯國間複雜的權力角逐，亦是導致同姓婚禁忌被破壞的原因之一。如學者指出，晉國諸侯在記錄上有最多同姓婚的現象，其實是因為晉國長期強大，各國爭相拉攏，以至於有前面提到的周王室嫁女於晉，以加強他和晉國的連

---

❼　《潛夫論箋》，卷九〈志氏姓〉，頁 404。

❼　《太平御覽》，卷五四一〈禮儀部二十·婚姻下〉所錄《魏氏春秋》，頁 2579：「司空東萊王基當世大儒，豈不達禮？而納司空王沈女，以姓同源異故也」。《通典》，卷六十〈同姓婚議〉，頁 345-346，提到晉時濮陽太守劉嘏與同姓劉疇婚，引起了當時太常、博士的非議，劉嘏即以「如今眾庶之家，或避國諱，逃仇逃罪，變音易姓者，便可皆言是始祖正姓，為婚之斷，如此《禮》稱附遠厚別，百代不通之義，復何所施乎？」為自己辯駁。又《唐律疏義》，卷十四〈戶婚〉，頁 181 亦對同姓異祖為婚者放鬆禁令。

結，以及其他國家嫁女於晉，其中不乏有姬姓者。又晉國嫁女於吳，以及蔡、吳的婚嫁可能多少因為想要共同抗楚的緣故，魯與吳的婚姻也可能是在連結吳國以抗齊的考慮下進行的❷。政治的因素當然不是婚姻制度被壞或改變的唯一原因，但放在春秋乃至戰國時期，如此激烈國際變化的情勢以求生存的環境下，此種說法亦可備為一說。

第三節　收繼婚的性質與興衰探究

在先秦時期曾經存在過收娶庶母、嬸母、或兄嫂的現象。這些現象由漢代以後士人的眼光來看，實屬於悖逆人倫、大逆不道的禽獸行為，但在先秦實有其存在的背景。此篇文章將先分析在先秦史料與傳說中所能見到的烝庶母、報叔母、叔娶嫂等現象，試著釐清當時對於這些行為的態度和想法，以及階級和經濟狀況的差異所可能產生的不同態度。其次，論及儒家企圖扭轉烝報行為所作的努力，以及對史書、經書有關烝報行為的理解和批評。其後述及法律對於烝、報的禁止。最後，論及烝報婚消失的原因。

一、春秋時期收繼婚的現象及性質

㈠異輩間的收繼婚

關於先秦烝、報及叔接嫂的情形，史料的記載可以說是極少，

---

❷　可以參看陳寧，〈春秋時期大國爭霸對諸侯婚姻的影響〉，《河北師院學報》（1990 年第 4 期），頁 78-81。

只能在零碎斷簡中探尋其性質。在有限的史料中，可發現《左傳》對於烝、報和叔接嫂兩者的收房婚，展現的態度並不相同。烝、報是屬於晚輩對長一輩婦女的收房，與叔接嫂是屬於同輩間的收房，輩份上並不相同。因此本文將其分開來討論，先探討烝、報婚的性質，再談及叔接嫂的問題。

1.晚輩男子收繼長輩妻妾：烝、報、因

《左傳》中有幾則關於烝、報、因等現象的重要文獻，如：

衛國：

〈桓公十六年〉：

> 初，衛宣公烝於夷姜，生急子。❼❸（烝父妾）

〈閔公二年〉：

> 初（衛）惠公之即位也少，齊人使昭伯烝於宣姜，不可，強
> 之，生齊子、戴公、文公、宋桓夫人、許穆夫人。❼❹（庶子
> 烝嫡母）

晉國：

〈莊公二十八年〉：

---

❼❸　《左傳》，卷七〈桓公十六年〉，頁 128。
❼❹　《左傳》，卷十一〈閔公二年〉，頁 191。

晉獻公娶于賈，無子，烝於齊姜，生秦穆夫人及太子申生。
❼❺（烝父妾）

〈僖公十年〉：

秋，狐突適下國，遇大子、大子使登僕而告之曰：「夷吾無
禮……」❼❻（烝嫡母）

〈僖公十五年〉：

晉侯烝於賈君。❼❼

鄭國：
〈宣公三年〉：

（鄭）文公報鄭子之妃曰陳嬀，生子華、子臧。❼❽（收季父之
妻）

楚國：
〈成公二年〉：

---

❼❺　《左傳》，卷十〈莊公二十八年〉，頁 177。
❼❻　《左傳》，卷十三〈僖公十年〉，頁 221。
❼❼　《左傳》，卷十四〈僖公十五年〉，頁 229。
❼❽　《左傳》，卷二十一〈宣公三年〉，頁 368。

（楚）王以（夏姬）予連尹襄老，襄老死於邲，不獲其尸，其子黑要烝焉。❼❾（烝父妾）

宋國：

〈文公十六年〉：

（宋）公子鮑美而豔，襄夫人欲通之，而不可，夫人助之施，昭公無道，國人奉公子鮑以因夫人……冬十一月甲寅宋昭公將田孟諸，未至，夫人王姬使帥甸攻而殺之。❽❿（庶孫娶嫡祖母）

以上提到的輩份不同的收繼婚，都是家族中幼輩的男子收長輩的妻妾為妻（至於長輩收幼輩妻如（晉文公收娶姪媳懷嬴）也是存在的現象，但此處先不計入討論）。首先，由以上所列的資料來看，異輩間的收房婚普遍存在於衛、鄭、晉（姬姓）、楚（羋姓）、宋（子姓）等諸侯國間，而且這還只是以女子所嫁的諸侯國為準，如果再加上女子的出身國：齊、賈、陳及周王室，或事件中無動於衷，或積極促成的現象，則範圍顯然還要擴大。而且烝、報事件是否僅止於這些，頗值得懷疑，因為從當時人對於烝、報的態度來看，並不以此為驚世駭俗之舉❽❶，《左傳》中的那些案例並非從批評的角度著墨，而是在

---

❼❾　《左傳》，卷二十五〈成公二年〉，頁428。

❽❿　《左傳》，卷二十〈文公十六年〉，頁348。

❽❶　《左傳》，卷十三〈僖公十年〉，頁221：「秋，狐突適下國，遇大子（申生），大子使登僕而告之曰：『夷吾無禮……』」，孔疏引賈達云：「烝於

記述其他事件時，為交代原委，一併提及，至於無政治影響者遂未獲機會登入史冊❷。

　　第二，先秦烝、報婚的具體內容如何？家族中的男性晚輩在收長輩妻妾時，是否有些特定的條件和規則？從以上的材料，我們至少知道，收取長輩之妻妾，必須在長輩亡故以後才能進行。在五條烝的事件中，有四則是繼爵位者烝庶母，似乎反映了繼爵的宗子對於收父妾有優先繼承權。不過君父姬妾經常為數眾多，《左傳》所記不過冰山一角，其他庶子收繼房雖然少見於記載，恐難因此斷言此現象不存在。❸另外，烝庶母未必要在被立為君以後，如衛宣公為莊公子、桓公弟，他烝夷姜的時間應該在尚未即位為君之時，若以莊公亡後為原則，那麼應是在桓公之世，所以《左傳》記此事時

獻公夫人賣君，故曰無禮」，似乎這是違禮之事，但杜預不注，乃是其謹慎之處。

❷ 李玄伯，《中國古代社會新研》（上海：開明書局，1948 年），頁 257-277，指出：「《左傳》對此所記雖只五條（烝報），但皆因有特種理由，如晉之二條皆因驪姬之亂；衛宣公一條則由於殺急子；昭伯一條則衛懿公為狄所殺，文公之得國；鄭一條則為說明穆公之以所立……其烝報而無政治影響者恐且不知幾倍於這五條，亦因其無政治影響變成平凡的事，遂未有機會載入歷史，以至湮沒無聞，則這現象當時想亦非不甚普遍者也。」

❸ 庶妾在主人死後該如何處置，從帝王角度來看，有在帝王死後，將帝王尚未幸御的女子，下放到民間准許其婚嫁，漢時文、景時均以此被認為德政。先秦時有作為陪葬的，如《左傳》，卷二十四〈宣公十五年〉，頁 409，記載魏武子有嬖妾無子，武子曾交待其子在其死後嫁之，但於病危時又囑其殉之，其子最後遵循父親清醒時的決定。又如《禮記》，卷十〈檀弓下〉，頁 187，記陳乾昔寢疾囑子為大棺「使吾二婢子夾我」。也有可能被賣，如《禮記》，卷八〈檀弓上〉，頁 142，提到子碩欲賣庶母來葬嫡母的事件。

說是「初」。桓公為厲媯之娣，戴媯之子，對比其他立為君收庶母的例子，桓公應也具備收庶母的權力。桓公後被公子州吁所殺，為了平亂，衛大夫石碏才聯結桓公母親的娘家陳人殺了州吁，扶立宣公，可見宣公先前並不必然具備為君的條件，又為桓公之弟，但仍然可以烝夷姜。衛昭伯烝宣姜也是以國君兄弟烝父妾的例子。昭伯是惠公的庶兄，而宣姜正是惠公的生母，因為惠公立為君的關係而母以子貴。惠公是宣姜的親生子，因此不可能由他來烝其親母（同時《左傳》還說他即位時年少❽❹）。而據《史記》所說急子有同母弟黔牟及昭伯❽❺，急子本為順位的繼位人選，不過因為宣姜之計而與壽俱死，黔牟此時又出奔在外，所以烝父妾的權力自然落到了昭伯身上。這似乎可以看出：父亡後，不只是繼爵位者具有收其妻妾的權力，他的兄弟應該也具備了此種權力。

　　第三，若從被收的婦人狀況來看，除了賈君可能是不能生育外，夷姜與齊姜在被收房之前未記載其是否有子女，宣姜則是明白記載在被烝前已育有壽、朔，夏姬與連尹襄老雖未見有生子的記載，不過之前與御叔的婚姻中也曾生育徵舒，可見被晚輩收房的女子，並不限定在與原先婚配的父執輩沒有生育的狀況下。而被晚輩收房後，除了賈君未聞有子、宋襄夫人情況特殊，其他都曾生育子女，可見這些婦女都仍處於五十之前、具有生育力的階段。這些被烝的婦人原始身份：夷姜，杜注：「宣公之庶母」；齊姜，杜注：

---

❽❹　宣姜是宣公即位後，奪娶原欲許給太子急的妻，宣姜與宣公生下壽及朔，宣公是隱公四年十二月即位、桓公十二年卒，前後大約二十年，推測朔之前尚有兄壽的情況，宣公卒時，朔肯定未滿二十，可能只有十五、六歲左右。

❽❺　《史記》，卷三十七〈衛康叔世家〉，頁1595。

「武公妾」❽；宣姜，既在夷姜後方收納，應也是妾；從巫臣以「歸，吾聘女」為誘惑夏姬之詞，夏姬在襄老家應當也是妾，似乎被收房的婦女多屬於父妾的身份，但也非絕對，如賈君，根據《左傳》，原是夫人的身份；宣姜被烝時已為君母。

　　第四，婦人被晚輩收房後，並未因此被輕賤。基於母以子貴、子以母貴的原則，可以從所生子女的地位，推斷其本身地位。衛宣公烝夷姜，生急子，宣公將他託付右公子，《史記》卷三十七〈衛康叔世家〉則說是「以為太子，而令右公子傅之」，並稱夷姜為夫人❽，急子顯然具有繼承權，所以宣姜才會與公子朔二人進讒言構害急子，欲除之而後快。從急子及壽的意外死亡，而惠公朔立，「左、右公子不平朔之立」❽，遂出惠公，而立了急子弟黔牟來看，當時的確認為急子理當繼承君位。衛宣公子昭伯烝宣姜，所生兩個女子均為夫人（宋桓夫人、許穆夫人），所生之子也有兩人後來繼立為君（戴公、文公）。晉國獻公烝齊姜，也可以看到同樣的情形，

---

❽　《左傳》，卷七〈桓公十六年〉，頁128、卷十〈莊公二十八年〉，頁177。《史記》，卷三十九〈晉世家〉，頁1641：「太子申生，其母齊桓公女也，曰齊姜，早死」，似乎不認為齊姜身份是妾，不過齊桓公立於魯莊公九年，晉武公死於魯莊公十七年，武公娶齊姜後又陸續再娶，驪姬之禍發生前後，申生已可以率領軍隊，較申生年紀小的重耳、夷吾都可以守城了，可見《史記》的說法有待商兌。

❽　《左傳》，卷七〈桓公十六年〉孔疏，頁128：「淫母而謂之烝，知烝是上淫，蓋訓烝為進，言自進與之淫也。〈（晉）世家〉云：『初宣公愛夫人夷姜』，烝淫而謂之夫人，馬遷謬耳」，孔氏對司馬遷的批評是持漢代以後對烝、報的態度為尺度，不可從。

❽　《史記》，卷三十七〈衛康叔世家〉，頁1593。

生子為太子（申生），所生女即著名的秦穆公夫人。可以推斷因烝婚所生子女並未受到影響，而使其地位有所貶低。

第五，從被烝婦女母國所持態度來看，宣伯／宣姜的案例令人印象深刻。由於惠公即位時年紀小，不到二十歲，又有急子及壽被害的背景，群公子與國人皆怨懟之。齊人既希望能由自己的外甥為君，以便在外交及政治上謀求利益，又恐怕惠公君位不穩，於是強力介入使宣姜再嫁給原太子急子的弟弟宣伯，希望能透過這層關係來平息眾怒。宣伯在當時一片不滿宣姜及惠公朔亂政的氛圍中，自然不願意與宣姜配合，但迫於齊人的強大壓力下也只得屈從。除此之外，後文會提到孔姞先後為大叔疾及遺二兄弟之妻、秦穆公將懷嬴先後嫁給晉太子圉及公子重耳，都是女方娘家極力促成的，這一方面可以看出母舅國對於婦女在夫亡後的出處，仍然擁有相當大的處置權，另方面則可見女方家族不但不介意，還積極促成收繼婚。

最後，從當時國人對烝的反應來觀察。昭伯烝宣姜，是在齊人強力介入下促成的。公子鮑與嫡祖母宋襄夫人則是應「國人皆曰」❽宜而配對的。襄公夫人為周襄王姐，是公子鮑的嫡祖母。公子鮑是昭公庶弟，因為年輕貌美，襄夫人主動要求與他在一起。對比起我們前面所看到在外力推促下的例子，有很明顯的不同。公子鮑拒絕了襄夫人，主要是因為襄夫人當時已年逾花甲❾，完全不具有性和生育上的吸引力。但襄夫人對此並不死心，當時宋國遇到飢荒，

---

❽　《孟子》，卷二下〈梁惠王下〉，頁41。

❾　周襄王在位三十四年，卒於魯文公八年，此年距襄王初即位整整已有四十二年，襄王即位的年紀雖然沒有記載，但襄夫人為襄王姐，年紀較襄王為大，又根據宋襄公已死二十六年，在位十四年，則襄夫人的年紀應要在六十以上。

公子鮑行善佈施國人，襄夫人為得其歡心，也共襄盛舉，而得到國人的好感。在國人的簇擁下，公子鮑只得和夫人配成對了。這個事件，一方面可以看出當時國人的力量很大，另一方面也可以看出，當時國人對於「因」並不排斥。「因」的情況因為不具有再生育的功能，輩份的差距也更懸殊，屬於十分罕見的例子，《左傳》中也僅此一條。不過從國人對「因」在輩份差距上如此懸殊，都能接受，則對於烝，應該更不會側目了。夏姬即是鮮明的例子。夏姬雖然在當時就被認為是不祥之人，不過仍然為諸侯和大夫所爭娶。爭執中，楚王決定將她給了連尹襄老，在連尹襄老戰死後，襄老的兒子，似乎是順理成章地收烝了夏姬，也沒有引起什麼反對的聲音。這使得一直覬覦夏姬的申公巫臣也只能設計把夏姬騙回娘家，再與她私奔。申公巫臣並沒有因夏姬被連尹襄老的兒子黑要烝過而遲疑，而夏姬的女兒要與叔向結婚時，叔向的母親十分不滿，狠狠數落夏姬，但重點放在「不祥」❾❶上，完全不涉及被烝之事。這些也都可以看出當時人並不以烝為惡；同時男女關係在輩份倫常上的禁忌不像後來那樣大。

2.長輩男子對家族中晚輩妻妾的收繼

以一般的狀況來說，長輩要在晚輩死亡後收晚輩妻妾的發生機率較少，而且從男女結合對雙方的利益上來說，如生育、政治勢力的結合和維持，均不如晚輩收繼來得有利，因此一般似抱持著否定的態度。比較特殊的是晉公子重耳的事件，重耳在逃到秦國時娶了

---

❾❶　《左傳》，卷二十五〈成公二年〉，頁 428、卷五十二〈昭公二十八年〉，頁 911。

本在秦為人質的太子圉（晉懷公）妻懷嬴，這是伯父娶姪媳的例子，但嚴格來說，晉懷公此時還未亡故，並不屬於收繼婚的範圍。不過我們仍然可以從記述氛圍中得知當時人反對此類行徑的態度，以至於重耳雖然極想利用秦國的勢力幫助自己回晉即位，仍然十分不願娶懷嬴，最後是在司空季子力勸重耳不可「拘小禮，忘大醜」❾❷，才勉為其難地答應，可見此舉當時屬於違「禮」的範疇。據《國語》卷十〈晉語四〉，司空季子特別為重耳稱引古代傳說，重新界定何謂「同姓為兄弟」，推導出「今子於子圉，道路之人也，取其所棄，以膺大事，不亦可乎」❾❸，看得出極力要沖淡重耳對娶姪媳的排斥。或許正因為如此，秦穆公才會出此策略用以測試重耳的忠誠度和向心力吧？

又如趙嬰與趙莊姬私通的事件：

> 晉趙嬰通于趙莊姬。
>
> 五年春，原、屏放諸齊，嬰曰：「我在，故樂氏不作；我亡，吾二昆其憂哉？且人各有能，有不能，舍我，何害？」弗聽。
>
> 晉趙莊姬為趙嬰之亡，故譖之于晉侯，曰：「原、屏將為亂，欒、郤為徵。」六月，晉討趙同、趙括。武從姬氏畜于公宮，以其田與祁奚……乃立武，而反其田焉。❾❹

---

❾❷　《史記》，卷三十九〈晉世家〉，頁1660。

❾❸　《國語》，卷十〈晉語四·重耳婚媾懷嬴〉，頁356，詳細記載此事。

❾❹　以上引文分見《左傳》，卷二十六〈成公四年〉，頁439、446。

趙嬰是趙盾的弟弟，而趙莊姬是趙盾兒子趙朔的妻子，二人是叔父與姪媳的關係，《左傳》將他們的曖昧關係稱之為「通」，即一種淫行。此種行為在家族中引起了軒然大波，被視為嚴重的家醜，所以要將趙嬰趕出家門，而且堅持不肯妥協。趙莊姬對此十分憤怒，卻不敢直接以自己和趙嬰的好事被破壞為理由，而是以晉侯長期對趙氏坐大的隱憂著手，來譖害趙氏一族。一件夫叔與姪媳的私通關係，竟引發了滅族的嚴重後果，從趙家內部以及莊姬的反應，都可以看出：叔父收姪媳的情形在當時是犯忌的。

㈡同輩間的收繼婚

1.小叔娶寡嫂被視為非禮

同輩間的收繼，主要指小叔收嫂而言，前面已經提過了，先秦貴族對於烝報並不抱持反對或批評的態度，甚至在某些現實利益的考量下，會主動促成烝報之事。先秦貴族對叔收嫂的態度又是如何呢？

《左傳》卷十一〈閔公二年〉記載：

> 共仲通於哀姜，哀姜欲立之。閔公之死也，哀姜與知之，故孫于邾。齊人取而殺之于夷，以其尸歸，僖公請而葬之。

《公羊傳》卷八〈莊公二十八年〉：

> 君子辟內難而不辟外難，內難者何？公子慶父、公子牙、公子友皆莊公之母弟也。公子慶父、公子牙通乎夫人，以脅公。

慶父與哀姜是叔嫂關係，《左傳》記載此事件時莊公已死，不過兩人的關係，《左傳》說是「通」，即淫行，可見並不贊成這種行徑。《左傳》並沒有明白指出哀姜與慶父的通淫是否在魯莊公生前即已存在，只在卷十〈莊公三十二年〉記載莊公將死時問後嗣者於叔牙和季友，叔牙根據一生一及的兄終弟及法推舉慶父，而季友則主張立公子般❾。魯人雖然有以兄弟相及的情況，但並不是常態，公子牙所說，純粹是為立慶父找藉口，《公羊傳》不知是否因為如此，認為公子牙與慶父均與哀姜有私通關係。《史記》卷三十三〈魯周公世家〉也用「私通」形容慶父與哀姜的關係（但並沒有將公子牙納入），而且認為二人私通在莊公生前即已存在：

> 先時慶父與哀姜私通，欲立哀姜娣子開，及莊公卒，而季友立斑。十月己未，慶父使圉人犖殺魯公子斑於黨氏，季友奔陳。慶父竟立莊公子開，是為湣公。湣公二年，慶父與哀姜通益甚，哀姜與慶父謀殺湣公而立慶父。

慶父與哀姜私通的事件，有幾點值得注意：(1)如果慶父與哀姜在莊公尚在世時即有曖昧關係，當時被稱為「通」，是很自然的，不過在莊公死後，兩人的關係仍被視為淫行，顯示出當時對於小叔收繼嫂很可能持反對的態度。(2)閔（湣）公之立並不是莊公的意願，而是慶父殺子般而立之的結果，而閔公之死也是因為哀姜希望慶父能繼位所導致，所以在貴族繼爵的過程中，叔嫂私通乃至於收繼，都

---

❾　前揭書，卷十〈莊公三十二年〉，頁 182。

可能造成立嗣及爵位繼承上的問題，出現小宗侵凌大宗的結果。(3)因為閔公是齊人的外甥，所以當哀姜要立閔公時，齊人支持，哀姜殺了閔公，引起齊人極大的不滿，甚至因此誘殺了哀姜，同樣顯示出母舅國對於立嗣問題的關心和干涉，以及對於已出嫁的婦女實質上仍擁有一定的權力，這雖然與禮教婦人出嫁從夫乃至於歸屬於夫家的精神相違背**⑨⑥**，不過恐怕更真實地反映出當時母舅家強勢的狀況。

前面舉魯國的例子，反映出貴族間小叔收繼寡嫂的情形，可能屬於非禮的行為。不過，或許有人會質疑，此事件所以會被認為是淫亂，乃是因為哀姜和慶父在莊公生時即已有了曖昧關係，就如周襄王后（狄女隗氏）與周襄王弟王子帶的叔嫂私通一樣，《左傳》也用「通」字來形容其淫行**⑨⑦**，這事也發生在周襄王生時，最後導致狄師伐周的結果。面對這個質疑，我們還可以從《左傳》記載楚令尹子元在其兄文王死後，欲誘息媯的事件來作為觀察：

> 楚令尹子元欲蠱文夫人，為館於其宮側而振萬焉，夫人聞之，泣曰：「先君以是舞也，習戎備也，今令尹不尋諸仇讎，而於未亡人之側，不亦異乎？」御人以告子元，子元曰：「婦人不忘襲讎，我反忘之！」

---

⑨⑥ 如《左傳》，卷十二〈僖公元年〉，頁 199，就說：「君子以齊人殺哀姜也為已甚矣。女子，從人者也。」對於齊人殺哀姜就表示極不以為然，認為婦人既已出嫁，決定權當在夫家，哀姜的行為要如何處置，應該是魯國的「家內事」，齊人「為魯行道」未免過份。

⑨⑦ 《左傳》，卷十五〈僖公二十四年〉，頁 257：「昭公……通于隗氏」。

> 楚公子元歸自伐鄭，而處王宮。鬬射師諫，則執而梏之。
> 秋，申公鬬班殺子元。鬬穀於菟為令尹，自毀其家，以紓楚
> 國之難。**⑱**

文夫人即楚文王夫人息媯，原來為息侯夫人，是楚文王滅息而得到
的**⑲**。令尹子元，即楚武王之子，文王弟**⑳**，子元與文夫人是小叔
與嫂的關係。楚文王立於魯莊公五年，在位十五年，卒於魯莊公二
十年，接著繼位的是文王與文夫人之子堵敖，在位三年，為弟頵所
弒，成王於魯莊公二十三年弒堵敖自立，在位四十六年，令尹子元
蠱惑文夫人的時間，正是夫人之子成王當政時。若認為小叔收繼寡
嫂的習俗可以被接受，那麼令尹子元欲媚惑文夫人，應該也無不
妥，但文夫人卻拒絕了他**㉑**。令尹子元為討文夫人歡心，所以伐
鄭，回國後又再次想與文夫人接近：「欲逐蠱文夫人」**㉒**，所以
「處王宮」。此舉上距二十八年的萬舞事件，已隔了將近二年的時
間，而距楚文王死更已過了十二年了。文夫人並沒有為其他人收
繼，也顯示了拒絕子元的求愛並不是有另外的競爭者，或是有順位

---

⑱ 以上引文分見前揭書，卷十〈莊公二十八年〉，頁 177、〈莊公三十年〉，
　　頁 179-180。

⑲ 事見《左傳》，卷八〈莊公十年〉，頁 147、卷九〈莊公十四年〉，頁 156、
　　卷十〈莊公二十八年〉，頁 177。

⑳ 《國語》，卷十七〈楚語上·蔡聲子論楚材晉用〉，頁 536，韋昭注：「楚
　　武王子，文王弟，王子善也。」

㉑ 文夫人在楚王之前還曾有過其它婚姻關係，應不是堅持不二嫁者，可參《左
　　傳》，卷九〈莊公十四年〉，頁156。

㉒ 前揭書，卷十〈莊公三十年〉杜注，頁179。

更優先的收繼者存在。值得注意的是，當時的大臣十分不能接受子元這種行徑，所以鬥射師就規諫其失，子元最後竟因為文夫人事件被申公鬥班所殺。從大臣的勸諫以及最終竟導致殺身之禍的脈絡來看，楚人應該相當反對小叔對寡嫂的侵犯，特別是在息嬀位為夫人，文王死後，其二子先後繼位，貴為君母的狀況下。

　　諸侯夫人在丈夫死後，是不是可以與男方親族中的平輩男子產生情感關係呢？以魯成公母穆姜與叔孫僑如的關係來看：叔孫僑如是桓公的後人，即著名的三桓之一的叔孫氏（魯宣公乃莊公的重孫，叔孫僑如乃叔牙的重孫⑩，彼此乃共高祖的從兄弟），他與穆姜的曖昧，《左傳》說是「通」，顯然是持反對立場。穆姜與僑如私通而並不加以隱諱，她希望廢了季文子和孟獻子而使叔孫氏獨大，觀成公對穆姜的塘塞，而穆姜大怒說要廢君另立⑩，可以看出當時穆姜地位尊重且擁有一定的政治資源。這種權威在叔孫僑如投奔到齊國時，齊靈公嫡母孟子與其私通，而要使僑如地位在國、高之間，也相類似⑩。聲孟子還與慶克私通，慶克是桓公之孫，公子無虧之子⑩，公

---

⑩　前揭書，卷八〈文公元年〉杜注，頁 297：「得臣，叔牙之孫」、卷二十六〈成公三年〉杜注，頁 437：「僑如，叔孫得臣子」。

⑩　《左傳》，卷二十八〈成公十六年〉，頁 478-479。

⑩　《左傳》，卷二十八〈成公十六年〉，頁 480。

⑩　《左傳》，卷十一〈閔公二年〉杜注，頁 191：「無虧，齊桓公子武孟也」、秦嘉謨輯補，《世本》（《四庫未收書輯刊》第十四冊，北京：北京出版社，2000 年），卷七上，頁 77：「慶氏，桓公之子，無虧之後。無虧生慶克，亦謂之慶父，以字為氏」、《通志》，卷二七〈氏族三〉，頁 461：「無虧生慶克」。《潛夫論箋》，卷九〈志氏姓〉，頁 408，注引《氏族略》：「齊桓公之子公子無虧生慶克，亦謂之慶父」。

子無虧與惠公為同父異母的兄弟，那麼慶克與頃公是堂兄弟。頃公死於魯成公九年，聲孟子以寡婦的身份與慶克在一起，《左傳》也稱之為「通」，並記載：

> 齊慶克通于聲孟子，與婦人蒙衣乘輦而入于閎，鮑牽見之，以告國武子，武子召慶克而謂之，慶克久不出，而告夫人曰：「國子讁我。」夫人怒。❿

聲孟子與慶克的幽會顯然不為當時輿論所接受，所以必須以男扮女裝的方式，偷偷赴約，國武子也以此事譴責他。慶克見事跡敗露，自覺羞愧，無顏見人，所以足不出戶。聲孟子惱羞成怒，於是對兒子頃公進高無咎、鮑牽的讒言，導致刖鮑牽、逐高無咎的結果。透露出當時的輿論並不接受已是寡婦的聲孟子與丈夫的堂兄弟在一起，亦即寡婦與亡夫近親相姦不為當時人接受。

2.被包容的小叔娶嫂行為

不過，小叔娶嫂並未被列入禁絕之列，在一些特殊情況下，仍然可以被接受。如《公羊傳》記載了一則邾婁顏夫人因為要為夫復仇，而嫁與小叔的事件：

> 冬，黑弓以濫來奔，文何以無邾婁？通濫也。曷為通濫？賢者子孫宜有地也。賢者孰謂？謂叔術也。何賢乎叔術？讓國也。其讓國奈何？當邾婁顏之時，邾婁女有為魯夫人者……

---

❿　《左傳》，卷二十八〈成公十七年〉，頁482。

> 顏淫九公子于宮中，因以納賊……天子為之誅顏而立叔術，
> 反孝公于魯。顏夫人者，嫗盈女也，國色也，其言曰：「有
> 能為我殺殺顏者，吾為其妻。」叔術為之殺殺顏者，而以為
> 妻，有子焉，謂之盱。夏父者，其所為有於顏者也。盱幼而
> 皆愛之。食必坐二子於其側而食之，有珍怪之食，盱必先取
> 足焉。夏父曰：「以來，人未足而盱有餘。」叔術覺焉，
> 曰：「嘻！此誠爾國也夫！」起而致國于夏父，夏父受而中
> 分之，叔術曰：「不可。」……五分之，然後受之。公扈子
> 者，邾妻之父兄也，習乎邾妻之故，其言曰：「惡有言人之
> 國賢若此者乎？誅顏之時，天子死，叔術起而致國于夏父。
> 當此之時，邾妻人常被兵于周曰：『何故死吾天子？』」通
> 濫則文何以無邾妻？天下未有濫也。天下未有濫則其言以濫
> 來奔何？叔術者，賢大夫也，絕之則為叔術不欲絕，不絕則
> 世大夫也，大夫之義不得世，故於是推而通之也。

這件傳聞中蘊含的傳統意義的真實性有多少，可置不論；重要的是
傳聞本身也反映了某種意義的真實。因為任何傳說都意味一種選擇
性的記憶與敘述，它能流傳下來，必然代表相當程度的合乎某些時
空背景和文化脈絡下特定社群的取捨標準及需求。魯孝公乃惠公之
父、隱公之祖，因此此則傳聞的背景應置於西周末年。值得注意的
是，兩百多年後，《公羊傳》作者仍不以叔術妻嫂[108]或盈女委身小

---

[108] 陳立，《公羊義疏》（臺北：鼎文書局，1973 年），卷六十七，頁 682-
683：「《傳》言，顏夫人嫗盈女也，謂之嫗盈女，著其賤也，則叔術之妻

叔事件為諱，而將注意焦點放在讓國之舉上。孔門之學大興後，《公羊傳》未批評叔術妻寡嫂的事情，引起後人不少的懷疑和批評，如公扈子認為叔術妻嫂而殺殺顏者不符「賢」的概念，並質疑「惡有言人之國賢若此者乎？」。即便如此，直到西漢景帝前[109]《公羊》家的主流在口耳相傳中仍未割捨此態度，愈發可見：至少齊地儒生雖早已閑習儒門標榜的倫輩禮教，但舊習難改，仍然視此則妻嫂之事為小德出入之行，並非踰矩之大惡。其後從何休注：「言賢者寧有反妻嫂，殺殺顏者之行乎？」[110]即對於叔術被《公羊》稱為賢者，但卻竟然有妻嫂等行徑感到不解[111]。他對這層矛盾的理解是：

> 叔術妻嫂，雖有過惡當絕，身無死刑，當以殺殺顏者為重。

嫂，非嫂也。盈女不忘夫，而志報夫仇，自以色市，盈女無罪，叔術利色，而為之殺殺顏者，則罪無所逃」。盈女既不是顏公之妻，為何會以自身為賞格，期復顏公之仇？縱使她的身份不是正室，僅是侍妾，叔術還是娶了兄長的庶妾。陳氏曲辯，不足據。

[109] 何休，〈公羊傳解詁·序〉楊疏引戴宏，〈序〉，《公羊傳》，頁 3：「至漢景帝時，（公羊）壽乃共弟子齊人胡毋子都著於竹帛」。

[110] 同上，何休解詁，頁 308。

[111] 陳立，《公羊義疏》（臺北：臺灣商務印書館，1982 年）〈昭公二十八年〉，頁 1769，企圖證明嫗盈女與叔術並非叔嫂關係：「《傳》言顏夫人嫗盈女也，謂之嫗盈女，著其賤也，則叔術之妻嫂，非嫂也。盈女不忘夫，而志報夫仇，自以色市，盈女無罪，叔術利色，而為之殺殺顏者，則罪無所逃。」從嫗盈女身份低賤推敲她不可能為顏公夫人，不過既不是顏公之妻，為何會自售其身以復顏公之仇？或者她的身份可能不是正室而為妾，即使如此，叔術至少還是娶了兄長的庶妾。

宋繆公以反國與與夷，除馮弒君之罪，死乃反國，不如生讓
之大也。馮殺與夷，亦不輕于殺殺顏者，比其罪不足而功有
餘，故得為賢。⑫

後學在注疏這段文獻的不解與矛盾，正反映了對於收繼婚態度的轉
變。漢代以後儒學當令，漸將妻庶母、妻嫂視為禽獸行為。仔細分
析，春秋時期的貴族階級中，雖然反對小叔在兄亡後收繼寡嫂，其
主要的原因應是恐懼此種行為將造成小宗對大宗的侵害，導致弟對
兄爵位的奪取，或者是弟與寡嫂所生之子與兄所生之子，在繼承權
上的混亂和爭奪。叔術妻嫂的事件中，叔術的兄長（顏公）被殺，
寡嫂欲為夫復仇，而以自己作為代價。叔術最後復了兄仇，娶了寡
嫂，並生了兒子（盱）。在兄之子（夏父）與己子爭鬥的過程中，叔
術將國家傳給了兄之子。《公羊》家先師不批評小叔娶嫂，反倒對
叔術贊譽備至，甚至於將濫這個地方，以國名來稱，用以對叔術表
達永遠的尊敬，主要原因在於「讓國」。因為：⑴顏公被殺後，叔
術是經過周天子所立，因此擁有承繼顏公爵位家業的權力。⑵顏公
夫人是以復夫仇的名義，嫁與叔術的，正符合於《公羊傳》重視復
仇的精神。⑶春秋時期的貴族雖然反對小叔收繼寡嫂，主要是擔心
此種行為將造成小宗對大宗的侵害。如魯哀姜助慶父弒閔公，欲立
慶父，而魯穆姜即曾威脅成公另立宣公他子，顯示至終難免導致叔
侄、堂兄弟間為此爭亂。叔術讓國，這就使得小叔收繼寡嫂可能對
宗法結構帶來的危害完全解除。

---

⑫　《公羊傳》，卷二十四〈昭公二十八年〉解詁，頁308。

　　《左傳》卷五十八〈哀公十一年〉記載了另一則叔妻嫂的事件，也是這樣的例子：

> 冬，衛大叔疾出奔宋。初，疾娶于宋子朝，其娣嬖。子朝
> 出，孔文子使疾出其妻而妻之。疾使侍人誘其初妻之娣，置
> 於犁，而為之一宮，如二妻。文子怒，欲攻之，仲尼止之，
> 遂奪其妻。或淫于外州，外州人奪之軒以獻。恥是二者，故
> 出。衛人立遺，使室孔姞。

杜注：「遺，疾之弟；孔姞，孔文子之女、疾之妻」。大叔疾因為有二嫡的嫌疑，以及與外州女密會時軒車被奪，無顏再在衛國待下去，所以離開了衛國。衛人決定以他的弟弟（遺）繼承他的爵位及家業，同時讓他收兄嫂為妻。值得注意的是，這個叔收嫂的事件，是小叔先已被立後才進行的，也就是他如同宗子一般成為兄長爵位及家業的合法繼承人，再加上這件事是在「衛人」同意下進行的，也就意味著衛人從此承認遺的大宗地位，這便免去了一般貴族叔收嫂可能造成繼承上面的混亂⓮。

3.庶民階級的叔娶嫂問題

⓮　《列女傳》，卷四〈貞順傳‧衛寡夫人傳〉，頁 2a-b：「夫人者，齊侯之女
　　也，嫁於衛，至城門而衛君死，保母曰：『可以還矣。』女不聽，遂入。持
　　三年之喪畢，弟立，請曰：『衛，小國也，不容二庖，願請同庖。』夫人
　　曰：『唯夫婦同庖。』終不聽衛君，使人愬於齊兄弟，齊兄弟皆欲予後君，
　　使人告女，女終不聽」。所以不舉為證，不僅是因為記敘有摻入漢人觀點的
　　嫌疑，更因為很可能是訛傳。

　　叔收嫂的現象在春秋時期貴族階級雖還有部分的殘留，至於庶民階級，在有關當時的公私史乘中並無紀錄。主要因為史籍記載本就不以記錄庶民生活為主，因此不能由此驟然判定庶民沒有收繼寡嫂的事情。但反過來說，也不能徒以「禮不下庶人」或庶民無土地、爵位繼承問題為詞，驟然論斷即使貴族在宗法的要求下，尚且有叔妻嫂的現象，遑論庶民階層。因為「禮不下庶人」固然是事實的一個面向，但「禮失而求諸野」**⓮**同樣是事實的另一面向。貴族式的禮儀固然未必能行於民間，但只要宗族基本結構及其倫理植根於民間，庶民就繼續會有大、小宗的分際，也就依然會遭逢到產業繼承問題；更何況戰國以降已推行民爵的措施，此問題更為顯著。

　　小叔妻嫂的現象存在於民間，可能與經濟困窘有相當密切的關係。就如學人指出的：娶寡婦本來被認為不夠光彩，但比起娶一個姑娘花費要少許多，而收繼婚則又較娶別人家的寡婦還要便宜，它幾乎不需要任何花費**⓯**。因此，當窮得無力以常態婚姻形式娶妻時，便大可能求助於叔嫂收繼婚，這並非純屬形式推理、想當然爾。除了近世民俗調查可資佐證**⓰**，尚可與當時存在情境的類比，以及晚期史實足以助成論證。

　　所謂存在情境的類比指的是：由春秋至戰國時期，貧困的庶民為求生計，經常入贅的現象。入贅本身嚴重違背宗法精神，但此風

⓮　《漢書》，卷三十〈藝文志・諸子略・敘論〉，頁1746。

⓯　閻雲翔，〈傳統中國社會的叔嫂收繼婚——兼及家與族的關係〉，《九州學報》5卷1期（1992年7月），頁102。

⓰　顧頡剛，〈由烝、報等婚姻方式看社會制的變遷〉，《文史》，第14輯（1982年7月），頁13-14。

在現實無奈下仍自行其是，竟迫使官方採取法令手段，用十分不人道的方式剝奪入贅者的權利及尊嚴，打壓贅婿的生存和發展空間，以期遏止此風⓲。從干犯家族倫理的尺度來看，叔妻寡嫂與入贅雖有程度輕重，但一樣違背宗法精神、有礙宗法結構的完整性，也一樣與貧困有密切的關係，是貧困者窮則變通的方法。

⓲　《睡虎地秦墓竹簡》，〈為吏之道・魏戶律〉，頁 554-555：「假門逆旅，贅婿後父，勿令為戶，勿予田宇。三世之後，欲仕仕之，仍署其籍曰：故某慮贅婿某叟之仍孫」，〈魏奔命律〉，頁 556-557：「告將軍：假門逆旅，贅婿後父……今遺從軍，將軍勿恤視。烹牛食士，賜之參飯而勿予殽。攻城用其不足，將軍以堙壕」。從這兩條魏安釐王二十五年（252 BC）的律令法，可以看出魏在法律上極努力的想遏止當時因為生活艱難而帶來的農業人口大量流失，轉而從事商賈和行旅等行業，甚至因為經濟因素而使自己成為贅婿後父（《睡虎地秦墓竹簡》，〈為吏之道・魏戶律〉註五，頁 555，指出：後父「應指招贅於有子寡婦的男子，實際是贅婿的一種」），因此，極力遏止此風，希望庶民能夠重新回到原有的土地上，以安定國家的戶口，從事農業的生產，以穩定基礎的經濟，並維繫傳統宗法精神。對於贅婿的賤視以及在政策上防堵庶民以贅婿方式謀生，直至秦、漢都存在，如《史記》，卷六〈秦始皇本紀〉，頁 253：「三十三年，發諸嘗逋亡人、贅婿、賈人，略取陸梁地」，《漢書》卷六〈武帝紀〉，頁 3176：「發天下七科讁」，《集解》引張晏注：「吏有罪一，亡人二，贅壻三，賈人四，故有市籍五，父母有市籍六，大父母有籍七，凡七科也」。那些人之所以會走上贅婿一途，經濟困窘是最大因素。《漢書》，卷四十八〈賈誼傳〉，頁 2244，說秦人「家貧，子壯則出贅」、卷六十四上〈嚴助傳〉，頁 2779-2780：「歲比不登，民待賣爵贅子，以接衣食」，《集解》引如淳云：「淮南俗：賣子與人作奴，名曰贅子，三年不能贖，遂為奴婢」，又引「一說云：贅子者，謂令子出就婦家，為贅壻耳」，朱駿聲，《說文通訓定聲》（臺北：藝文印書館，1975 年），〈贅〉，頁 681，調和二說，認為：「贅而不贖，主家配以女，則謂之贅壻」。不論如何訓解，都反映出贅婿為當時貧苦人家的一種換取衣食的方式。

晚期史實是指：蒙古人入主中原，初時於漢人中推行收繼婚，浸淫日久，漢人也頗受影響。在《元典章》以及《通制條格》收錄的漢族庶民因行收繼婚發生的三十六則糾紛中，小叔收寡嫂佔二十八則，侄收嬸四則、甥收舅母一則、兄收弟妻四則❶❶⁸（其中有一則寡婦先被亡夫從弟所收，第二任丈夫死後又為其從兄所收，因此共計為三十七例），至於烝庶母的案例，則全然不見。這些判決條文均發生在平民百姓，透露出，在推行收繼婚的異族統治下（晚期以後禁止收繼，此先不論），平民百姓對於收繼婚仍是有條件地接受，而最易被接受的是小叔收繼寡嫂❶❶⁹，先秦時期的烝、報在此時社會與客觀條件均不具足，同時由於輩份的差距，受到先秦以後儒家禮教的薰陶影響，被認為是不合倫理的行為。

雖然沒有豐富的材料可以證明春秋時期庶民間叔接嫂的風氣，但從春秋時期叔嫂的禁忌還不像後來那樣嚴格，庶民又沒有爵位及宗法繼承上的問題，以及貧困而可能導致無力備辦聘財的情形來看，春秋時期庶民叔接嫂的現象很可能較貴族來得更為普遍的。至於烝庶母的事件，其實與貴族多妾的制度互為表裡，因為貴族一次所娶女子很多，這些與自己沒有血親關係的女子，就成為承宗者烝、報的對象，一般庶民階級沒有財力和身份擁有那樣多的陪嫁，因此也沒有具足烝報等條件。

---

❶❶⁸ 詳參洪金富，〈元代的收繼婚〉，《中國近世社會文化史論文集》（臺北：中央研究院歷史語言研究所，1992 年），頁 279-314。

❶❶⁹ 由具體案例來看，法律保障叔娶嫂的權力，女子除非守志不嫁，夫死後欲再嫁，小叔有絕對的優先權，除非在一些特殊狀況下，如年紀相差太多（年甲爭縣），或抱乳小叔等情形下才例外，參見洪金富前揭文。

二、儒生扭轉烝、報婚習俗的努力

收繼婚於先秦傳說中並不罕見，如《史記》卷一一○〈匈奴列傳〉《索隱》引樂產《括地譜》：

> 夏桀無道，湯放之鳴條，三年而死，其子獯粥妻桀之眾妾，避居北野，隨畜移徙，中國謂之匈奴。

則傳說中夏代即有烝庶母的事例。《孟子》卷九上〈萬章上〉：

> 萬章曰：「父母使舜完廩，捐階，瞽瞍焚廩；使浚井，出，從而揜之。象曰：『謨蓋都君咸我績。牛羊，父母；倉廩，父母。干戈，朕；琴，朕；弤，朕；二嫂使治朕棲。』象往入舜宮，舜在床琴。」[120]

是更早即有叔妻嫂的習俗。這兩則記錄雖屬傳說，但從種種跡象來看，若以春秋時期的收繼婚為禮壞樂崩導致的亂象而言，難逃以後律前之嫌，不若將之視為早先習俗的殘餘，反而更合情理。若從後人眼光來看，視收繼婚為道德教條不發達的亂象，以致於人與人間

---

[120]　《楚辭》，卷三〈天問〉，頁 128：「惟澆在戶，何求于嫂……女歧縫裳，而館同爰止」，王注：「言澆無義，淫佚其嫂，往至其戶，佯有所求，因與行淫亂也」、「女歧，澆嫂也；館，舍也……與澆淫佚，為之縫裳，於是共舍而宿止也」，這只是叔嫂通姦，並非叔收繼嫂，否則二人無須分處二「戶」，澆也無須「佯有所求」，方「館同」。

的性關係是自由、混亂的。但從已有的文獻資料顯示：收繼習俗並非全然是「道德」失序的結果，行收繼婚的社會中仍有相應情欲規則，收繼與淫行不可等而視之。因此《左傳》中烝、報等行為和男女的通淫有別●。亦可由衛昭伯對烝宣姜所持「不可」的態度、公子夷吾「烝於賈君」，造成「穆姬怨之」●的結果、子元想收繼寡嫂，引來諫諍、辰嬴先後為姪、伯之妻，而成為政敵攻擊的口實●，看出當時對收繼婚配型態觀感的改變。但從漢代初年，《史記》卷五十六〈陳丞相世家〉記載絳、灌之屬以陳平「居家時盜其嫂」讒謗對方，市井出身的劉邦居然以此責讓薦舉人為無知。《淮南子》卷十三〈氾論〉舉「孟卯妻其嫂，有五子焉，然而相魏」，作為「雖有小過，不足以為累」的例證，似乎對收繼婚不甚以為嚴

● 事實上，實行包括烝、報在內收繼婚的族群對男女的淫行懲罰十分嚴屬，如《後漢書》，卷八十五〈東夷列傳·夫餘傳〉，頁 2811：「男女淫，皆殺之……兄死，妻嫂」、《通志》，卷二百〈四夷七·突厥〉，頁 3209：「父、兄、伯、叔死，子、弟及姪等妻其母、世叔母、嫂……淫者割勢而腰斬之」。詳參董家遵著，卞恩才整理，《中國古代婚姻史研究》（廣州：廣東人民出版社，1995 年），頁 9-12。

● 《左傳》，卷十四〈僖公十五年〉，頁 229。

● 前揭書，卷十六〈文公六年〉，頁 315。晉襄公死後靈公年紀尚小，國家多難使得晉國想立較年長的國君，當時公子雍和公子樂均有人推舉，二人均是文公之子，但是因為公子雍和秦國交好，比起出使陳國的公子樂來說，對於晉國比較有利，但這其中也牽涉出公子樂的母親辰嬴（秦穆公的女兒），先嫁晉懷公後又嫁晉文公的事情。由於賈季想立公子樂為君，所以找了辰嬴雙於二君作為理由，趙孟則正好相反，將此事指為淫行，並以此認為其辰嬴所生子較低賤，不具有成為新君的威信。立誰為君，牽涉複雜的權力問題，淫的問題只是表面的理由，但從賈季的提議以及趙孟的批評，透露了對烝、報婚態度轉變的訊息。

重之過。亦可反映漢代初年時對於收繼婚的態度。

　　從重視家族倫理輩份的儒家來看，收繼婚自然是極大的違禮行為。除了在日常生活中嚴格定立男女之別，以為防堵外❷，在禮儀的過程中，也一再彰顯此種遠別的精神，如具有重要象徵意義的喪禮中，婦人與丈夫的兄弟無服。《儀禮》卷三十二〈喪服〉說：

> 夫之昆弟何以無服也？其夫屬乎父道者，妻皆母道也；其夫屬乎子道者，妻皆婦道也。謂弟之妻婦者，是嫂亦可謂之母乎？故名者，人治之大者也，可無慎乎？

鄭注：

> 道猶行也，言婦人棄姓無常秩，嫁於父行，則為母行；嫁於子行，則為婦行。謂弟之妻為婦者，卑遠之，故謂之婦；嫂

---

❷　《禮記》，卷二〈曲禮上〉，頁 37：「男女不雜坐，不同椸枷，不同巾櫛，不親授」，「外言不入於梱，內言不出於梱」，卷二十七〈內則〉，頁520：「男不言內，女不言外，非祭非喪，不相授器。其相授，則女受以篚，其無篚，則皆坐，奠之而后取之。外內不共井，不共湢浴，不通寢席，不通乞假，男女不通衣裳」，「道路，男子由右，女子由左」，卷二十八〈內則〉，頁 533：「禮，始於謹夫婦，為宮室，辨外內，男子居外，女子居內，深宮固門，閽寺守之，男不入，女不出。」，卷五十一〈坊記〉，頁873：「故君子遠色以為民紀，故男女授受不親。御婦人則進左手。姑姊妹女子，子已嫁而反，男子不與同席而坐」，「婦人疾，問之，不問其疾」。總之，禮教要求男女不但極力避免身體接觸、深入交談的機會，連生活場域、所用器物也要全部分開。

> 者，尊嚴之稱，是嫂亦可謂之母乎？嫂猶叟也。叟，老人之
> 稱也，是為序男女之別爾。若己以母、婦之服服兄、弟之
> 妻，兄、弟之妻以舅、子之服服己，則是亂昭穆之序也。治
> 猶理也。父母、兄弟、夫婦之理，人倫之大者，可不慎乎？

這則引文透露出儒家欲透過喪服與輩份關係，來拉遠家族中同輩男
子與其他姻親女眷間的距離。所用的方式是：⑴透過名來定份，弟
妻降一輩，稱婦，兄妻升一輩稱嫂，藉由格外卑抑或尊敬，造成形
式上彼此似乎不屬於同輩關係，期望能達到「遠」、「別」的目
的。⑵喪禮儀式中「嫂不撫叔」、「叔不撫嫂」 **⓭** ，同樣是為了製
造彼此間的距離，所以鄭注說：「遠別也」。⑶由經生的角度來理
解，大伯與弟媳、叔與嫂彼此無服，是因為若真按名責禮，升降之
間造成的輩份不同，將令所屬的昭穆也不相同，但兄弟其實是同昭
同穆的，為避免因名亂實，索性無服。不論從名或從實方面制儀，
就如《禮記》卷八〈檀弓上〉所說，為的是「推而遠之」，達到防
嫌的效果。

　　除了具有象徵意義的喪禮和喪服外，日常生活中也要符合「嫂
叔不通問」 **⓮** 的規範，儘量減少交談的機會。對於身體的碰觸，當
然更要極力的避免，《孟子》卷七下〈離婁上〉中就記載了淳于髡
刻意點出叔嫂關係來向孟子挑戰，測試禮教實行的極限在那裏。也
就是說，在生死交關的情境中，究竟是要打破禮教，以維持生命

⓭　　前揭書，卷四十三〈雜記下〉，頁 750。
⓮　　前揭書，卷二〈曲禮上〉，頁 37。

呢？還是要堅守禮教，而不放失呢？當時儒家想必在禮教宣導上極
力遠別叔嫂，甚至到達風聲鶴唳的地步了，所以淳于髡才會特地揪
住這點，以如此極端的兩難問題來刁難孟子。除了叔、嫂外，對於
眾子與父妾之間也竭力防範，為防止人的聯想力與幻想滋育情慾的
根苗，所以「諸母不漱裳」⓴。《禮記》卷一〈曲禮上〉說：「夫
唯禽獸無禮，故父子聚麀，是故聖人作，為禮以教人，使人以有
禮，知自別於禽獸」，長輩收娶晚輩妻妾或晚輩收娶長輩妻妾，都
在「聚麀」的範圍內，被儒家劃歸「禽獸」之行，視為無「別」的
表現，與「有禮」尖銳對立。

　　從漢代經生詮釋經典中，也可以看出對烝、報風氣扭轉所作的
努力，極力的批評和否定烝、報的行為。如《詩序》及注疏《詩
經》的漢儒每每將許多篇章均注解為對於衛宣公等人烝、報淫行的
斥責。如《毛詩》卷三之一〈鄘·墻有茨〉，《詩序》認為是：

　　衛人刺其上也。公子頑通乎君母，國人疾之，而不可道也。

鄭箋也說：

　　宣公卒，惠公幼，其庶兄頑烝於惠公之母。

孔穎達《毛詩正義》也持相類的看法。《詩經》還有許多篇章均被
理解為斥衛宣公淫亂之事，如〈邶·雄雉〉、〈匏有苦葉〉、〈新

⓴　同上注。

臺〉、〈二子乘舟〉，〈鄘・君子偕老〉、〈桑中〉、〈鶉之奔奔〉，〈衛・氓〉等，衛宣公因為上烝父妾，又奪本要許給兒子的宣姜，其後宣姜又為庶子所烝，這一類事件目標極為鮮明，所以成為後代經生指責烝的行為的焦點。此外，如《爾雅・廣義》所說：「下淫曰報，上淫曰烝、旁淫曰通」，報與烝被視為淫亂的行徑。東漢服虔也在《左傳解誼》中提到：「上淫曰烝」，杜注對於「報」的注解是：「漢律：淫季父之妻曰報。」可以看出，不論從禮書、禮教，或是從經書註解的層面，收繼行為在漢代都已被視為淫亂，是一個不可寬恕的禽獸行為了。

至於史書記載值得注意的現象是：彈章、詔書，以及轉述的史書都僅以「姦」，而非「烝」、「報」等詞描述收繼習俗。如西漢初的《史記》，對於《左傳》中所提到的七則有關烝、報、因的事件，只記下了一則，即《史記・衛康叔世家》：「初，宣公愛夫人夷姜，夷姜生子伋，以為太子，而令右公子傅之」❿，此處對烝的事件還不是以「淫」、「亂」、「通」等否定字眼來形容，而是以「愛」來形容定義，與一般視為負面的通淫不同❿。至於其他烝報事例，則皆不記。又如〈衛康叔世家〉中沒有提到齊人使昭伯烝宣姜的事，對於二人之子戴公、文公亦沒有貶詞，尤其是提到文公時

---

❿　《史記》，卷三十七、頁1593。

❿　對於《左傳》中事涉淫亂的男女關係，《史記》通常用通、私通、淫、亂、淫亂等字眼。如鄒玉堂，〈《牆有茨》與「昭伯烝於宣姜」無干──兼論收繼婚制〉，《齊齊哈爾師範學院學報》，5期（總第63期）（1989年9月），頁47-56，指出《左傳》中用「通」字的均指不正當的男女關係，而《史記》在記錄這些事件時若不用「通」則用私通、淫、亂、淫亂等字眼。

說他「輕賦平罪，身自勞，與百姓同若，以收衛民」⓭，讚譽他得
到衛人的愛戴。至於晉國，晉獻公烝齊姜的事，《史記・晉世家》
亦未見記載，只述及：「太子申生，其母齊桓公女也，曰齊姜，早
死，申生同母女弟為秦穆公夫人」⓭；對晉惠公烝賈君之事也沒有
提及。《左傳》中記載的鄭文公報叔公之妃事，《史記》亦沒有提
到。至於宋文公（公子鮑）受襄夫人愛慕，在國人的簇擁下因襄夫
人，又得夫人之助而坐上王位之事，《史記》只提到：「昭公無
道，國人不附，昭公弟鮑革賢而下士，先，襄公夫人欲通於公子
鮑，不可，乃助之施於國，因大夫華元為右師，昭公出獵，夫人王
姬使衛伯攻殺昭公杵臼，弟鮑革立，是為文公。」⓭對於「國人奉
公子鮑以因夫人」亦未提及。對於孔姑被小叔所收，叔術收嫂等事
件同樣未提及。《史記》對《左傳》中有關收繼婚的記載幾乎完全
不錄，應該不是一件偶然的事情。很可能是受到春秋以後視收繼為
大惡的觀念影響，刻意不記；就連僅記下的一則，也將敏感的
「烝」的字眼改以「愛」來替換。這多少反映當時收繼婚在太史公
所處的中上階層中已屬罕見，只被歸諸一般熟悉的亂倫行為，再用
舊有特定的語詞表述，反而會造成理解上的困擾；亦反映出收繼婚
已融入一般的亂倫悖德行徑。這或許也可以作為本文思考：何以先
秦時期的收繼婚記載如此稀少的一個線索。

⓭　《史記》，卷三十七〈衛康叔世家〉，頁 1595。

⓭　《史記》，卷三十九〈晉世家〉，頁 1641。

⓭　《史記》，卷三十八〈宋微子世家〉，頁 1628。

三、法律對於烝、報婚的嚴厲禁止

　　不僅儒生竭力反對收繼婚，政府方面也不以為然，以至禁止收繼的規範形諸法令。法令的制訂往往是將既有的社會規範明文化，即便有些時候具有某些加強或催生作用，但基本上與社會脈動無法脫節。是以春秋以降中上層社會收繼婚逐步式微的現象應與當時社會結構的變遷，以及法令的制定，有密不可分的關係。西漢呂后二年發佈的〈二年律令〉其中有云：

> 復兄弟、季父伯父之妻、御婢，皆黥為城旦舂。復男弟兄子、季父伯父子之妻、御婢，皆完為城旦。❸

所謂「復」，整理小組認為就是「報」❹。對於兄弟、季父、伯父的妻妾，乃至於婢女，如果有「報」的行為將會被「黥為城旦舂」，反過來說，若長輩收繼晚輩的妻妾、婢女，會被「完為城旦」。是不論晚輩收娶長輩的妻妾，或長輩收取晚輩的妻妾，都在懲治之列。這裏沒有提到烝父妾的罰則，不過從兄弟、伯叔父的通房婢女都不可以收繼的情況來看，父妾在倫理上的禁忌應當更強，不容收繼自不待言。

　　在漢代法律判決中，不論父生時或亡後，與父妾、婢女有姦情，或是叔嫂間的不倫行為，與血親通姦一樣，都被視為罪大惡

---

❸　《張家山漢墓竹簡》，〈二年律令〉，簡一九五，頁 159。

❹　同上注。《左傳》，卷二十一〈宣公三年〉杜注，頁 368：「漢律：淫季父之妻曰報」。

極⓭。若將漢代諸侯王及貴族子弟犯姦及懲處列為一表，可以發現，不論是姦淫父妾或婢女，或是在父亡後與父姬妾有淫亂之行為、或是同產相姦，其後果常常導致諸侯王自殺、國除。表 3.6 中，同產相姦有七則，因而除國的有五，而且廣川國除之後數月又復國，至於趙敬肅王太子丹雖被廢，但趙國依舊在，因犯罪的並非王本身；因而自殺的僅有三，其中江都王建、燕王定國還是由於同時涉及異輩相姦，有司雖定了趙太子丹的死罪，竟被赦。與嫡母、父姬妾侍婢、姑母異輩相姦的有七則，除了梁王立的情況略特殊、乘丘侯因為與後母的姦情發生在年幼時，事隔多年，僅除國，其餘均以自殺、國除收場。另外與弟媳或舅母、姑姑相姦也各有一則，基本上可以看出是入於死罪的，梁平王立的情況比較特殊，因為與姑姑（同時為舅母）姦，有司以法律奏請誅殺，天子再三維護，初只

⓭　對於血親之間的通姦，處以極刑，早有明令。《睡虎地秦墓竹簡》，〈法律問答〉，頁 227：「同母異父相與奸，何論？棄市」；《張家山漢墓竹簡》，〈二年律令〉，頁 158：「同產相與奸，若娶以為妻，及所娶皆棄市。其強與奸，除所強」。所謂「同產」，有認為是指同父同母者，如《後漢書》，卷二〈明帝紀〉章懷注，頁 97：「同產，同母兄弟也」，但從漢人實際使用同產一詞來看，應該還包括了同父異母者，如《漢書》，卷九十八〈元后傳〉，頁 4015：「太后同產唯曼蚤卒，餘畢侯矣」，《集解》引張晏，頁 4018：「同產，同父則為同產，不必同母也」，因〈元后傳〉提到后父「多娶傍妻，凡有四女八男」，其中只有鳳、崇與元后同母，其餘皆是同父異母手足，但照樣稱為同產。又如卷八十一〈孔光傳〉，頁 3354：「上即位二十五年，無繼嗣，至親有同產弟中山孝王及同產弟子定陶王在」，根據卷八十〈定陶恭王劉康列傳〉，頁 3326，卷八十一〈孔光列傳〉，頁 3354，卷九七下〈外戚列傳〉，頁 4005，中山孝王母為馮昭儀，定陶王之母為傅昭儀，二人異母，但仍與成帝稱同產。

以削五縣，至哀帝時立又殺人，才在「連犯大辟」的情況下，廢為庶人，而自殺。不過從立的舅舅勸他：「翁主，姑也，法重」**⑯**，仍不難看出當時的法律對於姑姪間通姦的態度。由此可見：在父亡後收父妾或侍婢、妻後母事較同產相姦罪刑似乎更為嚴重。將《史》、《漢》所記對照漢初《張家山漢墓竹簡》〈二年律令〉、《公羊傳》卷四〈桓公六年〉解詁引漢律：「子奸母，見乃得殺之」**⑰**，精神基本相符。可以看出，從漢代開國初期即已將與父妾、父婢、同產、其他親屬間的相姦視為罪大惡極，當時最常用的定罪詞彙乃「禽獸行」**⑱**，禽獸當然不能與人雜居，因此必須以最激烈徹底的方式從人間除去。如果私下相姦尚且不得留跡人間，則正式收繼更是不可能被容忍。

四、收繼婚式微的原因

對比漢代以後社會政治環境的轉變，烝報婚在春秋中晚期逐漸消失，這與當時社會結構的變遷有密不可分的關係。以下試分別由幾個重要的因素來進行分析；至於前文提到的儒家禮教的提倡，以

---

⑯ 《漢書》，卷四十七〈文三王傳〉，頁2216。

⑰ 《漢書》，卷七十六〈王尊傳〉，頁 3227，記載「美陽女子告假子」「常以我為妻」，王尊即表示簡直不可思議，因為這不是人類社會會出現的罪行，所以從無必要考慮如何該制訂什麼樣的律文來懲處，所謂「律無妻母之法」，以致迫使他「造獄」。這當然有誇張成分，不符漢法情實，但也可看出：異輩合姦或相姦的行徑必死無疑。

⑱ 《史記》，卷十七〈漢興以來諸侯王年表〉，頁 858、卷五十一〈荊燕世家〉，頁 1997、《漢書》，卷四十七〈文三王傳〉，頁 2216、卷九十四上〈匈奴傳〉，頁3780。

及法律的禁止，也是重要原因，此處不再重覆。

㈠宗法制度的崩潰

　　原始收繼婚的遺俗雖在宗法制度逐步深廣化的過程中受到壓抑與限制，但弔詭的是：宗法制度中的某些特色也同時容忍了收繼婚的存在，即是以大宗繼爵並統領小宗的結構。關於宗法制度大宗、小宗的關係，《禮記》卷三十四〈大傳〉說：

> 庶子不祭，明其宗也。庶子不得為長子三年，不繼祖也。別子為祖，繼別為宗，繼禰者為小宗，有百世不遷之宗，有五世則遷之宗。百世不遷者，別子之後也，宗其繼別子之所自出者，百世不遷者也。宗其繼高祖者，五世則遷者也。

大宗是祖先最直接的統緒，作為祖先的代表，為全族所共宗。它統領著小宗，宗子擁有直接祭祖的權力，而小宗只能助祭，沒有主祭權❶❸❾，每一小宗只祭其所出之祖。在宗法觀點下，小宗是有限的，它只由當事人本身算起，上溯五代，也就是同父、同祖、同曾祖、同高祖的諸血親，至於更久遠者，因為數眾多，關係已疏淡，而廟遷於上，宗易於下了。

　　宗法制度既然是以大宗來統攝小宗，所以特別重視以嫡長子統嫡弟和庶兄弟。在全族中，承宗的宗子不但獨享祭祀共同祖先的祭祀權，而且統領全宗財產，《儀禮》卷三十〈喪服〉提到：

---

❶❸❾　　《禮記》，卷五〈曲禮〉，頁98：「支子不祭，祭必告于宗子」

異居而同財，有餘則歸之宗，不足則資之宗。

《白虎通》卷八〈宗族〉更明言：

> 大宗能率小宗，小宗能率群弟，通其有無，所以紀理族人者
> 也。

甚至對宗人有生殺權，如《左傳》卷二十六〈成公三年〉提到楚國讓邲之戰俘虜的荀罃回晉國，楚君問荀罃何以為報時，荀罃的回答中就提到：

> 以君之靈，纍臣得歸骨於晉，寡君之以為戮，死且不朽。若
> 從君之惠而免之，以賜君之外臣首，首其請於寡君而以戮於
> 宗，亦死且不朽。

瞿同祖曾指出封建制度下的這種宗法組織與後代有很根本的不同：

> 後代雖好以長房當大宗，次房以下當小宗，實似是而非，後
> 世並無百世不遷永遠一系相承的支系，房斷不可與宗混為一
> 談。而且嚴格言之，宗道，兄道也，宗法的中心組織在於以
> 兄統弟，後世根本沒有這種意識，也沒有這種組織。兄長斷
> 沒有統弟的權力，每一房的統治者是父而不是兄。⓾

⓾ 瞿同祖，《中國法律與中國社會》（臺北：里仁書局，1984年），頁 20-21。

宗法制度下世代的爵祿均由大宗承繼，小宗是沒有這樣的權力的，因此為了宗法結構的穩固，對於大宗小宗的區別顯得格外重要。大宗既有承繼財產之權，在這樣的情況下，宗子承父妾、或收兄嫂也就可以被容忍。

　　在封建宗法的制度下，大宗之子擁有極大的權力，上通於祖先，下管理族人，是祖先在人世的化身，擁有著世襲的爵祿和財產。但隨著貴族人口的增加，封建土地取得的不易，政治資源的爭奪勢不可免，未能取得資源的貴族地位開始淪落，諸侯國間征伐時起，以親親、尊尊建構起來的宗法社會漸瀕崩潰，以國內來說，諸侯王的地位逐漸為卿大夫所取代；以國與國的關係來說，則列國的兼併愈趨嚴重，禮樂征伐不再出自於天子，以尊重階級等差為基礎的禮一再被破壞。春秋晚期以後，三家分晉、齊為田氏所篡、魯為三桓所持，這些強宗大族對於當權者造成極大的威脅，於是當權在位者想盡辦法打擊這些強宗大族便成為一個重要的趨勢。列國間的爭戰，為了生存，軍備的擴充和體制的改革成為必行之路。於是廣求勞役人口，人力資源對國家極為重要，戶籍的登錄以確實掌握人力資源成為一件必要的事，對於軍源的渴求，從軍人口逐漸普及，漸次打破了貴族、平民，國人、野人的分界，這些巨大的變革，都使國家逐漸脫離封建社會，而走向中央集權❹。

　　封建制度崩潰，建立在其上的宗法制度也隨之瓦解，當政者有意地打擊強宗大族，使得宗子、族長的資源減少，世卿世祿的傳統

---

❹　關於這個過程杜正勝，《編戶齊民》（臺北：聯經出版公司，1990 年）一書論之甚詳。

被打破，秦國變法更主張軍功爵，想要顛覆宗法下的世卿世祿制⑭，私有土地和財產逐漸盛行，刻意打擊家族的組織，小家庭制度成為趨勢，強調倫理及貞節觀，在這樣的情形下宗子無法如從前一樣接掌父族的爵祿和財產，並且在小家庭制度的興盛下，各房之間各成一個單位，宗法以兄統弟，以大宗為主的精神已然失落，大宗可以父、兄妻妾為財產而收繼的背景也隨之式微。

㈡經濟型態的改變

周代是否曾實行井田制度，尚有爭論⑭，不過在土地並非私有這點上，則無異議。但到了春秋中葉以後，土地逐漸脫離貴族之手，這一方面是因為戰爭需要，包括舊貴族在內的當政者得增加兵源⑭；另一方面，為了拓廣徵稅面⑭，而義務與權利總需取得某種

---

⑭　如《史記》，卷六十八〈商君列傳〉，頁 2230：「宗室非有軍功論，不得為屬籍，明尊卑爵秩等級，各以差次名田宅、臣妾、衣服以家次，有功者顯榮，無功者雖富，無所芬華」。

⑭　錢穆，《兩漢經學今古文平議》（臺北：東大圖書公司，1983 年），頁 321-337，錢穆基本上肯定井田的存在，但認為實行上更富於彈性。杜正勝亦持相近的看法《編戶齊民》第四章〈土地的權屬問題〉。齊思和，《中國史探研》（臺北：文海出版社，1985 年）〈孟子井田說辯〉，頁 169-183，將《孟子》井田說只視為託古改制的理想。趙光賢，《古史考辯》（北平：師範大學，1987 年）〈西周井田制爭議述評〉，頁 86-126，認為「井田制是由土地王有到貴族私有的過渡形式」。

⑭　詳參《編戶齊民》，頁 49-96。如《左傳》，卷十四〈僖公十五年〉，頁 232，魯國「作州兵」、卷二十五〈成公元年〉，頁 419，魯國「作丘甲」、卷五十九〈哀公十二年〉，頁 1025，魯國「用田賦」，即是以田計賦，同時有田皆兵，兵役全面普及。

⑭　如《左傳》，卷二十四〈宣公十五年〉，頁 406：魯國「初稅畝」、卷三十六〈襄公二十五年〉，頁 623：楚國「書土田」、卷四十二〈昭公四年〉，

程度的平衡，所以不得不讓步，將土地分給人民，再行徵課遣調。土地私有，各個家庭可以自給自足，不需再如從前一般「幷居共財」，這直接促成個體家庭的興起，和宗族的紐帶關係變輕。

　　加以鐵器使用逐漸普及，也深刻地影響了當時經濟結構。根據既有考古發掘研究所知，雖然春秋晚期到戰國晚期就已經使用鐵器了，然而不論在數量上、分佈面上，以及器用形制、大小上，比起戰國中期以後，尚有一段不小的距離⑯。普遍使用鐵製農具，大大提高了生產力，使許多荒地被闢為良田，並結束了共耕農業，使得獨立的小家庭在私有土地上也可以勉強生存，不必再如從前一般「幷居共財」、依賴宗族；各自相對獨立的小家庭取代同居共財的大家族成了普遍的趨勢，愈發加速整個宗法紐帶的鬆脫，自然使得原本宗子、族長的地位和權力連帶縮減。

㈢小家庭制度的形成

　　不論從李悝主張的「一夫挾五口，治田百晦」⑰，或者孟子描述的理想境界：「百畝之田，匹夫耕之，八口之家足以無飢矣」、假設狀況：「好貨財，私妻子，不顧父母之養」⑱，均可以看出：戰國以來，小家庭為社會主要型態的現象已經形成了。其成因除了上述土地私有、農具改進，政府提倡也有相當影響。在秦國，商鞅

頁 732：鄭國「作丘賦」。

⑯　詳參雷從雲，〈戰國鐵器農具的考古發現及其意義〉，《考古》，3 期（總第 168 期）（1980 年 5 月），頁 259-270。

⑰　《漢書》，卷二十四上〈食貨志〉，頁 1125。

⑱　以上引文分見《孟子》，卷十三下〈盡心上〉，頁 238、卷八下〈離婁下〉，頁 154。

變法有意打擊大家族，使其成為小家庭，因為大家族的凝聚常會對於政府造成威脅，並且基於賦稅的考量，因此商鞅變法時，強調生分，刻意推行小家庭制度。《史記》卷六十八〈商君列傳〉：提到要改革秦「父子無別，同室而居」的戎翟之風，「令民父子、兄弟同室內息者為禁」，「民有二男以上不分異者，倍其賦」，也就是使男子在成家後必須各自分出⑭。秦時分異的習俗盛行，所以《睡虎地秦墓竹簡・日書》還特別有條：「離日……唯制以分異」，提供選擇分異的吉時。到了漢代分異的情況仍然盛行，《張家山漢墓竹簡》〈二年律令・戶律〉提到：

> 寡夫、寡婦毋子及同居、若有子，子年未盈十四，及寡子年未盈十八、及夫妻皆癃病、及老年七十以上，毋異其子，今無它子，欲令歸戶入養，許之。
> 民欲別為戶者，皆以八月戶時，非戶時勿許。

可見只有在寡老多病等特別情形下才允許不分異，一般的狀況顯然是要分異的，漢延秦習，朝廷還特別為之訂立了適合的時間。

秦、漢的家庭型態還可以從出土簡牘得到印證。如《睡虎地秦墓竹簡》中登錄的家庭狀況，基本上都以一夫一妻及未出嫁子女的小家庭為主，如〈法律問答〉提到「夫、妻、子五人共盜，皆當刑城旦」，「夫、妻、子十人共盜，當刑城旦」，又如〈封診式〉提

---

⑭　《睡虎地秦墓竹簡》，〈法律問答〉，頁 502：「同居，獨戶母之謂也」，也就是使一戶之中子女均為同母關係，這意味著成家後即分出的情況。

到被審訊人的文書，其中記載：

> 封有鞫者某里士伍甲家室、妻、子、臣妾、衣器、畜產。甲
> 室、人：一宇二內，各有戶，內室皆瓦蓋，木大具，門桑十
> 木。妻曰某，亡，不會封。子大女子某，未有夫。子小男子
> 某，高六尺五寸。臣某，妾小女子某。牡犬一。

對於家中財物及人口狀況登錄詳細，可以看出是以父母和未婚子女
構成的核心家庭。又如經死一項，提到丙上吊死，要求丙妻及女一
起檢驗屍體，也未提到丙的父母或已婚同產[150]。

　　漢代的實際家庭生態，《居延漢簡》保留了豐富的材料，學者
統計其平均口數是 3.5 人，但認為戍卒的年齡較輕，戶較小，正常
家庭口數約四人。又根據《漢書》卷二十八〈地理志〉，每戶約
4.8 口[151]。學者也曾統計自東漢光武至桓帝十個全國人口與戶數，
每戶平均是 4.91 到 5.82 之間，西漢平帝時各州郡國每戶平均口數
雖然多寡不一，但以 4 至 5 人為常態[152]，比起東漢來，每戶人口數
較少，與《後漢書‧續漢志》卷十九至二十三的〈郡國志〉所反映
的 5.8 口基本相符。從每戶人口的統計來看，漢代屬於由夫妻所組
成的小家庭型態，《居延漢簡》所顯示的二十多條材料中，與父母

---

[150]　《睡虎地秦墓竹簡》，〈封診式〉，頁 529。

[151]　許倬雲，〈漢代家庭的大小〉，《求古編》（臺北：聯經出版公司，1989
年），頁 528。

[152]　詳參梁方仲編，《中國歷代戶口、田地、田賦統計》（上海：人民出版社，
1980 年），頁 4-5、14-17。

同住者只有兩條，與弟妹同住者，弟妹均未婚，沒有發現兄弟已婚仍住在一起的現象，這與前面所說子長分異的精神相符合。

五、小結

收繼婚儘管是原始婚俗中常見的一種表現方式，但是落在不同的文化中，或不同的具體狀況，很可能會有不同的表現，如落在先秦貴族的背景中，在不違背大宗繼承爵位的前提下，烝庶母的行為並不會被當時所排斥，甚至在一些政治利益的考量下，女方母舅國或國人會願意積極促成。但是叔接嫂，這個在人類學收繼婚中被認為是最基本的形態，在先秦貴族中反而時常因為疑懼小宗對大宗的侵凌，而常持反對和敵視的態度；除非在大宗去國，小宗合法繼爵，甚至是讓國的背景下（如叔術）才被接受或讚揚。但收繼婚的習俗落在民間，異輩親屬收繼的狀況可能少得多，而主要以叔接嫂的方式呈現，若以後代異族統治（元）下的漢人社會來看，收繼婚案例幾乎全是小叔與嫂，對於異輩收繼或是兄長收弟媳，則持反對的態度。這當然可能受到先秦以後儒家禮教的影響，不過叔嫂關係也是儒家禮教所刻意遠別的，為什麼至此卻不納入禁忌範圍？這應該與經濟上的考量以及家族利益的維持有密切的關係。除經濟的貧困，可能導致無力娶親的情形外（這還可以從貧困可能帶來家庭結構的破壞，導致贅夫、賣子的現象盛行上看出），先秦禮教對此尚不像漢代以後那樣嚴格，甚至把它定義為一種禽獸的行為。從當時貴族即使在反對叔嫂收繼婚的情況下都仍存在此現象，庶民較沒有禮教的束縛、宗法繼爵的考量，這種情況應該會較貴族來得更普遍。

收繼婚的現象在漢代被定義為極惡之罪，漢代貴族犯此禁令者

均被視為禽獸行，往往難逃一死、國除等命運。政治上的鬥爭也不時出現以此為把柄而進行攻訐者，可見其不見容於世。另一方面，儒家對於經典的詮釋，對於先秦社會所容忍的烝報現象嚴加指謫，以及對於喪服中叔嫂無服問題的理解和詮釋、對家族中男女關係的嚴防都可以看出極力扭轉烝報遺俗的努力。

烝報婚在春秋時期，雖然未必合禮，不過畢竟屬於可以被容忍的範圍，但從漢初的嚴厲態度，可以看出其中經歷了不小的變革，使得有條件的接受轉為毫無妥協的反對。烝報現象衰微的因素很多，宗法制度的崩潰、小家庭結構的成形、經濟生活的改變，應該都與之關係密切。

第四節　喪期不嫁娶的推行與落實

一、禮書對喪期不可嫁娶的規定

隨著親等的不同，喪期不一，因而禁止婚嫁的時間長短也各有不同。以父母喪期來說，根據《儀禮》〈喪服〉來看，子、在室女為父親服斬衰三年❸；為母，若父歿則齊衰三年，父在則齊衰期❹。當斬衰重喪期間，男女須分房，男子未練前居倚廬，既練而居堊室，直至「大祥居復寢」❺，禫祭後象徵三年之喪完全結束，才

---

❸　《儀禮》，卷二十九〈喪服〉，頁 346-347。

❹　前揭書，卷三十〈喪服〉，頁 352。

❺　《禮記》，卷五十七〈間傳〉，頁 955。

能恢復男女同房的狀態❺。若父在母歿，或妻歿，行齊衰期之喪時，同樣「居廬，終喪不御於內」❼。可否同房乃是以已處於婚姻狀況為前提，已婚男女尚且不得同房，則尚未嫁娶者豈得於喪期間議婚、成婚以便同房？故《禮記》卷二十八〈內則〉說：「女子……二十而嫁，有故，二十三年而嫁」，以此例彼，男子也勢須守完三年喪後才可娶婦。以上所說的男、女身份乃是為人子者，如果是為人父者，妻亡故，雖然實際喪期是「期」，但仍心喪三年，所謂「父必三年然後娶，達子之志也」❽。至於遭夫喪之妻，因為儒門主流根本反對二醮，因此也未提到何時得以再嫁，即便事實上有婦人再嫁的情形，按理也應該等到為夫所服三年喪期結束之後。

至於其他親等，如服大功者，只須三月不御於內即可❾。至於嫁娶，《禮記》卷四十二〈雜記下〉說：

> 大功之末，可以冠子，可以嫁子。父小功之末，可以冠子，可以嫁子，可以取婦。己，雖小功，既卒哭，可以冠，取妻；下殤之小功，則不可。

如果是自身有大功的喪服，在卒哭後才可以行嫁禮，但尚不能娶婦。因為娶婦牽涉到宴客作樂之事，所以規定要嚴格些。因此，按

---

❺　前揭書，卷四十五〈喪大記〉，頁783：「禫而從御」。

❼　同上注。

❽　《儀禮》，卷三十〈喪服〉孔疏，頁354：「子於母，屈而期，心喪猶三年。故父雖為妻期而除，三年乃娶者，通達子之心喪之志故也。」

❾　《禮記》，卷四十五〈喪大記〉，頁783。

照親親殺殺的原則，如果自身服的是小功的喪服，那麼在卒哭後就可以娶妻了；如果是自己的父親有小功的喪服在身，於己親等自然再退一層，卒哭後嫁女、娶婦皆可。至於所謂「下殤之小功」服，則原本是「齊衰之親」**⓰**，因殤而滅服，鑑於情份仍重，所以在除服前是不可以行嫁娶的。簡言之，齊衰以上的親等，在除服以前均不能嫁娶；大功以下的親等，則隨著親疏，有放寬的趨勢。

《禮記》卷十八〈曾子問〉還提到了婚禮過程中遇到的一些特殊狀況時該如何處理：

> 曾子問曰：「昏禮既納幣，有吉日，女之父母死，則如之何？」孔子曰：「壻使人弔。如壻之父母死，則女之家亦使人弔。」……壻已葬，壻之伯父致命女氏曰：「某之子有父母之喪，不得嗣為兄弟，使某致命。」女氏許諾，而弗敢嫁，禮也。壻免喪，女之父母使人請，壻弗取，而后嫁之，禮也。女之父母死，壻亦如之。」

雙方議婚既已納幣，關係即被確定下來，若發生父母之喪，需要派使者到對方家進行弔唁，並且立刻停止婚禮的程序，一直等到喪主葬親之後，再繼續婚禮前半最後的程序－迎娶。根據《禮記》卷十二〈王制〉，縱使是天子，也應於七月後即下葬，所以「不待踰年者，不可曠年廢人昏嫁也」。如果正在親迎途中，男方父母過世，則女改嫁服，「以趨喪」，行斬衰重喪；女方父母死，「則女

反」，因其身份狀態已非在室女，所以雖「奔喪」回娘家，喪服只「服期」⓰。不論是否如某些經生所主張的：一般狀況下，三月廟見後始同房，碰到夫婿家中如此大的變故，怎麼樣也難以想像會當夕同房。至於後一狀況，則更不待言。

二、經生對於喪期嫁娶圖婚的評論

前文提到了禮書中關於喪期不嫁娶的相關規定，現在進一步由史籍的記載來看落實的狀況。魯莊公二十一年秋七月戊戌，君母文姜薨，次年冬天莊公親自到齊國去納幣，此舉顯然尚在喪期之中，不過三傳對母喪未再期而圖婚這點都沒有譏貶，杜預、范寧認為：那是因為它明顯屬於失禮行為，無須再多作解釋的緣故⓲。何休則認為：莊公藉此機會通淫，罪重於喪娶，故舉其罪重者「納幣非禮」為詞⓳。

我們可以透過魯文公的婚姻狀況來繼續討論此問題。僖公三十三年十二月乙巳，薨於小寢。子文公繼立。文公二年冬，《春秋經》記載「公子遂如齊納幣」。《穀梁傳》全然未置詞，是范寧代為發言，認為：「喪制未畢而納幣，書非禮」⓴；《公羊傳》則明白表示此舉不當：

⓰　以上引文俱見前揭書，卷十八〈曾子問〉及鄭注、孔疏，頁365。

⓲　《左傳》，卷九〈莊公二十二年〉，頁162、《穀梁傳》，卷六〈莊公二十二年〉，頁58。

⓳　《公羊傳》，卷八〈莊公二十二年〉，頁99。

⓴　《穀梁傳》，卷十〈文公二年〉，頁100。

> 納幣不書，此何以書？譏。何譏爾？譏喪娶也。娶在三年之
> 外，則何譏乎喪娶？三年之內不圖婚。

是將不可喪娶定義擴大為「三年之內不圖婚」，而不只是三年之內
不娶婦。何休說：

> 僖公以十二月薨，至此未滿二十五月；又，禮：先納采、問
> 名、納吉，乃納幣，此四者皆在三年之內，故云爾。❻

《左傳》竟持截然不同的看法：

> 襄仲如齊納幣，禮也。凡君即位，好舅甥、脩昏姻、娶元妃
> 以奉粢盛，孝也。孝，禮之始也。❻

《左傳》與《公羊傳》態度的不同，可能的原因是，《左傳》雖認
為喪期不可議婚，但認為文公派卿納幣時，喪期已經結束，所以不
觸犯喪期不婚的原則。不過根據《春秋經》的記載魯僖公薨於十二
月乙巳，文公納幣是在位第二年的事，那麼此次納幣顯然還在喪期
中。杜預抱持著喪期圖婚，《左傳》不應該沒有譏評的疑惑，重新
以長曆推算僖公卒年，認為僖公薨日乙巳應該是十一月十二日，經

---

❻　以上引文並見《公羊傳》，卷十三〈文公二年〉，頁 166。
❻　《左傳》，卷十八〈文公二年〉，頁 304。

書所記的十二月應屬有誤❿，加以這段期間碰上閏月，喪期在文公二年的十一月就結束了，因此同年十二月納幣，就不算喪期議婚，如此《左傳》的態度也就可以理解了。杜預還認為從《春秋經》所記僖公下葬的時間（文公元年夏四月丁巳），是為了譏刺緩葬的緣故。根據諸侯五月而葬的原則，若僖公是十二月薨，則於四月正好是五個月，沒有緩葬的問題，如果是十一月薨，正好也可以解釋緩葬的問題。因此推論經書所記僖公薨的時間有誤，應向前挪一個月，為十一月，如此則文公二年十二月納幣時，喪期恰好已經結束。杜預的說法可以備為參考，但是他的論點是在先預設了《左傳》主張喪期之內不可圖婚，同時《左傳》卻對文公喪期圖婚行為沒有貶責，二個前提下推論出來的，所以在立論基礎上即有瑕疵；而且所用曆書現今也難於徵驗，無法確知其情況❿。不過，縱使杜預推算不誤，諸侯納幣即士昏禮中的納徵，男方先遣使納采、問名，這兩項儀節「可同日行事」，「歸卜其吉凶也，卜而得吉，又遣使納吉」，然則此時納幣「須再度遣使，一月之中，不容三遣適齊」，是仍有喪期議婚而《左傳》不譏之嫌，致使杜預不得不以「蓋公為太子時已行昏禮」❿圓場。

　　魯宣公正月才即位，即遣「公子遂如齊逆女，三月遂以夫人婦姜至自齊」，毫無疑問是屬於喪娶的行為，《左傳》在此處與莊公

---

❿　　前揭書，卷二十三〈僖公三十三年〉，頁 289。

❿　　如以董作賓，《中國年曆簡譜》（臺北：藝文印書館，1974 年），頁 107，來推算，魯僖公三十三年，正合西元前六二〇年，乙巳為十二月十二日，而非十一月的十二日。

❿　　以上引文分見《左傳》，卷十八〈文公二年〉杜注、孔疏，頁 301。

當年母喪期間納幣一樣，同樣不置一詞，杜預當然也只有再度以
「不譏喪娶者，不待貶責而自明也」❿來化解。《公》、《穀》二
家則深入《春秋經》書法而進行討論：

> 其不言氏，喪未畢，故略之也。⓱

> 夫人何以不稱姜氏，貶。曷為貶？譏喪娶也。喪娶者公也，
> 則曷為貶夫人？內無貶于公之道也。內無貶于公之道，則曷
> 為貶夫人？夫人與公一體也。⓲

所謂「片言之貶，辱過市朝之撻」⓳也。《穀梁傳》〈宣公元
年〉：

> 三月遂以夫人婦姜至自齊，其不言氏，喪未畢，故略之也。⓴

亦認為《春秋經》只提「婦姜」而不稱「姜氏」，減一「氏」字，
乃因為喪娶而一字之貶的結果。這樣的說法也得到一些經生的支
持，如服虔說：

---

❿　以上引文並見《左傳》，卷二十一〈宣公元年〉，頁360。
⓱　《穀梁傳》，卷十二〈宣公元年〉，頁115。
⓲　《公羊傳》，卷十五〈宣公元年〉，頁187。
⓳　范寧，〈穀梁傳集解·序〉，《穀梁傳》，頁5。
⓴　《穀梁傳》，卷十二〈宣公元年〉，頁115。

> 古者一禮不備，貞女不從，故《詩》云：「雖速我訟，亦不
> 女從」，宣公既以喪娶夫人，從亦非禮，故不稱氏，見略，
> 賤之也。

不過杜預、孔穎達均不贊成此種看法：

> 杜不然者，女之出嫁事由父母，夫來取之，父母許之，豈得
> 問禮具否，拒逆昏姻之命？從夫喪娶，父母之咎，自可罪其
> 父母，何以貶責夫人？若其貶責夫人，當去夫人之號，減一
> 氏字，復何所明？[175]

杜預認為這只是書寫脫誤，所謂「史闕文」的結果。

　　《春秋經》書法的問題爭論繁雜，難有定論，但若先撇開此爭
議，直接就三傳的態度來作對比，會發現對喪期不婚的態度，
《公》、《穀》二家，尤其是前者，似乎遠較《左傳》為嚴格而急
切。在急切態度的背後，可能透露出對喪期不婚的宣傳和努力的痕
跡。春秋時期以至於禮壞樂崩之前，是否果真照後起儒門所訂定的
規範嚴守喪期不婚，值得再考慮。

---

[175]　以上引文並見《左傳》，卷二十一〈宣公元年〉孔疏引，頁 360。然服氏所
言實據《詩》家通義，詳參《列女傳》，卷四〈貞順傳·召南申女傳〉，頁
1a、屈守元，《韓詩外傳箋疏》（成都：巴蜀書社，1995 年），卷一，頁 5-
6、《毛詩》，卷一之四〈召南·行露〉，頁 55-57。

三、儒門標榜的三年之喪可靠性商兌

㈠先秦貴族多不嚴守三年之喪

除了上述莊、文、宣的三次喪期議婚、娶婦，《左傳》本身都緘默，另一個更強烈的例子是：周惠王於莊公十八年即位，同年「虢公、晉侯、鄭伯使原莊公逆王后于陳，陳媯歸于京師，實惠后」❶⑯，這是明確的喪期議婚及迎娶的行為，《左傳》照樣無隻字之議。《左傳》有明文譏評，已到了春秋末葉。魯昭公十一年五月甲申，昭公生母敬歸薨，他竟然「大蒐于比蒲」，九月諸侯使者來會葬，「公不慼」，晉使歸以告，叔向預言：

> 魯公室其卑乎？君有大喪，國不廢蒐，有三年之喪，而無一日之慼。國不恤喪，不忌君也；君無慼容，不顧親也。國不忌君，君不顧親，能無卑乎？殆其失國。❶⑰

魯昭公十五年六月周景王太子壽，同年八月周景王穆后相繼亡故：

> 十二月，晉荀躒如周，葬穆后，籍談為介。既葬，除喪。以文伯宴……籍談歸，以告叔向，叔向曰：「王其不終乎！吾聞之：『所樂必卒焉。』今王樂憂，若卒以憂，不可謂終。王一歲而有三年之喪二焉，於是乎以喪賓宴，又求彝器，樂

---

❶⑯　前揭書，卷九〈莊公十八年〉，頁 159。《史記》，卷十四〈十二諸侯年表〉，頁 573：「惠王元年，取陳后」。

❶⑰　《左傳》，卷四十五〈昭公十一年〉，頁 787。

> 憂甚矣,且非禮也。彝器之來,嘉功之由,非由喪也。三年
> 之喪,雖貴遂服,禮也。王雖弗遂,宴樂以早,亦非禮也。
> 禮,王之大經也,一動而失二禮,無大經矣。」**⑱**

叔向所說的二次三年之喪,一次指的是太子壽(卒於魯昭公十五年六
月),另一次則為穆后(太子壽之母,周景王后,卒於魯昭公十五年八
月)。父親為適子服三年之喪,《儀禮》〈喪服〉有明文記載**⑲**,
不過穆后為妻,夫為妻之喪,於〈喪服〉所定則為期而已**⑳**,此處
卻也說是三年,與〈喪服〉所定不同。不過《左傳》此處所說並不
是唯一的例子,參照《墨子》提及儒者之說夫為妻當行三年之喪
㉑,甚至以此來批評儒家尊妻子與父母同的不當,可見在當時儒家
中確有一支主張為妻服喪三年。比起〈喪服〉之說,學者認為可能
是另有所本**㉒**。不論為太子或是為穆后,周景王此時仍應處於喪

---

⑱　前揭書,卷四十七〈昭公十五年〉,頁 823-825。

⑲　《儀禮》,卷二十九〈喪服〉,頁 346:「父為長子,《傳》曰:何以三年
　　也?正體於上,又乃將所傳重也。」

⑳　《儀禮》,卷三十〈喪服〉,頁 354:「《傳》曰:為妻何以期也?妻至親
　　也。」

㉑　孫詒讓,《墨子閒詁》(臺北:藝文印書館,1981 年),卷六〈節葬下〉,
　　頁 340:「今唯無以厚葬久喪者為政,君死,喪之三年;父母死,喪之三
　　年;妻與後子死者,皆喪之三年」,卷十二〈公孟篇〉,頁 840:「子墨子
　　謂公孟子曰:『喪禮,君與父母、妻、後子死,三年喪服。』」,一再提及
　　他所知儒者主張夫為妻服三年之喪。

㉒　顧頡剛,《史林雜識》初編(出版年地均不詳),〈夫為妻三年〉,頁 104-
　　105:「《喪服》一經當有二本,甲本如《墨子》及《左傳》作者之所見,乙
　　本則漢以來誦習者也」,並認為:「儒者初定喪服之制,以為妻者齊也,

期，不過穆后才下葬（距死時將近四個月）景王就開始宴樂了。叔向認為即便是身份尊貴，也應當行三年之喪（「三年之喪，雖貴遂服，禮也」），不過，他也知道王室難以約束和推行三年之喪，於是又退而求其次地說：「王雖弗遂，宴樂以早，亦非禮也。」也就是說，周王室雖然不能嚴守三年之喪的規範，但也不該過早就舉行宴樂。叔向的批評反應出禮的理想和實行間的差距；在退而求其次的無奈中，也反映當時的周王對於三年之喪並不尊重，並透露出當時儒門於喪制尚未獲得共識。值得注意的是，「三年之喪」在當時已經成為一個專有名詞，叔向早在魯昭公十一年批評魯侯時就已使用，生於魯襄公二十一或說二十二年的孔子此時不過剛剛二十二或二十一歲，距離其全力宣揚周禮還有一段時間，而叔向已經談及三年之喪，可見在孔子立教之前，三年之喪的說法就已經於某些地區流傳了，也有如趙襄子❽、魯無名氏❽等人聞其風而行之。

　　直至孟子之時，三年之喪的說法雖然已經廣為流傳，但想要推行三年之喪的理想，仍然是困難重重。《孟子》卷五上〈滕文公〉記載了當時滕世子推行三年之喪的情形：

夫、妻當有平等之服，故皆為三年，墨子遂援是而攻儒，《左傳》亦依茲而論事。其後儒者不勝男尊女卑之觀念，改夫為妻期，如今《儀禮》之文」。

❽　《左傳》，卷六十〈哀公二十年〉，頁 1048：「十一月，越圍吳，趙孟降於喪食，楚隆曰：『三年之喪，親暱之極也，主又降之，無乃有故乎？』」

❽　《禮記》，卷六〈檀弓〉，頁 116：「魯人有朝祥而莫歌者，子路笑之，夫子曰：『由，爾責於人終無已夫？三年之喪亦已久矣夫！』子路出，夫子曰：『又多乎哉？踰月則其善也。』」

滕定公薨，世子謂然友曰：「……今也不幸，至於大故，吾欲使子問於孟子，然後行事。」然友之鄒，問於孟子，孟子曰：「不亦善乎？親喪固所自盡也。曾子曰：『生，事之以禮；死，葬之以禮，祭之以禮，可謂孝矣。』諸侯之禮，吾未之學也，雖然，吾嘗聞之矣，三年之喪，齊疏之服，飦粥之食，自天子達於庶人，三代共之。」然友反命，定為三年之喪。父兄百官皆不欲也，故曰：「吾宗國魯先君莫之行，吾先君亦莫之行也，至於子之身而反之，不可。且《志》曰：喪祭從先祖，曰：吾有所受之也。」謂然友曰：「……今也父兄百官不我足也，恐其不能盡於大事，子為我問孟子。」然友復之鄒問孟子，孟子曰：「然，不可以他求者也。孔子曰：『君薨，聽於冢宰，歠粥，面深墨，即位而哭，百官有司莫敢不哀，先之也。上有好者，下必有甚焉者矣。君子之德，風也；小人之德，草也，草上之風必偃』，是在世子。」然友反命，世子曰：「然，是誠在我。」五月居廬，未有命戒，百官族人可謂曰「知」。及至葬，四方來觀之，顏色之戚，哭泣之哀，弔者大悅。

滕文公想要遵從儒家所推行的三年之喪，但兄弟、百官均持反對的態度，他們的理由是：滕國以及為滕國所崇敬、效法的同姓國——魯國，都沒有行三年之喪的傳統，以喪事須遵行先祖的原則來說，滕國自然不必行三年之喪。滕文公面對強烈反對的兄弟、百官，只好再次請教於孟子，最後才堅持推行了儒家所標榜的三年之喪。從這段記載可以看出，即使在儒家推行三年之喪不餘遺力的情形下，

戰國時期，諸侯王室仍多不行三年之喪，這似乎不能只用禮崩樂壞來作為理解，「周禮盡在魯矣」❽，這是春秋末年韓宣子對魯國的讚歎，但連以周禮標榜的魯國都尚且沒有行三年之喪的傳統，更遑論其他的諸侯國了。

　　另外，《國語》〈越語上〉的記載，亦可以看出三年之喪被某些當政者看成是德政的象徵，而想努力的付諸實行：

　　　　當室者死，三年釋其政；支子死，三月釋其政。必哭泣葬埋
　　　　之，如其子。❻

這是在吳越對峙，越國圖強的背景下，句踐特別推行的德政，以攏絡民心。是否真正落於實行，實行的效果如何，均不得而知。

(二)對三年之喪不贊同的論點

　　雖然「三年之喪」的說法早在孔子鼓吹以前即已經存在了，但是在春秋末年以至於戰國時期，三年之喪在推行上都還存在著許多的歧見，如孔子的學生宰我，就曾對三年之喪表達了不認同的看法：

　　　　宰我問：「三年之喪其已久矣，君子三年不為禮，禮必壞；
　　　　三年不為樂，樂必崩，舊穀既沒，新穀既升；鑽燧改火，期
　　　　可已矣。」子曰：「食夫稻也，衣夫錦也，於女安乎？」

---

❽　《左傳》，卷四十二〈昭公二年〉，頁 718。
❻　《國語》（臺北：里仁書局，1981 年），卷二十〈越語上〉，頁 635。

日：「安。」曰：「女安，則為之。夫君子之居喪，食旨不甘，聞樂不樂，居處不安，故不為也。今女安，則為之。」宰我出，子曰：「予之不仁也，子生三年然後免於父母之懷。夫三年之喪，天下之通喪也，予也有三年之愛於其父母乎？」**⑱**

儘管儒家對三年之喪推行不遺餘力，道家、墨子、法家等對三年之喪均持反對或消極的態度。如《墨子》〈節葬〉通篇都在檢討厚葬久喪所帶來的弊端，對儒家主張守喪的好處一一進行批駁和檢討，認為厚葬久喪將導致貧困、國弱、人口減少、行政混亂等弊端，不是聖王所制度的法則。道家崇尚原始自然的樂園，對於禮義原來就保持著一定程度的疏離和消極的態度**⑱**。《莊子》提出齊物我、一死生之說，打破死生之界限，生命為一氣之所化的流行和遊戲，在這樣的態度下對於儒家所提倡的死喪之禮，自然不會持積極贊成的態度。〈至樂篇〉記載莊子的妻子死了，莊子「箕踞、鼓盆而歌」**⑱**，惠子不解，莊子為其解說生命氣化的道理。〈大宗師〉中顏回對孟孫才「其母死，哭泣无涕，中心不戚，居喪不哀。」**⑲**但卻以

---

⑱ 《論語》，卷十七〈陽貨篇〉，頁157-158。

⑱ 如《老子》認為「大道廢有仁義」，又《莊子集釋》（臺北：木鐸出版社，1988 年版）〈漁父〉，頁 1032 提到：「處喪以哀，无問其禮矣。禮者，世俗之所為也；真者，所以受於天也，自然不可易也，故聖人法天貴真，不拘於俗。」

⑱ 《莊子集釋》，卷六下〈至樂篇〉，頁614。

⑲ 《莊子集釋》，卷三上〈大宗師〉，頁274-275。

善處喪而稱名於魯國,感到不解。仲尼也以物化的角度解釋死生。可以看出莊子此處將儒家之禮以道家的精神去進行理解和詮釋。至於法家,從帝王的利益出發,強調耕戰,反對是古非今,對儒家所提倡之仁義禮等也往往視為「以文亂法」❶,而加以排除之,對於三年之喪持反對的態度❷。

㈢儒者對三年之喪的托古改制

儒家推行三年之喪,常透過託古改制的方式,依托古聖先王亦行三年之喪。如《論語》卷十四〈憲問〉:

> 子張曰:「《書》云:『高宗諒陰,三年不言』,何謂也?」子曰:「何必高宗?古之人皆然。君薨,百官總己以聽於冢宰三年。」

將「高宗諒闇」理解為守三年之喪。《禮記》〈喪服四制〉:

> 《書》曰:「高宗諒闇,三年不言」,善之也,王者莫不行此禮,何以獨善之也?曰:「高宗者,武丁,武丁者,殷之

---

❶　王先慎,《韓非子集解》(臺北:華正書局,1991 年),卷十九〈五蠹〉,頁 378-379。

❷　如《韓非子集解》,卷十九〈顯學〉提到:「墨者之葬也,冬日冬服,夏日夏服,桐棺三寸,服喪三月,世主以為儉而禮之。儒者破家而葬,服喪三年,大毀扶杖,世主以為孝而禮之。夫是墨子之儉,將非孔子之侈也,是孔子之孝,將非墨子之戾也,今孝戾侈儉俱在儒墨,而上兼禮之。」,頁386。以此來說明二相矛盾之法而人主兼用之,將造成偽詐,邪說紛起。

> 賢王也，繼世即位而慈良於喪，當此之時，殷衰而復興，禮
> 廢而復起，故善之」。❸

又如《孟子》〈萬章篇〉提到：

> 堯崩，三年之喪畢，舜避堯之子於南河之南。
> 舜崩，三年之喪畢，禹避舜之子於陽城。
> 禹崩，三年之喪畢，益避禹之子於箕山之陰。❹

將古代聖王附會行三年之喪❺。可以看出儒者想要為三年之喪營造
出「人道之至文者」、「百王之所同」、「古今之所壹」、「未有
知其所由來」、「天下之達喪也」❻的恆常、普遍之理之苦心。簡
單來說即是以示現天地運行的法則去理解三年之喪。如《荀子》卷
十三〈禮論〉提及：

> 三年之喪，二十五月而畢……曰：「至親以期斷，是何
> 也？」曰：「天地則已易矣，四時則已徧矣，其在宇中者莫

---

❸　《禮記》，卷六十三〈喪服四制〉，頁 1034。

❹　《孟子》，卷九〈萬章上〉，頁 168-169。有關〈堯典〉的撰成時代，詳參屈
萬里，〈尚書皋陶謨篇著成的時代考〉，《書傭論學集》（臺北：開明書
店，1980 年），頁 81-83。

❺　《史記》中也承繼著這樣的態度，如卷一〈五帝本紀〉，頁 38：「（舜）攝
政八年而堯崩，三年喪畢，讓丹朱。」、頁 44：「舜乃豫薦禹於天，十七年
而崩。三年喪畢，禹亦乃讓舜子。」將古代聖王附會行三年之喪。

❻　《禮記》，卷五十八〈三年問〉，頁 962。

不更始焉，故先王案以此象之也。」「然則三年何也？」
曰：「加隆焉，案使倍之，故再期也。」「由九月以下何
也？」曰：「案使不及也。」故三年以為隆，緦、小功以為
殺，期、九月以為閒，上取象於天，下取象於地，中取則於
人。

前引宰我以「舊穀既沒，新穀既升；鑽燧改火」說明「期可已
矣」，與《荀子·禮論》「天地則已易矣，四時則已徧矣，其在宇
中者莫不更始焉」說明「至親以期斷」，乃同一論式。同時透露出
所謂「先王」定的喪期可能本止於期年，三年是「加隆」的結果。
期年之喪是以自然宇宙生、長、收、藏的周期作為基礎，一個周期
象徵著生命由生至死，新的周期則進入另一個新的循環，自然宇宙
再生，生命也隨之得而新生。人的生命得自於自然宇宙，也與自然
宇宙處於感通、交流的狀態，因此以天地循環的一周期來象徵生命
的周期，並將它運用於喪禮的生命轉化、過渡儀式之中。其他的喪
期，則是以一周期為基礎，而依據人倫關係的輕重予以增減的結
果。當三年喪之說逐漸成為主流時，與期年喪之說不免有所衝突，
鄭玄於是以「自三年以至緦皆歲時之數」的說法企圖縫合。孔穎達
便從取象於天地運行之「數」的角度進行理解和詮釋：

天地之氣三年一閏，是三年者取象於一閏；天地一期物終，
是一期者取象於一周；九月者以象陽之數，又象三時而物成
也；五月以象於五行；三月者取象天地一時而氣變，言五服

之節皆取法於天也。**⑲⑦**

五服的喪期，分別取法天數（三年一閏）、地數（一期一周），以及最大的陽數、五行之數……的氣變成物之數。既取法於天地之數，那麼亦為三年之喪符合「天理」作了最好的註腳。漢代以後還有透過五德終始、五行生剋的角度來理解三年之喪的現象**⑲⑧**。

總合上文所謂，應該可以推論：首先，三年之喪應為某一支相禮的儒家重視至親喪期的結果，但初始時並不意味其為「天下之通喪也」，如前文已提及夫為妻的喪期，根據〈喪服〉所記應止於期，但還有另一支夫為妻當行三年之喪的說法。可以推想這僅是某一支相禮的儒如是主張，因為當時貴族顯然沒有這項禮制。也因此如早期的周惠王於喪期娶后，是由多個姬姓諸侯國共同促成，卻全然不見有何禮教壓力。至於周景王、魯昭公的行徑或許學者會從其德行敗壞角度進行理解，但是從滕國同姓（父兄）、異姓（百官）大臣均反對三年之喪的理由來看，顯然認為三年之喪於傳統不符。第二，若由典籍的記載來看，如果真有三年之喪的傳統，不會不見於諸典籍，至少「周禮盡在」的魯國應該有紀錄。但由孟子對三年之喪表示意見時，僅明言其得之於不可按考的傳聞，卻無法徵引典籍。觀孟子重申其說時，所能訴諸的最早依據亦不過是孔子對「高

---

⑲⑦　《禮記》〈三年問〉，孔穎達疏，頁 962-963。

⑲⑧　如《後漢書》，卷六十二〈荀爽列傳〉，頁 2051：「延熹九年，太常趙典舉爽至孝，拜郎中，對策陳便宜曰：「臣聞之於師曰：『漢為火德，火生於木，故其德為孝，其象在周易之離』……今之公卿及二千石，三年之喪，不得即去，殆非所以增崇孝道而克稱火德者也。」

宗諒闇」的解讀。但「高宗諒闇，三年不言」本身只能表示武丁遭喪時陷溺在悲痛的情緒中甚久，所以當他從悲痛情緒中恢復過來，眾人「譁」❶，因此三年不言與禮制上的喪期長短無必然關係。徵諸孔子當年不苟同宰我之說時，亦並未揭舉先王典籍文字為證，僅以道德情感為據，亦能見出典籍依據的貧乏。是以直至戰國中葉的孟子時期，三年之喪的說法雖然已經廣為流傳，但儒門高舉的這項三年之喪的喪禮並未成俗，想要推行，依舊困難重重。第三，儒生在倡導三年之喪時不斷強調其恆常、普遍性，但不時顯露出牽強之處，除了上述《荀子·禮論》，〈喪服四制〉亦然。若三年之喪真已普遍實行，那麼不免引起諸如此類的質疑：果真「王者莫不行此禮，何以獨善」殷高宗？他不過是行所當行而已嘛！因此，連對問者也不能不承認當時已經「禮廢」。此些討論是在「三代共之」此一先驗前提下的解說，如果將此成見抽離，恰恰反映殷商並無此喪制。至於戰國中葉以來的儒生將之推溯到堯、舜之時，形成「百王之所同，古今之所一」，則更有託古改制之嫌了。第四，不僅貴族未必有三年喪制，此喪制更未「達於庶人」。越國百姓「當室者死」，句踐刻意為之「三年釋其政」，以示視民「如其子」，乃籠絡人心之舉，適可以反證當時至少一般父親為嫡長子無此禮俗。就具體經濟生活來看，亦窒礙難行。如果說遭喪之君子應釋政、「學人舍業」❷、小民喪主也男廢耕、女廢織，並且長達二十多個月的時間，縱使小民敦樸，不顧飢寒，當政者也未必見容。因為這密切

---

❶　《禮記》，卷九〈檀弓下〉，頁177。

❷　《左傳》，卷四十五〈昭公九年〉，頁780。

關係賦稅、徭役、兵役問題，也無怪乎務實的墨家對三年之喪極力反對。第五，貴族處喪期間，既不得於內設「宴」，因為喪期有「喪食」，所謂「飦粥」之屬❷⓿❶；衣著也當改變，由「衣夫錦」易為「齋疏之服」。但從《左傳》卷三十三〈襄公十七年〉記載：

> 齊晏桓子卒，晏嬰麤縗斬、苴絰帶、杖、菅屨、食鬻、居倚廬、寢苫、枕草，其老曰：「非大夫之禮也。」

由此可知：儒門提倡的喪服儀制確實有所本，也確實會因階級等差有不同要求。如果將「諒闇」釋為「居倚廬」，「聽於冢宰」解為暫時不多過問政務，當無異詞。所以魯昭公十年七月晉平公卒，九月晉昭公已葬父，來會葬的「諸侯之大夫欲因見新君」，魯叔孫昭子就認為「非禮也」，昭公也命叔向辭以：「孤斬焉，在衰絰之中」。可是魯昭公十二年三月鄭簡公卒，尚未下葬，孔子佩服的達人子產照樣「相鄭伯」❷⓿❷參與朝晉昭公的聚會，只是婉拒饗宴。這除了可看出：以輕忽三年喪儀責備旁人的叔向所輔佐的晉侯並未恪守該制，也顯示：貴族遭喪是否釋政並非沒有彈性，至少當時尚未如後來要求那般嚴格。故而「宋桓公卒未葬」，齊桓公聚諸侯於葵丘定盟約，周天子也有使者與會，由於事關重大，桓公子襄公亦照

---

❷⓿❶ 《禮記》，卷九〈檀弓下〉，頁 173：「（魯）悼公之喪，季昭子問於孟敬子曰：『為君何食？』敬子曰：『食粥，天下之達禮也。』」

❷⓿❷ 以上引文分見《左傳》，卷四十五〈昭公十年〉，頁 784、〈昭公十二年〉，頁 789。

樣參加❷❸。衡諸當時國與國、君與卿大夫、卿大夫與卿大夫之間權
力緊張關係，殊難想像統治者能三年居喪，而委政於他人❷❹。第
六，居喪時期行動頗多限制，於外不宜畋獵，即所謂「蒐」；於內
當「過密八音」。也正因有如此限制，荀盈如卒未葬，晉平公「飲
酒樂」，屠蒯罰樂工師曠酒❷❺。晉平公母舅杞孝公過世，此屬於儒
門所說的緦之服❷❻，但「平公不徹樂」，被批評為「非禮」❷❼。被
禁止的恐怕還不止於弦歌、鐘歌，甚至連「歌」也不適宜。故魯無
名氏「朝祥而暮歌」，在喪期一旦結束即「歌」，以抒發長久以來
的壓抑，亦受到譏評。總之，守喪時各種型態的「樂」都與之不
諧；男女同房也在其中。因此樂祁之子子明於父喪中生子，當他責
族父「擊鐘」時，被反唇相譏為遺大抱小❷❽。既然喪不當御於內，
那麼婚禮的性質為「大吉也，非常吉也」❷❾，按理且按禮，自不宜
舉行婚事。即便喪家不知禮，欲聯姻的對方恐怕也會因吉、凶衝撞
的忌諱，敬謝不敏。不過，倫理規範、風俗禁忌總是在殘酷的政治

---

❷❸　前揭書，卷十三〈僖公九年〉，頁 217-218。

❷❹　王莽居攝三年（8 AD）「九月，莽母功顯君死」，假借「與尊者為體……不
　　得服其私親」，由莽孫「新都侯宗為主，服喪三年」，實情不過是時逢篡位
　　前夕，果真諒闇三年，不僅將使大權旁落，而且會擱延整個計畫。詳參《漢
　　書》，卷九十九上〈王莽傳〉，頁 4090-4091。

❷❺　《左傳》，卷四十五〈昭公九年〉，頁 780。並參《禮記》，卷九〈檀弓
　　下〉，頁 177。

❷❻　《儀禮》，卷三十三〈喪服〉，頁 390。

❷❼　《左傳》，卷三十五〈襄公二十三年〉，頁 601。

❷❽　前揭書，卷五十五〈定公九年〉，頁 967。

❷❾　《公羊傳》，卷十三〈文公二年〉，頁 166。

現實前讓步。秋天晉平公的妾少姜才死，隔年正月齊景公就忙著「使晏嬰請繼室於晉」，晉國雖說「在縗絰之中，是以未敢請也」，但照樣答應並「成昏」了❷⓪。無論如何辯解都難令人相信這不是喪期圖婚。

四、漢代對喪制的推行及喪娶的態度

儒門倡導的三年之喪在先秦社會中雖然實際奉行者寡，但已十分流傳，而且成為一種德行的象徵，以致像南方的越國也以之作為收攬百姓向心力的策略。漢代的政府提倡孝道，將孝廉作為選拔官吏的兩大常科之一。隨著儒家學說當令，守喪是否如禮自然是衡量孝行的判準之一。對於有這類居喪孝行表現者，經常獎掖。如西漢時的于永因為守父于定國喪如禮，「孝行聞，由是以列侯為散騎光祿勳」❷⓵、王商在父亡後推財讓弟，居喪哀戚，於是大臣推薦「宜備近臣，繇是擢為諸曹侍中中郎將」。❷⓶官方也努力營造一個適合守喪的環境，如西漢宣帝時侯下令免除服祖父母、父母喪者在下葬以前的繇役，「使得收斂送終，盡其子道」❷⓷。但守喪是一回事，守三年之喪又是另一回事。文帝遺詔中清楚表明臣民只須為大行皇帝服喪服「大紅十五日，小紅十四日，纖七日」，共三十六日，即除服❷⓸，是以翟方進「後母終，既葬，三十六日除服，起視事，以

---

❷⓪　《左傳》，卷四十二〈昭公二年〉，頁 720、〈昭公三年〉，頁 721-722。

❷⓵　《漢書》，卷七十一〈于永傳〉，頁 3046。

❷⓶　前揭書，卷八十二〈王商傳〉，頁 3369。

❷⓷　前揭書，卷八〈宣帝紀〉，頁 250-251。

❷⓸　《史記》，卷十〈文帝紀〉並《集解》引應劭曰，頁 434。

為身備漢相，不敢踰國家之制」㉕。「繼母如母」㉖，所以「經學
明習」㉗的翟方進當時服的應是齊衰，至於喪期則被減省。即便是
斬衰，如昌邑王賀為昭帝㉘，縱使未見廢遂服，想亦不過數十日。
直至哀帝始見起變化。綏和二年（7 BC）四月甫即位，六月下詔：
「博士弟子父母死，予寧三年」㉙。平帝崩後（5 AD），王莽「徵
明禮者宗伯鳳等與定天下吏六百石以上皆服喪三年」㉚，然而究竟
是否貫徹，不能無疑。東漢安帝元初三年（116 AD）十一月丙戌，
「初聽大臣、二千石、刺史行三年喪」，「服闋還職」㉛，甚至下
詔「長吏以下不為親行服者，不得典城選舉」，但這樣的制度畢竟
極可能引生曠廢職守的嚴重影響，雖然劉愷獨排眾議，認為：

> 詔書所以為制服之科者，蓋崇化厲俗，以弘孝道也，今刺
> 史，一州之表；二千石，千里之師，職在辯章百姓，宣美風
> 俗，尤宜尊重典禮，以身先之，而議者不尋其端，至於牧
> 守，則云不宜，是猶濁其源而望流清，曲其形而欲景直，不

㉕　《漢書》，卷八十四〈翟方進傳〉，頁 3416-3417。
㉖　《儀禮》，卷三十〈喪服〉，頁 352。
㉗　《漢書》，卷八十四〈翟方進傳〉，頁 3411。
㉘　前揭書，卷六十八〈霍光傳〉，頁 2937。
㉙　前揭書，卷十一〈哀帝紀〉，頁 336。博士生學的是先王典籍，不只要求經
　　明，而且行修，知識與為人不能斷作兩截，而孝弟乃為人之本也，因此由博
　　士生率先實行守喪三年，在道理上乃甚順適的舉措。
㉚　前揭書，卷九十九上〈王莽傳〉，頁 4078。
㉛　《後漢書》，卷五〈安帝紀〉，頁 226、卷四十六〈陳寵傳附子忠傳〉，頁
　　1560。

可得也。㉒

但在現實考量下，五年後的建光元年（121 AD）十一月庚子，「復斷大臣二千石以上服三年喪」㉓。桓帝永興二年（154 AD）二月辛丑，「初聽刺史，二千石行三年喪服」，五年後，延熹二年（159 AD）三月再次停廢㉔。官職系統中公卿等高官、二千石官，以及刺舉地方、牧養民眾責任甚重的刺史、郡守㉕是否該服三年之喪，一直考驗著政府對公責與私情之間的權衡。尤其困擾的是：按照儒學的論式，天下之治平奠基在家之敦齊，政治興衰乃道德良窳的直接延伸，是以不讓官民按禮服喪，等於自相牴觸，此所以劉愷會批評：「議者不尋其端」。但政治與道德各有獨立特質這點畢竟是實情，以致雖然儒學文化日漸深入人心，西漢末葉已開始允許少部分人守三年之喪，政治現實並未因此被道德理想馴化，相反地，兩者間的矛盾愈形尖銳。

㉒　以上引文並見前揭書，卷三十九〈劉般傳附子愷傳〉，頁 1307。

㉓　前揭書，卷五〈安帝紀〉，頁 234。

㉔　前揭書，卷七〈桓帝紀〉，頁 299、頁 304。

㉕　軍隊中基於戰事現實考量，本來不服喪，《漢書》，卷五十四〈李廣列傳〉，頁 2443，皇帝引用《司馬法》：「登車不式，遭喪不服」。《後漢書》，卷十九〈耿弇傳附從子恭傳〉，頁 723，就提到恭出征在外，「母先卒，及還，追行喪制，有詔使五官中郎將齎牛酒釋服」，章懷注：「奪情不令追服」。即使是春秋時期，喪期適逢戰役，也須墨絰從戎，如《左傳》，卷十七〈僖公三十三年〉，頁 290，崤之役晉襄公例。至於《後漢書》，卷四十六〈陳寵傳附子忠傳〉，頁 1560，所稱引宣帝舊令：「人從軍屯……大父母死未滿三月皆勿繇」，非指士籍者，乃就一般服戍卒義務役的齊民而言。

　　西漢之世，社會上守三年之喪的情況可能還沒有普及。見知最早踐履的大概是公孫弘，「後母卒，服喪三年」[226]。但從西漢末年的丞相薛宣反對弟弟為後母守三年之喪，理由是「三年服少能行之者」[227]，同為西漢末年的原涉為父「行喪，冢廬三年」，因為社會上「時又少行三年喪者」[228]，可見服三年之喪固然是孝道的展現，不過在西漢時尚曲高和寡。至東漢，守三年之喪成為士人被要求的基本要件，而且對於守喪的要求愈來愈嚴格，往往還要透過一些過哀的行為，才能夠贏得讚賞。如濟北孝王次九歲喪父，「焦毀過禮，草廬土席，衰杖在身，頭不枇沐，體生瘡腫，諒闇已來二十八月」，得到梁太后嘉獎，並「增次封五千戶，廣其土宇」[229]、鮑昂服父喪「毀瘠三年，抱負乃行，服闋，遂潛于墓次」，被徵舉孝廉[230]。有時過哀會以延長喪期等形式呈現，如安帝時，汝南薛包以至孝聞於世，為親「行六年服，喪過乎哀」[231]、趙宣為了沽名釣譽，「葬親而不閉埏隧，因居其中，行服二十餘年，鄉邑稱孝，州郡數禮請之，郡內以薦（太守陳）蕃」[232]。

　　無論喪期是否能按照儒門經典規劃的實施，社會上長久以來自有某些共通的認定需遵守[233]。從文帝遺詔中提及「毋禁取婦嫁女、

[226]　《漢書》，卷五十八〈公孫弘傳〉，頁 2619。

[227]　前揭書，卷八十三〈薛宣傳〉，頁 3394。

[228]　前揭書，卷九十二〈游俠列傳・原涉傳〉，頁 3714。

[229]　《後漢書》，卷五十五〈章帝八王傳・濟北惠王傳〉，頁 1807。

[230]　前揭書，卷二十九〈鮑永傳附重孫昂傳〉，頁 1023。

[231]　前揭書，卷三十九〈劉趙淳于江劉周趙列傳・敘論〉，頁 294。

[232]　前揭書，卷六十六〈陳蕃傳〉，頁 2159-2160。

[233]　前揭書，卷三十三〈朱浮傳〉章懷注引《漢官儀》，頁 1145：「博士……其

祠祀飲酒食肉者」❷㉞，可知：即便在儒學當令之前，居喪期間發生男女關係已被視為大不宜。西漢堂邑侯陳季須「坐母長公主卒，未除服，姦；兄弟爭財，當死，」㉟、常山憲王太子勃在父喪時「私姦、飲酒、博戲、擊筑，與女子載馳，環城過市」㊱被告發，王位被廢，並徙於房陵。可見當時即使貴為王侯，喪期間苟合仍然會受嚴厲刑罰。西漢曲陽侯王根於成帝初崩，「山陵未成，公聘取故掖庭女樂五官殷嚴、王飛君等，置酒歌舞」㊲，為解光所奏，謫遣就國、東漢時趙相奏趙惠王乾居父喪「私媵小妻」，「坐削中丘縣」㊳納妾尚且被檢舉受罰，當然更不可以有娶妻的行為。不得娶妻納妾，並不意味可與既有妻妾同房，否則，上述私姦苟合的行徑就不會受到懲處。趙宣「五子皆服中所生」㊴，即被陳蕃治罪。而且照《風俗通義》卷〈正失〉所說，認為服中所生子「犯禮傷孝」，因而「莫肯收舉」。尤其東漢時，守喪風氣推許哀毀滅性的表現㊵，

舉狀曰：『生事愛敬，喪沒如禮』」、《漢書》，卷五十三〈景十三王傳‧河間獻王傳〉，頁 2412：「母太后薨，服喪如禮，哀帝下詔褒揚」。

㉞　《史記》，卷十〈文帝紀〉，頁 434。

㉟　前揭書，卷十八〈高祖功臣侯者年表〉，頁 887。

㊱　《漢書》，卷五十三〈景十三王傳‧常山憲王舜〉，頁 2434-2435。

㊲　前揭書，卷九十八〈元后傳〉，頁 4028。

㊳　《後漢書》，卷十四〈宗室四王三侯列傳‧趙孝王良傳〉，頁 559。

㊴　《後漢書》，卷六十六〈陳蕃列傳〉，頁 2159-2160。

㊵　《後漢書》，卷四十二〈東海恭王彊列傳〉，頁 1426：「子孝王臻嗣……母卒，皆吐血毀眚（眥），至服練紅」、卷五十三〈申屠蟠傳〉，頁 1750：「九歲喪父，哀毀過禮。服除，不進酒肉十餘年。每忌日，輒三日不食」、卷七十〈孔融傳〉，頁 2262：「年十三喪父，哀悴過毀，扶而後起，州里歸其孝」。

則喪服中議婚、成親自然被視為大干名教，斷難見容於世教。

　　至於婦女，服父母之喪時，固不能出嫁；若已為人婦，在服夫喪的情況下通姦，禮法上也禁止。西漢初年的《張家山漢墓竹簡》〈奏讞書〉記載了一則某公士「喪棺在堂」，其妻某甲「與男子丙偕之棺後內中和奸」的案例，當時的官吏指出：

> 教人不孝，次不孝之律：不孝者棄市，棄市之次，黥為城旦舂；當黥公士、公士妻以上，完之。❹

認為「妻事夫，及服其喪，資當次父母」，而「父母死，未葬，與男子和奸喪旁，當不孝，不孝棄市」。則此案例乃不孝之次，犯罪者的身份是公士之妻，因此某「甲當完為舂」。質疑者認為以上的判決是以被冒犯者（夫）健在時為標準，如果以「有生父，而弗食三日」與「有死父，不祠其家三日」的不孝程度有別，而論斷「欺死父罪輕於侵欺生父」，那麼此案例之婦女所當受的罰則也應視丈夫的生、死情況有別而有所不同；罰則以生時為重。此案既在夫已死的狀況下發生，刑罰應該較夫生時降一等。若在夫的喪期中，妻子再嫁，從董仲舒《春秋斷獄》中時人的態度可知：「夫死未葬，法無許嫁，以私為人妻，當棄市」❷。雖然判案者後來接受董仲舒的意見，認為婦人之德以順從為本，認為案主乃是迫於母親的命令，所以判婦人無罪。但也可反襯出：若出於婦人自身意願的通姦

---

❹　《張家山漢墓竹簡》〈奏讞書〉，簡一八十至一九六，頁 227。

❷　《太平御覽》，卷六四〇〈刑法部六·決獄〉，頁 2868。

或改嫁，應該就會被視為有罪了。

第五節　婚配對象的選取考量

一、由國家利益的角度來看婚配對象的選取

㈠國際聯姻的政治特性

　　婚姻除了為家族內部提供祭祀、孕育等功能外（詳後文），對貴族階級來說，婚姻象徵著國與國或家族與家族間政治和社會網絡的建立，牽涉到政治與家族利益的取得。從這個角度來看，聯姻國之大小、強弱、威信，聯姻家族之社會地位，以及能提供的政經資源，應是考慮的重點。

　　春秋時期貴族在婚姻對象上的選擇，從國際現實的角度來看，有時為了連結政治上的勢力，有時為了尋求地位的穩固與提升，有時為了自我防禦，有時甚至將婚姻作為一種權謀或手段。事實上，婚姻與政治的關係在周代「封建親戚，以蕃屏周」❷⁴³的政策下，就已十分突顯，這是利用血緣關係的兄弟國以及姻親關係的甥舅國，共同來鞏固和護衛周王室的政策，姻親關係（舅）在其中亦扮演著重要的角色。而諸侯國間為了保持和睦狀態，釋出和諧的善意或結盟，婚姻是常採取的手段之一，譬如《詛楚文》中提到：

　　　昔我先君穆公及楚成王實戮力同心，兩邦若一，絆以婚姻，

---

❷⁴³　《左傳》，卷十五〈僖公二十四年〉，頁255。

祚以齊盟，曰：「葉萬子孫，毋相為不利」親卬大沈厥湫而質焉。㉔

為了使秦、楚二國能夠達到「同心」「若一」的目的，二國採取了「絆以婚姻」的方法。魯成公十三年，晉侯派遣呂相和秦絕交時也說，二國的先王為了「戮力同心」，因此「申之以盟誓，重之以昏姻」㉕。又如，魯國臧文仲對魯侯說：「夫為四鄰之援，結諸侯之信，重之以婚姻，申之以盟誓，固國之艱急是為」㉖，「盟誓」涉及兩方或多方都能接受的契約，會祈請神明為證；婚姻同樣是種契約，在雙方祖靈見證下進行，是以相提並論。也可見出婚姻並非男女個人情投意合的私事，而是在國際間有著與盟誓同等功能的政治行為，其牽涉到保障並增進國、家的政治利益。就以周桓王娶紀姜的事件來看，此聯姻是魯國極力促成的，其背後牽涉複雜的國際勢力的鬥爭。因為紀與齊同為姜姓之國，但在齊之側，有礙齊的發展，因此齊國要擴張勢力，必須先掃除這層障礙，於是兼併紀國成為重要的策略。但齊、魯地域相近，齊國的擴張勢必造成對魯國的威脅，於是救紀來牽制齊國，成為魯國的策略。魯國想借助周王室的傳統地位來遏阻齊國的野心，即史家所說：

紀之與齊近在臥榻之側，齊不得紀，則不能舒展一步。

㉔ 郭沫若，《詛楚文考釋》，《西北考古文獻》（蘭州：蘭州古籍書店，1990年），第一卷，頁282。
㉕ 《左傳》，卷二十七〈成公十三年〉，頁461。
㉖ 《國語》，卷四〈魯語上〉，頁157。

此亦魯為計謀，欲結婚于王家以自固也。㉑

為了加強這個政治聯盟，魯國自身也嫁女於紀。魯國與莒國本來長期結怨，透過與紀國聯姻，由紀侯出面調解，達成盟約㉘，以期進一步防堵齊的勢力。一方面是周／紀、魯／紀聯姻；另方面是莒／紀、莒／魯定盟，不正是「申之以盟誓，重之以昏姻」的絕佳例證？

還可以由著名的伯姬嫁於宋，三國（衛、魯、齊）來陪媵一事為例，來看婚姻與當時國際局勢的密切關係。從經師對媵婚制的立場來看，或認為三國來媵違禮，或認為是因為諸侯國嚮慕伯姬賢名而有的特殊狀況，但若能配合當時晉、楚爭霸的國際背景下來理解，應該更能切中原委。伯姬是在魯成公九年嫁於宋，三國陪媵的時間分別是八年冬（衛）、九年夏（晉）、十年夏（齊），這時距離宣公十二年晉、楚邲之戰約有十五年的時間。當時的局勢，由楚國方面來看，邲之戰，大敗晉軍，楚人乘勝追擊，步步進逼中原㉙，陳、鄭已服，宋國是楚國稱霸中原的下一個重要目標。在邲之戰同年的冬天，楚國先滅宋的附庸蕭國，其後透過借道，故意釀成衝突，大

㉑ 顧棟高，《春秋大事表》，卷四十四〈春秋齊紀鄭許宋曹吞滅表·敘〉，頁760、〈齊滅紀始末〉，頁 761。詳參陳寧，〈春秋時期大國爭霸對諸侯婚姻制度的影響〉，《河北師院學報》4 期（1990 年 12 月），頁 76。

㉘ 《左傳》，卷二〈隱公二年〉，頁 42：「紀子帛莒子盟于密」、卷四〈隱公八年〉，頁 73：「九月辛卯，公及莒人盟于浮來」。

㉙ 楚國除了採取武力，也透過聯姻將觸角向外伸展。觀楚國的婚姻對象以陳、蔡、鄧、鄭等為主，而這些國家正是它向北擴充所須面臨的對象。

舉攻宋。圍宋的時間由魯宣公十四年九月至十五年五月，共九個月。宋向晉求救，晉卻因為怕與楚正面交鋒，一直沒有真正派兵，導致宋國陷入「易子而食，析骸而爨」的慘境，最後只能與楚和解❷⓪。楚的霸業於是又向前邁進了一步。魯見楚勢強不可擋，所以想討好楚人，在魯宣公十五年要公孫歸父會見楚王，並進貢禮物❷①。秦人向來以橫亙在東進途中的晉為腹心之疾，所以在策略上是聯楚抗晉的。

　　從晉國方面來看，邲之戰後，聯盟國漸失，晉處境維艱，急切想拉攏齊國，魯宣公十七年，本欲與齊盟于斷道，卻因齊本無意，又污辱了晉使，盟約不成，於是晉侯在隔年和衛大子臧共同伐齊，才換得與齊結盟❷②。齊、晉交好引起了魯的不安，所以立刻請楚調軍隊伐齊，但沒有得到楚的支持。於是魯作丘甲以防齊難，後來又再次投入了晉國的陣營中❷③。晉與齊雖然會盟，不過關係尚未穩定。魯成公二年齊國伐魯，南侵及巢丘，夏四月時又敗衛師，六月時晉、魯、衛、曹等國與齊戰于鞌，齊軍大敗而言和，並歸還魯國土地❷④。晉、齊在袁婁盟會，此後齊人才算真的加入了晉陣營。成

---

❷⓪　《左傳》，卷二十四〈宣公十五年〉，頁 408，記載華元夜入楚軍，威脅子反而最後宋及楚媾和，以華元為質，並盟誓彼此不相詐欺之事。《呂氏春秋校釋》，卷二十〈行論〉，頁 1391，亦載此事，雖與《左傳》有些差異，但結果是一樣的。

❷①　《左傳》，卷二十四〈宣公十四年〉，頁 405-406。

❷②　前揭書，卷二十四〈宣公十八年〉，頁 413。

❷③　前揭書，卷二十五〈成公元年〉，頁 420。

❷④　前揭書，卷二十五〈成公二年〉，頁 420：「取汶陽田」，杜注：「晉使齊還魯，故書取，不以好得，故不言歸」，卷二十六〈成公八年〉，頁 445，

公三年春，魯、晉、宋、衛、曹共同伐鄭，鄭國於是加入聯盟。成公五年十二月與晉、齊、宋、魯、衛、曹、邾、杞同盟于蟲牢。由於鄭國加入了以晉為首的聯盟，引來楚的攻伐。七年秋，晉同盟國聯合救鄭❷、九年正月，同盟國再次於蒲結盟❷、十年五月，因為鄭變節，晉、齊、魯、宋、衛、曹聯合伐鄭。由以上所述，會發現：伯姬婚嫁的時間正是以晉為首的聯盟形成，並不斷透過盟會來確定彼此關係，共同面對楚、秦所帶來的生存威脅的處境相契。此次聯姻的目的是為了再次加強和鞏固彼此的聯盟關係，無怪乎五個重要的「盟誓」國均參與了這次「昏姻」事宜，共結為姻親❷。

最後以晉為首的盟國與楚戰於城濮，遏止了楚的北上❷。為了避免征戰不息，晉嫁女於楚❷；為了表示看重此次婚禮，晉侯還親自送女。希望以此來表示對楚王的尊重，並維持雙方的和平。

事實上，遠在周初，就已顯示極為看重婚姻與政治的關係，期盼利用血緣關係的兄弟國以及姻親關係的甥舅國，共同來鞏固和護

又記載晉國要魯將汶陽田交還齊之事，為此而引起了晉的同盟國不安，有了貳心。

❷　根據前揭書，卷二十六〈成公七年〉，頁 443，此次參與者有晉、齊、宋、衛、魯、曹、莒、邾、杞等國。

❷　根據前揭書，卷二十六〈成公九年〉，頁 447，此次參與者有晉、齊、宋、衛、魯、鄭、曹、莒、杞等國。

❷　詳參〈春秋時期大國爭霸對諸侯婚姻制度的影響〉，頁 82。

❷　李宗侗分析城濮之戰以前楚國當時的勢力版圖，可以看出婚姻在版圖擴張中所具有的重要義意，見〈城濮之戰〉，《中國戰史論集》，引自氏著《左傳今註今譯》（臺北：臺灣商務印書館，1987 年），頁 379。

❷　《左傳》，卷四十三〈昭公五年〉，頁 746、747。

衛周室基業。學者指出：西周時期周王室有計劃地每隔一代與齊國通婚，娶姜姓女為妻❷。從王室的角度來看，這主要是為了共同反商禦戎的需要❷；從齊國的角度來看，則是想在利益分沾中取得最高的籌碼。對於列國而言，聯姻除了釋放表面上的善意，對大國而言，無非擴充勢力影響範圍；對小邦而言，目的不外乎尋求庇護。此可舉衛侯之女婚嫁事為例，當衛侯之女已屆許嫁之年，齊國、許國均前來求親，衛侯想將她嫁於許，但她便分析箇中利弊，說服父親使她嫁齊，此分析一針見血地道出國際聯姻的目的：

> 古者諸侯之有女子也，所以苞苴玩弄，繫援於大國也。言今者許小而遠，齊大而近。若今之世，強者為雄。如使邊境有寇戎之事，維是四方之故，赴告大國，妾在，不猶愈乎？今舍近而就遠，離大而附小，一旦有車馳之難，孰可與慮社

---

❷　劉啟益，〈西周金文所見周王后妃〉，《考古與文物》4 期（總第 4 期）（1980 年 12 月）。

❷　《史記》，卷五〈秦本紀〉，頁 177，記載周孝王想以大駱另一子非子為嫡，申侯反對：「昔我先酈山之女為戎胥軒妻，生中潏，以親，故歸周，保西垂，西垂以其故和睦。今我復與大駱妻，生適子成，申、駱重婚，西戎皆服，所以為王，王其圖之」，周孝王於是不更動申侯的外孫為大駱繼嗣的地位，另將秦地賜給非子，讓他接續嬴氏的廟祀，號稱秦嬴，以安撫申國，可以看出姜姓在西戎的地位及影響力、西周王室之借重。是以一旦幽王廢申后，姬、姜利益共享的契約破裂，即引發申侯連結西夷、犬戎覆滅宗周。而東周之所以再興，靠的也是申與姬姓宗室聯、骨聯手促成。幽王見害時，其叔鄭桓公亦被難，然而其子武公仍娶申侯女為夫人，充分顯示國際聯姻率出諸政治利害考量，雖父仇也必須隱忍。

稷？⓲

　　既然婚姻乃利益導向，端視對方能提供多少有利的資藉，那麼其現實的特性就必為其基本屬性。如春秋以後，王室力量並聲望陸落，齊國對與王室聯姻也就不再那麼熱衷了。由《春秋》經傳的記載來看，雙方通婚只有四次，分別是周王室嫁女於齊襄公、齊桓公，以及周定王、周靈王先後娶齊女。也正因為此層現實，當周靈王派使者向齊提親時，齊侯竟然連與王室通婚的禮辭都不清楚了⓳！而為了國家安全、或勢力拓展等現實利益考量，許多原先婚配禁制都可委諸於地。如春秋末年蔡、吳二國通婚，出土的《蔡侯盤》（蔡侯即位時所作的媵器）、《吳王光鑑》⓴（吳王之女出嫁蔡侯時的媵器）可為明證。由前者的銘文可以看出：蔡國介於吳、楚二強之間，試圖藉著聯姻手段，託庇於吳，吳也以通婚為政治工具，擴大其勢力範圍。魯昭公娶吳孟子，目的也屬同一類型，魯意圖藉吳對抗齊，吳也意圖在北上爭霸途徑中利用魯牽制齊，削弱對方阻力。然而蔡、吳、魯都是姬姓，看來在國際政海圖存中，同姓相婚，「其生不殖」㉕的顧慮也只得暫置不論了。

　　在戰國波詭雲譎的局勢中，婚姻繼續屬於運用的政治策略之一。蘇秦提議六國合縱，抗拒秦的侵略；秦則透過婚姻關係來連結各國，打破被孤立的局面。張儀以「秦、楚娶婦嫁女，長為兄弟之

⓲　《列女傳》，卷三〈仁智傳·許穆夫人傳〉，頁2a。
⓳　《左傳》，卷三十一〈襄公十二年〉，頁548-549。
⓴　分別見於《商周青銅器銘文選》，頁396、365。
㉕　《左傳》，卷四十一〈昭公元年〉，頁707。

國」㊗️遊說楚王，使得楚王也希望以此來免去秦的威脅。秦惠王並遠交至幽冀，嫁女「為燕太子婦」㊗️，牽制勢力日盛的齊國，使得列國擺盪在該要對抗秦國，或是拉攏討好秦國的焦慮中，合縱政策因此破局。

諸侯國間的婚配對象的擇定，雖然以政治利益為最重要考量，但此種利益並不限於具體的富強而已，還可以是社會名望的取得。尤其在重視名份、傳承的封建文化中，與有名望或比自己地位高的古國聯姻，可以提升自身在國際間的地位。以魯國婚姻對象為例，魯女早先嫁娶對象常是薛、宋、杞等文化古國。薛是黃帝之後，宋是商之後，杞是夏之後。然而魯國自桓公以降，莊、僖、文、宣、成所娶均為齊女，蓋欲透過姻親關係緩和因齊國擴張引發的緊張關係。至於國力強盛的齊國之所以接受與魯國聯姻，最重要的原因恐怕是魯乃周公嫡裔，在諸侯國間具有光榮而久遠的文化象徵和傳統。如《禮記》卷四十九〈祭統〉即提到：

> 昔者周公旦有勳勞於天下，周公既沒，成王、康王追念周公之所以勳勞者，而欲尊魯，故賜之以重祭，外祭則郊、社是也；內祭則大嘗、禘是也。夫大嘗、禘，升歌〈清廟〉，下而管象；朱干玉戚以舞〈大武〉，八佾以舞〈大夏〉，此天子之樂也，康周公，故以賜魯也。子孫纂之，至于今不廢，所以明周公之德，而又以重其國也。

㊗️　《史記》，卷七十〈張儀列傳〉，頁 2287。
㊗️　前揭書，卷三十四〈燕召公世家〉，頁 154。

魯因為是周公的後裔，竟可以享有和天子同等級的禮樂，在《禮記》〈明堂位〉中，魯生對此多所誇耀。明堂本為周人追享先王，配祀上帝之廟，卷三十一〈明堂位〉也盛誇：「成王以周公為有勳勞於天下……命魯公世世祀周公以天子之禮樂」、「凡四代之服器官，魯兼用之，是故魯王禮也……天下資禮樂焉」❷❻❽。魯國在諸侯國間的殊榮不言可喻。在春秋時期，魯仍以禮古國見稱，從吳季札來魯國聘問，而觀於周樂舞，所用乃天子之樂，季札對樂舞贊歎不已，亦可窺之一二❷❻❾。又如魯昭公二年，晉侯派韓宣子來魯聘問，韓宣子「觀書於大史氏，見易象與魯春秋」而興起了「周禮盡在魯矣」的感歎❷❼⓪。齊與文化古國的魯國通婚，對提升在國際間的地位和名望均有所幫助。齊國想得到諸侯的共許，須要在武力之外，輔之以文化的象徵地位，與魯國聯姻乃為上策。

㈡姻親國對內政的影響

母舅國與妻子的姻親國對於其所出者往往提供資源，必要時往往提供政治上的庇護。如衛惠公因左右公子政變，共立故太子急之弟黔牟為君，惠公逃奔至母舅齊國避難❷❼❶。又如齊襄公被弒後，齊國內亂，公子糾由於是魯出者，所以逃奔至魯國❷❼❷。郕隱公為吳國

---

❷❻❽　《禮記》，卷三十一〈明堂位〉，頁 575。

❷❻❾　《左傳》，卷三十九〈襄公二十九年〉，頁 667-673。

❷❼⓪　《左傳》，卷四十二〈昭公二年〉，頁 718。

❷❼❶　《左傳》，卷七〈桓公十六年〉，頁 128、卷十一〈閔公二年〉，頁 191，《史記》，卷三十七〈衛康叔世家〉，頁 1594。

❷❼❷　《史記》，卷三十二〈齊太公世家〉，頁 1485：「次弟糾奔魯，其母魯女也，管仲、召忽傳之」。

所幽囚，逃出後，利用道經魯國時「奔齊」，也因為他是「齊甥」的關係❷⓭。

　　母舅國也每每介入立君之事。鄭公子忽於周、鄭媾和時，赴周作為人質，後來曾出兵為齊國解除戎禍而立下了大功，齊侯因此有意把女兒嫁給他，陳侯也以為他得到周王室親信而有意與他結親。大臣祭仲也力勸公子忽娶齊女，原因在於「君多內寵，子無大援，將不立，三公子皆君也」。所謂「大援」，按當時的習慣來說，若非母舅國，就是姻親國。公子忽的母親為鄧曼，雖然受寵，但母舅國並沒有實力能穩固他的君位，因此姻親國的勢力，成為最重要的依靠。但是公子忽聽不進祭仲的話，最後仍以「齊大非吾耦」與不「以師昏也」❷⓮等理由堅決辭謝齊國的求婚，娶了陳女。果然，公子忽雖然在鄭莊公死後繼位（即後來的昭公），不過立刻面臨到了祭仲耽憂的事情。公子突的母親為宋國權臣雍氏的女兒，使得宋國在立君事件中積極干預，昭公在沒有外援的情形下，只能出亡。公子突立後，因為想除掉專權的祭仲，卻失敗了，也出亡。宋公為了此事，聯合魯、蔡、衛，想送厲公回國，雖然未能成功，但整個局勢變化中，宋國這個母舅國都扮演了重要的角色。

　　在立嗣的過程中，若發生了不合理的情況，母舅國不論是真基於公義，或者僅是藉著討伐不義，而行立外甥（孫）之實，也常會出面干預。譬如陳桓公子公子佗殺太子免而代立為君，授蔡人以

---

❷⓭　《左傳》，卷五十八〈哀公十年〉，頁 1015。

❷⓮　以上引文並見前揭書，卷七〈桓公十一年〉，頁 122、卷六〈桓公六年〉，頁 112。

柄，蔡人為了使外甥、桓公之子公子躍能夠繼位，乘著陳佗不被國人認同的情勢下，殺了陳佗㉕，並在晉人的幫助下立了厲公。另外，齊人立所出去疾，亦是一例：

> 莒犁比公生去疾及展輿，既立展輿，又廢之。犁比公虐，國人患之。十一月，展輿因國人以攻莒子，弑之，乃立。去疾奔齊，齊出也；展輿，吳出也。
>
> （次年）秋，莒去疾自齊入于莒，莒展輿出奔吳。㉖

齊人所以能夠送去疾回國，主要因為展輿弑君而自立，其作為不得國際認同，同時又不得國內群公子的支持有關。齊人乘此情勢裏應外合，送去疾回國即位。展輿只得出奔母舅國避難了。除非母舅國自顧不暇，否則往往積極介入。譬如魯文公與出姜所生嫡嗣惡、視為齊國之甥。襄仲因為想立敬嬴之子而先請示齊國，此時齊惠公才剛因為邴歜、閻職弑君而新立，本身合法性即可商兌。齊惠公有待國際支持，以使得君位能夠穩固，所以答應了襄仲的要求㉗。襄仲得到了齊國的認同，回國後即殺了惡、視。事後為了平息齊人的不

㉕ 前揭書，卷六〈桓公五年〉，頁106、卷九〈莊公二十二年〉，頁163。卷三十六〈襄公二十五年〉，頁622-623，晉人問陳之罪，提到：「（陳）桓公之亂，蔡人欲立其出，我先君莊公奉五父而立之，蔡人殺之，我又與蔡人奉戴厲公，至於莊、宣，皆我之自立」。

㉖ 以上引文分見前揭書，卷四十〈襄公三十一年〉，頁687、卷四十一〈昭公元年〉，頁696。

㉗ 前揭書，卷二十〈文公十八年〉，頁351。

滿，襄仲還在隔年奉送濟西田，以彌補齊人❷⁷⁸。這次事件雖未引起母舅國的干預，但其間過程正足以顯示母舅國在立君之事上扮演著舉足輕重的角色。

母舅國輔立所出能否得力，除了與混沌不明的國際局勢相關外，本身國力的強弱尤屬關鍵。「公伐齊，納子糾」，「及齊師戰于乾時，我失敗績」❷⁷⁹，即是一例。另外，《公羊傳》卷十四〈文公十四年〉記載：

> 晉郤缺帥師革車八百乘以納接菑于邾婁，力沛若有餘而納之，邾婁人言曰：「接菑，晉出也；貜且，齊出也。子以其指，則接菑也四；貜且也六。子以大國壓之，則未知齊、晉孰有之也。貴則皆貴矣，雖然，貜且也長。」郤缺曰：「非吾力不能納也，義實不爾克也。」引師而去之。

晉人意圖積極介入邾婁立君的事情，以輔立己之外孫，不過遇到的對手卻是也想擁立外孫的齊國。當時邾婁人向晉國分析接菑與貜且的情況，若論理，由嫡庶來說，二者皆是庶子；由子以母貴的角度來說，則二者皆出自大國看似難分軒輊。然而按照當時慣例：有嫡嗣則嫡嗣優先，「無則長立，年鈞擇賢，義鈞則卜」❷⁸⁰。由於貜且

---

❷⁷⁸　《公羊傳》，卷十五〈宣公元年〉，頁188-189：「六月，齊人取濟西田。外取邑不書，此何以書？所以賂齊也。曷為賂齊？為弒子赤之賂也」，解詁：「子赤，齊外孫，宣公簒弒之，恐為齊所誅，為是賂之，故諱」。

❷⁷⁹　《左傳》，卷八〈莊公九年〉，頁144-145。

❷⁸⁰　前揭書，卷四十〈襄公三十一年〉，頁685。

年紀較長，應有優先繼承權。若捨理論力，晉人恃強介入，則齊人也可能以軍隊納獲且，晉、齊交鋒，誰能夠得勝呢？當時由於晉國長期與秦國征戰❷❽❶，又有楚國步步進逼的威脅❷❽❷，耗損了極多的國力。魯文公六年，晉襄公死，太子年幼，晉人耽心引來外患，還因此曾想立出使於秦的公子雍為君，最後在穆嬴極力爭取下，才由太子繼位。可見晉國當時內政並不安穩，在此種多事多難之秋，晉國實不想也不能多啟戰端，所以只得放棄積極介入邾婁嗣君的爭執。郤缺所說則是為此事件作了一個道德上的詮釋，讓事情可以保留顏面地落幕。而當獲且被立為君後，接菑則出奔至晉國避難❷❽❸。

前面提到不少母舅國對所出（外甥、外孫）提供政治助力，當然，除了母舅國外，自身婚配的姻親國也具有此功能。晉文公重耳

---

❷❽❶　晉文公死後，至此次欲立接菑之前，前揭書，卷十七〈僖公三十二年〉，頁288，秦人伐喪：「夏四月，辛巳，晉人及姜戎敗秦于殽」，卷十八〈文公二年〉，頁 300，秦將孟明視帥師伐晉，欲報殽之恥：「春，王二月，晉侯及秦師戰于彭衙，秦師敗績」，卷十八〈文公三年〉，頁 305，秦再伐晉，取王官及郊，卷十八〈文公四年〉，頁 306，晉「伐秦，圍邧新城，以報王官之役」，卷十九上〈文公七年〉，頁 316，秦人欲送公子雍回國即位，但晉人臨時變卦，立了穆嬴之子靈公為君，於是：「夏四月……戊子，晉人及秦人戰于令狐」，卷十九上〈文公十年〉，頁 322，「夏，秦伐晉」，卷十九下〈文公十二年〉，頁 329-330：「冬，十有二月戊午，晉人、秦人戰于河曲」。

❷❽❷　僖公二十八年城濮之戰楚人失利後，想要北上的企圖從未打消，《左傳》，卷十八〈文公三年〉，頁 304：「楚人圍江……晉陽處父帥師伐楚以救江」，卷十九上〈文公九年〉，頁 321，楚人伐鄭，晉援不及，「鄭及楚平」，同年楚人又因為陳國「服於晉」，而侵陳，陳「及楚平」。

❷❽❸　前揭書，卷十九下〈文公十四年〉，頁 335。

能順利入晉即位，即在於娶了秦穆公女文嬴，得到穆公的幫助。在女子所嫁之國有危難時，姻親國也會基於情誼而出手相救，如邾國攻打鄅國，由於鄅夫人為宋國向戌之女，她的兄弟向寧就請宋公攻邾❷❽❹。又如戰國時期，秦昭王破趙長平軍，邯鄲岌岌可危，平原君夫人為魏王姊妹，平原君也就透過這層關係向魏求救，他在責讓信陵君時說得很露骨：

> 勝所以自附為婚姻者，以公子之高義，能急人之困……公子縱輕勝，弃之降秦，獨不憐公子姊邪？❷❽❺

上述事例都是嫁女之國照顧女婿、外甥、外孫，若從相反的角度來看，已嫁婦女也會基於對母國的眷戀以及為自身利害著想——娘家衰亡，豈會不影響到她在夫家的地位？——提供一些政治上幫助。如秦、晉韓原之役，晉惠公被俘，他的姊姊秦穆公夫人帶著子女，以死要脅，才使得晉惠公免於一死，返回晉國❷❽❻。秦、晉殽之役，晉國「敗秦師于殽，獲百里孟明視、西乞術、白乙丙以歸」，這三員大將是秦國軍事重要的命脈，秦穆公之女、晉文公夫人文嬴用計說服晉侯放了三員大將，等到晉侯反悔，已經來不及了❷❽❼。這些都

---

❷❽❹　前揭書，卷四十八〈昭公十九年〉，頁844。
❷❽❺　《史記》，卷七十七〈魏公子列傳〉，頁 2379。不過，這種訴諸感情的請求對真正的政客而言，並無效用，所謂「公子……數請魏王，及賓客辯士說王萬端……終不聽」，甚至名為救趙，卻持兩端。
❷❽❻　《左傳》，卷十四〈僖公十五年〉，頁 231。
❷❽❼　前揭書，卷十七〈僖公三十三年〉，頁 290。

是出嫁婦女對母國的貢獻。

(三)聯姻功能的有限性

聯姻固然可能提供某種政治資源，然而也不應過份高估這層關係的效用。《穀梁傳》卷二〈隱公八年〉說：「盟詛不及三王」，《公羊傳》卷四〈桓公三年〉也認為：「古者不盟，結言而退」，是否屬實，不敢斷言。但有一點可確定：如果信不由衷，兼以自身利益當頭，再怎麼歃牲籲神，但口血未乾，已經背約，其約束力之薄弱，按諸春秋以來的史冊，則斑斑可考。以此角度來看，與盟誓並列的聯姻能發揮多少實際的親和力、約束力，也就可想而知了。如魯、齊長期通婚，卻仍爭戰不斷。又如晉惠公、懷公、文公與秦一再有姻親關係，卻也一再干戈相向。又如楚國在擴張的過程中滅了很多國家，有些曾與之有過婚姻關係❷❽❽。鄭文公的夫人中有楚女文芈，楚成王也娶了文芈二女❷❽❾，但鄭仍不能免於楚國的侵略❷❾⓪。

---

❷❽❽ 前揭書，卷二十三〈宣公十二年〉，頁388-389，記載楚國攻下了鄭國，鄭伯以臣僕的姿態露著上身，牽著羊出城迎接，希望楚國能夠「惠顧前好，徼福於厲、宣、桓、武，不泯其社稷，使改事君，夷於九縣」，所謂「夷於九縣」即是鄭伯謙卑地希望能比照楚國攻下他人之國而以之為縣的模式辦理。陸氏《釋文》、孔氏《正義》都指出：在此之前，經傳記載楚已滅申、息、鄧、權、弦、黃、夔、江、六、蓼、庸等，以及漢陽諸多姬姓國，不悉鄭伯心目中的九國孰謂。無論如何，其中有些和楚國有婚姻關係，如《邛仲姬南鐘》即楚、江聯姻的媵器，《鄧伯氏鼎》可能為芈、鄧聯姻的媵器（詳參表3.3），至少楚武王夫人鄧曼即是鄧國之女。

❷❽❾ 前揭書，卷十五〈僖公二十二年〉，頁249。

❷❾⓪ 鄭國原屬晉國聯盟中的一員，前揭書，卷十九上〈文公九年〉，頁320：「楚人伐鄭，公子遂會晉人、宋人、衛人、許人救鄭」，鄭國投降順服於楚，但也因此引來晉國為結盟國的不滿，魯宣公元年、二年以晉國為首的盟

　　前文曾經論述姻親中的舅甥（外孫）等的關係密切，舅甥關係放在國際現實中亦充滿了矛盾與緊張。先從鄧侯與楚文王的關係來看，《左傳》卷八〈莊公六年〉記載：

> 楚文王伐申，過鄧，鄧祁侯曰：「吾甥也。」止而享之。騅甥、聃甥、養甥請殺楚子，鄧侯弗許。三甥曰：「亡鄧國者，必此人也，若不早圖，後君噬齊，其及圖之乎？圖之此為時矣。」鄧侯曰：「人將不食吾餘。」對曰：「若不從三臣，抑社稷實不血食，而君焉取餘？」弗從。還年，楚子伐鄧；十六年楚復伐鄧，滅之。

鄧祁侯秉持的是舊道德對甥舅關係的相信和重視，認為罔顧親情姻誼，將受世人鄙視。但是鄧作官的三個外甥以及楚文王則已不是這種舊道德的服膺者了，他們思索兩國關係時，完全從政治現實的角度著眼，而以冠冕堂皇的大我（公）的利害，所謂「社稷實不血食」，位階遠高過小我（私）的溫情來進行辯解。對於鄧侯式的顧慮早拋諸腦後，而後續發展也果如三甥所料：婦人之仁只會害事。可以看出在現實政治的利益導向下，傳統重視甥舅關係的精神脆弱不堪。《左傳》卷二十七〈文公十三年〉記載晉侯派遣呂相到秦國去斷絕和秦國的外交關係，其中提到：

軍二次侵略鄭國，鄭國只得又倒向晉國陣營，又再次引來楚國的攻伐，魯宣公九年、十年楚王即二次伐鄭，固然顯示鄭國成為夾在晉、楚二大國下的犧牲品，也顯示聯姻與政治關係融洽與否可分裂為兩途，前者實不必然保證後者。

> 康公，我之自出，又欲闕翦我公室，傾覆我社稷，帥我蝥
> 賊，以來蕩搖我邊疆，我是以有令狐之役。康猶不悛，入我
> 河曲，伐我涑川，俘我王官，翦我羈馬，我是以有河曲之
> 戰。東道之不通，則是康公絕我好也。

秦康公為晉獻公外孫、晉文公及惠公外甥。從晉國來看，康公對晉
國十分不友好。晉人認為秦人薄情，由秦人來看晉人，則亦復如
此。晉惠公夷吾得秦國幫助，才得以入晉即位，表面上看似得到姻
親關係（姐夫）的助力，其實是晉國承諾給秦國五座城池換得的代
價❷，等到夷吾順利達成目的後，對如此高昂的代價遲遲捨不得付
出。當晉國發生饑荒時，秦國輸給粟米，以供應急。未料，隔年秦
國大饑時，晉國竟不肯施予，反欲乘亂打劫❷。若平實來看，秦、
晉均各有所圖，秦、晉之好也只是在符合自身利益前提下的甜言蜜
語，姻親關係的力量抵不過政治現實。以上事例，在在可見：在國
際政壇中，政治聯姻的約束、制衡力不能說沒有，卻是充滿變數，
易於被其他因素排擠到現實考量之外的。

　　更等而下之者，假借聯姻之名而行攻伐之謀略，彼此信賴的基
礎蕩然無存。如楚公子圍利用聘問之便，迎娶鄭公孫豐氏之女，想
藉逆婦的名義率兵入城。鄭國知公子圍意圖假借迎娶之名而行侵略
之實，執意不讓公子圍進城，要他在城外除地為墠完婚。公子圍以

---

❷　《左傳》，卷十三〈僖公九年〉，頁 220、卷十四〈僖公十五年〉，頁 229-
　　230，記載「晉郤芮使夷吾重略秦以求入」，範圍「東盡虢略，南及華山，內
　　及解梁城」。

❷　前揭書，卷十四〈僖公十五年〉，頁 229-230。

不論聘禮或婚禮都應當在宗廟中舉行，並認為在外完婚是一種侮辱，執意要進城。鄭國子羽道出了小國依附大國求生的無奈：

> 小國無罪，恃實其罪。將恃大國之安靖己，而無乃包藏禍心以圖之，小國失恃而懲諸侯，使莫不憾者距違君命而有所壅塞不行是懼。不然，敝邑館人之屬也，其敢愛豐氏之祧？

小國希望透過結婚姻拉攏大國，以獲蔭庇，不過諷刺的是，這種渴望本身乃兩刃的利劍，若一味倚仗，無異於引狼入室，所以說「恃大國而無備則是罪」❷⁹³。鄭國的耽心並不是空穴來風，在世風日下、人心不古的春秋時期，多的是充滿血淚的殷鑑。《韓非子》卷四〈說難〉就提到鄭武公想要伐胡，使用的策略是先嫁女於胡君，彼此結成「兄弟之國」，讓對方「以鄭為親己」，在疏於防備下滅胡。《呂氏春秋》卷十四〈長攻〉記載趙襄子欲取代國，先以姊姊嫁給代王，然後利用其饗宴時疏於防備，將他擊殺，因而滅代❷⁹⁴。襄子姊夾在母國與本國、夫仇與手足情誼的矛盾間，最後以自殺了結。這是對毫無誠信可言的婚姻安排之沈重抗議。

二、由家族內部利益來看婚配對象的選取

當子反欲娶夏姬時，巫臣勸他「天下多美婦人，何必是」，可

---

❷⁹³　以上引文並見前揭書，卷四十一〈昭公元年〉及杜注，頁697。

❷⁹⁴　《史記》，卷四十三〈趙世家〉，頁1793、《列女傳》，卷五〈節義傳‧代趙夫人傳〉，頁5b-6a，均載此事，但認為襄子姊與代王的婚姻乃趙簡子的安排。

見「美」為男子娶婦的考量之一㉕。然而婚姻在古代實非男女兩情相悅的私事，對於貴族來說，除了上述藉此建立國與國、家族與家族間的政治社會網絡，選娶一婦女，即是在為家族選擇一孕育子嗣、承奉祭祀的人，密切關係著一個家族的盛衰。因此，姑且不論實際上個人好惡在選擇婚配對象中所佔的份量多寡，按禮來說，對象美醜並非考慮重點。《大戴禮記》卷三〈保傅〉就特別由這個角度來說選擇婚姻對象的重要性：

> 謹為子孫娶妻嫁女，必擇孝悌世世有行義者，如是則其子孫慈孝，不敢淫暴，黨無不善，三族輔之。故曰：鳳凰生而有仁義之意，虎狼生而有貪戾之心，兩者不等，各以其母。嗚呼！戒之哉！無養乳虎，將傷天下，故曰：素成。

如果順著古人思維模式仔細點讀，再參照《大戴禮記》卷十三〈本命〉從消極角度去除掉一些不適婚配的對象：

> 女有五不取：逆家子不取，亂家子不取，世有刑人不取，世有惡疾不取，喪婦長子不取。逆家子者，為其逆德也；亂家子者，為其亂人倫也；世有刑人者，為其棄於人也；世有惡疾者，為其棄於天也；喪婦長子者，為其無所受命也。

㉕ 《左傳》，卷二十五〈成公二年〉，頁 428。又，卷三十六〈襄公二十五年〉，頁 617，棠姜因美貌，寡居中為崔杼看上、卷四十一〈昭公元年〉，頁 702-703，徐吾犯妹美，為公孫楚、公孫黑爭娶，均是其例。

就會發現：反覆強調的是女性人選的「家」、「世」，充分反映婚姻在古代確實非男女兩人間的私事，而是家族間的公事。正因如此，女性人選本身如何不是焦點，她是被放置在她的整個家族脈絡中來考量的。以〈本命〉的五不娶來說，實際關注的是家族教養傳統、累代社會聲望，以家族歷史如何等層面。因為「鳳凰生而有仁義之意，虎狼生而有貪戾之心，兩者不等，各以其母」，母親如何被深切關注。叔向的母親在勸兒子打消娶夏姬女兒的念頭時，將三代的滅亡都歸咎於這類「尤物」❷❾❻式的婦女。若將叔向之母當初不讓叔虎之母當御，所持之理由：「深山大澤實生龍蛇」❷❾❼，與鄭史伯為桓公論興衰，談及傾覆宗周的褒姒實為褒神以「二龍」之龍漦所孕育❷❾❽，兩相參對，前者是女生龍蛇（叔虎）；後者是龍蛇生女（褒姒），顯然認為龍蛇所生者為龍蛇，儘管那些妖孽可以人形見世，但其本質仍非我族類。無怪乎玄妻所生，而導致夔氏覆滅的伯封被認為「實有豕心」❷❾❾。但「其母」是鳳凰或虎狼，則又奠基於「其母」之父母、大父母是何種稟性，決定論的色彩鮮明。

古人確實很看重胎教，否則何至於要將「胎教之道，書之玉板，藏之金匱，置之宗廟」❸⓪⓪？因為在古人的觀念中，身體的基礎實來自氣的流行❸⓪①。根據《馬王堆漢墓帛書·胎產書》，胚胎初形

---

❷❾❻　《左傳》，卷五十二〈昭公二十八年〉杜注，頁912：「尤，異也」。

❷❾❼　前揭書，卷三十四〈襄公二十一年〉，頁592。

❷❾❽　《國語》，卷十六〈鄭語〉，頁519。

❷❾❾　《左傳》，卷五十二〈昭公二十八年〉，頁912。

❸⓪⓪　《大戴禮記解詁》，卷三〈保傅〉，頁59。

❸⓪①　《氣·流動的身體》，頁33-112。

成時，還處於一種氣的流動狀態，所謂「留形」。其後才逐漸形質化，「二月始膏」，「三月始脂」。正因處於流動狀態，故而「未有定義，見物而化」。此時母親的言行情緒都會影響胎兒的性情與形貌。即便在此後逐漸凝固成筋、骨、膚、毛的過程中，胎兒每個月的變化即是一個更具體化的過程，在將形未形之際受感力特別強，容易被孕婦所接觸的事物滲透，性質隨之變遷。所以在這個時期孕婦的視聽言行思均須格外謹慎。從消極面來看，應避免不良的影響；從積極面來看，則應促進好的感染，所謂「內象成子」❸。五不娶中包含了「喪婦長子」，〈本命〉說是因為「無所受命」，當指母教而言。因此，何休說不娶喪婦長子是恐其「無教戒」❸。子女的教育本來就與母親關係密切，此所以《列女傳》以〈母儀〉冠首，將三代聖王的成就均歸諸自幼在日常生活中受到的母教影響❸，如：

> 姜嫄之性清靜專一，好種稼穡，及棄長，而教之種樹桑麻，棄……能育其教，卒致其名。
> 簡狄性好人事之治，上知天文，樂於施惠，及契長，而教之

---

❸ 馬繼興，《馬王堆古醫書考釋》（長沙：科學技術出版社，1992 年）〈胎產書〉，頁 781-803。這種受孕三個月內胎兒仍是流形，能見物而化的想法一直流傳到後代醫書中，詳參〈漢唐之間求子醫方試探──兼論婦科濫觴與性別論述〉對於後代胎兒性別轉換的論述。

❸ 《公羊傳》，卷八〈莊公二十七年〉解詁，頁 105。

❸ 詳參朱曉海，〈論劉向《列女傳》的婚姻觀〉，《新史學》，18.1（2007 年 3 月），頁 1-42。

理順之序，契……能育其教，卒致其名。

塗山獨明教訓，而致其化焉，及啟長，化其德而從其教，卒
致令名❸。

故一再強調漸化❸。尤其是女子，還要顧及娘家、以及未來夫家中
男女之防的問題，因此母親的教育遠比父兄要來得直接而密切。若
母親早亡，勢必對教養帶來一些負面影響。然而無論生前的胎教，
生後的幼教，關鍵都在母親的身心狀態。因此嚴格要求母親：「寢
不側，坐不邊，立不蹕，不食邪味……目不視於邪色，耳不聽於淫
聲」，「夜則令瞽誦詩，道正事」❸，以期待好的感應和滲透。但
母親性情如何，又奠基於她的家族是否「孝悌世世有行義者」。因
此胎教、幼教實為第二義，首要者仍為其「世」、「家」狀況。

　　當然，女性個人聲譽不佳，也會令人望之卻步。巫臣勸阻子反
娶夏姬，理由乃對方「是不祥人也，是夭子蠻，殺御叔，弒靈公，
戮夏南，出孔、儀」❸；漢代陳平之妻，在嫁陳平之前，「五嫁而
夫輒死」，當時「人莫敢娶」❸，也是認為她帶有不祥特質。《淮

---

❸　以上引文並見《列女傳》，卷一〈母儀傳‧棄母姜嫄傳〉，頁 2a、〈契母簡
　　狄傳〉，頁 2b、〈啟母塗山傳〉，頁 3a。

❸　前揭書，卷一〈母儀傳‧棄母姜嫄傳〉，頁 2a：「君子謂姜嫄靜而有化」、
　　〈周室三母傳〉，頁 4b：「文王母可謂知肖化矣」、〈魯季敬姜傳〉，頁
　　7a：「君子謂敬姜備於教化」、〈鄒孟軻母傳〉，頁 10b：「君子謂孟母善
　　以漸化」、〈魏芒慈母傳〉，頁 13a：「慈母以禮義之漸率導八子」。

❸　前揭書，卷一〈周室三母傳〉，頁 4a-b。

❸　《左傳》，卷二十五〈成公二年〉，頁 428。

❸　《史記》，卷五十六〈陳丞相世家〉，頁 2051。

南子》卷十六〈說山〉記載：

> 嫁女於病消者，夫死則後難覆處也。❸⓪

高誘注：

> 以女為妨夫，後人不敢娶，故難復嫁處也。

參照《西京雜記》卷二〈相如死渴〉：

> 長卿素有消渴疾，及還成都，悅文君之色，遂以發痼疾，乃作〈美人賦〉欲以自刺，而終不能改，卒以此疾至死。

可知當時人認為：身罹消渴疾者不宜行房，而丈夫身故之因往往被認為由妻子所致，故被視為「妨夫」，成為一不祥之人。同時女子若嫁於患有此病者，則可能滲透、沾染此種惡疾之氣，成為一個不

---

❸⓪　「病消」，馬總，《意林》，《四庫叢刊正編》（臺北：臺灣商務印書館，1979 年），卷二，所錄《淮南子》，頁 39，作「消渴」；《太平御覽》，卷七四三〈疾病部六·消渴〉所錄《淮南子》，頁 3428，作「疾痟渴」。張雙棣，《淮南子校釋》（北京：北京大學出版社，1997 年），〈說山〉，注解，頁 1649：「就嫁女言夫病消，當是男女之事，屬於陰痿，則病消謂不能御婦人。嫁於不能御婦人者，雖嫁猶處女也。然而夫死後，如嫁不得復稱處女，故曰：後復處也」。按：《御覽》同卷下文列有「陰痿」一目，可見古人不如此理解；其次，單稱「處」，無處子之意，訓處子乃添字訓解，不足取。

祥的人，也就因此會對再嫁造成阻礙。

　　就女子的婚配對象來看，徐吾犯妹「擇」婿時，子南「戎服入，左右射，超乘而出」，為她所相中，主要因為「子南夫也，夫夫婦婦，所謂順也」❸❶，可見男子氣概是女子傾心的重要原因。但就上層社會的家族來說，男方國、家能提供多少實質的政經資源、家族聲望，當屬關切重點。尤其東漢以前一般民眾門第觀念尚不甚強，「富」成為一個重要的考慮要點。《戰國策》即記載了當時媒人說項時，往往以「男富」為辭❸❷，反映出當時人擇偶的部份條件。

　　秦以後，不再如春秋時期列國並立，代之以中央集權的體制，漢高祖駕崩時，只留下一異姓諸侯王，餘者莫非劉氏，藉聯姻以「繫援於大國」的基礎已不復存。其他臣工間聯姻自然仍不脫現實利益考量。至於皇室，西漢皇室起於民間，后妃出身多微賤，及至儒家文化百年來浸染，出身問題已開始被看重，《漢書》卷九十七下〈外戚列傳·孝成趙皇后傳〉就記載：

> 許后之廢也，上欲立趙倢伃，皇太后嫌其所出微，甚難之。
> 太后姊子淳于長為侍中，數往來傳語，得太后指。上立封趙
> 倢伃父臨為成陽侯，後月餘，乃立倢伃為皇后。

---

❸❶　《左傳》，卷四十一〈昭公元年〉，頁 702-703。《毛詩》，卷四之二〈鄭·叔于田〉，頁 163，稱讚太叔段「洵美且仁」、「洵美且武」，乃同一欣賞角度。

❸❷　《戰國策》（臺北：里仁書局，1980 年），卷二十九〈燕策·燕王謂蘇代〉，頁 1074-1075。

成帝此舉很可能是受到《公羊》學的影響：一方面，按理，天子之娶必先選於大國之女；另方面，也不妨娶及庶人之女，只要利用專封之權，先行加侯，如此既不算過度屈尊，又能達到示不遺善的優點。元、成以降，地方豪族力量日盛，光武統一天下時又多採聯合陣線的手法，與某幾個大族歷世聯姻似乎就成了東漢皇室的家法之一了。母舅家干政的現象此時即不斷浮現，只是改以外戚專權的表述方式為人所悉。誠然，西漢時期已經常出現外戚當道，甚至干政的情況，大臣每以為言。盡人皆知：功臣集團與宗室劃平呂氏之後，議立君王人選時，所以捨齊王、淮南王，都是因為該二王母家惡，擔心「復為呂氏」，而看中代王的一大原因即在「太后家薄氏謹良」❸，無影響彼等既得利益之隱憂。但這不是擇配，而是立後的考量。西漢時期當道干政的外戚都是在女兒姊妹入宮後的事，擇配之初，並未考慮到女方家族力量大小。然而東漢皇室擇配時，顯然計及女方家世及背後代表的無形勢力，在這點上，可謂部分古典以變形方式復活了。

三、階級的限定

選擇婚配對象時，多本諸國、家、族等現實利益，不過，在封建社會下，這些盤算必須奠定在一個基礎上，即是聯姻的兩方應該要階級相當。由諸侯以至於庶人，均應在同階級中找到婚配對象，至於周王室由於身份至尊，故只能降級行婚配。一般來說，因為周天子身份貴重，婚配的對象若非強盛大國，即是富於名望的古國。

---

❸　《史記》，卷九〈呂后本紀〉，頁411。

如果婚配的對象在地位上不符合此條件，某些經生認為可以透過封爵的方式，以符合「娶先大國」❸的原則。《白虎通》卷十〈嫁娶〉說：

> 紀子以嫁女於天子，故增爵稱侯❸。至數十年之間，紀侯無他功，但以子為天王后，故爵稱侯。知雖小國者，必封以大國，明其尊所不臣也。王者娶及庶邦何？開天下之賢士，不遺善也。故《春秋》曰：「紀侯來朝」，文加為侯，明封之也。先封之，明不與庶邦交禮也。

《公羊傳》卷四〈桓公二年〉「紀侯來朝」解詁說：

> 稱侯者，天子將娶於紀，與之奉宗廟，傳之無窮，重莫大焉，故封之百里。月者，明當尊而不臣，所以廣孝敬，蓋以為天子得娶庶人女，以其得專封也。

---

❸　《後漢書》，卷十下〈皇后紀·順烈梁皇后紀〉，頁439。
❸　這種說法根由出於在此之前的一段經文：「紀子伯莒子盟于密」。《穀梁傳》，卷一〈隱公二年〉，頁14：「或曰：紀子伯莒子而與之盟，或曰：年同爵同，故紀子以伯先也」，將「伯」視為動詞，紀子為一爵稱。《左傳》，卷二〈隱公二年〉，頁42，「伯」作「帛」，無說，杜預認為乃上段經文來逆女紀使裂繻之字。《公羊傳》，卷二〈隱公二年〉，頁26，乾脆表示：「紀子伯者何？無聞焉爾」。可見：認為同一國君，先稱「紀子」，後易稱「紀侯」，必有大義，乃經生附會之見。可參見李怡嚴，〈《公羊傳》「伯于陽」臆解〉，《清華學報》30卷2期（2000年6月）。

意思是只有天子可以不受階級限制而結婚，因為天子可以透過封爵來彌補，諸侯以下因不得「專封」，所以也就無法降級結婚了。

　　據表 2.1、2.2，會發現春秋經傳中貴族婦女實際的婚配對象，除周王室外，絕大多數均遵守著同階級婚配的情形❸❻。婚配關係須在同階級中行使，這在封建社會中應屬共識。勾踐派遣大夫文種到吳去求和時，表示：

> 願以金玉、子女賂君之辱，請勾踐女女於王，大夫女女於大夫，士女女於士，越國之寶器畢從。❸❼

即使在求和表示屈從的狀況下，婚配的階級觀念仍然存在，同階層聯姻，不相混亂。不過此原則並非沒有例外。以諸侯階級娶婦來看，鄭莊公娶宋大夫雍氏女、衛侯內娶夏戍女、齊靈公娶魯叔孫僑如的女兒、小邾公娶魯國大夫季公若的姊姊、鄅公娶宋向戍女均是其例。《列女傳》卷五〈節義傳‧魯孝義保傳〉說：

> 伯御與魯人作亂，攻殺懿公而自立，求公子稱於宮，將殺之，義保聞伯御將殺稱……抱稱以出，遇稱舅魯大夫於外。

如果所言屬實，則諸侯內娶的情況西周末已見世❸❽。以大夫階級娶

---

❸❻　文崇一，《楚文化研究》（臺北：東大圖書公司，1990 年），頁 112-114，專論當時楚王室行族外婚，通婚的對象亦大率為諸侯王女。

❸❼　《國語》，卷二十〈越語上〉，頁 632。

❸❽　《列女傳》，卷四〈貞順傳‧齊孝孟姬傳〉，頁 3a：「華氏之長女……齊中

婦來說，晉國趙衰娶晉文公女、趙朔也娶晉侯女趙莊姬❸❶❾、楚大夫
鍾建娶楚昭王之妹季羋。這些非同級婚配最多也只差一個階層❸❷⓿，
固然可能是為了維持擇配的彈性，但更可能出諸現實考量。觀察諸
侯所娶大夫階級女，對方頗多為權臣，而大夫嫁娶於諸侯，所圖蓋
為權勢範圍之擴張。

　　這就涉及經生對貴族婚配的一項主張：諸侯不內娶，大夫不外
娶。《禮記》卷五十一〈坊記〉：

> 子云：「好德如好色，諸侯不下漁色」，故君子遠色以為民
> 紀。

原意只是強調為人君上者當賢賢易色，與娶女地域範圍的限制無
關，鄭玄卻借題發揮：

莫能備禮求焉……孝公聞之，乃脩禮親迎」，也是娶於國中之例，但同樣無
法確定記述之可信性。至於卷六〈辯通傳〉，頁 6a，趙襄子娶趙河津女，事
在正式分晉之前，身份猶為大夫；頁 8a，齊宣王娶齊無鹽邑之女鍾離春、頁
10a，齊閔王娶齊東郭宿瘤女、頁 12a，楚頃襄王娶楚縣邑之女莊姪，時代皆
已入戰國，而且恐怕均羌非故實。

❸❶❾ 《史記》，卷四十三〈趙世家〉，頁 1783，說莊姬是「趙朔妻，成公姊」，
如此則為晉文公女，不過，趙衰已娶晉文公女，其孫趙朔亦娶文公女，似乎
頗牽強，而且文公去世距此已四十六年，推算起來不合理，所以賈逵、服虔
均以乃是成公女，杜注從之。見《左傳》，卷二十六〈成公八年〉孔疏，
頁 446。

❸❷⓿ 瞿同祖，《中國法律與中國社會》，〈階級內婚〉，頁 217，也認為：「似
只容許上下相差一級間的通婚」。

謂不內取於國中也，內取國中為下漁色，昏禮，始納采，謂采
擇其可者也，國君而內取，象捕魚然，中網取之，是無所擇。

孔穎達進一步說明「不內取於國中」是指「不得下嚮國中取卿大
夫、士之女」。然而鄭注理解並不盡然不當，因為諸侯內娶絕不僅
是會招致好色或飢不擇食等如此簡單的譏評而已，還將牽涉到諸多
複雜層面。如：1.就封建精神來看，諸侯娶本國女，只能降級成
婚，而且若要迴避同姓相婚，選擇的對象可能相當有限。2.就國際
的外交來看，婚姻既是一個擴張勢力範圍、尋求助力的重要機會，
雖然隨著時世變遷，翁、婿或郎、舅的姻親關係已無太大的實際功
能，至少也可能暫時緩和緊張關係，內娶則失去了此種管道。3.就
政權的穩定來說，貴族內娶，就政治生態和利益來說，頗易於導致
妻族勢力擴張，培養出權臣，而危及公室。即便公室統緒依舊，上
文曾指出：在繼嗣問題上，舅氏對於所出（甥、外孫等）能否立為
君，往往從中運作。則內娶培養出的權臣相當可能意圖左右此事，
以期保障並擴充既有利益。在利益爭奪中，此現象勢必會危及該國
政權的穩定。《公羊傳》卷十二〈僖公二十五年〉說：

宋殺其大夫，何以不名？宋三世無大夫，三世內娶也。

解詁申釋：

三世謂慈父、王臣、處臼也。內娶大夫女也。言無大夫者，
禮：不臣妻之父母。國內皆臣，無娶道，故絕去大夫名，正

其義也。外小惡正之者，宋以內娶，故公族以弱，妃黨益彊，威權下流，政分三門，卒生篡弒，親親出奔。疾其末，故正其本。

「國內皆臣，無娶道」即本文所說的第一不當；「妃黨益彊，威權下流」即本文所說的第三弊端。《左傳》卷六十〈哀公二十五年〉記載：

初，衛人翦夏丁氏，以其帑賜彭封彌子。彌子飲公酒，納夏戊之女，嬖，以為夫人。其弟期，大叔疾之從孫甥也，少畜於公，以為司徒。夫人寵衰，期得罪。

衛侯娶衛大夫大叔疾的外孫女為夫人，因為夫人得寵，使得她的弟弟夤緣得勢。不過這種關係也會因夫人寵衰而生變，失勢的司徒期後來連合公孫彌牟、公文要、司寇亥一起叛亂。衛侯在亂中出亡，宋、越聯軍想要送出公回國，但是沒有成功。在混亂中，出公的季父自立為悼公。出公為此懷恨司徒期，並報復在對方的姐姐（夫人）及外甥（太子）身上：

（衛侯）令苟有怨於夫人者報之。司徒期聘於越，公攻而奪之幣，期告王，王命取之，期以眾取之，公怒，殺期之甥之為大子者。㉛

㉛　《左傳》，卷六十〈哀公二十六年〉，頁1052。

可以從中看出內娶大夫女子，容易因為夫人的寵愛與否而造成外戚地位的升降，而不論升或降，都可能成為內政不穩的變數。

諸侯之女也有內嫁於本國大夫的情況，成為大夫家族一分子的諸侯女，對於娘家公族事務的參與和權力都十分有限，較諸內娶，大夫侵權的嚴重性似乎較低，或許因此並沒有被納入勸止的範圍。不過，公室所以願意與氏室聯姻，撇開純粹私人好惡，不外乎籠絡、酬庸與增強本身的力量。不論動機偏重於上述的哪一種，這已顯示該氏室的力量不可小覷，則公室與氏室聯姻固然對雙方都有利，然而就藉由重貴、重權以提升利益為尺度，氏室顯然較佔便宜，公室短期內所獲之利恐遠不如長期所蒙之患來得大。簡言之，即便內嫁，也頗易於導致有潛力的大夫成為權臣，至終「威權下流」，政出多門的風險。

如果說諸侯外娶可以連結國際的勢力，那麼對於國君來說，所要防範的正是大夫連結國外勢力，影響國內政局。《禮記》卷二十五〈郊特牲〉指出：「為人臣者無外交，不敢貳君也」❷，外交包括不可以私自會見外國的君臣、私下送禮、聯結私誼。婚姻是最具體、有延續性的私誼連結，因此，經生主張：除非得到國君的授意，否則大夫不應外娶他國女❸。孔穎達還認為，士人由於權力層級較低，較沒有連結外力干預內政的隱憂，故「容有外娶法」。既外娶，當然得越竟逆女，而對於女方送嫁的執役自然也連帶地需要

---

❷ 《禮記》，卷二十五〈郊特牲〉，頁486。

❸ 如《儀禮》，卷三十一〈喪服〉鄭注，頁368：「古者大夫不外娶，婦人歸宗往來猶民也」，既不該外娶，按禮，當然也就無所謂越境逆女，且詳後文。

遣謝之儀，此即禮書所謂「異邦送客也」㉞。是則大夫不外娶、士容外娶，著眼點都在是否會影響到政權。

儘管經生反對大夫外娶，據表 4.13，春秋時期大夫外娶的情況不算少。娶外國諸侯女者，如：魯季平子娶宋元夫人女、陳大夫御叔娶鄭穆公女、靈公妹夏姬、宋大夫蕩氏娶魯宣公女伯姬、齊大夫高固娶魯叔姬。娶外國大夫女者，如：魯國的孫敖娶莒國的戴己、叔孫豹娶國姜、季公鳥娶齊鮑文子女、晉大夫駒氏子游娶鄭大夫女㉟。

在先秦，越級婚配是否會受罰或遭物議，史闕有間，無法驟下判斷。漢初對於良賤通婚的態度倒是很清楚的。《張家山漢墓竹簡》〈二年律令〉：

> 民為奴妻而有子，子畀奴主：主、婢奸，若為它家奴妻，有子，子畀婢主，皆為奴婢。
> 奴娶主、主之母及主妻、子以為妻，若與奸，棄市，而耐其女子以為隸妾。

參照《方言》卷三：

㉞　《儀禮》，卷五〈士昏禮〉，頁 55。

㉟　《左傳》，卷四十八〈昭公十九年〉，頁 845-846，鄭國大夫駒氏子游娶於晉大夫，生絲，由於絲年幼，故立叔父乞，「絲以告其舅」。由於舍子立叔，不合慣例，晉國前來問難，子產不滿，答以：「若寡君之二三臣其即世者，晉大夫而專制其位，是晉之縣鄙也，何國之為」，可見大夫外娶，確實易帶來國外勢力干預內政的問題。

> 荊、淮、海、岱、雜齊之間罵奴曰臧，罵婢曰獲；齊之北
> 鄙，燕之北郊凡民男婿婢謂之臧；女而婦奴謂之獲。

《文選》卷四十一〈書上〉所收司馬遷〈報任少卿書〉善注引韋昭
曰：

> 羌【善】人以婢為妻，生子曰獲；奴以善人為妻，生子曰
> 臧。

若家奴娶主人階級之女子為妻，視同通姦，奴將被處死，本非奴的
女子也將貶為賤民，即所謂「隸妾」。至於主人與婢女間的婚姻，
未見處置辦法，可能在頒佈律令時，主人階級娶女奴為正妻的情況
很少，尚不構成問題。但似乎後來也與上述條例中的女性一視同
仁，至少原屬齊民的男子將因出贅女婢、良賤婚配失宜而下降為
「臧」。至於良賤非婚姻關係下所生子女，只因父、母任一方為奴
婢身份，也將視同奴婢，男奴「子畀奴主」，女婢「子畀奴主」，
與其為奴婢的父或母「皆為奴婢」，蓋所以杜絕攀附良家以冀改變
身份。如果是別人家的婢女，所生子隨其婢母歸原主人所有後，自
然繼續是賤民。但如果是自家婢女與主人發生性關係而有子，「主
死，免其婢為庶人」❷，所生子女位階是否會起變動，則不得而
詳。

　　至於皇室以及士、庶之間的婚配的階級限定，西漢與東漢風氣

---

❷　《張家山漢墓竹簡》，〈二年律令〉，簡三八五，頁185。

以及要求的嚴格程度不同，西漢時期后妃多起微賤，至於東漢后妃出身則多為仕宦大族，外戚的形態與素質與西漢不相同[327]。至於其他階層選擇婚配對象時，西漢初期多以權勢、富貴為考量，階級、門第傳統界限並不嚴格。但由西漢中葉後豪族興起，門第傳統觀念轉趨嚴格，地方豪族的婚姻「大抵限於同郡門戶相當之豪族，有不同郡的，皆由其家門第較高，鄉里無相當之故」[328]，大士族間的婚姻超越地域限制，由士族、外戚、宦官組成，地位分判亦極明顯[329]。平民婚配的情況，正史中雖然所記有限，不過，查索《居延漢簡》所登錄士卒家庭的狀況，婚配對象似乎都是平民女子，地位可說大致相當。

表 3.1 《春秋》經傳中的同姓婚現象

國別	男方	女方	出處	備註
魯	昭公	吳孟子	《左傳》卷五十九〈哀公十二年〉	
晉	獻公	賈	《左傳》卷十〈莊公二十八年〉	賈為姬姓國
晉	獻公	大戎狐姬	仝上	《國語》卷十〈晉語四〉：「狐姬出自唐叔。」

[327] 詳參趙翼，《廿二史箚記》（臺北：華世出版社，1977 年），卷三〈漢初后妃多出微賤〉，頁 59、楊聯陞，〈東漢的豪族〉，《清華學報》11 卷 4 期（1936 年 10 月），頁 1007-1064。《漢代婚姻制度》第四章、五章〈皇室婚姻〉，頁 77-162。

[328] 《漢代婚姻制度》，〈豪門婚姻〉，頁 174。

[329] 前揭書，〈豪門婚姻〉，頁 179-187。

國別	男方	女方	出處	備註
晉	獻公	小戎子	仝上	《史記》卷三十九〈晉世家〉：「夷吾母，重耳母女弟也」，杜注根據《國語》卷九〈晉語三〉以虢射為夷吾之舅，狐偃為重耳之舅，分屬二國女
晉	獻公	驪姬	仝上	
晉	文公	周女	《史記》卷三十九〈晉世家〉	《史記》卷三十九〈晉世家〉：「成公者，文公之少子，其母周女也」
晉	平公	姬姓女	《左傳》卷四十一〈昭公元年〉	晉平公後宮有四姬姓
晉	羊舌臧	羊舌姬	《左傳》卷五十二〈昭公二十八年〉，《潛夫論》卷九〈志氏姓〉謂羊舌氏為姬姓，《論衡》卷三〈本性〉謂叔向之母亦為姬姓	為叔向之父
衛	太叔懿子	晉悼公子慭女	《左傳》卷五十八〈哀公十一年〉	
齊	崔武子	東郭姜	《左傳》卷三十六〈襄公二十五年〉	
齊	盧蒲葵	慶舍之女	《左傳》卷三十八〈襄公二十八年〉	
吳		晉平公女	《左傳》卷三十五〈襄公二十三年〉	
鄫		叔妘	《國語》卷二〈周語中〉及韋注	鄫為妘姓

國別	男方	女方	出處	備註
鄭	子南	徐吾犯之妹	《左傳》卷四十一〈昭公元年〉	
聃		鄭姬	《國語》卷二〈周語中〉及韋注	聃為姬姓

表 3.2 《商周青銅器銘文選》所呈現西周至春秋、戰國的婚嫁關係[330]

器名	男方國	母或妻國	對象	時代	地域、出土	備註
〈匽侯旨鼎〉頁 28	北燕：燕侯旨	母為姒姓	王賞旨貝二十朋，用乍姒寶尊彞	《銘選》定為西周成王		燕為姬姓母為姒姓
〈班簋〉頁 108	周文王	妻為姒姓：王姒	育文王、王姒聖孫	《銘選》定為西周穆王		周王為姬姓妻為姒姓
〈靜簋〉頁 111		姞姓	用乍文母外姞尊簋	《銘選》定為西周穆王		母為姞姓
〈趞鼎〉頁 112		姜姓	用乍季姜尊彞	《銘選》定為西周穆王		所記婦人為姜姓女
〈師酉簋〉頁 125-126		姬姓	用乍朕文考乙白宄姬尊簋	《銘選》定為西周恭王		與以下〈詢簋〉、〈師詢簋〉和觀

---

[330] 此部分不包括《商周青銅器銘文選》（北京：文物出版社，1988 年，以下簡稱《銘選》）所錄時代定為春秋時期的媵器，因為表 3.3 列有春秋時期的媵器，為免重覆之故，請與下表所列合併觀之，方為完整。

器名	男方國	母或妻國	對象	時代	地域、出土	備註
						，文祖乙白有宄姬、同姬、益姬三位夫人
〈詢簋〉頁150		姬姓	文祖乙伯、同姬	《銘選》定為西周恭王	1956年6月陝西省藍田城南寺坡村北溝道中出土	
〈師詢簋〉頁174		姬姓	用乍朕烈祖乙伯同益姬寶簋	《銘選》定為西周懿王		
〈九年衛鼎〉頁136-137	顏氏	姒姓	我舍顏陳大馬兩，舍顏姒滕綏	《銘選》定為西周恭王	1957年陝西省岐山縣董家村一號青銅器窖出土	姒姓之女嫁於顏氏
〈六年瑚生簋〉頁209-210	幽伯	姜姓	為伯有袛有成，亦我考幽伯、幽姜令	《銘選》定為西周孝王		婦人原為姜姓女
〈尹姞鼎〉頁230	穆公	姞姓	穆公乍尹姞宗室于繇林	《銘選》定為西周孝王		穆公夫人原為姞姓女
〈𧛙簋〉頁235-236	吳	吳姬	王命𧛙眔叔緐父餽吳姬飴器用乍季姜尊簋	《銘選》定為西周中期		《銘選》注：吳姬，為姬姓之嫁於吳國者。古吳、虞聲近通，虞有姬

器名	男方國	母或妻國	對象	時代	地域、出土	備註
						姓媯姓二國，古同姓不通婚。媯姓之虞地望在今河南虞城縣。虞姬應為周王室之女，故受賜于周王 ☆此則為同姓婚的例子
〈方簋蓋〉頁238	檹侯 檹為姬姓	妻姜氏 母檹妊	檹侯乍姜氏寶鼎彝用乍文母檹妊簋	《銘選》定為西周中期		《銘選》注：文母為妊姓之女嫁與檹氏者。□檹氏尚與娟姓通婚，周棘生簋銘「周棘生乍獻娟媿媵簋」，獻為姬姓，師趛盨銘「師趛乍獻姬旅盨」
〈蔡姞簋〉頁238	姬姓	姞姓	蔡姞乍皇兄尹叔尊鼎彝	《銘選》定為西周中期		為姞姓之女嫁於蔡者
〈陳侯簋〉頁240	媯姓	姬姓	敶侯乍嘉姬寶簋	《銘選》定為西周		姬姓之女嫁於陳（媯姓）

器名	男方國	母或妻國	對象	時代	地域、出土	備註
				中期		
〈魯侯盉蓋〉 頁242	姬姓	姜姓	魯侯乍姜享彝	《銘選》定為西周中期		姜姓女嫁於魯（姬姓）
〈己侯貉子簋蓋〉 頁245		姜姓	紀侯貉子分紀姜寶	《銘選》定為西周中期		
〈己侯簋〉 頁246-247		姜姓	紀侯乍姜縈簋	《銘選》定為西周中期		《銘選》注姜縈紀侯之女
〈筍伯大父盨〉 頁248-249		己姓	筍伯大父乍嬴改鑄寶盨	《銘選》定為西周中期		由〈筍侯盤〉來看筍應為姬姓。《銘選》認為「改」為己姓之女
〈單伯鬲父鬲〉 頁251	單伯	姞姓	單伯鬲父乍仲姞尊鬲	《銘選》定為春秋中期		根據《銘選》〈衛盉〉注，頁128：「單在東周為周的畿內采地」單伯為天子之卿
〈井南伯簋〉 頁252	井國	季妘	井南伯乍鄭季妘好尊簋	《銘選》定為西周中期		注：西周邢國以井邑皆稱井（姬姓）
〈散伯簋〉	散國		散伯乍矢	《銘選》		散伯為其夫

器名	男方國	母或妻國	對象	時代	地域、出土	備註
頁 253			姬寶簋	西周中期		人夨國女作器
〈應侯簋〉頁 254	應侯	姜姓	應侯乍生杕姜尊簋	《銘選》定為西周中期		應侯娶姜姓女為夫人
〈髳叔盨〉頁 255	髳國	姬姓	髳叔乍仲姬旅盨	《銘選》定為西周中期		姬姓女嫁於髳國
〈趞叔吉父盨〉頁 256	虢國	姞姓	趞叔吉父乍虢王姞旅須	《銘選》定為西周中期		
〈鈇叔鼎〉頁 258	□國	姬姓	鈇叔眔信姬乍寶鼎	《銘選》定為西周中期		《銘選》謂：「伯媿，鈇叔、鈇姬之長女」，「鈇國即文獻安徽阜陽附近的胡國」，又於〈鈇叔鍾〉注其為歸姓
〈歸叔山父簋〉頁 259	國	姬姓	歸叔山父乍□疊姬尊簋	《銘選》定為西周中期		姬姓之女嫁於歸，《銘選》認為歸為國族名
〈窐叔簋〉頁 260	國	姞姓	窐叔乍豐姞懇旅簋	《銘選》定為西周中期		姞姓女嫁於窐國
〈夆伯鬲〉	夆國	姬姓	夆白乍陪	《銘選》		姬姓女嫁於

器名	男方國	母或妻國	對象	時代	地域、出土	備註
頁261			孟姬尊鬲	定為西周中期		夆國
〈矩叔壺〉頁261	矩國	姜姓	矩叔乍仲姜寶尊壺	《銘選》定為西周中期		《銘選》注：「矩，西周國族名，史籍未載」
〈榮有司再鬲〉頁262		嬴姓	榮有司再乍齋鬲用朕嬴䑕母	西周中期		
〈蔡簋〉頁263-264	姬姓	姜姓	嗣百工，出入姜氏令	《銘選》定為西周夷王		周王妃為姜氏
〈虘鐘〉、〈虘鐘〉頁268		姬姓	虘眔蔡姬永寶，用邵大宗	《銘選》定為西周夷王		大師虘的夫人蔡姬
〈梁其簋〉頁275			膳夫梁其乍朕皇考惠仲、皇母袁惠妣尊簋	《銘選》定為西周夷王或厲王	傳1940年陝西省扶風縣法門寺任村出土	
〈叔向父簋〉頁286		姒姓	叔向父乍婷姒尊簋	《銘選》定為西周厲王		
〈虢仲鬲〉頁291	姬姓	己姓	虢仲乍虢改尊鬲	《銘選》定為西周厲王		己姓女嫁於虢國（姬姓）
〈袁盤〉頁295	奠伯	姬姓	用乍朕皇考奠白、奠姬寶盤	《銘選》定為西周厲王		

器名	男方國	母或妻國	對象	時代	地域、出土	備註
〈頌鼎〉、〈頌簋〉〈頌壺〉頁 302-305		姒姓	用乍朕皇考龏叔，皇母龏姒寶尊鼎、簋、壺	《銘選》定為西周宣王		
〈不嬰簋蓋〉頁 310		姬姓	用乍朕皇祖公白、孟姬尊簋	《銘選》定為西周宣王		不嬰為虢季子白的部下，戰勝嚴狁有功，故受賞。其母為姬姓
〈塱盨〉頁 312		姞姓	叔邦父、叔姞萬年	《銘選》定為西周宣王		《銘選》注叔邦父即仲南邦父，仲南為氏
〈虢文公子牧鼎〉頁 320	姬姓	己姓	虢文公子牧乍叔妃鼎	《銘選》定為西周宣王		
〈函皇父鼎〉〈函皇父簋〉〈函皇父盤〉〈函皇父匜〉頁 321-323		妘姓	函皇父乍琱娟盤盉尊器鼎簋具	《銘選》定為西周幽王		夫人為琱國女，妘姓《銘選》認為函為國名
〈鄭鄧伯鼎〉頁 326	鄧國	嬀姓	鄭鄧伯及叔嬀乍寶鼎	《銘選》定為西周晚期		《銘選》：「登即鄧，西周侯國，以國為氏」
〈邾伯御戎	曹姓	姬姓	邾伯御戎	《銘選》		《銘選》：

器名	男方國	母或妻國	對象	時代	地域、出土	備註
鼎〉 頁 340			乍滕姬寶鼎	定為西周晚期		「鼄即邾，周武王所封曹姓國，為魯附庸」
〈齊侯匜〉 頁 342	姜姓	姬姓	齊侯虢孟姬良女寶匜	《銘選》定為西周晚期		
〈呂王壺〉 頁 345	姜姓	姬姓	呂王䀠乍芮姬尊壺	《銘選》定為西周晚期		《銘選》：「呂王，呂國之君長……姜姓，周穆王所封」
〈虢姜簋〉 頁 355-356	姬姓	姜姓	虢姜乍寶尊簋	《銘選》定為西周晚期		姜姓之女嫁於虢（姬姓）者
〈伯䢅父鼎〉 頁 346			晉嗣徒伯䢅父乍周姬寶尊鼎	《銘選》定為西周晚期		
〈毛伯㸒父簋〉 頁 357	姬姓	姚姓	毛伯㸒父乍仲妿寶簋	《銘選》定為西周晚期		
〈散伯車父鼎〉 頁 358	散國	姞姓	散伯車父乍邲姞尊鼎	《銘選》定為西周晚期		散伯夫人為姞姓女
〈散車父簋〉 頁 359	散國	姜姓	散寶父乍邲姞䜌簋	《銘選》定為西周晚期		散伯夫人為姞姓女
〈散車父壺〉	散國	姜姓	散車父乍皇母㦰姜	《銘選》定為西周		散車父之母為姜姓女

器名	男方國	母或妻國	對象	時代	地域、出土	備註
頁 358			寶壺	晚期		
〈單子伯盨〉 頁 360	單伯	姜姓	單子伯乍叔姜旅盨	《銘選》定為西周晚期		
〈鈇叔鐳〉 頁 404	鈇國	姬姓	鈇叔乍吳姬尊簠	《銘選》定為春秋早期		《銘選》注為歸姓
〈曾姬無卹壺〉 頁 454		姬姓	聖趄之夫人曾姬無卹	《銘選》定為戰國早期	安徽省壽縣出土	
〈曾孟嬭諫盆〉 頁 454	曾國	嬭姓	曾孟嬭諫乍饗盆	《銘選》定為戰國早期	傳光緒年間湖北襄陽太平店宋家柵古墓出土	
〈鄧孟壺蓋〉 頁 496		嫚姓	鄧孟乍監嫚尊壺	《銘選》作春秋早期		《銘選》：「晏即鄧姓之嫚」
〈戴叔慶父鬲〉 頁 503			戴叔慶父乍叔姬尊鬲	《銘選》定為春秋早期		
〈衛夫人文君叔姜鬲〉 頁 509	姬姓	姜姓	衛文君夫人叔姜乍其行鬲	《銘選》定為春秋早期		
〈杞伯敏亡鼎〉、〈杞伯敏亡簋〉、〈杞伯敏亡壺〉、〈杞伯敏亡匜〉	姒姓	曹姓	杞伯敏亡乍邾曹寶鼎、簋、壺、匜	《銘選》定為春秋早期		杞為姒姓，其夫人為邾女(曹姓)

器名	男方國	母或妻國	對象	時代	地域、出土	備註
〉、〈杞伯敏亡盨〉頁 512-515						
〈鑄叔簠〉頁 529	鑄國	嬴姓	鑄叔乍嬴氏寶簠	《銘選》定為春秋早期		
〈郜伯鼎〉頁 531	郜國	妊姓	郜伯肇乍孟妊善鼎	《銘選》定為春秋早期		
〈鎛鎛〉頁 534			子仲姜……用享用孝于皇祖聖叔、皇妣聖姜,與皇祖又成惠叔,皇妣又成惠姜,皇考□□□□□遲仲、皇母	《銘選》定為齊昭公或懿公		《銘選》謂:「又成惠叔、又成惠姜即鮑叔牙與其婦」☆三代均娶姜姓女
〈洹子孟姜壺〉頁 549-550		姜姓	齊侯既濟洹子孟姜喪……洹子孟姜用乞嘉命	《銘選》定為春秋齊莊公		《銘選》謂:「孟姜為桓子之妻……即田桓子」
〈陳逆簠〉頁 552		姜姓	擇乎吉金以乍乎元配季姜之	《銘選》定為戰國齊平公		陳洹子孫亦娶齊女

器名	男方國	母或妻國	對象	時代	地域、出土	備註
			祥器			
〈晉姜鼎〉頁585	姬姓	姜姓	晉姜曰：余隹嗣朕先姑君晉邦	《銘選》定為春秋早期		晉與姜姓女的聯姻
〈晉公𫳷盨〉頁587	芈姓	姬姓	媵𫳷四酉，……宗婦楚邦	《銘選》定為春秋晉定公	媵器	晉與楚聯姻
〈芮子鼎〉頁599	姬姓	媿姓	芮子仲𦍋肈乍叔媿尊	《銘選》定為春秋早期		媿姓女嫁於姬姓
〈蘇衛妃鼎〉頁602	己姓	姬姓	蘇衛改乍旅鼎	《銘選》定為春秋早期		
〈秦公鐘〉頁607-608	嬴姓	姬姓	公及王姬曰	《銘選》定為春秋秦武公		秦公娶周王室女
〈縣改簋〉頁123	縣國	己姓	乃任縣伯室，賜女婦……縣改敏揚伯屖父休	《銘選》定為西周穆王器		☆送嫁器以爵、𤮕之𠧟、瑂玉黃𤮕陪嫁
〈荀侯盤〉頁248		郇（姬姓）	荀侯作叔姬媵盤	《銘選》定為西周中期	1966年陝西省長安縣張家坡出土	
〈䣄叔䣄姬簋〉頁257			䣄叔䣄姬作伯媿媵簋，用享孝于其姑	《銘選》定為西周中期	1978年陝西省武功縣出土	可參見上表〈䣄叔鼎〉所錄之《銘選》注

器名	男方國	母或妻國	對象	時代	地域、出土	備註
			公			
〈倗仲鼎〉頁 259			倗仲作畢媿媵鼎	《銘選》定為西周中期		
〈陳侯簋〉頁 328	姬姓	嬀姓	陳侯作王嬀媵簋	《銘選》定為西周晚期	1976 年陝西臨潼縣出土	《銘選》：「王嬀當為陳侯之女嫁於王者」
〈蔡侯匜〉頁 328		姬姓	蔡侯作姬單媵匜	《銘選》定為西周晚期		
〈鄦男鼎〉頁 329		姜姓	鄦男作成姜趩母媵尊鼎	《銘選》定為西周晚期	1976 年陝西長安縣灃西公社馬王村西周窖藏出土	
〈芮公鬲〉頁 348	京氏	姬姓	芮公作鑄京氏婦叔姬媵	《銘選》定為西周晚期		芮為姬姓，嫁女於京氏。京為邑名，《水經注・河水》引《紀年》云「芮人乘京」
〈杜伯鬲〉頁 357		祁姓	杜伯作叔嫶尊鬲	《銘選》定為西周晚期		《銘選》：「杜，周畿內國。堯之後，祁姓」「此乃嫁女

器名	男方國	母或妻國	對象	時代	地域、出土	備註
						之媵器」
〈復公子簋〉頁 360	曼姓	媿姓	乍我姑鄧孟媿媵簋	《銘選》定為西周晚期		為姑作媵器
〈蘇公簋〉頁 352	姬姓	己姓	蘇公乍王改羋簋	《銘選》定為西周晚期		蘇公(己姓)之女嫁于王者
〈魯伯大父簋〉一頁 336		姬姓	魯伯大父作孟姬姜媵簋	《銘選》定為西周晚期，《集成》定為春秋早期		
〈魯伯大父簋〉二頁 336		姬姓	魯伯大父作仲姬俞媵簋	《銘選》定為西周晚期	1970 年於山東歷城北草溝墓葬中出土	
〈魯伯大父簋〉三頁 337		姬姓	魯伯大父作季姬嬉媵簋	《銘選》定為西周晚期		
〈邾伯鬲〉頁 341		邾國	邾伯作媵鬲	《銘選》定為西周晚期		

表 3.3　春秋時期媵器中呈現春秋的婚配關係[331]

器名	男方國	女方國	女名	時代	地域、出土	備註
〈蘇㕟妊鼎〉	虢(姬姓)	蘇(己姓)	虢妃魚母	春秋早期	西土	☆此器銘文為：「蘇㕟妊作虢妃魚母媵鼎」，由蘇㕟妊稱號可以看出為妊姓女嫁於己姓者
〈蘇甫人盤〉、〈蘇甫人匜〉		蘇(己姓)	嫚改襄	《大系》定為春秋，《銘選》定為西周晚期	西土	
〈晉公𥂴〉		晉(姬姓)	□□□□		西土	
〈長子臣[illegible]乍媵簠〉		孄(芈)姓	孟孄之母	《集成》、《銘選》定為春秋晚期		長子為晉邑，孄為楚之芈姓
〈蒯奔生乍成媿鼎〉	郕(姬姓)	蒯(媿姓)	郕媿	《集成》定為春秋早期	春秋郕在山東一帶 媿早期在陝北，晚期在晉南	
〈鄧伯氏鼎〉	𨜒(可能為芈姓)	鄧(曼姓)	𨜒[illegible](曼)臭	《銘選》定為春秋	中土	《銘選》謂：「此伯氏

[331] 參考《春秋媵器銘文彙考》所錄媵器。

器名	男方國	女方國	女名	時代	地域、出土	備註
				早期		之女嫁楚，故冠以夫家之姓氏」
〈鄭大內史叔上匜〉		妘姓	叔媜	《銘選》定為春秋中期	中土	
〈陳侯鼎〉		陳（媯姓）	媯囦母	《集成》、《銘選》均定為春秋早期	中土	
〈陳侯作王仲媯瓶簠〉	姬姓	陳（媯姓）	王仲媯瓶	《銘選》定為春秋中期，《集成》定為春秋		
〈陳侯壺〉		陳（媯姓）	媯蘇	《銘選》定為春秋早期 1963 年山東肥城小王庄出土		
〈陳侯乍孟姜媵臣〉			孟姜媵	《銘選》定為春秋中期		陳侯為異姓女作媵器，應是異姓陪媵例
〈陳侯鬲〉	畢（姬姓）	陳（媯姓）	畢季媯	《集成》定為春秋早期		

器名	男方國	女方國	女名	時代	地域、出土	備註
〈陳伯元匜〉	西氏	陳(媯姓)	西孟媯娟母	《銘選》定為春秋中期		
〈陳子匜〉	菊國	陳(媯姓)	庸孟媯穀母	《銘選》定為春秋中期		
〈原氏仲簠〉	頓國	原仲(陳大夫,媯姓)	淪中媯嫁母		河南商水縣朱集村出土	
〈鄦夌魯生鼎〉		許(姜姓)	壽母	《集成》定為春秋,《銘選》定為春秋早期		
〈鄦子妝簠〉		許(姜姓)秦(嬴姓)	孟姜秦嬴	《銘選》定為春秋晚期		此為一器媵二女,且為異姓陪媵
〈蔡大師臘鼎〉	許(姜姓)	蔡(姬姓)	許叔姬可母	《集成》、《銘選》均定為春秋晚期		
〈蔡侯龘尊〉、〈蔡侯龘盤〉、〈蔡侯龘乍大孟姬尊〉、〈蔡侯龘乍大孟姬盥缶〉	吳(姬姓)	蔡(姬姓)	大孟姬(敬配吳王)	《銘選》定為春秋	1955年出土於安徽壽縣	☆此為姬姓的同姓婚

器名	男方國	女方國	女名	時代	地域、出土	備註
〈蔡賏匜〉		蔡(姬姓)	孟姬有止嬭	《銘選》定為春秋晚期	1957年河北懷來縣甘子堡出土	
〈蔡侯乍鄦中姬盒匜〉	鄦(芈姓)	蔡(姬姓)	鄦中姬丹		1979年河南淅川下寺出土	
〈宋屽父乍豐子朕鬲〉	酆(姬姓)	宋(子姓)	酆子	《集成》、《銘選》均定為春秋早期		
〈宋公巒簠〉	吳(姬姓)	宋(子姓)	句敔夫人季子	《銘選》定為春秋宋景公時	1979年河南固縣始侯古堆一號墓出土	宋公巒妹嫁於吳王為夫人
〈曹公簠〉、〈曹公盤〉	陳	曹(姬姓)	孟姬悆母	《集成》定為春秋晚期	1973年在河南淮陽縣堌堆李莊出土	出土於淮陽,春秋時淮陽為陳都,故雖女未標夫國氏,但應可定為陳
〈毛叔盤〉	彪氏	毛(姬姓)	彪氏孟姬	《銘選》定為春秋早期		
〈上鄀公簠〉		嬭姓己姓	叔嬭番改	春秋中期	1979年河南淅川下寺出M8號墓出土	一器朕二女,異姓陪朕
〈齊侯鼎〉〈齊侯敦〉	寒國	姜姓	宲𤔲孟姜	《銘選》定為戰國	河北易縣	

器名	男方國	女方國	女名	時代	地域、出土	備註
〈齊侯盤〉〈齊侯匜〉				早期，《集成》定為春秋晚期		
〈齊侯乍媵子仲姜盂〉	周	姜姓	子仲姜	《銘選》定為春秋齊惠公時	1957 年河南省洛陽中州渠出土	由出土於東周王城附近推斷應是嫁于周
〈搏仲盤〉〈搏仲匜〉	鄫(姒姓)	鄅(姒姓)	中女子 中女姒	春秋前期偏晚[332]	1981 年山東臨朐縣泉頭村乙墓出土	☆由同墓出土〈上曾太子鼎〉斷定嫁於曾國 ☆同姓婚
〈魯宰駟父鬲〉、〈魯白駟父盤〉		姬姓	姬淪 姬雕	《銘選》定為西周晚期、《集成》定為春秋早期	1965 年于山東鄒縣出土	同墓出現均來自魯國的二女子，應同為魯宰駟父女，為姐妹，詳參吳鎮烽，《金文人名彙編》。另〈齊縈姬盤〉銘文「齊縈姬之乍姪寶盤」，則是姪隨嫁

[332] 《新出青銅器研究》，頁 246。

器名	男方國	女方國	女名	時代	地域、出土	備註
〈魯伯大父乍孟姬姜簋〉		魯	孟姬姜	《銘選》定為西周晚期，《集成》定為春秋早期		
〈魯伯大父乍仲姬俞簋〉		魯	仲姬俞	《銘選》定為西周晚期，《集成》定為春秋早期	1970 年於山東歷城北草溝墓葬中出土	
〈魯伯厚父盤〉		魯	中姬俞	《銘選》定為西周晚期		與前魯伯為三女所作器同時，若從《大系》說則為春秋早期
〈魯伯大父乍季姬嬉簋〉		魯	季姬嬉	《銘選》定為西周晚期，《集成》定為春秋早期		
〈魯伯者父盤〉		魯	孟姬嫜	《銘選》定為春秋早期	1978 年於山東曲阜魯國故城遺址 202 號墓出土	

器名	男方國	女方國	女名	時代	地域、出土	備註
〈魯大宰邊父簠〉		魯	季姬牙	《銘選》定為西周晚期，《集成》定為春秋早期		
〈魯大司徒子仲白匜〉	厲（姜姓）	姬姓	厲孟姬	《銘選》定為春秋早期		
〈魯少司寇封孫宅盤〉		姬姓	孟姬嫛	《銘選》定為春秋中期		
〈魯伯愈鬲〉、〈魯伯愈父簠〉、〈魯伯愈父盤〉、〈魯伯愈父匜〉	邾（曹姓）	魯	邾姬仁	《銘選》、《集成》均定為春秋早期	1830年山東滕縣城東之鳳凰嶺出土	
〈邾友父鬲〉	胙（姬姓）	邾（曹姓）	胙曹	《銘選》定為西周晚期，《集成》定為春秋早期		
〈薛侯乍叔妊盤〉、〈薛侯乍叔妊匜〉		妊姓	叔妊	《銘選》定為春秋早期		

器名	男方國	女方國	女名	時代	地域、出土	備註
〈紀伯竇父盤〉、〈紀伯竇父匜〉		姜姓	姜無	《銘選》定為春秋早期	1951 年山東少黃縣南阜村泥溝出土	
〈鑄公簠〉		妊姓	孟妊車母	《集成》、《銘選》均定為春秋早期		
〈鑄侯求鐘〉		鑄(任姓)	季姜	《集成》定為春秋		☆鑄侯為任姓❸❸❸，此處媵姜姓女，是為異姓相媵的例子
〈費奴父鼎〉		姒姓	孟姒府	《銘選》《集成》均定為春秋早期	1972 年於山東鄒縣邾國故城址出土	
〈楚王鐘〉	江(嬴姓)	嫘姓	江中嫘南	《銘選》定為春秋晚期，《集成》定為春秋	錢塘	
〈楚季苟盤〉		嫘姓	嫘嘼	春秋早期		
〈屈子赤角簠〉		嫘姓	仲嫘璜	《銘選》、《集成》均定為春秋晚期	1975 年湖北隨縣溳陽公社出土	

---

❸❸❸　《鑄公簠》中金文為「鑄公乍孟妊車母塍簠」，亦證明鑄為妊姓。

器名	男方國	女方國	女名	時代	地域、出土	備註
〈黃君簋蓋〉		嬴姓	季嬴🐦	《銘選》定為春秋早期，《集成》定為西周晚期		
〈黃大子白克盤〉		嬴姓	仲嬴🐦	《銘選》定為春秋早期		
〈曾侯簠〉		姬姓	叔姬霝江媚	《集成》定為西周晚期，《銘選》定為春秋早期		☆一器媵二女且為異姓相媵
〈曾子原魯簠〉		姬姓	孟姬隌	《銘選》定為春秋晚期，《集成》定為春秋	1975年湖北省隨縣出土	
〈鄯伯受簠〉	嫚姓	嬴姓	叔嬴為心	《集成》定為春秋	1970年湖北江陵岳山出土	出於江陵楚墓，推斷其與楚通婚
〈樊君鬲〉		嬴姓	叔嬴鬲	《通考》、《集成》均定為春秋晚期		
〈吳王光鑑〉、〈吳王	姬姓	姬姓	叔姬寺吁	《銘選》定為吳王	1955年安徽壽縣蔡侯墓	☆同姓婚

器名	男方國	女方國	女名	時代	地域、出土	備註
光鐘〉				闔閭時春秋晚期	出土	
〈郤宜桐盂〉		徐		《銘選》定為春秋晚期		媵妹之器
〈司馬南叔匜〉	介（斟姓）	姬姓	介姬		山東莒縣出土	
〈慶叔匜〉		姜姓	子孟姜	《大系》定為春秋早期		
〈匜君壺〉		改姓	子孟改	《故圖》、《集成》定為春秋時器		

表 3.4　先秦、漢代改姓氏的情形

時代	人名	得姓或改姓	原因	備註	出處
春秋	閻職	庸職	因妻受顧織	《國語》、《左傳》作閻職，《史記》作庸職，《索隱》謂庸非姓，因妻職而稱	《史記》卷三十二〈齊太公世家〉
春秋	陳敬仲	田敬仲	食采之地	陳敬仲始食采地於田，由是改姓田氏	《風俗通義》〈佚文·姓氏〉
	頓國：偃姓	頓氏	國滅，以國名為姓氏	為楚所滅，子孫以國為氏，漢有頓肅	仝上
	焦國：姬姓	焦氏	國滅，以國名為姓氏		仝上

時代	人名	得姓或改姓	原因	備註	出處
	苗氏（楚大夫之後）本羋姓	苗氏	食采於苗，以苗為姓氏		仝上
戰國	荀寅	中行寅	以官為氏	《索隱》引《世本》云：「本姓荀，自荀偃將中軍，晉改中軍曰中行，因氏焉」	《史記》卷四十三〈趙世家〉
戰國	衛鞅（公孫鞅）	商鞅（封邑）（絕無後）	秦封於商，故稱商鞅（絕無後）	《史記》謂其為衛之諸庶孽公子也，名鞅姓公孫氏，其祖本姬姓也	《史記》卷六十八〈商君列傳〉
戰國	田文（孟嘗君）	薛文（封邑）（絕無後）	代父立於薛（絕無後）	父為田嬰，姓田氏，後封於薛	《史記》卷七十五〈孟嘗君列傳〉
戰國	晉：姬姓	改為晉姓	國滅	出自姬姓……為韓魏趙所滅，子孫以國為姓	《風俗通義》〈佚文·姓氏〉
戰國	魯：姬姓	哀姓	以謚為姓	魯哀公之後，以謚為姓	仝上
戰國	盆成括	改氏為成	逃難	盆成括仕齊，其子逃難，改氏成焉	仝上
戰國	圈氏	改為園氏	逃難	鄭穆公之子圈，其後為姓，至秦博士逃難，乃改為園	仝上
漢	劉邦（本為范氏）	改為劉氏		《索隱》：「高祖，劉累之後，別食邑於范，士會之裔，留秦不反，更為劉氏」	
漢	英布	黥布	被黥改姓	《索隱》：「布姓英，咎	

時代	人名	得姓或改姓	原因	備註	出處
				緣之後，後以罪被黥，故改姓黥，以應相者之言	
漢	馬通	莽通	因先人罪而改姓	孟康曰：「明德馬后惡其先人有反，易姓莽」	《漢書》卷六〈武帝紀〉
漢武帝	衛青	冒為衛氏（本無姓氏）	父給事平陽侯家，與侯妾通	母劉媼所生皆冒衛氏	《史記》卷一一一〈衛將軍列傳〉
漢	田千秋	車千秋（本姓田氏）	因事：年老乘車入朝	項安世云：「田千秋好乘小車，子孫遂為車氏」，但其子田順嗣侯尚為田氏，此說有爭議	《漢書》卷六十六〈車千秋列傳〉
漢	灌夫	其父為張孟（改氏姓）	因幸：父曾為潁陰侯灌嬰舍人	父張孟為灌嬰舍人，得幸，因進之，一至二千石，故蒙灌氏姓為灌孟	《漢書》卷五十二〈灌夫傳〉
漢	周陽由	父趙兼	父以淮南王舅父侯周陽，故因姓周陽氏		《史記》卷一二二〈酷吏列傳〉
漢	甘父	堂邑文	取主之氏為姓	師古曰：「堂邑氏之奴，名甘父，下云堂邑父者，蓋取主之姓以為氏，而單稱其名曰父」	《漢書》卷六十一〈張騫傳〉
漢	京房（本氏李）	改姓京	推律自定		《漢書》卷七十五〈京房傳〉
漢	劉向支孫	中壘氏	以官為氏	劉向為中壘校尉，支孫以官為氏	《風俗通義》〈佚文・姓氏〉
漢	夏侯氏	改姓為孫	從母姓	（夏侯嬰之）曾孫頗尚主，	《漢書》卷四

時代	人名	得姓或改姓	原因	備註	出處
				主隨外家姓號孫公主，子孫更為孫氏	十一〈夏侯嬰傳〉
漢	鞠氏	麴氏	音訛轉改		《風俗通義》〈佚文·姓氏〉
	瞞氏	蠻氏	音變	瞞氏為荊蠻之後，本姓蠻，其枝裔隨音變改為瞞氏	仝上
	苦成氏	庫成氏	方言音變	《潛夫論》卷九〈志氏姓〉謂苦城本為城名，後分為古氏、成氏、堂氏、開氏、公氏、冶氏、漆氏、周氏。皆本同末異	仝上

表 3.5　《通志》〈氏族略〉所列同姓氏而不同源者

姓氏	來源一	來源二	來源三	來源四	來源五	來源六
唐氏	堯之後，周以封晉（伊祁姓）	蠻父之後，為楚所併（姬姓）				
虞氏	虞舜之後（姚姓）	仲雍之後（姬姓）				
夏氏	夏后之後，以國為氏	陳宣公之子、子夏之後，以字為氏				
商氏	成湯之後	衛鞅（商君）之後				
周氏	后稷之後	姬氏唐先天中避諱改為周氏	暨氏上元中准制改為周氏	代北賀魯氏後魏改為周氏	普氏後魏改為周氏	

姓氏	來源一	來源二	來源三	來源四	來源五	來源六
秦氏	秦國為秦氏	魯有秦邑亦為秦氏	楚有秦商			
燕氏	姬姓之後	姞姓之後				
管氏	叔鮮之後，以國為氏，出自文王	管仲之後出自穆王				
畢氏	畢公高之後	後魏出連氏改為畢				
于氏	武王子邘叔之後	後魏萬紐于氏	淳于氏避唐諱改為于			
胡氏	周之胡國	後魏紇骨氏				
齊氏	太公之後，以國為氏	衛大夫齊子之後，以字為氏				
楚氏	鬻熊之後，以國為氏	魯林楚之後，以名為氏				
陳氏	舜之後，以國為氏	白氏隋初改為陳	魯相無子，以外孫劉矯嗣此廣陵之陳也	侯莫陳之後，亦改為陳氏		
朱氏	邾子之後去邑為朱	渴燭渾氏	可朱渾氏			
婁氏	邾婁之後	疋婁氏改為婁氏				
兒氏	句踐之後，以國為氏	越彊氏改為越氏	越質詰氏改為越氏			
薛氏	奚仲之後，以國為氏	叱干氏改為薛	遼西薛氏			
沈氏	沈子逞之後	楚莊王之子				

姓氏	來源一	來源二	來源三	來源四	來源五	來源六
	，以國為氏	，公子正，封於沈鹿，後以邑為氏				
徐氏	若木之後，以國為氏	黃帝十四姓				
云氏	邧國之後，去邑為云	後魏牒云氏改為云				
禹氏	鄅國去邑為禹	夏禹之後，以名為氏				
宿氏	風姓之後，以國為氏	宿六斤氏改為宿				
羅氏	妘姓之後，以國為氏	叱羅氏改為羅				
夔氏	熊摯之後，以國為氏	天竺有夔氏				
夷氏	詭諸之後	逸民夷逸	齊大夫夷仲年	邾大夫夷射姑之後		
須氏	密須之後	須句之後				
黎氏	子姓之後，以國為氏	齊大夫黎彌且以邑為氏	後魏素嵇氏改為黎氏			
申氏	姜姓之後，以國為氏					
向氏	祁姓之後，以國為氏	宋公子肸字向，以字為氏				
葛氏	嬴姓之後，以國為氏	葛天氏之後	後魏賀葛氏改為葛			
會氏	鄶國去邑為氏	會乙之後				

姓氏	來源一	來源二	來源三	來源四	來源五	來源六
辛氏	莘氏訛為辛	計然本姓辛	周有項賣賜姓辛氏			
呂氏	姜姓之後，以國為氏	晉有呂氏出於魏氏	叱邱氏改為呂	副呂氏改為呂	叱呂氏改為呂	
譚氏	子爵以國為氏	巴南六姓有譚氏				
冀氏	冀國之後，以國為氏	晉滅冀以為邑，郤氏食之，為冀芮子孫，以邑為氏				
鬲氏	鬲之國，以國為氏	商人膠鬲，以名為氏				
顧氏	顧國，夏商諸侯也	句踐之後，別封顧余，以邑為氏				
共氏	共者商之侯國也，其後以國為氏	鄭公子段曰共叔，以諡為氏	晉太子申生曰共君，以諡為氏			
龔氏	恭國籀書作龔	晉大夫逄堅之後	漢巴郡蠻酋有龔氏			
洪氏	共氏改為洪氏	豫章夕氏避唐明皇諱改為洪				
彭氏	大彭之國為彭氏	祝融之後八姓亦有彭氏				
祭氏	周公之後，以國為氏	鄭有祭邑，祭仲足其後也				

姓氏	來源一	來源二	來源三	來源四	來源五	來源六
毛氏	毛伯聃之後，以國為氏	北代之族，世為酋長				
劉氏	堯之後有劉累為劉氏	成王封王季之子於劉邑，以邑為氏	漢賜項氏為劉氏	漢賜婁氏為劉氏	匈奴之族從母姓劉	
欒氏	晉欒賓之後，以邑為氏	齊子欒之後，姜姓也，以字為氏				
荀氏	荀本侯國也	晉荀林父以邑為氏				
丙氏	邴豫之後，或去邑作丙	李陵降匈奴，裔孫歸魏，見丙殿，因賜氏焉				
蒍氏	蒍章之後，亦作蔿，以邑為氏	晉士蒍之後，以字為氏				
裴氏	秦非子支孫封裴鄉，以鄉為氏	西城有裴氏				
孫氏	衛公子之後，以字為氏	楚有羋姓之孫，以字為氏	齊有媯姓之孫，以字為氏			
南氏	衛公子郢字子南，其後為南氏	楚有子南氏，以字為氏	晉有南氏，以鄉為氏			
國氏	鄭子國之後，以字為氏，姬姓也	齊有國氏，姜氏也				

姓氏	來源一	來源二	來源三	來源四	來源五	來源六
孔氏	宋孔父嘉之後	衛孔氏為世卿，以字為氏	鄭孔氏以字為氏			
董氏	董父之後，以字為氏	陸終之子參胡姓董，以姓為氏				
成氏	楚若敖之後，以字為氏	周有成氏				
孟氏	魯慶父之後	衛公孟縶之後				
仲氏	魯慶父曰共仲之後，為仲氏	宋莊公之子子仲之後				
叔氏	魯叔牙之後	魯文公之子叔肸之後	八凱叔達之後	晉叔向之後		
季氏	魯公子季友之後	陸終之子季連為季氏				
伯氏	晉中行伯之後	伯益之後				
士氏	隰叔為晉士師，以官為氏	士季氏之後，以字為氏				
山氏	烈山氏以山為氏	周有山師之官，以官為氏				
王氏	姬姓之王	媯姓之王	子姓之王	虜姓之王		
任氏	黃帝二十五子得姓為任者，其後以	顓帝少子陽封於任，其後以國為氏	任為風姓之國，太昊之後，以國為			

姓氏	來源一	來源二	來源三	來源四	來源五	來源六
	姓為氏		氏			
偃氏	偃氏之國，後為偃氏	皋陶之後姓偃，以姓為氏				
宣氏	魯叔孫僑如諡宣伯，以諡為氏	宋宣公之後，以諡為氏				
稷氏	后稷之後	漢稷嗣君叔孫通支孫亦為稷氏				

表 3.6　漢代貴族犯姦及刑罰狀況

背景	事由	關係	結果	出處
趙王彭祖太子丹	與其女及同產姊姦	姊弟父女	被廢	《史記》卷五十九〈五宗世家〉
廣川繆王齊	與同產姦	兄妹或姊弟	欲擊匈奴以贖罪，未行，病死，國除	《漢書》卷五十三〈景十三王傳〉
清河王年	與女弟姦	兄妹	廢，遷房陵，與邑百家，國除	《漢書》卷四十七〈文三王傳〉
東平侯慶	與姐妹姦	兄妹、姊弟	國除	《史記》卷二十一〈建元已來王子侯者年表〉
齊厲王次景	太后欲重寵，令娶紀氏女，王因與姊翁主姦	姊弟	自殺，國除	《史記》卷五十二〈齊悼惠王世家〉
江都王建	易王死未葬，建與易王寵美人淖姬姦	子與庶母兄妹	自殺，國除	《漢書》卷五十三〈景十三王傳

背景	事由	關係	結果	出處
	服舍中，又與已嫁之女弟姦			〉
濟北王寬	與父式王后光、姬孝兒姦	子與嫡母、庶母	自殺，國除	《漢書》卷四十四〈濟北貞王傳〉
汝陰侯夏侯頗	與父御婢姦	子與父侍妾	自殺，國除	《史記》卷九十五〈夏侯嬰列傳〉
燕王定國	與父康王姬姦，生子一人，奪弟妻為姬，與子女三人姦	子與庶母大伯與弟媳父女	自殺，國除	《史記》卷二十一〈荊燕世家〉
南利侯寶【昌】	坐殺人奪爵，還歸廣陵，與父廣陵屬王胥姬左修姦	子與庶母	棄市，國除	《漢書》卷六十三〈武五子傳〉
乘丘侯外人	父在時與後母亂	子與後母	國除	《漢書》卷十五上〈王子侯年表〉
梁王立	與姑姦	侄與姑(甥與舅母)	有司奏請誅之，帝寢而不治	《漢書》卷四十七〈文三王傳〉
常山憲王太子勃	憲王薨，六日出舍，私姦、飲酒、博戲、擊筑、與女子載馳、環城過市		徙處房陵，國除	《史記》卷五十九〈五家世宗〉
堂邑侯陳須	母長公主卒，未除服，姦		自殺，國除	《史記》卷十八〈高祖功臣侯者年表〉
隆慮侯陳蟜	母長公主卒，未除服，姦		自殺，國除	《史記》卷十九〈惠景閒侯者年表〉

背景	事由	關係	結果	出處
楚王戊	於薄太后服中私姦		削東海郡	《史記》卷五十〈楚元王世家〉
昌水侯田廣明	將兵襲匈奴，都尉前死，喪柩在堂，廣明召其寡妻與姦，既出，不至質，引軍空還		自殺，國除	《漢書》卷九十〈酷吏列傳〉
土軍侯宣生	與人妻姦		國除	《史記》卷十八〈高祖功臣侯者年表〉
土軍侯郢客	坐與人妻姦		棄市	《史記》卷二十一〈建元已來王子侯者年表〉
岸頭侯張次公	與淮南王女姦及受財物		國除	《史記》卷二十〈建元以來侯者年表〉
太僕公孫敬聲	與陽石公主姦，為巫蠱	姨表兄妹	誅死	《漢書》卷六十六〈公孫賀傳〉
庸釐侯談	強姦人妻		會赦，國除	《漢書》卷十五下〈王子侯表〉

表 3.7　邊族行收繼婚的經濟生活與社會風俗

種族名稱	種族來源 通漢時代	經濟生產方式	收繼婚 的特色	道德風俗	史料來源
夫餘 (東夷)	後漢	地多山陵廣澤，於東夷之域最為平敞，其民土著，……土地宜五穀，不生五果，……其國善養性	兄死妻嫂，與匈奴同俗	男女淫，婦人妒，皆殺之	《後漢書》〈東夷列傳〉❸❹ 《通志》(北京：中華書局，1990 年 2 刷)卷一百九十四〈四夷一〉，頁 3111
西羌	本出自三苗，姜姓之別也	所居無常，依隨水草，地少五穀，以產牧為業	父沒則妻後母，兄亡則納釐嫂，故國無鰥寡，種類繁熾	其俗氏族無定，或以父名母姓為種號 不立君臣，無相長一，強則分種為酋豪，弱則為人附落	《後漢書》〈西羌傳〉 《通志》卷一百九十五〈四夷傳二〉，頁 3119
吐谷渾 (西戎)	本鮮卑徒河涉歸子也	隨逐水草，廬腸而居。好射獵，以肉酪為糧……亦知種田，……然其北界氣侯多寒，唯得蕪	父兄死，妻後母及嫂等，與突厥俗同。至於婚娶，貧不能備財者，則盜女	性貪婪，忍於殺害	《晉書斠注》卷九十七〈西戎傳〉，頁 1660 《通志》卷一百九十五〈四夷二〉，頁 3130

---

❸❹　《後漢書》，卷八十五〈東夷列傳·夫餘〉，頁 2811：「夫餘國……男女淫皆殺之，尤治惡妒婦，既殺，復尸於山上。兄死，妻嫂。」

種族名稱	種族來源通漢時代	經濟生產方式	收繼婚的特色	道德風俗	史料來源
		菁、大麥	去		
乙弗敵（西戎）	後魏時聞焉	不識五穀，唯食魚及蘇子	風俗與吐谷渾同		《通志》卷一百九十五〈四夷二〉，頁3131
宕昌（西戎）	羌後，魏時興焉。	皆衣裘褐，牧養犛牛羊豕以供其食	父子、伯叔、兄弟死者，即以繼母、世叔母及嫂、弟婦等為妻	俗無文字	《通志》卷一百九十五〈四夷二〉，頁3131
鄧至（西戎）	羌之別種後魏時興焉	土風習俗亦與宕昌同	土風習俗亦與宕昌同		《通志》卷一百九十五〈四夷二〉，頁3131
黨項（西戎二）	漢西羌之別種	氣侯多風寒，土無五穀，民不佑耕稼，養犛牛驢羊以供食 每姓別為部落，大者五千餘騎，小者千餘騎，不相統一	妻其庶母叔母、兄嫂、弟婦，淫穢蒸報，諸夷中為甚	不婚同姓尤重復仇	《隋書》卷八十三〈西域傳〉，頁921 《通志》卷一百九十五〈四夷二〉，頁3131-3132
白蘭（西戎）	羌之別種後周時興焉	風俗物產與宕昌同	同宕昌		《通志》卷一百九十五〈四夷二〉，頁3132
大月氏（西戎）	漢時通焉	隨畜移徙，與匈奴同俗	與匈奴同俗		《通志》卷一百九十六〈四夷三〉，頁3139

種族名稱	種族來源通漢時代	經濟生產方式	收繼婚的特色	道德風俗	史料來源
烏孫（西戎）	漢時通焉	不田作種樹，隨畜逐水草	與匈奴同俗		《通志》卷一百九十六〈四夷三〉，頁 3143-3145 《漢書》〈西域傳下〉記細君妻掍莫，又為其孫所收繼，江都公主嫁岑陬又為岑陬季父及岑陬子所收繼❸❸❺
樓蘭			樓蘭王後妻故繼母也		《漢書》卷六十六上〈西域傳〉，頁 1641
附國（西南夷）	隋時通焉	其土高，氣侯涼，多風少雨土宜小麥、青稞	妻其群母及嫂，兒、弟死，父兄亦納其妻	其風俗略同於黨項或役屬吐谷渾	《隋書》卷八十三〈西域列傳〉，頁 927 《通志》卷一百九十七〈四夷四〉，頁 3167
匈奴（北國）	其先夏后氏之苗裔	逐水草遷徙，無城郭，常處耕田之業，然亦各有分地其俗寬則隨畜田獵禽獸為生	貴壯健，賤老弱，父死妻其後母，兄弟死皆取其妻妻之	無文書，以言語約束	《史記》卷一百十〈匈奴列傳〉，頁 2879 《通志》卷一百九十九〈四夷六〉，頁 3180-

---

❸❸❺ 《漢書》，卷九十六下〈西域傳下〉，頁 3903-3906。

種族名稱	種族來源通漢時代	經濟生產方式	收繼婚的特色	道德風俗	史料來源
		，業急則人習戰攻，以侵伐其天性也			3198《漢書》，卷九四下〈匈奴列傳〉、《後漢書》卷八九〈南匈奴列傳〉均記王昭君妻單于又為單于子所收事
烏桓	本東胡也	隨水草放牧，居無常處，以穹廬為舍，東開向日，食肉飲酪，以毛毳為衣	其俗妻後母、報寡嫂	其嫁娶則先略女通情，或半歲百日，然後送牛馬以為聘幣。隨妻還家，妻家無尊卑，旦旦拜之，而不拜其父母，為妻家僕一二年，妻家乃厚遣，送女居處財物，一出妻家	《三國志》，卷三十〈烏丸傳〉注引《魏書》《通志》，卷二○○〈四夷七〉
鮮卑（北國）	東胡之支也	其言語、習俗與烏桓同	與烏桓同		《通志》卷二百〈四夷七〉，頁3200-3202
稽胡（北國）	匈奴別種	其俗土著亦知種田，地少桑	兄弟死者皆納其妻	蹲踞無禮，貧而忍害，	《通志》卷二百〈四夷七〉，頁

種族名稱	種族來源通漢時代	經濟生產方式	收繼婚的特色	道德風俗	史料來源
		蠶多，衣麻布		俗好淫穢，女子尤甚，將嫁之夕，方與淫者敘離，夫氏聞之，以多為貴，既嫁，頗亦防閑，方犯姦者，隨事懲罰	3208-3209
突厥（北國）	匈奴之別種	以畜牧射獵為事。移徙無恒而各有地分	父兄伯叔死，子弟及姪等妻其母、世叔母、嫂，雖尊者不得下淫	其刑法，反叛、殺人及姦人之婦、盜馬絆者皆死，淫者割勢而腰斬之，奸人女者，重責財物，即以其女妻之	《通志》卷二百〈四夷七〉，頁3209-3212
西突厥（北國）		風俗與突厥同		風俗大抵與突厥同，唯語言微異	《通志》卷二百〈四夷七〉，頁3212-313
遼（契丹）			妻後母、報寡嫂		
金（女真）			大定九年，正月丙戌制：「漢人、		《金史》〈世宗紀〉、〈貞懿皇后傳〉：「舊俗

種族名稱	種族來源通漢時代	經濟生產方式	收繼婚的特色	道德風俗	史料來源
			渤海兄弟之妻，服闋歸宗；以禮續婚者，聽。」		，婦女寡居，宗族接續之」
元（蒙古）		風俗見前	妻後母、報寡嫂		《元史》卷一〇三〈刑法志·戶婚〉《元典章》卷十八〈戶部〉《元典章新集》〈禮部〉《大元通制條格》卷三〈戶部〉

第四章　婚禮程序
——先秦至漢代婚姻六禮的儀式與性質探究

第一節　先秦時期婚禮程序的名目與施行狀況

　　周代的婚禮程序，是否有完整的六禮，曾經引起一些討論，有些學者認為流傳的六禮之說，在春秋時期尚未完全成形，六禮之說搏合而成形，有認為是在戰國，也有學者甚至認為應在東漢末年❶。就文獻來看《儀禮》卷四、五〈士昏禮〉、《禮記》卷六十一

---

❶　如陳東原，《中國婦女生活史》（上海：上海文藝出版社，1990 年）認為：「戰國或更晚一點，有人把各地的流風遺俗，多人的記載，裒集成書之後，『六禮遂成為統一的婚姻儀式』」頁 30。楊伯峻也對春秋時期是否有完整的六禮，抱持著懷疑的態度，《春秋左傳注》（臺北：源流出版公司，1982 年）〈隱公七年〉在提及鄭公子忽接受陳侯請婚而成婚一段，註解：「據《儀禮》〈士昏禮〉古代結婚有六禮……見于《春秋》及三傳者，唯納幣。」頁 55。又〈莊公二十二年〉：「公如齊納幣」注：「〈士昏禮〉言昏禮有六……《春秋》於六者僅《穀梁傳》於此年書納采、問名、納徵、告期，《左傳》

〈昏義〉提到議婚、結婚程序的五個名目，分別是納采、問名、納吉、納徵、請期，雖未見親迎一詞，但從「主人……乘墨車，從車二乘……至于門外……婿御婦車授綏」❷，可知確實存在，而〈士昏禮記〉分別提到此六禮的禮辭，亦可佐證。不過單就名目來說，《穀梁傳》卷六〈莊公二十八年〉說：

> 禮有納采、有問名、有納徵、有告期，四者備而後娶，禮也。❸

從卷三〈桓公三年〉：

> 子貢曰：「冕而親迎，不已重乎？」孔子曰：「合二姓之好，以繼萬世之後，可謂已重乎？」

可知它認為「娶」婦時應採親迎的方式，所以會「刺不親迎」，只

唯書納幣與親迎，及成八年『聘共姬』餘數者不知同于〈士昏禮〉否？」頁219。陳筱芳，《春秋婚姻禮俗與社會倫理》（成都：巴蜀書社，2000 年）則認為西周、春秋時期乃至於西漢只存在著聘、納幣、逆三禮，六禮之說始於東漢末儒者所設計出來的儀式，頁 36-55。

❷ 《儀禮》，卷四〈士昏禮〉，頁 43、45，卷五〈士昏禮〉，頁 50。

❸ 毛奇齡，《婚禮辨正》，《續修四庫全書》（上海：上海古籍出版社，1995年），頁 4，因此認為六禮中問名後，並沒有占卜、納吉的儀式，占卜的儀式應該在選定媒人擇親前就已舉行過了。不過這個說法仍有待商議，因為擇親的占卜並不能取代問名的占卜。

因「親迎，恆事也，不志」❹，但確實未提納吉禮，導致曾有人嘗試以諸侯與士的婚禮繁簡不同來解釋；楊士勛則因為身當於六禮名目權威確立、深入人心之後，於是改以作傳者省略為詞。《公羊傳》只提到納幣和親迎二禮。《左傳》記載中與婚姻有關的程序有：成昏、納幣、聘、逆女等❺，楊伯峻認為納幣、成昏、聘都是納徵的不同說法，實為一禮❻，陳筱芳則將聘與納幣分開，認為「聘在納幣或成昏之前，是春秋婚禮的第一禮」，「與委禽名異實同」❼，認為《左傳》記載所行的是聘、納和逆女三禮，而《左傳》又未嘗譏逆女時不採親迎的方式，那麼所載只剩六禮名目中的納徵一禮！

　　除了六禮名目不全，還有某些線索令人懷疑當時六禮是否已經具足。《公羊傳》卷十三〈文公二年〉所「譏」是年冬「公子遂如

---

❹　以上引文分見《穀梁傳》，卷十四〈成公十四年〉，頁 140、卷六〈莊公二十四年〉，頁 59。

❺　婚禮過程記載最為詳細的要算是魯成公姐妹伯姬嫁於宋的事。《左傳》，卷二十六〈成公八年〉，頁 446-447：「八年春……宋華元來聘，聘共姬也。夏，宋公使公孫壽來納幣……冬……衛人來媵……九年……二月，伯姬歸于宋」，納幣至迎娶間隔一年。從魯桓公、莊公的案例來看，卷六〈桓公三年〉，頁 103：「（正月）會于嬴，成昏于齊也」，「秋，公子翬如齊逆女」；卷九〈莊公二十二年〉，頁 162：「冬，公如齊納幣」，卷十〈莊公二四年〉，頁 172：「夏，公如齊逆女」，這是常態。

❻　楊伯峻，《春秋左傳注》（臺北：洪葉文化事業公司，1993 年），〈隱公七年〉「鄭伯許之，乃成昏」，楊注，頁 55：「納幣即納徵。納幣之後，婚姻即訂。古謂之聘……此言『成昏』，即男家已向女家納幣，『成』有『定』義」。

❼　《春秋婚姻禮俗與社會倫理》，第三章〈春秋婚禮——三禮〉，頁 39-40。

齊納幣」之舉。文公是於在位第四年時成婚,「娶在三年之外」,並沒有喪期娶婦的問題,關鍵點在是否為喪期圖婚。根據《春秋》經文,魯僖公薨於十二月乙巳,文公納幣是在位第二年的事,那麼此次納幣顯然還在喪期中,無怪乎《公羊傳》會持否定的看法。然而《左傳》居然認為合禮❽,導致杜預不得不針對這點做解釋,他的方式乃以長曆重新推算,認為僖公薨的乙巳應該是十一月十二日,經書所記的十二月有誤❾,如此一來,喪期在文公二年的十一月就結束了,若在十二月納幣,就不算喪期議婚。如果我們採納杜預的說法,從僖公喪期結束(十一月)到遣使納幣(十二月)最多也只有一個月的時間,假如像禮書所說,納幣之前尚須先有使者前往齊國提及婚事,待齊國亦有意願締結婚姻,然後才行納采、問名、納吉、納幣等禮,即使納采、問名二禮可以合併舉行❿,至少仍要往還三次以上;若還要配合擇吉日的習俗,時間上更形過於急迫,難以施行。孔穎達看出這點,在維護六禮不可或缺的教條下,於是揣想:文公的婚事可能在僖公尚健在時即已開始商議了,中間由於僖公之喪,停頓下來,現在只是繼續從前未完的程序罷了⓫。另一種比較直截的看法則是:當時婚禮的程序要比六禮簡略。這並非完全不可能,因為《左傳》卷三十一〈襄公十二年〉曾記載周靈王向齊侯求女,齊侯在問了晏桓子禮辭之後就許婚了,這段婚事不但就

---

❽　《左傳》,卷十八〈文公二年〉,頁304。

❾　《左傳》,卷十七〈僖公三十三年〉杜注,頁289。

❿　《儀禮》,卷四〈士昏禮〉賈疏,頁40,又《左傳》,卷十八〈文公二年〉孔疏,頁301。

⓫　《左傳》,卷十八〈文公二年〉孔疏,頁301。

此談定，接著靈王即「使陰里逆之」⓬，並沒有經過如禮書所說複雜的往還過程。周王室婚姻尚且如此，諸侯國之間的婚姻恐怕也未必像禮書所記的六禮那樣刻板地進行。

面對春秋王侯具體的婚禮過程似乎沒有按照〈士昏禮〉、〈昏義〉所言六禮的程序進行，該如何理解呢？

最簡單的解說莫過於將之歸諸衰世禮壞，不過這種看法的前提是已經承認〈士昏禮〉、〈昏義〉所記的六禮早在春秋時期就已經存在，甚至是周禮的一部分，在論證上瑕疵。

其次，則是將《春秋》經傳中未完整記載六禮程序的狀況，以「常事不書」⓭的態度來理解，之所以會記下當中某些節目，都有特殊源由⓮，不過這種解說與前者有同樣的弊病。

第三種則走向另一極端，否定六禮在周代甚至春秋時期已經存在，但這種看法相當危險，因為未見記載並不能夠遽然斷定為不存在，何況《春秋》經傳的確有常事不書的史法？更重要的是，先秦時期儘管可能沒有完整的六禮名目，但豈能因此斷定其連實質也不

⓬　《左傳》，卷三十一〈襄公十二年〉，頁 548-549。〈桓公八年〉，經書「祭公來，遂逆王后于紀」，如照《公羊傳》，卷五〈桓公八年〉，頁 61：「使我為媒，可，則因用是往逆矣」，以及何休的申釋：「婚禮成於五，先納采、問名、納吉、納徵、請期，然後親迎，時王者……不復成禮……逆天下之母，若逆婢妾」，也可算作王室議婚簡慢的另一例證。

⓭　《公羊傳》，卷四〈桓公四年〉，頁 51。

⓮　《春秋大事表》，〈春秋嘉禮表敍〉，頁 510，即持此種看法：「昏禮有六，而《春秋》書納幣、逆女與夫人至，從其重者書之也。而或失之略，或失之過，失之略者，輕妃偶而虞不終，失之過者，詔強鄰而羞宗廟。聖人之為天下後世慮，豈不深切著明也哉」。

具？媒人的存在，並穿梭於議婚程序中，固然為大家所接受，議婚過程中占卜嫁娶當事人及家族的吉凶、迎娶時講究擇日等等，在先秦史料乃至出土的《日書》中，都斑斑可考（詳見後文）。

本文認為：六禮中重要部份的實際操作於先秦時期應該已經先後具足，只是名目尚未完全確定下來，實踐時，也尚未如後代所說那般規律，缺一不可。至於六禮之說摶合成形的時代，或認為是在戰國或更晚一點❶，或認為應在東漢末年❶。按：《漢書》卷八十八〈儒林傳〉明言：「漢興，魯高堂生傳士禮十七篇」，〈士昏禮〉為其中之一，孔壁所出也有此篇，可見必屬先秦之作，而如上文所述，篇中已具足六禮。

六禮之說於戰國時期雖已成形，但禮的基本精神之一講求時變❶，其具體施行往往是與客觀環境互動的結果。在漢代，禮書已明白提出六禮，並且隨著它們的載體神聖化，取得不容質疑的權威地位，然而刻意仿古的王莽嫁女（孝平王皇后）時也未嘗亦步亦趨——其儀式為：納采、卜筮、祠宗廟、待吉月日、迎親等❶，問名禮可能被歸併到納采禮中了，納徵禮為重要儀式，此處未見記載，不知是否記載缺省所致——遑言後代？婚姻六禮也常因為許多客觀現實

---

❶　《中國婦女生活史》，頁 30。

❶　《春秋婚姻禮俗與社會倫理》，頁 36-55。

❶　《禮記》，卷二十二〈禮運〉，頁 439：「禮必……變而從時」、卷二十三〈禮器〉，頁 450：「禮，時為大」、卷三十七〈樂記〉，頁 670：「三王異世，不相襲禮」，卷六十三〈喪服四制〉，頁 1032：「夫禮……變而從宜，取之四時」。

❶　《漢書》，卷九十七下〈外戚傳·孝平王皇后傳〉（臺北：鼎文書局，1983年），頁 4009。

的因素，在實施時有所損併❶，好比為了君上的權威，在一段相當長的時間內，連皇太子結婚也沒有親迎的儀式❷；即便在尚稱承平之世，平民也缺乏時間、財力備辦繁瑣耗財的儀節物品，戰亂時更往往只能草草施行所謂三日婦、拜時婦之禮❸。

第二節　納采禮禮物及其象徵意涵

　　議婚的第一個步驟是「納采」，即男方家派遣使者到女方家去送禮，女方家若同意締結婚姻，則收下男方家所帶來的禮物。根據《儀禮》卷四〈士昏禮〉關於納采的過程和行禮儀文：

　　昏禮下達。納采，用鴈。主人筵于戶西，西上，右几。使者玄端至，擯者出，請事，入告。主人如賓服，迎于門外，再

---

❶　宋代樞密院提到：「納采、問名同日，次日納吉、納成、告期」，即是將幾個禮併在一起舉行。當時公主婚禮程序為「出降前一日，行五禮」，其實是將諸程序省略，因為「今選尚一出朝廷，不待納采；公主封爵已行誕告，不待問名」。至於士庶婚禮「并問名於納采，并請期於納成」，所以形式上只剩下納采、納吉、納徵、親迎四禮。朱子《家禮》於六禮中無問名、納吉，只有納采、納幣、請期，這在明洪武元年後成為定制。分見脫脫，《宋史》（臺北：鼎文書局，1980 年），卷一一一〈禮志〉，頁 2656、卷一一五〈禮志〉，頁 2732，張廷玉，《明史》（臺北：鼎文書局，1980 年），卷五十五〈禮志〉，頁 1403。

❷　《明史》，卷五十五〈禮志〉，頁 1389：「（天子納后儀）婚禮有六，天子惟無親迎禮」、頁 1393：「（皇太子納妃儀）歷代之制與納后同，隋、唐以後，始親迎」。

❸　《通典》，卷十九〈拜時婦三日婦輕重議〉，頁 342。

拜，賓不答拜。揖入，至于廟門。揖入，三揖，至于階，三
讓。主人以賓升，西面，賓升西階，當阿，東面致命。主人
阼階上北面，再拜，授于楹間，南面。賓降，出，主人降，
授老鴈。❷❷

在納采儀式中，「鴈」具有重要的象徵意義，稍事檢視，會發現除
了納徵禮外，其餘各禮的禮物中都包括了「鴈」❷❸。或許因此喚起
某些經生追索其中意義。照他們的說法，婚禮用鴈，取義有三：㈠
有關婚姻本身者。鴈是候鳥，「木落南翔，冰泮北徂」，「隨時而
南北」，期望婚時也能配合宇宙律動，所謂「順陰陽往來」；㈡關
於同一社群內均將適婚者。婚姻固然不當失時，但同一家庭內部適
婚者仍應遵守「長幼有序，不相逾越」的原則，兄、姊先弟、妹而
成婚，鴈「飛成行；止成列」，正是天以物諭人的所在；㈢關乎婚
姻當事雙方者。所謂「順陰陽」主要是指天地間陽氣消長，陽氣表
現在人間性別關係上，是男、是夫，鴈「隨陽」猶「妻從夫之義
也」❷❹。由階級的層面來說，士人的贄物為雉❷❺，但婚禮隆盛，所
以士人越級一等，用大夫階層的贄物為禮物。

---

❷❷ 《儀禮》，卷四〈士昏禮〉，頁 39-40。

❷❸ 如《儀禮》，卷四〈士昏禮〉，頁 40：「賓執鴈請問名」；頁 42：「納吉用
鴈，如納采禮」、「請期用鴈，主人辭，賓許，告期」；頁 42、50：「期，
初昏……主人揖入，賓執鴈從，至于廟門」。

❷❹ 以上引文分見《白虎通》，卷十〈嫁娶〉，頁 457、《儀禮》，卷四〈士昏
禮〉，頁 39，鄭注、賈疏。

❷❺ 《周禮》，卷十八〈春官・大宗伯〉，頁 280-281：「以禽作六摯，以等諸
臣：孤執皮帛，卿執羔，大夫執鴈，士執雉，庶人執鶩，工商執雞」。

　　然而上述之說是建立在鴈是一般理解中的鴻鴈之屬這個前提上，鴻鴈既是候鳥，要想得到牠就有季節限制，即便當時婚期不是在秋、冬之際，就是在仲春時節，即鴈南北遷翔時舉行，鴈群過境棲息的時間相當短，莫非棲息所在的當地人都趕在那小段時間內捕鴈，以便行禮如儀，順利完婚？其次，在「摯不用死」❷⑥的原則下，所用的鴈應該是活鴈，但捕獲的多為死鴈❷⑦，除非所說的鴈從寬認定，可以用鵝代替❷⑧。但如此一來，「隨陽」之說又將蹈空。從古今婚俗所用器物多有象徵兼期許的作用，可信婚禮用鴈應當有其意涵，只是現今難以確指罷了。

　　除了用鴈以外，納采還包括了其他的禮物，鄭眾的〈婚禮謁文〉列了大臣納采的三十種禮物❷⑨，並在〈婚禮謁文贊〉❸⓪中說明

---

❷⑥　《儀禮》，卷四〈士昏禮〉，頁 60。

❷⑦　《左傳》，卷四十一〈昭公元年〉，頁 702，記載公孫黑看上了鄭國的徐吾犯的妹妹，「強委禽焉」，杜注：「禽，鴈也。納采用鴈」。從下文看，似乎應是獵獲物，藉此顯示其丈夫氣概，與《毛詩》，卷一之五〈召南·野有死麇〉，頁 65-66，類似，則所委之禽當屬死鴈。

❷⑧　《說文解字注》，第四篇上〈鴈〉，頁 154：「鴈，鵝也」。

❷⑨　《通典》，卷五十八〈禮十八·嘉三·公侯大夫士婚禮〉自注引鄭眾，《婚禮謁文》，頁 336。嚴可均，《全上古三代秦漢三國六朝文·全後漢文》（京都：中文出版社，1981 年），卷二十二，自注，頁 592，已指出：見存開列禮物僅二十九種，遺漏的應該是歐陽詢，《藝文類聚》（臺北：文光出版社，1977 年），卷八十九〈木部下·女貞〉所引〈婚禮謁文贊〉，頁 1543，提到的女貞。

❸⓪　此文已殘，佚文零句見歐陽詢，《藝文類聚》，卷八十五〈百穀部·秔〉，頁 1449、卷八十九〈木部·女貞〉，頁 1543、卷九十一〈鳥部中·鴈〉，頁 1579、卷九十二〈鳥部下·鴛鴦〉，頁 1604、卷九十四〈獸部中·羊〉，頁 1631。《太平御覽》，卷六百五〈文部·墨〉，頁 2723，卷八四十〈百穀

了那些禮物的象徵意義（參見表 4.1〈史書中所記載納采與納徵的禮物〉）。以物件種類而言，包括了動物（如羊、雁）、植物（如蒲、葦）、礦物（如丹、青）、人為加工物，以第四類最多，而這又可分為食物（如白酒、粳米）、衣物（如玄纁、五色絲）、飾物（合歡鈴、舍利獸）等。以男方家族對要娶進門女子及由此締結的這椿婚姻的期望而言，可以分成：㈠希望夫妻好合，所以用雌雄伉合的動物形象裝飾：鳳凰、鴛鴦；音聲合諧的樂器：合歡鈴；緊密黏合之物：膠、漆作為象徵。㈡對女子德行的要求，包括柔（蒲、葦）、順（卷柏）、幽靜（魚）、堅貞（女貞）、廉謙（舍利獸）、恭慈（受福獸）。㈢對女子職責的要求：多子（九子墨）、孝養（烏）、承祀祖先（稷米）。㈣求福（清酒）、祿（嘉禾）、財（金錢）、壽（長命縷）、吉祥（祿得香草）、平安（陽燧）。納采所用的禮物，後代自然有變化，不過大致不出此範圍。

第三節　問名禮：
名字的神聖性與問名的意義

一、問名禮的內容

婚禮的第二個步驟是「問名」，拿著欲婚配者的名到祖廟中

部・稷），頁 3753，卷九一三〈獸部・舍利〉，頁 4048，卷九二五〈羽族部・鴛鴦〉，頁4108，卷八八九〈藥部・卷柏〉，頁4376。

「卜其吉凶」 **❸**，這個步驟，從〈士昏禮〉提到納采後，「擯者出請，賓執鴈，請問名，主人許」來看，應該是緊接著納采禮在同一日進行的。

「問名」所問之「名」有幾種不同的說法：

或認為問名乃是問氏，這是根據〈士昏禮記〉中問名的禮辭：「某既受命，將加諸卜，敢請女為誰氏？」作出的推斷，認為既已登門納采，應該不會不知道女方父親的姓氏，所以這個氏可能指的是生母的氏，或者女子可能為養女，與主人並非同姓氏，所以才需要特別再問她原來的氏 **❸**。不過這個說法很可能過份拘泥於禮辭辭面，我們看主人接下來的應對：「吾子有命，且以備數而擇之，某不敢辭」 **❸**，既稱是「吾子」，又不特別著明女子之氏，說成是養女似乎有些牽強。

或將「名」理解為生母之氏 **❸**，但這與宗法架構下重父姓的傳統不合，而且沒有史料可以證明。雖然古代由於多妻妾，為了便於識別，也曾出現過在同父的基礎下，以母親姓氏來加以區別 **❸**；在婚姻對象的擇定中，母親家族的情況及母親的地位會被列入考慮

---

❸　《儀禮》，卷四〈士昏禮〉鄭注，頁 40。

❸　《儀禮》，卷六〈士昏禮〉鄭注及賈疏，頁 63。至於「其本云問名，而云誰氏者，婦人不以名行，明本不問女之三月名，此名即姓號之名」。

❸　以上引文並見《儀禮》，卷六〈士昏禮〉，頁 63。煩參賈疏。

❸　《禮記》，卷六十一〈昏義〉孔疏，頁 1000：「問名者，問其女之所生，母之姓名，故昏禮云：謂誰氏，言母之女何姓氏也」。

❸　如《漢書》，卷八〈宣帝紀〉，頁 235：「（戾）太子納史良娣，生史皇孫」，所謂皇孫，當然標識著皇室的血統，同時為漢武帝之孫，但「史」則是母姓，用以便於區別。

（詳後文），但不論是從女子著姓以迴避同姓相婚之禁忌推論來說，或是從銅器銘文❸、《左傳》❸中婦女姓名顯示的跡象來看，所著的姓如果不是夫家姓，而是母家姓，所著的母家姓毫無疑問指的是女方父姓，而非母姓。因此，將問名說成是問女方生母之氏，恐怕未解經典中「通呼母舅為母氏」❸，所謂問母氏是指問舅氏的姓而言。

至於將問名理解為問字的說法，要面對的是《禮記》卷二〈曲禮上〉中提到的「女子許嫁，笄而字」❸的原則。在一般情形下，行過納徵禮之後，婚姻才算確定，也才取字，那麼在問名之時，既然婚事尚未議定，應該還未取字，所以這個說法也不可靠。而且經文提到的是「問名」、「問氏」，將「名」或「氏」理解為「字」，恐怕會招致不明古代社會文化之譏。

以上的說法，不論是將「問名」解成是「問氏」或「問字」，背後都還有一種想法，即認為女子的三月之名較被隱密，不宜宣揚

---

❸ 曹定雲，〈周代金文中女子稱謂類型研究〉，《考古》6 期（總第 381 期）（1999 年 6 月），頁 78-87，對女子稱謂的銘文型進行整理，將其歸納為六類十二式，不脫女子出生國名、出生國姓、所嫁國名、所嫁國姓以及女子排行的排列組合，此處女子出生國姓毫無疑問是指出生國父系祖先的姓氏。

❸ 方炫琛，《左傳人物名號研究》，前揭書。

❸ 《左傳》，卷三〈隱公三年〉孔疏，頁 49。

❸ 《儀禮》，卷六〈士昏禮記〉，頁 60：「女子許嫁，笄而醴之，稱字」，鄭注：「許嫁，已受納徵禮也」。此刻起，身份上已被視為成人，所以《公羊傳》，卷十一〈僖公九年〉，頁 134、卷十四〈文公十二年〉，頁 176，說：「婦人許嫁，字而笄之，死，則以成人之喪治之」。

於外，所以應以姓、氏或字來稱呼❹。就現有的女名研究來看，受限於史料記載，所記女名絕大多數為已婚婦女，難以探討其未婚時的名以及由未婚進入已婚名的具體變化❹，但仍有跡可循。若查考《周禮》卷十四〈地官·媒氏〉掌理男女婚配的種種職務時，會發現媒氏掌理男女婚姻，最重要且最基本的工作，是對男女狀況的掌握：「凡男女自成名以上，皆書年、月、日、名焉」❹。《春秋》卷六〈桓公六年〉記載魯莊公出生的書法為「九月丁卯，子同

---

❹　《禮記》，卷四十四〈喪大記〉，頁 762，提到喪禮招魂（復）時，「男子稱名，女子稱字」，也是基於此種考量。

❹　金文女名研究，可參見〈兩周金文中的婦女稱謂〉，《古文字研究》，頁 398-405。歸納出女名的規律，一是婦女在本姓前冠以夫字的間接稱謂，二是婦人自作器的稱謂，以及家長對出嫁女子的稱謂，都是在婦女本姓前冠以所適國名，三是家長為已嫁女子作器，四是夫為妻作器，以上均是就出嫁女子而言，只有第二類中家長為正要出嫁的女子作器，牽涉到結婚前的狀態，不過，一樣是以女姓冠所適國名，是許嫁後的字了，所以亦無從得知問名儀式，所問之名的狀況。關於女名還可參見〈西周銅器銘文中的人名及其對斷代的意義〉，頁 27-64，以及前揭曹定云文。事實上，金文中屬於女子作器的比例很少，所記下的女性，可能是祖母、母親或妻子，或是已婚婦女自作器，但不論在作器者，以及受祭者均不能與男性祖先相比，陳昭容，〈周代婦女在祭祀中的性別、身份與角色研究〉，中研院史語所 2002 年第七次講論會，有詳細的論證。因此，更是無從得知女子婚前女名的狀況。春秋時期婦女的名字，基本上是由稱姓與伯仲排行所構成，「男子稱名，婦人書姓與伯仲」（《禮記·喪服小記》），婦人著姓，是為了避免同姓為婚的考慮，這也是就成年或許嫁之後的字來說的，至於漢代，劉增貴，〈漢代婦女的名字〉，《新史學》第 7 卷第 4 期（1996 年 12 月），頁 33-93，羅列了近六百個秦漢近三國婦女名字，傳達出社會變動，婦女的名字由「繫姓」漸轉為「冠姓稱字」及「冠夫姓」。

❹　《周禮》，卷十四〈地官·媒氏〉，頁 216。

生」，正是「年、月、日、名」的形式。這裏所謂的成名，如鄭注或賈疏所說，指的應是三月之名❹，不可能是成年禮後的字，因為此處所說的年、月、日，即是男女的生辰，可以作為年齡的推算以及婚姻是否失時、配合的吉凶狀況的依據。《禮記》卷二十八〈內則〉也提到三月命名後，必須將名及出生時辰記下，同式兩份，分別藏於地方基層與上層，所謂「閭史書為二，其一藏諸閭府；其一獻諸州史，州史獻諸州伯，州伯命藏諸州府」。

二、名所具有的神聖意涵與三月之名的重要性

㈠名所具有的神聖性與預示性

男女雙方婚姻之締結，特別要合三月之名的吉凶，此與三月之名所具有的特殊性質和意義有關。以下分為幾個層面來看：

初生之名，往往具有極強的神秘力量，它密切關係著名字擁有者的命運，甚至就是其生命的一部份。因此生命中的重要轉變時刻，過渡儀式常使用此名，以進行神秘的聯結和轉化；至於平時則被謹慎而隱密的對待。如弗雷澤（J. G. Frazer）指出：

> 未開化的民族對於語言和事物不能明確區分，常以為名字和
> 它們所代表的人或物之間不僅是人思想概念上的聯繫，而且
> 是實際物質的聯繫……男女老幼除了公開用的名字以外，每

---

❹ 同前注，鄭注：「子生三月，父名之」，賈疏：「媒氏之合男女必先知男女
  年幾，故萬民之男女自三月父名之以後，皆書年、月、日及名以送與媒
  氏」。

人都有一個秘密的或神聖的名字，是出生後不久由自己的老
人給取的，只有特別親近的人才知道……那秘密名字，只是
在結婚的儀式時才使用。這種習俗意在防範巫術的侵害，因
為巫術只有在和真名聯繫上了的時候才能發生效應。**❹**

《左傳》中提及出生之名具有特殊的意義，能夠預卜或改變人一生
的命運，如〈魯桓公二年〉記載晉穆侯為太子命名的事情：

> 初，晉穆侯之夫人姜氏以條之役生太子命之曰仇，其弟以千
> 畝之戰生命之曰成師，師服曰：「異哉！君之名子也，夫名
> 以制義，義以出禮，禮以體政，政以正民，是以政成而民
> 聽，易則生亂，嘉耦曰妃，怨耦曰仇，古之命也。今君命大
> 子曰仇，弟曰成師，始兆亂矣，兄其替乎？」**❺**

晉大夫師服以名所顯現的兆示，預示著小宗將侵凌大宗的結果，果
然，不出三世，成師一族就取代了仇一族，成為晉國的大宗**❻**。師
服之說反映出當時人認為名具有預示吉凶或命運的性質。又如〈閔
公二年〉記載：

---

❹ 弗雷澤（J. G. Frazer）著，汪培基譯，《金枝》（*The Golden Bough*）（臺
　　北：久大、桂冠聯合出版，1991 年），頁 367-368。

❺ 《左傳》，卷五〈桓公二年〉，頁 97。

❻ 《左傳》記載晉穆侯卒後，先由弟殤叔立，仇出奔。五年後，仇回國嗣位
　　（文侯），在位三十六年而傳子（昭侯），來自成師的一族被封於曲沃，後
　　取代了仇的一系而成為被認可的大宗。

> 成季之將生也，桓公使卜楚丘之父卜之，曰：「男也，其名
> 曰友，在公之右，間于兩社，為公室輔，季氏亡則魯不昌」
> 又筮之，遇大有☰☰之乾☰☰，曰：「同復于父，敬如君所」，
> 及生，有文在其手曰「友」遂以命之。❹

此則事件亦可以看出名的神秘性。在胎兒未生之時，即可透過占卜
方式得知其名，同時這個名字與其擁有者命運息息相關，當名字被
喊出時，名的所有者命運亦被彰顯出來。「季友」之季為排行，名
為「友」，以「友」來推測他將為魯公之左右、輔佐公室。同樣的
案例見諸晉穆侯「命大子曰仇，弟曰成師」，當時師服就指出：晉
穆侯為二子取的名預示了小宗將侵凌大宗，所謂「兆亂，兄其替
乎」❹的結果，不出數世，預兆應驗。這則事件還有一個值得注意
的地方，即：「名」以胎記的方式顯示在身體上，這也再次顯示
「名」的神秘性。類似事件還見於魯惠公夫人仲子，仲子出生時即
有胎記標示她將「為魯夫人」❹，胎記同時表現出與生俱來、神聖
兩個層面。

　　名也有透過夢兆的方式而得，鄭公子蘭即為其例。「蘭」標幟
著母親夢到神明所給予蘭的夢境，因此他的命運總與蘭息息相關
❺。晉成公黑臀得名則是由「其母夢神規其臀以墨，曰：『使有晉

---

❹　《左傳》，卷十一〈閔公二年〉，頁 190。

❹　《左傳》，卷五〈桓公二年〉，頁 96-97。

❹　《左傳》，卷二〈隱公元年〉，頁 28-29。

❺　《左傳》，卷二十一〈宣公三年〉，頁 368：「初鄭文公有賤妾曰燕姞，夢
　　天使與己蘭，曰：『余為伯儵，余而祖也，以是為而子，以蘭有國香，人服

國，三而畀驪之孫。』」❺¹而來。由於夢被視為天啟，具有強烈的預示性，因此在古時立有占夢解夢之官，對於來自神聖的兆示進行理解。

　　《白虎通》〈姓名篇〉提到得名的由來約可歸納為幾種重要的類型，一是聽其聲，即吹律定姓名（詳後文），二是依於事，即根據出生時所發生的重要事件，三是旁其形，即根據重要的身體特徵。這都反映出「名」與個人命運息息相關，在個人生命形成之際即已形成，不但是生命的一部份，同時具有天啟預示的性質。三月之名既如此重要，因此給定的過程須經占卜，卜名的儀式在甲骨卜辭即已存在❺²，《左傳》中亦見其踪跡，如季友之得名即是經過占卜，又如晉惠公子女（懷公）兄妹（圉、妾），其得名亦如此❺³。至於取名的慎重，在禮書中亦極鮮明，如《禮記》〈內則〉世子命名的儀式：

　　　君沐浴朝服，夫人亦如之，皆立于阼階，西鄉，世婦抱子升

媚之如是』既而文公見之，與之蘭而御之，辭曰：『妾不才，幸而有子，將不信，敢徵蘭乎？』公曰：『諾』，生穆公，名之曰：蘭。」、「穆公有疾，曰：『蘭死，吾其死乎？吾所以生也』，刈蘭而卒。」

❺¹　《國語韋昭註》（臺北：藝文印書館，1974 年 3 月版）卷三〈周語下〉單襄公語，頁 73。

❺²　卜名的情形在甲骨卜辭中已見，詳參饒宗頤，〈由《尚書》「余弗子」論殷代為婦子卜命名之禮俗〉，《古文字研究》（出版地同上，1989 年），十六輯，頁 157-159。

❺³　《左傳》，卷十四〈僖公十七年〉，頁 237。

自西階，君名之乃降。❺

三月命名為出生禮儀的高潮，同時亦是對新生兒生命狀態的確定，具有關鍵意義。其慎重由沐浴、朝服、立阼階等儀式即可顯現。不論是預示素材（如藉用與生俱來的胎記）、理解預示的方式（如占卜）、預示的應驗，都可以看出名的神秘性，具有濃厚的天啟性質。

㈡陰陽五行思想下的五音定名

　　名的巫術神秘觀在陰陽五行觀的澆灌下，形成了五音定名的想法。《大戴禮記》卷三〈保傅〉：

　　（青史氏曰）太子生而泣。太師吹銅曰：「聲中其律。」太宰曰：「滋味上某。」然后卜名。

《白虎通》卷九〈姓名〉：

　　名或兼或單何？示非一也。或聽其聲，以律定其名，或依其事，旁其形。

《論衡》卷二五〈詰術〉：

　　五音之家，用口調姓、名及字，用姓定其名，用名正其字。口有張歙，聲有內外，以定五音宮商之實。

《漢書》卷三十〈藝文志・數術略・五行家〉有《五音定名》十五卷，都可以看出漢代存在著以五音定名的情況。與五音定名同時存在的是吹律定姓的方式❺❺，這與戰國之後姓氏劇烈變化，以及平民自定姓氏的現象，有著密切的關係。當然，背後的基礎仍然是「姓者，生也，人稟天氣所以生者也」❺❻的想法。

㈢名的配合與厭勝巫術

　　姓名既來自於神聖的天啟，標識著生命的質性，那麼在生活起居中的重要事項，即要注意到與姓名的配合，《論衡》卷二十五〈詰術〉引用了漢代流行的《圖宅術》，傳達了當時人認為宅室要與姓名屬性相配合的想法：

　　　　宅有八術，以六甲之名，數而第之；第定名立，宮商殊別；

---

❺❺　《白虎通》，卷九〈姓名〉，頁 401：「古者聖人吹律定姓，以紀其族。人含五常而生，正聲有五：宮、商、角、徵、羽，轉而相雜，五五二十五，轉生四時異氣，殊音悉備，故姓有百也」，即是透過與生、氣、五行的結合，得知宇宙網脈中特屬於某人的姓與名。這種觀念在漢代十分流行，緯書中保留了一些這類訊息，如羅泌，《路史・後紀》（臺北：臺灣中華書局，1965年），卷五，頁 7a，男苹注引《易・是類謀》：「聖人興起，不知姓名，當吹律聽聲，以別其姓。黃帝吹律定姓是也」、《太平御覽》，卷十六〈時序・律〉，頁 79 引《孝經・援神契》：「聖王吹律有姓」。這種說法影響了當時的人，如《漢書》，卷七十五〈京房傳〉，頁 3167：「房本姓李，推律自定為京氏」，即是一個具體的例子。也因為此種風氣十分盛行，以至於《論衡校釋》，卷二十五〈詰術篇〉，頁 1032、1033、1038，汪繼培，《潛夫論箋》（臺北：漢京文化公司，1984 年），卷六〈卜列篇〉，頁 296，都曾駁斥。

❺❻　《白虎通》，卷九〈姓名〉，頁 401。

> 宅有五音，姓有五聲，宅不宜其姓，姓與宅相賊，則疾病死
> 亡，犯罪遇禍。

> 故五姓之宅，門有宜嚮，嚮得其宜，富貴吉昌，嚮失其宜，
> 貧賤衰耗。

宅室所屬的五行須與屋主姓名所屬五行處於相生狀態、宅門的坐向
也須講究，才能確保屋主的身家安全。若兩者處於「失其宜」甚
至「相賊」的狀態，則會削弱屋主的生命能量，以至發生種種不
幸。

　　名與所有者之間既然處於一體的密切關係，因此在名的擇取上
存在著許多巫術，希望藉此改造人的命運，厭勝的巫術即是一種。
晉惠公所以替子、女取名為圉、妾，固然是遵循卜者傳達的神諭，
但圉為養馬的馬夫，妾是不經過正式的婚配程序而入門的卑下女
子，以晉公室的尊貴身份，為何肯甘心替自己骨肉取如此卑賤的名
字呢？這很可能與惠公正逃亡在外，處境艱辛，希望為子女取賤名
以厭勝不祥有關。春秋時期取惡名的情況不少，或以隱疾❺❼，或以
牲畜❺❽，應該也與此種名的厭勝不無關係。

---

❺❼　詳參洪亮吉，《更生齋集》（臺北：臺灣中華書局，1971 年），卷二〈春秋
　　時以隱疾為名論〉，頁 10-11。

❺❽　如《左傳》，卷十九上〈文公九年〉，頁 321，的公子彄，卷二十三〈宣公
　　十二年〉，頁 391，的先穀名彘子，卷三十四〈襄公二十一年〉，頁 591，的
　　羊舌虎，卷四十一〈昭公元年〉，頁 696，的罕虎，卷四十六〈昭公十三
　　年〉，頁 809，的羊舌鮒，卷五十五〈定公五年〉，頁 958，的子虎，卷五十

　　從上述古人對「名」的認知，我們可以略微體會男女雙方締結婚姻關係時，為何特別要問男女雙方初生之名，或說三月之名，這是因為從古代巫術的角度，它密切關係著名字所有者的命運，甚至就是生命的一部份，所以當生命中重要的時刻，常會特別使用此名，來進行一些神秘的聯結和轉化。如前引弗雷澤（J. G. Frazer）之說所論名之神秘性，可以解釋在未談及婚事以前，何以男女雙方禁止接觸，這樣的隔離同時也包括了名的隔離，此即《禮記》卷二〈曲禮上〉所說的：「男女非有行媒，不相知名」，因為當接觸了對方的名，即等同於和對方生命有所聯結和交通了。

　　然而「問名」恐怕不當拘泥於字面，認為所問僅止於欲結婚的男女雙方之名，極可能還包括了出生年、月、日在其中。因為我們從一些出土文獻中，發現當時人認為出生時辰密切關係著個人的命運及性格。如《睡虎地秦墓竹簡》《日書》甲種〈除〉、〈稷辰〉、〈生子〉即就出生的時辰干支來占卜嬰兒往後的際遇及職業、健康狀況、性格、嗜好乃至於社會地位及經濟的貧富等都列入其中（參見表 4.2），〈星篇〉透過二十八星宿來計日，也同時提到了某星宿當日時生子的吉凶禍福；〈人字〉篇透過人字圖來推算胎兒在某季節中的某日出生的命運。《放馬灘秦簡》《日書》甲種〈生子〉亦與《睡虎地秦墓竹簡》大致相同。可見在先秦時期，透過嬰兒的出生時辰來占卜吉凶即已十分盛行了，而所謂吉凶，除了嬰兒本身的以外，還包括嬰兒對父母的影響在內，這也就導致了某

七〈哀公二年〉，頁 996，的公孫尨，卷五十九〈哀公十四年〉，頁 1034，的司馬牛，均是其例。

些胎兒不舉❺❾。出生時辰既然密切關係著胎兒未來的命運，以及對家長的影響，在締結婚姻的過程中，對於男女雙方出生時辰的配合與吉凶占卜，應屬重要的一環。或許正因此，出生登記以及掌理男女婚配的官員，除了記名外，還包含了出生時辰，這除了便於掌握年齡的原因外，箇中還有吉凶配合的考量。

問名之後緊接著要於祖廟中進行占卜吉凶的儀式，向神明請示雙方適合匹配與否，因這不但關係著當事兩人、婚姻本身幸福，也牽連整個家族未來的吉凶。在五行說盛行後，以五音定姓名，考量的項目可能還包括雙方之名所屬的五行生剋的問題。若結果為吉，派遣使者通知對方，所謂「某加諸卜，占曰：吉，使某也敢告」❻❶，這個儀節名為納吉。占卜得吉是議婚得以繼續進行的重要關鍵，兩家的親事也經過納吉才趨於穩定❻❶。

第四節　納徵禮的意義及聘財問題

一、納徵的禮物及聘財

兩家婚事要完全確定，必須等到女方家接受了男方的財禮，這

---

❺❾　漢代民俗對於正月、二月、五月所生子忌諱，以為妨害父母。詳參李貞德，〈漢隋之間的「生子不舉」的問題〉時日禁忌的部分，《中央研究院歷史語言研究所集刊》第 66 本第 3 分（1995 年 9 月），頁 752-755。
❻❶　《儀禮》，卷六〈士昏禮記〉，頁 63。
❻❶　《儀禮》，卷四〈士昏禮〉鄭注，頁 42：「歸卜于廟，得吉兆，復使使者往告，昏姻之事於是定」。

個過程「士謂之納徵，諸侯則謂之納幣，以其幣帛多，其禮大，與士禮不同，故異其名也」❻❷。（所謂「幣」還包括一些如玉、皮革、馬匹，布帛、圭璧等貴重的禮物❻❸）據說士人是「玄纁、束帛、儷皮」❻❹，至於諸侯則再加上「大璋」❻❺，天子還加「穀圭七寸」❻❻。一般庶民階層，無法有此排場，尤其遇到凶荒之年或家境貧困，只要「純帛無過五兩」❻❼就行了，〈媒氏〉所說固然是婚姻失時的權變，在正式婚姻的情況下，禮物應該要豐富些，但由於資源有限和階級限制，備具的禮物應該較士人為減省。

納徵時，除了禮物外，還有聘金。以漢代的情況來說，惠帝娶后用了「黃金二萬斤，為錢二萬萬」，成了漢皇室娶后的「故事」❻❽，不過也有多至三萬斤的情況❻❾。《玉臺新詠》卷一收錄的〈古詩為卿仲妻作〉記載太守階級娶婦「齎錢三百萬」，並有「雜綵三百疋，交廣市鮭珍，從人四五百」，場面十分盛大。彭衛曾對漢代

---

❻❷　《左傳》，卷十八〈文公二年〉賈疏，頁 301。

❻❸　如《周禮》，卷三十七〈秋官·小行人〉，頁 568：「合六幣，圭以馬，璋以皮，璧以帛，琮以錦，琥以繡，璜以黼，此六物者以和諸侯之好故」。

❻❹　《儀禮》，卷四〈士昏禮〉，頁 42。

❻❺　《周禮》，卷四十一〈冬官·玉人〉，頁 633。

❻❻　同上注。

❻❼　《周禮》，卷十四〈地官·媒氏〉，頁 216。

❻❽　《漢書》，卷九十九上〈王莽傳〉，頁 4052，平帝娶后時，有司引用：「故事，聘皇后黃金二萬斤，為錢二萬萬」，對照《後漢書》卷十下〈皇后紀〉，頁 443，桓帝娶懿憲梁皇后時：「悉依孝惠皇帝納后故事，聘黃金二萬斤，納采鴈幣乘馬束帛一如舊典」，可知所指的成例即是漢惠帝娶魯元公主女所用。

❻❾　《漢書》，卷九十九下〈王莽傳〉，頁 4180。

各階層娶婦所用聘金作過統計與推算：皇帝聘后用金二萬斤，為錢二萬萬；諸侯王用黃金二百斤，為錢二百萬；高級官吏、富商和豪族地主用數十萬至百餘萬錢；中小地主用二、三萬錢至十餘萬錢；庶民小農則用萬餘錢至數萬錢❼，至於貧民階級，所須約為二、三萬金，與中家家產十金（斤）相較，顯見其負擔十分沈重❼。事實上，若穀價以一石一百十一錢來計算❼，以《居延漢簡》所記，一個成年男戍卒每月配發穀物三石三斗三升，妻子配發二石一斗六升，換算穀價，折合起來每月男子不到四百錢（366.3 錢），女子不到三百錢（237.6 錢），會發現：聘財是一筆相當沈重的負擔。

二、納徵禮具有的身份認定及法律意義

所謂納徵，「徵」即「成也」。在實行了納徵禮後，二方的婚姻關係已經確定，不能任意反悔更改了。在後代可考的婚姻律法中，既已納徵受聘又悔婚者即觸犯了刑法，訂有罰則，也是以納徵

---

❼ 《漢代婚姻形態》，頁 144。

❼ 《漢代婚姻制度》，頁 53、55。又〈琴瑟和鳴——歷代的婚禮〉，《敬天與親人》，頁 442-443。

❼ 漢代的穀價時有波動，在豐年的狀況下，穀物一石有時才五錢，見《漢書》，卷八〈宣帝紀〉，頁 259，所以說會導致「農人少利」，不過五錢顯然太低。根據勞榦，《居延漢簡·考釋之部》〈考證〉，頁 58：「若就通常市價言之，則西漢米應為價百餘，穀價七、八十錢。東漢應為米價二百錢，穀價百錢。」根據《居延漢簡》三十二葉（36·7）記載：「黍米二斗，值錢三十」，則每石一百五十錢。以及一百七十八葉（167·2）：「粟一石值一百一十」，三百七十三葉（214·4）「出錢二百二十，糴梁粟二石，石百一十；出錢一百一十，糴黍粟二石，石百五；出錢百一十，糴大參一石，石百一十」，穀物的價格幾乎都在一百一十錢左右。

受聘為婚姻成立的關鍵❼。基於此種認定，出現一連串的改變──

　　就女子個人而言，髮飾由羈角為笄，並「著纓，明有繫也」
❼。稱謂也發生改變，即所謂「字」。這兩種改變都標幟著生命進
入了另一個階段❼，在身份的認定上，從此被視為成人，這種改變
也能從喪禮的稱呼和儀式中看出❼。

---

❼　如《晉書》，卷三十〈刑法志〉，頁 927：「崇嫁娶之要，一以下娉為正，
　　不理私約」。長孫無忌，《唐律疏義》，卷十三，頁 177-178：「諸許嫁女，
　　已報婚書，及有私約，而輒悔者，杖六十。雖無許婚之書，但受娉財亦是。
　　若更許他人者，杖一百，已成者，徒一年半」、「許嫁女已報婚書者，謂男
　　家致書禮請女氏，答書許訖，乃有私約（注云：約謂先知夫身老幼疾殘養庶
　　之類）……婚禮先以娉財為信，故《禮》云：娉則為妻，雖無許婚之言，但
　　受娉財亦是（注云：娉財無多少之限，即受一尺以上，並不得悔）」。

❼　《儀禮》，卷五〈士昏禮〉鄭注，頁 52。

❼　就個人生命狀態來說，衣冠象徵著生命的階段與狀態。冠禮的重頭戲「三
　　加」即是授予三套不同的帽冠及衣裳，表示進入了貴族生活，授予其貴族生
　　活的義務和權力。又如喪禮，也以喪服的輕重來表達與死者間的親疏關係，
　　以喪服的轉換來象徵和催化生命狀態的改變。從社會角度來說，衣冠是威儀
　　的象徵，在禮以別異，等級分別的社會中，不同等級的衣冠象徵著不同的身
　　份及地位。取字，也一樣標幟著生命階段和狀態的改變，所以是冠、笄禮中
　　最重要的儀式之一。關於衣飾標幟的「常與非常」的結構，詳參李豐楙，
　　〈服飾、服食與巫俗傳統〉，《古典文學》第三集（臺北：臺灣學生書局，
　　1981 年），頁 169-188，以及〈服飾與禮儀：《離騷》的服飾中心說〉，
　　《中國文哲研究所集刊》14 期（1999 年 3 月），頁 1-50。至於取字的功能，
　　詳參葉國良，〈冠笄之禮的演變與字說興衰的關係──兼論文體興衰的原
　　因〉《臺大中文學報》12 期（2000 年 5 月），頁 57-78。

❼　如《公羊傳》，卷十一〈僖公九年〉，頁 134、卷十四〈文公十二年〉，頁
　　176，都提到若已經許嫁但尚未出嫁而亡，稱卒，不再稱天、殤，喪事也以成
　　人的方式來進行，這是將許嫁視為婚姻已經成立，所以用已婚者、成人的禮
　　來相待。

就女子的人際關係來說，既有了繫屬，就要更加嚴格地防範與其他異性間的關係，即便與家族內部的男子相處都要防嫌，「非有大故，不入其門」**⑦**；家族外的其他男子，則更不必說了。男女的防嫌表現在生活場域的分明上，因此許嫁後女子的行動更加嚴格的被限於閨房之內，形成「男不入，女不出」**⑦⑧**的狀態。但從另一個角度來說，與許嫁對象的熟悉於焉開始，因為既說還未「受幣」以前「不交不親」**⑦⑨**，那麼受幣以後就不在此限了。

就家族間關係而言，納徵至迎娶期間，兩方家族若有喪事，則需要有弔唁的行為，表明彼此的親戚關係**⑧⓪**。

第五節　由先秦至漢代的《日書》來看婚禮的擇日問題

婚姻關係既已確定，緊接著即是擇定婚期，婚期的擇定除了須要透過占卜外**⑧①**，還與一些時日禁忌有關，男方占卜擇定好於某

---

⑦　《禮記》，卷二〈曲禮上〉，頁 37。

⑦⑧　《禮記》，卷二十八〈內則〉，頁 533：「禮始於謹夫婦，為宮室，辨外內，男子居外，女子居內，深宮固門，閽寺守之，男不入，女不出」。

⑦⑨　《禮記》，卷二〈曲禮上〉，頁 37。

⑧⓪　《禮記》，卷十八〈曾子問〉，頁 364-365：「曾子問曰：『昏禮既納幣，有吉日，女之父母死則如之何？』孔子曰：『婿使人弔。如婿之父母死，則女之家亦使人弔』」。

⑧①　《禮記》，卷十三〈王制〉，頁 260：「假于鬼神、時日、卜筮以疑眾，殺」鄭注：「今時持喪葬築蓋嫁取卜數文書，使民倍禮違制」、《史記》，卷一二八〈龜策列傳〉，頁 3249：「此橫吉榆仰首俯……可居家室，以娶婦

月、某日、某甲子迎親之後，再請示女方的意見❷。關於婚期的時日禁忌，我們可以從先秦至漢初史料中的婚嫁避忌來看這個問題，其中以《日書》中的材料最豐富，尤其是《睡虎地秦墓竹簡》的《日書》，不僅時代較早，而且資料豐富。《放馬灘秦簡》、《九店楚簡》的《日書》也提到婚嫁時日的避忌問題，不過內容許多和《睡虎地秦簡》《日書》相同❸，其他如《奏讞書》、《馬王堆漢墓帛書》、《尹灣漢墓簡牘》、《居延漢簡》、《敦煌漢簡》等雖提到婚嫁的問題，不過並不重在婚姻時日避忌與擇定等問題上。因此，下文討論時，主要以《睡虎地秦簡》的《日書》為主，輔以其他材料。雖然《睡虎地秦簡》的《日書》反映的是秦末中下階層人士對於時日趨避的想法與生活樣貌❹，對於貴族階層或是秦以前的生活能有多少代表性，有待仔細檢別，不過民俗生活具有一定的穩定性及延續性，而且貴族與民間生活並非截然分割的兩層，彼此間仍然有聯繫和互動，因此，民間生活的總體氛圍仍能多少反映出當時的客觀情況。

嫁女」，頁 3250：狐絡卦「可宅居，可娶婦嫁女」。

❷　《儀禮》，卷四〈士昏禮〉，頁 42：「請期用鴈，主人辭，賓許告期，如納徵禮」，注：「主人辭者，陽倡陰和，期日宜由夫家來也，夫家必先卜之，得吉日，乃使使者往辭，即告之」。

❸　詳參何雙全，〈天水放馬灘秦簡甲種《日書》考釋〉，甘肅文物考古研究所編，《秦漢簡牘論文集》（蘭州：甘肅人民出版社，1989 年），頁 7-28、李家浩，〈睡虎地秦簡《日書》「楚除」的性質及其他〉，《中央研究院歷史語言研究所集刊》第 70 本第 4 分（1999 年 12 月），頁 883-903。

❹　詳參蒲慕州，〈睡虎地秦簡《日書》的世界〉，《中央研究院歷史語言研究所集刊》第 62 本第 4 分（1993 年 4 月），頁 623-675。

一、《日書》中所反映婚期擇日的趨避情況

當時的婚期趨避至少包括下列數種：

㈠建除與叢辰中的嫁娶宜忌日

《睡虎地秦墓竹簡》《日書》有關楚建除所提到的十二種日子中，有些日子並不能直接判斷對嫁娶來說是吉或凶，如交日、害日、達日、【外】陽日、外害日、外陰日等，不過，從整體來說，利於嫁娶的日子較不利嫁娶的日子為多（見表 4.3、表 4.4）。按秦建除，可嫁娶日有六種❽，不可嫁娶日有四種（見表 4.5 至表 4.8），另外，定日與執日嫁娶的吉凶雖難斷定，不過已足以顯示：可嫁娶日較不可嫁娶日來得多，與楚建除相比較，不可嫁娶日也顯得較多。按秦叢辰，嫁娶吉日與不吉日各佔一半（見表 4.8）。由此可見，不論秦、楚，建除或叢辰，不可嫁娶日所佔比例都很高。若我們將《日書》中所提到六十干支日中固定不利嫁娶的日子（見表 4.9）也都計入，就會發現，不利嫁娶日在六十日中佔了三十三日，超過一半。

㈡反支日避忌

《日書》甲種有〈反支〉，說明如何推算反支日❽，但對於反

---

❽ 乙種〈除〉篇的吉日，同時對應甲種〈秦除〉的盈日與收日，實日，同時對應〈秦除〉的平日與開日。盈日與收日、平日與開日在〈秦除〉中皆為吉日，與乙種〈除〉篇提到：「吉、實日，皆利日也，無不可有為也」立場相符。去掉甲、乙二種重覆提到的部分，可嫁娶日有六種。

❽ 詳參陳夢家，〈漢簡年曆表敘〉，《考古學報》2 期（總第 36 期）（1965年，12 月），頁 103-148、李學勤，〈睡虎地秦簡中的〈艮山圖〉〉，《文物天地》第 4 期（1991 年 7 月），頁 30-32、劉樂賢，〈睡虎地秦簡《日

支日具體防禁的項目，則沒有交代。從西漢陳遵的至交張竦在池陽時，明知賊寇將來襲，只因適逢反支日，所以不肯出行，最後竟被盜賊所殺❽；東漢「明帝時，公車以反支日不受章奏，帝聞而怪曰：『民廢農桑，遠來詣闕，而復拘以禁忌，豈為政之意乎？』於是遂蠲其制」❽，可見反支日在當時甚至是不辦公受理章奏的。《居延漢簡》❽、《居延新簡》❽、《敦煌漢簡》❽都出現反支的記載，可見在當時反支日禁忌的普遍，以及對生活影響深遠。不論迎娶或送嫁，都須出行；國事遠比家事關涉更大，則在在這種不利出行，甚至不辦公看章奏的凶日中，嫁娶應該也列為禁忌。

㈢離日避忌

　　〈艮山〉提到離日，指出此日「不可以嫁女、娶婦及入人民、畜生，唯利以分異。此日不可以行，行，不反」❽。為什麼離日不能相聚或出行呢？李學勤的解釋是：

　　　　《艮卦》的特性是靜止不動，相背不見，這正和《艮山圖》

書》「反支篇」及其相關問題〉，《簡帛研究》（北京：法律出版社，1993年），第一輯，頁 56-73、劉樂賢，《睡虎地秦簡日書研究》（臺北：文津出版社，1994 年），〈反支篇〉，頁 300-307。

❽　《漢書》，卷九十二〈游俠列傳·陳遵傳〉集解引李奇曰，頁 3714。

❽　《後漢書》，卷四十九〈王符傳〉，頁 1640。

❽　《居延漢簡》考釋之部，一〇二葉，簡 111·6，頁 42。

❽　《居延新簡》（北京：文物出版社，1990 年），破城子探方六五，E.P.T65：1-546，簡 425b，頁 448。

❽　《敦煌漢簡釋文》（蘭州：甘肅人民出版社，1991 年），簡 1691，頁 176。

❽　甲種〈艮山〉，四九正參至三三正參，頁 190。

表達的思想相合。「離日」與「反支」夾居於山背兩側，也象徵了這一思想。既然靜止不動，自然不宜出行；相背不見，自然是不宜嫁娶等事而利於分異。由此足見，《艮山圖》雖然是一種流行于民間的數術禁忌，它的思想來源卻是《周易》，包括《易傳》對《艮卦》的分析。❸

至於離日的確定與推算，李學勤認為應根據〈艮山〉圖，在圖上與當月反支日夾山而對的日子就是離日❹，根據漢曆，推出每月有二至三個離日。劉樂賢根據秦、漢反支計算的不同，指出依照秦反支的計算法，也可能每月只有一個離日❺。

㈣分離日避忌

除了離日不可娶妻，戌與亥的分離日也是婚嫁擇日避忌的重點。《日書》是這樣記載的：

> 戌興〔與〕亥是謂分離日，不可取妻。取妻，不終，死若棄。❻

> 毋以戌、亥嫁子取婦，是謂相。❼

---

❸　〈睡虎地秦簡中的「艮山圖」〉，頁 31-32。
❹　同上注。
❺　〈睡虎地秦簡《日書》「反支篇」及其相關問題〉，頁 56-61。
❻　《睡虎地秦簡》《日書》甲種，十背，頁 209。
❼　《睡虎地秦墓竹簡》《日書》甲種，一五六正貳，頁 207。

冬戌亥取妻，不吉。**❾❽**

戌與亥日取妻，夫妻勢必分離，女子不是被棄，就是丈夫先死，而成為孀婦。對於亥日的婚嫁禁忌，還可以在《武威漢簡》中看到：「亥，毋內婦，不宜姑公」**❾❾**，不過此處是從不利公婆的角度來看此事的。

　　為什麼戌、亥日不可嫁娶，《日書》並沒有多作解釋。黃一農認為：「亥不嫁娶」在後代成為重要的婚嫁禁忌日，可能是因為「大多數的月份，亥日均因逢天地相土日或河魁、往亡、天雄、天剛等凶煞，而被認為不宜行嫁」**⓪⓪**，不過也有例外的情況。在後代選擇術中排除純陽無陰（陽將）、純陰無陽（陰將）、陰陽不相其位（陰陽俱將），強調「陰陽不將」的原則下，「陰陽不將」象徵陰陽和合，是嫁娶大吉日，在此日即便碰到亥日，也可嫁娶，因此在宋代以前的不少選擇書中，還有亥日嫁娶的吉日，但由於「陰陽不將」日辨識的困難，南宋以後亥不嫁娶就成為婚嫁避忌的公規**⓪❶**。

㈤太歲避忌

　　嫁娶還牽涉到避太歲的問題，有學者即認為《日書》甲種〈歲〉應與避太歲有關**⓪❷**，根據各月歲所在的位置，決定該往那個

---

❾❽　《睡虎地秦墓竹簡》《日書》甲種，簡一五五正，頁 209

❾❾　《武威漢簡》（北京：文物出版社，1964 年），頁 136。

⓪⓪　黃一農，〈嫁娶宜忌——選擇術中的「亥不行嫁」與「陰陽不將」考辨〉，收於《法制與禮俗》（臺北：中研院史語所，2002 年 6 月），頁 285-308。

⓪❶　同上注。

⓪❷　曾憲通，〈秦簡日書歲篇講疏〉，《雲夢秦簡日書研究》（香港：中文大學，

方向才吉祥,並且避開某一些方向。這種避忌很早就用在軍事上了,例如《荀子》卷四〈儒效〉說:

> 武王之誅紂也,行之日以兵忌,東面而迎太歲。

楊注:「迎,逆也。《尸子》曰:『武王伐紂,魚辛諫曰:「歲在北方不北征」。』」,《越絕書》卷十二〈越絕外傳·軍氣〉也說:「舉兵無擊太歲上物」。避忌太歲應該是個通行原則,當然也包含了婚嫁在內,這從《論衡》卷二十四〈難歲〉提到的民俗現象:

> 假令太歲在甲子,天下之人皆不得南北徙,起宅、嫁娶亦皆避之,其移東西,若徙四維,相之如者,皆吉。何者?不與太歲相觸,亦不抵太歲之衝也。

可以清楚看出。

㈥與星宿有關的嫁娶宜忌日

　　《日書》甲種〈星〉[103]以及乙種〈官〉[104]都以二十八宿來占吉

　　1982 年),頁 67-99,指出此篇所說應為歲星,不過《睡虎地秦簡日書研究》〈歲篇〉,頁 99-104,根據歲星與太歲運行相背,以及方位吉凶等,認為應指太歲。

[103] 以下引文見《睡虎地秦墓竹簡》《日書》甲種,簡六八至九五正壹,頁 191-192。

[104] 《睡虎地秦墓竹簡》《日書》乙種,簡八十至一○七壹。

凶，不過前者未註明二十八宿所屬的月份，後者則將二十八宿分屬於十二月之下，二篇所列二十八宿排列的次序相同，不過〈星〉以角星開始，〈官〉則以營室開始，對應〈官〉的月份，〈星〉可說是由〈官〉所列的八月份開始排起。不過學者對這兩篇的解讀不同，日本學者成家徹郎認為兩篇屬於不同的占星術，一是依據太陽位置來占卜，一是依據太陽落山後所見的星宿占卜[105]；劉樂賢則認為兩篇之所以有標月份與不標月份的差別，應該與四廢日和大敗日一樣，屬於範圍寬窄的不同，標月份的僅限於某一月份，不標月份的屬於各月通則[106]。劉增貴先生則透過古代式盤上星宿的排列性質推斷：

> 〈星〉可能是〈官〉的簡化，兩者說的是同一件事，且與式盤的排列有關。在古代式盤中，二十八宿與月的配合是固定的，每二或三星固定代表某一月……在此情況下說某星，就知道是某月，是否注明月份並沒有差別。因此視〈星〉與〈官〉為不同的星占，或以為〈星〉範圍廣，〈官〉範圍窄，都不正確。[107]

---

[105]　成家徹郎，〈中國古代的占星術和古星盤〉，《文博》第 3 期（總第 42 期）（1991 年 6 月），頁 65-76。

[106]　《睡虎地秦簡日書研究》，頁 345-346。

[107]　劉增貴，〈秦簡《日書》中的出行禮俗與信仰〉，《中央研究院歷史語言研究所集刊》第 72 本第 3 分（2001 年 9 月），頁 509。

對此二十八星宿推定吉凶，學者有許多爭議**⑩**，不過此二十八宿應是標示著時間，並以此來推定吉凶。我們將簡文中關於娶妻的吉凶時列出，並作成表（參見表 4.10）。〈星〉與〈官〉在內容上基本相同，不過以嫁娶來說，〈官〉的奎星在占文為「以娶妻，女子愛」，較諸〈星〉：「以取妻，女子愛而口臭」，略有差異；〈官〉參星的脫漏部分，〈星〉為：「取妻吉」，正可補其不足。在簡文中有些星未明言嫁娶吉凶，不過，東壁、觜、東井、危均標明「百事凶」，所以自當屬嫁娶的凶時，至於卯、鬼、亢、牽牛，除卯外，均註明利於祠及行，不過未言及嫁娶，所以暫不列入。這樣看來，不利於娶妻的佔了二十八宿中的十五個，利於娶妻的有九個，未能確定的有四個，不利於娶妻的情況較多。不過值得注意的是，甲種的簡五背貳也提到了星占娶婦的事，簡文為：

> 仲春軫、角，仲夏參、東井，仲秋奎、東壁，仲冬箕、斗，以取妻，棄。

星宿排列的季節、娶妻吉凶與〈官〉不同。

以上以星宿來占婚姻吉凶，多半是從娶妻的立場來占的，不過也有少數，如七星，從從「出女」的角度來說的。換言之，以女方

---

⑩ 或認為二十八宿用以計日，或認為二十八宿不可理解為實際天體，應是表示時間、方向，詳參楊巨中，〈《日書·星》釋義〉，《文博》第 4 期（總第 25 期）（1988 年 8 月），頁 71-72、74，尚民杰，〈雲夢日書星宿記日探討〉，《文博》第 2 期（總第 23 期）（1988 年 4 月），頁 62-68、《睡虎地秦簡日書研究》〈玄戈篇〉，頁 76-86、〈星篇〉，頁 109-116。

家長的角度來思考，避開使得女方娘家破敗、不吉或女子遭棄的凶時，如：

> 直參以出女，室必盡。
>
> 直營室以出女，父母必從居。
>
> 直牽牛、須女出女，父母有咎。
>
> 凡參、翼、軫以出女，丁巳以出女，皆棄之。❿

這幾個星宿都未標識時間或季節，與〈星〉或〈官〉相較，除了翼、營室二星均屬凶日相符外，有許多不同的地方，如參、軫、須女在〈星〉、〈官〉中都是娶妻吉時，但從嫁女角度來說，卻是凶時。

㈦大敗日避忌

《日書》甲種提到大敗日不宜嫁娶：

> 春三月季庚辛，夏三月季壬癸，秋三月季甲乙，冬三月季丙丁，此大敗日，取妻，不終……母可有為，日衝。

這與〈帝〉所提到的四廢日，一樣是以春的庚辛、夏的壬癸、秋的甲乙、冬的丙丁❿為凶日，不過這裏的大敗日範圍比四廢日小，只

---

❿　以上引文見《睡虎地秦簡》《日書》甲種，簡二、四、五、六背貳，頁209。

❿　《睡虎地秦墓秦簡》《日書》甲種，簡九六至九九正壹，頁 195：「春三月，帝為室申，剽卯，殺辰，四廢庚辛。夏三月，帝為室寅，剽午，殺未，

限於「季」的部分⓫。大敗日不適合取妻，根據的是與月份相配的五行和日天干的五行相剋原理，春屬木，配天干的甲乙，金、木相剋，故春季時避忌屬金的庚辛日；夏屬火，配丙丁，水火相剋，夏季避屬水的丙丁，餘者可以類推⓬。

值得注意的是，九店楚簡《日書》也提到春的庚辛、夏的壬癸、秋的甲乙、冬的丙丁日為成日，但占斷是利於娶妻嫁女⓭，與秦簡《日書》正好相反。

(八)與月有關的嫁娶忌日

甲種簡八背貳及九背貳提到：

> 月生五日曰杍，九日曰舉，十二日曰見莫取，十四日曰謨訽，十五日曰臣代主。代主及謨訽，不可取妻。

即是以望日及其前一日為取妻的禁忌日，此外，乙種的簡一一七、一一八也提到：

四廢壬癸。秋三月，帝為室巳，剽酉，殺戌，四廢甲乙。冬三月，帝為室辰，剽子，殺丑，四廢丙丁。」

⓫ 關於「季」的理解，詳參《睡虎地秦簡日書研究》〈取妻出女篇〉，頁 205-207。

⓬ 詳參《睡虎地秦簡日書研究》〈帝篇〉，頁 128-132、〈秦簡《日書》中的出行禮俗與信仰〉，頁 515。

⓭ 參見《江陵九店東周墓》（北京：科學出版社，1995 年），簡三七至四十，劉樂賢，〈九店楚簡日書研究〉，《華學》（廣州：中山大學出版社，1996 年 12 月）第二輯，頁 61-70、〈九店楚簡日書補釋〉，《簡帛研究》（南寧：廣西教育出版社，1998 年）第三輯，頁 87-88。

> 正月、七月朔日，以出女、取婦，夫妻必有死者。

> 凡月望，不可取婦、嫁女、入畜生。

甲種簡二七正貳及一五五背提到：

> 弦、望及五辰，不可以興樂□，五丑不可以巫，帝以殺巫咸。

> 晦日，利壞垣、徹屋、出寄者，毋歌。朔日，利入室，毋哭。望，利為囷倉。

可資注意的是為什麼特別提到正月及七月的月初呢？正月是一年之始、七月則是年中，是否可能與以半年為周期的一些特殊祭日有關❹，難以斷言。晦日，為月亮完全隱沒之時，相應的行為也跟著是「壞垣」「徹屋」「出寄者」等事，與此相對的是望日利於「囷倉」之事。雖然有些簡文現在還不能確定其由來及意涵，但可以看

---

❹ 小南一郎，〈西王母與七夕文化傳承〉，《中國的神話傳說與古小說》（北京：中華書局，1993 年），頁 49-52，指出早期即有以一月及七月半年為周期的祭祀，這類祭祀對牽牛與織女的神話及道教三會日的說法影響很深，道教的三會日早期可能是由一月和七月一組半年的祭祀組成，後來才附加上十月的祭祀，而西王母、東王公，牽牛織女的相會，除了七月外，也存在著一月的說法，這一組半年為周期的祭日，應該與宇宙創造及農耕祭祀有密切的關係。不過以上所舉的祭日都與七有密切的關係，而此處《日書》的簡文卻提到是朔日為月初之時，所以是否能夠從這個角度來理解，尚待斟酌。

出人事的行動與月的運行有密切關係，如〈作女子〉提到「月生一
日、十一日、二十一日，女果以死，以作女子事，必死」**⑮**，可能
也與神話傳說有關。

㈨與神話、傳說有關的婚日避忌

流傳的神話、傳說造成嫁娶時日禁忌者，如：

> 癸丑、戊午、己未，禹以取梌山之女日也，不棄，必以子
> 死。**⑯**

不過古籍中禹娶塗山氏女的日子或相傳是辛日**⑰**，與此處所記不
同，在有的傳說中，禹與塗山氏的婚姻雖以悲劇收場，不過並沒有
明白提到辛壬、癸甲為禁嫁娶日，甚至有以它們為嫁娶日者**⑱**。

《日書》甲種還提到牽牛織女的神話故事：

---

⑮ 甲種〈作女子〉簡一五六正壹，頁 207。

⑯ 《睡虎地秦墓竹簡》《日書》甲種，簡二背壹，頁 208。

⑰ 《尚書》，卷五〈益稷〉，頁 71：「予創若時，娶于塗山，辛壬、癸甲，啟
呱呱而泣，予弗子」。「辛壬、癸甲」有兩種解釋：一為娶塗山女後，禹停
留之日；一為啟誕生後，禹停留之日，詳參《列女傳》，卷一〈母儀傳・啟
母塗山傳〉，頁 3a。

⑱ 《說文解字注》，九篇下〈盦〉，頁 441：「盦，會稽山也。一曰九江當涂
也。民俗以辛壬癸甲之日嫁娶」，又酈道元注，楊守敬、熊會貞疏，《水經
注疏》（南京：江蘇古籍出版社，1989 年），卷三十〈淮水〉自注，頁
2531：「《呂氏春秋》曰：『禹娶塗山氏女，不以私害公，自辛至甲四日，
復往治水』，故江淮之俗，以辛壬癸甲為嫁娶日也」，可見這樣的風俗在戰
國末期已存在，並流傳至後代。

戊申、己酉，牽牛以取織女而不果，不出三歲，棄若亡。

戊申、己酉，牽牛以取織女，不果，三棄。

也一樣認為牽牛與織女故事最後既以悲劇收場，所以如果在這天結婚，也就會重蹈覆轍。

〈取妻〉篇還提到另一個傳說，即是壬申、癸酉時天神以雷震壞高山，因為天時異象，所以不可以娶婦：

壬申、癸酉，天以震高山，以取妻，不居，不吉。

由於簡文簡短，所以背後根據的傳說難得而詳。不過，天雷震高山，顯然是嚴重的天變，在民俗中天象的災變在人事常會有許多避忌措施，以男女、夫婦來說，可能有不可結合或同房的避忌⑲，則此日不利嫁娶，宜屬自然推論。

㈩將日月分成男女或牝牡，以求取陰陽調和的原則

《睡虎地秦簡》《日書》甲種所記是：

---

⑲ 如《禮記》，卷十五〈月令〉，頁 300：「是月也（仲春），日夜分，雷乃發聲……先雷三日，奮木鐸，以兆民曰：雷將發聲，有不戒其容止者，生子不備，必有凶災」。《淮南子》，卷五〈時則〉高注，頁 163，也說：「以雷電合房室者，生子必有瘖聾通精癡狂之疾」。行房受胎是生命的開始，當然格外要注意宇宙間的氣運，以及連帶的感應。因此，在受氣時，若逢氣戾變異，將導致如《論衡校釋》，卷二〈命義〉，頁 53-54，所說「氣遭胎傷」「遭得惡物象」的結果。

子、寅、卯、巳、酉、戌為牡日；丑、辰、申、午、未、亥
為牝。牝日以葬，必復之。十二月、正月、七月、八月為牡
月；三月、四月、九月、十月為牝月。牝月牡日取妻，吉。

乙種所記是：

男子日：寅、卯、子、巳、戌、酉；女子日：辰、午、未、
申、亥、丑。

會發現在月的部分少了二月、五月、六月、十一月等四個月份，對
照《放馬灘秦簡》《日書》乙種，提及牝牡月部分，二者所列均一
致，可以將二月、六月歸於牡月；五月、十一月歸於牝月。牝牡
月、男女日的精神要求在於陰陽相調和，以此用於喪葬和嫁娶，如
女日死，則應男日葬，「女日死，女日葬，必復之。男子亦然」
❿，取妻的吉日，是以牝月牡日為佳，為的也是符合陰陽相調和的
原則。

㈩殺日禁忌

〈帝〉提到的殺日所避乃是春之辰、夏之未、秋之戌、冬之
丑。原本可能僅是「勿以殺畜」，可是因為結婚會烹羊宰豬以祭
祖、行禮、宴客，因此連帶地使得這天「不可以取婦、嫁女、禱

---

❿　《睡虎地秦墓竹簡》《日書》甲種，簡三十、三十一正貳，頁187。

祠」⑫。此外甲種簡一零二至一零六背簡，也有忌殺的記載：

> 春三月甲乙，不可以殺，天所以張生時；夏三月丙丁，不可以殺，天所以張生時；秋三月庚辛，不可以殺，天所以張生時；冬三月壬癸，不可以殺，天所以張生時，此皆不可以殺，小殺小殃，大殺大殃。

此處的春甲乙、夏丙丁云云，根據的是五行間架配置。在五行中某一氣正當令階段，相配的天干日被視為上天張生之時，自然不當有殺生的干擾行為。這種精神基本上也符合〈月令〉人事的行為應當符應於各季節的規律與性質，如在春生之時，就不可有屬於秋季性質的刑殺行為，以免違背了宇宙運行，造成災難。殺生的禁忌在漢代仍然盛行，如《居延漢簡》中即有忌殺的記載⑫，《論衡》卷〈譏日〉也提到血忌、月殺等禁止「殺牲設祭」。當日既然不宜見紅，則不論從上述殺牲，或極侈靡的婚宴、新人同牢、同房來看，都應該避免此日結婚。

　　以上所說各項主要以《睡虎地秦墓竹簡》為主，輔以《九店楚簡》和《放馬灘秦簡》來看婚姻擇日的原則和禁忌。除此之外，在簡牘中還有提及婚姻擇日的問題，如《周家台三十號秦墓竹簡》有擇嫁女娶婦的時日記載，這是將一個月由朔日開始算起，分為大、

---

⑫　《睡虎地秦墓竹簡》《日書》甲種，簡一零零至一零一正壹，〈帝篇〉，頁195。

⑫　《居延新簡》，頁350。

小和窮三種性質的日子，大為：1、7、13、19、25，小為：2、6、8、12、14、18、20、24、26、30，窮為：3、4、5、9、10、11、15、16、17、21、22、23、27、28、29。我們注意到大均為單數日，以六累加，小均為雙數日，以四或二累加，簡文註明小日利於嫁娶，窮日則不利於有所為⓬。又如《尹灣漢簡》，透過博局和干支的排列運行來推測時日的吉凶，其中也有提及嫁女娶婦的問題（詳後文）。

二、嫁娶趨避的事項、反映的現象

我們將《日書》中趨避的事項作成一表（見表4.11），可以反映出當時人對嫁娶的期待和恐懼，並透露出一些當時婚姻的狀況。由表中所列來看，所趨者不外是求多子，以及夫妻感情和睦，至於避則要比趨的事項多很多，可以分成幾方面：(1)有從妻子的品性來看的，當時人所認為妻子的負面形象有：妒、貧、悍、多舌、不寧等特質（其中妻為巫，究竟是否具有貶義，還有討論的空間⓭）。(2)從經濟角

⓬　《關沮秦漢墓簡牘》（北京：中華書局，2000年），另可參考〈關沮秦漢墓出土簡報〉，《文物》第6期（總第517期）（1999年6月），頁26-47，彭錦華，〈周家台30號秦墓「秦始皇三十四年曆譜」釋文與考釋〉，出處同上，頁63-69。

⓭　如《睡虎地秦墓竹簡》《日書》甲種〈置室門〉，簡一二〇正貳，頁199：「屈門，其主昌富，女子為巫，四歲更」，就上下文來看，此處女子為巫應是正面的意涵。但是巫在漢代的社會中畢竟被歸屬於低的階層，《漢代的婚姻制度》，頁50，即提到黃霸取巫家女，所反映出當時巫家女身份低的情形，詳參〈睡虎地秦簡日書的世界〉，頁632-633、林富士，《漢代的巫者》（臺北：稻香出版社，1988年），頁27-53。

度來看的：如妻貧。(3)從婚姻是否能持續來看，如：必棄、不終、棄若亡、不居。(4)從是否生子、得男的角度來看，如：無子、無男，(5)從是否不利於夫或子的角度來看，如：夫先死、不棄，必以子死等。值得注意的有幾點：首先，若就家庭來說，以上所說的趨避多是站在男方家庭的立場，從女方家庭角度來占卜的，則少得多。女方家庭占出女的，主要所避的情況是：室盡、父母從居、父母有咎、棄等，主要關心點放在嫁女日期是否會對未來家庭、女方父母不利，這在前面我們已經提過了。第二，若從夫妻立場來說，則多從丈夫的角度及利益來著眼，主要在避忌妻子所帶來種種不利的因素，如家庭不和諧、不利丈夫、無子、剋夫、剋子等狀況，從女子角度來著眼的十分少。第三、此處並沒有提到女子進門是否對舅姑不利的占卜，也極少提到舅姑的狀況，這或許可以從秦代推行小家庭制度影響及漢初的角度去理解❿。

　　《尹灣漢簡》透過博局與干支的排列運行來推測時日的吉凶，其中也涉及嫁女娶婦❿。占斷雖較簡略，仍可作為上文的佐證。九

❿　甲種〈艮山〉提到「離日唯利以分異」此處的「分異」，〈睡處地秦簡中的〈艮山圖〉〉，頁 30，解讀作「分家」，認為秦代社會推行商鞅之法：「民有二男以上不分異者，倍其賦」，漢初諸事承襲秦舊，以致社會上仍然有生分的習俗。

❿　《尹灣漢墓簡牘》（北京：中華書局，1997 年），頁 126。關於此占的運行及占法，詳參勞榦，〈六博及博局的演變〉，《中央研究院歷史語言研究所集刊》第 35 本（1964 年）、李學勤，〈〈博局占〉的規矩紋〉，《文物》1 期（總第 488 期）（1997 年 1 月），頁 49-51、曾藍瑩，〈尹灣漢墓《博局占》木牘試解〉，《文物》8 期（總第 399 期）（1999 年 8 月），頁 62-65、劉樂賢，〈尹灣漢墓出土數術文獻初探〉，《尹灣漢墓簡牘綜論》（北京：

則占文中，有五則提及生子或有子的事情⑫，可以看出：有無子嗣是當時人對於嫁娶迫切關心的問題。其次則是婦人的品行、身體狀況，以及能否振興家族。謹慎少言是被稱許的特質，疾病與妒嫉則是家族中恐懼和欲避免的狀況，這幾個項目都包含在禮書提及的七出條例中。

由以上的羅列及簡要說明，可以觀察到：婚嫁擇日趨避牽涉到五行生剋、陰陽調和、太歲與二十八星宿的衝剋、反支日、與反支相關的離日、月的運行與朔望、民間神話與傳說等等部門，箇中還有不同的派別以及地域差異，造成彼此的說法常有出入。好比秦、楚建除和叢辰在吉凶日的認定上就不盡相同。《史記》卷一二七〈日者列傳〉曾記載漢武帝詢問日者「某日可取婦乎」，日者的回答令人莫衷一是：

> 五行家曰可，堪輿家曰不可，建除家曰不吉，叢辰家曰大凶，曆家曰小凶，天人家曰小吉，太一家曰大吉。

武帝最後只好定奪「避諸死忌，以五行為主」。上述的大敗日、四廢日、殺日等都是根據五行生剋的原理，不只在嫁娶方面如此，在其他的層面亦然，如擇日中極重要的項目：出行，即是以出行時日與方向是否配合占斷⑬。可見五行生剋之說在這領域居大宗，所從

科學出版社，1999 年），頁 175-186、李解民，〈《尹灣漢墓〈博局占〉木牘試解》訂補〉，《文物》8 期（總第 531 期）（2000 年 8 月），頁 73-75。

⑫ 九則占文見《尹灣漢墓簡牘》，頁 126。

⑬ 詳參〈秦簡《日書》中的出行禮俗與信仰〉，頁 517-521。

來久矣。

　　擇日派別的多與雜，固然反映出當時人對擇日的重視❶，但也會造成擇日上不少實際的困窘。在一甲子中，秦簡《日書》中固定避忌的干支日，佔了一半（60：33），與前面建除、叢辰所得到的結果相去不遠，這還沒有包括各季節特定的時日避忌，以及前面所提到的重要時日避忌和原則。若這些避忌都得遵守，可用的日子所剩無幾了，並且這些時日禁忌之間，還常有彼此歧異之處。無怪乎司馬遷會批評陰陽五行學派的弊病在於「使人拘」❷。因此在擇日的實際操作上，恐怕無法將《日書》之流所錄全盤照收，而是擇取某一家之言，或是根據當地特別重視部分來實行。至於不得已而沖犯避忌，是否會利用一些厭勝之法化解，由於史料限制，無法多作論斷。不過，從《論衡》卷二十三〈譋時〉提到犯太歲時的五行厭勝法：

　　　　假令太歲在子，歲食於酉，正月建寅，月食於巳，子、寅地
　　　　興功，則酉、巳之家見食矣。見食之家，作起厭勝，以五行
　　　　之物，懸金木水火。假令歲、月食西家，西家懸金；歲、月
　　　　食東家，東家懸炭。設祭祀以除其凶，或空亡徙以辟其殃。

---

❶　這種對擇日的重視，在漢代仍是如此。《論衡校釋》，卷二十四〈辨祟篇〉，頁 1008，提到：「世俗信禍祟，以為人之疾病死亡，及更患被罪，戮辱懽笑，皆有所犯。起功、移徙、祭祀、喪葬、行作、入官、嫁娶，不擇吉日，不避歲、月，觸鬼逢神，忌時相害」，將會導致「發病生禍。絓法入罪，至于死亡，殫家滅門」的嚴重後果。

❷　《史記》，卷一三〇〈太史公自序‧六家要旨〉，頁 3289。

連相倣效，皆謂之然。

或許可以給我們一些想像。

第六節　春秋貴族行親迎禮的狀況及 儒生、經生的詮釋與爭議

由於親迎被視為不僅是男女雙方相會，婚姻成立的時刻，也象徵著陰陽相會之際，無論從儒家或民俗的角度，從倫理或禁忌的立場來說，都事關重大，故禮書提到的婚姻六禮中，漢代經生最重視親迎禮[131]，討論的也最多。綜合經生的論辯，將處理下列幾個問題：首先，親迎禮是否不分階級，自天子至庶人均同？這其中以天子、諸侯兩類人不親迎是否違禮，爭議最大。其次，所謂親迎，是親往女方家中迎娶嗎？還是到特定地迎娶呢？這個問題又牽涉到貴族階級是否可以越境親迎的問題。第三，派遣使者迎娶是特殊狀況嗎？使者身份又有什麼限制呢？第四，經生極力強調親迎，對親迎禮的理解及詮釋有什樣的影響？由於史料有限，難以如我們所願地將許多面向呈現清楚，不過，透過經生說法與史實所呈現的實際狀況對比，我們還是可以為親迎禮畫出一些輪廓，而且發現一些禮制演變的痕跡。

---

[131] 親迎禮在後代民間方志中呈現出式微的現象，漸將焦點轉往納采與文定，這牽涉到婚姻法律與客觀環境的改變，甚至是民俗中禁忌的部分，詳參彭美玲，〈近代民間婚禮或不親迎問題之研究〉，《文史哲學報》第 52 期（2000年 6 月），頁 205-242。

一、儒生、經生對於親迎與否的主張

(一)天子是否應該親迎

漢代經師強調親迎的重要，多主張自天子以至於庶民皆當親迎，如《白虎通》卷九〈嫁娶〉：

> 天子下至士，必親迎授綏者何？以陽下陰也。欲得其歡心，示親之心也。

鄭玄也主張天子應該親迎：

> 大姒之家，「在洽之陽，在渭之涘」。文王親迎于渭，即天子親迎明文矣。天子雖至尊，其於后猶夫婦也；夫婦判合，禮同一體，所謂無敵，豈施於此哉？《禮記》：「哀公問曰：『寡人願有言，然冕而親迎，不已重乎？』孔子愀然作色而對曰：『合二姓之好，以繼先聖之後，以為天地、宗廟、社稷之主，君何謂已重乎？』」此言親迎，繼先聖之後，為天地、宗廟主，非天子則誰乎？**⑬**

《白虎通》是東漢初由官方召開統合在此之前的各方意見的成果，內中說法具有高度普遍性，而鄭玄是東漢末重要的通人，有別於章句經生，二者竟一致認為天子應該要行親迎禮，可見兩漢主張天子

---

⑬ 皮錫瑞，《駁五經異義疏證》，《續修四庫全書》（上海：古籍出版社，1995年），卷六，頁188。

行親迎禮的說法頗為盛行。

　　但支持天子親迎的論據也面臨一些質疑。如：《詩經·大雅·大明》雖然是記文王親迎一事，但是文王當時的身份還不是天子，所以不能算作天子親迎的案例，而且其時王統在商，所以即便親迎，也不能作為周禮天子應親迎的證據⓭。其次，前面提到《禮記·哀公問》中「合二姓之好，以繼先聖之後，以為天地、宗廟、社稷之主」這句話，這裏所說的「先聖」指的是誰？鄭注說是「周公」⓮，若是指「周公」，則此處所說的親迎禮就不是對周天子而說，而是孔子對哀公談及魯國之法。魯國因為是周公之後，而享有特殊禮遇，可以如天子般行郊祀上帝禮，因此這裏宗廟、社稷之主，所指的仍是魯侯，而不是周天子⓯。不過，若我們對照前面所引鄭玄的說辭，就會發現鄭玄將〈哀公問〉此段引文視為天子當行親迎禮的證據，而又將「先聖」解為周公，在立場上有矛盾之處，也難怪孔穎達要批評：「鄭玄注禮，自以先聖為周公，及駁《異義》，則以為天子，二三其德，自無定矣」⓰。

　　《春秋經》只記載了兩次周王娶后，現在就讓我們檢視一下三傳對這兩條經文的看法：

　　先看《左傳》。魯桓公八年，周桓王使「祭公來，遂逆王后于

⓭　《左傳》，卷七〈桓公八年〉孔疏，頁 119、《禮記》，卷五十〈哀公問〉孔疏引《詩說》，頁 850。

⓮　《禮記》，卷五十〈哀公問〉鄭注，頁 849。

⓯　前揭書，卷五十〈哀公問〉孔疏，頁 850。

⓰　《左傳》，卷七〈桓公八年〉孔疏，頁 119。

紀」，《左傳》毫不遲疑地表示：「禮也」**⑬**。魯襄公十五年那
次，周靈王使「劉夏逆王后于齊」，《左傳》作「官師從單靖公逆
王后于齊」，按照杜注，逆后的使者是劉夏，單靖公只是監督者，
依禮應該「使上卿逆，而公監」，由於劉夏只是官師，所以《左
傳》下評語：「卿不行，非禮也」**⑱**。換言之，如果是卿為逆后之
使，則合禮，禮制並未要求天子親迎**⑲**。

再看《穀梁傳》所記桓公八年的事例，《傳》曰：「祭公來，
遂逆王后于紀。其不言使焉，何也？不正其以宗廟之大事即謀於
我，故弗與使也。遂，繼事之辭也，其曰：遂逆王后，故略之也，
或曰天子無外，王命之，則成矣」**⑭**，對於祭公直接迎王后，而未
再復命於天子，提出批評的意見，但沒有對天子不親迎或者祭公的
身份恰當與否提出意見或批評。對於襄公十五年那次，僅說：「劉
夏逆王后于齊，過我，故志之也」**⑭**，也一樣沒有對天子是否親
迎，或代天子親迎者身份限制等問題提出意見。

最後看《公羊傳》。魯桓公八年，周桓王娶紀女，《公羊傳》
的闡釋是：

---

⑬ 前揭書，卷七〈桓公八年〉，頁119。

⑱ 前揭書，卷三十二〈襄公十五年〉，頁565。

⑲ 至於《左傳》另有兩次周王娶后的記載，一在卷十四〈莊公十八年〉，頁
159：「虢公、晉侯、鄭伯使原莊公逆王后于陳，陳媯歸于京師」，一在卷二
二〈宣公六年〉，頁 377：「夏，定王使子服求后于齊……冬，召桓公逆王
后于齊」，兩次都是遣公為使，又別無微詞，愈發可見：《左傳》不認為天
子當親迎。

⑭ 《穀梁傳》，卷四〈桓公八年〉，頁36-37。

⑭ 前揭書，卷十五〈襄公十五年〉，頁 153。

> 祭公來,遂逆王后于紀。祭公者何,天子之三公也,何以不
> 稱使?婚禮不稱主人。遂者何?生事也,大夫無遂事,此其
> 言遂何?成使乎我也,其成使乎我奈何?使我為媒,可,則
> 因用是往逆矣。[142]

此引文看不出譏評天子不親迎的意思。襄公十五年那次,《傳》
曰:

> 劉夏者何?天子之大夫也。劉者何?邑也。其稱劉何?以邑
> 氏也。外逆女不書,此何以書?過我也。[143]

它連天子「逆女」的使者身份僅是大夫都不表示意見,認為《春
秋》「書」此事並無褒貶微意,純粹因為使者途經魯境的緣故。直
到何休,才將自己的意思附入,認為:「禮,逆王后,當使三
公」,今僅使大夫,故下貶詞,但又因當為「尊者諱」[144],故採曲
筆。故對於應該以大夫相稱的劉夏「貶去大夫,明非禮也」[145]。由
此可以看出:何休與《左傳》立場一致,是主張天子遣使親迎的,
差異點只在逆后者的身份,《左傳》認為階級為卿即可;何休則認
為階級當為三公。不過也有經生認為,何休關於桓公八年祭公為天
子逆后一事的闡述,所持立場與此不同:

---

[142] 《公羊傳》,卷五〈桓公八年〉,頁 60-61。

[143] 前揭書,卷二十〈襄公十五年〉,頁 252-253。

[144] 前揭書,卷九〈閔公元年〉,頁 114。

[145] 前揭書,卷十五〈襄公十五年〉,頁 253。

婚禮成於五，先納采、問名、納吉、納徵、請期，然後親
迎，時王者遣祭公來，使魯為媒，可，則因用魯往迎之，不
復成禮，疾王者不重妃匹，逆天下之母，若逆婢妾，將謂海
內何哉？故譏之。**⑭**

其立場是主張天子應親迎的，果真這樣理解，何休立場即出現矛
盾。徐彥為此疏釋：

> 何氏此注云：「禮，逆王后當使三公」，即知何氏之意以為
> 不親迎。與〈桓八年〉注云：『婚禮成於于五』云云，然後
> 親迎者，欲道士婚禮親迎之前仍有此五禮，于時王者不行，
> 不謂解天子親迎也。又言「疾王者不重妃匹」云云者，正謂
> 疾時王不行五禮，不謂責親迎，而《異義》「《公羊》說云
> 天子親迎」者，彼是章句家說，非何氏之意也。**⑭**

從文意來看，何氏先提出規制：「先納采、問名、納吉、納徵、請
期，然後親迎」，「先」、「後」之間有許多步驟，再拿事實：
「為媒，可，則因……往迎之」為對照，何氏責怪的顯然是略過
「為媒」與「往迎」之間的那些步驟，重點不在是「迎」還是「親
迎」。徐氏之說符合何休原意，何休並未前後矛盾。

　　天子是否親迎還牽涉到一個問題，就是天子身份特殊，在婚禮

---

⑭　《公羊傳》，卷五〈桓公八年〉，頁 60-61。
⑭　前揭書，卷二十〈襄公十五年〉，頁 253。

講求敵體的狀況下，沒有能與其匹敵者，表現在婚禮儀式中，則是需要同姓諸侯為之主婚。魯莊公十一年，周王室嫁女於齊侯❹，何休於《公羊傳》「天子嫁女乎諸侯，必使諸侯同姓者主之；諸侯嫁女于大夫，必使大夫同姓者主之」下闡述：

> 不自為主者，尊卑不敵。其行婚姻之禮，則傷君臣之義；行君臣之禮，則廢婚姻之好，故必使同姓有血脈之屬、宜為父道與所適敵體者主之。❹

不但沒有認為此行為非禮，還認為這是顧及階級等差的原則（義）與男女感情的實際（好）兩難間最佳的調和成就。既如此，如何可能倡導以天子之尊親迎，以示下女？

綜上所述，《春秋》三傳都未嘗主張天子親迎。春秋時期，禮法上應該沒有周天子須親迎的要求。

若我們從後世的情況來看，「高祖時，皇大子納妃，叔孫通制

---

❹ 《左傳》，卷八〈莊公元年〉，頁 136：「夏，單伯送王姬，秋，築王姬之館于外」，杜注：「王將嫁女於齊，既命魯為主，故單伯送女不稱使也」、卷九〈莊公十一年〉，頁 152：「王姬歸于齊」，杜注：「魯主昏，不書，齊侯逆，不見公」。《五經異義疏證》，卷中，頁 78：「《左氏》說天子至尊無敵，故無親迎之禮」，可知：杜注本諸漢代經生。

❹ 《公羊傳》，卷六〈莊公元年〉，頁 73。杜預說同。《左傳》，〈桓公八年〉杜注，頁 119：「凡昏姻，皆賓主敵體，相對行禮，天子嫁女於諸侯使諸侯為主，令與夫家為禮，天子聘后於諸侯，亦使諸侯為主，令與后家為禮。嫁女則送女於魯，令魯嫁女與人，迎后則令魯為主，使魯遣使往逆」。

禮，以為天子無親迎」❿。王莽一意法古，在婚姻問題上也不例外，他對後宮人數的安排：

> 備和嬪、美御、和人三，位視公；嬪人九，視卿；美人二十七，視大夫；御人八十一，視元士，凡百二十人。

加上皇后，共計一百二十一人，正是比照《禮記》卷六十一〈昏義〉所說的後宮配置。可是於親迎儀節上，王莽僅「親迎於前殿兩階間，成同牢之禮于上西堂」❺，並沒有到女方家去親迎。《明史》卷五十五〈禮志·天子納后儀〉提到：「婚禮有六，天子惟無親迎禮。漢、晉以來皆遣使持節奉迎。」❻也可看出在隋、唐以前落實在政策上的也還是天子不親迎的說法。

(二)諸侯是否該親迎

諸侯階層是否應該行親迎禮呢？對於這個問題，《春秋》三傳有不同的看法。《公羊傳》卷二〈隱公二年〉紀侯派履緰來魯逆女，它的看法是：

> 外逆女不書，此何以書？譏。何譏爾？譏始不親迎也。始不親迎昉於此乎？前此矣，前此則曷為始乎此？託始焉爾。

---

❿　《五經異義疏證》，卷中，頁 78。

❺　以上引文並見《漢書》，卷九十九下〈王莽傳〉，頁 4180。

❻　《明史》，卷五十五〈禮志〉，頁 1389。

對於魯莊公到齊國去親迎，《公羊傳》卷八〈莊公二十四年〉則表示：「親迎，禮也」。從兩件同類型的事一正一反的評論，可見《公羊傳》主張諸侯親迎的態度是很明確的。

　　魯莊公到齊國去親迎，《穀梁傳》卷六〈莊公二十四年〉有不同的評價：

　　　親迎，恒事也，不志，此其志，何也？不正其親迎於齊也。

既說親迎是該有的儀節，所謂「恆事」，又說「不正其親迎」，可見：《穀梁傳》所譏應不是親迎本身，而是魯莊公親迎這次特定事情背後的問題。這可以有二種解釋，一是從下文對姜氏入魯的評論來看，認為娶姜氏乃是「娶仇人子弟以薦舍於前，其義不可受也」，這是就莊公生母文姜淫亂，導致莊公之父魯桓公客死於齊的事件而言。不過，娶仇人之女，是婚配對象上的錯誤，而不是親迎這程序本身的錯誤，所以特別標明是「親迎於齊」，但此說畢竟於理未周，有待再斟酌。另一種則就誅心角度來說明此次親迎的行為，可以徐彥作代表：

　　　魯侯如齊，本實淫通，非為親迎而往，但《春秋》之意以其大惡不可言之，要以言其逆女。⓲

事實上，魯、齊這次聯姻過程中，莊公有許多違禮的作為，如二十

⓲　　《公羊傳》，卷八〈莊公二十四年〉，頁101。

二年，莊公母喪，其不派使者，親自到齊行納幣禮，這同時違背了不親納幣、喪期不圖婚的原則。二十三年，莊公又以觀社的理由到齊國去，其實此行的目的是為了滿足淫慾，《穀梁傳》即明說為「尸女」而行，范寧注：「尸，主也，主為女往爾，以觀社為辭」，所指即是通淫之事❶。二十四年，莊公再往齊國親迎，然後才與哀姜一前一後地回到魯國，《穀梁傳》的譏評應當放在此種行淫慾的背景下來理解，而不是指莊公「親迎」的本身是非禮的。這還可以從公子翬如齊逆女，《穀梁傳》卷三〈桓公三年〉說：「逆女，親者也，使大夫，非正也」，還特別引用了《禮記·哀公問》中孔子對哀公論親迎重要性的一段話，以支持諸侯須親迎主張。此外，魯成公時叔孫僑如為成公逆婦，《穀梁傳》卷十四〈成公十四年〉也表明了「刺不親迎」的態度。這都可以讓我們瞭解到《穀梁傳》的立場與《公羊傳》是一致的。

《左傳》則不然，從它評論魯文公娶齊女出姜「卿不行，非禮也」❶，可以看出：它認為諸侯不須自己親迎，只要派遣卿以上的使者代為迎娶就可以了。

現在姑且撇開價值判斷，單從現象層面檢視春秋時期諸侯娶婦的情形（見表4.12）。

以魯國而言，雖然可知惠公娶於宋、僖公娶於齊、昭公娶於吳，但過程都不詳。襄公以及定公夫人的記載不詳，婚配過程更是闕如，隱公、閔公、哀公則未記下婚配的狀況。按《春秋經》及三

---

❶　前揭書，何注：「諱淫。言觀社者，與親納幣同義」。
❶　《左傳》，卷十八〈文公四年〉，頁306。

傳所記，唯有魯莊公有親迎的行動，而莊公的情形，上文已詳，乃莊公假親迎之名行淫欲之實，可見此次親迎情況有些「特殊」，不能作為一般的通則。其它如魯桓公使「公子翬如齊逆女」❺⑥、魯文公使大夫「逆婦姜于齊」❺⑦、魯宣公使「公子遂如齊逆女」、成公使「叔孫僑如齊逆女」❺⑧，均未親迎。

　　至於其他諸侯國：晉平公娶齊景公的女兒少姜，沒有親迎，娶繼室時亦然❺⑨。宋共公娶魯伯姬，照杜預的說法，僅派卿以下的官員為使❻⓪。晉、楚爭霸的過程中，二國為了能夠維持和平共存，所以結親，這次婚禮的儀節為了討好對方，所以非常謹慎講究，晉侯還親自送女，鄭伯因為畏懼楚國的強盛，還親自慰勞楚國使者，但即使在這樣的狀況下，楚靈王也沒有親迎❻①，而這不親迎的舉動，

---

❺⑥ 桓公自己也到魯境上，但他之所以如此，很可能是因為齊侯親自送女到魯邊境，基於篤兩君之好的禮貌，因此經文並未書作：「公至讙逆女」，而是：「公會齊侯于讙」。故《穀梁傳》，卷三〈桓公三年〉，頁 31：「公會齊侯于讙，無譏乎？曰：為禮也，齊侯來也，公之逆而會之，可也。」即便視為魯桓公迎姜氏，他也沒有越過魯國的國境去迎娶。

❺⑦ 《公羊傳》，卷十三〈文公四年〉，頁 167：「高子曰：『娶乎大夫者，略之也。』」《左傳》說法一致，已詳上文。唯《穀梁傳》，卷十〈文公四年〉，頁 100，認為乃文公親迎，而且就在齊成婚，此所以不書「逆女」，而說「逆婦」，譏諷他「何其速婦之也」。

❺⑧ 《左傳》，卷二十一〈宣公元年〉，頁 361、《左傳》，卷二十七〈成公十四年〉，頁 464。

❺⑨ 《左傳》，卷四十二〈昭公二年〉，頁 719、卷四十二〈昭公三年〉，頁 725。

❻⓪ 《左傳》，卷二十六〈成公九年〉杜注，頁 447。

❻① 《左傳》，卷四十三〈昭公五年〉孔疏，頁 744：「鄭伯親勞，是鄭畏楚也……昏禮，父母送女不下堂，今晉侯親送女至邢丘，是敬楚也」。

並沒有引來晉方不快的情緒或批評。又如蔡哀侯娶陳女，陳女的姊姊息嬀嫁往息國時，途經蔡國，蔡侯既「見之」，又「弗賓」，息侯「聞之怒」⓲，這可以看出息侯並沒有親迎，才會在息嬀到達息國後始「聞」。由以上的跡象看來，當時國際間的默契，諸侯是不須親迎的，所以諸侯不親迎在當時並不會引起國際間的紛爭和批評。

誠然，根據《左傳》，周莊王前後兩次嫁女於齊，第二次時，「齊侯來逆共姬」⓳，之所以如此，很可能是因為結婚的對象是周王室，齊桓公正圖以尊王攘夷的方式建立霸業，是否可視為常態，恐待保留。

從現實層面來看，諸侯越過國境去逆女，在實行上不免有諸多不便。如宋代的程頤即認為諸侯越境逆女不可信：

> 親迎者，迎於所館，故有親御授綏之禮，豈有委宗廟社稷、遠適他國以逆婦者？非惟諸侯，卿大夫而下皆然。《詩》稱文王「親迎于渭」，未嘗出疆也。⓴

⓲　《左傳》，卷八〈莊公十年〉，頁147。

⓳　前揭書，卷九〈莊公十一年〉，頁153。卷八〈莊公元年〉，頁136，《經》書：「冬十月……王姬歸于齊」，但卷八〈莊公二年〉，頁138，《傳》曰：「秋七月，齊王姬卒」，蓋曆法差異所致，杜注認為：「不書逆，公不與接」，究竟是指尚未正式成親，還是齊侯未親迎，不敢確定。

⓴　程頤，《河南程氏經說》，《二程集》（臺北：里仁書局，1982年），卷四《春秋傳》，頁1090。

清人顧棟高也說：

> 《公羊》謂譏不親迎，非《春秋》之旨；史公所云❶⑤，蓋習
> 見漢世尊崇后家，而援《公羊》以為說，後儒遂以為定例，
> 過矣。❶⑥

照現代學者周何推斷，諸侯親迎的合禮狀況應該是不越過國境的：

> 然則桓公之娶文姜，於禮蓋無所失，顧以齊侯送女入魯竟為
> 非常之事，因詳其始末而錄之。然而公會齊侯于讙者，實即
> 親迎之節是也……倘使此年齊侯不親送至於魯竟，則桓公亦
> 未必親迎之竟上，更遑論越國而逆矣。故此經之記，適足以
> 證諸侯惟於竟內親迎，而無越國自逆之義也。❶⑦

---

❶⑤ 《史記》，卷四十九〈外戚世家·序論〉，頁 1967：「故《易》基〈乾〉
〈坤〉，《詩》始〈關雎〉，《書》美釐降，《春秋》譏不親迎。夫婦之
際，人道之大倫也。禮之用，唯婚姻為兢兢。夫樂調而四時和，陰陽之變，
萬物之統也，可不慎與！」前四句話頗有層次：第一句只表示以〈乾〉、
〈坤〉二卦代表的一陰一陽之謂道；第二句則落實到人間，談到男女相匹
配，乃陰陽二氣的展現；第三句為男女匹配的具體理則——婦雖貴，出嫁即
從夫；第四句則提出嫁娶時的具體儀文——親迎以示男下女，前者為敬順；
後者為謙愛。

❶⑥ 《春秋大事表》，卷十九〈春秋譏不親迎論〉，頁 514。

❶⑦ 周何，〈春秋「親迎」禮辨〉，《慶祝瑞安林景伊先生六秩誕辰論文集》
（臺北：政大國文研究所，1969 年），頁 113。

從上述諸面向來看，諸侯是否親迎的問題，《左傳》的說法較
《公》、《穀》兩家站得住腳。

三大夫是否該親迎

　　大夫是否應該親迎這個問題還牽涉到所娶的對象是在國境內或
國境外。就前者而言，蓋因《春秋》「常事不書」的原則，迎娶的
狀況罕見記載，難以判斷：究竟以親迎，還是不親迎為常。就後者
而言，由表 4.13，我們會發現，《春秋》三傳記載十六次大夫娶它
國女子的案例❶⑥⑧，可分為兩類：不親迎的有四例；親迎的十二例
中，如果將《左傳》本身未明言，杜注指出的計入，有六例發生在
出國盟、聘的時候，順便締結婚姻，然後帶著新婦一同回國。如魯
國的公孫茲奉公命聘問於牟，同時親逆、齊閭丘明來盟，且逆魯季
姬、晉郤犨聘於魯，同時求婦於魯聲伯。僅有鄭公子忽是奉父命親
迎的。《左傳》對於大夫因盟、聘而外娶一事，並沒有多作批評
❶⑥⑨，《公羊傳》則持反對的態度，卷八〈莊公二十七年〉對於莒慶
來逆叔姬一事，批評：「大夫越竟逆女，非禮也」，何休的解釋
是：

> 禮，大夫任重，為越竟逆女，於政事有所損曠，故竟內乃得
> 親迎，所以屈私赴公也。

---

❶⑥⑧　《左傳》，卷四十八〈昭公十九年〉，頁 844，楚平王遣費無極等為太子建
　　娶秦女，當時太子建乃正式繼承人，應視同諸侯娶女，故不計入。

❶⑥⑨　宋大夫妻蕩伯姬越境為她的兒子娶婦，這不但不合於輩份倫理，同時也違反
　　了禮制婦人既嫁不踰境的規矩，《左傳》居然隻語未及，迫使杜預根據《穀
　　梁傳》，卷九〈僖公二十五年〉，頁 91，強為飾詞：「非禮，故書」。

除了荒廢政事的考量之外，以周禮的精神來說，「為人臣者無外交，不敢貳君」**⑰**，「束脩之問不出竟」**⑰**，自古及今，政界人物的婚姻大多是一種勢力的連結，因此照說大夫是不應該外娶的，以防止大夫透過聯姻及這些過程進行外交，私結國外勢力，董仲舒就指出：

> 大夫無束脩之餽，無諸侯之交。越竟逆女，紀罪之。**⑰**

既不應外娶，也就不應越境逆女。這個說法符合禮經的精神，也是漢代經生較為接受的講法**⑬**。既然從經書以及經師的立場來看，越境逆女是不合禮的，那麼數量不算少的大夫因聘而逆的情形又該如何理解？有的學者以禮的權變角度來解說：

> 若越竟迎於異邦，本非禮制所許，借使因聘出入，就便迎歸，則權宜之通變耳；正以禮屬權變，事出非常，故或見於春秋；乃覈諸經傳，事驗昭顯，自無不可也。至如公羊之譏大夫越竟逆女為非禮者，乃就禮之本制言，固不同於權變。**⑭**

---

⑰　《禮記》，卷二十五〈郊特牲〉，頁 486。雖然此處討論的是大夫私覿非禮的問題，但如果私覿尚且不被允許，何況公然聯姻？

⑰　《禮記》，卷八〈檀弓上〉，頁 145-146。

⑰　《穀梁傳》，卷六〈莊公二十七年〉范寧集解引，頁 62。

⑬　《儀禮》，卷三十一〈喪服・衰期〉疏引鄭玄，頁 368：「古者大夫不外娶……《春秋傳》曰：『大夫越竟逆女，非禮』」。

⑭　〈春秋「親迎」禮辨〉，頁 106-107。

按：《公羊傳》卷五〈桓公十一年〉清楚界定：

> 權者何？權者反於經然後有善者也。權之所設，舍死亡無所
> 設，行權有道，自貶損以行權，不害人以行權。

換言之，經與權的差異乃是就表現道的方式來說的，兩者居於同一
層次，通常使用的方式謂之「經」；罕見特殊的謂之「權」，都無
悖於禮的本質。若因實然的量眾多，在應然層面妥協，美其名為
權，恐失《春秋》經、權之辨。詳查當時大夫「自為」、「自逆」
❶❼❺的各例案，既看不出當時有什麼緊要到涉及家國存亡，以致未及
上稟君侯而先便宜行事，更無一件是委屈自己的意願，只因君國的
利益，順命迎娶，所謂「自貶損」者。

　　大夫奉君命出使國外，乃正常的事，事例在分佈上也沒有明顯
偏於某一個時期的狀況。但是大夫外娶的現象，從表 4.12 來看，
則集中在春秋中後期，較早期、所傳聞世只有兩件：一是鄭公子忽
如陳逆女；一是莒慶越境逆女❶❼❻，其間原委很可能是大夫的勢力逐

---

❶❼❺　《左傳》，卷十二〈僖公五年〉，頁 204：「公孫茲奉公命聘於牟，因自為
　　　逆」、卷二十二〈宣公五年〉，頁 376：「秋九月，齊高固來逆女，自為
　　　也，故書曰逆叔姬，即自逆也」、卷四十五〈昭公九年〉，頁 780：「晉荀
　　　盈如齊逆女，還，六月辛卯于戲陽」，杜注：「自為逆」。

❶❼❻　根據《左傳》，卷四〈隱公七年〉，頁 72、〈隱公八年〉，頁 74，鄭公子忽
　　　娶陳女是奉父命，所以不能視為一般大夫娶婦的狀況，因此莒慶越境逆婦即
　　　成了《公羊傳》批評的焦點。

漸加強,所謂「政在家門」**⑰**,於是透過締結婚姻,聯合外在勢力,以鞏固自身在國內的權勢。也由於大夫得權,其他諸侯國君、大夫或樂於、或迫於現實與之結交,以圖謀彼此的利益**⑱**。若從這個角度來看,大夫因聘而外娶的現象增加,其實也標識著春秋權力生態的改變。以周禮的角度來說,這是不被允許的,所以經生雖然重視親迎禮本身,不過對於大夫未奉君命、擅自聯姻而越境親迎,仍然多抱持著反對的態度。

㈣士人是否該親迎

士人是否當行親迎禮,經書及經師都持肯定的態度。本章第一節開頭就指出:《儀禮》卷四、五〈士昏禮〉和《禮記》卷六十一〈昏義〉都毫無疑問認定士人娶婦不但應迎,而且應親迎。詳細記載從「父命子迎」至迎娶時的車馬、服飾和面見女方父母的種種儀節。《禮記》卷五十一〈坊記〉曾提到制定親迎禮的用心:

> 昏禮:婿親迎,見於舅姑,舅姑承子以授婿,恐事之違也。

---

⑰ 《左傳》,卷四十二〈昭公三年〉,頁 723:「政在家門,民無所依,君日不悛,以樂慆憂」。

⑱ 《禮記》,卷八〈檀弓上〉,頁 145-146:「陳莊子死,赴於魯,魯人欲勿哭,繆公召縣子而問焉,縣子曰:『古之大夫束脩之問不出竟,雖欲哭之,安得而哭之?今之大夫交政於中國,雖欲勿哭,焉得而弗哭?且臣聞之,哭有二道,有愛而哭之,有畏而哭之。』公曰:『然,然則如之何而可?』縣子曰:『請哭諸異姓之廟。』於是與哭諸縣氏」。

並感慨雖如此慎重其事，時人也行禮如儀**⑰**，仍未能達到設計禮儀的目的，可見士人結婚親迎有一定程度的普及性。不過在實際施行上，是否完全符合禮經所說，也就是禮與俗之間是否有差距，由於史料缺乏，無從進行對比。但從《儀禮》卷六〈士昏禮·記〉：「若不親迎，則婦入三月，然後婿見」，還特別列出其他配套措施以為彌補，士人不親迎的情形可能也不算罕見。

二、儒生、經生特別重視親迎的原委

從上面的討論中可知，是否該親迎的爭議點主要落在天子及諸侯階級上。不論春秋或兩漢，都沒有可以支持天子親迎的證據，何況按照天子至尊，在行禮講求敵體的精神下，更沒有親迎的必要性。漢代經師透過對文獻的再詮釋，構成天子應當行親迎禮的說法。至於諸侯是否應該親迎，《公羊傳》、《穀梁傳》雖持肯定的態度，不過從《左傳》記載的具體情況，可以看出當時仍以卿為君逆為常態，諸侯多不親迎，諸侯越境親迎乃特例。大夫於境內以及士人應該親迎，則無爭議，但一定也有不少例外，所以禮經還別立「若不親迎」一條以為士人的權變。這樣看來，在春秋時期，親迎既不像漢代經生所說乃「天子下至士」的禮儀，即便親迎對某階層來說是禮儀，也不像他們說的那樣嚴格。我們不禁要問：漢代經生為什麼如此重視親迎禮，以至於將先秦時期的一些文獻與史實都往

---

⑰　《禮記》，卷五十一〈坊記〉，頁 873：「以此坊民，婦猶有不至者」，鄭注：「不至，不親夫以孝舅姑也」。

親迎禮的方向理解⑱？親迎就儒家的立場來看，又展現出那些面向和意義呢？以下先透過禮書所記親迎的儀式過程探討此問題。《儀禮》〈士昏禮〉提到：

> 父醮女而俟迎者，母南面于房外……父醮子，命之曰：「往迎爾相，承我宗事，勗帥以敬先妣之嗣，若則有常」，子曰：「諾，唯恐弗堪，不敢忘命。」⑱

> 主人揖入，賓執雁從，至于廟門。揖入，三揖，至于階，三讓，主人升，西面，賓升，北面，奠雁，再拜稽首，降出，婦從，降自西階，主人不降送。⑱

《禮記》〈昏義〉：

---

⑱　如《毛詩》，卷四之四〈鄭風‧丰‧序〉，頁 177：「婚姻之道缺，陽倡而陰不和，男行而女不隨」，卷四之三〈鄭風‧有女同車〉，頁 171：「有女同車」，毛傳：「親迎同車也」，鄭箋：「女始乘車，婿御輪三周，御者代婿」，卷七之一〈陳風‧東門之楊‧序〉，頁 253：「昏姻失時，男女多違，親迎，女猶有不至者也」；又如成公九年二月伯姬歸于宋，三傳都未於是否親迎表示揣度或意見，《列女傳》，卷四〈貞順傳‧宋恭伯姬傳〉，頁 1b，居然想出「恭公不親迎，伯姬迫於父母之命而行」的情節，《禮記》，卷五十一〈坊記〉鄭注，頁 873，也照單接受。由此固然可以看出漢人對親迎的重視，不過也正好反映經師認為不親迎的現象恐非少數。

⑱　《儀禮》，卷六〈士昏禮〉，頁 61-64。

⑱　《儀禮》，卷五〈士昏禮〉，頁 50。

> 父親醮子而命之迎，男先於女也，子承命以迎，主人筵几於
> 廟，而拜迎于門外，婿執鴈入，揖讓升堂，再拜，奠鴈，蓋
> 親受之於父母也。降，出御婦車，而婿授綏，御輪三周，先
> 俟于門外，婦至，婿揖婦以入。⑱

這三段文獻對親迎過程的敘述，大致上是相似的，行親迎禮時男子
須得到父親的指示後才能前往女方家中迎娶新婦，這表示婚姻不是
基於個人的意見或情欲，而是為了承繼宗嗣而進行的。女方家長在
家廟裏辦了筵席，使得親迎的過程能在女方祖先的見證下進行，這
一樣表現出不自專斷的精神。新郎帶著婚禮的重要象徵物：
「雁」，並對女方家長行「再拜、稽首」禮，女方家長親自將新娘
交予新郎，新郎由西階退下，新娘亦跟隨而行，女方家長則不下
堂，由諸母送自大門⑱。新郎必須親自為新娘服務，授予登車之
綏，並駕新娘所乘的車轉三圈，然後才上自己的車，象徵作丈夫的
對妻子謙下親和。啟程往男方家時，新郎的車駕行於前面，新娘的
車駕跟隨其後，象徵著以男帥女，男先於女的精神。到了男方家時
還有一個重要的程序，即是新郎「先俟于門外」，等著新娘到後才
一起進門⑱。禮的精神在於別異，使處於各種不同的階級和身份者

---

⑱　《禮記》，卷六十一〈昏義〉，頁 1000。

⑱　主人送女不下堂，越境送女更是非禮，《左傳》，卷六〈桓公三年〉，頁
　　103-104 記載：「齊侯送姜氏，非禮也。凡公女嫁于敵國，姐妹則上卿送之，
　　以禮於先君，公子則下卿送之。於大國雖公子亦上卿送之，於天子則諸卿皆
　　行，公不自送，於小國則上大夫送之。」

⑱　往迎和先俟于門外，本來均屬於親迎的一部分，但民俗的記載中也有不親

都能各安其份。夫婦的關係既是人倫之始,因此男女、夫婦之別顯得格外的重要,在親迎禮中表現在男先於女,婦從於夫等種種儀式上。夫婦之別固然重要,但如果只一味地講究別異,則又失之疏離,所以同時講求親愛,顯現在親迎禮中的即是夫為妻授綏、御輪三周、先俟於門外等儀節。為人授綏本是御者的禮節⑱,夫為婦授綏則表現出一種謙下的精神。

㈠從家族倫常的角度來看親迎禮

親迎禮在先秦時期即已為人所重視,如《墨子》〈非儒下〉:

> 取妻,身迎,祗褕為僕,秉轡授綏,如仰嚴親,昏禮威儀,如承祭祀,顛覆上下,悖逆父母,下則妻子,妻子上侵事親,若此可謂孝乎?儒者:「迎妻,妻之奉祭祀,子將守宗廟,故重之。」⑲

從墨子選擇對儒家所主張的親迎禮提出批評,可以看出幾個重要的訊息,第一,親迎禮為儒家重要主張,因此墨子才會特別選擇它作為批駁儒家思想的目標。第二,從墨子的敘述中,可以發現他所認

迎,而只於門外等候者,使得這兩個部分變成了親迎與否的兩個不同形式,但也可突顯出此二個部分的重要性。詳參黃以周,《禮說略》,《皇清經解續編》(臺北:藝文印書館,1965 年),卷一四一八〈婚禮迎俟異同〉,頁 16173-16174、仲富蘭,《現代民俗流變》(上海:三聯書店,1990 年),頁 92、〈近代民間婚禮或不親迎問題之研究〉,頁 215。

⑱　《禮記》,卷三〈曲禮上〉,頁 62:「僕人之禮必授人綏」。

⑲　《墨子閒詁》(臺北:藝文印書館,1981 年),卷九〈非儒下〉,頁 540-541。

識的親迎禮精神與禮經所說大致相符，不但需要身迎，而且有御輪、授綏等儀式以展現男下女的精神。第三，儒家的回應，顯示出對親迎禮的重視，並著眼於妻子具有祭祀祖先以及生育承宗的兩個重要功能上。

　　除了《墨子》外，《孟子》〈告子下〉透過問答的形式，表達了對於親迎的態度：

> 任人有問屋廬子曰：「禮與食孰重？」曰：「禮重。」「色與禮孰重？」曰：「禮重。」曰：「以禮食，則飢而死，不以禮食則得食，必以禮乎？親迎則不得妻，不親迎，則得妻，必親迎乎？」屋廬子不能對。明日之鄒以告孟子，孟子曰：「於答是也，何有？不揣其本而齊其末，方寸之木可使高於岑樓，金重於羽者，豈謂一鉤金與一輿羽之謂哉？取食之重者，與禮之輕者而比之，奚翅食重？取色之重者，與禮之輕者而比之，奚翅色重？往應之曰：『紾兄之臂，而奪之食，則食，不紾，則不得食，則將紾之乎？踰東家牆而摟其處子，則得妻，不摟則不得妻，則將摟之乎？』」⑱

《孟子》由色與禮孰輕孰重的角度來思考親迎問題，認為行親迎禮的目的主要在防止淫亂與色欲，與《墨子》一樣是就倫常的角度來思考親迎的功能。但孟子從本末的角度來釐清色與禮輕重的問題

---

⑱　《孟子》（十三經注疏本，臺北：藝文印書館），卷十二上〈告子下〉，頁209。

時，親迎禮竟被置於「禮之輕者」的地位，其主要目的是為了突顯男女之別和防止淫欲，此為親迎禮的基礎，這個基礎較禮文形式更為根本而不可動搖。孟子雖然重親迎禮，不過仍然保留了權變的精神在其中，這與漢代以後的經師將親迎禮提升至天地、陰陽運行之理的層次有所差異。

《荀子》〈大略篇〉也提到親迎的問題：

> 《易》之〈咸〉，見夫婦，夫婦之道不可不正也，君臣、父子之本也。咸，感也，以高下下，以男下女，柔上而剛下，聘士之義、親迎之道，重始也。[189]

> 親迎之禮，父南向而立，子北面而跪，醮而命之：「往迎爾相，承我宗事，隆率以敬先妣之嗣，若則有常。」子曰：「唯恐不能，敢忘命矣！」[190]

第一段文獻，還是由人倫關係的角度來說明親迎禮的重要性：親迎是夫妻接觸的開始，而夫婦之倫又是人倫關係的基礎，所以被特別強調和重視。第二段文獻，與《儀禮》〈士昏禮〉和《禮記》〈昏義〉所記父親命子親迎大同小異。

從上引文獻還可以看出幾個重要的訊息：第一，〈非儒〉是前

---

[189] 王先謙，《荀子集解》（臺北：華正書局，1993 年 9 月初版）卷十九〈大略〉，頁 326-327。

[190] 本於《儀禮》，卷六〈士昏禮〉，頁 61，所記婚辭。

期墨家之作，篇中所述的儀節雖簡略，與禮經大致相符，可見親迎之說很早已出現。第二，不論是魯君或孔門高弟，對這個儀節都不以為然，似乎這未必是當時習而不察的禮俗，而是「孔子」一家特別的倡導。第三，或許正因親迎是孔門所欲推行婚姻禮節中最具代表性的一環，也就成為旁人理解中孔門的鮮明標幟之一，所以墨子、任人才會選擇它作為批駁儒家思想的目標。第四，自孔門第一代，就對包括禮儀在內的許多事情意見分歧❶，所以在強調「行仁義」、隆禮的荀子會極為標舉親迎的重要，而強調與生道德資質、「由仁義行」❷的孟子會將親迎禮放在「禮之輕者」的位置，這並不表示孟子不在意親迎禮，只是就親迎這個儀文形式與婚姻目的以至於禮的基本精神❸比較而言，後者更為不可動搖。這與孟子認可「舜之不告而娶」同一模式❹。第五，從「孔子」、無名儒生的回答及荀子的講論中，可知：親迎禮所以受重視，關鍵在婚姻受重視。婚姻受重視，一方面是從家族內部著眼，婚姻的目的在有「嗣」，「承我宗事」，因此連帶地使得妻子這不可或缺的角色也受重視，因妻子於此時背後代表的是列祖列宗的血胤。為表達重視這種意義脈絡下的妻子，所謂「敬先妣之嗣」，因此採取親迎的方式，而其心態上當然也就「如仰嚴親」、「如承祭祀」。另方面，

---

❶　詳參羅素芬，《西漢儒生傳講經義部分特質溯源初探》（新竹：清華大學中國文學系碩士論文，2002 年 6 月），第二章，頁 6-18。

❷　《孟子》，卷八上〈離婁下〉，頁 145。

❸　《淮南子》，卷二十〈泰族〉，頁 697：「待媒而結言，聘納而取婦，初縗而親迎，非不煩也，然不可易者，所以防淫也」。

❹　《孟子》，卷九上〈萬章上〉，頁 161。

還可從政治層面著眼，因為「夫婦之道」不僅是「父子之本」，而且根據由近及遠的論式，夫婦成婚時採親迎的方式箇中蘊含的「敬」、「親」精神也是「政之本」，所以將君主禮賢下士以興國，所謂「聘士之義」，與「親迎之道」相比配。除非墨家不同意君當造處士之門，向其問道，否則，夫親迎妻就非「顛覆上下」。第六，到了上述的地步，親迎這儀節已經因為比配國君造門聘士、新婦被整合於整個家族血胤中，而〈大略〉按照《易》學家對〈咸〉卦卦象艮上而兌下的解釋：艮為少男；兌為少女⑱，並引用《周易》卷四〈咸·彖〉來談親迎表現的以男下女，更有將之視為天地大義的色彩：

> 咸，感也。柔上而剛下，二氣感應以相與，止而說，男下女，是以亨利貞，取女吉也，天地感而萬物化生，聖人感人心而天下和平，觀其所感而天地萬物之情可見矣。⑲

由於此卦卦象上呈現陰陽相合，以男下女的形象，所以最常被拿來作為婚姻之卦。〈彖〉辭所說二氣相感，而萬物化生，與男女相感而生育子嗣相類比，男女相感而生育繁衍是對天地相感而生化萬物的模仿（這種模仿和類比，在漢代以後以宇宙對應論的背景下，更進一步地被確定和系統化）。只不過因為荀子將天或說天道視為非道德的物理存在，更無宗教領域所說的各種意義，在他的系統中，可以承認：男

---

⑱　《周易》，卷九〈說卦〉，頁184。
⑲　《周易》（十三經注疏本，臺北：藝文印書館），卷四〈咸〉卦象辭，頁82。

女相感而生育子嗣，乃二氣相感而萬物化生在人類社會中的一種面向，但恐怕很難接受男女相感而生育繁衍具有推動天地相感而生化萬物的巫術功能，以卦象及卦象辭論親迎之說，應該僅屬斷章取義，並非將親迎提高到宇宙論的層次。換言之，那只是譬喻，而非推論基礎。

㈡從符應天地之道及陰陽角度來看親迎禮

由戰國以至於漢代，親迎禮的重要性不斷被提倡和增加，除了仍然重視倫常的問題外，在陰陽消息的風氣盛行下，男女婚姻又深切地關係和影響到陰陽互動與消長，所以被提昇到與天地、陰陽運行相類比的層次。如《禮記·郊特牲》：

> 男子親迎，男先於女，剛柔之義也，天先乎地，君先乎臣，其義一也。執摯以相見，敬章別也，男女有別，然後父子親，父子親，然後義生，義生，然後禮作，禮作，然後萬物安。無別無義，禽獸之道也。婚親御授綏，親之也，親之也者，親之也，敬而親之，先王之所以得天下也。出乎大門而先，男帥女，女從男，夫婦之義，由此始也。婦人從人者也，幼從父兄，嫁從夫，夫死從子。夫也者，夫也，夫也者，以知帥人者也，玄冕齋戒，鬼神陰陽也，將以為社稷主，為先祖後，而可以不致敬乎？⓱

男先於女的原則是建立在天地、君臣、男女、夫婦與陰陽、剛柔相

⓱　《禮記》，卷二十六〈郊特牲〉，頁 506。

類比的關係上，以天、君、男、夫為陽為剛，以地、臣、女、婦為陰為柔，陰陽、剛柔一經判定，其屬性也被定義，於是行事法則，倫常關係也都被確定下來。夫婦的結合和陰陽的結合既被認為具有同質性且互相影響的關係，於是親迎不僅是成婚的重要時刻，同時也是陰陽二氣相會的時刻，它的重要性已成了天經地義，再不容視為可以權變的「禮之輕者」了。男子屬於陽剛，所以應當先於女子，而主動親迎，女子屬於陰柔，所以應當以順從為德，被動等待男子的迎接。《白虎通》〈五行〉也承繼了這樣的態度：

> 男不離父母何法？法火不離木也。女離父母何法？法水流去金也。娶妻親迎何法，法日入，陽下陰也。⑱

以陰陽、五行生剋等角度來理解男娶女嫁、男主動，女被動等倫理規範。不只如此，經師對御輪、授綏等男下女的精神，也從陰陽的角度（「以陽下陰」⑲）進行理解。這種態度還同時貫穿在親迎的時間、車服、禮物、雁禽等方面（詳後文）。

漢代史書中對婚姻與天地、陰陽的密切關係，也有所展現，如《史記》〈外戚世家〉說：

> 故《易》基乾坤，《詩》始〈關雎〉，《書》美釐降，《春秋》譏不親迎。夫婦之際，人道之大倫也。禮之用，唯婚姻

---

⑱　《白虎通疏證》，卷四〈五行篇〉，頁195。
⑲　《白虎通疏證》，卷十〈嫁娶〉，頁459。

為兢兢，夫樂調而四時和，陰陽之變，萬物之統也，可不慎與！❷⁰⁰

又《漢書》〈郊祀志〉：

> 天地合祭，先祖配天，先妣配墬，其誼一也。天墬合精，夫婦判合。祭天南郊，則以墬配，一體之誼也。❷⁰¹

男女婚姻關係到「陰陽之變，萬物之統」，同時也與〈哀公問〉中提到的「天地不合，萬物不生」來講婚姻的重要性，精神相一致。夫婦的結合和天地的結合具有同質性且互相影響的關係，從而也會對天地、萬物發生影響，因此將婚姻透過陰陽變化來進行瞭解，親迎是成婚的重要時刻，同時又是男女、陰陽相會的時刻，在漢人盛行天人交感的想法之下，它的重要性被擴大和提高，與孟子所說「禮之輕者」可以權變的態度，不可同日而語。

在漢人的想法中親迎禮，既然與天地、陰陽的運行密切相關，所以許多行禮的儀文也必須遵行陰陽的法則，或將已有的儀文以陰陽的角度去思考和理解，如親迎的時間、雁禽、衣服、禮物⋯⋯等等。以親迎的時間來說，應於昏時。有學者認為：「上古時代，用火之術尚未發明，劫婦必以昏時，所以乘婦家之不備，且使之不復

辨其為誰何耳。後世相沿，浸以成俗，遂以昏禮為嘉禮之一矣」
❷，簡言之，乃古代掠奪婚的遺俗。不過，男女昏時相戀幽會，是
先秦時就存在的習俗了，如《詩經》中男女戀愛的詩篇許多即在昏
時❷。當時婚姻制度尚未建立，兩情相悅，即成伉儷，等到文明漸
昇，由男女昏時相會逐漸演變為昏時結婚，應當也是自然的趨勢
❷。漢代經師對於昏時親迎有一套陰陽化的解釋，如《白虎通》卷
十〈嫁娶〉認為：

> 所以昏時行禮何？示陽下陰也，婚亦陰陽之交也。

《禮記》卷六十一〈昏義〉孔疏引鄭玄〈昏禮目錄〉認為昏時結婚
是因為：

> 取其陰來陽往之義。日入後二刻半為昏，以定稱之。

---

❷ 劉師培，〈古政原始論‧禮俗原始論〉，《劉申叔遺書》（南京：江蘇古籍
出版社，1997 年），頁 680-681。

❷ 如《毛詩》，卷七之一〈陳風‧東門之楊〉，頁 253：「昏以為期，明星煌
煌」，毛傳認為這講的是：「期而不至」，鄭箋說是：「親迎之禮，以昏
時。」卷一之四〈召南‧行露〉：「厭浥行露，豈不夙夜，謂行多露」鄭
箋，頁 55：「《周禮》仲春之月，令會男女之無夫家者，行事必以昏昕」；
《楚辭章句》，卷一〈離騷〉，頁 28：「黃昏以為期兮，羌中道而改路」、
卷二〈九歌‧湘君〉，頁 91：「與佳期兮夕張」王注：「夕早灑掃，張施幃
帳，與夫人期」、卷四〈九章‧哀郢〉，頁 175：「昔君與我成言兮，曰黃
昏以為期」，都是描寫男女在黃昏時相約愛慕的情形。

❷ 陳鵬，《中國婚姻史稿》（北京：中華書局，1990 年），卷一〈總論〉，頁
5，就如此認為。

《說文解字》第十二篇下〈婚〉也提到：

> 禮，娶婦以昏時，婦人陰也，故曰婚。

黃昏時刻正是日落夜來之時，象徵著陽往陰來，所以人事也當與之相符，是男（陽）往而女（陰）來。

　　除了迎娶時辰外，迎娶時的衣服也可放在陰陽的思想模式下理解。如迎娶時主人所著的衣服是爵弁、纁裳而「緇袘」，即是以黑色的布邊來綴飾下裳，鄭玄的解釋是：「以緇緣裳，象陽氣下施」❷⁰⁵，賈公彥申釋：

> 男陽女陰，男女相交接，示行事有漸，故云象陽氣下施，故以衣帶上體同色之物下緣於裳也。❷⁰⁶

又如，婚禮中重要的象徵物「雁」，在漢儒的詮解中也取象於順陰陽往來的意涵。此外，婚禮儀式的進行，如不用樂、婚禮不賀，亦是漢儒顧慮陰陽屬性及運行法則所構建出來的說法。婚禮不賀，禮書說是為了序代❷⁰⁷，序代之事與連結幽陰、鬼神相關，所以不賀，避免相擾。至於婚禮不用樂來說，由於婚禮被定義為陰禮❷⁰⁸，而樂

---

❷⁰⁵　《儀禮》，卷四〈士昏禮〉，頁44。

❷⁰⁶　同上注。

❷⁰⁷　《禮記》，卷二十六〈郊特牲〉，頁506：「昏禮不賀，人之序也。」

❷⁰⁸　《周禮》，卷十〈地官・大司徒〉，頁151：「以陰禮教親，則民不怨」，鄭注：「陰禮謂男女之禮」。

的性質屬陽，所以不相為用。《禮記》卷二十六〈郊特牲〉即謂：

> 昏禮不用樂，幽陰之義也。樂，陽氣也。**⑳⑨**

卷十八〈曾子問〉：

> 取婦之家，三日不舉樂，思嗣親也。**⑳⑩**

因為婦屬於陰，祖先之靈亦屬陰，在娶婦及和祖靈交通連結的過程中，不用樂、不賀以避免驚擾。不過漢儒這樣的說法，就理論而言，不免引起一些質疑，如婚禮一向強調陰陽調和，為何此時只能保持在陰的狀態**⑳⑪**？徵諸禮書，《禮記》卷二〈曲禮上〉有明文：

> （婚時）為酒食以召鄉黨僚友……賀取妻者曰：「某子使

---

⑳⑨ 《禮記》，卷二十六〈郊特牲〉，頁 506。

⑳⑩ 《禮記》，卷二十六〈郊特牲〉，頁 506：「昏禮不賀，人之序也。」

⑳⑪ 毛奇齡，《婚禮辨正》（《續修四庫全書》禮類，95，上海：古籍出版社，1995 年），頁 9：「夫婚儀用兩，陰陽備也，《易》陰陽咸感，為娶女之卦。故蔡邕〈協和婚賦〉曰：『乾坤和其剛柔』，虞翻曰：『〈歸妹〉宴陰陽之儀』，未聞婚禮陰禮。況喪禮輟樂，婚禮亦輟樂，何也？」《晉書》，卷二十一〈禮志下〉，頁 668：「（穆帝）升平八年，臺符問：『迎皇后大駕，應作鼓吹不？』博士胡訥議：『臨軒儀注闕，無施安鼓吹處所，又無舉麾鳴鐘之條。』太常王彪之以為：『婚禮不樂，鼓吹亦樂之總名。儀注所以無者，依婚禮，今宜備設而不作。』用此議」，這是將不用樂引伸到儀仗上。鼓吹諸器具「備設而不作」，形同喪禮中的明器。從好的方面說，這是取得以規範表徵的理智與情感間的平衡；從壞的方面說，難免有自欺意味。

某，聞子有客，使某羞。」

若從當時民情來說，與婚禮不賀全然格格不入❷⓬。早在西漢宣帝時，就曾有郡國二千石立條教，「禁民嫁娶不得具酒食相賀召」，迫使得宣帝為此特別下詔，斥為「苛政」，看似守禮，實際卻「廢鄉黨之禮」❷⓭，所以此後民間自行其是。《藝文類聚》卷三十五引《風俗通》：

有賓婚大會，母在堂上，酒酣，陳樂歌笑。

可見當時婚禮用樂。至於《後漢書·續漢志》卷十三〈五行志一·服妖〉劉昭補注引〈風俗通〉：

（靈帝）時京師賓婚嘉會，皆作魁櫑，酒酣之後，續以挽歌。魁櫑，喪家之樂；挽歌，執紼相偶和之者。天戒若曰：

---

[212] 即使崇尚古禮的王莽，在兒子納婦時仍然是大宴賓客，《漢書》卷九十九上〈王莽傳〉，前引《風俗通義》也可以用來說明婚禮親友相賀的現象。親友酒食相會以後，往往還有戲鬧的行徑，〈佚文·折當〉記：「汝南張妙會杜士，士家娶婦，酒後相戲，張妙縛杜士，捶二十，又懸足指，士遂致死」鮑昱決事云：「酒後相戲，原其本心，無賊害之意，宜減死」，頁 589。《群書治要》引仲長統《昌言》：「今嫁娶之會，捶杖以督之戲謔」，也說明此現象。又《初學記》十四引秦嘉〈述婚詩〉：「群祥既集，二族交歡」。婚家友人，及婚家鄰居，蔡邕〈協和婚賦〉（《初學記》十四引）也提到：「嘉賓僚黨，祈祈雲聚」。

[213] 《漢書》，卷八〈宣帝紀〉，頁 265。

> 國家當急殄悴，諸貴樂皆死亡也。自靈帝崩後，京師壞滅，
> 戶有兼屍，蟲而相食，魁櫑挽歌，斯之効乎！

我們不能將這種現象附會為：由於婚禮被視為陰禮，所以奏喪家之
樂、唱送殯之歌，原因很簡單，當時欣賞音樂乃以悲為尚❷，並非
因心憂而奏哀樂。其次，既被視為服妖，也就是陰陽反常現象，可
見在結婚這種「嘉」禮場合演奏的應該是歡欣之樂。換言之，不但
應用樂，而且應用喜樂；不過，後人仍有繼續堅持者，並使其付諸
實行。❷

　　在漢人的想法中，親迎禮與陽／天、陰／地的運行密切相關，
所以會從陰陽的角度去思考和理解已有的儀文，儀文的重要性乃具
有宇宙層次的意義，儀文的偏差即是違背陰陽應有的關係法則。將
親迎禮視為對天／陽、地／陰運行法則的對應或模仿時，親迎的時
間、所用的禽鳥的特質、衣飾、男女的主從關係，甚至用樂與否，

---

❷　詳參朱曉海，〈自東漢中葉以降某些冷門詠物賦作論彼時審美觀的異動〉，
　　《中國文哲研究集刊》12 期（1998 年 3 月），頁 107-108。

❷　《晉書》，卷二十一〈禮志下〉，頁 668-669：「（穆帝）永和二年納后，議
　　賀不？王述云：『婚是嘉禮。《春秋傳》曰：「娶者大吉」，非常吉，又
　　《傳》曰：「鄭子罕如晉，賀夫人」，鄰國猶相賀，況臣下邪？如此，便應
　　賀，但不在三日內耳。今因廟見成禮而賀，亦是一節也。』王彪之議云：
　　『婚禮不樂不賀，禮之明文。《傳》稱子罕如晉賀夫人，既無經文，又
　　《傳》不云禮也。《禮》：「取婦三日不舉樂」，明三日之後自當樂。至於
　　不賀，無三日之斷，恐三日之後故無應賀之禮。』又云：『《禮記》所以言
　　賀取妻者，是因就酒食而有慶語也。愚謂無直相賀之體，而有禮既共慶會之
　　義，今世所共行。』于時竟不賀」。

親友是否相賀等問題,也都透過陰陽的角度去說明,親迎的重要性就會被大大地提高,被認為是通貫古今以及各個階層都必須遵循的道,它的施行不只具有倫理上的重要意義,還是天道的呈現,當然要由象徵天的天子率先作起,各階層並起效尤,使它成為不可更動的真理。

表 4.1 史書中記載的納采、納徵禮物

禮物名稱	鄭眾〈婚禮謁文〉納采	士昏禮(納徵)	晉書·禮志[216](貴族納徵禮物)	晉書·禮志[217](孝武納王皇后)	隋書·禮儀志[218](載後齊皇室聘禮)	西陽雜俎[219](納采)	宋史·禮志[220](親王納妃)
元纁	元象天纁法地	玄纁	玄纁(納徵)	(納徵)帛三匹絳二匹絹二百匹	(納徵)玄三匹纁二匹		
羊	祥也群而不黨		大夫納徵:羊	白羊(五禮)羊一(納徵)	羔羊各一隻(五禮)羔羊一口羊四口(納徵)		羊二十口(納采)羊三十口(定禮)羊五十口(納財)

[216] 《晉書》,卷二十一〈禮志下〉,太康八年有司所訂之婚禮,頁 664-665。

[217] 前揭書,孝武納王皇后,頁 668。

[218] 魏徵,《隋書》(臺北:鼎文書局,1979 年),卷九〈禮儀志〉,載後齊聘禮,頁 179。

[219] 段成式,《西陽雜俎》(臺北:源流文化事業公司,1982 年),卷一,頁 8。

[220] 《宋史》,卷一一五〈禮志〉,頁 2735。

禮物名稱	鄭眾〈婚禮謁文〉納采	士昏禮(納徵)	晉書·禮志（貴族納徵禮物)	晉書·禮志（孝武納王皇后)	隋書·禮儀志（載後齊皇室聘禮)	酉陽雜俎(納采)	宋史·禮志（親王納妃)
鴈	隨陽		鴈(納徵)	白雁(五禮)	各一隻(五禮)		
清酒	降福		酒(納徵)	酒各十二斛(五禮)酒十二斛(納徵)	酒各一斛(五禮)酒十斛(納徵)		酒二十壺(納采)酒三十壺(定禮)酒五十壺(納財)
白酒	歡之						
粳米	養良		米(納徵)	米各十二斛(五禮)米各十二斛(納徵)	米各一斛(五禮)各十斛(納徵)		
稷米	粢盛				稷各一斛(五禮)十斛(納徵)		
蒲	眾多性柔					(九子蒲)可屈可伸	
葦	柔之					(禾葦)可屈可伸	
卷柏	屈卷附生						
嘉禾	須祿				稻米各一斛(五禮)十斛	分福也	

禮物名稱	鄭眾〈婚禮謁文〉納采	士昏禮（納徵）	晉書‧禮志（貴族納徵禮物）	晉書‧禮志（孝武納王皇后）	隋書‧禮儀志（載後齊皇室聘禮）（納徵）	酉陽雜俎（納采）	宋史‧禮志（親王納妃）
長命縷	絳衣延壽					（長命縷）	
膠	合異類					（阿膠）取其固	
漆	內外光好					（乾漆）取其固	
五色絲	章采屈伸不窮						
合歡鈴	音聲和諧						
九子墨	長生子孫						
金錢	和明不止						
祿得	吉祥						
香草	吉祥						
鳳凰	雌雄伉合						
舍利獸	廉而讓						
鴛鴦	飛止須匹鳴則相和						
受福獸	體恭心慈						
魚	處淵無射						
鹿	祿也	鹿皮二張					
鳥	知反哺孝父母						
九子婦	有四德						
陽燧	成明安身						
丹	五色之榮						
青	色首東方始						
綿絮						調柔	
雙石						兩固	

禮物名稱	鄭眾〈婚禮謁文〉納采	士昏禮（納徵）	晉書·禮志（貴族納徵禮物）	晉書·禮志（孝武納王皇后）	隋書·禮儀志（載後齊皇室聘禮）	酉陽雜俎（納采）	宋史·禮志（親王納妃）
合歡						（合歡）	
黍					各一斛（五禮）十斛（納徵）		
麵					一斛（五禮）十斛（納徵）		
茗							百斤（定禮）
璧			王侯納徵：璧	一枚（納徵）			
璋			諸侯納徵：大璋		大璋一（納徵）		
珪			天子納徵：珪				
馬			天子納徵：馬二駟 諸侯納徵：馬四匹	六匹（納徵）			（納財）押馬二十匹 函馬二十匹
牛					犢二頭（納徵）		
束帛		五兩	束帛（納徵）		十匹（納徵）		
錦采					六十匹（納徵）		采四十匹（納采）采五十匹

禮物名稱	鄭眾〈婚禮謁文〉納采	士昏禮(納徵)	晉書·禮志(貴族納徵禮物)	晉書·禮志(孝武納王皇后)	隋書·禮儀志(載後齊皇室聘禮)	酉陽雜俎(納采)	宋史·禮志(親王納妃)
							(定禮)采千匹(納財)
絹					二百匹(納徵)		三十匹(定禮)繫羊酒紅絹百匹(納財)
綾							三十匹(定禮)錦繡綾羅三百匹(定禮)三百匹(納財)
羅							三百匹(定禮)三百匹(納財)
綺							錦綺三百匹(納財)
頭巾段							三十匹(定禮)
獸皮				二枚(納徵)	二枚(納徵)		
黃金							金器百兩(納財)
白金							萬兩(聘禮)

禮物名稱	鄭眾〈婚禮謁文〉納采	士昏禮（納徵）	晉書·禮志（貴族納徵禮物）	晉書·禮志（孝武納王皇后）	隋書·禮儀志（載後齊皇室聘禮）	西陽雜組（納采）	宋史·禮志（親王納妃）
錢				二百萬（納徵）			五十萬（納財）
真珠虎魄瓔珞							二副（定禮）
真珠翠毛玉釵朵							二副（定禮）三副（納財）
銷金生色衣							一襲（定禮）
銷金繡畫衣							十襲（納財）
金塗銀合							二份（定禮）
果槃							（定禮）（納財）
花粉							（定禮）（納財）
花冪							（定禮）（納財）
眼羊臥鹿花餅							（定禮）
銀勝							（定禮）（納財）
羅勝							（納財）
小色金銀錢							（定禮）
函書							一架（納財）

表 4.2 《睡虎地秦墓竹簡》《日書》
〈甲種·生子篇〉及〈乙種·生篇〉出生干支吉凶表

	甲戌	乙亥	丙子	丁丑	戊寅	己卯	庚辰	辛巳	壬午	癸未
甲種 乙種	飲食急好甲	穀而富利酒醴	不吉	好言語或眚於目 好言語，有眚目	去父母南 遠去，女子於南	去其邦 去其邦	好女子 好女子	吉而富當富吉	穀而武穀於武，好貨	長大，善得長

	甲申	乙酉	丙戌	丁亥	戊子	己丑	庚寅	辛卯	壬辰	癸巳
甲種 乙種	巧，有身事 必有事	穀，好樂 穀，利樂	有事 有終	工巧，孝 巧	去其邦北 去其邦北毆	貧而疾 疾	女為賈，男好衣佩而貴 女子為巫	吉及穀 不吉	武而好衣劍必善醫，衣裳	穀 穀

	甲午	乙未	丙申	丁酉	戊戌	己亥	庚子	辛丑	壬寅	癸卯
甲種 乙種	武有力，少孤 武有力，寡弟	有疾，少孤後富未生，少疾，後富	好家室好室	嗜酒吉，陷酒	好田野邑屋姓楚	穀少孤	少孤，污	有終 有終	不吉，女為醫 不吉，女子為醫	不吉 不吉

	甲辰	乙巳	丙午	丁未	戊申	己酉	庚戌	辛亥	壬子	癸丑
甲種 乙種	穀，且武而利弟穀	吉	嗜酒而疾，後富疾	不吉，無母必嘗繫囚不吉，貧，為人臣	寵，事君有寵，必事君	穀，有商穀	武而貧武，貧	不吉 不吉	勇 勇	好水，少疾，必為吏好凶

	甲寅	乙卯	丙辰	丁巳	戊午	己未	庚申	辛酉	壬戌	癸亥
甲種	必為吏	腰不壽	有疵於體而勇	穀而美，有啟穀，媚人	嗜酒及田獵	吉	良	不吉	好家室	無終
乙種		□□壽	必有疵於體		好田獵	穀	勇	不吉	好室家	貧，無終

	甲子	乙丑	丙寅	丁卯	戊辰	己巳	庚午	辛未	壬申	癸酉
甲種	少孤，衣污	武以巧	武以聖	不正，乃有疵前	有寵	鬼，必為人臣妾	貧，有力，無終	肉食	聞	無終
乙種	少孤	不武乃工巧	武，聖	不正，不然必有疵於前	有寵	凶，為臣妾	貧，武有力，無終	肉食	有聞邦	有終

表 4.3　楚建除利於嫁娶日

說明：建除與叢辰以《日書》甲種的〈除〉、〈秦除〉、〈稷辰〉等篇，以及乙種的〈除乙〉**㉑**（1-25 壹）、〈徐（除）〉、〈秦〉等篇為代表。這其中包含著秦、楚兩個系統，其中甲種〈除〉及〈除乙〉被認為屬於楚的系統，而甲種的〈秦除〉及乙種的〈除〉被認為屬於秦的系統，甲種的〈稷辰〉及乙種的〈秦〉被認為是秦的叢辰**㉒**。

㉑ 本篇未註篇名，但可和甲種〈除〉篇相對照，本可逕稱為〈除〉，但緊接著下篇即名為〈除〉，此處為了識別，從《睡虎地秦簡日書研究》一書，稱為〈除乙〉。

㉒ 關於《日書》中包含著秦、楚兩個系統，學者基本上已有共識，如李學勤，〈《日書》和秦楚社會〉，《簡帛佚籍與學術史》（南昌：江西教育出版社，2001 年），頁 135-136、李家浩，〈睡虎地秦簡《日書》「楚除」的性

　　〈除〉篇開頭是以干支排列的表格，橫的是十二月份，縱的標明濡、羸、建、陷、彼、平、寧、空、坐、蓋、成、甬十二種日子的性質，配合上十二地支排列，就能知道某月的某日屬於何種性質的日子，其次再對這十二種性質的日子作原則性的講解。其中明白點出利於嫁娶者，甲種〈除〉有：陰日，〈除乙〉則有陽日、陰日、決光日、秀日等，基本上一致，所以可以相互對照和補足，我們可以將楚的建除及叢辰利於嫁娶日作成一表：

	一月	二月	三月	四月	五月	六月	七月	八月	九月	十月	十一月	十二月
〈除〉陰日	午	未	申	酉	戌	亥	子	丑	寅	卯	辰	巳
〈除乙〉陽日	卯	辰	巳	午	未	申	酉	戌	亥	子	丑	寅
〈除乙〉陰日	午	未	申	酉	戌	亥	子	丑	寅	卯	辰	巳
〈除乙〉決光日	子	丑	寅	卯	辰	巳	午	未	申	酉	戌	亥
〈除乙〉秀日	丑	寅	卯	辰	巳	午	未	申	酉	戌	亥	子

質及其他〉，頁 888、劉信芳，〈秦簡中的楚國《日書》試析〉，《文博》第 4 期（總第 49 期）（1992 年 8 月），頁 49-52，也持此一立場、《睡虎地秦簡日書研究》，頁 29、35。

表4.4　楚建除不利嫁娶日

說明：〈除〉與乙〈除〉都沒有直接提到不利娶婦的日子，不過有些大凶日，如結（濡）日，甲種說其性質為：「作事不成；以祭，吝；生子無弟，有弟必死，以寄人，寄人必奪其主」❷❷❸，似乎諸事皆有吝悔；乙種提到此日，也說「不可以作大事」❷❷❹，所以雖未直接提及不宜嫁娶，此處還是將它列入不適嫁娶日。又如簡十一正貳，擊日，乙〈除〉稱為絕紀日，此日甲種稱其為「百不祥」，也應該在禁止之列。

	一月	二月	三月	四月	五月	六月	七月	八月	九月	十月	十一月	十二月
〈除〉結日	寅	卯	辰	巳	午	未	申	酉	戌	亥	子	丑
〈除〉擊日	亥	子	丑	寅	卯	辰	巳	午	未	申	酉	戌

---

❷❷❸　甲種〈除〉，簡二正貳，頁181。
❷❷❹　乙種，簡一四，頁231。

表4.5　秦建除中可嫁娶日

說明：甲種〈秦除〉將十二月配合地支以及建、除、盈、平、定、執、柀、危、成、收、開、閉等十二種性質來排列日子的吉凶。除了直接提到最適合娶妻事宜的平日❷❷、收日，其他未提及適合嫁娶日，但標明「毋不可有為」者，也列入可嫁娶日中。

	一月	二月	三月	四月	五月	六月	七月	八月	九月	十月	十一月	十二月
〈秦除〉建日	寅	卯	辰	巳	午	未	申	酉	戌	亥	子	丑
〈秦除〉平日	巳	午	未	申	酉	戌	亥	子	丑	寅	卯	辰
〈秦除〉收日	亥	子	丑	寅	卯	辰	巳	午	未	申	酉	戌
〈除〉除日	卯	辰	巳	午	未	申	酉	戌	亥	子	丑	寅
乙種〈除〉吉日❷❷	辰、亥	巳、子	午、丑	未、寅	申、卯	酉、辰	戌、巳	亥、午	子、未	丑、申	寅、酉	卯、戌
乙種〈除〉實日❷❷	巳、子	午、丑	未、寅	申、卯	酉、辰	戌、巳	亥、午	子、未	丑、申	寅、酉	卯、戌	辰、亥

---

❷❷　《天水放馬灘秦簡》，《日書》甲種十二地支與建除十二辰相配的次序與《睡虎地秦墓竹簡》書的〈秦除〉大致相同，平日性質也與〈秦除〉篇相同，正可以相互對照，而它認為「平日可取妻」。詳參秦簡整理小組，〈《天水放馬灘秦簡》甲種《日書》釋文〉，甘肅文物考古研究所編，《秦漢簡牘論文集》，頁2。

❷❷　即對應為甲種〈秦除〉的盈日、收日。

❷❷　即對應為甲種〈秦除〉的平日、開日。

表4.6　秦建除中不可嫁娶日

說明：甲種〈秦除〉與乙種〈除〉並未直接提及不可嫁娶日，不過，我們可按照上述原則，反向操作，將「毋可有為」者列入不可嫁娶日中。

	一月	二月	三月	四月	五月	六月	七月	八月	九月	十月	十一月	十二月
〈秦除〉柭(破)日	申	酉	戌	亥	子	丑	寅	卯	辰	巳	午	未
乙種〈除〉劋日❷❷	酉	戌	亥	子	丑	寅	卯	辰	巳	午	未	申
乙種〈除〉虛日❷❷	戌	亥	子	丑	寅	卯	辰	巳	午	未	申	酉
乙種〈除〉閉日	丑	寅	卯	辰	巳	午	未	申	酉	戌	亥	子

表4.7　秦叢辰中可娶婦嫁女日

說明：將正陽也列入嫁娶吉日，是因為此日「小事果成，大事有慶」，是大小事皆宜的日子。

	一月	二月	三月	四月	五月	六月	七月	八月	九月	十月	十一月	十二月
〈稷辰〉秀日❷❸	子	子	寅	寅	辰	辰	午	午	申	申	戌	戌
〈稷辰〉正陽	丑戌	丑戌	卯子	卯子	巳寅	巳寅	未辰	未辰	酉午	酉午	亥申	亥申
〈稷辰〉陰日	巳未	巳未	未酉	未酉	酉亥	酉亥	亥丑	亥丑	丑卯	丑卯	卯巳	卯巳
〈稷辰〉結日	亥	亥	丑	丑	卯	卯	巳	巳	未	未	酉	酉

---

❷❷　即對應為甲種〈秦除〉的危日。

❷❷　即對應為甲種〈秦除〉的成日。

❷❸　相當於乙種〈秦〉篇的穗日。

表 4.8　秦叢辰中不可娶婦嫁女日

說明：蠆列入嫁娶不吉日，乃因為此日「有為不成」，「其辈
不捧」，是不吉日。

	一月	二月	三月	四月	五月	六月	七月	八月	九月	十月	十一月	十二月
〈櫻辰〉危陽	寅酉	寅酉	辰亥	辰亥	午丑	午丑	申卯	申卯	戌巳	戌巳	子未	子未
〈櫻辰〉敘	卯	卯	巳	巳	未	未	酉	酉	亥	亥	丑	丑
〈櫻辰〉㉛蠆	辰申	辰申	午戌	午戌	申子	申子	戌寅	戌寅	子辰	子辰	寅午	寅午
〈櫻辰〉徹日	午	午	申	申	戌	戌	子	子	寅	寅	辰	辰

表 4.9　《日書》中嫁娶固定避忌的干支日

甲子不可嫁娶㉜	乙丑	丙寅	丁卯	戊辰	己巳不可嫁娶㉝	庚午	辛未	壬申天以震高山㉞	癸酉天以震高山㉟
甲戌分離日㊱	乙亥分離日㊲	丙子	丁丑娶妻不吉㊳	戊寅	己卯	庚辰敝毛之士以取妻㊴	辛巳敝毛之士以取妻㊵（	壬午	癸未

㉛　相應於乙種〈秦〉篇的要日。

㉜　《睡虎地秦墓竹簡》，《日書》甲種，八背壹，頁 209。

㉝　前揭書，《日書》甲種，七背二，頁 209。

㉞　前揭書，《日書》甲種，七背一，頁 208。

㉟　同上。

㊱　《睡虎地秦墓竹簡》，《日書》甲種，十背，頁 209。

㊲　同上。

㊳　前揭書，《日書》甲種，〈取妻〉，一五五正，頁 206。

㊴　前揭書，《日書》甲種，五背壹，頁 208。

						不可嫁娶[240]	不吉)		
甲申	乙酉龍日[242]	丙戌分離日[243]	丁亥分離日[244]	戊子	己丑不可嫁娶[245]取妻不吉[246]	庚寅	辛卯	壬辰囊婦以出，夫先死[247]	癸巳囊婦以出，夫先死[248]
甲午不可嫁娶[249]	乙未	丙申	丁酉	戊戌分離日[250]	己亥分離日[251]	庚子	辛丑	壬寅	癸卯
甲辰	乙巳	丙午	丁未	戊申牽牛取織女日[252]	己酉牽牛取嬺女日[253]不可嫁娶[254]	庚戌分離日[255]	辛亥分離日[256]龍日[257]	壬子	癸丑龍日[258]禹取塗山女日[259]

[240] 前揭書，《日書》甲種，八背壹，頁209。

[241] 前揭書，《日書》甲種，五背壹，頁208。

[242] 前揭書，《日書》甲種，〈取妻〉，簡一五五正，頁206。

[243] 前揭書，《日書》甲種，十背，頁209。

[244] 同上。

[245] 《睡虎地秦墓竹簡》，《日書》甲種，七背二，頁209。

[246] 前揭書，《日書》甲種，〈取妻〉，頁206。

[247] 前揭書，《日書》甲種，四背壹，頁208。

[248] 同上。

[249] 《睡虎地秦墓竹簡》，《日書》甲種，八背壹，頁208。

[250] 前揭書，《日書》甲種，十背，頁209。

[251] 同上。

[252] 《睡虎地秦墓竹簡》，《日書》甲種，〈取妻〉，頁206。

[253] 同上。

[254] 《睡虎地秦墓竹簡》，《日書》甲種，七背二，頁209。

甲寅甲寅之旬❷⓪	乙卯甲寅之旬❷⓪	丙辰甲寅之旬❷⓪	丁巳甲寅之旬❷⓪不可出女❷⓪不可嫁娶❷⓪龍日❷⓪	戊午甲寅之旬❷⓪禹取塗山女日❷⓪	己未甲寅之旬❷⓪	庚申甲寅之旬❷⓪	辛酉甲寅之旬❷⓪龍日❷⓪	壬戌甲寅之旬❷⓪	癸亥甲寅之旬❷⓪

---

❷⓹⓹　前揭書，《日書》甲種，十背，頁 209。

❷⓹⓺　同上。

❷⓹⓻　《睡虎地秦墓竹簡》，《日書》甲種，〈取妻〉，頁 206。

❷⓹⓼　同上。

❷⓹⓽　《睡虎地秦墓竹簡》，《日書》甲種，二背壹，頁 208。

❷⓺⓪　前揭書，《日書》甲種，九背壹，頁 209。

❷⓺①　同上。

❷⓺②　同上。

❷⓺③　同上。

❷⓺④　《睡虎地秦墓竹簡》，《日書》甲種，六背二，頁 209。

❷⓺⓹　前揭書，《日書》甲種，八背壹，頁 209。

❷⓺⓺　前揭書，《日書》甲種，〈取妻〉，一五五正，頁 206。

❷⓺⓻　前揭書，《日書》甲種，九背壹。

❷⓺⓼　前揭書，《日書》甲種，二背壹，頁 208。

❷⓺⓽　同上。

❷⓻⓪　同上。

❷⓻①　同上。

❷⓻②　一五五正，頁 206。

❷⓻③　九背壹，頁 209。

❷⓻④　同上。

表 4.10　〈星〉篇所記二十八宿娶婦吉、凶狀況

時	娶妻吉	娶妻凶
房	取婦、嫁女、出入貨及祠，吉。	
須女	取妻，吉。	
奎	祠及行，吉。以取妻，女子愛而口臭。	
婁	利祠及行。百事吉。以取妻，男子愛。	
胃	以取妻，妻愛。	
參	百事吉。取妻吉。	
柳	百事吉。取妻，吉。	
張	百事吉。取妻吉。	
軫	取妻，吉。	
角		取妻，妻妒。
牴		取妻，妻貧。
心		取妻，妻悍。
尾		百事凶，……不可取妻。
箕		不可祠。百事凶。取妻，妻多舌。
斗		取妻，妻為巫。
虛		百事凶……取妻，妻不到。
營室		以取妻，妻不寧。
畢		以死，必二人。取妻，必二妻。
七星		百事凶……不可出女。
東壁		百事凶。
觜		百事凶。
東井		百事凶。
危		百事凶

表 4.11　《日書》中嫁娶趨避的事項

（甲、乙二種重覆部分，出處註明以甲種為主，不再重覆列出）

趨	避
以取妻，男子愛❷⃝275	妻妒❷⃝276
以取妻，妻愛❷⃝277	妻悍❷⃝278
取妻，多子❷⃝279	多舌❷⃝280
以至，夫愛妻，以婁，妻愛夫❷⃝281	妻貧❷⃝282
	妻不到❷⃝283
	妻不寧❷⃝284
	妻為巫❷⃝285
	女子愛而口臭❷⃝286
	取妻，必棄❷⃝287
	以取妻，棄❷⃝288
	不果，三棄❷⃝289

---

❷⃝275　甲種〈星〉，簡八三正壹，頁 192。

❷⃝276　甲種〈星〉，簡六八正壹，頁 191。

❷⃝277　甲種〈星〉，簡八四正壹，頁 192。

❷⃝278　甲種〈星〉，簡七二正壹，頁 191。

❷⃝279　甲種〈星〉，簡八九正壹，頁 192。

❷⃝280　甲種〈星〉，簡七四正壹，頁 191。

❷⃝281　甲種，簡六背壹，頁 208。

❷⃝282　甲種〈星〉，簡七十正壹，頁 191。

❷⃝283　甲種〈星〉，簡七八正壹，頁 192。

❷⃝284　甲種〈星〉，簡八十正壹，頁 192

❷⃝285　甲種〈星〉，簡七五正壹，頁 191。

❷⃝286　甲種〈星〉，簡八二正，頁 192。

❷⃝287　甲種〈星〉，簡九四正壹，頁 192。

❷⃝288　甲種，簡五背貳，頁 209。

❷⃝289　甲種，簡一五五正，頁 207。

	取妻，不終❷❾⓪
	棄若亡❷❾①
	不死，棄❷❾②
	取妻，不終，死若棄❷❾③
	不居❷❾④
	不可娶妻，無子，雖有，無男❷❾⑤
	不棄，必以子死❷❾⑥
	夫先死，不出二歲❷❾⑦
	嫁子娶婦是謂媾❷❾⑧
	取妻，必二妻❷❾⑨
	（出女）室必盡❸⓪⓪
	（出女）父母必從居❸⓪①
	（出女）父母有咎❸⓪②
	（出女）皆棄之❸⓪③

---

❷❾⓪　甲種，簡一背，頁 208。
❷❾①　甲種，簡三背壹，頁 208。
❷❾②　甲種，簡五背壹，頁 208。
❷❾③　甲種，簡十背，頁 209。
❷❾④　甲種，簡七背壹，頁 208。
❷❾⑤　甲種，簡九背壹，頁 209。
❷❾⑥　甲種，簡二背壹，頁 208。
❷❾⑦　甲種，簡四背壹，頁 208。
❷❾⑧　甲種，簡一五五正，頁 207。
❷❾⑨　甲種〈星〉，頁 191。
❸⓪⓪　甲種，簡二背貳，頁 209。
❸⓪①　甲種，簡三背貳，頁 209。
❸⓪②　甲種，簡四背貳，頁 209。
❸⓪③　甲種，簡六背貳，頁 209。

表 4.12　《春秋》經傳記載諸侯娶婦、逆婦的狀況

國別	階級	所娶之國	逆者身份	備註	時間
魯	桓公	齊	公子翬	齊侯親送姜氏入魯邊境讙，魯桓公至讙與齊侯相會	桓公三年
魯	莊公	齊	莊公	莊公親迎於齊，實為淫行	莊公二十年
魯	文公	齊	使者身份卑微，故不錄	卿不行，非禮也	文公四年
魯	宣公	齊	公子遂	喪娶婦	宣公元年
魯	成公	齊	叔孫僑如		成公十四年
紀	紀侯	魯	裂繻（履綸），杜注：「紀大夫」	《公羊》謂譏始不親迎	隱公二年
鄭	昭公（公子忽）	陳	公子忽	還未即位時所娶	隱公八年
齊	襄公	周	齊襄公	單伯奉天子之命送王姬，杜注：「命魯為主」	莊公元年
齊	桓公	周	齊桓公	杜注：「魯主昏」	莊公十一年
宋	共公	魯	逆者微	《穀梁傳》謂逆者微，故致女	成公九年
晉	晉侯	齊	荀首		成公五年
晉	平公	齊（少姜）	韓須	齊陳無宇送女	昭公二年
晉	平公	齊	韓起	少姜死，平公再娶。公孫蠆以其子更替公女，嫁于晉	昭公三年
楚	靈王	晉	屈生、令尹子蕩	晉侯送女于邢丘	昭公五年
楚	平王	秦	費無極	本為太子建而娶，後平王自娶之	昭公十九年
息	息侯	陳	不詳	息侯不親迎	莊公十年

表 4.13　《春秋》經傳記載大夫娶婦、親迎的狀況

國別	身份	娶婦	逆者	備註	時間
鄭	公子忽	陳女	親迎	陳侯請妻之，鄭伯許之，次年如陳逆女	隱公八年
莒	莒慶	魯女	親迎	《公羊》曰：大夫越境逆女，非禮也。	莊公二十七年
魯	公孫茲	牟女	親迎	如牟，且娶焉（杜注：「因聘而娶」）	僖公五年
宋	蕩氏	魯女	宋蕩伯姬	婦人踰境而逆婦，非正也	僖公二十五年
魯	季文子	陳女	親迎	聘于陳，且娶焉	文公六年
魯	慶仲	莒女	穆伯	如莒蒞盟，且為仲逆。及見莒女美，穆伯乃自娶之	文公七年
齊	高固	魯女	親迎	春，魯侯如齊，高固使齊侯止公，請婚；秋，來魯逆女	宣公五年
楚	申公巫臣	夏姬	親迎	聘於鄭，且娶之	成公二年
晉	荀首	齊女	親迎		成公五年
魯	聲伯	莒女	親迎	如莒逆也（杜注：「因聘而逆」）	成公八年
晉	郤犨	魯女	親迎	來魯聘，求婦於聲伯	成公十一年
楚	公子圍	鄭女	伍舉	聘於鄭，且娶之於公孫段氏。既聘，由副使伍舉以眾逆婦。	昭公元年
鄭	罕虎	齊女（子尾氏）	親迎		昭公五年
晉	荀盈	齊女	親迎		昭公九年
魯	平子	宋女	昭子	昭子如宋聘，且逆之	昭公二十五年
齊	閭丘明	魯女	親迎	來盟，且逆季姬以歸	哀公六年

第五章　祖靈的互滲與 婚禮程序的完成[*] ——成婚、成婦、完婚儀式探究

　　迎親後，從新婦入門，到婚禮儀式的整個完成，其中還要經過幾個重要的過程，就新婚夫婦來說，是共牢、合巹、同房，使得夫妻關係實質確立。就新婦在家庭中的地位來說，則要經過見舅姑、盥饋、著代禮，使新婦在家庭中主婦的地位確立。不過婚姻關係要完全成立，最重的是必須得到祖先的認可以及接納，廟見以及所配套的反馬、致女等禮，即象徵婚姻儀式的完成。不過由於廟見之禮的性質為何，歷來爭議頗多，牽涉複雜，同時關係到先秦至漢代社會及倫理觀念的轉變，我們將對廟見學說的背景作進一步分析與探究。

[*]　本文曾發表於《漢學研究》〈古代婚禮「廟見成婦」說問題探究〉，21.1（2003 年 6 月），頁 47-76。

第一節　成婚──共牢、合巹、同房禮

　　根據《禮記》卷六十一〈昏義〉的記載，新婦入門，行成婚之禮，最重要的儀式，即是「共牢而食，合巹而酳」，這個儀式象徵著「合體同尊卑」的意涵。所謂「共牢而食」，孔疏說是：

> 在夫之寢，婿東面，婦西面，共一牲牢而同食，不異牲。

「牢」應該是指〈士昏禮〉中所提到的「特豚」❶，至於「同牢」爭論點在是否共俎這問題上。若同牢而不共俎，則是將牲牢剖判，分別置於夫婦方丈之前，雖所食仍為同一牲，但合體之義似乎不算具足。而且還有一個重要的問題即是，同牢的目的旨在透過共食一牲使夫婦產生如同一體的情感，在強調一體之情的同時，宗法架構下夫尊妻卑的格局就暫時被超越了，因此〈昏義〉特別強調「同尊卑」。對比於在一般狀況下，夫婦飲食，仍有細微的尊卑差異，如〈士昏禮〉記載：新婦入門次日，為表明媳婦孝順之德，「舅姑入于室，婦盥饋，特豚、合升，側載」，鄭注：「側載者，右胖載之舅俎，左胖載之姑俎，異尊卑」❷。在周代，吉禮牲體以右胖為

---

❶　王夫之，《禮記章句》（臺北：廣文書局，1977 年），卷十一〈郊特牲〉，頁 592：「合巹之饌，諸侯大牢，大夫少牢，士特豚，通言牢者，尊之之辭。共牢，無異牲也」。然孫希旦，《禮記集解》（臺北：文史哲出版社，1982 年），卷五十八〈昏義〉，頁 1295，認為：「二牲以上謂之牢。〈士昏禮〉用特豚，此云共牢，容大夫以上之禮也」。

❷　《儀禮》，卷五〈士昏禮〉，頁 54。

尊，凶禮則相反❸，因此，以右胖、左胖分載舅俎、姑俎，顯示出：即便是同食一牲，仍不免尊卑之分。昏禮既強調同尊卑，那麼異俎必然會產生左、右胖不同的現象，所以「同牢」應不只是同食一牲，而且還是共俎而食❹。俞樾所繪之圖，夫婦特豚、腊、魚共俎，恐怕較值得採信。而且，也正好可以配合〈士昏禮〉食物的數量安排❺。

何謂「合卺」？鄭玄與阮諶提到：

> 卺取四升，瓠中破，夫婦各一。❻

《禮記》卷六十一〈昏義〉孔疏說：

> 卺謂半瓢，以一瓢分為兩瓢，謂之卺，婿之與婦各執一片以

---

❸　前揭書，卷四十七〈少牢饋食禮〉，頁 560：「司馬升羊右胖」，鄭注：「右胖，周所貴也」、前揭書，卷七〈檀弓上〉孔疏，頁 130：「吉祭載右胖者，從地道，尊右，〈士虞禮〉凶祭載左胖者，取其反吉。」

❹　如，鄭珍，《儀禮私箋》，《皇清經解續編》（臺北：漢京文化公司，出版年不詳），卷九三五，頁 7908：「按同牢之禮，夫婦共俎，故曰共牢而食。以同尊卑，共牢猶曰共俎也」。俞樾，《士昏禮對席圖》，《皇清經解續編》，卷一三五四，頁 8107-8109，也將共牢理解為「夫妻同俎」。現代學者持此看法者，如呂友仁，〈說共牢而食〉，《孔孟月刊》35 卷 8 期（1997 年 4 月），頁 25-27。

❺　張光裕，《儀禮士昏禮士相見之禮儀節研究》（臺北：臺灣中華書局，1986 年），頁 51，採俞樾之說而略作調整。

❻　鄭玄，阮諶合著，《三禮圖》，《漢魏遺書鈔》（臺北：藝文印書館，1970 年），頁 15。

酳，故云合巹而酳。

「合巹」是將葫蘆、瓜瓢一類果實，由中剖開，作為盛酒之容器，由新婚夫婦各執一半而對飲其酒的儀式。一瓜判剖為二，而實為一，具有很強烈的合體意象。至於所用的葫蘆則具有強烈的性與生殖意涵，同牢飲食之物也具有特殊的意義❼。夫婦共牢、合巹具有強烈的性象徵——「同體」，共同飲食同一食物，也能夠產生神秘的滲透和連結，從而確定此種一體感，同時也符合婚禮所展現的以男下女的精神。❽

共牢、合巹之後，新婚夫婦於正寢奧處施席，婿說婦纓，完成夫婦同房禮。於奧處施席，以及夫婦枕席方位，亦具有連結溝通陰陽、鬼神的重要意義❾。

第二節　成婦——婦見舅姑禮

根據〈士昏禮〉及〈昏義〉的記載，新婦見舅姑之禮，在入門的第二天清晨進行：

夙興，婦沐浴以俟見，質明，贊見婦於舅姑，執笲棗、栗、

---

❼ 詳見本書第六章〈婚姻的儀式的象徵與通過意涵·飲食的象徵意義〉。
❽ 葫蘆具有強烈的性與生殖意涵，同牢飲食之物也具有的特殊意義，詳見本書第六章。
❾ 施席之處，以及夫婦枕席方位，具有連結溝通陰陽、鬼神的重要意義，詳見本書第六章。

段脩以見，贊醴婦，婦祭脯醢，祭醴，成婦禮也。舅姑入
室，婦以特豚饋，明婦順也。厥明，舅姑共饗婦以一獻之
禮，奠酬，舅姑先降自西階，婦降自阼階，以著代也。❿

這段禮節有幾個值得注意的地方：首先，媳婦帶著禮物進見舅姑，
此儀式中行禮的位置，具有明確的身份象徵意義。依據〈士昏禮〉
所記，舅坐於阼階上，姑則坐於舅之後，在房門外，新媳婦由西階
而上。此時行禮者所在的位置，象徵著以舅為主，姑為從，而新婦
仍屬於「客」的身份，因阼階為主人所在之位，西階則屬賓階，但
在儀式完成時，舅姑讓新婦「降自阼階」，舅姑自身則「降自西
階」，象徵新婦已為舅姑認可，正式成為家中媳婦、主婦，而舅姑
也在此時將重任移交給了媳婦，替「代」的意味極其明顯。其次，
整個見舅姑的成婦儀式，主要以婦見舅姑、舅姑醴婦，婦盥饋特
豚、舅姑饗婦以一獻之禮等幾個重要儀式組成，呈現一往一還的格
局。但其中仍有尊卑之別，如新婦盥饋特豚於舅姑，要待舅姑食畢
後才食，而且所食乃姑之餘，不食舅之餘，賈疏說是因為：「舅
尊，嫌相褻」⓫，其實是為了遠別男女。第三，〈昏義〉記載舅姑
的一獻之禮，是在新婦盥饋禮的次一日，〈士昏禮〉則未言明為次
日舉行，似為盥饋禮後繼續進行的儀式。二者似有出入，鄭玄以
〈昏義〉所記為大夫之禮，有別於士之婚禮，認為「大夫以上禮多

---

❿　《禮記》，卷六十一〈昏義〉，頁 1001。
⓫　《儀禮》，卷五〈士昏禮〉賈疏，頁 54。

或異耳」❶❷，但是否果真如此，仍待考究。

　　婦見舅姑之禮，意在使舅姑認可新婦成為家庭中的一份子，這樣的儀式，同時也包含著家庭中其他成員對新婦的接受，因此，婦在見舅姑外，亦見其他重要的家族成員：

> 兄弟、姑、姊妹皆立于堂下，西面，北上，是見已；見諸父，各就其寢。❶❸

行禮時平輩都立于堂下觀禮；長輩則於見舅姑後往見，顯示見舅姑的儀式不只是為公婆而設，同時也在使家庭成員共同接受新的家庭成員。經由家庭成員的見證、共許，新婦身份才能順利轉化成為家庭中的主婦，名份才得以確立，日後與家庭成員的互動也以此揭開序幕。

第三節　祖靈的連結與身份的轉換的確立
——由廟見、反馬、致女禮論
經生的解經與詮釋

　　何謂「廟見」？在《禮記》〈曾子問〉中提到了有關廟見的記載，歷來經師及注疏者對此爭論極多，詮釋的不同，同時也牽涉出對婚姻制度的不同理解。在幾派不同的主張中還牽涉到《左傳》中

---

❶❷　　《禮記》，卷六十一〈昏義〉鄭注，頁1001。

❶❸　　前揭書，卷四十三〈雜記〉，頁755。

有關「反馬」、「致女」等禮的性質討論。

　　反馬之禮是否存在於周代社會，其性質又如何？歷來學者同樣爭論不休，或認為反馬之禮本不存在，或認為廟見與反馬之禮均為大夫以上所行之禮。不但如此，廟見與反馬的爭議還牽扯出一個重要的討論，即古代是否曾存在以新婚三月作為考核期，而「夫婦不同房」的婚姻制度，東漢以後有些注疏者如：何休、服虔、賈逵等，在廟見、反馬、致女等禮的功能上作詮釋，將此三者視為同一性質禮儀的關聯程序，以證明周代即存在著婚後三月為新娘考核時期，在此期間「不行夫妻關係」，亦即不「成婦」，一直等到廟見以後方才成婦的說法，持這種說法的人找出《詩經》、《易經》、《禮記》等文獻作為證明，形成一個解釋系統。這種說法一直到了清代，學者蒐羅了前人的見解而加以匯整，詮釋系統變得更大而完整，劉壽曾的〈昏禮重別論對駁議〉可作為一個代表。

　　本篇文章分四部分來討論，第一部分先對何謂廟見？諸家的注解和主張為何？進行瞭解和辨析，以釐清何種說法較為可信。第二部分，透過史書的記載，以史實的角度，來看廟見禮在歷史上實際施行的性質為何。第三部分，對於廟見禮與祭祖的關係，以及「成婦」與否等諸問題，以人類學的角度來進一步提出理解的方式。第四部分，對於流傳的廟見成婚說，其形成的倫理以及社會、政治背景，作出推測與瞭解。並對廟見成婚說法可能面對的問題，作一些討論。

一、經師關於廟見禮的性質討論與爭議

　　關於廟見之禮，最重要且受到極多爭議的，莫過於《禮記・曾

子問》中的兩段文字：

> 孔子曰：「三月而廟見，稱『來婦』也。擇日而祭於禰，成
> 婦之義也。」
> 曾子問曰：「女未廟見而死，則如之何？」孔子曰：「不遷
> 於祖，不祔於皇姑，婿不杖、不菲、不次，歸葬于女氏之
> 黨，示未成婦也。」❹

所謂的「三月而廟見」是針對舅姑已亡故的新媳婦所行的禮嗎？還
是所有的新婦都該有的儀式呢？為什麼新婦未廟見而死，她的靈柩
在出殯前不能夠朝於男方家的祖廟，她的神主也不能祔祭於皇姑
廟，她的丈夫不必為她持杖、菲屨、居喪次，而只須服齊衰而已
呢？喪禮的儀式和用度在此都被減殺，這個新婦只能歸葬於娘家，
而不能與男方家族的先人葬在一起，擺明了她的身份還未取得男方
家的認同。而且，此處所謂的「成婦」，是指成夫婦或是成媳婦，
後人也是有爭議的。以下我們先從廟見的定義來著手，以次第進入
問題。

　　歷來有關廟見的性質與功能主要有三種，分別牽扯出對古代婚
姻制度不同的看法，以下分別言之。

㈠廟見是新婦祭已故舅姑之禮

　　持此種看法的，以鄭玄、孔穎達等人為代表。鄭玄認為廟見
是：

---

❹　《禮記》，卷十八〈曾子問〉，頁366。

> 舅姑沒者也，必祭成婦義者，婦有供養之禮，猶舅姑存時，
> 盥饋特豚於室。❶❺

孔穎達認為「廟見、奠菜、祭禰是一事」❶❻，所謂廟見乃是：

> 舅姑亡者，婦入三月之後，而於廟中以禮見於舅姑，其祝辭
> 告神，稱來婦也。謂選擇吉日，婦親自執饌以祭於禰廟，以
> 成就婦人盥饋之義。
> 若舅姑存者，於當夕同牢之後，明日婦執棗、栗、腶脩見於
> 舅姑。見訖，舅姑醴婦，醴婦訖，婦以特豚盥饋舅姑，盥饋
> 訖，舅姑饗婦，更無三月廟見之事。❶❼

此種說法認為廟見就是新婚婦人祭已故舅姑之禮，若舅姑仍健在，
就如《禮記·昏義》所說於第二天舉行盥饋之禮，不需再另行廟見
禮。如果舅姑已歿，則如《儀禮·士昏禮》提到：「若舅姑既沒，
則婦入三月乃奠菜」❶❽。

將廟見理解為祭已故舅姑，那麼祭祀舅姑以外的祖先應該放在
什麼時間或地位呢？鄭玄在〈葛屨〉「摻摻女手可以縫裳」的箋註
可以看出他的態度：

---

❶❺ 同上，鄭注，頁366。
❶❻ 同上，孔疏。
❶❼ 同上。
❶❽ 《儀禮》，卷六〈士昏禮〉，頁59。

言女手者，未三月未成為婦……魏俗使未三月婦縫裳者，利
其事也。❶

鄭玄從「婦」、「女」二詞指謂的不同，推論新婦身份尚未得到確
立。為什麼身份尚未確立呢？因為女子身份必須等到三月祭祀後才
能確立。孔穎達解釋說：「雖於昏之明旦即見舅姑也，亦三月乃助
祭行……然則雖見舅姑，猶未祭行，亦未成婦也。成婦雖待三月，
其婚則當夕成矣。」❷將成婦的關鍵放在「祭行」上，與前面所提
視廟見為祭舅姑，成婦的關鍵在見舅姑，有所矛盾。因為廟見的重
點既是在見舅姑，舅姑沒者，廟見奠菜即已成婦，舅姑存者，第二
日即見舅姑，不再另行廟見禮，為何已見了舅姑卻不算成婦？這是
因為鄭玄等人還考慮到〈士昏禮〉所說「三月祭行」的問題，若是
這樣，成婦的關鍵就應在「祭行」了。廟見是在祭舅姑，祭行則在
祭祖先，兩者的對象不盡相同，從這裏可以看出鄭說在解釋上有些
勉強之處。

以鄭玄為代表，將廟見視為盥饋、祭舅姑的說法，在魏晉時廣
為士人所接受，如《通典》卷五十九〈禮・拜時婦三日婦輕重議〉
所記：

按《禮經》婚嫁無「拜時」、「三日」之文，自後漢、魏、
晉以來，或為拜時之婦，或為三日之婚。魏，王肅、鍾毓、

---

❶ 　《毛詩》，卷五之三〈魏風・葛屨〉鄭箋，頁206。
❷ 　同上，孔疏。

毓弟會、陳羣、羣子泰，咸以拜時得比於三日。晉武帝謂山
濤曰：「拜於舅姑，可准廟見；三日同牢，允稱在塗。」濤
曰：「愚論已拜舅姑，重於三日，所舉者但不三月耳。」張
華謂：「拜時之婦，盡恭於舅姑；三日之婚，成吉於夫氏。
准於古義，可為成婦，已拜舅姑，即是廟見。」常侍江應元
等謂：「已拜舅姑，其義同於在塗。或曰：『夫失時之女，
許不備禮，蓋急嫁娶之道也』三日之婦，亦務時之婚矣。雖
同牢而食，同衾而寢，此曲室袵席之情義耳，豈合古人七則
奠菜，存則盥饋，而婦道成哉！且未廟見之婦，死則反葬女
氏之黨，以此推之，貴其成婦，不係成妻，明拜舅姑為重，
接夫為輕。所以然者，先配而後祖，陳鍼子曰：『是不為夫
婦，誣其祖矣，非禮也』此《春秋》明義，拜時重於三日之
徵也。」❹

「拜時」與「三日」均是婚禮的權變形式❷，不過一個偏重在見舅
姑，一個主要在接夫婿，因為如此，而引發了魏晉人對於拜舅姑與
成夫婦孰輕孰重問題的討論。此處將廟見禮等同於對舅姑的侍奉和
祭祀的盥饋禮及奠菜禮，反映出鄭玄的主張，在此時最被士人所接
受。其次，在婚禮中，成婦被認為比成妻來得重要，而這種態度在
晉代時仍是如此，所以有「已見舅姑，雖無袵席之接，固當歸葬於

❹　唐‧杜佑，《通典》（北京：中華書局，1984 年），卷五十九〈禮‧拜時
　　婦、三日婦輕重議〉，頁 342。
❷　關於拜時禮與三日禮的討論，可參見陳韻〈論魏晉之拜時時與三日禮〉一
　　文，《淡江大學中文學報》，創刊號（1992 年 3 月），頁 259-283。

夫家」❷的說法。

現代學者也有透過古文獻來證明廟見、祭禰所指實為同一件事，如王夢鷗先生根據《韓詩外傳》而將〈曾子問〉：「三月而廟見，稱來婦也」一句更正為「三月而廟見禰，來婦也」❷，希望能支持廟見即是祭禰的主張，不過《韓詩外傳》的本子「禰」字亦有作「稱」的，如作「稱」即與〈曾子問〉的本文無異了。因此是不是能如此說，學者持保留的看法❷。

將廟見視為祭舅姑，可能要面對的質疑有：第一，從〈曾子問〉的文脈來看「三月而廟見」和「擇日而祭於禰」是分開來談的，說成是同一件事在文義上就顯得重複。第二，此說將廟見定義在奉已故舅姑之禮，對於重要的祭祖一事卻未包括在內，這與在婚禮的過程中祖廟所佔的重要份位是有差距的，而且，前面我們已提過「成婦」的關鍵出現矛盾的現象。第三，對於未廟見不能祔於皇姑，亦無法作出更周全的解釋。第四，廟見若只是對已故舅姑的盟

---

❷　《通典》，卷五十九〈禮·已拜時而後各有周喪迎婦遣女議〉，頁341。

❷　王夢鷗，《禮記今註今譯》（臺北：臺灣商務印書館，1990年）〈曾子問〉，頁 319：「舊說此處讀為『三月而廟見，稱來婦也』於是解說紛紛。今按：《韓詩外傳》卷二引此作『三月而廟見禰，來婦也』，禰，即下文『擇日而見於禰』之禰。來婦，謂來此為媳婦，亦即下文『成婦之義也』。」

❷　季旭昇，〈禮記〈曾子問〉「三月廟見」考辨〉，《中國學術年刊》，9 期（1987 年 6 月），頁 66-67，羅列了八種《韓詩外傳》的善本書，其中有作「稱」者，亦有作「禰」者。季旭昇以版本的良莠來作推測，認為作「稱」者較為可信，並認為：「從校讎學來看，『稱』、『禰』二字的簡寫形近易混。稱的簡寫作『称』，禰的簡寫作『祢』，字形本極接近。明人刻書又好用簡寫，因而導致訛誤，其訛誤程序如下：稱—称—祢—禰。」

饋之禮，那麼何以一定要在三月後舉行，為何不比照〈士昏禮〉所說的舅姑健在新婦於進門的第二天行盥饋禮一般，於第二天就舉行祭禰儀式呢？

㈡廟見是三月祭祖先之禮

此種說法不同於鄭玄所說在於：廟見所祭為男方家的祖先，並非專指祭已故公婆，所以即使公婆健在仍須三月廟見。這種說法不將廟見與祭禰、奠菜等同為一事。如《白虎通・嫁娶》說：

> 婦入三月然後祭行。舅姑既歿，亦婦入三月奠菜于廟。三月一時，物有成者，人之善惡可得知也。然後可得事宗廟之禮。❷⑥

「舅姑既歿」前的文字講的是通禮，所以「舅姑既歿」的情形以「亦」來描述。這是將廟見與奠菜分開，而認為廟見即是三月祭行，是婦女婚後所遇到的第一個祭祀。陳立注：「三月一時，婦道可成。然則舅姑存則厥明見，若舅歿姑存，則厥明見姑，三月後廟見舅。若舅存姑歿，婦人無廟可見，或更有繼姑，自如常禮也。即三月後亦宜告于祖廟，示成婦也。」❷⑦在有繼姑的情況下，仍須廟見，可見不論舅姑存歿與否，新婦在婚後三個月內均須告祭祖廟❷⑧。

---

❷⑥　《白虎通疏證》，卷十〈嫁娶〉，頁464。

❷⑦　同上，頁465。

❷⑧　朱子也以祭祀祖廟來理解廟見之禮：「古人初未成婦，次日方見舅姑，蓋先得於夫，方可見舅姑；到兩三月得舅姑意了，舅姑方令見祖廟。」這裏所說

若將廟見理解為祭祖，是屬於達禮的範疇，與前面所提為舅姑
沒後所行的變禮不同。褚寅亮即以達禮、變禮來區分三月廟見與祭
菜禮的不同：

> 三月祭行，達禮也。三月祭菜，變禮也。不可混而為一。❷⁹

胡培翬也採用他的說法，並指出：

> 〈曾子問〉所云廟見，是專指舅姑在者。其所云祭禰，即此
> 經之奠菜，指舅姑沒者。非謂舅姑沒者止行祭禰，而別無廟
> 見，又非即祭禰為廟見，如注疏家之說也。

胡氏這種說法除了將廟見與祭菜二禮分別出來外，還認為廟見的祭
祖其實就是新婦入門所遇到的第一個時祭，所以是以入門三月為最
長的時限，因為「時祭無過三月，故以久者言之。若昏期近於時
祭，則不必三月矣。」❸⁰這種說法萬斯大也已提到：

的廟見並不專指祭舅姑，而是指祭祖先而言，在廟見以前，新婚婦人早已
「得於夫」，又「見舅姑」了。詳見宋・黎靖德編，《朱子語類》（京都：
中文出版社，1984 年），卷八十九〈昏禮〉，頁 3607。

❷⁹　清・褚寅亮，《儀禮管見》，《百部叢書集成・粵雅堂叢書》（臺北：藝文
印書館，1966 年），卷上之二，頁 10。

❸⁰　以上引文俱見，清・胡培翬，《儀禮正義》（南京：江蘇古籍出版社，1993
年），卷三〈士昏禮〉，頁 199。

三月而見者，歲有四時之祭，率三月一舉，婦之廟見必依於
時祭，然婦入而遇時祭，或一月而遇，或二月、三月而遇，
遠不過三月，舉遠以包近，故曰：三月非必定於三月也。**❸❶**

四時祭的精神在於每當季節轉換則以時鮮祭祖表達孝心**❸❷**。古人行
禮重視時序的變化，以「三」月為期，這與古人喜用季節的轉換來
象徵生命階段也隨之轉換的想法有關，因此以「三」月為期的禮很
多，除了時祭是每三個月舉行一次外，婦女在結婚前要先在公宮受
三個月的婚前教育**❸❸**，婚後的反馬、致女也都以三月為期，《儀
禮》〈士昏禮〉還提到：「若不親迎，則婦入三月然後壻見」**❸❹**。
廟見既是時祭祖先的儀式，那麼它的祭祖的性質也就可以得到確定
了。

㈢廟見是新婚夫妻祭祖後始能同房的成婚之禮

　　除了以上兩種就廟見自身的性質分析外，另有一派主張廟見乃
是大夫以上的貴族，於新婚三月後祭祖並且同房成婚的儀式，廟見
固然是在祭祖，但在意義和功能上與前所說不同。這派說法主要認
為新婚夫妻在初結婚的前三月內並不同房，須要等到三月廟見後才

---

❸❶　清・萬斯大，《禮記偶箋》，《百部叢書集成》（臺北：藝文印書館，1966
　　年），卷二〈曾子問〉，頁 13b-14a。

❸❷　這樣的記載在《禮記》中很多，如《禮記》，卷四十九〈祭統〉，頁 837：
　　「凡祭有四時：春祭曰礿，夏祭曰禘，秋祭曰嘗，冬祭曰烝」，也是以三月
　　季節變化，宇宙的時序進入另一個階段，為一個祭祀的時段。

❸❸　《禮記》，卷六十一〈昏義〉，頁 1001-1002。

❸❹　《儀禮》，卷六〈士昏禮〉，頁 65。

能祭祖成婚。這派說法在理解《禮記·曾子問》中「女未廟見而死」、「歸葬於女氏之黨」、「示未成婦」等句子時，特別注意用詞上「女」與「婦」的區別，認為「女」是指身份上尚未同房成夫婦者，「婦」則是就已成夫婦來說。廟見後成婚的說法在西漢時期劉向《列女傳》中就提到了，而且頗具代表性：

> 伯姬者，魯宣公之女，成公之妹也。其母曰繆姜，嫁伯姬於宋恭公，恭公不親迎，伯姬迫於父母之命而行。既入宋，三月廟見，當行夫婦之道，伯姬以恭公不親迎，故不肯聽命。宋人告魯，魯使大夫季文子於宋，致命於伯姬。
>
> 孟姬者，華氏之長女，齊孝公之夫人也。好禮貞壹，過時不嫁。齊中求之，禮不備，終不往……公聞之，乃脩禮親迎於華氏之室……孝公親迎孟姬於其父母，三顧而出，親授之綏，自御輪三曲，顧姬輿，遂納於宮。三月廟見，而後行夫婦之道。**㉟**

第二則故事，由於不見於先秦典籍，無法對其多作推測。第一則故事，《春秋》三傳雖然對聘、納幣、媵、歸、致女、乃至逮火而死、葬等均曾著墨，但均未曾提到伯姬行廟見禮後方才成婚的說法，啟人疑竇。就《列女傳》記事風格來說，也常因誇大不合史實而引人質疑**㊱**。而且，以春秋時期諸侯娶婦的實際情況來說，諸侯

㉟ 《列女傳》，卷四〈貞順傳〉宋恭伯姬，頁 1b-2a；齊孝孟姬，頁 3b-4a。

㊱ 可參見清·浦起龍，《史通通釋》（臺北：里仁書局，1980 年），卷十八

使卿大夫迎娶夫人實是常態❸，伯姬因為恭公不親迎，而竟不肯行夫婦之禮，這與春秋時期的實際狀況並不相符，這個故事應該是在漢代以後強調由天子以至庶民皆當親迎的說法下所形成的。由《列女傳》所舉的兩個三月廟見後方始成婚的故事，目的均在標榜女子的貞德。就其大大宣揚的態度來看，也可看出這必定是一件極為殊異之事，所以才值得如此褒揚。由敘事的氛圍來看，伯姬不肯同房也應該是特殊事件，所以魯國才須勞動大夫去「致命」伯姬，正好可以反襯出當時並未形成廟見成婚的習俗。

　　廟見後夫婦始得同房的說法在東漢以何休、服虔、賈逵為代表，他們詮釋這個觀點時還同時將反馬、致女等禮包含在這個解釋內。關於何休對廟見的看法，在《公羊傳·成公九年》記載：「二月，伯姬歸于宋，夏，季孫行父如宋致女」，何休解詁為：

　　〈雜說下〉，頁 516-519。又如清·劉壽曾，〈昏禮重別論對駁義〉，《皇清經解續編》（臺北：藝文印書館，1965 年），卷 1424，頁 16256，即引述了當時人認為《列女傳》「多摭拾子書遺事」、「語多過情不實」。又如所錄孟姜女哭城之事，在史實上添附許多內容，顧頡剛就曾利用了層累構成的概念，對孟姜女故事由早先簡略的史料如何附益成內容豐富的傳說進行研究，詳見，顧頡剛編著，《孟姜女故事研究集》（臺北：漢京文化公司，1985年）。關於孟姜女故事的流轉還可參見劉靜貞，〈私情？公義？孟姜女故事流轉探析〉，欲掩彌彰──中國歷史文化中的「私」與「情」國際學術研討會論文（臺北：漢學研究中心，2001 年 8 月）。

❸　可參見清·顧棟高，《春秋大事表》（臺北：鼎文書局，1974 年），卷十九〈春秋譏不親迎論〉，頁 514，認為卿為君逆是常態。又周何，〈春秋「親迎」禮辨〉，《慶祝林景伊先生六秩誕辰論文集》（臺北：政大國文研究所，1969 年），頁 101-126，也指出諸侯一般只親迎於境上，越境則以卿為君逆為常態。

> 古者婦人三月而後廟見，稱婦，擇日而祭於禰，成婦之義
> 也。父母使大夫操禮而致之。必三月者，取一時足以別貞
> 信，貞信著然後成婦禮。書者，與上納幣同義，所以彰其
> 潔，且為父母安榮之。言女者，謙不敢自成禮。❸

何休認為婦人婚後三月內不自行與男方同房，須待娘家致意後才能
「成婦禮」，娘家這個舉動叫做致女。何休還特別強調所以稱
「女」者，表示尚未行夫婦之禮，所以還不能稱「婦」。服虔與賈
逵也都主張大夫以上要在三月廟見後才可成婚，孔疏引服虔的說法
為：

> 大夫以上，無問舅姑在否，皆三月見祖廟之後乃始成昏，故
> 譏鄭公子忽先為配匹，乃見祖廟，故服虔注云：「季文子如
> 宋致女，謂成昏」是三月始成昏，與鄭義異也。❸

賈逵對鄭公子忽「先配而後祖」一事的看法是：「配為成夫婦也。
禮齊而未配，三月廟見然後配」❹，也就是三月廟見之前的配匹是
違禮的。這樣的說法是不是合理，牽涉到對鄭公子忽娶婦事件的解
釋，此事件《左傳》的記載是：

---

❸　《公羊傳》，卷十七〈成公九年〉，頁222。

❸　《禮記》，卷十八〈曾子問〉「女未廟見而死」，頁366。

❹　《左傳》，卷四〈隱公八年〉，頁74，孔穎達疏引賈逵說。

> 四月甲辰，鄭公子忽如陳逆婦媯，辛亥以媯氏歸，甲寅入于
> 鄭，陳鍼子送女，先配而後祖。鍼子曰：是不為夫婦，誣其
> 祖矣，非禮也，何以能育。**❹**

「先配後祖」有四種理解方式**❹**，孔穎達支持的是杜預將「配」理解為婚配，「祖」理解為告祭祖廟的說法**❹**，即不論父親健在時人子是否可以親自告廟，在迎娶之前必須告廟，返回國後亦須告至，先自行配匹而後方才告廟，顯然不符合於婚禮須事事謹慎並求符合祖先旨意的態度。後代的學者基本上同意孔穎達的說法，但又稍有改變，因認為迎娶前的告廟，陳鍼子並未見到，所以譏諷的應是忽回國後的告至禮，如清代學者沈欽韓認為「祖」不是出行前的告廟禮，而應是回國後的告至之禮**❹**，現代學者周何先生**❹**、楊伯峻先生**❹**

---

❹　出處同上。

❹　第一種是將「祖」理解為告祭祖廟，在議婚的過程中及迎娶以前都必須先告祖廟並占卜時日，鄭公子忽先迎娶了方才告廟所以被譏，杜預即主張此種說法。第二種說法是將「祖」理解成廟見之禮，認為在廟見之前不可先自行配匹成婚，這種說法以前引賈達說為代表。第三種說法是將「配」理解為同牢而食，先配而後祖，指的是先同牢而食後，才舉行在飯前就該行的祭飯禮，這種說法以鄭眾為代表。第四種說法是鄭玄所提：「以祖為祓道之祭」關於引文與諸家議論出處同上注。

❹　同上注。

❹　清・沈欽韓，《春秋左氏傳補注》，《百部叢書集成》（臺北：藝文印書館，1966 年），卷一〈隱公八年〉，頁 9：「聘禮，大夫之出，既釋幣于禰，其反也，復告至于禰，忽受君父醮子之命于廟，以逆其婦，反不告至，徑安配匹，始行廟見之禮，是為墜成命而誣其祖。」

❹　現代學者周何也持此看法，他認為依《左傳》的記事來看「先配而後祖」是

基本上也持此看法。此說法與賈逵之說有差距。

主張廟見後才能成婚者，還常舉《詩經》〈魏風·葛屨〉、〈召南·草蟲〉篇作為證明。對〈葛屨〉的理解承繼鄭玄所說「婦人三月廟見，然後執婦功」、「言女手者，未三月未成為婦」，而將「未成為婦」理解為「未成為夫婦」，如陳奐就說：

> 女者，未成婦之稱。……然則，大夫以上三月廟見成昏，與士當夕成昏禮異，漢人傳注皆同，唯鄭說不同……案：《毛》傳雖無明文，然〈草蟲〉「未見君子，憂心忡忡」，《傳》云：「婦人雖適人，有歸宗之義」謂未三月，未成婦，有歸宗義。是大夫以上皆三月成婦也。此《傳》云：「三月廟見，然後執婦功」亦謂未三月未成婦，不執婦功也。庶人深衣無裳，而首章言縫裳，下章佩其象揥，亦是大夫攝盛之禮。則此詩亦不指士庶以下也。《箋》云「未三月未成為婦」，此鄭本古說。❹

記在入鄭以後的事，所以應當指返國後先告廟而言，鄭公子忽所以被譏是因為重在親迎逆婦，而忽略了告廟的禮節，見〈《左傳》先配而後祖辨〉，《潘重規教授七秩誕辰論文集》（臺北：潘重規教授祝壽論文集編輯委員會，1977 年），頁 69-78。

❹ 楊伯峻，《春秋左傳注》（臺北：源流文化事業公司，1982 年）〈隱公八年〉，頁 59：「配，指同床共寢。祖，指返國時告祭祖廟。依禮，鄭公子忽率婦返國，當先祭祖廟，報告其迎娶歸來之事，然後同居，乃公子忽則先同居而後祭祖。」

❹ 清·陳奐，《詩毛氏傳疏》（臺北：廣文書局，1979 年），卷九〈葛屨篇〉，頁 1a-1b。

除了〈葛屨〉篇外，〈草蟲〉篇也被引用為廟見成婚的證明：

> 《傳》云：「婦人雖適人，有歸宗之義」，以釋《經》「未
> 見」、「憂心」。「未見君子」，謂未成婦也。古者婦人三
> 月廟見，然後成婦禮。未成婦，有歸宗義。故大夫妻於初至
> 時，心憂之衝衝然也。❹

毛《傳》原釋為：「卿大夫之妻待禮而行，隨從君子。」「忡忡，
猶衝衝也。婦人雖適人，有歸宗之義。」「覯，遇。降，下。」❹
由毛《傳》來看，此詩應在敘述女子在出嫁前，由於擔心被出，惴
惴不安的心情，直到見到丈夫，被接納後，心才放下。從毛《傳》
的解釋看不出有廟見成婚的色彩。陳奐將「歸宗」釋為未廟見而被
出或死亡，在不成為夫婦的情況下而被迫歸其宗，將「覯」理解為
覯合，即廟見後的成婚。但將「覯」理解為覯合，雖承繼了鄭箋的
理解❺，不過鄭箋認為同牢後即成婚，與陳奐所說不同。

　　主張廟見後才成婚者，還把反馬理解為待三月廟見成婚之後，
男方將女方送嫁的車馬歸還，以表示夫妻情感已經穩定的儀式❺。

---

❹　《詩毛氏傳疏》，卷二〈草蟲篇〉，頁3。

❹　《毛詩》，卷一〈草蟲〉，毛傳，頁51。

❺　鄭玄即已將「覯」理解為覯合了：「『既見』，謂已同牢而食也；『既
　　覯』，謂已昏也。始者憂於不當，今君子待己以禮，庶自此可以寧父母，故
　　心下也。《易》曰：『男女覯精，萬物化生』」，出處同上。

❺　關於反馬究竟存不存在，及其功能與性質，歷來也有不同的看法，何休根本
　　否定反馬禮的存在，見《左氏膏肓》（臺北：藝文印書館，1970年）〈宣公
　　五年〉，頁7。鄭玄則主張大夫以上有留車反馬之禮，認為反馬乃「壻之

把致女視為三月廟見後，女方娘家敦促女子成婚的禮❺❷，不過這樣的說法其實是先肯定了廟見成婚說的存在，而繁衍出來的，三傳中均未見提及，落在史實上來說證據亦顯薄弱，又因為它們附著在廟見成婚的說法上，所以當廟見成婚的說法受到質疑，基礎也就動搖了。

　　對於以上所說，我們較傾向於視廟見意義在於祭祖。至於視廟見為祭舅姑會產生的問題，我們在前面已經提過了。將廟見視為婚

義」，見《鍼膏肓》，《叢書集成續編》（臺北：藝文印書館，1971 年），
〈宣公五年〉，頁 7。但鄭玄對反馬的功能，並未多作著墨，孔疏將反馬理
解為歸寧的一部分（見《左傳》，卷二十二〈宣公五年〉，頁 376），也有
將反馬視為廟見成婚的配套。現代學者管東貴先生於〈中國古代的娣媵制與
試婚制〉一文，收於《中央研究院國際漢學會議論文集》（民俗文化組，臺
北：中央研究院，1981 年），頁 9-32，上承了廟見成婚的說法，將反馬理解
為男女同房後，婚姻關係確定後的一個儀式，但又在傳統廟見成婚說上有所
修改，提出周人行「德性試婚」說，認為廟見之前男女仍處於試婚階段，由
於沒有夫妻關係，所以當情意不合時，女方可以乘坐娘家送嫁時所留的車乘
回家，此文並檢討美國早期人類學家摩爾根（Lewis H. Morgan）所提出的部
分主張，由於立場鮮明，曾引起一些討論，如傅隸樸，〈中國有過試婚制度
嗎？〉，《中央日報》，1981 年 9 月 25、26 日，12 版；季旭昇，〈周代試
婚制度說的檢討〉，《中央日報》，1981 年 10 月 31 日、11 月 1 日，12
版；黎凱旋，〈周易談過試婚制度嗎？〉，《中央日報》，1981 年 11 月
24、25 日，12 版，均曾就此問題發表看法，同時對相關的論證如反馬、致女
等性質，亦提出看法，對廟見成婚說的檢討見後文。

❺❷　《穀梁傳》，卷十四〈成公九年〉，頁 137，楊疏引徐邈說。致女亦有幾種
說法，除以上所說外，另外還有二種，一種是，在不親迎的狀況下，娘家於
三月後派使者訓勉新婦，屬於變禮的性質，出處同上文。另一種是新婚婦人
在三月廟見之後，娘家派使者慶賀敦盟，見《左傳》，卷二十六〈成公九
年〉，頁 447，杜注、孔疏。

後同房、成夫婦前的儀式，落在史實上根據最為薄弱，以下我們還會從史書著眼來進行討論。

二、由史書記載來看後人對廟見之禮的理解

由史書記載來看，後人也傾向於將廟見理解成祭祖，我們可以從廟見禮施行的狀況來看，根據史書記載納后及立后都有廟見之禮，不只如此，國君新立、太子行冠禮、立皇太子亦行廟見禮，廟見禮的性質均是指祭祀祖先而言，雖然史書的記載均較春秋為晚，並不能積極證明春秋時期對廟見禮的認定就是如此，甚至也可能是受到春秋以後的學說影響而產生的說法；不過，配合我們前面對經師討論的檢別，史書的記載仍然具有某些輔助的參考價值，尤其所舉多是貴族的例子，可以使我們延伸來看後代貴族對於廟見禮所採取的理解角度，而且對於一直延續到清代的廟見後始同房成婚的說法，還是可以發揮一些批評的功效。

我們先看《漢書》〈平帝紀〉所記下的一則立皇后及廟見的事：

> 二月丁未，立皇后王氏……夏，皇后見于高廟。❸

由二月被立到夏季祭祖，時間大約是三個月左右，應該就是所謂的廟見禮，而所祭拜的對象是高廟而非禰廟，也值得注意。此外，我們還可以看納后禮，如《晉書》〈禮志下〉：

---

❸　《漢書》，卷十二〈平帝紀·元始四年〉，頁356-357。

> 永和二年，納后，議賀不？王述云：「……今因廟見成禮而
> 賀，亦是一節也。」❺❹

《宋史》〈禮志〉：

> 五月甲午，行納采、問名禮；丁酉，行納吉、納成、告期
> 禮；戊戌，帝御文德殿發冊及命使奉迎皇后……皇后擇日詣
> 景靈宮行廟見禮。❺❺

《明史》〈禮志〉：

> 皇太子親迎……合巹前，於皇太子內殿各設拜位，皇太子揖
> 妃入就位……廟見後，百官朝賀。❺❻

由以上所舉的例子我們可以看出：1.不論是皇帝娶后，或是太子娶
妃，都在婚後行廟見禮。太子娶妃，其父仍然健在，亦行廟見之
禮，可見當時的廟見禮並不是專為祭舅姑而設。2.廟見禮標幟著婚
禮整個程序的完成。3.如《明史》〈禮志〉所記，廟見禮之前已行

---

❺❹ 唐・房玄齡等，《晉書》（臺北：鼎文書局，1979 年），卷二十一〈禮
下〉，頁 668。

❺❺ 元・脫脫，《宋史》（臺北：鼎文書局，1980 年），卷一一一〈禮志〉，頁
2661。

❺❻ 清・張廷玉等，《明史》（臺北：鼎文書局，1980 年），卷五十五〈禮志・
皇太子納妃儀〉，頁 1396-1397。

合巹之禮，另兩則引文雖未記下合巹禮，不過由行文脈絡來看，廟見已是成禮了，其後當沒有再舉行成夫婦的儀式了，與廟見後方才同房成婚的主張有所出入。由第二則引文來看，使者代皇帝迎后，第二天拜見婆婆，然後擇日廟見，過程與〈士昏禮〉所記大致相同，合巹禮應在成婚的第一天時舉行。

不只是皇室行廟見禮，清代庶民婚禮亦有廟見之禮，如《清史稿·禮志》所記：

> 庶民……婚三日，主人、主婦率新婦廟見；無廟，見祖、禰於寢，如常告儀。❺❼

我們注意到：1.廟見由三月改為三日（這在宋代朱子即提此說，如《朱子語類》提到：「某思量，今亦不能三月之久，亦須第二日見舅姑，第三日廟見乃安。」❺❽），2.主人、主婦健在，新婦仍須廟見，廟見禮不專為祭舅姑而設，3.所祭同時包含祖與禰在內。除了細節部分，大方向的精神與〈士昏禮〉所說相符。

事實上，在史書記載中，「廟見」一詞不僅用於新婦的祭廟，立皇太子❺❾、太子行冠禮❻⓪，或是帝王新立❻❶，亦行廟見之禮，甚

---

❺❼ 清史稿校註編纂小組，《清史稿校註》（臺北：國史館，1986 年），卷九十六〈禮志〉，頁 2818。

❺❽ 《朱子語類》，卷八十九〈昏禮〉，頁 3607。

❺❾ 《宋史》，卷二八一〈寇準列傳〉，頁 9528-9529：「帝遂以襄王為開封尹，改封壽王，於是立為皇太子，廟見還，京師之人擁道喜躍，曰：『少年天子也』。」

至如天災等災禍，帝王亦行廟見之事❻❷。廟見的意義除了天災為求護佑的例子外，都在於使繼承人能得到祖先的認定，才能成為合法的繼承人。新婦廟見的意義，放在這個脈絡下來看，就很清楚了，一個來自外姓的人，如何能納入這個家族中，成為這個家族的一份子，得到祖先的認定，無疑是最關鍵，也是最重要的。

廟見禮牽涉到能不能「成婦」的關鍵，而「成婦」與身份的認定息息相關，死後能否葬在一起，固然是婦人身份認定的一大重要象徵，廟見禮在法律上身份的認定也是具有意義的，我們可以舉一

---

❻⓿ 梁·沈約，《宋書》（臺北：鼎文書局，1979 年），卷十四〈禮志〉，頁335：「禮，冠於廟。魏以來不復在廟，然晉武、惠冠太子，皆即廟見，斯亦擬在廟之儀也。晉穆帝、孝武將冠，先以幣告廟，訖，又廟見也。」與〈士冠禮〉冠於廟的精神一致。《晉書》〈禮志〉亦有此段記載，大致相同。

❻❶ 《史記》，卷四十三〈趙世家〉，頁 1812：「二十七年五月戊申，大朝於東宮，傳國，立王子何以為王。王廟見禮畢，出臨朝。」又如《史記》，卷 6〈秦始皇本紀〉，頁 275：「立二世之兄子公子嬰為秦王……令子嬰齋，當廟見，受王璽。」梁·蕭子顯，《南齊書》（臺北：鼎文書局，1978），卷九〈禮志〉，頁 135，對新君繼位，是否該廟見，有過一番爭論：「左丞蕭琛議：『竊聞祇見厥祖，義著商書，朝于武宮，事光晉冊，豈有正位居尊，繼業承天，而不虔覲祖宗，格于太室。』」以上三段引文均是立新君而廟見之事，新王初立，必須廟見，廟見的意義即蕭琛所說，在克承大統之際，「虔覲祖宗，格于太室」，由第一、第二段引文來看，廟見，象徵著得到祖先的認可，之後，才真正具備了王的身份，才能「受王璽」或「出臨朝」。

❻❷ 後晉·劉昫等，《舊唐書》（臺北：鼎文書局，1979 年），卷七〈中宗本紀〉，頁 140：「（神龍元年）八月戊申，以水災，令文武官九品以上直言極諫……乙亥，上親祔太祖景皇帝、獻祖光皇帝、世祖元皇帝、高祖神堯皇帝、皇祖太宗文武皇帝、皇考高宗天皇大帝、皇兄義宗孝敬皇帝神主于太廟，皇后廟見。」

則漢末的案例來看：

> 時天下草創，多逋逃，故重士亡法，罪及妻子。亡士妻白
> 等，始適夫家數日，未與夫相見，大理奏棄市，毓駁之曰：
> 「夫女子之情，以接見而恩生，成婦而義重，故《詩》云：
> 『未見君子，我心傷悲，亦既見止，我心則夷』，又《禮》
> 『未廟見之婦而死，歸葬女氏之黨，以未成婦也』今白等生
> 有未見之悲，死有非婦之痛，而吏議欲肆之大辟，則若同牢
> 合巹之後，罪何所加？且《記》曰：『附從輕』，言附人之
> 罪，以輕者為比也。又《書》云：『與其殺不辜，寧失
> 經』恐過重也。苟以白等皆受禮聘，已入門庭，刑之為可，
> 殺之為重。」太祖曰：「毓執之是也，又引經典有意，使孤
> 歡息。」由是為丞相法曹議令史，轉西曹議令史。❻

因為試圖遏止逃兵太多的問題，以致採取逃兵妻子須連坐之法。此
則事件中，逃兵之妻只入門數日，尚未與丈夫相見，所以是否當受
完全的連坐之罪引發了爭議。盧毓認為女子「接見而恩生，成婦而
義重」，既然未蒙接見，又未廟見成婦，所以並不算是完全的夫
妻，不過已經入門，亦不能毫無關係，所以仍要承擔部份的責任。
這可以看出認定是否成夫婦的關鍵在於接見和廟見兩個重要的過程
上，二者中又以廟見為重（魏晉士人對此多所討論，前已提及），這種身

---

❻　晉‧陳壽，《三國志》（臺北：鼎文書局，1978 年），卷二十二〈魏書‧盧
　　毓傳〉，頁 650。

份與關係的確立會影響到刑責的判定。

三、對於未廟見不能成婦的再理解

我們前面提過，將廟見視為祭祖的說法比較可信，清人萬斯大對此作了詳盡的解說：

> 三月廟見即〈士昏禮〉所謂婦入三月然後祭行也，謂行祭於高曾祖廟，此指舅姑在者言。擇日而祭於禰，即〈士昏禮〉所謂舅姑既沒，則婦入三月乃奠菜也。鄭氏註〈昏禮〉三月祭行為助祭，而不指為廟見。孔氏又因〈昏禮〉無見祖廟正文，遂於此條疏謂廟見、祭禰只是一事，然則舅姑在者，高曾祖之廟，婦可以不見乎？按下文云：「女未廟見而死，不遷於祖，不祔於皇姑」，可見廟見非指祭禰，何則？祔必以昭穆，孫婦必祔祖姑，皇姑，祖姑也。生時未廟見，故死不遷不祔。〈昏禮記〉所謂三月然後祭行者，乃行祭於高曾諸廟，而以婦見，與此記三月廟見之文相發，此謂士也。若大夫有始祖廟者，則并見始祖廟也。其或支子之小宗止有禰廟若祖廟，或未有廟者，則已見於己所得祭之廟，而餘廟則統於宗子以見之也。❻

從〈曾子問〉中關於祔祭一段話中，看出了廟見乃重在祭祖，而非

---

❻　《禮記偶箋》，卷二〈曾子問〉，頁13。萬斯大，《儀禮商》也有類似文字，見《文淵閣四庫全書》（臺北：臺灣商務印書館，1983年），卷一，頁6-7。

在祭禰，因為按昭穆來說，媳婦的神主應是祔祭於皇姑而非姑，未能廟見於皇姑，以至於死後神主不能祔祭於皇姑。若廟見所指是「姑」，那麼與能不能祔祭皇姑關係就不那樣密切了。（季旭昇先生也採此種說法，認為廟見重在祭祖成婦❻❺）

　　對於萬斯大所說「生時未廟見，故死不遷不祔」我們還可以從其他角度來理解，從宗法的角度來看，婦人未廟見而亡，不視為成婦，是因為婚姻的目的在於「上以事宗廟，而下以繼後嗣」，祭祀祖先在家族中是極重要的大事，主人與主婦在行禮上都佔有各自重要的份位，婦人若未能事宗廟就死亡了，表示她未能盡到婦人的職責，未能在祭祀為重的文化中盡到主婦承祭的義務，因此，此段婚姻的目的並不算達成。我們也可以從祖先、父母具有兒女婚姻的決定權的角度來看，未廟見表示此段婚姻尚未得到祖先或父母的認定，孔穎達說：「今未廟見而死，其壻唯服齊衰而已，其柩還歸葬於女氏之黨，以其未廟見不得舅姑之命，示若未成婦，然其實已成婦，但示之未成婦，禮欲見其不敢自專也。」❻❻這裏也明白說出其實彼此的關係已經是實質的夫妻了，不過由於未得到舅姑的認定，所以仍不算是夫婦。不過，這樣的說法顯得有些牽強，因為如果舅姑健在，則議婚的過程已經遵從父母之命了，如果舅姑已經亡故，那麼，在議婚過程的每個步驟均須請示祖先，也沒有不告而娶的問題，既已按程序而締結婚姻，即使未廟見而亡，亦不是自專的結果。

---

❻❺　　詳見〈禮記《曾子問》三月廟見考辯〉，頁 69。

❻❻　　《禮記》，卷十八〈曾子問〉，頁 366。

以上的解釋雖可備為參考，但對婦人的靈柩為何不能朝廟，神主為何不能入於男方家的祖廟，似乎還未能切中問題所在，若我們從原始思維「互滲」的角度來探究此事，這件事情就變得不難理解了：婦人藉由祭祀活動，使祖先歆饗血食的過程中，不但盡到了宗法上「婦」的職責，而且在祭祀的過程中，婦人與男方家的祖先會產生互滲和連結，使自己確實地成為男方家族成員中的一員，這不但是建立了一種彼此溝通的橋樑，亦是婦人內在的質變，透過這種質變，婦人與男方家族才真正地連結為一體，也只有在經過如此程序後，婦人在死亡後才可以在男方家的祖廟中受祭，死後才能葬在男方家的墳地。這裏所提到的葬，其實背後還有古代宗族社會族居、族葬的背景，關於族居、族葬的問題，邢義田先生指出：

> 中國古代社會最基礎的宗族或家族，在居住形式和生活手段上有十分強烈的延續性。從新石器時代開始，以血緣關係為主的群體，不論稱之為氏族、宗族或家族，即維持著聚族而居，族墓相連，生業相承的生活。依考古資料而論，居住區、墓葬區與生產區相連的遺址發現，從新石器時代可以延續到西漢。
>
> 封建世襲的貴族雖已遠去，但作為封建制基礎的宗族制並未動搖。在進入郡縣時代以後，個別的小家庭不論高官或平民，在相當程度上仍維持著同族聚居，同族而葬，家業相承的生活方式。秦漢一統，動亂結束。家族或宗族得以長期聚居，在安定中不斷繁衍，又因家業世承，利害與共，墳墓相連，祭祀同福，同族意識得以增強，族的力量也就有日趨強

大的可能。❻

在族葬的背景下，只有成為某個宗族的成員，才可以與他們的成員
葬在一起，並一起接受祭祀和歆享。

　　這種連結和互滲的關係我們還可以用法國著名人類學家列維·
布留爾所提出的互滲律來作輔助性的瞭解，在互滲律思維❻下的人
與物、人與人、人與神靈透過直接或間接的接觸，或透過儀式、巫
術而達到彼此相互影響的關係，這可以在「部族、圖騰、氏族的成
員感到自己與其社會集體的神秘統一」❻上看出。我們可以從原始
部族如何認定為同一氏族的人或是透過成年禮以使身份受到社群的
認定，來看這種連結：一個部族的成員，常需要透過成年禮的儀
式，或神秘的入會儀式才能真正與部族的神靈、圖騰達成完全的連
結，也才能被視為部族的真正成員。未行成年禮會被認為是不完全
的人，無法結婚生子；若結婚生子，也會由於己身無法與祖靈、圖

---

❻　邢義田，〈從戰國至西漢的族居、族葬、世業論中國古代宗族社會的延
　　續〉，《新史學》，6：2（1995年6月），頁40。
❻　人與物的性質和內容並不是客觀地具在，而是不斷互滲下的結果，「在這個
　　地方和這些存在物之間有一種交互的互滲，沒有這些存在物的這個地方，沒
　　有這個地方的這些存在物，都不是它們本來是的那種東西」（法·列維·布
　　留爾（Levy-Bruhl），丁由譯，《原始思維》（北京：商務印書館，1981
　　年），頁115）。所以在這樣的情形下，對不好的互滲所採取的手段是和所
　　懼怕的事物劃清界限，如禁止說出關於此事物的名號或切斷一切可能和此事
　　物的關聯，葬禮初期即充滿此一色彩。對於想要產生連結的對象或神靈，則
　　要透過宗教祭祀（如《禮記》中講隔離、齋戒和祭祀的過程），或語言、稱
　　號、模仿其行動、特徵或佩戴其形象物……等，與它產生有形無形的連繫。
❻　《原始思維》，頁82-83。

騰完成連結與互滲，因此所生下的孩子將永遠不能成為一個完全的人。且看布魯爾關於成年禮和入會儀式的敘述：

> 在行成年禮以前，禁止結婚。還沒有與社會集體的神秘本質互滲的男人，不能養出以後有朝一日能夠與它互滲的孩子。最重要的是在新行成年禮的人與神秘的實在之間建立互滲，這些神秘的實在就是社會集體的本質、圖騰、神話祖先或人的祖先；是通過這個互滲來給新行成年禮的人以「新的靈魂」。
>
> 秘密社團的成員的入會禮儀式，不論是在一般程序上還是在極微小的細節上都與部族的少年們在達到青春期時所必須舉行的公開的成年禮儀式相仿。這些儀式的目的是十分清楚的：它們是要使參加者與神秘的實在互滲，使他們與某些神靈聯系，或者更確切地說與它們互滲。……這種互滲一經實現，他們就成了部族的「完全的」成員，因為部族的秘密已經向他們揭露了。❼

在婚禮中，新婚婦人相對於夫家來說，是一個外來者，如何才能夠使她完全成為此一族群的成員呢？與族群祖先的連繫無疑是最重要的，「廟見」是婦人入門後第一個面對的重要祭祖活動，在這個祭祖的儀式中，透過她對於宗廟儀式的參與而能與夫家祖先產生連結，從而真正地成為夫家的一份子。未能廟見，死後「不遷於祖、

---

❼　以上引文分別見於《原始思維》，頁342、344、349。

不祔於皇姑」，是因為對祖先來說婦人與他的連結並沒有建立，因此彼此間無異於陌生人，所以遺體不能入祖廟，神主亦不能入廟受祭。對她的丈夫來說，婚姻的意義在承宗和繼後，如今兩皆落空，雖不能說是無恩情，但情義上的責任就不那麼重了，所以雖服喪服，但是在喪禮上簡省極多。

四、廟見成婚說形成的背景和發展

㈠廟見成婚說形成的背景

廟見成婚的說法，在西漢時劉向的《列女傳》中已經提到了，此後一直搏聚許多的典籍記載，形成了一個愈來愈大的體系，到清代的時侯可以說已經成熟了。廟見成婚說的形成與發展與先秦到漢代時期政治社會環境的改變、貞潔觀的發展、漢代經生注經的特色和漢代一統的政治背景有一定的關係。

1. 強調貞節觀

當我們談貞節觀的演變之前，我們首先要問，何謂貞節？對貞節思考和定義的改變，可以看出貞節觀演變的痕跡。何謂「貞」呢？「貞」字在《易經》中被使用非常多，隨處可見「利貞」一詞，此「貞」字原作「貞卜」之意，後引申作「正」解，我們還可以由講到婚姻的〈屯卦〉六二爻來看：「屯如邅如，乘馬班如，匪寇婚媾。女子貞不字，十年乃字。」**⓻**這裏的「貞」亦引申作「正」解，「字」引申為繁育和婚媾之意。「正」是行其所當行，

⓻ 《周易》，卷一〈屯卦〉，頁22。

合於禮的意思，這裏講的是女子守貞正，不接受男子的求愛**⑫**。除了訓為「正」外，「貞」字也有訓為「信」的，如《易》〈文言〉注就提到「貞，信也」**⑬**，漢初賈誼亦提及：「言行抱一謂之貞。」**⑭**承繼此一態度。德行的穩定專一便是貞，行為的合禮平正也是貞，所以「貞」可以用來形容具有此種特質的人，並不限於婦女，我們在文獻中可以看到貞士、貞婦**⑮**的說法，就是一例。《左傳·襄公九年》記載了魯成公的母親（魯宣公夫人，穆姜）對易卦的解釋，其中便提到對「貞」的解釋，可以反映出當時人對貞的看法。穆姜因為與叔孫僑如通淫，欲廢成公，最後被軟禁在東宮之

---

⑫ 孔穎達說：「『貞』，正也。女子謂六二也，女子以守貞正，不受初九之愛。『字』訓愛。」出處同上。

⑬ 《周易》，卷一〈乾卦·文言〉：「元亨利貞」注，頁13。

⑭ 漢·賈誼，《新書》，《百部叢書集成·抱經堂叢書》（臺北：藝文印書館，1966年），卷八〈道術〉，頁5。

⑮ 如《漢書》，卷九十四下〈匈奴傳〉，頁 3831，提到：「城郭之固無以異於貞士之約」，認為堅城固守不如派遣貞士為和親之約。《後漢書》，卷 43〈朱穆列傳〉，頁 1466，提到：「貞士孤而不恤，賢者厄而不存」、「然猶不能振一貧賢，薦一孤士，又況其下者乎！」，將舉薦貞士作為國家重要的政策。《晉書》，卷八十二，頁 2159：「蹈忠履正，貞士之心；背義圖榮，君子不取」，也是從忠信及履正來理解貞士。至於貞婦，《史記》，卷 129〈貨殖列傳〉，頁 3260 提到：「清，寡婦也，能守其業，用財自衛，不見侵犯，秦皇帝以為貞婦而客之，為築女懷清臺。」，此處貞婦的定義與後代所說的守貞不嫁也不盡相同。《漢書》，卷十二〈平帝紀〉，頁 356，記載當時所下的詔書：「蓋夫婦正則父子親，人倫定矣。前詔有司復貞婦，歸女徒，誠欲以防邪辟，全貞信。」此處貞婦亦就誠信而無邪辟之行來說的。《後漢書》，卷五〈孝安帝妃〉，頁 229-230，有彰表貞婦的政策：「貞婦有節義十斛，甄表門閭，旌顯厥行。」

中，她在進住東宮時，為自己的處境作了卜筮，得到了艮卦的第八爻，占卜的太史解讀認為這會由艮卦變到隨卦，穆姜很快就能離開東宮，穆姜則就自身實際的狀況來對隨卦作出詮釋❼，其中提到具備了「貞」德便可以將事情處理得好，穆姜以自己未能遵守、踐履其份位，而認為自己不具「貞」德，此處的「貞」與後代守貞意涵並不相同，而是我們前面所提到的「正」或「信」的意涵。

對於「信」的強調下，就會衍生出貞一、專一、精一、一意等的想法，《列女傳》中〈貞順傳〉就不斷地形容這些婦女具有「貞一」之德❼，或是德行專一。這些被列入〈貞順傳〉中的婦女，在事蹟上有幾個極重要的特點，第一個是強調不再嫁的德行，除了夫死不再嫁外❼，未過門而夫死❼、夫有惡疾❽、夫妻情意不合❽、國滅❽

---

❼ 《左傳》，卷三十〈襄公九年〉，頁 526-527。

❼ 如〈貞順傳〉中提到「召南申女，貞壹脩容」、衛宣夫人「君子美其貞壹」、蔡人之妻「甚貞而壹」、黎莊夫人「終執貞壹，不違婦道」、齊孝孟姬「好禮貞壹」、魯寡陶嬰「貞壹而思」等，見《列女傳》卷四〈貞順傳〉，頁 1-10。

❼ 夫死後若有子則撫孤持幼，如梁寡高行（頁 8b-9a）、魯寡陶嬰（頁 8ab），無子亦堅不再嫁，如陳寡孝婦（9ab）、楚白貞姬（頁 6b-7a），亦有自殺以明志的，如齊杞梁妻（頁 5a）。

❼ 如〈貞順傳〉中所舉的衛宣夫人「嫁於衛，至城門而衛君死」保母勸她回國，她卻執意守喪而不再嫁，頁 2ab。

❽ 〈貞順傳〉，蔡人之妻，夫有惡疾，而不改其意，頁 2b-3a。

❽ 〈貞順傳〉，黎莊夫人與丈夫情意不合，乃至「未嘗得見，甚不得意」，也堅決不肯離丈夫而去，頁 3ab。

❽ 〈貞順傳〉，頁 4b，息君夫人在息國亡後，與息君誓言不再嫁，自殺而死；楚平伯嬴在楚佔郢都時，持刀堅拒吳王。

等等狀況亦均不再嫁。如果被迫再嫁則以極激烈的方式如毀容❽或自殺以明志。而且值得注意的是，貞的想法除了在婚後的「一與之醮，終身不改」外，在婚前也十分重視對禮的嚴守，如〈貞順傳〉的第一則召南申女的夫家禮不備而欲迎之，召南申女堅決不肯前往，以至「夫家訟之於理，致之於獄，女終以一物不具，一禮不備，守節持義，必死不往」❽，這樣的行為也被視為「貞」。另一個特點是極為守禮，以至於毫無轉圜的餘地，如齊孝孟姬僅因為出外時發生事故，車乘、行列無法如其身份，而竟自縊❽，又如楚昭貞姜在漸台上等著出游的楚王，大水來，楚王派去營救的使者在忙亂中忘了持符，貞姜因為如此竟不肯走，最後被水沖走而死❽，這個故事與宋伯姬因為等待保姆而被火燒死的故事，有很多類似之處。對於這些對禮的死守以致毫無轉圜空間的行為，《列女傳》表達了欽慕和贊揚之意。雖然《列女傳》所記載的這些事蹟中，有些不見於史書的記載，而且顯然有不少誇張和渲染之處，不過在這些故事背後還是可以反映出劉向以及那個時代背景下所認同的道德觀念，而且這些觀念隨著《列女傳》的盛行，對女德的想法影響十分深遠。

《列女傳》中強調以生命堅守禮的份際，而不有絲毫游移和放鬆，甚至到了十分刻板的地步，這與孟子回應淳于髡所提出的嫂溺

---

❽　〈貞順傳〉，頁 8b-9a，梁寡高行。

❽　〈貞順傳〉，頁 1a。

❽　〈貞順傳〉，頁 3b-4a。

❽　〈貞順傳〉，頁 6ab。

而當不當援手搭救的問題時所重視的「權」的精神大不相同❽。孟子的這種「權」的精神在《左傳》對宋伯姬的評價，也可以看見。說到這裏，有必要一提宋伯姬事蹟以及三傳對她評價的問題。宋伯姬在春秋時期即以賢德出名，她的事蹟多次見於《春秋》經傳記載。伯姬在恭公死後長年守寡，最後因為宋宮室大火，在情況十分危急中，伯姬依然堅持等待保姆來才下堂避火，最後被火燒死。《左傳》對伯姬的行為所下的評斷是「君子謂宋共姬女而不婦，女待人，婦義事也。」❽這其中含著貶責的意思。《公羊傳》的評價是：「外夫人不書葬，此何以書？隱之也。何隱爾？宋災，伯姬卒焉。其稱謚何？賢也」❽，態度上和《左傳》有所出入，認為伯姬此行是一種賢的表現。《穀梁傳》則說：「婦人以貞為行者也，伯姬之婦道盡矣！詳其事，賢伯姬也。」❾對伯姬極為讚揚。《列女傳》的態度與《穀梁傳》趨於一致，應是劉向採擷《穀梁傳》的說法而成，三傳間的差異反映出對貞節態度的改變，由重視權變的精神逐漸趨向對禮教的嚴守。貞節的要求愈強，伯姬所受到的讚譽也就愈升高，對伯姬的評價正可以反映出所屬朝代的貞節觀。

　　對於伯姬評價的改變，以及《列女傳》中許多強調終生不二嫁以及婚前嚴守禮的份際、防止淫侯和以生命堅守禮的份際，守忠死義等等篇章來看，都可以看出《列女傳》反映出的貞節觀與先秦有

---

❽　宋・孫奭，《孟子注疏》（臺北：藝文印書館，2001 年），卷七〈離婁上〉，頁 134。

❽　《左傳》，卷四十〈襄公三十年〉，頁 681。

❽　《公羊傳》，卷二十一〈襄公三十年〉，頁 268。

❾　《穀梁傳》，卷十六〈襄公三十年〉，頁 162。

很大的不同。廟見成婚的說法與婦人貞潔的崇尚有關，《列女傳》中兩則廟見成婚的故事均放在〈貞順傳〉中，而這種由強調在婚姻關係中的貞信，以及在婚姻尚未完全成立時，嚴守禮的份際，對於婦女的德行、守禮與否以及貞潔特別著意地強調，甚至還訂出三個月為婚姻考核期的說法，不同房的目的，除了能「觀察」和「強調」女子的德行和操守外，有學者指出，恐怕還與父系家族承傳下，欲要確認女子在婚前行為是否如禮，以保障父系血統純正的要求有關❾❶。在宗法制度下，確立父系血統的純正，主要著力於婚前、婚後嚴別男女之防上，這種男女之防的嚴別，漢代經生常是從貞潔的角度去理解的，認為能通過三月考核期，就如同何休所說的可以彰顯女子的德性，以安榮父母。在這樣的想法下，於是將新婦入門後的三月廟見禮，理解成為經三月考核後才同房成婚的禮。

那麼又為何要選中伯姬作為廟見的主角呢？伯姬是春秋三傳中一再為人稱道的婦女，夫亡後長年守寡，其後又因宮中失火待姆不下堂而死，她的貞烈是頗為人所熟悉的故事，所以是一個很好附會的人選，因此雖然三傳不曾提及因為共公不親迎以至伯姬於廟見後

---

❾❶ 如胡新生，〈試論春秋時期貴族婚禮中的「三月廟見」儀式〉《東岳論叢》，第 21：4（2000 年 7 月），頁 102-103，就認為「在親迎和成婚之間設置三個月的考驗期，目的在于保證新婦所生的子女具有夫方純正的血統。三月廟見禮是在父權制已經確立而原始的兩性風俗仍然殘存社會背景下產生的，它性質與某些民族曾經流行的『殺首子』風俗和『審新娘』風俗極為相似。」，不過保持父系血統的純正，在宗法的制度下，著力於嚴別婚前婚後男女之防，與某些民族所謂「殺首子」等習俗其社會背景畢竟有極大的不同，而且宗法的架構下，長子較其他的諸弟更具有直接的繼承權，所以兩者似乎不可直接作類比。

拒絕同房的事情，《列女傳》卻作了如此的附會。婚後三月成為新婦戰戰兢兢的考核時期，自身的教養如何，是否守禮，以及在婚前是否守貞均成為考核的重點。如果能通過考核，就能「安榮父母」，成為真正的主婦；如果不能，則會被送回娘家，為人所不齒。這樣的說法放在婦女教育書中，必然能對婦女產生很大的恫嚇作用，以使婦女守禮守貞。

2.政治社會的背景

　　廟見成婚說發展的大背景應該還受到漢代帝國倫理觀的轉變，如對三綱講求，以及陰陽學說和三綱說結合等背景的影響。陰陽學說的發展，到戰國大盛，天理運行，人事種種均附會以陰陽消長的道理，在陰陽學說盛行的同時，逐漸醞釀出陽尊陰卑、崇尚陽道卑抑陰道的想法，如《文子》中提到聖人順陽道，當陰盛於陽時，小人得勢[92]，崇尚陰道更會導致天下滅亡的結果，所以施政要在使陽下陰，甚至是陽滅陰[93]。這種強烈的助陽抑陰的想法，在漢代大儒董仲舒將人事和陰陽密切地結合下，被更加綿密地用在人事之間，君臣、父子、夫婦的倫理關係，是天道陽尊陰卑的具體呈現，而不可以違逆：

> 君臣、父子、夫婦之義，皆取諸陰陽之道。君為陽，臣為陰；父為陽，子為陰；夫為陽，妻為陰。陰陽無所獨行。其

---

[92]　周·辛鈃，《文子》（《四部備要本》，上海：中華書局，1936 年），頁 39下。

[93]　《文子》：「陽滅陰，萬物肥；陰滅陽，萬物衰。故五公尚陽道則萬物昌，尚陰道則天下亡。陽不下陰則萬物不成。」，同上，頁 40 下。

> 始也，不得專起；其終也，不得分功，有所兼之義。是故臣
> 兼功於君，子兼功於父，妻兼功於夫，陰兼功於陽，地兼功
> 於天。❹

這樣的想法，瀰漫了漢代的思想界，劉向亦在《說苑》提到「陽貴
而陰賤，陽尊而陰卑，天之道也」❺，影響女教極深的班昭《女
誡》也為此種思想所貫串，如：

> 夫有再娶之義，婦無二適之文。故曰夫者天也。天固不可
> 逃，夫固不可離也。行違神祇，天則罰之；禮義有愆，夫則
> 薄之。❻

陽尊陰卑既是天理，那麼違逆天理就會招致種種異象和災禍，這種
想法在《汲冢周書》中可以看見，如將異象歸諸於婦人的惡行所導
致等等❼。在漢代就更具有普遍性了，如《淮南子》❽、《春秋繁

---

❹ 清・蘇輿，《春秋繁露注》（臺北：世界書局，1970 年），卷十二〈基義
篇〉，頁 285。

❺ 漢・劉向，《說苑》（《四部叢刊》初編：上海商務印書館），卷十八，
〈辨物〉，頁 83。

❻ 《後漢書》，卷八十四〈列女傳・曹世叔妻〉，頁 2790。

❼ 晉・孔晁注，《汲冢周書》（《四部叢刊》，臺北：臺灣商務印書館，1965
年），卷六，頁 33-35：「春分之日……又五日，始電，玄鳥不至，婦人不
信。清明……又五日……殘虹不見，婦人苞亂……立冬……又五日，雉無入
大水……國多淫婦。小雪之日……冬虹不藏，婦不專一……母后淫佚。大寒
之日……雞不始乳，淫女亂男。」

露》❾都表露出此種想法，《漢書·五行志》更是有系統地將種種天地災異歸因於婦人不當行事，違逆天理所導致的結果❿。

陽尊陰卑既是天理，那麼人就須對其絕對的服從，落在倫常關係上，如君臣、父子、夫婦上也是如此，從《列女傳》中我們可以看到承繼陽尊陰卑的精神而一再強調守忠死義，這是在〈節義傳〉中，一再傳達的想法❿。

在這樣的背景下，對於婦人貞節的德性，必然會特別地強調，這種強調，在婚後的要求當然是完全的遵守道德操守和禮的規範，而絕不能有任何的踰越和淫行，並且不論在：如夫死、惡疾、夫妻情意不合……等情況下，均不能再嫁。對於婦人婚前的操守亦被要求，以期能完全符合貞一的德行，在這種要求下逐漸醞釀出將傳統的祭祖廟見理解為三月廟見才成婚的想法。廟見成婚說的形成，當

---

❾　劉文典，《淮南鴻烈集解》（北京：中華書局，1989 年），卷五〈時則訓〉，頁 172-173：「季夏行春令，則穀實解落，多風欬，民乃遷徙。行秋令，則丘濕水潦，稼穡不孰，乃多女災。」但「女災」高誘訓解為「生子不育」，鄭玄也持相同看法「以為敗任是即生子不育之義也」。

❾❾　《春秋繁露注》，卷十三〈五行順逆〉，頁 308-309：「火者夏，成長，本朝也……以妾為妻，棄法令，婦妾為政，賜予不當，則民病血壅，腫目不明，咎及於火，則大旱必有火栽。」

❿　請參見《漢書》，卷二十七〈五行志〉。劉詠聰，〈漢代之婦人災異論〉，《中國婦女史論集》四集（臺北：稻香出版社，1995 年），頁 1-34。

❿❿　如《列女傳》，卷五〈節義傳·蓋將之妻〉，頁 4ab，提到：「夫戰而忘勇，非孝也。君亡不死，非忠也。今軍敗君死，子獨何生？忠孝忘於身，何忍以歸。」，又〈魯秋潔婦〉，頁 7-8，提到：「婦曰『夫事親不孝，則事君不忠，處家不義，則治官不理，孝義並忘，必不遂矣。妾不忍見，子改娶矣，妾亦不嫁』，遂去而東走，投河而死。」

是在此種要求絕對的服從和貞節的背景下所產生的。

㈡廟見成婚說的流傳與發展

前面提過在西漢時已有三月廟見而後成婚以展現婦德的說法，這與當時對於貞節態度的轉變以及陰陽、三綱貫徹下的倫理觀有關，三月廟見的說法流傳到東漢後，又經過許多經師的注解和詮釋，逐漸地將反馬、致女等禮亦納入解釋的系統中，如何休、服虔、賈逵等經師均是其中的代表。廟見成婚的說法逐漸滲入民間生活，在《三國志》卷五十七〈陸績傳〉裴注引姚信〈表〉記載了一則廟見成婚被付諸實踐的事蹟：

> 臣竊見故鬱林太守陸績女子鬱生，少履貞特之行，幼立匪石之節，年始十三，適同郡張白，侍廟三月，婦禮未卒。[102]

這則事件透露出三月廟見後才成婚，以表徵女子貞德的想法，在當時民間應該頗為流傳，所以才會引起少女的仿效，以期透過此種方式獲得貞潔之名。

廟見成婚的說法將反馬、致女、廟見等禮一併說成是大夫以上的貴族婚後三月成婚之禮，並引證融攝《詩》、《易》、《禮》、《左傳》中的文獻，以為解釋，清人在這基礎上將之融攝成為一個複雜的體系，如劉壽曾〈昏禮重別論對駁義〉即融攝前人對廟見成婚說的種種問難及主張，而進行討論，最後肯定廟見成婚說，確實

在大夫以上的階層中實行❿，又如清人陳奐《詩毛氏傳疏》用反馬、廟見、歸宗來論證〈草蟲〉詩所記述為三月廟見成婚之禮。劉壽曾的討論集結了前人關於廟見成婚的說法，我們在這裏先分成幾點對其主要觀點作個整理，在各點下亦對其說值得存疑處作一些說明，不過，有一些觀點前面已經陸續提過了，在此就不再贅述：

(1)《禮記·曾子問》講：「女」未廟見而死，示未「成婦」，既稱為「女」，可見仍未成婚，因為若成婚應當稱為「婦」。

但這樣的說法其實並不具說服力，〈曾子問〉在用詞上有不嚴謹的地方，有學者即指出既然未成夫婦，故不能稱「婦」，那麼男子何以又能稱「婿」呢？❿此外，稱「女」也未必一定表示未婚，因為「女」是對父母而言，從父母的角度來稱則曰「女」，所以即使婦人被出返國，父母仍稱之曰女或子，如《穀梁傳·文公十五年》記：「齊人來歸子叔姬」杜注：「書之曰子，蓋父母之恩，欲免罪也。」所謂的「子」即是女的意思，適女稱子❿。而且，女或婦的稱呼，是跟隨著對象不同而改變的，如《公羊傳》說：「女在其國稱女，在塗稱婦，入國稱夫人」❿，因此，以用「女」或「婦」來作為是否成婚的依據，是不可靠的。

(2)大夫以上婚禮與士和庶人不同，大夫以上婚禮乃是經過三月廟見後才成婚，並有反馬、致女等禮，士和庶人則當夕成婚，而沒

---

❿　《皇清經解續編》，卷一四二三、一四二四〈昏禮重別論對駁義〉反覆論辯三月廟見成婚的種種證明，可以看出清人對此主張的想法。

❿　見〈周代試婚制度說的檢討〉，前揭文。

❿　〈昏禮重別論對駁義〉，卷1424，頁16261。

❿　《公羊傳》，卷二〈隱公二年〉，頁25。

有三月廟見後成婚之禮。這可以從很多方面看出，第一、《儀禮・士昏禮》中可明白看出結婚當夕是同房的，與大夫階級有別。第二、既然男女不能在廟見以前同房，那麼在客觀上，生活起居要有一定的隔離，但是士人因為無世祿，所以恐怕難有異宮，實行上有實質困難⑩，第三、《儀禮・士昏禮》婦所乘之車是由男方而來，所以士人沒有反馬之禮。第四、《禮記・王制》講：「大夫三廟，一昭一穆與太祖之廟而三，士一廟」，〈曾子問〉中廟見與祭禰是不同廟亦不同天舉行，可見所需不只一廟⑩，而劉壽曾認為士人只有一廟，所以無法實行廟見禮。第五、《禮記・曲禮》無士人納女之辭，而大夫以上則有辭，此處納女，鄭玄注為「致女」，所以斷定士人無「致女」之禮。⑩

以上的理由只能說明士人並無三月廟見才成婚之說，並不能同時證明大夫以上有此禮俗。而且士人是否只能有一廟，事實上也未必盡然，《禮記・祭法》就說「適士二廟」⑩，與〈王制〉所說不同。此外，舉《禮記・曲禮下》：「納女於天子曰備百姓，於國君

---

⑩　〈昏禮重別論對駁議〉，卷一四二四，頁 16258：「士以下無世祿，大夫以上有世祿，無世祿者，居必陝隘，罕有異宮，有世祿者，居必寬洪，且多別館，無異宮者，成昏必在當夕，有別館者，成昏可俟異時。」

⑩　〈昏禮重別論對駁異〉，卷一四二四，頁 16251：「曾子問以三月廟見擇日祭禰分言，是廟見祭禰不同日，其不同日者，以不止一廟也。」

⑩　〈昏禮重別論對駁異〉，頁 16253：「納女之辭，天子、諸侯、大夫皆有之，而士、庶人無之者，天子、諸侯、大夫皆三月廟見然後成昏，士、庶人則當夕成昏，故有致女、不致女之殊也。」

⑩　《禮記》，卷四十六〈祭法〉，頁 799：「適士二廟一壇，曰考廟，曰王考廟，享嘗乃止。」

曰備酒漿，於大夫曰備埽灑」鄭注：「納女猶致女也。」❶來作為
證明，值得注意的是，鄭玄並不贊成廟見成婚的說法，他所謂的
「致女」，是「親夫以孝舅姑」❷，並非廟見成婚說者所想的致
女。而且，以納女之辭不及士和庶人，就推論士和庶人無致女之
禮，恐怕值得商榷，因為沒有納女之辭，未必等於沒有其禮。學者
也有認為納女應該就是嫁女，並且認為納女於士也有其辭❸，可見
納女之辭並不能作為大夫以上階級有廟見成婚說的證據。至於其他
問題，我們在前面討論過，在此則不贅述。

　　⑶《列女傳》提及齊孝孟姬和宋伯姬的故事，均有三月廟見而
後成婚之事。

　　但《列女傳》一直被質疑過於渲染，再則，即便二位賢女人的
事跡成立，也屬特立之行而受表揚，正好反證其時並未有此習俗。

　　⑷在《三國志》吳地記載著一則三月廟見成婚之事。

---

❶　　《禮記》，卷五〈曲禮下〉，頁101。

❷　　《禮記》，卷五十一〈坊記〉，頁 873，提到「以此坊民，婦猶有不至
　　　者」，鄭注：「不至，不親夫以孝舅姑也。」《左傳》，卷二十六〈成公九
　　　年〉經文，頁 447：春二月，伯姬歸於宋。「夏，季孫行父如宋致女」。是
　　　時宋共公不親迎，恐其有違而致之也。此處將「不至」之「至」理解為「致
　　　女」之「致」，致女的目的在於使其「親夫以孝舅姑」。

❸　　參見〈禮記曾子問「三月廟見」考辨〉，頁 63：「曲禮的納女應該就是嫁
　　　女。其次，納女於大夫以上有辭，納女於士也一樣有辭，孫希旦《禮記集
　　　解》說：『愚謂：〈士昏禮〉問名，主人對辭曰：『吾子有命，且以備數而
　　　擇之』；若天子，則曰以備百姓之數而擇之；國君則曰備酒漿之數；大夫則
　　　曰備埽灑之數也。』孫氏把納女之辭和〈士昏禮〉問名對辭等列，足見他認
　　　為納女之辭是婚禮常例，應該在問名一節，而且士昏禮也應該有納女之辭，
　　　這是比較合理的解釋。」

但這與其是廟見成婚說存在的證據，不如將之視為此種說法流傳影響下的結果。

(5)《詩經》〈草蟲〉、〈葛屨〉，《易·歸妹》為廟見成婚的證明文獻❶。

但此不免附會牽強，且根據薄弱，學者亦曾提出批駁，如季旭昇指出〈草蟲〉非試婚詩，並指出清人陳奐《詩毛氏傳疏》中論述的錯誤，認為廟見成婚說實像顧頡剛研究古史而提出的「層累構成說」一般，在歷史上不斷積澱而成❶，此說是頗有洞見的。

(6)《詩經》、《禮記》、《左傳》、《公羊傳》許多文獻當作講廟見、反馬、致女等禮，並以此詮釋廟見成婚說。

這在上文均已分別提及，在此不再贅述。

---

❶　《毛詩》，卷一之四〈召南·草蟲〉，頁 51-52：「未見君子，憂心忡忡。亦既見止，亦既覯止，我心則降」鄭箋：「在塗而憂，憂不當君子」「既見謂已同牢而食也，既覯謂已昏也……自此可以安父母，故心下也。」，鄭箋正好給了廟見成婚說很好的詮釋點，所以陳奐《詩毛氏傳疏》，劉壽曾〈昏禮重別論對駁異〉均以此詩作為其說的確明，茲引其文如下：「〈草蟲〉詩中言『采蕨』，『采薇』，謂以供宗廟祭祀之鉶羹，其三言『未見君子』，謂初嫁三月之前，尚未成昏，慮其被出，其三言『亦既見止，亦既覯止』，亦謂新嫁三月之後，既已成禮，可不歸宗……然則未見君子者，即賈氏《左傳》注所言禮齋而未配，三月廟見然後成昏，蓋雖同牢而食，尚未同室而居，此三月之中，無事不當相見，故必俟采蕨薇以供祭之後，始見接待於君子也。」頁 16244-16245。

❶　見前揭〈禮記曾子問「三月廟見」考辨〉、〈周代試婚制度說的檢討〉二文。

五、小結

《禮記・曾子問》提到女未廟見而死，示未成婦，必須歸葬於女氏之黨。此段記載如何去理解引發了許多的討論，其中牽涉到對廟見之禮理解的不同，廟見之禮究竟該如何理解呢？我們將本文分成四個部分，在本文第一部分我們透過經師對廟見之禮的性質及功能的主張，來看三種最常見的理解方式，及其所引發的問題。三種說法：以廟見為祭已故舅姑、以廟見為祭祖、以廟見為婚後三月夫妻始行同房禮的儀式。在經師注解及典籍的對比參照下，我們認為以廟見為祭祖，最能符合文本的精神，而且在解釋上所引發的矛盾及爭議最小。

第二部分，後代史書中亦記載「廟見」之禮，我們發現：1.納后、立后均有實行廟見禮，而舅姑健在的情形也不例外。廟見禮被視為婚禮禮成的重要象徵，行過廟見禮，婚禮儀式才算完滿達成，所以廟見禮屬於常禮的範圍，而非變禮，這與鄭玄所說只是將廟見禮視為祭已故舅姑之禮不同。2.在行廟見禮之前，夫妻已行合巹，並不像主張廟見成婚說者，認為是廟見後才同房。3.廟見禮的意義重在祭祖，因此根據史書記載在帝王新立、太子冠禮、立皇太子，都行廟見祭祖之禮，目的即在獲得祖先的認定和許可，使能擁有大位或在家族中擁有正式的份位。史書中所提到的對廟見禮的理解，雖然時代上偏晚，並不能作為漢代以前廟見禮性質的直接證明，不過仍然可以使我們一窺後人對於廟見的看法，並且對於一直流傳到清代的廟見成婚說，多少也具有批評的功效。

第三部分，廟見禮重在祭祖的意義既然已經確定，我們仍要進

一步追問，為什麼尚未廟見即死亡，必須面對歸葬於女氏之黨這樣嚴重的後果。我們可以透過原始思維中「互滲」的想法來理解，在行冠禮或入會等儀式時，與此族群的祖先產生互滲連結，無疑才是成為此一族群成員最關鍵的事情，未能經過此種連結，便不能真正地融入此族群中。新婦相對於男性家族的成員來說也是一個外來份子，因此也必須透過實質的祭拜男方祖先，並與祖先產生神秘的互滲，才能成為彼此一體的親族。也只有如此，在講究親族族居、族葬的風氣下，才能與男方親人葬在一起，神主才能進入男方家的祖廟，祔於皇姑（此處也可透露出，新婦廟見所祭並不只是舅姑，而包含了皇姑在內，未先祭皇姑，故不能祔於皇姑）。如未廟見而死，這個外姓女子與男方家的祖先一體的連繫感未能建立，所以只能是個外人，出殯時亦不能朝於祖廟。以人情來說，祭先祖、繼後嗣兩相落空，因此喪禮也就相對的減殺。

　　第四個部分，廟見後才能成婚的說法，徵驗於史實，根據最為薄弱，不過此種說法自西漢時已經存在，我們在本文中試圖找出此種說法形成的背景，就西漢時出現兩則廟見後才成婚故事的《列女傳》來看，其實此書中透露出貞節觀念轉變的端倪，《列女傳》中強調的「貞」，是不論婚前、婚後乃至夫死均能守禮自持，在婚前是嚴格的行禮規範，婚後乃至夫死則是矢志不嫁。對於「節」的想法，則強調以死明志，以死守禮，其中許多篇章對禮的執守已近於不合人情，這與《左傳》因批評宋伯姬逮火而死所說的，女待人，婦人宜其事，以及孟子所講的「權」的精神均很不相同。這種強調死節，強調以禮自守，強調貞的想法，在婚前會形成對女子是否貞潔自守、行禮如儀的強烈要求，在此種心理下，將原有三月廟見成

婦的想法，理解為以三月作為新娘德性的考核的說法，經過三個月，新娘的言行舉止是否合禮，以及是否曾發生不合禮的淫亂事蹟，就容易顯現出來。所以經生強調能通過三個月考核期的，就能安榮父母。《列女傳》中兩則故事即是在此種背景下而產生的。當然此種現象的產生也與當時陽尊陰卑的想法被用於人倫關係上，而導致人倫關係的絕對化、綱紀化，而對女子地位及兩性關係造成的影響不無關係。

第六章
婚姻的儀式的象徵與通過意涵

　　婚禮由議婚開始到親迎、婦至進入了高潮，這個過程充滿了神聖性與特殊性，亦與人類學上所謂的通過儀式（rites of passage）相關，本章中將從與神聖溝通和連結、隔離與祓除、身份與意識的轉化、求育等層面，來看行禮場域、車服、飲食、儀式進行等方面所展現的性質與意義。

第一節　婚禮中的隔離與祓除

　　婚禮親迎、婦至的儀式進行前，必須要先行齋戒❶，並敬告鬼神，《禮記》卷二〈曲禮上〉提到婚禮事宜，特別強調：「齋戒以告鬼神」，《左傳》卷四十一〈昭公元年〉記載楚國公子圍娶鄭國公孫段氏女，迎娶前也先行告祭祖廟。迎娶婦至，亦須謁廟。《左傳》卷四〈隱公八年〉記鄭公子忽娶于陳，先配後祖，所謂

---

❶　如《禮記》，卷二十六〈郊特牲〉，頁 506，提到：「玄冕、齋戒，鬼神、陰陽也，將以為社稷主，為先祖後，而可以不致敬乎？」

「祖」，學者多認為指謁廟、告至較合理❷。敬告鬼神是要使整個迎娶的過程都在祖靈的見證下進行。至於齋戒時需要斷絕嗜欲和外緣干擾，也為了能與祖靈溝通：

> 齊之為言齊也……訖其嗜欲，耳不聽樂，故記曰：齊者不樂。言不敢散其志也，心不苟慮，必依於道，手足不苟動，必依於禮。是故君子之齊也，專致其精明之德也。❸

當外緣的干擾停止，欲念的作用歇息，人才能進入「交於神明」的狀態，諦聽神聖的啟示。這與祭祀前夫婦必須先「齋戒、沐浴、盛服」❹，經過嚴格的齋戒，最後才能「乃見其所為齊者」❺，基本上精神相一致。親迎前的齋戒，同時具有隔離和連結祖靈的雙重意義，這使得婚禮不只是一種社會化的行為，還提升成一個神聖的過程。

如果說在親迎等過程中男子的隔離，著重在與神明溝通和連結，那麼女子的隔離，還更強調於對不祥的防阻。因為親迎到婦

---

❷　如清代學者沈欽韓認為「祖」是回國後的告至之禮，詳參《春秋左氏傳補注》，《百部叢書集成》（臺北：藝文印書館，1966 年），卷一〈隱公八年〉，頁 9。現代學者周何、楊伯峻基本上也持此看法，分別詳參〈《左傳》先配而後祖辨〉，《潘重規教授七秩誕辰論文集》（臺北：潘重規教授祝壽論文集編輯委員會，1977 年），頁 69-78、《春秋左傳注》，〈隱公八年〉，頁 59。

❸　《禮記》，卷四十九〈祭統〉，頁 831-832。

❹　前揭書，卷四十七〈祭義〉，頁 810。

❺　同上，頁 807。

至，由人類學的角度來看，可由通過儀式來瞭解。所謂的通過儀式，在人類學上受到廣泛的運用和討論，這個學說主要認為，在生命種種重要的身份轉換階段（關卡），均須要通過特別的儀式處理，來幫助當事人在身心上能夠順利的轉化，並使面臨了變化的團體，能相應的調適和重整。通過儀式被歸納為具有三種特質，即分離、過渡和結合，但跟隨著禮儀性質的需要而或輕或重。「分離」為了脫離舊有的存在狀態，而「過渡」則是處於新舊身份的交替的中空階段，這個階段，對社會來說，是一種邊緣的狀態，被理解為「中介狀態」❻。處於中介狀態者往往被認為是不祥的❼，而須以種種的措施（如隔離、淨化、角色逆轉等方式），來被除不祥，並幫助意

---

❻　關於「中介狀態」（limineality），可參考 Victor Turner & Edith Turner: image and pilgrimage in Christian Culture – Anthropological Perspectives. Columbia University Press, 1978, Chapter One: "Pilgrimage as a Liminoid Phenomenon"，劉肖洵譯，〈朝聖：一個「類中介性」的儀式現象〉，《大陸雜誌》，第六十六卷第二期（1983 年 2 月），頁 52。

❼　關於「不祥」、「不潔」與「失序」的關係，詳參瑪麗·道格拉斯（Mary Douglas）"Purity and Danger: an analysis of the concepts of pollutions and taboo" London, routledge, 1966, P.12，又史宗主編，劉彭譯，《二十世紀西方宗教人類學文選》（上海：上海三聯書店，1995 年），頁 326-328，翻譯了其中部分。維克托·W·特納（Victor Turner），認為處在過渡階段的人具有強大的力量，具有五個特徵，詳參〈模棱兩可：過關禮儀的閾限時期〉，《二十世紀西方宗教人類學文選》，頁 512-530。在中介身份狀態的人常會被隔離於有秩序的社會生活之外，一方面，當然因為他們是危險的，所以要保持距離，但隔離的目的還為了要使當事人能夠順利地完成意識的轉化、在神聖的狀態中與神聖連結（如成年禮、齋戒），並且醞釀新的連結，以經過死亡一般的新身份再與團體連結。

識轉化,讓當事者與將要加入的團體,建立新的連結而準備❽。最後,再以經過轉化了的身心狀態和團體結合。

以婚禮來看,從迎娶到婦至的過程是男女雙方接觸的關鍵,就社會身份來說是由未婚進入已婚、由子成為夫、女成為婦的時刻,同時對男方家族來說亦是一個接受外來份子的緊張而重要的時刻。而婦女則被視為外來份子,往往充滿了不祥和禁忌❾,在不祥的顧

---

❽ 關於儀式的神聖時間以及性質,詳參埃德蒙·R·利奇(E. R. Leach),〈關於時間的象徵表示〉,《二十世紀西方宗教人類學文選》,頁 500。利奇認為時間可以用儀式為階段分為一般世俗生活的時間,以及進入隔離與象徵死亡的過程、停留在隔離狀態,社會和世俗的時間停止了,最後是與世俗再結合的過程象徵著再生。

❾ 女子的不祥約可從三個方面來理解,一是女子本身即具有不祥的特質,這種不祥,可以分為特殊狀況及普遍情形二方面說,特殊狀況,為某些女子特別具有導致災禍的特質,關於此點,詳參本書第三章第五節。從普遍情形來說,女子多被認為不潔,與文化傳統女性身份卑微,以及經血的禁忌不無關係,關於經血的禁忌事涉複雜,《說文解字注》,〈姅〉,頁 625-626,記載:「姅,婦人污也,漢律:見姅變不得待祠」,段玉裁曰:「姅謂月事及免身及傷孕皆是也,見姅變,如今俗忌入產婦房也」,是不讓經期中的婦女接觸神明。婦女產育的過程亦因經血而充滿不潔,《論衡校釋》,卷二十三〈四諱篇〉,頁 975-976,即提到當時對產婦的隔離及避忌,另外,所產出的胞衣血漬等,亦充滿許多禁忌,詳參李建民,〈馬王堆漢墓帛書「禹藏埋胞圖」箋證〉,《中研院史語所集刊》,第 65 本第 4 分(1994 年 12 月),頁 725-832。二是,女子對於男方家族來說,是一個外來者,外來者往往被認為是不祥的傳播者,以人類學來說,這樣的例子非常的多,《原始思維》一書中有詳細論述。另外,王明珂,〈女人、不潔與村寨認同:岷江上游的毒藥貓故事〉,《中央研究院歷史語言研究所集刊》,第七十本第三分(1999 年9 月),頁 699-738,也分析中國四川省西北岷江上游村寨的毒藥貓故事,說明女人因為外來者的身份而被孤立於村寨認同外,在某些疾疫或意外死亡的

忌下，隔離具有保護、不使直接接觸、避免沖犯的功效，以避免新婚婦女與所欲參與的環境之間產生兩傷的後果。在後代民俗的親迎禮中，新婦往往藉由一些措施來隔斷與外界的接觸，如蓋頭遮臉或全身，以使得頭不直接和天接觸❿、「傳袋」以隔離和地的接觸⓫，篩羅象徵天羅地網以隔絕於外在的力量⓬……等隔離形式。除了隔離以阻斷威脅外，還可以進一步透過祓除的方式化解威脅，民俗中撒穀豆、使用避邪物、潑水、跨火、跨馬鞍等等，均屬此類。隨著時代與各地民風不同，在呈現方式上也略有差異⓭。可惜的

事件中成為被歸咎的代罪羔羊。三是，女子在婚禮時身份處於變化的中介狀態，因此被視為不祥。第二、三個原因相互關連。

❿　如蓋頭的習俗可能是由魏晉時婚禮變禮拜時「以紗縠幪女氏之首」的習俗演變而成，詳參陳韻，〈論魏晉之拜時禮與三日禮〉前揭文，若真是如此，據《通典》，卷五十九〈拜時婦與三日婦輕重議〉，頁 342：「禮經婚嫁無拜時三日之文，自後漢魏晉以來，或為拜時之婦，或為三日之婚。」這個習俗不會早於東漢。紗縠幪頭的習俗演變至後代有種種形式，如唐代有冪羅或幃帽或皂羅，但用意總不外是蒙頭遮面，詳參馬之驌，《中國的婚俗》（臺北：經世書局，1981 年），第八章〈新婦障面〉，頁 89-99。

⓫　馬之驌指出，傳袋的用意在於隔離新婦與地直接接觸，避免觸犯神靈，「轉席」「轉毯」在唐代時已成婚禮時所用的典故，可見此習俗應該早於唐代，不過確切的時代難以推測。前揭書，第十一章〈轉席、傳代、鋪氈〉，頁 115-119。

⓬　詳參前揭書，第十章〈避邪之物〉，頁 111-113。

⓭　如《中國的婚俗》對於婚俗中避忌的問題有很詳細的敘述，顯示後代民俗中透過許多法術和手段企圖防止新娘所帶來的衝擊。任聘，《中國民間禁忌》（臺北：漢欣文化事業有限公司，1993 年）對於婚姻中一些禁忌的民俗亦有述及。又彭美玲，〈近代民間婚禮或不親迎問題之研究〉前揭文，亦認為新婦不潔與避邪，可能是近代民間親迎不普及的重要原因。

是，現今保留的民俗材料多是後代的記載，有些雖然將起源推溯到漢代時期，不過也值得存疑。

若以身處於特殊狀態的婦女角度來看，隔離和祓禳也有阻斷新環境所帶來的影響的功效，如為人所熟知的京房與翼奉結親時的一段記載：

> 漢世京房之女，適翼奉子，奉擇日迎之，房以其日不吉，以三煞在門故也。三煞者，謂青羊、烏雞、青牛之神也，凡三者在門，新人不得入，犯之損尊長及無子，奉以為不然，婦將至門，但以穀豆與草禳之，則三煞自避，新人可入也。自是以來，凡嫁娶者皆宜置草于門閫內，下車則撒穀豆；既至，蹙草于側而入，今以為故事也。⓮

認為撒穀豆是要祓禳青羊、烏雞、青牛三種當門神煞，以防止對於家中尊長的沖犯，或可能導致的婦人無子。不過這個習俗雖然傳說為漢時所流傳下來，付諸於記載卻已到了宋朝，我們雖然可以推測這個習俗可能經過年代久遠的流傳，不過究竟起於何時，則無法推斷⓯。

⓮ 高承，《事物紀原》（《文淵閣四庫全書》，子部 226，臺北：臺灣商務印書館），卷九，頁 243-244。

⓯ 詳參《中國的婚俗》，第九章〈撒穀豆〉，頁 101-104。

第二節　行禮場域的特殊意涵

一、門與戶所具有的過渡意涵

　　禮的進行與空間的安排有密切的關係，其中往往透露著人倫關係親疏、遠近的不同❶，在生活場域中，又以門與戶在禮儀中扮演著重要的地位，以婚禮儀式來說，《公羊傳》卷二〈隱公二年〉何休解詁提到：「周人逆於戶」，又《說苑》卷十九〈脩文〉記載親迎時「女拜，（母）乃親引其手授夫于戶，夫引手出戶，夫行女從」❶，女方家長在「戶」將新婦的手交託給新婿，在長輩的授意和見證下，這是新婚夫婦的第一次接觸，也是夫婦關係的開始。這個交託和接觸使得女兒成了媳婦，新郎成了女婿，造成了身份上質的轉變，而這個轉變與「戶」和「門」在行禮過程中扮演著「通過」和「轉化」的性質息息相關。

　　門與戶為何具有標幟身份轉變的意義呢？因為門、戶主要功能在於「出入」❶，所以具有重要的通道象徵，同時亦具有分別和連接內外兩個不同場域的重要意義，「由於所劃分的空間各自代表不

---

❶　以《禮記》，卷七〈檀弓上〉，頁 128，所記載孔子論哭禮的問題為例：「伯高死於衛，赴於孔子，孔子曰：『吾惡乎哭諸？兄弟，吾哭諸廟，父之友，吾哭諸廟門之外，師，吾哭諸寢，朋友，吾哭諸寢門之外，所知吾哭諸野。於野則己疏，於寢則己重，夫由賜也見我，吾哭諸賜氏。』」要在那裏行哭禮，標幟著彼此間的關係。

❶　劉向，《說苑》（臺北：臺灣中華書局，1965 年），卷十九，頁 4。此則引文亦涉及「屢女」的問題，將詳細引於後文。

❶　《禮記》，卷四十六〈祭法〉「王為群姓立七祀」，頁 802，鄭注。

同的社會範圍,因此門不但是空間的界線,也是人倫關係的界線。不同的門所劃定的人倫關係,也像空間區劃一樣層次分明」❶,門內門外所標幟的內外場域的不同,同時標識著內外、公私、國家……等兩個不同的世界,人由外入內或由內出外,生命狀態和所處的人倫關係亦相應隨之改變,門、戶這種分別內外場域和通道的特性,使得它在生命禮儀的過程中,扮演著重要的地位,當行禮者由外而內或由內出外地「通過」它時,他的身份認定與人倫關係常亦隨之改變,這種現象在婚禮的「出門」、「入門」中亦可以清楚地看見,如一個女子,在迎娶的過程中出了娘家的門而進入夫家之門,她的身份亦由一家的女兒一轉而成為另一家的媳婦。劉增貴先生在〈門戶與中國古代社會〉一文中透過先秦的文獻與考古資料,從空間通道、人群分界以及社會表徵對於門戶在先秦社會的政治社會意義作了十分精闢的分析,對於門戶在婚禮中的地位和特質提到:

> 門內門外的差別是很大的,即使親族,如果透過一定的儀式出門或入門,也就改變了人倫關係。如女子出嫁,就本家言,稱為「出門」,就夫家言,稱為入門。一旦出門或入門,就建立了新的人倫關係。〈郊特牲〉提到親迎之禮「出乎大門而先,男帥女,女從男也,夫婦之義由此始也。」未出大門,夫婦關係尚未形成,一出大門,夫婦關係就告開始。《列女傳‧貞順傳‧衛宣夫人》載齊侯之女嫁於衛,至城門

---

❶ 劉增貴,〈門戶與中國古代社會〉,《中央研究院歷史語言研究所集刊》,第 68 本第四分(1997 年 12 月),頁 818。

而衛君死，保母勸還，不聽，遂入。這是諸侯有國，以國門為家界。衛宣夫人認為已入夫門，所以要守夫婦之倫。**❷⓿**

這種以門作為人倫關係界定的現象，《禮記》，卷十八〈曾子問〉的一段文獻，也可以作為說明：

> 曾子問曰：「親迎女在塗而婿之父母死，如之何？」孔子曰：「女改服，布深衣縞總以趨喪。女在塗而女之父母死則女反。」「如婿親迎，女未至而有齊衰大功之喪則如何何？」孔子曰：「男不入，改服於外次，女入，改服於內次，然後即位而哭。」

女子一旦出門，婚姻便已經成立，所以在路程中，若丈夫的父母死，就立刻改服去服喪，若自己的父母死，鄭玄說「奔喪服期」，即以出嫁女的身份為父母服喪。如果男方家此時發生了大功以上甚至是齊衰的喪事時，女子先進入夫家門後才改服，然後處理喪葬事宜。入門才改服，與舅姑死時立刻改服奔喪不同，鄭注說是因為「昏禮重於齊衰以下」的緣故。由喪禮來看，女子一旦「出門」，婚姻關係就已成立。

　　著名的宗教歷史學家伊利亞德（Mircea Eliade）也就「門」在許多文化中所普遍顯示的功能和特性作出說明，我們也可以將它作為一個輔助的參考：

---

❷⓿　劉增貴，〈門戶與中國古代社會〉，頁 864。

門檻，是一道界線和分野，這道邊界分隔並面對著兩種世界；而同時，這兩個看似矛盾世界卻得以相通，使凡俗世界過渡到神聖世界通道得以相連。

類似的儀式功能，也出現在人類住所的門檻上，這也就是為什門檻會是一個極為重要東西。有很多儀式是伴隨著通過家裡門檻而發生的：鞠躬、跪拜，或是用手虔誠的觸摸等等。

「門檻」，不只是專指外頭與裡面的邊界而已，還有從一區域到另一區域之通道（即從凡俗到神聖）的可能性。然而，特別的是，「橋樑」和「窄門」的像，卻提供了一個危險通道的概念……這一切都相當於從某種存在模式進入另一種存在模式的通道，而且帶來一種真實的本體轉變。❷¹

伊利亞德所說，在禮經中也可以找到一些相符應的地方，門與戶在婚禮的過程中佔有重要的位置，禮儀中的「迎」、「讓」、「揖」、「拜」等禮節常都環繞著門、戶來進行的，如《儀禮》〈士昏禮〉中所提到六禮的過程：「主人筵于戶西」、「主人如賓服，迎于門外」、「至于廟門揖入」、「主人迎賓于廟門外，揖讓如初」、「期（取妻之日），初昏，陳三鼎于寢門外」、「尊于房戶之東」、親迎「至于門外，主人筵于戶西」、「主人玄端迎于門外」、「主人揖入，賓執雁從，至于廟門，揖入」、「（至男方家）婿乘其車先俟于門外，婦至，主人揖婦以入，及寢門，揖入」，而

---

❷¹　以上引文分別見於《聖與俗——宗教的本質》，第一章〈神聖空間與建構世界的神聖性〉，頁75、第四章〈人的存在與聖化的生活〉，頁221。

婦初至夫家的晚飯以及同房之禮，則是環繞著戶而進行的，如「贊
戶內北面答拜，酳婦亦如之」，「（將臥息）媵待于戶外，呼則
聞」，另外婿見岳母的禮儀：「主婦闔左扉，主于其內；婿立于門
外。」❷以上這些婚禮的儀節環繞著門、戶而進行著，同時在門戶
的內外或方位也常具有特殊的意義❷。

除了以上所說外，「門」與「戶」也是重要的祭祀對象，《禮
記》卷四十六〈祭法〉所提到的祭祀對象中，門與戶就佔了重要的
地位：

> 王為群姓立七祀，曰司命、曰中霤、曰國門、曰國行、曰泰
> 厲、曰戶、曰灶，王自為立七祀。諸侯為國立五祀，曰司
> 命、曰中霤、曰國門、曰國行、曰公厲，諸侯自為立五祀。
> 大夫立三祀，曰族厲、曰門、曰行。適士立二祀，曰門、曰
> 行。庶士、庶人立一祀，或立戶，或立灶。

由諸侯王以至於庶人各階級，門、戶都是重要的祭祀對象，在祭祀
行禮上具有重要的地位❷。婦人不參與外祭祀，不過門、戶亦是後
宮重要的祭祀之一，如《周禮》卷八〈天官・女祝〉提到：「掌王
后之內祭祀，凡內禱祠之事」，所謂內祭祀所指即是六宮中的灶、

---

❷　《儀禮》，卷六〈士昏禮〉，頁65。

❷　關於行禮的方位問題，彭美玲，《古代禮俗左右之辨研究──以三禮為中
心》（臺北：文津出版社，1997）一書有詳細論述。

❷　關於門戶祭祀，可參考王子今，《門祭與門神崇拜》（上海：上海三聯書
店，1996年）一書。

門、戶⑳，又如卷二十一〈春官·外宗〉：「小祭祀掌事」，所說的「小祭祀」即是後宮婦女的祭祀，其範圍亦僅止於門、戶、灶而已⑳。可以看出，門、戶的祭祀在當時非常被重視，外、內祭祀都同時包括了它。

由於門戶具有「通過」和「轉化」的重要象徵意義，行親迎禮時，女方的家長在戶將女子交於女婿，也同時符應著這層身份和人倫關係轉化的意義，至於為什麼是在「戶」而不是在「門」呢？戶是家宅內室的門，而門指的是家宅對外的門（如廟門、寢門等），在「戶」行禮，應該與女子居於內室有關，行過笄禮的女子不隨意出戶，家族內部男女的交談相處也以門闈為界限，內外之別十分顯明⑳。所以在行親迎禮時，由男子在「戶」牽引著女子的手，帶著她「出戶」，象徵的意涵十分顯著。

二、青廬：特殊的婚儀場所

若以行婚禮的場域有別於日常生活，而具有某些隔離的功效來看，於「青廬」進行結婚儀式，應該是一個值得注意的現象，新婚

---

⑳ 《周禮》，卷八〈天官·女祝〉，頁 122，鄭注：「內祭祀，六宮之中灶、門、戶」，賈公彥疏：「依祭法，王立七祀……以其婦人無外事……故言灶與門、戶也。」

⑳ 《周禮》，卷二十一〈春官·外宗〉，頁 331。

⑳ 如《國語》，卷五〈魯語下·公父文伯之母論內朝外朝〉，頁 203-204，其中「康子在其朝，與之言，弗應，從之及寢門，弗應而入，康子辭於廟而入見……（敬姜）：『子弗聞乎？天子及諸侯合民事於外朝，合神事於內朝；自卿以下，合官職於外朝，合家事於內朝；寢門之內，婦人治其業，上下同之』」，是最好的例子。

夫婦於「青廬」成婚的風俗，在漢代應該就已經存在了。在一首不知作者，而被題為〈古詩為焦仲卿妻作〉的詩作中，提到焦仲卿妻蘭芝再嫁時：「其日牛馬嘶，新婦入青廬」❷❽，此詩序提到，這是發生在「漢末建安中，廬江府小吏焦仲卿妻劉氏」❷❾的故事，這樣看來，入青廬成婚的風俗至少在漢末就已存在了。《世說新語》〈假譎〉所記更為清楚：

> 魏武少時，嘗與袁紹好為游俠，觀人新婚，因潛入主人園中，夜呼云：「有偷兒賊」，青廬中人皆出觀，魏武乃入，抽刃劫新婦與紹還出，失道，墜枳棘中，紹不能得動，復大叫云：「偷兒在此」紹遑迫自擲出，遂以俱免。❸❿

曹瞞與袁紹在觀人新婚時，夜呼有賊，而使得參與婚禮的親友、貴賓皆由「青廬」跑出來查看，二人趁隙將新娘劫走。可見新婦的成婚儀式確實是在「青廬」中進行的。但青廬的形制並沒有明白交待。後代的文獻，如《酉陽雜俎》記載：

> 北朝婚禮，青布幔為屋，在門內外，謂之青廬，於此交拜。❸❶

---

❷❽　吳兆宜箋注，《玉臺新詠箋注》（北京：中華書局，1985 年），卷一〈古詩為焦仲卿妻作〉，頁 52。

❷❾　同上，頁 43。

❸❿　余嘉錫箋疏，《世說新語箋疏》（上海：上海古籍出版社，1993 年），第二十七〈假譎〉，頁 851。

❸❶　《酉陽雜俎》，〈禮異〉，頁 7。

可知青廬有別於日常居室，為因應婚禮而特別加蓋，讓夫婦交拜成婚的場所。《北齊書》〈帝紀〉提到帝王的奢華，甚至達到：御馬「將合牝牡，則設青廬，具牢饌而親觀之。」❸❷的地步，這應該是比照當時結婚的習俗來辦理的，共通點則是在陰陽相合的特殊時刻，在空間上亦須具備特殊性，以與世俗空間和狀態相區隔。

三、奧：神聖的溝通和連結

根據〈士昏禮〉的記載，新婚夫婦成婚之夜共牢、合巹、施席都於正寢「奧」之處進行：

> 婦至，主人揖婦以入，及寢門，揖入，升自西階，媵布席于奧，夫入於室，即席，婦尊西，南面。
> 御衽于奧，媵衽良席在東，皆有枕，北止。❸❸

新婚夜施席夫在東，婦在西，與共牢時「婦尊西，南面」正好相反，孔穎達以陰陽角度來理解：

> 前布同牢席，夫在西，婦在東，今乃夫在東，婦在西，易處者，前者示有陰陽交會有漸，故男西女東。今取陽往就陰，故男女各於其方也。❸❹

---

❸❷ 李百藥，《北齊書》（臺北：鼎文書局，1978 年），卷八〈帝紀·幼主〉，頁 113。
❸❸ 分別見於《儀禮》，卷五〈士昏禮〉，頁 50、頁 52。
❸❹ 同上，頁 52，孔穎達疏。

在古禮儀式中往往以男居於左、女居於右為正位❸，所以就枕席之
位為男女正位，而共牢之位，反於正位，可能是婚禮中以男下女，
以求同尊卑，相親愛的表現。新婚之夜，施席於奧，也具有神聖而
特殊的意涵，根據《爾雅》卷五〈釋宮〉所記，室之「西南隅謂之
奧」，孫炎解釋奧的性質：

> 室中隱奧之處也，古者為室，戶不當中而近東，則西南隅最
> 為深隱，故謂之奧。而祭祀及尊者常處焉。❸

奧因為隱密深邃，成為通神所在，所以是家長、宗子的象徵之所，
《禮記》卷一〈曲禮上〉提到：「為人子者，居不主奧。」，即因
奧為象徵主人的尊位。卷四十九〈曾子問〉稱宗子殤祭為「陰
厭」，而不同於庶子殤祭的「陽厭」，宗子殤祭稱陰厭，主要因為
祭於奧之故❸，庶子沒有資格在奧受祭，只能受祭於他處，相較於
奧的陰秘，只能屬陽了，所以孔穎達說：「庶子之殤祭於室白，故
曰陽童」❸。

　　奧為通神的神秘所在，《儀禮》卷四十七〈少牢饋食禮〉記

❸　《古代禮俗左右之辨研究——以三禮為中心》，第四章第二節〈性別與左
　　右〉，頁 161-210。

❸　《爾雅》，卷五〈釋宮〉，頁 72：「西南隅謂之奧」，邢昺疏引孫炎說。

❸　《禮記》，卷四十九〈曾子問〉，頁 382，「陰厭」，鄭注：「是宗子而殤
　　祭之於奧之禮。」

❸　前揭書，卷四十一〈雜記上〉，頁 720，「附於殤，稱陽童某甫」，孔穎達
　　疏。

載：

> 主人朝服，即位于阼階東，西面。司宮筵于奧，祝設几于筵
> 上，右之。

即是於奧「布陳神坐也」❸，使祝能於此與神明交通。因為奧是溝
通幽明之所，所以人死後大斂儀式，也於奧進行，《儀禮》卷三十
七〈士喪禮〉記載：

> 乃奠燭，升自阼階，祝執巾席，從設于奧。

奧既是房室中溝通幽明的重要場所，也因為主人、宗子身負著祭祀
承宗與祖先溝通的重任，所以奧成為主人、宗子的象徵之所。新婚
夫婦共牢、合卺、同枕席，均於奧舉行，與奧的性質息息相關，因
為共牢、合卺、同枕席，均為合陰陽之舉，與奧本來的性質為溝通
幽明、陰陽，正相符合，同時，婚禮中夫婦交接於祭祀祖先、承宗
的重要場所——奧，亦象徵著宗脈的延續，具有神聖的意涵。

第三節　衣飾、車馬的特殊性

　　《儀禮》〈士昏禮〉中對於逆婦成婚當日，新婿、新婦乃至於
身邊的重要人物衣飾都有所交代，我們先將它列為一表：

---

❸　同上，鄭注。

表 6.1　士人階級參與親迎禮者的衣裳、冠帶

新婿	爵弁，纁裳、緇袘。乘墨車，婦車亦如之，有裧
婿從者	畢玄端
御	未記載，執燭先馬
使者	玄端
擯者	玄端
贊者	玄端
女父	玄端
女	次純衣，纁袡
姆	纚笄，宵衣
女從者（姪娣）	畢袗玄、纚笄，被穎黼

其中婿之父母（舅姑），新婦之母沒有明確提到所著之服飾，舅（婿父）的服飾可能與女父相當，服玄端。姑（婿母）及新婦之母的服飾應該近於姆所服之纚笄、宵衣。

　　新婿（士人階級）所著之服制為爵弁，乃是相較於大夫以上所用的冕服的次一等，二者形制的差別，據鄭注、賈疏所說，冕服上玄下纁，冠前後有旒，延後高前低，爵弁的顏色為黑中有赤，無旒，前後延平❹，二者均屬於祭服。新婦戴上假髮❹，著純衣（以絲為

---

❹　說見《儀禮》，卷二〈士昏禮〉，頁 15，「爵弁服」，鄭注、賈疏。

❹　前揭書，卷五〈士昏禮〉，頁 49：「女次」，鄭注：「首飾也，今時髲也。」所謂「髲」，《儀禮》，卷四十八〈少牢饋食禮〉，頁 568：「主婦被錫，衣移袂」鄭注：「被錫，讀為髲鬄，古者或剔賤者刑者之髮，以被婦人之紒為飾，因名髲鬄焉。此周禮所謂次也。」可見「次」，功效即類於今人所用之假髮。

之，色黑❷），同時身上還結纓、衿、帨❸，除了表明女子有了歸屬外，同時還強調女子的職責與角色。其他如女從者（姪娣）均著黑服，姆著「宵衣」❹，均縚髮加笄（纚笄）。男子則多著玄端服。服色亦以玄為主。可以看出，新婿、新婦，乃至於男女雙方參與儀式者，不論在髮飾、帽冠、衣裳上均須變服。

婚禮中的變服，有幾個重要的意義，其一，由社會階級的角度來看，即是攝盛，孔穎達對這樣的現象解釋是：「親迎攝盛服者，以親迎配偶一時之極，故許其攝盛服」❺，這是從人情需要上來說的，因為結婚時的親迎，乃是人生幾個最重要的階段之一，所以當事人在婚禮的排場和迎親的行列上特別講究，甚至踰越了所屬階級的份際。如〈士昏禮〉提到士人結婚乘墨車，從車二乘，墨車、即漆車，屬大夫階級所乘之車❻，二乘，亦是大夫以上所用的度數，服爵弁與次純衣亦是攝盛❼。

---

❷　同注❼，鄭注：「純衣，絲衣。」，陳瑞庚，認為純衣應該就是稅衣、褖衣，其色黑，婦人著之，衣裳不殊，見《士昏禮服飾考》（臺北：臺灣中華書局，1986 年），頁 46-47。

❸　前揭書，卷五〈士昏禮〉，頁 52：「主人入，親說婦之纓」，《禮記》，卷二〈曲禮〉，頁 37：「女子許嫁，纓」。《儀禮》，卷六〈士昏禮記〉，頁 64：「母施衿結帨」，衿為衣帶，帨為佩巾，《禮記》，卷二十八〈內則〉，頁 534，提到女子生時於門右結帨，象徵著其職擯在於侍奉人。

❹　前揭書，卷五〈士昏禮〉，頁 49：「姆纚笄宵衣」，鄭注：「姆亦玄衣，以縚為領，因以為名，且相別耳」

❺　《禮記》，卷四十一〈雜記上〉，頁 724。

❻　如《周禮》，卷二十七〈巾車〉，頁 417，所記：「服車五乘，孤乘夏篆，卿乘夏縵，大夫乘墨車，士乘棧車，庶人乘役車。」

❼　《儀禮》，卷四〈士昏禮〉，頁 44：「主人爵弁」，孔疏：「士家自祭服玄

第二，則是為了溝通陰陽、鬼神。大夫以冕服，士人以爵弁等祭服親迎，主要是為了達到「鬼神之」❹的目的，也就是要使整個婚禮的進行過程得到神明的參與，《禮記》卷二十六〈郊特牲〉提到娶婦也說「玄冕、齋戒，鬼神陰陽也」，冕服、爵弁的重要性還可以在喪禮中看出，如《周禮》，卷八〈天官·夏采〉提到「以冕服復于大祖，以乘車建綏」，《儀禮》卷三十五〈士喪禮〉：「以爵弁服，簪裳于衣，左何之，扱領於帶」，復禮首要與幽冥溝通，故須以特殊服飾來達到隔斷世俗世界，轉變日常意識的效果，此時的服飾扮演著重要的地位。

祭服的神聖性，還可從其小心翼翼，充滿巫術及禁忌，必須常常祭拜的製作過程看出，《禮記》卷四十八〈祭義〉提到：

古者天子、諸侯必有公桑蠶室，近川而為之築宮，仞有三尺，棘牆而外閉之，及大昕之朝，君皮弁、素積，卜三宮之夫人、世婦之吉者，使入蠶于蠶室，奉種浴于川，桑于公桑，風戾以食之。歲既單矣，世婦卒蠶，奉繭以示于君，遂獻繭于夫人，夫人曰：「此所以為君服」，與遂副褘而受之，因少牢以禮之。古之獻繭者，其率用此與？及良日，夫人繰三盆，遂布于三宮，夫人、世婦之吉者，使繰，遂朱綠之，玄黃之，以為黼黻文章。服既成，君服以祀先王、先

端，助祭用爵弁，今爵弁，用助祭之服，親迎一為攝盛。」，又卷四十四〈特牲饋食禮〉，頁524，提到主婦的服飾是「纚笄，宵衣」，婚禮時服：次，純衣，亦是攝盛。
❹　同上，鄭注。

公，敬之至也。

所謂「大昕之朝」指的是季春朔日之朝❹，《禮記》卷十五〈月令〉也提到季春時后妃齋戒躬桑之事，《周禮》卷七〈天官・內宰〉言及婦人始蠶的時間則在中春，時間上略有差異，不過基本上都強調在萬物蕃育的春季開始養蠶，以感應天地生生之氣，養蠶乃至於取蠶繭的婦女，須先經過占卜❺，獻繭、繅絲乃至服成，都要選擇吉日，並進行慎重的祭祀。經過如此慎重的過程所作出的祭服，方才具有神而明之的力量。穿著此神聖的祭服，並通過齋戒，較易達到溝通陰陽鬼神的功效，《楚辭・九歌》中透過所穿著之法服及配飾花草進入特殊的意識狀態，已為學者所揭露❺，這與祭祀中所用的動植物，以及禮器上的動物紋樣一樣具有幫助溝通天地的效果❺。

由於祭服具有溝通幽冥的神聖性，所以戰國以後興盛的數術與

---

❹　《禮記》，卷四十八〈祭義〉，頁819，鄭注。

❺　這種占卜應該是為了求取好的感應，以求豐產，與後宮藏種中求繁育精神一致，關於後宮藏種的目的，詳參《周禮》，出處同上注，鄭注、賈疏。

❺　詳參李豐楙，〈服飾服食與巫俗傳統〉，頁71-99、〈服飾與禮儀：〈離騷〉的服飾中心說〉，頁 1-50。楊儒賓，《中國古代天人鬼神交通之四種類型及其意義》，第四章〈離體遠遊與永恆的回歸——屈原作品反應出的薩滿教型態〉，頁61。邱宜文，《巫風與九歌》（臺北：文津出版社，1996 年），以及馬繼興，《神農本草經輯注》（北京：人民衛生出版社，1995 年）一書，對植物所具有的特殊功效的說明。

❺　張光直，《中國青銅時代》（臺北：聯經出版公司，1994 年），〈商周青銅器上的動物紋樣〉，頁 355-387。

天人符應、陰陽學說的影響下，亦被以符應天地、陰陽的方式來理解，如《禮記》卷二十六〈郊特牲〉：

> 祭之日，王被袞以象天，戴冕璪十有二旒，則天數也。

婚禮所用之「玄纁」，亦法天地之數：

> 玄三法天，纁二法地也。❺❸

也有從陰陽的角度來理解的，如「纁裳」：

> 以緇緣裳，象陽氣下施。❺❹

「纁袡」：

> 袡之言任也，以纁緣其衣，象陰氣上任也。凡婦人不常施袡
> 之衣，盛昏禮為此服。❺❺

這些說法，固然未必為婚禮服飾的原始意涵，不過，仍然表達出婚禮服飾所具有的特殊性。配合著婚禮前的齋戒，都希望能使婚禮的

---

❺❸　《白虎通》，卷十〈嫁娶〉，頁458。
❺❹　《儀禮》，卷四〈士昏禮〉，頁44，鄭注。
❺❺　同上，頁49，「女次純，纁袡」，鄭注。

過程神聖化❺❻。

　　親迎時穿著祭服、盛服，恐怕還牽涉到隔離及身分轉化和驅邪、安神等問題。特殊的衣服，除了具有使身份改變，同時亦造成意識改變的功效，這一方面固然由於穿著特殊的服飾會使社會認可的角色發生變化，另一方面，祭服就如同祭祀時所用的許多道具一樣，是重要的法器，它隔斷了凡俗世界的存在狀態，而標示著與神聖互滲的世界。服飾對於意識轉化的重要性，在行成年禮的過程中，表現得最為鮮明，冠禮的重頭戲：三加，是按程序分別穿著三套不同衣服、冠帶的儀式過程，在穿著衣冠的過程中，不但象徵給予行禮者社會統治、軍事田獵、祭祀的權力❺❼，同時亦使行禮者的意識狀態為之改變，使他的心性由童蒙一躍而為成年。此外，在議婚過程中，一旦納幣，女子在髮型及衣著上將有所改變❺❽；又喪禮過程中，隨著喪期的逐漸流逝而逐漸改服，也都同樣象徵、標幟著生命狀態的改變。

　　祭服還有驅邪、安神的功效，《論語》卷十〈鄉黨篇〉記載：

　　　　鄉人儺，朝服而立於阼。

---

❺❻　如《禮記》，卷二十六〈郊特牲〉，頁 506，孔疏所說：「著祭服而齊戒親迎，是敬此夫婦之道如事鬼神。」

❺❼　《儀禮》，卷三〈士冠禮〉，頁 28-34，提到三加及其意義。詳參楊寬，《古史新探》〈冠禮〉，頁 234-255。歸結起來，初次加緇布冠，身穿玄端、緇帶、爵韠。再次加皮弁、身穿素積、緇帶、素韠。三次加爵弁、身穿纁裳、純衣、緇帶、韎韐。分別代表授予治人、田獵、軍事、祭祀的權力。

❺❽　詳參本書第四章第四節。

又《禮記》卷二十五〈郊特牲〉記載：

> 鄉人禓，孔子朝服立于阼，存室神也。

「禓」根據鄭注即「強鬼也，謂時儺索室，毆疫逐強鬼也」**❺❾**，在行儺祭驅逐疫鬼的過程中，為了避免驚動了自家神明，家長須著祭服立於廟中象徵著家主之立的阼階之上，用以安神，同時也使得疫鬼不敢親近，使家中神祇「依己而安」**❻⓿**，這除了表現出祭服能溝通神靈的功效，同時還突顯出祭服驅邪及安神的功能。

　　如上所述，祭服既然具有改變意識狀態、驅邪、溝通天地等重要功能，在婚禮的過程中齊戒而著祭服便具備了特殊的意義，並不只是人情所須的攝盛或慎重而已。

第四節　飲食的象徵意義

　　關於新婿、新婦的飲食，《儀禮》卷五〈士昏禮〉提到：

> 贊告具，揖婦即對筵，皆坐，皆祭，祭薦黍稷肺，贊爾黍，授肺脊，皆食，以湆醬，皆祭舉食舉也。三飯卒食，贊洗爵，酳酬主人，主人拜受，贊戶內北面答拜，酳婦，亦如之，皆祭。贊以肝從，皆振祭，皆實于菹豆，卒爵，皆拜，

---

❺❾　《禮記》，卷二十五〈郊特牲〉，頁 488，鄭注。

❻⓿　同上，孔疏。

> 贊答拜，受爵，再酳如初，無從，三酳用卺，亦如之。贊洗
> 爵，酌于戶外尊，入戶，西北面奠爵拜，皆答拜，坐祭，卒
> 爵，拜，皆答拜，興。

先從食品的種類來說，〈士昏禮〉中「期，初昏」時所備辦的菜
肴，所用分別是特豚一（去蹄，承於鼎）、魚十四（承於鼎）、腊一
（全兔，去髀，承於鼎），舉肺二、祭肺二、肝、脊二、醯醬二豆、菹
醢四豆、黍稷四敦、大羹、四爵、二卺❻。這些食物應具有特殊的
意涵，如我們注意到肺在其中佔了重要的地位，新婚夫婦入席後先
要祭肺，而後有又授肺、脊而食的儀式，這與當時人認為「肺者氣
之主」❻的想法有關，根據《禮記》的說法周人特重於祭肺，不論
飲食、祭祀、鄉飲酒等禮儀均要先祭肺❻。肺屬於五臟（肺、心、
肝、腎、脾）之一，五臟在祭祀中佔有重要的地位，《禮記》卷二十
六〈郊特牲〉說：

> 血祭，盛氣也，祭肺肝心，貴氣主也。

---

❻　《儀禮》，卷四〈士昏禮〉，頁 43。
❻　同上，頁 42，鄭注。
❻　食牲前必先祭肺，《禮記》，卷四〈曲禮上〉，頁 77，提到荒饑之年「君膳
　　不祭肺」，用以表示不殺牲不食牲肉。祭祀中除了特殊情況外，也要先舉祭
　　肺，如卷十九〈曾子問〉，頁 382，提到「祭殤不舉」，孔疏謂：「謂祭此
　　殤時不舉肺，以其無尸，故不舉肺脊」，卷六十一〈鄉飲酒義〉，頁 1005：
　　「祭薦祭酒，敬禮也。嚌肺，嘗禮也。」，孔疏：「嚌肺者，禮也，賓既祭
　　酒之後，興取俎上之肺，嚌齒之，所以嘗主人之禮也。」可以看出肺在周人
　　的祭祀、飲食等禮儀中具有重要的地位。

孔疏：

> 祭肺肝心，貴氣主也，此三者並為氣之宅，故祭時先用之，
> 是貴於氣之主故也。血是氣之所舍，故云盛器也，三者非即
> 氣，故云氣之主也。㉔

在原始思維中，有動物的靈魂寄藏於血液之中的想法㉕（氣之所舍），而內臟又是氣血的匯集之所（氣之宅）㉖，所以成為祭祀中用以溝通神靈的重要媒介。在陰陽五行思維發達的影響下，配合出五行、五方、五味、五色、五音的結構，由〈月令〉所記來看，春祭先脾、夏祭先肺、季夏祭先心、秋祭先肝、冬祭先腎，就是將五臟分別配屬五行和季節的結構。周人特重祭肺的想法可能還與三統說

㉔　《禮記》，卷二十六〈郊特牲〉，頁510。

㉕　原始思維和巫術中認為血是生物靈魂所寄，因此自生物體中流出的血具有神祕的力量，當血液自生物體中流出時，其靈魂亦被釋放，巫師「有時是把動物作犧牲，而使之自軀體中昇華出來。巫師們在動物精靈的幫助之下昇到天界或降到地界與神或祖先相會」，這是祭祀用血牲，而與神明溝通的一種重要方式，詳見〈商周青銅器上的動物紋樣〉，頁373-374，以及《中國青銅器時代》第二集，〈商代的巫與巫術〉、〈中國古代藝術與政治──續論商周青銅器上的動物紋樣〉等文。因為此種原因，《禮記》，卷二十六〈郊特牲〉，頁480，記載：「郊血，大饗腥，三獻爓，一獻熟」，越是重大的祭祀所用的祭物越以血腥為主。

㉖　詳參《氣・流動的身體》，頁83-88。又生命力精氣的耗傷，最直接表現在內臟上，如《禮記》，卷五十六〈問喪〉，頁946，提到：「親始死，雞斯、徒跣，扱上衽，交手哭，惻怛之心，痛疾之意，傷腎、乾肝、焦肺」即是一例。

有關係，《禮記》卷三十一〈明堂位〉提到：

> 有虞氏祭首，夏后氏祭心，殷祭肝，周祭肺。

方氏愨解釋說：

> 有虞氏祭首，尚用氣也。氣以陽為主，首者氣之陽也。至於
> 三代，則各祭其所勝者焉：夏尚黑，為勝赤，心赤也。殷尚
> 白，為勝青，肝青也。周尚赤，為勝白，肺白也。❻❼

我們注意到方氏愨對五臟與五行、五色的配置與〈月令篇〉（脾配
春、青，肺配夏、赤，心配季夏、黃，肝配秋、白，腎配冬、黑）並不相同，
可見五臟與五行的配屬並不只有一套，但若用〈月令〉的說法，方
氏愨所說就無法成立了。

　　除了肺外，脊為於身體之「中」軸❻❽，由中醫觀點來看，正與
腦髓相連結，是氣所匯集蘊藏之所❻❾，所以在祭祀中亦具有溝通神
聖的特殊而重要的地位。除了溝通神明的重要性外，先食肺、脊，

---

❻❼　《禮記集解》，卷三十一〈明堂位〉，頁856。

❻❽　如《禮記》，卷四〈士昏禮〉，頁42、43，鄭玄說：「脊者體之正也」，孔
　　穎達所說：「一身之上，體總有二十一節，前有肩臂臑，後有胈胳，脊在中
　　央」。「中」在神話學上亦具有重要的意義，脊柱正是人體小宇宙之中軸，
　　所以具有重要的地位。關於中的論述，詳參《聖與俗》，第一章〈神聖空間
　　與建構世界的神聖性〉，頁71-114。

❻❾　詳參《氣・流動的身體》，頁38-42。

可以因二者所蘊含豐富之氣，而達到「導食通氣」的效果❼。三鼎中有一鼎承魚十四尾，一般祭祀時用魚正數為十五，婚禮為了求雙，達到夫婦敵偶的效果，所以特別減一，用了十四尾。為什麼要用魚十五尾呢？鄭玄說是因為：「陰中之物，取數於月十有五日而盈。」❼魚與月同是陰的象徵，因此仿月數，月以十五而圓，魚亦用十五為數，魚與月意象結合，還因二者均具有豐富的生殖意象❼，以考古出土來看，如半坡、姜寨遺址的彩陶魚紋，學者認為很可能與生育及女陰等關係密切❼。魚在禮儀中與婚姻的密切關係，可在《禮記》卷六十一〈昏義〉中所提到的婦人先嫁三月，教于公宮中，當學成之時，祭祀「牲用魚，笄之以蘋藻」看出。在古籍中魚往往成為兩性關係的隱語，這與它強烈的繁殖力有關係，聞一多即透過《左傳》、《詩經》、《易經》乃至於樂府民歌等大量的材料，來發掘先秦時即已存在的以魚象徵「匹偶」、「情侶」乃至兩

---

❼　《儀禮》，卷四十五〈特牲饋食禮〉，頁 531：「舉肺脊以授尸」，鄭注：「肺，氣之主也，脊，正體之貴者，先食啗之，所以導食通氣」。

❼　前揭書，卷四十六〈特牲饋食記〉，頁 550；「魚十有五」，鄭注。

❼　月與生殖力的關係，詳參本論文第二章。

❼　如趙國華，《生殖崇拜文化論》（北京：中國社會科學出版社，1991 年），頁 107-125，即認為半坡魚紋是透過魚祭來求得生殖繁盛，甚至可能與吃魚以求子的儀式有關。李荊林認為人面魚紋乃是「嬰兒出生圖」，見〈半坡姜寨遺址人面魚紋新考〉，《江漢考古》，3 期（總第 32 期）（1989 年 6 月）。仰韶文化魚紋的解釋雖然眾多，許多均與魚的生殖意象相關，諸種不同說法詳參劉云輝，〈仰韶文化「魚紋」「人面魚紋」內含二十說述評——兼論「人面魚紋」為巫師面具形象說〉，《文博》，總第 37 期（1990 年 8 月），頁 64-75。

性關係的現象❼。

　　新婚夜的飲食中，最具有強烈合體及生殖象徵的，要算是共牢、合巹的儀式了。「合巹」是將葫蘆、瓜瓢一類果實，由中剖開，作為盛酒之容器，由新婚夫婦各執一半而對飲的儀式。一瓜判剖為二，而實為一，具有很強烈的合體的意象，似乎模仿著宇宙由混沌而分陰陽，而陰陽實為同源的想法，同時因為瓜或葫蘆具有混沌的意象，而且腹圓中空而多子，所以又成為母神或繁育的象徵❼，在古代文獻中往往以「綿綿瓜瓞」❼作為生民的象徵，創世神話中亦常出現由瓜判剖而生出的初民故事❼。以瓜來象徵夫婦新婚，在《詩經》中可以看見，如〈豳風·東山〉征客透過「有敦瓜苦，烝在栗薪」的景象，而想起了三年前新婚的往事，與下段「倉庚于飛、熠燿其羽，之子于歸，皇駁其馬，親結其縭，九十其儀」❼，正成呼應。

---

❼　《聞一多全集》，〈說魚〉，頁 117-138。

❼　聞一多指出葫蘆因為多子成為造人故事的核心，並且認為：「伏犧與女媧，名雖有二，義實只一，二人本皆謂葫蘆的化身。」見《聞一多全集（一）》，〈伏羲考〉，頁 60。其實葫蘆的繁育之象是非常明顯的，《大母神》中舉出許多母神的形象，上身頭形很小，乳房與臀部形成大小相疊的二圓的葫蘆形象，這個形象是繁育的象徵，再次，葫蘆是可以盛水的容器，與母神是容器和水罐的象徵亦是相符合。

❼　《毛詩》，卷十六之二〈大雅·綿篇〉，頁 545。

❼　聞一多對比了許多民族流傳的洪水故事，而發現瓜或葫蘆常在其中扮演著重要的地位，同時還指出男女始祖伏羲與女媧，其實葫蘆的化身，認為葫蘆與洪水神話或人類始祖發生密切的關係，與瓜類豐富的生殖意象，密不可分。詳參〈伏羲考〉，頁 3-68。

❼　《毛詩》，卷八之二〈豳風·東山〉，頁 296。

　　葫蘆的強烈生殖意象在漢代仍然很興盛，如《史記》卷二十七〈天官書〉提到：「匏瓜有青黑星守之」，這個匏瓜星的性質，在緯書中曾加以闡述，如《黃帝占》說：「匏瓜星主后宮」、「匏瓜星明……后宮官多子孫；星不明，后失勢」**⑦⑨**，又如《星官訓》說：「匏瓜，大瓜也，性內文明而有子，美盡在內」**⑧⓪**，以匏瓜作為后宮的象徵，母性及繁育意象十分明顯。因此，婚禮中的「合巹」除了表面上親愛的意思，還具有夫婦「合體」，同時能感應使如瓜蒂綿延，生養眾多的期望在內。至於共牢而食，以俞樾特豚、腊、魚共俎之說，較值得採信**⑧①**，即透過夫婦共食一牲，以使彼此產生神秘的滲透和連結，從而確定雙方的一體感。

　　後代婚姻習俗中，在飲食的部分保留了相當豐富的求子巫術的材料，但由於不是先秦乃至漢代的文獻，我們在此不作引述。雖然先秦乃至漢代保留下的婚俗中關於飲食的資料有限，但我們仍可以從前面的敘述中發現，新婚夫婦初次的對席，食物的安排，同時具有祭祀溝通神明、求育以及合體的意象，就功能上來看，「共牢」也能使新婚夫婦在同尊卑的和諧氣圍下，有一個好的起點，與婚禮中所表現的「授綏」男下女的精神基本一貫。

---

⑦⑨　瞿曇悉達編，《唐開元占經》（北京：中國書店，1989 年），卷六十五〈石氏中官・匏瓜星〉引，頁 461。

⑧⓪　同上。

⑧①　詳參本書第五章。

第五節　婚禮儀式中的求育巫術

　　婚禮的過程中含有豐富的求育巫術與意象，希望在男女相會的特殊時刻，能夠感應促使新婚婦女多產多育，表達出家族對於繁育多子的祈望。我們前面已經提到婚禮的飲食中含有豐富的合體及求育的象徵，現在我們還可以從親迎儀式中的求育意象來看，如《說苑》卷十九〈脩文〉中記載著一段關於親迎儀式的文獻：

> 夏，公如齊逆女，何以書？親迎，禮也。其禮奈何？諸侯以屨三兩，加琮。大夫、庶人以屨二兩，加束脩二。曰：「某國寡小君使寡人奉不珍之琮，不珍之屨，禮夫人貞女。」夫人曰：「有幽室數辱之產，未諭於傅母之教，得承執衣裳之事，敢不敬？」拜祝，祝答拜。夫人受琮，取一兩屨以屨女，正笄衣裳而命之曰：「往矣，善事爾舅姑，以順為宮室，無二爾心，無敢回也。」女拜，乃親引其手，受夫乎戶，夫引手出戶；夫行女從，拜辭父於堂，拜諸母於大門。夫先升輿執轡，女乃升輿，轂三轉，然後夫下先行。大夫、士庶人稱其父曰：「某之父，某之師友，使某執不珍之屨，不珍之束脩，敢不敬禮某氏貞女。」母曰：「有草茅之產，未習於織紝紡績之事，得奉執箕帚之事，敢不敬拜？

　　首先要說明的是，《說苑》這段屨女的記載，《禮記》及《儀禮》談及親迎等婚禮程序中沒有述及，《春秋經》與《左傳》亦未見記載，不過可以確定的是，它應該流傳在西漢時期，所以才會被劉向

所收錄下來，因此即使不見於禮經記載，亦至少可以反映出當時俗的一些層面，同時因為《說苑》保留了不少先秦時的史料及佚聞，這段文獻也很可能反映了先秦時期婚禮的一些情況。這一則引文在親迎的儀式上有幾個特別值得注意的地方，首先是：對比於〈士昏禮〉和〈昏義〉可以發現此處母親佔著主導婚禮的重要地位，男子（諸侯）奉母命帶著禮物來親迎，女子的母親亦在親迎禮中佔著主導的角色。這樣的訊息配合著《左傳》所記載，婦人親自越境為子求婦❽、逆婦❽，在宗法的精神下受到批評，似乎也反映出在俗上母親對婚禮具有某部份的權力❽。

此段文獻還提到親迎禮中「履女」的儀式，這是在親迎時男子奉命帶著「屨」（鞋）作為禮物，在儀式進行時，岳母命新婦象徵性地穿上它，然後才將新娘親自交予新郎，由行文脈絡來看這個儀式是親迎禮中的重頭戲，這個「履女」的儀式所代表的意義為何？若從「履」這個線索去推查，不論是作名詞用的鞋，或是作動詞用

---

❽　《左傳》，卷十七〈僖公三十一年〉，頁286，記杞伯姬越境親為子求婦。

❽　關於宋蕩伯姬越境為子逆婦之事，宋伯姬本為魯女，嫁於宋大夫蕩氏，《左傳》，卷十九上〈文公七年〉，頁 316，還記載以公子蕩為司城：「公子蕩為司城」，注：「桓公子也，以武公名癈司空為司城。」如果這個蕩氏為蕩伯姬之夫，那麼伯姬在為子越境逆婦，主持婚禮時，她的丈夫還在世，對於宗法精神不相容，所以卷十六〈僖公二十五年〉經文，頁 262：「宋蕩伯姬來逆婦」，注提到：「自為子來逆，稱婦，姑存之辭，婦人越竟迎婦非禮，故書。」

❽　在《公羊傳》的記載和解詁中，也可以看到早期母親主婚的遺跡如卷一〈隱公二年〉，頁 25，紀履緰來逆女，提及如果母親仍在須遵從母命以結婚姻，但須託言於諸父兄師友，因為在宗法架構的規範下婦人無外事的緣故。

的穿鞋動作，在神話、民俗學中都是具有豐富生殖象徵的符號，與性器、生殖力、性行為等有密切的關係❽，在《詩經·齊風·南山》亦提到了「屨」的問題，而且通篇都與婚姻和性的象徵有關，篇首的序說此詩為「刺襄公也，鳥獸之行，淫乎其妹」❻而作，詩為：

> 南山崔崔，雄狐綏綏。魯道有蕩，齊子由歸。既曰歸止，曷又懷止？
>
> 葛屨五兩，冠緌雙止。魯道有蕩，齊子庸止。既曰庸止，曷又從止？
>
> 蓺麻如之何？衡從其畝。取妻如之何？必告父母。既曰告止，曷又鞠止？
>
> 析薪如之何？匪斧不克。取妻如之何？匪媒不得。既曰得止，曷又極止？

---

❽ 如賴傳萬、符傳孝同譯，佛洛依德（Sigmund Freud），《夢的解析》（臺北：藝文出版社，1973 年），頁 280。王政，〈腿、腳、鞋——生殖民俗的典型符號〉談及許多民族神話及民俗中賦予腿、腳、鞋、及穿鞋的動作以性和生殖的意涵，見《民間文學論壇》3 期（總第 32 期）（1998 年 5 月），頁 55-58。葉舒憲指出鞋常與男女婚配或性相關，主要的原因有「鞋總是成雙成對的，因此可以借來喻示『合二而一』的理念」，而且「精神分析學家還認為鞋的中空形狀可喻示女性性器，從而把穿鞋解釋為交合的象徵」，見《中國古代神秘數字》（北京：社會科學文獻出版社，1998 年），頁 33-37。周策縱也提到霜、鞋與婚配的關係，見《古巫醫與六詩考》（臺北：聯經出版公司，1989 年）〈「葛」和「屨」的象徵意義〉，頁 23-31。

❻ 《毛詩》，卷五之二〈齊風·南山〉，頁 195。

全詩四段後二句皆在講婚嫁的事，前二句都暗喻著性行為，如「雄狐」是男性的魅惑力，「斧」是男性性能力的象徵物，以斧劈開木頭，暗喻著性行為，種子代表男性的生育力、土地則象徵女性的生育力，播種、開墾土地也是性行為的象徵，而這些象徵後來又引申為婚娶的行為，由這樣看來詩中的「葛屨」很可能也與性和婚姻有關，周策縱就指出《詩經》中往往用葛來象徵生殖蕃衍、婚姻、或血緣關係，葛屨是婚禮中的禮鞋❽。在親迎禮中的「屨女」儀式，似乎有著象徵並激發女子生育力的意涵❽❽。

　　另外《說苑·脩文》中還指出諸侯親迎禮物用「琮」，根據《周禮》卷十八〈春官·大宗伯〉記載祭天用蒼璧，祭地用黃琮，但這種說法摻雜了春秋以後五行的配置、天地分祀的想法❽❾。若根據張光直的推測，輔以早期墓葬的情形，玉琮應是通天的重要法器❾⓿，同時具備了「中」軸的特質和功能❾①，由於「中」是宇宙生命

---

❽　《古巫醫與六詩考》，〈從《詩經》裏的葛屨論古代的求生祭「高禖」與郊祀〉，頁 5-68。

❽❽　「屨女」是否可進一步作為合體的象徵仍有疑問，因為若將鞋作為女性性器的象徵，則似應由男子穿鞋，合體意象才能完全吻合，但此處以女子穿鞋，似乎頗難解釋。

❽❾　詳參《兩漢經學今古文平議》，頁 342-354。

❾⓿　《中國青銅時代》第二集，〈談「琮」及其在中國古史上的意義〉，頁 67-80。

❾①　關於「中」的性質，詳參《聖與俗》，第一章〈神聖空間與建構世界的神聖性〉，頁 71-114。另外，頁 87，伊利亞德對於中軸簡要的定義是：「1.神聖空間在空間的同質性中，構成了一個突破點。2.這個突破點是由一個『開口』的象徵所表明出來，透過這個開口，才得使一宇宙區域通往另一區域成為可能。3.與天的共融交往，可由各種圖像表達出來，而所有的圖像都提及

力流出與回歸的場域，所以具有無限的生命力，根據古代典籍記載國家建都須找「土中」❷，也是為了能得到不絕的生命力，而使國祚長久，生產豐饒。玉琮既具有「中」的性質，所以與不絕的生命力有直接的關係，有些學者即推測琮與生殖力具有密切的關係，甚至可以從墓葬中看出端倪❸，親迎時以琮作為禮物，很可能亦與此

『宇宙軸』，如柱子、梯子、高山、樹木、藤蔓……等。4.我們的世界圍繞著這宇宙軸向外伸開，因而此軸位於『正中央』，『地的肚臍眼上』；它是世界的中心。」

❷ 關於地中，許多典籍均談及，如《尚書》，卷十五〈召誥〉，頁 221：「王來紹上帝，自服于土中。旦曰：其作大邑，其自時配皇天，毖祀于上下，其自時中乂，王厥有成命，治民今休。」《逸周書》（臺北：臺灣中華書局，1966 年），卷五〈作雒〉，頁 8：「乃作大邑成周于土中，城方千七百二十丈，郭方七十里，南繫于洛水，北因于郟山，以為天下之大湊」，《荀子》，卷十九〈大略〉，頁 321：「君人者……欲近四旁，莫如中央，故王者必居天地之中，禮也」，《周禮》，卷十〈地官·大司徒〉，頁 153，講到土中的性質：「以土圭之法測土深，正日景以求地中，日南則景短多暑，日北則景長多寒，日東則景夕多風，日西則景朝多陰。」

❸ 琮在學者的考察中，與生殖有密切的關係，雖然有學者認為是女性的性器的象徵，也有被認為是男性性器的象徵，如汪遵國認為琮為女性性器的象徵〈《良渚文化「玉斂葬」》述略〉，《文物》，2 期（總第 333 期）（1984年 2 月），安克斯（Erkes）認為琮象徵女祖的神主，凌純聲主張琮是古代多爾門（dolmen）的前身，高本漢主張琮是男子性器之函等，以上詳參〈中國古代神主與陰陽性器崇拜〉，《中央研究院民族學研究所集刊》，第八期（1959 年 1 月），頁 1-38，以及〈中國祖廟的起源〉，《中央研究院民族學研究所集刊》，第七期（1958 年 1 月），頁 141-176。以琮為女性器象徵者通常與《周禮》所提到的「蒼璧禮天」、「黃琮禮地」的傳統天圓地方的說法有關，不過從墓葬中發現琮與男性象徵的關係反而是比較密切的，如《生殖崇拜文化論》，頁 298-322，就根據良渚文化的墓葬玉器分佈情況，推斷璧與女性象徵、琮與男性象徵的密切關係，這在漢代墓葬中琮的表現也可

相關。

第六節　小　結

　　婚禮在一連串的議婚過程後，在親迎、成婚時進入了高潮，在此過程中，不論當事人的齋戒、隔離，或是所使用的衣服、車馬，行禮的場域、位置、飲食等，都具有特殊的意涵。我們可以分成幾個方面來看，首先，通神明是整個儀式過程最重要的部分，如親迎前的齋戒、親迎時的法服、使用的法器、新婚之夜施席於奧……都是為了能與神聖相交通。第二，幫助意識的轉化，也是重點，這除了表現在隔離上，還透過行禮的場域和空間來呈現，如門與戶在行婚禮過程中具有重要的意義，立於門戶內外及東西的方位，亦有一定的講究，在《說苑》中記載了一則岳母在「戶」將女兒交予女婿，女婿牽引女子「出戶」的文獻，顯示出「戶」在親迎禮的過程中佔了重要的位置，選擇在「戶」行這個儀式，與門、戶「通道」、「過渡」和「轉化」的性質密切相關，也與女子居於內室，在未有特殊狀況下不隨意出戶的習俗有關，此時的引手出戶就象徵

以看出，根據《中國方術考》，〈祖名考實及其他〉，頁 423，記載漢初中山靖王劉勝的墓中：「發現尸體還有專門保護生殖器的玉罩盒（系用玉琮改制）」。周南泉，〈故宮博物院藏的幾件新石器時代飾紋玉器〉，《文物》，10 期（總第 341）（1984 年 10 月），指出：「漢代玉琮出土很少，其中有兩墓出土的玉琮，發現已改作它器用。中山靖王劉勝墓中，把玉琮改作『玉匣』作為生殖器套」、「另一件，于江蘇漣水三里墩西漢墓出土，已將玉琮改作以銀鷹為足的銀底座」，不論是作玉罩盒或是鷹底座都還可以看出與男性生殖的密切關係。

著身份與關係的改變。第三、對於因身份轉化而造成的不確定和沖犯，隔離也提供了對彼此的保護，儀式中還透過祓除的方式來化解不祥。第四、男女結合最被重視的生育問題，也透過飲食和求育的儀式來展現。

第七章　婚姻關係的結束
——由禮教、律法、倫理與經濟層面來看離婚問題

　　在本文中我們將分別從丈夫出妻與妻子主動求去的角度，來探究離婚的原因，以及七出條例的具體實施狀況，其中妻子能否主動求去，還牽涉到倫理觀的問題，亦在此文進行討論。婦女在離婚後是否再嫁牽涉的問題頗為複雜，宗法、倫理、法律、經濟……等層面均發生著影響力，本文特別從經濟的角度來看婦女擁有財產的狀況，以及離婚後的生活與再嫁問題。

第一節　離婚條例及其具體實施狀況

一、出妻：由夫的角度來看離婚問題

《大戴禮記》卷十三〈本命〉提出了七種可以出妻的狀況：

　　婦有七去：不順父母去、無子去、淫去、妒去、有惡疾去、

> 多言去、竊盜去。不順父母去，為其逆德也；無子，為其絕
> 世也；淫，為其亂族也；妒，為其亂家也；有惡疾，為其不
> 可與共粢盛也；口多言，為其離親也；盜竊，為其反義也。

還有三種不可去妻的情況：

> 婦有三不去：有所取，無所歸，不去；與更三年喪，不去；
> 前貧賤後富貴，不去。

各家對七出內容並無異詞，但各項目間的排序則不盡一致，如劉向
《列女傳》的七出條例首重妒嫉，無子幾乎殿末；未直接提到事舅
姑，而以驕侮統括之❶。《公羊傳》解詁所提到的則首重無子，不
順父母則居第三❷。著重點的不同，當與訴求的情境有關。以下就
幾個出妻的重要項目分析之。

(一)無子

婚姻的目的主要在承宗與繼嗣，無嗣將使承宗止於己身，因此
能否生育幾乎成為婦女婚後自身最關切、也最被人所關切的問題。
不過，從貴族繼承的角度來說，婦人無子並不構成被出的首要原

---

❶　《列女傳》，卷二〈賢明傳・宋鮑女宗傳〉，頁 5a：「七去之道，妒正為
首，淫僻、竊盜、長舌、驕侮、無子、惡病皆在其後」，未直接提到事舅
姑，蓋以驕侮統括之。

❷　《公羊傳》，卷八〈莊公二十七年〉解詁，頁 105：「無子，棄，絕世也。
淫泆，棄，亂類也。不事舅姑，棄，悖德也。口舌，棄，離視也。盜竊，
棄，反義也。嫉妒，棄，亂家也。惡疾，棄，不可奉宗廟也」。

因，我們以春秋及漢代的情況來看（參見表 7.1），春秋時期九個無子的夫人，分佈於魯、衛、晉、齊諸國中，沒有一位被休棄，蔡姬被送回國並非因為無子❸。戰國時秦武王夫人、秦時安國君的華陽夫人，都未因無子而被休棄。以漢代的后妃來看，九名無子的皇后以及一名王妃中，景帝薄皇后被廢的癥結出在這場婚姻乃薄太后安排的，從開頭就不符景帝的心意，所以才會在薄太后崩後，景帝又適巧有中意對象的情況下遭罷黜。這主要是因為貴族階層強調多妻妾，一人無子，並不至於構成繼嗣上的嚴重問題。

不過從后妃自身的角度來看，無子卻可能導致她的失寵，連帶使她失去權勢，和未來母以子貴的希望，因此無子的后妃在竭盡可能的求子❹失敗後，通常會轉以其他方式來彌補或消除她的憂患。為體制所接受的方式即是以一起陪嫁的女性之子為繼承人，上述春秋無子后妃中，立姪娣所生之子為公者有三位：孟子、哀姜、顏懿姬；立嬖人之子者一位：宣姜。因為同為姐妹或姪娣，妒嫉之心和危機感可以稍微釋懷，這也是漢代經生一直強調媵婚制的好處之一❺。其次則是領養或擁立其他妃妾所生之子，透過養育和擁立的恩

---

❸ 蔡姬和齊桓公在花園中乘舟，蔡姬搖晃船身，而使桓公覺得恐懼，在屢勸不聽的情況下，齊侯大怒，便將她送回娘家，但意在教訓她，並不想出棄她，而蔡國竟然將蔡姬再嫁別國，這引起齊桓公極為不滿，在次年時藉故以諸侯的軍隊來攻打蔡國。見《左傳》〈僖公三年〉，頁 200、〈僖公四年〉，頁 201。

❹ 醫方中求育的問題，詳參李貞德，〈漢唐之間求子醫方試探——兼論婦科濫觴與性別論述〉，《中央研究院歷史語言研究所》62 本 8 分（1997 年 6 月），頁 283-367。

❺ 《公羊傳》，卷八〈莊公十九年〉解詁，頁 97。

情,來穩固自身的地位。如莊姜養他人之子以為己子;倍受安國君
(也就是後來的孝文王)寵愛的華陽夫人,接受了呂不韋的安排,收立
子楚,來解決自身無子的困難。但也有為體制所不能接受的部分,
即是迫害同是後宮的敵手,如桓帝的梁皇后,宮人懷孕少有能保全
者;西漢惠帝張皇后、東漢安帝閻皇后、靈帝何皇后則留子去母。
至於西漢成帝時的趙皇后、趙昭儀姊妹,不但屠滅對手,並且直接
消滅其他可能的繼承人選,以期繼續維持自身的地位,則可謂極端
的例子。因後宮中妒害和毒殺的現象才是造成貴族階層絕嗣的主
因,此所以成帝時劉向作《列女傳》時,特別強調「妒」才是婦女
首要出棄的行為❻。東漢明帝馬皇后、順帝梁皇后雖然都未產子,
卻以不專寵以及善待後宮人所生之子,受到肯定和讚賞,馬皇后甚
至還因為此種德行才特別被立為后的❼,也反映出無子嗣在皇室婦
女中並不是首要之惡。

　　王室、貴族之外,其他階層面臨無子的情況時,納妾可能是一
種補救的措施。西漢時的師丹在給成帝上書時,談到當時的社會狀
況:「臣伏惟人情無子,年雖六七十,猶博取而廣求」❽。東漢祭
遵無子,同產兄長即主動為他置妾❾。婦人無子雖然不必然被出,

---

❻　以下有關《列女傳》對夫妻關係意見的論述,多據朱曉海先生,〈讀《列女
　　傳》〉(未刊稿)。劉向的看法或前有所承,《毛詩》,卷一之二〈周南·
　　螽斯·序〉,頁 35:「螽斯,后妃子孫眾多也。言若螽斯不妒忌,則子孫眾
　　多也」,鄭箋:「螽斯,蚣蝑也……凡物有陰陽情慾者無不妒忌,維蚣蝑不
　　耳,各得受氣而生子,故能詵詵然眾多」。

❼　《後漢書》,卷十上〈皇后紀·明德馬皇后紀〉,頁 409。

❽　《漢書》,卷八十六〈師丹傳〉,頁 3504。

❾　《後漢書》,卷二十〈祭遵傳〉,頁 742。

但畢竟就婚姻的重要目的而言，乃是一重大缺陷，因此不免成為出妻的理由或藉口❿，如孔門商瞿就因為年三十八尚無子，母親打算為其去妻更娶、梁鱣年三十未有子，也想出妻⓫，又如桓榮年四十而無子，弟子何湯為其出妻更娶⓬、應順少與同郡許敬善，因許敬家貧親老又無子，於是為他去妻更娶⓭、劉勳移情別戀，卻假借入門已二十餘年的妻子王宋無子而出妻⓮，均是其例。曹丕〈出婦賦〉說：「信無子而應出，自典禮之常度」⓯，曹植〈棄婦詩〉也提到：「無子當歸寧」⓰，可反映出無子婦人在重視子嗣傳承的文化中處境艱危。

　　無子出妻而更娶，背後應該還牽涉到當時人對於女子不能生育的負面想法，如《太平經》提到：

　　　　（真人）又問曰：「今何故其生子少也？」天師曰：「善哉！子之言也，但施不得其意耳。如令施其人欲生也，開其

---

❿　即便是皇后，無子也會成為遭罷黜的口實。如《後漢書》，卷七十〈荀彧傳〉裴注引《獻帝春秋》，頁 2291，提到荀彧對太祖說：「伏后無子，性又凶邪，往嘗與父書，言詞醜惡，可因此廢也」。

⓫　《孔子家語》，卷九〈七十二弟子解〉，頁 89-90。

⓬　《後漢書》，卷三十七〈桓榮列傳〉注引謝承，《（後漢）書》，頁 1250。

⓭　吳樹平，《東觀漢記校注》（鄭州：中州古籍出版社，1987 年），卷十六〈應順傳〉，頁 705。

⓮　《玉臺新詠箋注》，卷二，曹丕〈雜詩二首·序〉，頁 58。

⓯　《藝文類聚》，卷三十〈人部十四·別下〉所錄曹丕，〈出婦賦〉，頁 528。

⓰　《玉臺新詠箋注》，卷二，曹植，〈棄婦詩〉，頁 66。

> 玉戶，施種於中，比若春種於地也，十十相應和而生，其施
> 不以其時，比若十月種物於地也，十十盡死，固無生者。真
> 人欲重知其審，今無子之女，雖日百施其中，猶無所生也，
> 不得其所生之處，比若此矣。是故古者聖賢不妄施於不生之
> 地也，名為亡種，竭氣而無所生成。」**⓱**

女子不能孕育就如同乾涸無生機的不毛土地，不論如何施種亦無法
長養出秧苗來，同時對男性的生命力來說則是一種浪費和折損，如
果這種情況一直持續下去，則會造成「竭氣而無所生成」的後果，
要改變這樣的情況，只能夠尋找另一塊肥沃的土地來進行施種。這
種想法落在現實中，則產生了王室中以多產婦女進宮入御的現象
⓲，而無法廣納妃妾的人民，也只好去妻更娶。同時，我們還應注
意到，不能孕育的女子，基於感應的原理下，可能會對農畜生產造
成的一些負面效果，因為女性的身體及其所具有的生育力，被象徵
為土地，也同時感應著土地與種子、作物的生長**⓳**。《周禮》〈天
宮・內宰〉中有關於後宮藏種的記載：

⓱　王明，《太平經合校》（北京：中華書局，1979 年）附錄佚文，頁 733。

⓲　參見李貞德，〈漢唐之間求子醫方試探──兼論婦科濫觴與性別論述〉，
《中央研究院歷史語言研究所集刊》第 68 本，第 2 分（1997 年 6 月），頁
293-297，求子與養生異同。

⓳　關於女性與土的關係請參見楊儒賓，〈吐生與厚德──土的原型象徵〉之土
地女媧與生殖，《中國文哲研究集刊》第 20 期（2002 年 3 月），頁 13-22。

上春詔王后帥六宮之人，而生種稑之種，而獻之于王。❷⓪

鄭玄的注是：

> 古者使后宮藏種，以其有傳類蕃孳之祥，必生而獻之，示能育之，使不傷敗，且以佐王耕事，共禘郊也。❷①

后宮藏種一方面有其巫術上的意義，使種子與婦人在生育能力上相互感應，不只使種子能得到豐產，同時也可以激發婦女的生育力，而使其利於懷孕生產，即達到「一則助王耕事，二則示於宮內無傷敗之義也」❷②。此外，《禮記》提到養蠶時選擇吉祥婦人養蠶、取蠶絲，也有類似的效果❷③。但若婦女不具孕育能力，則反而會產生負面效果。這恐怕多少使得不能生育的婦女蒙上不祥的氣氛。

㈡妒嫉

漢代後宮的婦女為求專寵，或是挽回失寵的困境，常使用媚道的手段，《周禮》卷七〈天官·內宰〉提到以陰禮教六宮、九嬪，同時要「正其服，禁其奇衺」，鄭玄的解釋是：「正其服，止踰侈；奇衺，若今媚道」，即不准婦女奇裝異服、使用媚術或佩戴一

---

❷⓪　《周禮》，卷七〈天官·內宰〉，頁113。
❷①　同上，鄭注。
❷②　同上，賈公彥疏。
❷③　參見第六章〈婚姻的儀式的象徵與通過意涵〉。

些媚藥來爭取寵愛❷。由妒與求寵而引生的「媚道」方術被嚴格禁止，使用者往往死罪，若是皇后，則被廢，如西漢武帝陳皇后因為無子且失寵，使用媚道的事蹟敗露，導致「相連及誅者三百餘人，楚服梟首於市」，陳皇后也被廢居長門宮❷。成帝時許皇后的姐姐、平安剛侯夫人因謁祝詛後宮有身者，事發被誅，許皇后也被廢❷。由於施行媚道往往罪入於死，所以也成為後宮鬥爭、消滅異己的手段，如《史記》卷四十九〈外戚世家〉記載長公主「日讒栗姬」於景帝，並指控栗姬「挾邪媚道」、《後漢書》卷十上〈皇后紀·章德竇皇后紀〉記載竇皇后以媚道的罪名，逼使太子劉慶之母宋貴人自殺。即使不身處皇室，媚道也以死刑來論處，如《史記》卷二十〈建元以來侯者年表〉褚少孫增補部分記載了將陵侯史子回：「妻宜君，故成王孫，嫉妒，絞殺侍婢四十餘人，盜斷婦人初產子臂膝以為媚道，為人所上書言，論棄市」。

　　嫉妒除了可能導致媚道外，還可能引生出期望專房，不許丈夫娶妾、虐待前妻子及妾侍等後果，最終也常導致出妻。如西漢時的王禁因為多娶傍妻，妻子妒嫉而被出❷，東漢馮衍「娶北地任氏為妻，悍忌，不得畜媵妾」，❷而被出，後來再娶的妻子也因為妒

---

❷　詳參李建民，〈「婦人媚道」考——傳統家庭的衝突與化解方術〉，《新史學》7 卷 4 期（1996 年 12 月），頁 1-32。

❷　《漢書》，卷九十七上〈外戚傳·孝武陳皇后傳〉，頁 3948。

❷　前揭書，卷九十七下〈外戚傳·孝成許皇后傳〉，頁 3981。

❷　前揭書，卷九十八〈元后傳〉，頁 4014-4015。

❷　《後漢書》，卷二十八下〈馮衍傳〉章懷注引馮衍，〈與婦弟任武達書〉，頁 1003-1004。

忌、傷害前妻之子被出❷。

㈢事奉舅姑不謹

　　婚姻的重要目的既在承宗，所謂致孝乎祖先鬼神，當由近者始，表現於孝養舅姑，因此事奉舅姑被認為是婦人的天職，從婦女的幼年教育，以至於婚禮中所用的禮物、父母送女時的再三交待，婚禮儀式中的盥饋特豚，均一再強調對舅姑的侍奉無違。以此來說，舅姑對於出妻與否也就自然掌有極大的決定權，《禮記》卷二十七〈內則〉就說：

> 子甚宜其妻，父母不說，出。子不宜其妻，父母曰：「是善
> 事我。」子行夫婦之禮焉，沒身不衰。

男子出妻須得父母的同意，並以父母的意願為依歸。《禮記》〈雜記〉提到出妻必須稱引長者，表示此行為乃是得到長者的授意❸。對於舅姑侍奉不謹慎常成為出妻的理由，如《玉臺新詠》卷一所收東漢末無名氏〈為焦仲卿妻所作〉的詩，講的就是夫妻雖情愛甚篤，卻由於媳婦不得婆婆的歡心，終被出棄。西漢初蒯通虛擬的譬喻中，母親認為祭肉短少，懷疑媳婦所偷，似乎未待子之同意，逕自逐出媳婦。既然男子出妻與否須以父母的意願為依歸，也就影響到某些服膺這種想法的男子，不時以妻子侍奉自己母親不敬謹而主

---

❷　　前揭書，卷二十八下〈馮衍傳附子豹傳〉及章懷注引馮衍，〈與宣孟書〉，頁 1004-1005。

❸　　《禮記》，卷四十三〈雜記下〉，頁 755，提到出妻須稱引長者之命（詳後文），除非已無長者，否則夫被放在最後的順位。

動出棄,如東漢時鮑永事母至孝,妻於母前叱狗,即被出;姜詩之母喜飲江水,媳婦事母甚謹,常跋道汲水,卻因無法控制的阻攔遲歸,母親口渴,即被姜詩遣出,這就無怪乎班昭〈女誡〉會說:「婦人之得意於夫主,由舅姑之愛己也」**❸**。

㈣淫亂

《春秋》三傳中記載當時諸侯夫人及卿大夫妻妾淫亂的情況頗多**❷**,顯然並不是某一國特有的現象。在這些案例中,以國籍來說,齊國婦女佔的比例最高**❸**;以當時的身份來說,寡婦佔的比例很高,這可能與丈夫死後,有些繼位者年紀尚輕,母親擁有較大的權力有關**❹**。但寡婦通姦是另一個問題,與現在討論的通姦範疇不

---

❸ 《後漢書》,卷八十四〈列女傳·曹世叔妻傳〉,頁2791。

❷ 諸侯夫人明文記載有淫行的有八位,魯國有三位,分別是:魯桓公夫人文姜、魯莊公夫人哀姜、魯宣公夫人穆姜。周王室一位:為周襄王后。齊國二位,分別是齊頃公夫人、齊悼公夫人。衛國有二位:衛襄公夫人、衛靈公夫人。宋國有一位,宋襄公夫人。至於大夫階級妻妾,魯國有一則:季公鳥的妻子(季姒)與饔人檀私通。晉國的有二則:晉國大夫趙朔的妻子(晉成公女)與趙朔的叔叔趙嬰私通,以及晉國的大夫欒黶的妻子欒祁(范宣子女)和管家州賓私通。陳國大夫御叔的妻子夏姬有複雜的通淫對象。衛國的孔文子死後僕人與寡妻私通。齊國的棠姜再嫁崔杼(為同姓婚),又和齊莊公通姦、齊國的盧蒲嫳和齊慶封互換妻妾,這種換妻妾的行為在晉國也發生,如晉國的祁勝和鄔臧兩家通室的情形。(關於此可參見表2.1〈《春秋》經傳中所呈現諸侯后妃的身世及婚配狀況〉及2.2〈《春秋》經傳中所呈現卿大夫妻妾的身世及婚配狀況〉)。

❸ 這包括了魯桓公夫人、魯莊公夫人、魯宣公夫人、衛襄公夫人、齊棠姜、齊季康子妹等例子。

❹ 如魯莊公夫人可以動用勢力殺了閔公、魯宣公夫人有干預大子廢立的權力、齊頃公夫人能使其妍夫位如上卿、宋襄公夫人能動用軍隊弒君而另立新君。

一。《春秋》經傳的記載中，諸侯夫人在婚姻狀態下通姦，衛靈公夫人南子即一著例，但她的淫行不但沒有受到懲罰，還得到丈夫的認可❸。又如齊悼公身為太子時在魯國取了季康子的妹妹季姬為妻，後回國即位，季姬與叔父私通，怕引起齊悼公的憤怒，而不敢到齊國去，最後在齊悼公攻打魯國的強硬態度下，才勉強前去，結果不但沒有受到懲罰，還頗受寵愛❸。這兩件事中男方對女方的態度可能都只能視為特例，因為一般來說，丈夫顏面、干犯道德宗教誡律都姑且不論，單以實際利害來說，因血胤混亂引生的名位產業繼承遭篡移、與其他有繼承權而不甘心者之間的可能爭奪，恐怕就斷難等閒待之。縱使丈夫寬忍，宗族未必肯容讓漠視。像崔明與崔成、崔彊是同父異母兄弟，尚且內訌❸，何況血統身份有嫌疑者？因此，像周襄王后隗氏和襄王弟王子帶通淫而被廢❸，恐怕更是一般面臨這種狀況下的反應。

從法律層面來看，秦以至於漢代的律法對於婚姻狀態中的通姦行為，都採取了嚴格的立場。秦律中對於男子在婚姻狀態中通姦也主張予以懲治，如秦始皇刻石中反覆申明男女對婚姻的貞信，並提到「夫為寄豭，殺之無罪」❸，魏律〈雜律〉曾規定夫有二妻或妻有外夫皆處以重刑：

---

❸　《左傳》，卷五十六〈定公十四年〉，頁983-984。

❸　前揭書，卷五十八〈哀公八年〉，頁1013。

❸　前揭書，卷三十八〈襄公二十七年〉，頁649。

❸　前揭書，卷十五〈僖公二十四年〉，頁257。

❸　《史記》，卷六〈秦始皇本紀〉，頁262。

> 夫有一妻二妾，其刑馘，夫有二妻則誅，妻有外夫則宮，曰
> 淫禁。❹

《睡虎地秦墓竹簡》〈封診式〉提到：

> 爰書：某里士伍甲詣男子乙、女子丙，告曰：「乙、丙相與
> 奸，自畫見某所，捕校上來詣之。」

此處雖然沒有言明因通姦被告發的兩人是否處於婚姻狀態中，不過如果兩人未婚有私情尚且被視為觸犯律令，則任一方有家室的通姦行為更將會論刑。漢律與魏律、秦律乃一脈相承❹，所以可於漢初

---

❹ 《七國考》（臺北：藝文印書館，1966 年），卷十二，引桓譚《新論》，頁17。不論律令或宗法，都只承認一妻，律文中的「二妻」既與「外夫」對言，則另一妻當指「外婦」，如《史記》，卷五十二〈齊悼惠王世家〉，頁1999：「高祖長庶男也，其母，外婦也」，或稱「外妻」，如《列女傳》，卷二〈賢明傳·宋鮑女宗傳〉，頁 4b：「鮑蘇仕衛三年而娶外妻」。至於四史中屢見的「小妻」，則與之略有小別。「外妻」猶言「外室」，立戶別居；「小妻」猶於妾之寵稱「如夫人」，多已進門。《後漢書》，卷十四〈趙孝王良傳〉，頁 559：「趙相奏乾居父喪，私娉小妻」，章懷注：「小妻，妾也」，對照《三國志》，卷五〈文德郭皇后傳〉，頁 165：「后姊子孟武還鄉里，求小妻，后止之，遂勅諸家曰：『今世婦女少，當配將士，不得因緣取以為妾也。』」前言「小妻」，後言「妾」，可知章懷注為是。此則意見為朱曉海先生所提示。

❹ 《晉書》，卷三十〈刑法志〉，頁 922：「是時承用秦、漢舊律，其文起自魏文侯師李悝。悝撰次諸國法，著《法經》……其輕狡、越城、博戲、借假、不廉、淫侈逾制以為《雜律》一篇……商君受之以相秦，漢承秦制，蕭何定律……益事律《興》、《廄》、《戶》三篇，合為九篇」，《唐律疏

的《張家山漢墓竹簡》〈二年律令〉見到：

> 諸與人妻和奸，及其所與皆完為城旦舂。其吏也，以強奸論
> 之。❷

對於婚姻狀態中的通姦行為，男女雙方均處以刑罰，如果是官吏身份，罪責更重，以強姦罪論處（根據〈二年律令〉所記，強奸罪的處份是「腐以為宮隸臣」❸）。《漢書》〈刑法志〉提到：「男女淫亂，皆復古刑，為三千章」❹，在法律中論處通姦的背景下，女子在婚姻狀態下與人通姦，或男子與他人之妻通姦者均會受到刑罰，與七出條例中淫亂而被出立場上基本一致。

(五)其他

除了前面所提到的無子、妒忌、不順舅姑、淫亂，婦人被出的原因還有惡疾、多言、竊盜。惡疾無法事奉宗廟，而事奉宗廟是主婦最重要的任務之一；多言包括搬弄是非，離散家人情感❺；竊盜

義》，〈序〉，頁 1，也說：「故唐律十二篇，非唐始有是律也，自魏文侯以李悝為師，造法經六篇，至漢蕭何定加三篇，總謂九章律，而律之根荄已見」。詳參《漢代婚姻形態》，〈漢代婚姻法規的淵源〉，頁 262-263。
❷　《張家山漢墓竹簡》，〈二年律令〉，簡一九二，頁 159。
❸　《張家山漢墓竹簡》〈二年律令〉，簡一九三，頁 159。
❹　《漢書》，卷二十三〈刑法志〉，頁 1112。
❺　如《漢書》，卷四十〈陳平傳〉，頁 2038，提到：陳平與兄嫂同住，「人或謂平：『貧，何食而肥若是？』其嫂疾平之不親家生產，曰：『亦食糠麩耳。有叔如此，不如無有。』伯聞之，逐其婦棄之。」東漢時的李充家貧，兄弟同居共財，而妻子則主張分居，李充則逐婦出門，理由是「教充離間母

則於德行有虧，所以也都被列為出妻的理由。檢視實際的出妻情況，會發現：出妻的原因不止於那七款，有時還牽涉到利益上的考量。以家族部分而言，官宦人家聯姻本來就是以現實利益為導向，一旦妻的家族成了政治犯，為了自保，毫不遲疑出妻以劃清界線，如西漢時金日磾之子娶霍光女，霍氏家族謀反事發，即上書去妻。又如曹魏劉仲武妻為毌丘氏家族女，毌丘儉謀反事發，亦出妻。甚至有為了標榜自己德行，取得鄉里、社會上的高品目，不惜以細故出妻（以上所說，見於表 5.2〈史書所記春秋至漢代出妻的原因〉，不另注出處），這種現象東漢較西漢為甚，可能與標榜氣節的風氣有關❹❻。

禮書中所提及的七出條例，應該是在戰國以至於漢代逐漸形成和確定的。所以在春秋時期的史書中並未直接提到七出之名，春秋時期婦女被出原因常不見於記載，並未看見像漢代以後以七出作為理由者。不過，從《睡虎秦墓竹簡》《日書》中所提及婚姻欲趨避的項目來看，會發現妻子的品行中：妒、貧、悍、多舌、不寧等特質，被認為負面而極欲避免；是否生子、得男，是否有利夫家，則是被期待與關注的焦點，趨避的項目與七出條例所涉及的項目已很相近了❹❼。漢代以後整個帝國的大環境提倡倫理和儒學，對婦女禮教和婦職的要求漸趨嚴格，七出透過禮書及經師的宣揚，而逐漸深入人心。

七出條例固然可能為某些標榜聲名者找到合理的出妻藉口，不

兄」，見《後漢書》，卷八十一〈獨行列傳·李充傳〉，頁 2684。

❹❻　詳參《漢代婚姻制度》，頁 21-24。

❹❼　請參見第三章第五節〈嫁娶中所欲趨避的情況與反映的現象〉。

過它的產生，一方面應當與禮教的推行有關，另一方面也可使出妻行為有規則可循，甚至進一步對出妻行為進行限制❹（這由後代《唐律疏義》中限制未犯出妻條例者，不可任意出妻，否則將有刑法，也可以作為參考❹。但在先秦以及漢代，任意出妻會受到什麼樣的懲罰，受限於資料，仍無法作出推斷❺）。春秋末乃至於戰國時期，出妻的情形或許不少，舉孔子的家族來說，孔子、伯魚、子思連著三代均有出妻的情形❺，又

---

❹　劉增貴先生即持此看法，請參見藍吉富，劉增貴主編，《敬天與親人》（臺北：聯經出版公司，1993 年初版七刷）〈琴瑟和鳴──歷代的婚禮〉，頁459-460。

❹　以《唐律疏義》，卷十四〈戶婚〉，頁 184 來看，七出確實也伴演著過止任意出妻的功效：「諸妻無七出及義絕之狀，而出之者，徒一年半；雖犯七出，有三不去，而出之者，杖一百，追還合。若犯惡疾及姦者，不用此律。」

❺　貴族官吏出妻，更是特別審慎，因為可能牽涉政治權力上的生態，往往要「上書」稟告，獲得接受，如我們表中所列，金日磾要與霍光家族女離婚要「上書去妻」，見《漢書》，卷六十八〈金日磾列傳〉，頁 2962-2963。《後漢書》，卷二十三〈竇融列傳〉，頁 808，提到竇穆矯稱陰太后詔，令六安侯劉盱出妻，劉盱即自行去妻，娶竇穆之女，後來劉盱被出的妻子「上書言狀，帝大怒，乃盡免穆等官」，似乎重要官吏去妻是須要經過「上書」請示的。不過，這兩個例子還是政治上的權勢，所以具有特殊性，一般小官是否如此，任意出妻會有什麼刑責，仍難以推斷。

❺　根據《禮記》，卷六〈檀弓上〉，頁 110-111 記載：「子上之母死而不喪。門人問諸子思曰：『昔者子之先君子喪出母乎？』曰：『然』。『子之不使白也喪之。何也？』子思曰：『昔者吾先君子無所失道；道隆則從而隆，道污則從而污。伋則安能？為伋也妻者，是為白也母；不為伋也妻者，是不為白也母。』故孔氏之不喪出母，自子思始也。」子思是孔子之孫，子上是子思之子，即孔子曾孫，子思出妻，而不許子上為被出之母服喪，引起了當時人的疑問，而質問以孔氏前任祖先亦喪出母之例，子思所持的看法是女子名

如《韓非子》卷七〈說林上〉有一則關於婚姻有趣的記載，也可若干程度地反映當時人的想法：

> 衛人嫁其子而教之曰：「必私積聚，為人婦而出，常也；其成居，幸也。」

父母在嫁女時竟然告訴她被出乃是經常發生的事，安住在夫家不被出棄，反而算是幸運的事，因此為了未雨綢繆起見，不如先攢聚私財。這雖然是一則用來遊說的故事，不過既用來遊說，為求說服力，所舉之例應該若干程度地反映出當時的狀況。此外像《史記》〈張儀列傳〉記載陳軫與張儀共事秦王而爭寵，張儀向秦王進陳軫之惡言，陳軫舉「出婦嫁於鄉曲者，良婦也。」❺❷為自己辯駁，也反映出當時出妻情況可能不少，才會引以為喻。《管子》卷八〈小匡篇〉記載：「女三嫁，入於春穀」，這與「士三出妻，逐於境外」❺❸的法令相對；卷七〈大匡〉提到「會之道奈何？曰：『諸侯

份依男子而定，此種說法竟成孔氏傳統。其中所提到的先君子，孔穎達認為是指孔子，孔子讓其子伯魚為其出母服喪，這事亦在〈檀弓上〉，頁 125，有記載：「伯魚之母死，期而猶哭。夫子聞之曰：『誰與哭者？』門人曰：『鯉也。』夫子曰：『嘻！其甚也。』伯魚聞之，遂除之」。關於伯魚亦出妻，〈檀弓下〉，頁 196，記載：「子思之母死於衛，赴於子思，子思哭於廟。門人至曰：『庶氏之母死，何為哭於孔氏之廟乎？』子思曰：『吾過矣，吾過矣』遂哭於他室。」所謂庶氏之母，鄭注曰：「嫁母也，姓庶氏。」即是母親被出而改嫁。

❺❷ 《史記》，卷七十〈張儀列傳〉，頁 2300。

❺❸ 《管子》（臺北：中華書局，四庫備要，子部），卷八〈小匡〉，頁 12。

無專立妾以為妻……士庶人毋專棄妻」」❺❹，都是想要遏止當時出妻與再嫁過度隨便的現象。七出條例可能即是在這樣的背景下為了將出妻行為規則化而提煉出的。

二、妻求去：由妻的角度來看離婚問題

㈠由倫理觀的轉變來看妻能否求去

從妻的角度來看離婚問題，首先我們要問的是，妻是否可以主動離夫而求去？這個問題牽涉到女子的三從之道，以及以夫為天的想法。《左傳》並沒有直接提到婦人的三從之道，不過在齊桓殺哀姜的事件中，引述了當時君子的評論，認為「女子，從人者也」❺❺，以指謫齊國不該干涉已嫁女子的事務，因為在宗法上她已隸屬於夫家，若有過失，當由夫家來定奪處理，這其實是以三從的實際與觀念為基礎，只是尚未明言揭櫫罷了。《左傳》中也沒有直接提到以夫為天的想法，不過視君為天的想法已經存在❺❻。《儀禮》卷三十〈喪服〉就正式提出三從及尊無二天的想法：

> 婦人有三從之義，無專用之道，故未嫁從父，既嫁從夫，夫死從子。故父者，子之天也；夫者，妻之天也。婦人不貳斬

---

❺❹ 《管子》，卷七〈大匡〉，頁 13。

❺❺ 《左傳》，卷十二〈僖公元年〉，頁 199。

❺❻ 如前揭書，卷二十一〈宣公四年〉，頁 371：「箴尹曰：『弃君之命，獨誰受之？君，天也，天可逃乎？』」、卷五十四〈定公四年〉，頁 952：「鄭公辛之弟懷將弒王，曰：『平王殺吾父，我殺其子，不亦可乎？』辛曰：『君討臣，誰敢讎之，君命，天也，若死天命，將誰讎？』」

者，猶曰不貳天也。

在陰陽二分論式下，彰顯在自然界，天為陽，地為陰；彰顯在人類社會，君、父、夫屬陽，臣、子、婦屬陰，陽主陰輔，天尊地卑，此時婦人的「三從」之道，不僅是宗法架構下倫理的要求，而且成為不可違背的天經地義、宇宙原理了。因此在漢人承襲自古代並發展的宇宙觀——人類社會乃宇宙的部分集合，兩者存在著有機關聯，幾動於此，象見乎彼——之下，陰陽運行之道彰顯於人際關係這面向的三綱六紀如不被確實遵守，天地將示現種種災異以為譴告。其中也確實有許多災異被視為婦女失德所致❺❼。如西漢時杜鄴就曾透過皇帝年幼、母黨專政的狀況，解釋災異：

> 臣聞陽尊陰卑，卑者隨尊，尊者兼卑，天之道也。是以男雖賤，各為其家陽；女雖貴，猶為其國陰。故禮明三從之義，雖有文母之德，必繫於子……漢興，呂太后權私親屬，又以外孫為孝惠后，是時繼嗣不明，凡事多晻，晝昏冬雷之變，不可勝載。❺❽

以女性失德來理解災異，可以同時達到遏阻和教化的效果，一方面以天理規約之，另一方面以災異恫嚇之，在此背景下，對婦女德行

---

❺❼　詳參劉詠聰，〈漢代之婦人災異論〉，《中國婦女史論集》四集（臺北：稻香出版社，1995 年），頁 1-34。

❺❽　《漢書》，卷八十五〈杜鄴傳〉，頁 3475-3476。

要求，有趨於嚴格和僵化的趨勢。此處用到一個關鍵詞：「繫」，此於《列女傳》卷一〈母儀傳·魯之母師傳〉已說到：

> 婦人有三從之義，而無專制之行，少繫於父母，長繫於夫，老繫於子。

脫離所繫，繫者將無法獨存，就如同寄生植物脫離寄主❺❾，即無法獨活。則妻能否去夫，也就不言可喻。董仲舒曾言：「道之大原出於天，天不變，道亦不變」❻⓪，所說的天乃本源意義的天，因此實際是在講天道的亙古一致，以此說明人道的永恆有效性。但如果以道為首出庶物者，天為後天意義的天，則天之所以不變乃基於道不變此前提。婦既以夫為天，不論從天唯一或不變來說，都不容出現「貳夫」、變夫的情況。因此不論是天示象雷霆，或雨露，莫非天德，即使天施雨露，施澤何嘗必須均一，豈能因此怨天，甚至廢天？除非天本身偏離道，這才可能使本有的繫屬關係破裂。此所以《白虎通》卷十〈嫁娶〉說：

> 夫有惡行，妻不得去者，地無去天之義也。夫雖有惡，不得去也。
>
> 悖逆人倫，殺妻父母，廢絕綱紀，亂之大者也。義絕，乃得

---

❺❾　《玉臺新詠箋注》，卷二，曹植，〈雜詩〉，頁 61：「寄松如女蘿，依水如浮萍」。

❻⓪　《漢書》，卷五十六〈董仲舒傳〉，頁 2518-2519。

去也。

除了完全廢絕人倫，甚至牽涉到家族復讎的嚴重事件❻，妻子沒有任何理由可以離丈夫而去。否則，就如同愚妄人思逃於天地之間，後果將不只干犯社會規律，也是「行違神祇」，必遭譴罰。班昭在此背景下提出「夫有再娶之義，婦無二適之文」❻。不可再嫁與不可離於夫其實是一體兩面的事情，即是生時不可離之他適，夫死也不可再醮，因道乃貫通幽明者，則妻以夫為天也不因後者死亡有何改變。

《儀禮・喪服》等將夫比況於天和君，傳達夫斷不可離的想法，與先秦儒家主流的態度有距離，因為即便是君，先秦儒者仍存在著君臣有義則合，無義則離的想法❻，《左傳》也未見妻不可離夫的態度。至於將夫比況於父，也不盡合乎當時的理解。照儒生的觀念編排，女子未嫁為父服斬衰；出嫁，就改為舅、夫服斬衰，本

---

❻　此問題請參見第三章第一節：讎仇不婚部分，此不贅述。

❻　以上引文俱見《後漢書》，卷八十四〈列女傳・曹世叔妻傳〉，頁 2790。

❻　《禮記》，卷九〈檀弓下〉，頁 173：「穆公問於子思曰：『為舊君反服，古與？』子思曰：『古之君子進人以禮，退人以禮，故有舊君反服之禮。今之君子進人若將加諸膝，退人若將隊諸淵，毋為戎首，不亦善乎？又何反服之禮之有？』」、《孟子》，卷八上〈離婁下〉，頁 142：「君之視臣如手足，則臣視君如腹心；君之視臣如犬馬，則臣視君如國人；君之視臣如土芥，則臣視君如寇讎」、《荀子》，卷九〈臣道〉，頁 166、卷二十〈子道〉，頁 347：「從道不從君」。此議題又可參考拙作〈春秋戰國時期為君父復讎所涉之忠孝議題及相關經義探究〉，《漢學研究》24.1（2006.6），頁 35-70。

家父降等,以符合無貳斬以示無貳天❻的理路,夫的位階似乎高於父。可是《左傳》卷七〈桓公十五年〉那段著名對話:

> 祭仲專,鄭伯患之,使其婿雍糾殺之;將享諸郊。雍姬知之,謂其母曰:「父與夫孰親?」其母曰:「人盡夫也,父一而已,胡可比也?」

清楚顯示:父與夫是不可類比的,以致當碰到在二者間抉擇的兩難困境時,應以前者為優先順位。理據依舊如上一模式:父女以天合,夫妻以義合。既以義合,義絕則婚姻關係絕。將「義絕」的判準提升到像《白虎通》所說「殺妻父母」的程度,「乃得去也」,恐怕是既「悖逆人倫」,又悖逆人情的主張。

在妻是否可以主動求去的問題,我們必須清理《列女傳》看似有些出入的表象。《列女傳》卷二〈賢明傳・宋鮑女宗傳〉:

> 鮑蘇仕衛三年,而娶外妻……女宗姒謂曰:「可以去矣。」女宗曰:「婦人一醮不改,夫死不嫁……且婦人有七見去,夫無一去義。」

卷四〈貞順傳・蔡人之妻〉:

> 蔡人之妻者,宋人之女也,既嫁於蔡,而夫有惡疾,其母將

---

❻　《列女傳》,卷一〈母儀傳・魯之母師傳〉,頁 12a。

改嫁之。女曰：「夫不幸，乃妾之不幸也，奈何去之？適人之道，壹與之醮，終身不改，不幸遇惡疾，不改其意。且夫采采茉苢之草，雖其臭惡，猶始於抯采之，終於懷擷之，浸以益親，況於夫婦之道乎？彼无大故，又不遣妾，何以得去？」終不聽其母。

〈黎莊夫人傳〉：

黎莊公之夫人也，既往而不同欲，所務者異，未嘗得見，甚不得意，其傅母閔夫人賢，公反不納，憐其失意，又恐其已見遣，而不以時去，謂夫人曰：「夫婦之道，有義則合，無義則去，今不得意，胡不去乎？」乃作詩曰：「式微、式微，胡不歸？」夫人曰：「婦人之道，壹而已矣，彼雖不吾以，吾何可以離於婦道乎？」……終執貞壹，不違婦道，以俟君命。

《列女傳》記錄這幾則事件中透露著一些重要的訊息，首先，這三則事件中，扮演勸女離去的角色，所採取的似乎是流傳在社會中固有的習慣與態度，如女宗姒在夫娶外妻時說「可去矣」，蔡人妻之母在女婿痾疾時想將其改嫁，黎莊夫人的傅母說「夫婦之道，有義則合，無義則去」，可以揣想當時的情況，因為惡疾或者夫妻情義甚不相得的狀況下離異的情況應該不少，而在這樣的狀況下，女子主動離去亦獲旁人的認可。換言之，配偶「七見去」的條例，如外

淫、惡疾，適用對象並非只限於妻這方面，也適用於夫❻❺。但這三則事件中的婦女，則抱持著一種堅決的態度，女宗夫娶外妻的例子，固然可以用當時人多妻妾的狀況來解釋，劉向舉此則故事，在於強調婦人不應「專夫室之愛為善」。第二則例子，婦人以臭惡之草尚且不離於懷，來說明妻決不離於夫，何且強調對方「彼無大故，又不遣妾」，這個大故並不包含惡疾在內，很可能是《白虎通》提到的「悖逆人倫，殺妻父母，廢絕綱紀」等情況，也就是說，除非被丈夫主動休棄，或者犯了義絕的重罪，不論在如何惡劣的狀況下，妻子是沒有權力主動離開丈夫的。第三則例子，黎莊夫人與丈夫意不相得，乃至於「未嘗得見」，傅母認為她很可能會被出棄，在這樣的情況下，婦女似乎也只能「不違君命」，靜待男方的處置，並以此為婦德。從這些訊息來看，劉向的態度，已經與《白虎通》和班昭《女戒》所持立場相去不遠了。

　　然而《列女傳》中的陶荅子妻、齊相御妻、楚老萊妻，均曾主動求去，似乎不合乎於一般所說的三從之義，卻被放在賢明傳中，與漢代著名的朱買臣妻主動求去的例子相比，評價判若雲泥，主要的原因出在朱買臣之妻是不甘於貧賤而求去，而老萊妻和齊相御妻則是安貧而榮夫於義，她們的求去只是策略運用。至於陶荅子妻無法勸阻丈夫聚斂而求去，乃是為了替將來留餘地，日後「荅子之家果以盜誅」，其妻出面養老，並撫育孤幼，所以被讚美：「能以義

---

❻❺　前揭書，卷四〈貞順傳·楚平伯嬴傳〉，頁 5a；「若諸侯外淫者，絕；卿大夫外淫者，放；士庶人外淫者，宮割」，這只是表示官箴律令會制裁這類男性，並不意味因此可構成妻子訴請他離的依據。

易利，雖違禮求去，終以全身復禮，可謂遠識矣」**❻❻**，可以看出劉向的態度：離夫求去確實是「違禮」的，但在宗族整體利益的考量下，不妨權變，讓自己落到可能遭物議的局面，但至終仍須返回常道，所謂「復禮」。因此《列女傳》與《白虎通》、《女誡》立場並無二致。

㈡由法律層面來看妻之去夫

關於妻能否主動去夫的問題，除了合法的絕婚求去之外，秦、漢律令中還記載了不少的逃亡狀況和禁令。《睡虎地秦墓竹簡》〈法律問答〉提到一則關於已婚女子逃亡的事件：

> 女子甲為人妻，去亡，得及自出，小未盈六尺，當論不當？
> 已官，當論；未官，不當論。

此處特別強調女子身高未滿六尺，主要是因為在秦法上以身高六尺標幟著成年，有成年人的繇役和責任**❻❼**。一尺約合今 23 公分，六尺約 138 公分，未滿六尺，一般來說很可能未滿十五歲，當屬於「小」男、「小」女階段，所以要特別討論其是否該受罰。這一方

---

❻❻ 前揭書，卷二〈賢明傳·陶荅子妻傳〉，頁 6-7。

❻❼ 秦法以六尺為成年，未滿六尺，在法律上有特別的寬宥，如《睡虎地秦墓竹簡》〈法律問答〉，頁 452：「甲謀遣乙盜殺人，受分十錢，問乙高未盈六尺，甲何論？當磔。」教唆未成年者殺人，教唆者處以死刑。此處沒有提到未成年者的刑責，看來刑責以教唆者為主。又《睡虎地秦墓竹簡》，〈法律問答〉，頁 484：「甲小未盈六尺，有馬一匹自牧之，今馬為人敗，食人稼一石，問當論不當？不當論及償稼。」未滿六尺，視為未成年，在此處不必負法律上的責任。

面可以看出當時社會存在著年紀小而成婚者的現象，另一方面由此
法條來看，若已盈六尺，人妻去夫而逃亡，一般來說是有法律刑責
的。此處因為年齡尚小，所以有條件地執行刑責，詳後文。〈法律
問答〉中還另提到兩則關於女子去夫而逃亡的事件：

> 女子甲去夫亡，男子乙亦闌亡，相夫妻，甲弗告情，居二
> 歲，生子，乃告情，乙即弗棄，而得，論何也？當黥城旦
> 舂。
> 甲娶人亡妻以為妻，不知亡，有子焉，今得，問安置其子？
> 當畀。或入公，入公異是。

《史記》卷六〈秦始皇本紀・會稽刻石〉還提到：

> 妻為逃嫁，子不得母。

由〈法律問答〉中連續出現三條有關於女子私自離開原來的丈夫，
而與他人同居甚至有子的法律條文，秦始皇刻石對於逃嫁的告誡，
可見當時社會中，妻去夫逃亡的情形可能不少，以致秦始皇期望動
用政治權威以端正世風。一方面在法律上決定只要男子知情而「弗
棄」，就形同包庇，亦視為有罪，是後夫不得以為妻；男子與他人
亡妻所生之子女，亦當歸還。另一方面在社會道德上，在原先家庭
所生之子不得以為母，換言之，既防堵住可逃見容的縫隙，又讓逃
家婦女無退路，雙管齊下，令這類婦女於天地之間無從立足，以遏
止逃妻。

　　漢初的律法一樣嚴格禁止人妻逃亡，《張家山漢墓竹簡》〈二年律令〉所記：

> 娶人妻及亡人以為妻，及為亡人妻，娶及所娶，為媒者，知其情，皆黥以為城旦舂。其真罪重，以匿罪人律論，弗知者不□。

單以這簡的簡文來看，似乎「知其情」為限定語，則不知其情者將異罰，但對照《奏讞書》簡三一「取亡人為妻，黥為城旦，弗知，非有減也」❽則漢初律較上引秦律趨嚴厲，秦律懲罰對象似乎尚僅止於知情者，現在連不知情者也不能獲得減刑，而且不僅當事人，並媒介者都要受刑。《奏讞書》也提到二則娶亡人為妻的判例，一則發生在漢高祖十年，事情是臨淄獄史闌與逃亡女子南結為夫妻，二人企圖出關，而被捕獲，最後獄史闌被控以：「非當得娶南為妻也，而娶以為妻，與偕歸臨淄，是闌來誘及奸，南亡之諸侯，闌匿之也」❾以誘奸、藏匿罪犯等罪名被處以黥為城旦的刑罰。

　　另有一則也發生在高祖十年（簡二八至三五）隱官解在不知情的情況下娶了亡人符以為妻，是不是仍然算是有罪呢？最後定讞的結果是：

> 符雖已詐書名數，實亡人也。解雖不知其情，當以娶亡人為

---

❽　《張家山漢墓竹簡》，〈奏讞書〉，頁215。
❾　《張家山漢墓竹簡》，〈奏讞書〉，簡十七至二十七，頁214-215。

> 妻論，斬左趾為城旦。廷報曰：取亡人為妻論之，律白，不
> 當讞。❼⓿

其中所提到的法律具在，指的就是前面我們已提到的〈二年律令〉簡一六九所提到的娶亡人以為妻條，可見律令確實被當時所執行。如此嚴格的律法，看來頗有藉著擴大打擊面、從嚴論處以杜絕逃妻再婚的現象。

婦女在既有婚姻關係未結束前逃離，建立另一婚姻關係，有法律以嚴峻懲罰嚇止，而禮教則從根源處提倡妻不可去夫，即婚姻關係不容結束，惡源既經杜塞，則婚姻關係結束後的濁流——「再嫁」，自然也隨之斷絕，兩方面所編織成鋪天蓋地的網羅，婦女真是無所逃了。

儘管漢代以後經生與士人對於妻是否可以主動離夫，態度越來越嚴格，不過從史料中所留下不多的具體案例來看，妻子主動求去的現象仍然存在，主要有幾個原因（見於表 7.3），一是不習慣於夫家生活，如向姜主動逃回娘家，但最後莒國率領軍隊將其帶回。還有即是夫家貧困，如西漢時的朱買臣妻主動求去。更多的情況是婦女娘家干預，如聲伯「奪施氏婦以與」郤犫、臧兒將女兒從金王孫處硬生生奪回納入太子宮。或丈夫不理家庭生計，東漢時的吳許升妻娘家即因此理由而欲其更嫁。或是丈夫有惡疾，如平陽公主適曹壽，即因惡疾而離之。或是兩家姻親不合，如馬援家族與竇固家族不合，馬援侄子原娶竇氏女，即因此理由而絕婚求去。或是夫家德

---

❼⓿ 《張家山漢墓竹簡》，〈奏讞書〉，簡二八至三五，頁215。

性風氣引人非議，如王俊之父「王商與傅通及女弟淫亂，奴殺其私夫，疑商教使」，王俊的岳父即以此理由將女兒帶回。也正因為已嫁女娘家可能對婦女不二嫁造成壓力與影響，《儀禮·喪服》等強調無二天，既嫁，改以夫代父為所天，或許正是以此為背景。

第二節　出妻儀式及手續

一、出妻儀式

關於出妻的儀式和程序，《禮記》卷四十三〈雜記下〉記載：

> 諸侯出夫人，夫人比至于其國，以夫人之禮行，至，以夫人入，使者將命曰：「寡君不敏，不能從而事社稷、宗廟，使使臣某敢告於執事。」主人對曰：「寡君固前辭不教矣，寡君敢不敬須以俟命？」有司官陳器皿，主人有司亦官受之。
> 妻出，夫使人致之曰：「某不敏，不能從而共粢盛，使某也敢告於侍者。」主人對曰：「某之子不肖，不敢辟誅，敢不敬須以俟命？」使者退，主人拜送之。如舅在則稱舅，舅沒則稱兄，無兄則稱夫。主人之辭曰：「某之子不肖，如姑姐妹亦皆稱之。」

這裏提到出妻的幾個重要的程序：1.男方須送被出的婦女返國；2.執行任務者非丈夫（「夫使人致之」），自然也是由使者代向女方家長酬答，所謂「使使者某敢告」；3.士人出婦時，似乎應如同親迎

時，承父命，不稱主人**❼**，而稱引長者之命，兩方正相對應，都在強調不自專斷，受父母之命的精神；4.男方須要歸還女方的陪嫁物。

關於出妻必須護送婦人回家，《詩經》卷二之二〈邶風·谷風〉被認為是篇有關出婦的詩，這篇詩作〈小序〉說：

> 刺夫婦失道也。衛人化其上，淫於新昏，而棄其舊室，夫婦離絕，國俗傷敗焉。

鄭玄也承繼這個理解，及毛《傳》以「門內也」訓「畿」，把「不遠伊邇，薄送我畿」解釋為：

> 邇，近也。言君子與己訣別，不能遠，維近耳。送我裁於門內，無恩之甚。

〈谷風〉描述的是士人階級的狀況，按照〈士昏禮〉，既然當初新婦入門，由夫親迎，如今大歸，自然也應由夫親自送歸。而且應該送其「至」、「入」，有始有終，方合乎於道，否則，未免涼薄之至。此如《白虎通》所謂：「出婦之義必送之，接以賓客之

---

❼ 《公羊傳》，卷二〈隱公二年〉，頁 25：「婚禮不稱主人，然則曷稱？稱諸父兄師友。宋公使公孫壽來納幣，則其稱主人何？辭窮也，辭窮者何？無母也。然則紀有母乎？曰有，有則何以不稱母？母不通也」。出妻時，「舅沒」，「無兄」，「稱夫」，同屬辭窮。

禮」**❼❷**。但對照上引〈雜記下〉第二段言及「夫使人致之」，適用對象似乎也屬於士人階層，卻由使者代勞，而主張天子下至庶民均當親迎的鄭玄在這關鍵處卻不置一詞，其中深意，尚難考究。

翻檢《左傳》中關於出妻有限的記錄，如卷十九下〈文公十二年〉杞桓公夫人被出的事：

> 杞桓公來朝，始朝公也，且請絕叔姬而無絕昏，公許之。二月叔姬卒，不言杞，絕也，書叔姬，言非女也。**❼❸**

杞桓公因為想要休棄叔姬，特別先來魯國致意，表示雖將叔姬離棄，但兩國的婚姻關係仍可以透過一些補救方法而繼續維持著。這其實也透露著出妻前，應該要先與婦人娘家取得共識。杞桓公後來以叔姬陪嫁來的魯國宗女為繼室，杜注說這即是「立其（叔姬）娣以為夫人」**❼❹**。叔姬在還未回到魯國前就亡故了，所以我們無法進一步知道杞桓公是否親自送她回國。值得注意的是《左傳·成公四年》以及《春秋經·成公五年》又記載了杞叔姬被出棄的事，這個叔姬當然與文公十二年所記不是同一人，不過根據杞桓公卒於魯僖公六年**❼❺**的記載來看，那麼此時被出棄的應該是繼叔姬（文公十二

---

❼❷　《白虎通》，卷十〈嫁娶〉，頁488。

❼❸　《左傳》，卷十九下〈文公十二年〉，頁330。

❼❹　同上注。

❼❺　《左傳》，卷三十〈僖公六年〉經文：「春，王三月壬午，杞伯姑容卒。」《左傳》，〈僖公六年〉，頁516：「春，杞桓公卒，始赴以名，同盟故也。」

年）為夫人的魯女。《左傳·成公四年》記載:「杞伯來朝,歸叔姬故也。」❼杜注說是:「將出叔姬,先脩禮朝魯,言其故」❼,杞桓公兩次出妻,均親自到魯國來,向魯國請示,並求得諒解。第二年《春秋經》就記載叔姬被出的事(「春王正月,杞叔姬來歸。」❼),可惜傳中沒有細述出妻的細節,使我們能夠進一步探看出妻的狀況。這位叔姬在成公八年的時侯死亡,《春秋經》記載:「冬十月癸卯,杞叔姬卒。」不過既已被出棄為何還稱為杞叔姬呢?杜注說是因為叔姬「終為杞伯所葬」❼的緣故,也就是叔姬最後歸葬了杞國。除了以上這兩位魯女被出外,根據《春秋經·宣公十六年》的記載,還有一位被出的魯女即是郯伯姬,因為無傳,所以無由探知被出時的具體狀況。郯伯姬被出後,找不到關於她卒年的記載,孔疏認為可能是因為伯姬再嫁於大夫的緣故❽。另外,齊昭公夫人魯女子叔姬,因為昭公被公子商人所弒,魯國靠著周王室的幫忙,才終於使得子叔姬順利回到魯國,這雖不算是一則出妻的例子,不過,叔姬回魯,《春秋經》亦記載:「齊人來歸子叔姬」❽,齊國在遷怒魯國動用王命的狀態下,曾經囚禁王使以及子叔姬,可說是極不合禮的情況。不過在子叔姬大歸的事件上,齊國仍然派遣使者將其送回,可以想見在一般狀況下,女子大歸,是必須

---

❼　《左傳》,卷二十六〈成公四年〉,頁 438-439。

❼　《左傳》,卷二十六〈成公四年〉,杜注,頁 439。

❼　《左傳》,卷二十六〈成公五年〉,頁 439。

❼　《左傳》,卷二十六〈成公八年〉,頁 445。

❽　《左傳》,卷十九下〈文公十五年〉,孔疏,頁 330。

❽　《左傳》,卷十九下〈文公十五年〉,頁 337。

予以護送的。由這幾則經傳所記的事件，我們大致可以推斷，出妻之前，夫須先與妻的母國取得某些共識，出妻時是否親送妻回國，史料未加明言。❽不過不論如何，都有使者護送，應該是沒有疑問的。

至於「有司陳器皿」，歸還女子嫁時的陪膡物品，我們將在下文談論財產處置時談及，此處不贅述。

二、離婚登記

結婚與離婚都須要經過登記，《周禮》卷十四〈地官·媒氏〉掌理男女的名籍，以防止婚姻失時，對於已經結婚的男女，以及「娶判妻入子者，皆書之」，以確實掌握已婚、未婚的狀況。婚姻登記具有法律上的效力，如前面談逃亡問題時已經提到的，若未滿六尺者在婚姻狀態下逃亡，秦簡的態度是「已官，當論；未官，不當論」❽，可見結婚以後，須要呈報官府，並在官府留下記錄，以利於往後稽察。未經登記，意味著未經過官府認可，象徵法律意義的婚姻關係不成立，也就不須要承擔法律上的責任了。結婚須要備案，離婚亦然，《睡虎地秦墓竹簡》〈法律問答〉提到：

> 「棄妻不書，貲二甲」，其棄妻亦當論不當？貲二甲。❽

---

❽ 由《左傳》中諸侯國間聯姻，往往非親迎，乃派人逆女，送歸時，很可能也不由丈夫親送，由使者「致之」，與當初女方遣使「致女」，適成一往一來。

❽ 《睡虎地秦墓竹簡》，〈法律問答〉，頁488。

❽ 《睡虎地秦墓竹簡》，〈法律問答〉，頁489。

也就是夫妻離異後，當事人雙方都有義務向官府呈報已經離異的情況，否則雙方都要受罰。

第三節　再　嫁

一、禮、法對於子婦可否擁有私財的態度

婦人離婚後，經濟狀況如何，會直接影響到她具體的生活，甚至關係到是否守節、再嫁等問題。這個問題還牽涉到婚姻狀態中女子是否能夠擁有私人的財產，以及對財產的處分的狀況如何。關於婦人婚後財產的狀況，經生抱持著子婦無私財的想法，《禮記》〈內則〉提到：

> 婦將有事，大小必請於舅姑。子婦無私貨，無私畜，無私器，不敢私假，不敢私與。婦或賜之飲食、衣服、布帛、佩帨、茝蘭，則受之而獻諸舅姑，舅姑受之則喜，如新受賜。若反賜之，則辭；不得命，如更受賜，藏之以待乏。婦若有私親兄弟將與之，則必復請其故賜而后與之。❽❺

也就是說，一個已婚婦女沒有財產所有權及處分權❽❻，一切都須歸

---

❽❺　《禮記》，〈內則〉，頁 522。

❽❻　經生不但主張一個媳婦不當擁有私財，身為人子亦然。《禮記》，卷一〈曲禮上〉，頁 21：「父母存……不有私財」、《禮記》，卷五十一〈坊記〉，頁 870：「父母在不敢有其身，不敢私其財」。既於財產無主權，當然不能

於公婆所有，如果得到意外之財，也須要貢獻於公婆，而不可以藏私，即便是娘家親人所贈亦是如此。因此如果從旁人處得到財物，即便是「佩帨、茝蘭」那樣微薄的物件，主權都是公婆的，否則，當公婆客氣轉交給媳婦時，她「如更受賜」這句話中的「更」就沒有意義了。但並不意味媳婦對之有主權，事實上連使用權也沒有，她只是代為保管，所謂「藏」，因此當使用之際，仍必須請示。即便是娘家親人所贈亦然。這就牽涉到一個問題，婦人娘家的贈予質量最大的應該是過門時的陪嫁物資，這些是否也必須列入「公」的領域之中呢？關於這個問題，學者曾論辯過❽，從這邊一再說「無

隨己意處置，也就影響到人事應對上都須請示家長，《禮記》，卷一〈曲禮上〉，頁 18：「為人子者，三賜不及車馬」、頁 20：「為人子者……食饗不為槩」。先秦到漢代私自用財會處以何種刑法，文獻難徵，後代則可得而言。如《唐律疏義》，卷十二〈戶婚上·卑幼私輒用財〉，頁 169，提到：「諸同居卑幼私用財者，十匹笞十，十匹加一等，罪止杖一百」，宋律同，見竇儀，《刑統》（北京：文物出版社，1982 年），卷十二〈戶婚律·卑幼私用財〉，頁 9b。

❽ 柳立言認為所謂「子婦無私財」是要求把媳的特有財產——不屬眾分之財的嫁奩——也化私為公。羅彤華則認為是指「不得私自侵吞家庭共有財產」。二者所說各有理據，不過偏向不同，柳氏對子婦無私財的理解分為禮法和現實二面，認為經生主張偏向將妝奩也納入公的領域之內，但不妨礙現實層面中子婦多私財的事實。羅氏所提則偏向現實以及法律判決等層面，嫁妝確實不同於一般男方家族中的私產來說的。詳參羅彤華，〈「同居」析論——唐代家庭共財性質之探討〉，《大陸雜誌》100 卷 6 期（2000 年 6 月），頁 245-276；〈讀者來函〉、〈敬覆柳教授質疑〉，《大陸雜誌》101 卷 5 期（2000 年 11 月），頁 236-239；〈是否只要「同財共居」便足以構成法律意義上的家庭？——回應羅彤華教授的答辯〉、〈「同居」再論——兼答柳教授是否「同居」即家庭之疑問〉，《大陸雜誌》102 卷 2 期（2001 年 2

私」、「不敢私」的脈絡來看,可能得持肯定的答案。

　　儘管經生陳義甚高,但在具體的狀況下,婦人往往還是有私財。這些私財的來源可分不合法與合法兩部分。前者多數乃是婦人婚後從夫家攢聚來的,由夫家攢聚而來,觸犯了七出中的偷盜條款,同時影響了同居共財下其他同居者的利益和家長的權威,被嚴格的禁止,觸犯者,往往以被出收場。如《韓非子》卷七〈說林上〉中婦人嫁後「私積聚」,而被姑所出,及其返回娘家,所帶回的財產「倍其所以嫁」。合法的部分則多來自陪嫁時所得。婦人擁有私財的狀況還可以從《漢書》〈楊惲列傳〉中看出:

> 初,惲受父財五百萬,及身封侯,皆以分宗族。後母無子,財亦數百萬,死皆予惲,惲盡復分後母昆弟。再受訾千餘萬,皆以分施。其輕財好義如此。❽❽

從文脈來看,後母應該在惲父之外自有私財,這筆錢財情理上來說應該給予後母所生子,但因為後母無子,所以皆給了楊惲。此筆錢財很可能是後母結婚時由娘家帶過來的陪嫁資產,所以楊惲後來才會又把這筆錢財給了後母的娘家兄弟。這樣的行為在當時屬於特殊(婦人所帶來的陪嫁資產,在她死後應留給子嗣,或留在夫家❽❾),所以為他

月),頁 81-86、87-96。

❽❽　《漢書》,卷六十六〈楊惲列傳〉,頁 2890。

❽❾　漢代法律保留極少,只能由端倪推論,不過,由後代法律來看則非常明確是如此,如唐律中提到的妻子七故,娘家不能追回陪嫁資財,《唐令拾遺》,頁 245。宋代亦然,《宋刑統》,卷十二〈戶婚律‧卑幼私用財〉,提到:

贏得了輕財好義的美名。另外，《後漢書》〈李充傳〉也可以讓我們看看當時對婦人私財的看法：

> （李充）家貧，兄弟六人同食遞衣，妻竊謂充曰：『今貧居如此，難以久安，妾有私財，願思分異』，充偽酬之曰：「如欲別居，當醞酒具會，請呼鄉里內外，共議其事。」婦從充置酒讌客，充於坐中前跪白母曰：「此婦無狀，而教充離間母兄，罪合遣斥。」便呵叱其婦，逐令出門，婦銜涕而去。坐中驚肅，因遂罷散。❾⓿

李充妻子擁有私財，此私財很可能是來自娘家，所以李充出妻是以離間母兄的罪名，而未提及攢聚私財一事。李充妻子的私財，很可能屬於李充所不知道的部分（李充所知道的部分，基於同居共財，又兼貧苦，可能早已用掉了）所以妻子才會「竊」對李充提出有私財一事，這透露出妻子雖然可能因為婚嫁而從娘家得到一筆資產，但此筆資產，雖名義上屬於婦，不過在男方同居共財，家貧或家族需要等種種狀況下，婦人基於壓力亦多少必須作出貢獻。較不為人知的金銀細軟，在丈夫有需要的情況下，往往成為幫助丈夫的資產。唐、宋的律法中提到妻子隨嫁資產不列入公分的範疇，而且丈夫在法律上

「妻雖亡歿，所有資財及奴婢，妻家並不得追理」，財產由夫打理，夫亡後，則以子承分，若戶絕則立後承繼隨嫁資產，無立後者甚至沒官充分。關於此可參見袁俐，〈宋代女性財產論述〉，頁197-199。

❾⓿ 《後漢書》，卷八十一〈獨行列傳·李充〉，頁2684。

具有對隨嫁資財的支配權：「妻家所得之財不在分限」**❾❶**、「婦人財產並同夫為主」**❾❷**，妻子的陪嫁物資或由娘家分得的財產，在法律上亦屬於丈夫所有，由丈夫管理，只不過在具體的事例中以及一般人情上，仍然會尊重妻子在這方面處分的意願**❾❸**。

　　就律法層面來看，在漢代以前我們未能找到如唐宋以後那樣明確地規定妻子隨嫁資產的法律條文，不過還是可以從一些方面看出訊息，如前面我們提到了《禮記》〈雜記〉關於出妻的儀式時，男方有司官要「陳器皿」，女方家要「官受之」，所謂「器皿」，鄭注說是「其本所齎物也。律：『弃妻畁所齎』」**❾❹**。即男方家要將女子嫁時的陪嫁品歸還，女方亦有專人來接受。鄭玄還特別引了當時的漢律作為證明。較鄭玄所提的更早，漢初的《張家山漢墓竹

---

❾❶　《唐令拾遺》（東京大學，1983 年），頁 155。《刑統》（嘉業堂叢書，北京：文物出版社，1982 年），卷十二〈戶婚律・卑幼私用財〉，頁 10。

❾❷　《清明集》（日本靜嘉堂文庫藏，臺北：大化書局，1990 年），卷五〈戶婚・爭業・妻財置業不係分〉，頁 825。

❾❸　關於此可參見羅彤華〈「同居」析論——唐代家庭共財性質之探討〉一文，及袁俐，〈宋代女性財產論述〉，其中提到：「由於封建家庭中男主外，女主內的分工方式等因素，家庭中營產置業之類的活動是由夫經手的，而於隨嫁資產的支配權也多為夫所掌，夫甚至有權支用妻的奩中物。」「但是，隨嫁資產畢竟有別於眾產。一方面，為了避免日後分析或借以撫忍妻心，用隨嫁資置辦的產業往往作妻名。另一方面，在夫妻協和、丈夫病弱、妻善治家或妻出自富貴之家情形下，妻不可能不參與支配隨嫁資產的活動。因此，不僅有夫妻共同營產，還有妻『自置買』、『私置物業』」，「在夫亡無子等情況下，妻財一般可隨寡妻改嫁，或歸宗而帶離亡夫家。」《中國婦女史論集》續集（臺北：稻香出版社，1991 年），頁 195-196。

❾❹　《禮記》，卷四十三〈雜記下〉鄭注，頁 755。

簡》〈二年律令〉即已指出：「棄妻，畀之其財」❾，又〈二年律令〉還提到：

> 女子為父母後而出嫁者，令夫以妻田宅盈其田宅。宅不比，弗得。其棄妻，及夫死，妻得復取以為戶。❻

當家中無男，女子為後的情況下，女子可以承嗣家族中所分得的產業，不過當這個為後的女子出嫁了，她的田宅仍然被夫所掌理，只有在婚姻狀態結束時，如夫死或離婚，婦女才能重新掌理她的產業。這與我們前面所舉唐宋律的精神大體上相一致，可見在漢代初定時法律上已經如此，而這個規定應該是承繼著先秦以來的精神和習俗。我們從《睡虎地秦墓竹簡》〈法律問答〉來看：

> 「夫有罪，妻先告，不收。」妻媵臣妾、衣器當收不當？不當收。❼

> 妻有罪以收，妻媵臣妾、衣器當收，且畀夫？畀夫。❽

丈夫犯罪，若妻子先行告發，妻子的財物即可以得到保存，這裏所謂妻子的財產，指的是陪嫁的傭人、婢女，衣物器皿等，應是陪嫁

---

❾　《張家山漢墓竹簡》，〈二年律令〉，簡三八四，頁 184。

❻　同上注。

❼　《睡虎地秦墓竹簡》，〈法律問答〉，頁 489。

❽　同上注。

的嫁妝。這些嫁妝在一般情形下可被視為妻子的財產，但在妻子犯罪被收押時，這些財物就明白歸於丈夫所有，而非歸還於女方娘家，可見陪嫁資財，已隨著婦人的出嫁，轉移到了男方，除非離異等特殊狀況，才會隨著婦人一起被帶走。

　　承繼著秦法分異的精神，漢代初定時仍維持著分異的法律，《張家山漢墓竹簡》〈二年律令〉中還特別提到分戶所宜的時間❾❾、訂定准許不分異的特殊狀況❿❿、這種重視分異的習俗使得漢代社會（東漢末除外❿❶）以小家庭、核心家庭居多❿❷，同居的成員以一

---

❾❾　如《張家山漢墓竹簡》（北京：文物出版社，2001 年），〈二年律令〉，簡三四五，頁 179，提到：「民欲別為戶者，皆以八月戶時」。

❿❿　《張家山漢墓竹簡》，〈二年律令〉，簡三四三，頁 179：「寡夫、寡婦毋子及同居，若有子，子年未盈十四，及寡子年未盈十八，及夫妻皆癃病，及老年七十以上，毋異其子；令毋它子，欲令歸戶入養，許之」，可見在正常狀況下，子長即分異，除非特殊情況，才准許不分異，或讓已分異之子歸戶入養。

❿❶　漢代的分異之俗，應是商鞅：「民有二男以上不分異者，倍其賦」的遺風不無關係，《漢書》，卷二十八〈地埋志〉，頁 1647，提到河內之人「薄恩禮，好生分」，頁 1654：「潁川好爭訟分異」。不過漢代的統治者對於同居共財亦開始鼓勵，如《漢書》，卷二〈惠帝紀〉，頁85-86，記下詔：「今吏六百石以上父母妻子與同居……家唯給軍賦，他無有所與」，即透過免除賦稅、徭役來鼓勵同居，東漢以後政府的鼓勵以及儒家的倫理推廣，使得同居共財風氣越來越盛，趙翼《陔餘叢考》即認為同居共財風氣大興，在於東漢末年。

❿❷　詳參許倬雲，〈漢代家庭的大小〉，《求古編》（臺北：聯經出版公司，1982 年），頁 518-530。羅彤華，〈漢代分家原因初探〉，《漢學研究》第十一卷第一期（1993 年 6 月），頁 135-157。不過兄弟同居的情況，也仍然存在，具體的事除前引《漢書・李充傳》外，又如《漢書》，卷四十〈陳平傳〉，頁 2038：「少時家貧……有田三十畝，與兄伯居」，《漢書》，卷五

對夫婦及其所生子女的情況最為常見，雖然異居未必就異財或不通有無，不過此種狀況下，妻子的陪嫁資產成為妻子本人或小家庭私產的可能性較大，儒家所提倡的子婦無私財，原是站在宗族團結「異居而同財，有餘則歸之宗，不足則資之宗」[103]的理想上而發的，但此種理想即使落於後代亦隨著客觀環境不同，而情況有別，子婦亦非全無私財可言[104]。從現實狀況來看，則婦人妝奩的使用情況複雜，與經生的期待有一段不小的距離。

二、婦女的私財

既然婦人的私財，大多來自於出嫁時的陪嫁或是娘家的分產，我們在此還可以大約瞭解一下婦女從娘家得產的情形，以推測其經濟狀況。先從女子的陪嫁來說，我們從銅器銘文來看，如西周穆王

十〈張釋之傳〉，頁 2307：「與兄仲同居」。《後漢書》，〈獨行列傳·繆彤〉，頁 2685：「少孤，兄弟四人皆同財業，及各娶妻，諸婦遂求分異」，《後漢書》，卷二十四〈馬棱列傳〉，頁 862：「援之族孫也，少孤，依從兄毅共居業，恩猶同產。」等均是兄弟共財。羅彤華認為同居之戶同其財產，似乎是漢代的通例。

[103] 《儀禮》，卷三十〈喪服〉，頁 356。

[104] 即使極力強調同居共財與父權家長制的狀況下，子婦亦不是全無私財可言，妻子的嫁妝、父祖生前的分產、白手興家、因官取得財產等情況，可以不必列入公財，分予兄弟各房。「父親對源於本人的共財，有絕對的處分權，但對諸子「私財」卻必須得到諸子同意才能行使處份權」，而財產分配在法律糾紛中也呈現複雜的情形。以上可參見柳立言〈宋代同居制度下的所謂共財〉、〈從法律糾紛看宋代的父權家長制——父母舅姑與子女媳婿相爭〉二文，《中央研究院歷史語言研究所集刊》第 65 本，第 2 分（1994 年 6 月），頁 253-305 及 69 本第 3 分（1998 年 9 月），頁 483-555。

時期的《縣改簋》，它的銘文是：

> 隹十又二月既望，辰才壬午，伯屖父休于縣改曰：「叡！乃任縣伯室。易汝婦：爵、甀之卡，瑵玉黃憈」縣改敏揚伯屖父休，曰：「休伯屖益恤縣伯室易君我隹易儔，我不能不眔縣伯萬年保。」肆敢敶于彝曰：「其自今日，孫孫子子毋敢忘伯休。」[105]

這則銘文記載了縣改要嫁給縣伯，縣改的父親伯屖父賜給縣改爵以及裸祭所用之玉[106]，來作為禮物。爵和裸器都屬於祭器，是讓縣改到夫家後祭祀之用。我們從出土春秋時期的媵器來看，女子陪嫁的媵器有鼎、盤、匜、簠、盨、壺、尊、缶、敦、盂、鐘、鑑等器，其中以食器和水器與盥洗器所佔比例最多[107]，食器固然用以祭祀，水器所佔比例高，則有幾種可能：使用於婦女整治容顏、婚後的執奉之禮、婚禮中的沃盥禮、婦事舅姑之禮[108]，這反映出女子在婚後

---

[105]　見馬承源主編，《商周青銅器銘文選》三（北京：文物出版社，1988 年），頁 123-124。

[106]　見《商周青銅器銘文選》三，頁 124。

[107]　參見林聖傑，《春秋媵器銘文彙考》：「收錄春秋媵器八十八件，其中鼎、簠、盨、匜、敦、敦等食用器佔四十五件，盤、匜、盂、盨、鑑、盥壺、盥缶等水器即佔三十七器，其餘為酒器與樂器。」

[108]　以上說法分別參見陳昭容，〈從古文字材料談古代的盥洗用具及其相關問題〉，《中央研究院歷史語言研究所集刊》第七十一本，第四分，頁 886。胡自逢，《金文釋例》（臺北：文史哲出版社，1974 年），頁 318-319：「盤匜為女子服用執奉之器也，故以為媵，亦奉簪帨之義也」，朱駿聲，

被期望的角色定位，如容顏整潔、侍奉公婆、丈夫，以及祭祀的職責。除了媵器和此處所提到的禮物外，其他饋贈如何？由於記載有限，難以推斷。我們前面提到的《睡虎地秦墓竹簡》〈法律問答〉被認為屬於妻子的財物有「媵臣妾、衣器」，可知陪嫁時還有侍候的僕役、婢女及隨身衣服雜器。除此之外，嫁妝內還可能包括錢財。後代的嫁妝中，雖然因為娘家社會階級和經濟能力的不同，所饋贈禮物厚薄有很大的不同⓾，不過大要都是以貼身衣器、細軟和婢僕等為主⓫。

除了象徵性的禮物、生活器用和僕役外，嫁女還應有陪嫁錢財，根據《左傳》〈哀公十一年〉的記載：「陳轅頗為司徒，賦封田以嫁公女」⓬，即將封內之田賦稅，以籌措嫁資。女子的嫁陪嫁物資多少，與娘家的身份階級、經濟狀況有密切的關係，漢代以前關於此類的記載很少。至於漢代，我們可舉《史記》〈司馬相如列傳〉敘述卓王孫給文君和司馬相如錢財一事，來窺見當時對嫁妝的看法。首先可以看出，習俗上來說，女子嫁時應該會有一筆隨嫁資

《春秋左傳識小錄》（光緒八年臨嘯閣刊本），卷上，頁 19。林聖傑，《春秋媵器銘文彙考》，頁 495-496。

⓾ 《後漢書》，卷八十三〈獨行列傳·戴良傳〉，頁 2773，雖然「家富」，因個性曠達任俠，嫁女時，僅以「疎裳、布被、竹笥、木屐以遣之」，殊非多見。

⓫ 如顧頡剛在提到清代蘇州婚俗時，羅列了當時的奩目，品物極為繁瑣，並解釋依階級、經濟狀況而有所不同，所列包含了生活所需什物，甚至包含「子孫桶」在內。見顧頡剛，〈蘇粵的婚喪〉，《中山大學民俗叢書》二十一，頁 1-29。

⓬ 《左傳》，卷五十八〈哀公十一年〉，頁 1017。

產，我們從卓王孫知道女兒文君與相如私奔後，十分憤怒，說：「女至不材，我不忍殺，不分一錢也」，以及四周人覺得不妥，所以力勸卓王孫的態度來看，「不分一錢」，是對文君不材的懲罰，並不是常態。文君對父親的反應也是「久之不樂」，於是想了計策，讓卓王孫難堪，在這種情況下「昆弟諸公」也幫著文君說好話，卓王孫迫於形勢，最後只好「分予文君僮百人，錢百萬，及其嫁時衣被財物」⓬。可以看出，在財產分配和嫁妝備置上，雖然會受到某些社會的眼光及女子的期望影響，不過家長具有最後的決定權。文君分到的「僮百人，錢百萬，及其嫁時衣被財物」，相較於當時社會，應該是頗為豐厚的，這與卓王孫巨商大富的身份有密切關係⓭。關於漢代婦女陪嫁的錢財數目，彭衛指出：「漢代皇族宗室女子的嫁妝費用多者可達百萬，乃至千萬錢，少者亦不會低於二、三十萬錢。」高級官吏與富商大戶「女子嫁妝所費一般在二、三十萬錢以上，多者可達幾百萬錢。」中小地主與中小官吏「女子陪嫁物大約值二、三萬錢」，小農、佃農、小手工業者和從事各種行業的城市平民，嫁妝支出在二千錢左右。⓮若我們對比漢代的官俸或配糧數，對應穀價來換算（穀價以一石一百十一錢來計算⓯），官吏

⓬　《史記》，卷一一七〈司馬相如列傳〉，頁 3000-3001。

⓭　彭衛根據《居延漢簡考釋》，頁 445 所記：「小奴二人，直三萬；大婢一人，二萬」，以一百個僮僕來推算，即值二百萬錢，另外加上錢財算一百萬整，衣被應有十萬價值，則文君的嫁妝應在三百萬錢以上，可比美皇室嫁女的嫁妝了。見《漢代婚姻形態》（西安：三秦出版社，1988 年），頁 140。

⓮　《漢代婚姻型態》，〈漢人婚嫁所耗錢財表〉，頁 144。

⓯　漢代穀價的平均值，我們在第三章第四節，〈納徵的禮物及聘財〉已討論過了，請參見之。

即便位極三公（秩級萬石，年俸 4200 斛），年俸也不過十多萬錢，士卒階級以《居延漢簡》所記，以一個成年男戍卒每月配發穀物三石三斗三升，妻子配發二石一斗六升來換算，每年配糧所折合不到五千錢，女子不到四千錢⑯，就會發現這筆陪嫁錢財為數不少。也因為如此，往往造成家庭經濟沈重的負擔，在漢代嫁娶過於奢華的風氣，常引起討論⑰。

女子除了嫁妝外，在娘家無後的一些特殊情況下，也可能從娘家分得財產，如前面我們曾經提過，從漢初的律條來看，女子為父母後者，可以擁有田地和房產⑱，〈二年律令·戶律〉還提到：

> 民大父母、父母、子、孫、同產、同產子，欲相分予奴婢、

---

⑯ 可參見第三章第四節，〈納徵的禮物及聘財〉所述。

⑰ 如《漢書》，卷七十二〈王吉傳〉，頁 3064：「聘妻送女亡節，則貧人不及，故不舉子」，因為付不出子女嫁娶之資而不舉子，可見當時嫁娶所費對一個家庭來說十分沈重。《後漢書》，卷六十六〈陳蕃列傳〉，頁 2161，陳蕃上疏提到當時的俗諺「盜不過五女門」，顯示當時嫁女所費不貲。也因為如此西漢成帝、東漢章帝、安帝均曾下詔禁止嫁娶過於侈靡，見《漢書》，卷十〈成帝紀〉，頁 324-325：「聖王明禮制以序尊卑，異車服以章有德，雖有其財，而無其尊，不得踰制……車服、嫁娶、葬埋過制……其申敕有司，以漸禁之」，《後漢書》，卷三〈章帝紀〉，頁 134-135：「嫁娶送終，尤為僭侈。有司廢典，莫肯舉察，《春秋》之義，以貴理賤，今自三公，並宜明糾非法，宣振威風」，《後漢書》，卷五〈安帝紀〉，頁 228-229：「嫁娶送終，紛華靡麗，至有走卒奴婢被綺縠，著珠璣……設張法禁，懇惻分明……且復重申，以觀後效。」現代學者對此的討論，參見劉增貴，《漢代婚姻制度》，〈婚姻禮俗〉，頁 53、55。《漢代婚姻型態》，〈過量消費：用于嫁娶的支出〉，頁 134-150。

⑱ 《張家山漢墓竹簡》，〈二年律令〉，簡三四八，頁 184。

馬牛羊、它財物，皆許之，輒為定籍。⓫

「同產」除了兄弟，還包括了姐妹，似乎女性也可以分得家產。但是以女子為後，是在無子的特殊狀況下才行使的權變方式⓬，若不在此種特殊狀況下，女子無由分得家產。

我們還可以用一份記錄著西漢末期有關財產分配的遺囑：《先令券書》，來看當時分產的狀況：

> 元始五年九月壬辰朔辛丑□，高都里朱凌，凌廬居新安里，甚疾其死，故請縣、鄉三老、都鄉有秩、佐、里師、田譚等，為先令券書。
>
> 凌自言：有三父，子男、女六人，皆不同父。欲令子各知其父家次：子女以君、子真、子方、仙君，父為朱孫；弟公文，父吳衰近君；女弟弱君，父曲阿病長賓。
>
> 嫗言：公文年十五去家自出為姓，遂居外，未嘗持一錢來歸。嫗予子真、子方自為產業。子女仙君、弱君等，貧毋產

⓫　《張家山漢墓竹簡》，〈二年律令〉，簡三三七至三三九，頁178-179。

⓬　如《張家山漢墓竹簡》，〈二年律令〉簡三六七、三六八，頁 183：「疾死置後者，徹侯後子為徹侯，其母適子以孺子子，良人子……（侯以下），其母適子，以下妻、偏妻子」，又因公殉職者，簡三七一，頁 183：「□□□□為縣官有為也，以其故死若傷二旬中死，皆為死事者，令子男襲其爵，毋爵者其後為公士，毋子男以女，毋女以父，毋父以母，毋母以男同產，毋男同產以女同產，毋女同產以妻」，簡三八一也提到：「後妻無子男為後，乃以棄妻子男。」從為後繼爵等順位來看，以女子為後，是在無男子的情況下才會發生，至於女同產則順位更遠在女子之後了。

> 業，五年四月十日，嫗以稻田一處，桑田二處分予弱君；波
> 田一處分予仙君，于至十二月。公文傷人為徒，貧無產業。
> 于至十二月十一日，仙君、弱君各歸田于嫗，讓予公文。嫗
> 即受田，以田分予公文：稻田二處、桑田二處。田界易如
> 故，公文不得移賣田予他人。時任知者：里師、伍人譚等及
> 親屬孔聚、田文、滿真。先令券書明白，可以從事。㉑

遺囑中首先交代的是立遺囑人（朱凌）病重之時，召來地方官吏以及親屬為證，來處理財產分配的問題。其次，立遺囑人交代家中兄弟姐妹因母親婚配關係而有的家次順位，在立遺囑時交代家次，顯見與財產的繼承有密切的關係。最後交代財產的處分狀況。此則記載，學者的爭論很多，譬如立遺囑人朱凌的身份㉒，以及嫗的婚配狀況㉓，若我們根據陳平的推斷，朱凌為長子子真，那麼朱凌在父

㉑　李均明，何雙全編，《散見簡牘合輯》（北京：文物出版社，1990 年），頁105-106。

㉒　有學者認為彼此為夫妻關係，如陳雍，〈儀征胥浦 101 號西漢墓《先令券書》補釋〉，《文物》（1988 年第 10 期），頁 79-81。也有認為朱凌應該即是子真，如陳平，王勤金，〈儀征胥浦 101 號西漢墓《先令券書》初考〉，《文物》（1987 年第 1 期），頁 20-25。說成夫妻關係，則無法解釋朱凌自言有三父的情況，而且既姓朱，顯然與第一任丈夫有關，若嫗的丈夫此時尚存，則不能解釋為何其後又有二夫，分別生下子女的事實，所以還是將朱凌當成長子來看，比較合適。

㉓　嫗的後二次婚姻應該是屬於招贅的情況，比較沒有疑問，不過第一次婚姻，則有一些爭議，如陳平從墓葬四周所發現的同期漢墓，發現均屬同一時期，且為漢代何姓家族的祖墓，推斷嫗應為何氏之女，因此三次婚姻皆屬於招贅婚，見〈儀征胥浦《先令券書》續考〉，《考古與文物》（1992 年，2

親死後繼任為家長,可以解釋他為什麼具有分配財產的決定權,嫗在分配家產中雖然扮演著關鍵的角色,但是形式上,還是以朱凌為最重要的決定者❿。在此次分配家產,主要的目的即是將仙君、弱君手中的田產轉移給公文,遺囑中並沒有交代二女是否已經婚嫁,但可以看出法理上女子也可以承繼田產。不過仙君、弱君承繼田產,學者認為很可能只是一種過渡的性質,即因為公文犯罪為徒,無法自行繼承,所以先由二女代為承繼❿,不管是不是如此,二女被迫交出田產,而轉移到十五歲即離家,早已不同居,且自出為姓,又傷人為徒的公文身上,則是事實。可見同產姐妹雖然在某些情況或程度上擁有繼承家產的權力,不過相較於兄弟,則顯得極為薄弱。兄弟才真正具有財產繼承的優先權,所以一旦某些特殊狀況解除(如公文為徒),仍然可能從姐妹手中要回財產。而此則財產的分配同時有官吏及親友在場作證,具有法律的效力,也可以看出漢時立遺囑的一些情況。

我們從《風俗通義》所記載的兩則發生在西漢時期分產的例子,也可以看出此種狀況:

> 陳留有富室翁,年九十無子,取田家女為妾,一交接,即氣絕。後生得男,其女誣其淫佚有兒,曰:「我父死時年尊,

期),頁84-92。

❿ 有學者甚至指出朱凌與嫗在分配財產的事件上,出現彼此矛盾的狀況,如楊劍虹,〈從《先令券書》看漢代有關遺產繼承問題〉,但即使如此,財產的分割最後仍如朱凌的意願,可以顯示朱凌實具有分產的最大權力。

❿ 參見陳平,〈儀征胥浦《先令券書》續考〉,前揭文。

> 何一夕便有子？」爭財數年不能決。丞相邴吉出殿上決獄，
> 云：「吾聞老翁子不耐寒，又無影，可共試之。」時八月，
> 取同歲小兒，俱解衣裸之，此兒獨言寒，復令並行日中，獨
> 無影。大小歎息，因以財與兒。**⑫**

此例中出嫁女兒爭產的依據在於娘家無子，所以極力證明父妾所生
不是父親的親生子，而決獄的過程，最重要的目的即在釐清妾所生
之子，是否確定為富翁所有，一旦得到證明，財產即歸此小兒所
有，女兒無從再爭取了。另一則也出於《風俗通義》的例子：

> 沛郡有富家公，資二千餘萬，小婦子年裁數歲，頃失其母，
> 又無親近，其大婦女甚不賢。公病困，思念惡婿爭其財，兄
> 判不全，因呼族人為遺令云：「悉以財屬女，但遺一劍與
> 兒，年十五，以還付之。」後來弟年十五，姐不肯予劍，故
> 訴訟，大守大司空何武揣度為父心情，最後悉奪取財以與
> 子。輿論以為何武原情度事得其理。**⑫**

可以看出當時輿論認為有兒子存在，財產當予兒子。不過出嫁的女
兒以及女婿亦可能因為兄弟幼弱而發生爭財的事情。此則事件中，
父親雖然在表面上將財產給予了已嫁的女兒，不過太守還是依照民

---

⑫ 王利器，《風俗通義校注》（臺北：明文書局，1982 年），〈佚文·折
當〉，頁 587。
⑫ 《風俗通義校注》，〈佚文·折當〉，頁 588。

情揣度了父親的心意，而將財產全數由女兒那裏奪來，轉移到兒子那裏，女兒被認為只具有因為兄弟年幼的特殊狀況下而來的「寄放權」。不過此則案例，似乎也可以看出父親具有處份財產的重大權力，而女兒在法理上亦可以承繼父產，所以此筆財產才能被放在女兒那裏那麼長的時間。

　　在一般情況下，女子既然無法冀望於娘家分產，在夫家又由於子婦無私財的要求，無法私蓄財產，那麼婚嫁時的陪嫁物資，即成為她在情理允許下獲取財產的唯一機會，也是在一旦離婚的情況下，僅有合法合禮可帶離夫家的財物。只是連這筆財物，也可能因為種種原因在夫家時用罄。

三、從經濟的需要看再嫁

　　被出而改嫁，在先秦乃至漢代都是普遍存在的現象，在《左傳》所記的諸侯后妃被出的例子中，齊桓公夫人蔡姬被出後旋即更嫁，魯女郊伯姬被出，但未見卒的記載，經生也懷疑是因為再嫁的緣故。被杞桓公所出的子叔姬，由於在不久後即死了，所以沒有再嫁的問題（另一個被杞桓公所出的杞叔姬，於五年來歸，八年而卒，倒是沒有再改嫁）。魯國公室，聲伯的母親，被出後再改嫁。孔子的的兒子伯魚之妻，被出以後改嫁於衛。以上所舉的例子有諸侯夫人、王室、貴族、乃至於孔子的家門，都有被出而改嫁的情況❿，這一方面顯示春秋時的社會並不以再嫁為恥。戰國時期，出妻與再嫁風氣頗盛，我們可以從法令的制訂看出端倪，《管子》〈小匡〉記載了

---

❿　以上所例請參見表 5.2〈史書所記春秋至漢代出妻的原因〉，不再另立出處。

「女三嫁,入於春穀」❷,這與「士三出妻」的法令相對,都是想要遏止當時出妻與再嫁過度隨便的現象。漢代的王室、公主以及官吏之妻也有不少再嫁的情況,而且自身不以為恥,社會亦無譴責或歧視,由於這部分學者申論已多❸,我們就不再贅述了。

更嫁以及再嫁風氣盛行的原因,可以從幾個方面來看。

首先,由政策面來看,為政者有鼓勵被出婦女或夫亡寡婦再嫁的政策,如《管子》〈入國篇〉提到:

> 凡國都,皆有掌媒,丈夫無妻曰鰥,婦人無夫曰寡,取鰥寡而合和之,予田宅而家室之,三年然後事之,此之謂合獨。❸

《周禮》〈地官‧媒氏〉也提到「凡娶判妻入子者皆書之」❸。當

---

❷ 《管子》,卷八〈小匡〉,頁 12。
❸ 有關婦人是否可以再嫁,以及守節、貞潔觀等問題,研究論文已很多了,如董家遵《中國古代婚姻史研究》〈歷代節婦烈女的統計〉、〈從漢到宋寡再嫁習俗考〉(廣州:廣東人民出版社,1995 年)、劉增貴《漢代婚姻制度》(臺北:華世出版社,1980 年)、彭衛,《漢代婚姻形態》(西安:三秦出版社,1988)、鮑家麟編,《中國婦女史論集》(臺北:稻鄉出版社,1988年)、陶晉生〈北宋婦女的再嫁與改嫁〉,《新史學》(1995 年 9 月),第 6 卷 3 期,頁 1-28、柳立言,〈淺談宋代婦女的守節與再嫁〉,《新史學》(1991 年 12 月),第 2 卷 4 期,頁 37-76。
❸ 《管子》,卷十八〈入國〉,頁 2。
❸ 《周禮》,〈地官‧媒氏〉,頁 216。關於判妻、入子,鄭司農說:「入子者,謂嫁女者也」,鄭玄的解釋則是:「容媵姪娣不聘之者」,不過這樣的解釋顯得很曲折,江永即說:「娶判妻謂娶人所出之妻,入子謂再嫁而攜其女入後夫之家者。書之者,防其爭訟也。」孫詒讓也贊成這樣的說法,認

政者積極促成鰥寡者改嫁、再婚，一方面可以減少失偶的人口所帶來的社會問題，同時也可以避免因為失偶人口過多，而造成疾怨之氣充斥，而引生的災異現象。另一方面來看，合獨可以增加人口的數量，人口數量的增加，對於家庭以及為政者來說，都有一定的好處。

第二，從觀念層面來看，在東漢以前的觀念裏，亦不以再嫁為恥，如《左傳》〈成公十一年〉記載：

> 聲伯之母不聘，穆姜曰：「吾不以妾為姒」，生聲伯而出之，嫁于齊管于奚，生二子而寡，以歸聲伯。聲伯以其外弟為大夫，而嫁其外妹於施孝叔，郤犨來聘，求婦於聲伯，聲伯奪施氏婦以與之，婦人曰：「鳥獸猶不失儷，子將若何？」曰：「吾不能死亡」婦人遂行，生二子於郤氏。郤氏亡，晉人歸之施氏，施氏逆諸河，沈其二子，婦人怒曰：己不能庇其伉儷而亡之，又不能字人之孤而殺之，將何以終？遂誓施氏。[133]

聲伯的母親為叔肸之妻，叔肸是魯宣公的同母兄弟，所以她和穆姜是姒的關係，但因為叔肸之妻沒有經過正式聘娶的過程，所以被穆姜看不起，最後因為這個理由而被出棄，其後再嫁給齊國的管于

為：「判妻，蓋兼夫在而被出與夫亡而再嫁二者而言，入子亦關男女。」詳見《周禮正義》（北京：中華書局，2000 年），卷二十六〈地官·媒氏〉，頁 1038-1039。

[133]　《左傳》，〈成公十一年〉，頁 456。

奚。生下一子一女後，管于奚亡故了，所以投靠到聲伯那裏。我們從聲伯的外弟被任命為魯大夫，外妹也嫁給了魯惠公的五世孫（施孝叔）來看，當時人並未特別輕視再嫁所生之子女。聲伯的外妹後來又被聲伯奪回，再嫁給了郤犨，生了二子。以郤氏當時的政治勢力，卻願意接受一個已嫁的婦人，而施孝叔在其妻歸來時也並未拒絕，再嫁所生之子地位也不受影響，這些訊息可以讓我們看出，當時人對於再嫁者並不抱著輕視的態度。

我們前面曾經提過陳軫遊說秦王時舉「出婦嫁鄉曲者，良婦也。」來證明自己的操行，這反映出當時人對於被出的婦人再嫁，並沒有抱持著否定或敵意的態度。甚至，一個婦人若被出後能夠很快的又嫁出，此婦人被認為應該有令人稱揚的德行所在。漢代大儒董仲舒雖然極力將陽尊陰卑有系統地、大量地使用在政治以及人倫的關係上。不過董仲舒對於婦女再嫁，也抱持著接受的態度，甚至還引《春秋》之義「夫死無男有更嫁之道」[134]，來作為立論根據，並以此斷獄[135]。雖然這裏沒有提到出妻是否可以再嫁，不過出妻再嫁所面臨的問題，要較丈夫死亡而再嫁的問題來得簡單，因為從宗法的角度來說，被出之妻即等同於外人，不再有倫理上的關係了，因此出妻再嫁不牽涉到宗法、以及是否有子，是否貞節的問題。更何況，貞在最初與誠信相關[136]，並不必然與是否再嫁有關[137]，雖然

---

[134]　《太平御覽》（北京：中華書局，1960 年），卷六百四十〈刑法六〉，頁 2868。

[135]　關於此請參見本書第六章第五節關於喪期不嫁娶部分。

[136]　關於「貞」的觀念改變，請參見本書第四章〈婚禮程序的完成——成婚、成婦、完婚禮的儀式性質與學說探究〉。

劉向的《列女傳》極力強調不再嫁，不過很可能有具有扭轉當時社會道德觀的用意，與實際的社會情況有一段不小的距離。

　　若屬於夫亡情況的再嫁，有子、無子嚴重關係到宗法祭祀的問題[138]，禮教上對此顯得特別的小心。但是又考慮到有子再嫁的情況確實存在，而且在某些狀況下，有其不得已的必要性，因此禮制上亦要面對繼父服制等問題，而對其作出嚴格的限制，如《儀禮》〈喪服〉提到：

---

[137]　如《漢書》，卷四十五〈蒯通傳〉，頁 2166，記載蒯通問蕭何：「婦人有夫死三日而嫁者，有幽居守寡不出門者，足下即欲求婦，何取？」蕭何的回答是：「取不嫁者」，這裏雖然含有對幽居守寡的讚美，不過著眼的角度是感情的信守，三日而嫁，被譏嘲的也是情義朝暮即變，而不是是否再嫁的問題，否則蕭何就不會回答「取不嫁者」了。

[138]　是否有子，被認為是夫亡後是否再嫁的關鍵，若有子，通常不利再嫁，甚至法令也禁止再嫁，如《史記》，卷六〈秦始皇本紀〉，頁 262，始皇刻石提到：「有子而嫁，倍死不貞」，反對夫死有子者再嫁。如果無子，則往往要承受來自娘家方面頗為強大逼嫁的壓力。劉向，《列女傳》中亦提及賢婦在夫亡後不歸於娘家，養姑甚謹。此處無子，為姑欲嫁之的重要原因。《後漢書》，卷五十〈孝明八王·梁節王暢列傳〉，頁 1676：梁暢因不道，有司奏除暢國，帝不忍而削二縣，暢上疏辭謝提到：「臣暢小妻三十七人，其無子者願還本家」，亦以無子來決定婦人的歸處。《後漢書》，卷八十四〈列女傳·陳留董祀妻〉，頁 2800，為蔡邕之女，適河東衛仲道，「夫亡無子，歸寧于家」，強調無子，故而歸寧。也有因為無子，婆婆欲將其再嫁的情況，如《後漢書》，卷四十八〈霍諝列傳〉，頁 1616：「昔東海孝婦，見枉不辜，幽靈感革，天應枯旱」注：「前書曰：東海有孝婦，少寡無子，養姑甚謹，姑欲嫁之，終不肯。姑告鄰人曰：『孝婦養我勤苦，我老，久累丁壯』乃自經死，姑女告吏曰：『婦殺我母』，吏驗之急，孝婦自誣服，具獄上府，太守竟論殺婦，郡中枯旱三年。後太守至，自祭孝婦墓，天立大雨，歲熟。」

> 夫死、妻穉、子幼，子無大功之親，與之適人，而所適者亦
> 無大功之親。所適者以其貨財為之築宮廟，歲時使之祀焉，
> 妻不敢與焉，若是則繼父之道也。同居則服齊衰期，異居則
> 服齊衰三月。必嘗同居，然後為異居，未嘗同居，則不為異
> 居。**⑲**

禮制上認為只有在妻穉子幼又無近親的狀況下可以再嫁。此處所謂
的妻穉，鄭玄說是未滿五十歲，子幼為未滿十五歲**⑭**。雖然禮制上
承認了繼父的情形的存在，不過卻對繼父有服作了十分嚴格的限
制。繼父必須無大功之親，而且出資為假子築宮廟，讓寡婦攜子再
嫁，最令人擔憂的祭祀問題得到很好的安排，而且還必須曾經同居
或者仍在同居狀態中，才能為其服喪。再嫁的婦人，則因為已落於
他姓，所以不能參與已故丈夫祭祀之事。從這樣看來，禮制上雖然
並不希望婦女再嫁，但亦考慮到現實的因素，而網開了一面，容許
了一些特別狀況下的再嫁行為。對於母親再嫁而來的異父兄弟，禮
上亦有服制，如《禮記》〈檀弓上〉提到：

> 公叔木有同母異父之昆弟死，問於子游，子游曰：「其大功
> 乎？」狄儀有同母異父之昆弟死，問於子夏，子夏曰：「我
> 未之前聞也，魯人則為之齊衰」狄儀行齊衰，今之齊衰，狄

---

⑲　《儀禮》，卷三十一〈喪服〉，頁364。
⑭　同上。

儀之問也。**⑭**

當時禮制上對於同母異父兄弟的服制，似乎還沒有一個統一的規範，然而民俗中這種現象仍是存在的，子夏即因為魯國民俗多為異父兄弟齊衰，所以亦將喪服明定在齊衰上。

　　第三，由宗法祭祀的層面來看，被出的婦女，大歸於娘家、母國，對於夫家來說，已經成為外人，在宗法祭祀上便失了份位和著落，這種改變在喪服中可以明顯看出，如《禮記》〈喪服小記〉提到：

　　　婦當喪而出，則除之。為父母喪，未練而出，則三年。**⑭**

喪服輕重的改變象徵著人倫關係，親疏遠近的重大改變，在室女子為父服三年之喪，一旦出嫁則為舅服三年重喪，而對娘家父親降服，這正是所謂不二尊的精神，表明了女子已經從屬於夫家。不過，婦女若在舅姑喪期中被出**⑭**，則要立刻除服，表明了被排拒於男方宗族之外，彼此已經不再有親戚關係了。反過來說，若正逢自己父母的喪期而被出，則要服和在室女一樣的喪服，所以如果父母亡故後一年內即被出，還未行練祭，被出的女子要為父母服三年之喪。對於出母，《儀禮》〈喪服傳〉說：

---

⑭　《禮記》，卷八〈檀弓上〉，頁 146。

⑭　《禮記》，卷三十二〈喪服小記〉，頁 595。

⑭　所謂「當喪」，鄭注解為「當舅姑之喪也。出，除喪，絕族也。」出處同上。

《傳》曰：出妻之子為母期，則為外祖父母無服。《傳》曰：絕族無施服。親者屬出妻之子。為父後者則為出母無服。《傳》曰：與尊者為一體，不敢服其私親也。⑭

子為出母有服，並不是基於宗法的緣故，而是基於親情的關係，母親被出已成絕族之人，所以由母親而衍生出的親屬一蓋無服。不過為出母服喪，被認為是一種私愛的表現，如果居於父後的位置，那麼所代表的就是父親的宗族，於公來看，出母屬於「外人」，此時就不能以私愛干犯宗法。儘管〈喪服〉中有對出母的服制，不過也可能因為一些原因而改變，如《禮記》〈檀弓上〉記載子思不讓兒子為出母服喪，而且自此以後，孔門即不再為出母服喪了。子思的決定曾受到門人的質疑：「昔者，子之先君子喪出母乎？」因為伯魚仍為出母服喪⑮。除了服喪的問題外，為出母哭，亦不能夠在宗廟之中，子思哭母於宗廟中，門人則有：「庶氏之母死？何為哭於孔氏之廟乎？」的質疑⑯。總歸來說，婦女一旦被出，即使子為其服喪，也是基於情感的表達，但這種情感的表達，以不能違背和觸犯宗法的精神為原則，從宗法的角度來看，被出的婦女已經絕於族了，不可能在宗廟中受祭，即便連哭都受到限制。

第四，從經濟的需要來看。

前面我們雖然提過，婦女在結婚時可以從娘家得到一筆嫁妝、

---

⑭　《儀禮》，卷三十〈喪服〉，頁 355。
⑮　《禮記》，卷七〈檀弓上〉，頁 125。
⑯　《禮記》，卷十〈檀弓下〉，頁 196。

資財，這筆資財對娘家來說，可能是一筆不少的負擔。不過既嫁於他人，此筆財產情理上雖可歸婦管理，夫卻有法律上的支配權，因此變數極高，婦人所有的經濟能力也就十分有限，先秦時期關於婦人婚後經濟能力的記錄十分貧乏，學者有從金文中的記錄，以及青銅器的作器、受祭、器物擁有者等多方面情況，來推測當時婦女的地位和經濟能力，結果認為，大多數的情況，女子的經濟能力相較於男子顯得十分微薄，而且自主能力不高❼。在這樣的情況下，婦女不論是被出或是守寡，首先要面對的即是經濟的問題，先從守寡的情況來說，若寡婦有子，則可以從夫家獲取相應的承分，以資為生，不過要注意的是，寡婦對遺產並不具擁有權，若遇到嗣子不孝，生活仍易出現困難❽。若是夫亡無子，從財產分配上來看，則

---

❼　請參見陳昭容，〈周代婦女在祭祀中的地位——青銅器銘文的性別、身份與角色研究〉（中研院史語所 2002 年 4 月 1 日講論會文章），頁 32-33，其中提到：「製作祭器的決定權多握在男性手中，婦女未嫁無權作器，出嫁後其製作寶器的自主能力亦薄弱，遠不及男性，少數婦女如周王后妃、諸侯夫人或宗婦身份地位較高，在其丈夫去世後，可能製作祭器。多數女被動接受丈夫作器贈與，用以祭夫家祖先，即使對已歿丈夫作祭器，也不多見。兒子為已歿父親作祭器佔有銘青銅器的大宗，說明婦女（妻子）自主能力不高。」

❽　《張家山漢墓竹簡》，〈二年律令·戶律〉，頁 178-179，提到：「孫為戶，與大父母居，養之不善，令孫且外居，令大父母居其室，食其田，使其奴婢，勿貿賣。孫死，其母而代為戶。令毋敢逐夫父母及入贅，及道外取其子財。」此條律令是在防止晚輩對長輩可能產生不孝或棄養的情況而設計的，同時還可以看出，婦人在夫死後，由子來代戶，若婦人招贅夫，但兒子已死，對兒子的承分，在法律上雖沒有擁有權，但有使用權。另外，關於漢代寡婦財產權的狀況還可以參見羅彤華〈漢代的家產分割方式〉，認為「即使是別財異居的不孝子，也依然不會喪失其分家產的資格。」並舉《隸釋》，卷十五〈金廣延母徐氏紀產碑〉的繼承方式為例，頁 15-16。

無法承分夫家財產，《睡虎地秦墓竹簡》〈法律問答〉提到：

> 士伍甲無子，其弟子以為後，與同居，而擅殺之，當棄市。⑭

是秦代無子者，有以兄弟子為後的狀況。漢初的《張家山漢墓竹簡》關於置後律也提到「其毋適子，以下妻子、偏妻子」⑮、「後妻無子男為後，乃以棄妻子男」⑯，「同產相為後，先以同居」⑰，分產的情況，若有子則財產為兄弟共同分配，若無子，則要想辦法為其立後，無子婦人在財產的分得上明顯居於劣勢。

後代為了鼓勵寡婦守志不嫁，在財產法令上對守節寡婦多所照顧⑱，不過這種情況，在先秦乃至於漢代都還未成熟，寡婦在經濟上所受到的照顧和資助十分有限，《國語》〈越語上〉記載了一則對寡婦照顧的政令：

---

⑭　《睡虎地秦墓竹簡》，〈法律問答〉，頁 453。

⑮　《張家山漢墓竹簡》，〈二年律令·置後律〉，頁 183。

⑯　《張家山漢墓竹簡》，〈二年律令·置後律〉，頁 184。

⑰　同上注。

⑱　如《宋刑統》，卷十二〈戶婚律·卑幼私用財〉，頁 10：「寡妻妾無男者，承夫分，若夫兄弟皆亡，同壹子之分」，關於宋代無子寡婦繼產的問題可參見袁俐〈宋代女性財產論述〉，其中提到寡婦具有的財產權益有：一、撫育幼子主家政、管理財產，二、立嗣權，三、無子寡妻妾承夫分產，四、遺囑處分財產權限、五、贍養資。這些是守志的寡婦所有的權力，若改嫁則於夫家財產無任何權力可言了。可見法令上鼓勵婦女守志不嫁。守志風氣盛行與經濟問題有密切關係，可參見張村彬，〈明清時期寡婦守節的風氣──理性選擇的問題〉，《新史學》十卷二期（1999 年 6 月），頁 29、76。

令孤子、寡婦、疾疹、貧病者，納宦其子。❶

這是在吳越對峙的背景下，句踐為了收買人心，所宣示的德政，具體實踐的成果如何，難以考究；不過，以子為仕而發給廩食，被作為政治支票來看，原先應該沒有此種制度，而寡婦本身並沒有其他的照顧，仍須靠兒子才能領到食糧，若無子，則連此分照顧都無法得到。先秦、兩漢寡婦，尤其是無子者，想要透過家族或社會制度的資助來生活，恐怕是十分困難的。生活困難，再嫁可能是其謀求生計的一個重要出路。但若從不鼓勵再嫁的經生眼中來看，對於困苦無依的無子寡婦，自殺倒不失為守節和解脫的方式之一❶。

婦女被出，回歸娘家，固然可以免於直接承擔經濟的問題，不過經濟的負擔將轉嫁到娘家兄弟身上。若年紀尚輕，父兄往往作主令其再嫁，一方面可以解決經濟、家人相處、死後祭祀等問題，同時也可以建立新的姻親關係，於娘家有利。被出婦女改嫁，娘家父兄擁有很大的決定權，因為既回到娘家，就要聽從父兄的發落。如

---

❶ 《國語》（臺北：里仁書局，1981年），卷二十〈越語上〉，頁635。

❶ 如《列女傳》強調夫亡有子，則盡力撫養孤幼，不再嫁；若無子，也無舅姑，固然沒有了對丈夫家族的責任，卻也「內無所依，以見吾誠；外無所倚，以立吾節」，唯一恰當的途徑即自殺。以《列女傳》所舉之例來看，卷四〈魯寡陶嬰〉，頁8：「少寡養幼孤，無強昆弟，紡績為產」，〈梁寡高行〉，頁8-9，寡婦在拒絕別人求聘時說：「妾夫不幸早死，先狗馬，填溝壑，妾宜以身薦其棺槨，守養其幼孤，曾不得專意」，〈陳寡孝婦〉，頁9-10，則雖夫亡無子，而有姑須要奉侍，所以亦堅拒娘家逼嫁，養姑不衰。卷四〈齊杞梁妻〉，頁5，在夫死後，因為無子，內外皆無五屬之親，既無所歸，又不願再嫁，則以自殺作為結束。

〈古詩為焦仲卿妻作〉中敘述蘭芝被出後，家兄命其再嫁，蘭芝雖不願，卻無法反抗，最後釀成悲劇的故事❺，當蘭芝兄長質問蘭芝「不嫁義即體，其往欲何去？」蘭芝的回答是：「中道還兄門，處分適兄意，那得自任專」，說明了已嫁女兒回歸娘家所面臨的尷尬處境。而從蘭芝後來面對前夫的挖苦時，表示：「同時被逼迫，君爾妾亦然」，亦可以充分看出她的無奈。與這樣處境相類似的，還有婦女在夫亡後因為無子，而回歸娘家的情況。無子寡婦若回到娘家，也將同樣面臨娘家會作主將其再嫁，甚至發生逼嫁的情況，經生在標舉不二嫁的典範時，往往在這上面著墨，於是毀容、威脅自殺等情節就又層出不窮❺。

---

❺ 蘭芝返家後第一次媒人上門，母親尚不敢逼迫，所以回絕了，但第二次有媒人上門，兄長則作主要她再嫁，蘭芝無力反對，母親也無法替她說話了，只得答應再嫁，從從蘭芝後來面對府史（前夫）的挖苦時說：「同時被逼迫，君爾妾亦然」可以見出其第二次的婚姻，並非內心所願。《玉臺新詠》（臺北：漢京文化事業公司），卷一〈古詩為焦仲卿妻作〉，頁77-79。

❺ 如我們前面提到劉向《列女傳》中的〈陳寡孝婦〉以死來威脅娘家，不願再嫁。又如皇甫謐，《列女傳》記載：「爽從弟文叔，妻譙郡夏侯文寧之女，名令女。文叔早死，服闋，自以年少無子，恐家必嫁己，乃斷髮以為信。其後家果欲嫁之，令女聞，即復以刀截兩耳，居止常依爽。及爽被誅，曹氏盡死。令女叔父上書與曹氏絕婚，彊迎令女歸。時文寧為梁相，憐其少，執義，又曹氏無遺類，冀其意沮，迺微使人諷之。令女歎且泣曰：「吾亦惟之，許之是也」家以為信，防之少懈。令女於是竊入寢室，以刀斷鼻，蒙被而臥，其母呼與語，不應，發被視之，血流滿牀席，舉家驚惶，奔往視之，莫不酸鼻。或謂之曰：「人生世間，如輕塵棲弱草耳，何至辛苦迺爾，且夫家夷滅已盡，守此欲誰為哉？」令女曰：「聞仁者不以盛衰改節，義者不以存亡易心，曹氏前盛之時，尚欲保終，況今衰亡，何忍棄之，禽獸之行，吾豈為乎？」司馬宣王聞而嘉之，聽使乞子字養，為曹氏後，名顯于世。」

從以上我們所分析的情況來看，經濟的問題，其實很深的影響了婦女再嫁的現象。除了夫亡有子的狀況下，為了考慮宗法祭祀的問題，對寡婦再嫁的態度趨於保留外，被出或夫亡無子，婦人在經濟上往往出現困難。為了解決此種困難，不論是社會政策的角度，或是娘家的立場都希望她能再嫁。尤其東漢以前，不事二夫、守貞不嫁的觀念尚未深植人心，婦人再嫁較沒有道德教條的包袱。

表 7.1　春秋至漢代王室后妃無子的情況及對應之道

時代	夫	女名	處置	出處
春秋	魯惠公	孟子(夫人)	公以仲子為夫人，生桓公	《左傳》卷二〈隱公元年〉
春秋	衛莊公	莊姜(夫人)	以戴媯之子完為己子	《左傳》卷三〈隱公三年〉
春秋	晉獻公	賈姬(夫人)	公烝於齊姜，生申生，立為太子	《左傳》卷十〈莊公二八年〉
春秋	魯莊公	哀姜(夫人)	齊人立哀姜娣子啟，為閔公	《左傳》卷十一〈閔公二年〉
春秋	齊桓公	王姬(夫人)	公以鄭姬子為太子，為孝公	《左傳》卷十四〈僖公十七年〉
春秋	齊桓公	徐嬴(夫人)	仝上	仝上

（《三國志》〈魏書·何晏傳〉注引皇甫謐《列女傳》，頁 293）1.從令女的擔心和恐懼，可見當時風俗上夫死時年少而無子，一般情況多是改嫁。2.娘家在女兒夫死後，有為其改嫁的權力。3.曹氏干犯政治上的大忌，女方主動上書與之絕婚，其時令女夫已死，主要與其劃清界限，免受牽連。4.此毀容之事，在《後漢書·列女傳》中尚未見到，應是東漢以後發展出嚴格婦女守貞的結果。有關娘家逼嫁而毀容、自殺之例，詳參《藝文類聚》，卷十八〈人部二·賢婦人〉所錄皇甫謐，《列女傳》，頁 336-337。

時代	夫	女名	處置	出處
春秋	齊桓公	蔡姬(夫人)	全上	全上
春秋	魏武子	嬖妾	武子顆改嫁之	《左傳》卷二十四〈宣公十五年〉
春秋	齊靈公	顏懿姬(夫人)	公以姪鬷聲姬之子為太子,又改立嬖人仲子牙為太子	《左傳》卷三十四〈襄公十九年〉
春秋	衛襄公	宣姜(夫人)	眾卿立嬖人之次子元,為靈公	《左傳》卷四十四〈昭公七年〉
戰國	秦武王	魏女	異母弟立,為昭襄王	《史記》卷五〈秦本紀〉
秦	安國君	華陽夫人	立子楚為適嗣,為莊襄王	《史記》卷八十五〈呂不韋列傳〉
漢	惠帝	張皇后	取美人子名之,以為太子,殺其母	《史記》卷九〈呂后本紀〉
漢	景帝	薄皇后	太皇太后薄氏崩後,被廢	《漢書》卷九十七上〈外戚列傳·孝景薄皇后傳〉
漢	武帝	陳皇后	挾婦人媚道,被廢	《漢書》卷九十七上〈外戚列傳·孝武陳皇后傳〉
漢	成帝	趙皇后	御庭中御幸生子者輒死,又飲藥傷墮者無數	《漢書》卷九十七下〈外戚列傳·孝成趙皇后〉
漢	康王	康王后	康王死,他姬子立為王	《史記》卷二十八〈封禪書〉
東漢	明帝	馬皇后	帝命養前母姐女賈貴人子,為章帝	《後漢書》卷十上〈皇后紀·明德馬皇后〉
東漢	章帝	竇皇后	養梁貴人子為己子,為和帝	《後漢書》卷十上〈皇后妃·章德竇皇后〉
東漢	安帝	閻皇后	帝幸宮人李氏,生皇子保,	《後漢書》卷十下〈皇

時代	夫	女名	處置	出處
			遂鴆殺李氏；帝崩後，迎立濟北惠王子北鄉侯懿，為少帝	后紀・安思閻皇后〉
東漢	順帝	梁皇后	美人虞氏子炳立，為沖帝；帝為幾崩，立勃海孝王子，為質帝	《後漢書》卷十下〈皇后紀・順烈梁皇后〉
東漢	桓帝	梁皇后(順帝梁皇后之女弟)	每宮人孕育，鮮得全者；先桓帝卒	《後漢書》卷十下〈皇后紀・懿獻梁皇后〉

表 7.2　史書所記春秋至漢代出妻的原因

時代	夫	事由	男方出妻	被出後的情況	文獻出處
春秋	杞桓公	不明	叔姬	文公十二年被出，同年卒	《左傳》卷十九下〈文公十二年〉
春秋	郯子	不明	郯伯姬	經書中不書卒，可能更嫁之	《左傳》卷二十四〈宣公十六年〉
春秋	杞桓公	不明	叔姬	成公五年來歸，成公八年卒，成公九年，杞伯逆叔姬之喪以歸	《左傳》卷二十六〈成公五年〉、〈成公八年〉
春秋	(魯)叔肸	聘禮不全	姓氏不詳	再嫁於管于奚	《左傳》卷二十七〈成公十一年〉
春秋	(魯)子思	不明	姓氏不詳		《禮記》卷六〈檀弓上〉
春秋	(魯)孔子	不明	并官氏女		《禮記》卷七〈檀弓上〉
春秋	(魯)伯魚	不明	姓氏不詳	更嫁於衛	《禮記》卷十〈檀弓下〉

時代	夫	事由	男方出妻	被出後的情況	文獻出處
春秋	公慎氏	妻淫	姓氏不詳		《孔子家語》卷一〈相魯〉
春秋	曾參	梨蒸不熟	姓氏不詳		《孔子家語》卷九〈七十二弟子解〉
西漢	陳平嫂	平與兄伯居，嫂疾平不親家生產，而抱怨	姓氏不詳		《漢書》卷四十〈陳平傳〉
西漢	姓氏不詳	不明	劉無采	與奴客姦	《漢書》卷四十四〈衡山王賜傳〉
西漢	金賞	妻家族謀反事發	霍氏		《漢書》卷六十八〈金日磾傳〉
西漢	王吉	妻摘取鄰人棄子	姓氏不詳	鄰里固請，乃還婦	《漢書》卷七十二〈王吉傳〉
西漢	王禁	多娶傍妻，妻妒	李氏	更嫁苟賓為妻	《漢書》卷九〈元后傳〉
東漢	劉旰	外來權貴欲與結親，故矯詔，使去妻	姓氏不詳	婦家上告	《後漢書》卷二十三〈竇融傳〉
東漢	馮衍	悍忌、迫害前妻子	任氏、宣氏		《後漢書》卷二十八下〈馮衍傳〉
西漢	鮑永	妻嘗於母前叱狗	姓氏不詳		《後漢書》卷二十九〈鮑永傳〉
東漢	桓榮	年四十無子	姓氏不詳		《後漢書》卷三十七〈桓榮傳〉章懷太子注引謝承《後漢書》
東漢	班超	夫妻合好，成為對手無內顧之心的口實	姓氏不詳		《後漢書》卷四十七〈班超傳〉

時代	夫	事由	男方出妻	被出後的情況	文獻出處
東漢	黃允	欲攀權貴	夏侯氏		《後漢書》卷六十八〈郭太傳〉
東漢	范升	不明（范升曾三娶）	姓氏不詳		《後漢書》卷七十九上〈儒林列傳·楊政傳〉
東漢	李充	家貧，兄弟六年共居，妻主分居	姓氏不詳		《後漢書》卷八十一〈獨行列傳·李充傳〉
東漢	姜詩	姑好飲江水，妻汲水遲歸	龐氏		《後漢書》卷八十四〈列女傳·廣漢姜詩妻〉
東漢	焦仲卿	不得姑之意	劉蘭芝	自殺	《玉臺新詠》卷一〈古詩為焦仲卿妻作〉
	汝敦兄	嫂貪財，使兄弟分居	姓氏不詳		《華陽國志》十中〈廣漢士女讚〉
三國	王澹父	遘疾不任理喪			《全三國文》卷四十一，薛謂〈王澹母出還葬議〉
三國魏	劉子玄	妻家族起兵失敗	毌丘芝		《晉書》卷三十〈刑法志〉

表 7.3　史書所記春秋至漢代女方主動求去的情形

時代	夫	事由	結果	出處
春秋	莒	向姜不安莒而歸	莒人入向，以姜氏還	《左傳》卷二〈隱公二年〉
春秋	施孝叔	郤犨求婦於聲伯	聲伯奪之而更嫁	《左傳》卷二十七〈成公十一年〉

時代	夫	事由	結果	出處
春秋	大叔疾	疾與其已出之妻妹通，孔文子怒	奪其妻，俟疾出奔，嫁大叔疾之弟	《左傳》卷五十八〈哀公十一年〉
戰國	孟子	入私室見其婦祖在內，孟子不悅，遂不入內	孟母出面調和，遂留其婦	《列女傳》卷一〈母儀傳·鄒孟軻母傳〉
春秋	齊相晏嬰御	為人僕御而意氣洋洋	夫乃深自責，學道謙遜，見升為大夫	《列女傳》卷二〈賢明傳·齊相御妻傳〉
	楚老萊子	楚王欲委以國政，妻不欲為官祿受制於人	老萊與妻共隱於江南	《列女傳》卷二〈賢明傳·楚老萊妻傳〉
	陶荅子	為官聚斂	夫見誅亡後，歸養姑，並撫育幼孤	《列女傳》卷二〈賢明傳·陶荅子妻傳〉
西漢	無名傭奴	女亡其夫，而張耳賢	嫁張耳	《漢書》卷三十二〈張耳傳〉
西漢	淮南太子	詐不愛，不同席	太子妃求去，王上書謝歸之	《漢書》卷四十四〈淮南王安傳〉
西漢	朱買臣	家貧	妻下堂另嫁	《漢書》卷六十四〈朱買臣傳〉
西漢	王俊	父淫亂，子欲告父	岳父為女求去	《漢書》卷八十二〈王商傳〉
東漢	許升	少為博徒，不理操行	妻父欲改嫁之，妻不肯歸	《後漢書》卷八十四〈列女傳·吳許升妻傳〉
西漢	金王孫	母聽信筮者預言，欲使女改嫁貴人	納于太子宮	《漢書》卷九十七〈外戚列傳·孝景王皇后傳〉

結　論

　　本書由經學上的詮釋及爭議釐清、婚姻制度、禁令律法、婚禮程序、民俗巫術等層面著眼，並涉及宗法、祭祀、經濟、倫理觀等諸層面，論述婚姻問題，文中的細部論述，以及所牽涉到的複雜面向，不在此重複，僅就幾個重點進行簡單的總結。

一、經生對於婚禮的主張與理想

　　漢代經生對婚姻問題的註解和詮釋，籠罩在宇宙對應論的氛圍之下，視男女婚姻為陰陽相合、天地之道的呈現，所以在婚姻禮儀等諸多層面均要求從天地、陰陽、五行、干支、數術等角度去進行理解，並要求人事與此相配合。這些詮釋影響深遠，以下我們作個整理。

　　1.以婚齡問題來看，男女分別應該幾歲結婚才能夠符應陰陽以及天地運行的理則，並和宇宙的運行相參贊、感應，成為漢人關心的問題，最常見的幾種說法，都不脫神秘數字的運算，以及陰陽調和原理的運用。

　　2.男女結婚的季節，也要與天地化育的季節——春季相配合，《呂氏春秋・十二紀》，《禮記》〈月令〉強調春季為「天地交通，萬物始生，陰陽交接之時」，成為政令上推行春季合男女的基

礎。

3.從婚配人數來看，漢代經生最常提及帝王的婚配人數有：九人、十二人、一百二十一人，分別是配合神秘數字九、大九州的想法，十二地支與十二月，以及三和九數字相乘遞加的結果，這種遞加的想法，背後還與夏、商、周三代質文遞邅，由質而文，由文反質的想法有關。

4.婚配對象的擇取，同姓不婚，亦有從陰陽、五行的角度來進行理解。此外，喪期不婚的禁令中，守喪的重要性，以及守喪期限的長短，也有透過天地運行之數來理解的，如五服中，三年之喪法天數，期之喪法地數，大功九月之喪法陽數九，小功五月之喪法五行之數，緦麻三月之喪法天地氣變成物之數……等。

5.在婚禮的儀式中，陰陽等想法，也發揮著重要的影響力，如納吉與納徵的禮物，常被賦予陰陽調和的意義。六禮中除了納徵之外，均用鴈，象徵著「順陰陽往來」，即男（陽）往迎，女（陰）來歸。問名儀式背後的基礎在於名字的神聖性，漢人透過陰陽、五行的想法，發展出吹律定姓和五音定名，在生活起居中，名字所屬的五行與應事應物的五行相生相剋，關係著吉凶、運命。這種吉凶預測，對於「問名」禮也起著積極的作用。迎親的日期，關係著婚姻生活的吉凶禍福，所以十分為人所看重，從先秦以至於漢代的《日書》中，擇日考慮到十分多的面向，陰陽調和是其中重要的部分。由於迎娶被認為象徵天道、陰陽的運行，因此經生主張從天子以至於庶民都應該行親迎禮。迎娶時的禮服，男子（士人）著玄衣纁裳，玄法天，纁象地，以緇緣裳，象徵「陽氣下施」，女子著纁袡，象徵「陰氣上任」。親迎的時間為黃昏，是白日（陽）將往，

而黑夜（陰）將來之時。親迎的禮節必須「授綏」、「御輪三周」，象徵以男（陽）下女（陰）。共牢時「婦尊西」，同房施席時夫在東，方位的講究也與陰陽等想法相關。另外，漢儒提出婚禮不用樂、婚禮不賀的主張。這種主張背後的依據在於樂屬陽，而婚禮屬陰，陰陽不相為用。

　　6.婚姻關係中夫妻身份和角色的扮演，乃至於妻是否可以主動離夫求去，在漢儒的想法中亦常常透過陰陽、五行的消長作為詮釋的依據。

　　經生奠基於天地、陰陽、五行……等基礎上，對婚禮所提出的理想和主張與當時的政策和現實生活間往往存在著距離，但透過託古改制的努力與現實發生著複雜的互動關係。如經生的婚齡主張，與先秦以及漢代的婚姻政策、男女實際的結婚年齡間有不少的差距，這差距促使經生在解釋並顧及現實的情況下，不得不提出一些調整和修正。也有透過經生努力而使之成為政策的，如春合男女的主張，在西漢中晚期即曾經被落實為「春令成戶」的政策。又如三年之喪以及喪期不婚的主張，經過宣導和政策的配合而逐漸落實。有些主張時常被經生所援引，用以約束貴族階層，雖然這些主張常常陳義過高，結果難為貴族階層所奉行，如婚配人數的主張，被用以約束帝王後宮人數的過度泛濫，又如天子以至於庶民皆應該親迎的主張……等等。有些則與習俗差距過大難以推行，如婚禮不用樂、婚禮不賀的主張，與習俗上結婚時召集鄉黨僚友共同慶賀的風氣明顯不同，因此在宣帝時有郡國推行此法，被認為是「廢鄉黨之禮」、「苛政」而下令廢止。

二、婚姻制度

　　春秋時期諸侯國間所行的媵婚制，雖然無法肯定陪媵國的數量，以及陪媵國間是否有同姓的限制，但以姪娣和眾多的庶妾陪嫁，在夫人死亡或被休棄，有以姪娣來繼室的現象，在元妃死亡而無子的狀況下，有以姪娣之子繼承的情況，則確實存在。漢代以後，由於具體時空，政治結構均已不同於周代的封建體制，因此不具備先秦諸侯國陪媵的背景和必要性。西漢時期門第觀念並不強烈，東漢以後門第觀念逐漸加強，王室常與特定豪家大族長期通婚，容易有重親的現象，漢代雖然也有嫁女陪媵的情形，甚至姑姪、姐妹同事一主的狀況，但與先秦媵婚制並沒有直接的關係。

　　我們還可以從婚配對象來看這個問題，在春秋時期的國際關係中，婚姻扮演著重要的地位，也成為政治權謀的攻防重點，國與國之間締結婚姻，關係到國家的富強，其中充滿了政治的考量和權力的傾軋。以國內政治來看，母舅國和自己的姻親國往往對所出或婚配對象提供政治庇護，並對於王位的繼承造成影響，因此能否「繫援于大國」，成為關注的焦點。漢代以後政治結構改變，中央集權體制下，皇室不再有「繫援于大國」的必要性和迫切性（諸侯王大多為同姓，基於同姓不婚的原則亦不能通婚姻），外戚干政反而成為政治上最大的隱憂，西漢時期后妃多出身微賤，此種情形尚不嚴重，東漢時期皇室母舅家干政的現象即不斷浮現，如何避免此問題成為關切的焦點。

三、婚姻對象的限制與法禁

婚配對象的考量中，族群間的互動歷史（有無仇怨）、血緣關係（是否同姓）、宗法統整（是否倫輩相宜）都是重要的考量因素。

強調復讎，與傳統中國社會重視家族的組織，以及強調「報」的精神密切相關，這種精神由先秦以至於漢代，都仍持續著。父讎「弗與共戴天」，甚至「不與同生」的想法深入人心，讎仇通婚不只不能見容於當時社會道德觀念，從祭祀的角度來看，亦為祖靈所不受，如果是在雙方家族婚姻已經締結後才結下讎怨，彼此婚姻亦難維持。

以同姓婚禁忌來看，在周代封建制度下，女子稱姓、男子稱氏，姓與氏不相混淆，姓標幟著血緣，氏則標幟著政治上的關係，姓與血緣的穩定關係，是同姓婚禁忌的基礎，春秋以後，封建制度趨於崩潰，姓與氏逐漸合流，姓、氏與血緣的關係被沖淡，同姓婚禁忌的基礎遂受到動搖，這可能是導致春秋以降同姓婚禁忌被破壞的重要原因，當然春秋以降同姓婚的頻繁發生，還可能與國際現實間勢力的連結和角力有關。不過就整個大環境來看，同姓婚的禁忌已經深入人心，即使在漢代，同姓不婚就大環境來說，仍不失其規範性。

先秦時期存在著收繼婚的現象，如異輩間的收繼：烝、報、因，同輩間的收繼：小叔娶嫂，很可能是原始婚姻習俗的流傳，在宗法制度下，由大宗收繼前人妻妾，由於與體制未發生嚴重衝突，所以未被強烈排斥而保留下來，我們可以從被收繼者身份的變化，所生子女的地位、子女繼承權位以及婚配對象，當時人對烝報事件

的態度和評價……等等方面得到證實。但是對貴族婚姻中，對小叔娶嫂，卻有嚴格的限制，這可能是為了防止小宗侵凌大宗，以及所生子女的繼承問題而設下的限制。漢代以後，家族的結構發生改變，加上儒家道德的提倡，透過喪服制度（如叔嫂無服，嫂不撫叔，叔不撫嫂），家族中男女的防嫌，以及對歷史上曾經發生的烝、報行為大加撻伐，使得烝、報成為一種禽獸之行，在法律亦嚴格禁止，西漢初年的《張家山漢墓竹簡》〈二年律令〉即明白禁止「復兄弟、季父、伯父之妻」，觸犯者將「黥為城旦舂」，烝的行為禁忌更強，自然更屬於禁止之例。我們從史書記載來看，漢代貴族與後母、父妾通姦，與血親之間的通姦一樣，往往導致自殺、國除、棄市等嚴重後果。

　　階級是否相匹敵，亦是婚配對象擇取重要的考慮因素，在封建社會中，結婚姻的對象限定在同階級或是差一級等間，天子婚配對象，雖然沒有同階級可與之匹敵，但娶先大國。諸侯、大夫階層的婚配對象，根據《春秋》經傳所記載的實際狀況來看，大多數均遵守著同階級通婚的原則。在西漢時期，雖然婚配對象的考量，並不以門第為重，不過仍然有良賤不婚的限制，東漢重門第，婚配對象是否能得其類，更成為關注的焦點。

　　除了婚配對象外，圖婚、議婚、成婚的時機是否合宜，亦有限定，喪期不嫁娶即是其例，這牽涉到守喪時間的長短以及是否嚴格守喪等問題，禮書中雖然對於喪期中的規範以及各親等服喪時間的長短有明白的規定，甚至將之視為放之四海皆準的通則，但三年之喪的落實卻是由先秦到漢代儒生、經生努力的成果，從具體現象來看，由先秦直到西漢，儒家所倡導的嚴格守三年之喪的規範仍難以

實行，經過長期的宣揚及政策的配合，直到東漢以後守喪逐漸趨於嚴格，不但對是否守滿喪期嚴加講求，甚至透過種種過哀和極端的方式來標榜孝道，喪期間不可議婚、不可娶婦才真正趨於落實。

四、婚姻禮儀趨於完備、嚴格

從婚禮程序來看，先秦時期與六禮相關的重要程序應該已經存在，其他如反馬、致女等儀節也明見於《左傳》的記載，但應尚未有完整的六禮名目，婚禮儀節的要求也沒有如後代那般的規律化。漢代以後，禮書中已經明白提出六禮的名目，經生對於婚禮程序，六禮：納采、問名、納吉、納徵、請期、親迎，成婚禮：共牢、合巹、同房，成婦禮：婦見舅姑，完婚禮：廟見、反馬、致女等循序漸進，要求謹嚴。同時將禮儀賦予極為崇高而重要的意義。

五、儀式所賦予的特殊意涵及祖靈連結

婚禮儀式進行的過程中充滿了巫術的成份，如納采和納徵的禮物具有強烈象徵的意涵，希望透過交感巫術，使得結婚的當事人感應到禮物的力量。又如婚期的擇定，除了須要經過占卜和祖先的認可外，各日所具有的吉凶禍福的性質亦不相同，於是須要通過《日書》來進行擇吉和趨避。婚禮問名儀式中，透顯出名字具有神聖的意涵，是個人生命的一部分，能夠預示吉凶禍福，因此男女在未議婚之前不相知名，以阻隔與對方生命發生接觸，問名禮的重要目的即是要占卜男女雙方是否相配，以及預知吉凶禍福。親迎、婦至更是婚禮的高潮，充滿了巫術與禁忌的成份，在此身份轉變的過程中，男子透過齋戒和隔離，以與祖靈產生連結；女子的隔離則更偏

重在對不祥的防堵上，除了隔離外，還積極透過祓除的方式來去除不祥。成婚時行禮的場域、方位、服飾、車馬、食飲、禮器……等亦皆賦予特殊的意涵，如進入神聖狀態、與神聖連結、幫助意識轉化、祓除、求吉、求育等均是關注的焦點。

特別要提的是，與祖靈的連結在婚禮中具有極重要的意義，這不只表現在圖婚、議婚乃至於婚禮程序的進行均須在祖先的參與、認同下進行，迎娶前、婦至後告廟是重要儀節，同時也表現在婚禮場域的神聖性上，如「奧」是家中祭祀、與幽冥溝通的重要場所，新婚之夜，夫婦於「奧」共牢、合巹、施席、合陰陽，象徵意涵非常明顯。新婚入門後，身份是否能被認同，關鍵的「廟見」儀式，即是在求得新婦與男方祖靈的連結和一體感。

六、離婚與再嫁

離婚與再嫁是探究婚姻問題中的重要課題，此問題中，首先面對的是夫方與妻方要求離異的原因，這些原因會隨著角色、階級、客觀環境的不同而有所差異。儘管客觀現實上有不少婦女主動求去的例子，但從禮教的角度來看，能否認同婦女主動求去，則是另一層次的問題，反映出禮教和貞潔觀演變的痕跡。

影響婦女是否再嫁，除了道德觀念外，現實、經濟層面也是一個重要的因素，我們從禮法「子婦無私貨、無私畜、無私器」的角度進行考察，發現婦女在婚後或是離婚能夠動用的「私財」，主要來自於娘家出嫁時期的陪嫁資財，對於娘家的遺產，除非在娘家無後的特殊情況下，否則無緣分得。各階層的陪嫁資財儘管對應於所屬階層以及當時社會的生活水平來看，為數不算少，但在婚後此筆

錢財妻子雖有使用權，法律上最後的擁有者仍然是夫家，使用的情況事涉複雜。若在婦人被出，雖然可以帶著陪嫁資財離開，不過這筆錢財不足以使她長期獨立生活，投靠娘家，恐怕是主要的出路。不論是被出或是無子寡婦回歸娘家，將直接造成娘家經濟上的負擔，以及家人相處上的問題，同時對於婦女自身來說，子嗣和祭祀也都成為問題，娘家通常會作主令婦女再嫁，不但可以解決上述問題，同時也可以建立新的姻親關係。在經生所強調的不事二夫和殉節守貞的想法逐漸發酵下，無子寡婦在面對娘家逼嫁，經濟無援、道德觀念多方的壓力下，逐漸醞釀出以死來作為道德上的守貞，以及現實壓力下的解脫的方式。

　　整體來說，由先秦到兩漢婚姻制度與禮俗，經歷了不少的轉變，如思想方面，經生在既有的民俗大傳統下，附益以陰陽消長、五行生剋、數術……等，使得許多婚姻主張逐漸規格化、體制化，影響十分深遠，從婚禮儀文乃至於倫常道德等層面均牽涉其中。政治、社會結構的改變，周代所建立的封建體制和宗法架構崩壞，取而代之以中央集權的體制，使得婚姻制度也發生演變。周代的媵婚制失去了存在背景而消亡，先秦殘存原始婚俗中的烝、報等收繼婚，也一轉成為逆亂人倫的禽獸行。大體上來說，婚禮程序和儀文，趨於完整和成熟，倫理觀、貞潔觀逐漸趨於嚴格。但婚姻禮俗中也有延續性極強的部分，前面已經提到了陰陽、五行消長、生剋的想法，其實是奠礎於原有民俗大傳統的進一步推論和表述，婚禮過程中民俗、巫術扮演了十分重要的地位，從這個角度來看，則相當具有穩定性和連續性。

參考書目

一、專書（按作者姓氏筆劃排序）

上海師範大學古籍整理研究所校點，《國語》，上海：上海古籍出版社，1995年。

上海博物館商周青銅器銘文選編寫組，《商周青銅器銘文選》，北京：文物出版社，1988年。

小南一郎著，孫昌武譯，《中國的神話傳說與古小說》，北京：中華書局，1993年。

山東中醫學院、河北醫學院校釋，《黃帝內經‧素問》，北京：人民衛生出版社，1994年。

中國科學院考古研究所，甘肅省博物館編著，《武威漢簡》，北京：文物出版社，1964年。

仁井田陞，《唐令拾遺》，東京：東京大學，1983年。

孔　鮒，《孔叢子》，臺北：臺灣中華書局，1966年。

孔晁注，《逸周書》，臺北：臺灣中華書局，1966年。

孔晁注，《汲冢周書》，《四部叢刊》，臺北：臺灣商務印書館，1965年。

孔廣森，《公羊春秋經傳通義》收於《續修四庫全書》，上海：上海古籍出版社，1995年，經部：春秋類129。

孔穎達，《毛詩正義》，臺北：藝文印書館，2001年。

孔穎達，《周易注疏》，臺北：藝文印書館，2001年。

孔穎達，《尚書正義》，臺北：藝文印書館，2001年。

孔穎達，《春秋左傳正義》，臺北：藝文印書館，2001年。

孔穎達，《禮記注疏》，臺北：藝文印書館，2001年。

文崇一，《楚文化研究》，臺北：東大圖書公司，1990 年。

方詩銘，《古本竹書紀年輯證》，臺北：華世出版社，1984 年。

方濬益，《綴遺齋彝器考釋》，臺北：臺聯國風出版社，1976 年。

毛奇齡，《春秋毛氏傳》，《皇清經解》，臺北：漢京文化公司，出版年不
　　　詳，春秋類 12。

毛奇齡，《婚禮辨正》，《續修四庫全書》，上海：上海古籍出版社，1995
　　　年。

王　明，《太平經合校》，北京：中華書局，1979 年。

王　肅，《聖證論》，《叢書集成續編·漢魏遺書鈔 103》，臺北：藝文印書
　　　館，1970 年。

王　逸，《楚辭章句》，臺北：藝文印書館，1974 年。

王子今，《門祭與門神崇拜》，上海：上海三聯書店，1996 年。

王夫之，《禮記章句》，臺北：廣文書局，1977 年。

王先慎，《韓非子集解》，臺北：華正書局，1991 年。

王先謙，《荀子集解》，臺北：華正書局，1993 年。

王利器，《風俗通義校注》，臺北：明文書局，1982 年。

王利器，《鹽鐵論校注》，天津：天津古籍出版社，1983 年。

王國維，《觀堂集林》，臺北：世界書局，1964 年。

王肅注，《孔子家語》，臺北：世界書局，1967 年。

王毓榮，《荊楚歲時記校注》，臺北：文津出版社，1988 年。

王聘珍，《大戴禮記解詁》，北京：中華書局，1992 年。

王夢鷗，《禮記今註今譯》，臺北：臺灣商務印書館，1990 年。

王潔卿，《中國婚姻——婚俗、婚禮與婚律》，臺北：三民書局，1988 年。

司馬遷著，司馬貞索隱、張守節正義、裴駰集解，《史記三家注》，臺北：
　　　鼎文書局，1979 年。

史宗主編，劉彭譯，《二十世紀西方宗教人類學文選》，上海：上海三聯書
　　　店，1995 年。

史鳳儀，《中國古代的婚姻與家庭》，武漢：湖北人民出版社，1987 年。

弗雷澤（J. G. Frazer）著，汪培基譯，《金枝》（*The Golden Bough*），臺

北：久大、桂冠聯合出版，1991年。

甘肅文物考古研究所等編，《居延新簡》，北京：文物出版社，1990年。

甘肅文物考古研究所編，《秦漢簡牘論文集》，蘭州：甘肅人民出版社，1989年。

白川靜，《甲骨文的世界》，臺北：巨流圖書公司，1977年。

皮錫瑞，《駁五經異義疏證》，《續修四庫全書》，上海：上海古籍出版社，1995年。

石田秀實著，楊宇譯，《氣、流動的身體》，臺北：武陵出版社，1996年。

伊利亞德（Mircea Eliade）著，楊素娥譯，《聖與俗——宗教的本質》，臺北：桂冠圖書公司，2001年。

伊利亞德（Mircea Eliade）著，晏可佳、姚蓓琴譯，《神聖的存在——比較宗教的範型》，桂林：廣西師範大學出版社，2008年。

仲富蘭，《現代民俗流變》，上海：三聯書店，1990年。

朱駿聲，《說文通訓定聲》，臺北：藝文印書館，1975年。

任　聘，《中國民間禁忌》，臺北：漢欣文化事業公司，1993年。

列維‧布留爾（Levy Bruhl）著，丁由譯，《原始思維》，北京：商務印書館，1997年。

安居香山，中村璋八編，《重修緯書集成》，東京：明德出版社，1978年。

朱自清等編，《聞一多全集》，臺北：里仁書局，1996年。

朱曉海編，《新古典新義》，臺北：臺灣學生書局，2001年。

艾瑟‧哈婷著，蒙子、龍天、芝子譯，《月亮神話——女性的神話》，上海：文藝出版社，1992年。

佛洛伊德（Freud, Sigmund）著，楊庸一譯，《圖騰與禁忌》，臺北：志文出版社，1986年。

佛洛伊德（Freud, Sigmund）著，賴其萬，符傳孝同譯，《夢的解析》，臺北：志文出版社，1973年。

何　休，《左氏膏肓》，《叢書集成續編之十三》，《漢魏遺鈔》（五），上海：上海書店，1994年。

何雙全，〈天水放馬灘秦簡甲種《日書》考釋〉，甘肅文物考古研究所編，

《秦漢簡牘論文集》，蘭州：甘肅人民出版社，1989 年。

余嘉錫箋疏，《世說新語箋疏》，上海：上海古籍出版社，1993 年。

辛　鈃，《文子》，《四部備要本》，上海：中華書局，1936 年。

吳兆宜箋，《玉臺新詠箋注》，北京：中華書局，1985 年。

吳樹平，《東觀漢記校注》，河南：中州古籍出版社，1987 年。

宋兆麟，《中國生育、性、巫術》，臺北：漢忠出版社，1997 年。

宋鎮豪，《中國春秋戰國習俗史》，北京：人民出版社，1994 年。

宋鎮豪，《夏商社會生活史》，北京：中國社會科學院，1994 年。

李　昉，《太平御覽》，北京：中華書局，1960 年。

李　零，《中國方術考》，北京：人民中國出版社，1993 年。

李　零，《中國方術續考》，北京：東方出版社，2001 年。

李玄伯，《中國古代社會新研》，上海：開明書局，1948 年。

李百藥，《北齊書》，臺北：鼎文書局，1978 年。

李均明，何雙全編，《散見簡牘合輯》，北京：文物出版社，1990 年。

李祝驥、李永良、馬建華釋校，《敦煌漢簡釋文》，蘭州：甘肅人民出版
　　社，1991 年。

李宗侗，《左傳今註今譯》，臺北：臺灣商務印書館，1987 年。

李學勤，《新出青銅器研究》，北京：文物出版社，1990 年。

李學勤，《簡帛佚籍與學術史》，南昌：江西教育出版社，2001 年。

李豐楙，〈服飾、服食與巫俗傳統〉，《古典文學》第三集，臺北：臺灣學
　　生書局，1981 年。

李建民，《死生之域──周秦漢脈學之源流》，臺北：中央研究院歷史言研
　　究所，2000 年。

杜　佑，《通典》，北京：中華書局，1984 年。

杜正勝，《編戶齊民──傳統政治社會結構之形成》，臺北：聯經出版公
　　司，1990 年。

沈　約，《宋書》，臺北：鼎文書局，1979 年。

沈欽韓，《春秋左氏傳補注》，《百部叢書集成》，臺北：藝文印書館，
　　1966 年。

汪繼培，《潛夫論箋》，臺北：漢京文化公司，1984 年。

邢　昺，《論語注疏》，臺北：藝文印書館，2001 年。

邢　昺，《爾雅注疏》，臺北：藝文印書館，2001 年。

邢義田，《秦漢史論稿》，臺北：東大圖書公司，1987 年。

周冠文、陳信傳、張文材譯，《數書九章今譯及研究》，貴陽：貴州教育出版社，1993 年。

周策縱，《古巫醫與六詩考》，臺北：聯經出版公司，1989 年。

周廣業，《意林注》，臺北：藝文印書館，1970 年。

杭辛齋著，《學易筆談‧卷三》收入嚴靈峰主編，《無求備齋‧易經集成‧137 冊》，臺北：成文出版社，1976 年。

房玄齡等撰，《晉書》，臺北：鼎文書局，1979 年。

林富士，《漢代的巫者》，臺北：稻香出版社，1988 年。

林素英，《古代祭禮中的政教觀：以《禮記》成書前為論》，臺北：文津出版社，1997 年。

林素英，《古代禮儀中的生死觀：以《禮記》為主的現代詮釋》，臺北：文津出版社，1997 年。

屈守元，《韓詩外傳箋疏》，成都：巴蜀出版社，1995 年。

屈萬里，〈尚書皋陶謨篇著成的時代考〉，《書傭論學集》，臺北：開明書店，1980 年。

河南省文物研究所，長江流域規劃辦公室考古隊河南分隊，《淅川下寺春秋楚墓》，北京：文物出版社，1991 年。

邱宜文，《巫風與九歌》，臺北：文津出版社，1996 年。

長孫無忌，《唐律疏義》，臺北：臺灣商務印書館，1990 年。

韋　昭，《國語韋昭註》，臺北：藝文印書館，1974 年。

俞　樾，《士昏禮對席圖》，收於《皇清經解續編》，臺北：藝文印書館，1965 年，卷 1354。

威士特馬克（Edward Wester marck）著，王亞南譯，《人類婚姻史》，上海：文藝出版社，1988 年。

段玉裁，《說文解字注》，臺北：天工書局，1987 年。

段成式，《酉陽雜俎》，臺北：源流文化事業公司，1982年。

洪亮吉，《更生齋集》，臺北：臺灣中華書局，1971年。

胡自逢，《金文釋例》，臺北：文史哲出版社，1974年。

胡厚宣，《甲骨學商史論叢》初集，上海：上海書店，1989年。

胡培翬，《儀禮正義》，揚州：江蘇古籍出版社，1993年。

范　曄，《後漢書》，臺北：鼎文書局，1978年。

凌迪知，《萬姓統譜》，臺北：臺灣商務印書館，1983年。

埃爾曼‧R 瑟維斯著，賀志維等譯，《人類學百年爭論》，昆明：雲南大學
　　出版社，1997年。

孫　奭，《孟子注疏》，臺北：藝文印書館，2001年。

孫作雲，《詩經與周代社會研究》，北京：中華書局，1966年。

孫希旦，《禮記集解》，臺北：文史哲出版社，1982年。

孫詒讓，《周禮正義》，北京：中華書局，1987年。

孫詒讓，《墨子閒詁》，臺北：藝文書局，1981年。

徐　彥，《春秋公羊傳注疏》，臺北：藝文印書館，2001年。

馬之驌，《中國的婚俗》，臺北：經世書局，1981年。

馬承源主編，《商周青銅器銘文選》三，北京：文物出版社，1988年。

徐復觀，《兩漢思想史》，臺北：臺灣學生書局，1990年。

晁福林，《先秦民俗史》，上海：上海人民出版社，2001年。

浦起龍，《史通通釋》，臺北：里仁書局，1980年。

班固著，顏師古注，《漢書》，臺北：鼎文書局，1979年。

翁玲玲，《麻油雞之外：婦女作月子的種種情事》，臺北：稻香出版社，
　　1994年。

秦嘉謨輯補，《世本》，《四庫未收書輯刊》第十四冊，北京：北京出版
　　社，2000年。

馬繼興，《神農本草經輯注》，北京：人民衛生出版社，1995年。

馬繼興，《馬王堆古醫書考釋》，長沙：湖南科學技術出版社，1992年。

馬　總，《意林》，《四庫叢刊正編》，臺北：臺灣商務印書館，1979年。

高　承，《事物紀原》，《文淵閣四庫全書》，臺北：臺灣商務印書館，

1982 年，子部 226。

高羅佩（Gulik, Robert Hans Van）著，李零、郭曉惠等譯，《中國古代房內考》，上海：人民出版社，1990 年。

崔　寔，《四民月令》，《歲時習俗資料彙編》（一），臺北：藝文印書館，1970 年。

張光直，《中國青銅時代》，臺北：聯經出版公司，1994 年。

張光直，《中國青銅時代》第二集，臺北：聯經出版公司，1983 年。

張光裕，《儀禮士昏禮士相見之禮儀節研究》，臺北：臺灣中華書局，1986 年。

張廷玉等撰，《明史》，臺北：鼎文書局，1980 年。

張家二四七號漢墓竹簡整理小組編，《張家山漢墓竹簡》，北京：文物出版社，2001 年。

張雙棣，《淮南子校釋》，北京：北京大學出版社，1997 年。

梁方仲編，《中國歷代戶口、田地、田賦統計》，上海：人民出版社，1980 年。

梁端校注，《列女傳》，臺北：臺灣中華書局，1981 年。

脫　脫，《宋史》，臺北：鼎文書局，1980 年。

清史稿校註編纂小組，《清史稿校註》，臺北：國史館，1986 年。

許倬雲，《求古編》，臺北：聯經出版公司，1989 年。

連雲港博物館，《尹灣漢墓簡牘》，北京：中華書局，1997 年。

連雲港博物館，中國文物研究所編，《尹灣漢墓簡牘綜論》，北京：科學出版社，1999 年。

郭沫若，《中國古代社會研究》，北京：人民出版社，1954 年。

郭沫若，《兩周金文辭大系圖錄考釋》，考釋部份，東京：文求堂書店，1935 年。

郭沫若，《金文叢考》，東京：文求堂書店，1932 年。

郭沫若，《詛楚文考釋》收於《中國西北文獻叢書》，蘭州古籍書店影印出版，1990 年，第 7 輯《西北考古文獻》第 1 卷。

郭慶藩編，《莊子集釋》，臺北：木鐸出版社，1988 年。

陳　立，《公羊義疏》，臺北：鼎文書局，1973 年。

陳　立，《白虎通疏證》，北京：中華書局，1997 年。

陳　奐，《詩毛氏傳疏》，臺北：廣文書局，1979 年。

陳　槃，《不見于春秋大事表之春秋方國》，臺北：中央研究院歷史語言研究所，1970 年。

陳　槃，《春秋大事表列國爵姓及存滅表譔異》，《中央研究院歷史語言研究所專刊之五十二》，臺北：中央研究院歷史語言研究所，1969 年。

陳　鵬，《中國婚姻史稿》，北京：中華書局，1990 年。

陳　壽，《三國志》，臺北：鼎文書局，1978 年。

陳奇猷，《呂氏春秋校釋》，臺北：華正書局，1985 年。

陳東原，《中國婦女生活史》，上海：上海文藝出版社，1990 年。

陳瑞庚，《士昏禮服飾考》，臺北：臺灣中華書局，1986 年。

陳寅恪，《陳寅恪史學論文選集》，上海：上海古籍出版社，1992 年。

陳筱芳，《春秋婚姻禮俗與社會倫理》，成都：巴蜀書社，2000 年。

陳壽祺，《五經異義疏證》，《續修四庫全書》，上海：上海古籍出版社，1994 年，經部 171。

陳夢家，《卜辭綜述》，未註明出版地、年。

陳顧遠，《中國古代婚姻史》，臺北：臺灣商務印書館，1964 年。

葉國良、李隆獻、彭美玲著，《漢族成年禮及其相關問題研究》，臺北：大安出版社，2004 年。

葉舒憲，《高唐神女與維納斯》，北京：中國社會科學，1997 年。

陶陽、牟鐘秀，《中國創世神話》，臺北：東華書局，1990 年。

勞　榦，《居延漢簡》考釋之部，臺北：中央研究院歷史語言研究所，1986 年。

彭　衛，《漢代婚姻形態》，西安：三秦出版社，1988 年。

彭美玲，《古代禮俗左右之辨研究——以三禮為中心》，臺北：文津出版社，1997 年。

游國恩，《天問纂義》，臺北：洪葉文化公司，1993 年。

湖北省文物考古研究所編著，《江陵九店東周墓》，北京：科學出版社，

1995 年。

湖北省荊州市周梁玉橋遺址博物館編，《關沮秦漢墓簡牘》，北京：中華書局，2000 年。

程　頤，《河南程氏經說》，《二程集》，臺北：里仁書局，1982 年。

黃　暉，《論衡校釋》，北京：中華書局，1996 年。

黃以周，《禮說略》，《皇清經解續編》，臺北：藝文印書館，1965 年。

詹鄞鑫，《神靈與祭祀——中國傳統宗教綜論》，南京：江蘇古籍出版社，2000 年。

楊　寬，《古史新探》，出版地、年，不詳。

楊士勛，《春秋穀梁傳注疏》，臺北：藝文印書館，2001 年。

楊伯峻，《春秋左傳注》，臺北：洪葉文化事業公司，1993 年。

楊東純、馬雍、馬巨譯、摩爾根（Morgan Lewis Henry）著，《古代社會》，北京：商務印書館，1997 年。

楊樹達，《漢代婚喪禮俗考》，臺北：華世出版社，1976 年。

楊樹達，《積微居金文說》，北京：中華書局，1997 年。

楊　寬，《西周史》，臺北：臺灣商務印書館，1999 年。

萬斯大，《儀禮商》，《文淵閣四庫全書》，臺北：臺灣商務印書館，1983 年。

萬斯大，《禮記偶箋》，《百部叢書集成》，臺北：藝文印書館，1966 年。

葉舒憲，《中國古代神秘數字》，北京：社會科學文獻出版社，1998 年。

董　說，《七國考》，臺北：藝文印書館，1966 年。

董作賓，《中國年曆簡譜》，臺北：藝文印書館，1974 年。

董家遵著，卞恩才整理，《中國古代婚姻史研究》，廣州：廣東人民出版社，1995 年。

賈　誼，《新書》，《百部叢書集成・抱經堂叢書》，臺北：藝文印書館，1966 年。

賈公彥，《周禮注疏》，臺北：藝文印書館，2001 年。

賈公彥，《儀禮注疏》，臺北：藝文印書館，2001 年。

睡虎地秦墓竹簡整理小組，《睡虎地秦墓竹簡》，臺北：里仁書局，1981

年。

管　仲，《管子》，臺北：臺灣中華書局，1978年。

齊思和，《中國史探研》，臺北：文海出版社，1985年。

褚寅亮，《儀禮管見》，《百部叢書集成・粵雅堂叢書》，臺北：藝文印書館，1966年。

趙　翼，《廿二史劄記》，臺北：華世出版社，1977年。

趙　翼，《陔餘叢考》，京都：中文出版社，1979年。

趙光賢，《古史考辨》，北平：師範大學，1987年。

趙國華，《生殖崇拜文化論》，北京：中國社會科學出版社，1991年。

劉　向，《說苑》，臺北：臺灣中華書局，1965年。

劉　向，《戰國策》，臺北：里仁書局，1980年。

劉　敞，《春秋權衡》，《通志堂經解》，臺北：漢京文化事業公司，出版年不詳，春秋類19。

劉　熙，《釋名》，《百部叢書集成之八四》，小學彙函，臺北：藝文印書館，1966年。

劉　昫等，《舊唐書》，臺北：鼎文書局，1979年。

劉文典，《淮南鴻烈集解》，北京：中華書局，1989年。

劉師培，《劉申叔遺書》，南京：江蘇古籍出版社，1997年。

劉壽曾，〈昏禮重別論對駁議〉，《皇清經解續編》，臺北：藝文印書館，1965年，第20冊，卷1424。

劉增貴，《漢代婚姻制度》，臺北：華世出版社，1970年。

劉增貴主編，《法制與禮俗》，臺北：中研院史語所，2002年。

劉德漢，《東周婦女生活》，臺北：臺灣學生書局，1976年。

劉樂賢，《睡虎地秦簡日書研究》，臺北：文津出版社，1994年。

歐陽詢等撰，《藝文類聚》，臺北：文光出版社，1977年。

蔡　邕，《獨斷》，《叢書集成簡編》，臺北：臺灣商務印書館，1965年。

衛　宏，《漢舊儀》，《叢書集成簡編》，臺北：臺灣商務印書館，1965年。

鄭　玄，《箴膏肓》，《叢書集成續編之十三》，《漢魏遺鈔》（五），上

海：上海書店，1994 年。

鄭　玄，《鍼左氏膏肓》，《黃氏逸書考》，臺北：藝文印書館，1971 年。

鄭　玄，阮諶合著，《三禮圖》，《漢魏遺書鈔》，臺北：藝文印書館，
　　1970 年。

鄭　珍，《儀禮私箋》，《皇清經解續編》，臺北：漢京文化公司，出版年
　　不詳。

鄭　樵，《通志》，北京：中華書局，1990 年。

鄭偉志，《唐前婚姻》，上海：上海文藝出版社，1988 年。

黎靖德編，《朱子語類》，京都：中文出版社，1984 年。

蕭大亨，《夷俗記》，百部叢書集成第 18 輯，臺北：藝文印書館，1966 年。

蕭子顯，《南齊書》，臺北：鼎文書局，1978 年。

蕭統編，李善注，《文選》，臺北：五南出版社，1991 年。

諾伊曼（Erich　Neumann）著，李以洪譯，《大母神》，臺北：東方出版社，
　　1998 年。

錢　穆，《兩漢經學今古文平議》，臺北：東大圖書公司，1983 年。

錢　穆，《錢賓四先生全集》（八），臺北：聯經出版公司，1998 年。

錢　玄，《三禮通論》，南京：南京師大學出版社，1996 年。

應　劭，《風俗通姓氏篇》，百部叢書集成 50 輯，臺北：藝文印書館，1966
　　年。

戴　震，《方言疏證》，臺北：藝文印書館，1971 年。

韓　鄂，《歲華紀麗》，臺北：藝文書局，1970 年。

瞿同祖，《中國法律與中國社會》，臺北：里仁書局，1984 年。

瞿曇悉達，《唐開元占經》，北京：中國書店，1989 年。

藍吉富、劉增貴共同主編，《敬天與親人》，臺北：聯經出版公司，1983
　　年。

魏　徵，《隋書》，臺北：鼎文書局，1979 年。

羅　泌，《路史》，臺北：臺灣中華書局，1965 年。

羅彤華，《漢代的流民問題》，臺北：臺灣學生書局，1989 年。

瀧川龜太郎，《史記會註考證》，臺北：洪氏出版社，1983 年。

嚴可均校輯，《全上古三代秦漢三國六朝文・全後漢文》，京都：中文出版
　　社，1981 年。

竇　儀，《刑統》，北京：文物出版社，1982 年。

鐘肇鵬，《春秋繁露校釋》，濟南：山東友誼出版社，1994 年。

蘇　輿，《春秋繁露義證》，北京：中華書局，1996 年。

蘇　輿，《春秋繁露注》，臺北：世界書局，1970 年。

顧炎武，《日知錄》，臺北：明倫出版社，1970 年。

顧棟高，《春秋大事表》，臺北：鼎文書局，1974 年。

顧頡剛，《史林雜識》初編，出版年、地均不詳。

顧頡剛編著，《孟姜女故事研究集》，臺北：漢京文化公司，1985 年。

顧頡剛，〈蘇粵的婚喪〉，《中山大學民俗叢書》二十一，臺北：東方文
　　化，1970 年。

酈道元注，楊守敬、熊會貞疏，《水經注疏》，南京：江蘇古籍出版社，
　　1989 年。

《三輔黃圖》，《經訓堂叢書第三函》，臺北：藝文印書館，1966 年。

《列子》，臺北：臺灣中華書局，1979 年。

《清明集》，臺北：大化書局，1990 年。

《黃帝四經》，臺北：天工出版社，1982 年。

J.B.Henderson, *The Development And Decline Of Chinese Cosmology*, Columbia,
　　1984.

Mary Douglas, "Purity and Danger: an analysis of the concepts of pollutions and
　　taboo" London, routledge, 1966.

Victor Turner & Edith Turner, "image and pilgrimage in Christian Culture-
　　Anthropological Perspectives." Columbia University Press, 1978.

二、博碩士論文（按作者姓氏筆劃排序）

方炫琛，《左傳人物名號研究》，臺北：政治大學中國文學研究所博士論
　　文，1983 年。

林聖傑，《春秋媵器銘文彙考》，臺北：文化大學中國文學系碩士論文，

1996 年。

楊儒賓，《中國古代天人鬼神交通之四種類型及其意義》，臺北：臺灣大學
　　中國文學系博士論文，1987 年。

劉增貴，《漢代豪族研究——豪族的士族化與官僚化》，臺北：臺灣大學歷
　　史研究所博士論文，1984 年。

曾美雲，《六朝女教問題研究——以才性、南北、妒教為中心》，臺灣大學
　　中國文學研究所博士論文，2001 年。

羅素芬，《西漢儒生傳講經義份特質溯源初探》，新竹：清華大學中國文學
　　系碩士論文，2002 年。

三、單篇論文（按作者姓氏筆劃排序）

方炫琛，〈說姓氏〉，《中華學苑》，48 期，1996 年 7 月。

王　政，〈腿、腳、鞋——生殖民俗的典型符號〉，《民間文學論壇》，第 3
　　期（總第 32 期），1998 年 5 月。

王明珂，〈女人、不潔與村寨認同：岷江上游的毒藥貓故事〉，《中央研究
　　院歷史語言研究所集刊》，第 70 本第 3 分，1999 年 9 月。

成家徹郎，〈中國古代的占星術和古星盤〉，《文博》，第 3 期（總第 42
　　期），1991 年 6 月。

朱曉海，〈自東漢中葉以降某些冷門詠物賦作論彼時審美觀的異動〉，《中
　　國文哲研究集刊》，第 12 期，1998 年 3 月。

朱曉海，〈漢賦漢俗互注示例並推論〉，《清華學報》，新 30 卷 2 期，2000
　　年 6 月。

朱曉海，〈漢賦男女交際場景中兩性關係鉤沈小記〉，《文史哲學報》，第
　　55 期，2001 年 11 月。

朱曉海，〈論劉向《列女傳》的婚姻觀〉，《新史學》，2007 年 3 月。

衣若蘭，〈《後漢書》的書寫女性：兼論傳統中國女性史之建構〉，《暨大
　　學報》，第 4 卷第 1 期，2000 年 3 月。

牟潤孫，〈春秋時代母系遺俗公羊證義〉，《新亞學報》，第 1 卷第 1 期，
　　1955 年 8 月。

利奇（E.R. Leach）著，〈關於時間的象徵表示〉收於《二十世紀西方宗教人類學文選》，上海：上海三聯書店，1995 年。

呂友仁，〈說共牢而食〉，《孔孟月刊》，35 卷 8 期，1997 年 4 月。

李仲操，〈兩周金文中的婦女稱謂〉，《古文字研究》，第 18 輯，北京：中華書局，1992 年。

李建民，〈「婦人媚道」考——傳統家庭的衝突與化解方術〉，《新史學》，7 卷 4 期，1996 年 12 月。

李建民，〈任脈索隱〉，《氣的文化研究：文化、氣與傳統醫學學術研討會論文》，臺北：中央研究院民族研究所主辦，2000 年 10 月。

李建民，〈馬王堆漢墓帛書「禹藏埋胞圖」箋證〉，《中研院史語所集刊》，第 65 本第 4 份，1994 年 12 月。

李貞德，〈漢唐之間求子醫方試探——兼論婦科濫觴與性別論述〉，《中央研究院歷史語言研究所》，62 卷 8 期，1997 年 6 月。

李貞德，〈漢隋之間的「生子不舉」的問題〉，《中央研究院歷史語言研究所集刊》，第 66 本第 3 分，1995 年 9 月。

李隆獻，〈兩漢復仇風氣與《公羊》復仇理論關係重探〉，《臺大中文學報》，第 27 期，2007 年 12 月。

李家浩，〈睡虎地秦簡《日書》「楚除」的性質及其他〉，《中央研究院歷史語言研究所集刊》，第 70 本第 4 分，1999 年 12 月。

李荊林，〈半坡姜寨遺址人面魚紋新考〉，《江漢考古》，第 3 期（總第 32 期），1989 年 6 月。

李解民，〈《尹灣漢墓〈博局占〉木牘試解》訂補〉，《文物》，第 8 期（總第 531 期），2000 年 8 月。

李學勤，〈〈博局占〉的規矩紋〉，《文物》，第 1 期（總第 488 期），1997 年 1 月。

李學勤，〈睡虎地秦簡中的〈艮山圖〉〉，《文物天地》，第 4 期，1991 年 7 月。

李豐楙，〈服飾與禮儀：〈離騷〉的服飾中心說〉，《中國文哲研究所集刊》，第 14 期，1999 年 3 月。

李豐楙，〈由常入非常——中國節日慶典中的狂文化〉，《中外文學》22 卷
　　3 期，1993 年 8 月。

李豐楙，〈先秦變化神話的結構性意義———一個「常與非常」觀點的考
　　察〉，《中國文哲研究集刊》，4 期，1994 年 3 月。

李怡嚴，〈《公羊傳》「伯于陽」臆解〉，《清華學報》，30 卷 2 期，2000
　　年 6 月。

汪遵國，《良渚文化「玉斂葬」》述略〉，《文物》，第 2 期（總第 333
　　期），1984 年 2 月。

邢義田，〈月令與西漢政治——從尹灣集簿中的「以春令成戶」說起〉，
　　《新史學》，第 9 卷第 1 期，1998 年 3 月。

邢義田，〈從戰國至西漢的族居、族葬、世業論中國古代宗族社會的延
　　續〉，《新史學》6 卷 2 期，1998 年 6 月。

周　何，〈《左傳》先配而後祖辨〉，收於《潘重規教授七秩誕辰論文集》
　　臺北：師大國文系，1977 年。

周　何，〈春秋「親迎」禮辨〉，收於《慶祝瑞安林景伊先生六秩誕辰論文
　　集》，臺北：政大國文研究所，1969 年。

周南泉，《故宮博物院藏的幾件新石器時代飾紋玉器》，《文物》，第 10 期
　　（總第 341 期），1984 年 10 月。

季旭昇，〈周代試婚制度說的檢討〉，《中央日報》12 版，1981 年 10 月 31
　　日、11 月 1 日。

季旭昇，〈禮記〈曾子問〉「三月廟見」考辨〉，《中國學術年刊》，9 期，
　　1987 年 6 月。

尚民杰，〈雲夢日書星宿記日探討〉，《文博》，第 2 期（總第 23 期），
　　1988 年 4 月。

林富士，〈頭髮、疾病與醫療——以漢唐之間疾病為主的初步研究〉，《中
　　央研究院歷史語言研究所集刊》，第 17 本第 1 分，2000 年 3 月。

林素英，〈為「父」名、「母」名者服喪所凸顯的文化現象——以「儀禮·
　　喪服」為討論中心〉，《中國學術年刊》，1999 年 3 月。

林素娟，〈春秋戰國時期為君父復讎所涉之忠孝議題及相關經義探究〉，

《漢學研究》，第 24 期第 1 卷，2006 年 6 月。

林素娟，〈土地崇拜與豐產儀典的性質與演變──以先秦及禮書為論述核心〉，《清華學報》，39 卷第 4 期，2009 年 12 月。

林素娟，〈漢代復讎所凸顯的君臣關係及忠孝觀〉，《成大中文學報》，12 期，2005 年 7 月。

柳立言，〈宋代婦女的守節與再嫁〉，《新史學》，1991 年 12 月。

柳立言，〈宋代同居制度下的所謂共財〉，《中央研究院歷史語言研究所集刊》第 65 本，第 2 分，1994 年 6 月。

柳立言，〈從法律糾紛看宋代的父權家長制──父母舅姑與子女媳婿相爭〉，第 69 本，第 3 分，1998 年 9 月。

柳立言，〈是否只要「同財共居」便足以構成法律意義上的家庭？──回應羅彤華教授的答辯〉，《大陸雜誌》，102 卷 2 期，2001 年 2 月。

柳立言，〈讀者來函〉，《大陸雜誌》，101 卷 5 期，2000 年 11 月。

洪　業，〈再論臣瓚〉，《清華學報》，新 3 卷 1 期，1962 年 5 月。

洪金富，〈元代的收繼婚〉，收於《中國近世社會文化史論文集》，臺北：中央研究院歷史語言研究所會議論文集，1992 年。

胡新生，〈試論春秋時期貴族婚禮中的「三月廟見」儀式〉，《東岳論叢》，21 卷 4 期，2000 年 7 月。

凌純聲，〈中國古代神主與陰陽性器崇拜〉，《民族學研究集刊》，第 8 期，1959 年。

凌純聲，〈中國祖廟的起源〉，《民族學研究集刊》，第 7 期，1958 年。

特　納，〈模棱兩可：過關禮儀的閾限時期〉，收於《二十世紀西方宗教人類學文選》，上海：上海三聯書店，1995 年。

特納（Victor Turner）著，劉肖洵譯，〈朝聖：一個「類中介性」的儀式現象〉，《大陸雜誌》，第 66 卷第 2 期，1983 年 2 月。

袁　俐，〈宋代女性財產論述〉，收於《中國婦女史論集》續集，臺北：稻香出版社，1991 年。

張彬村，〈明清時期寡婦守節的風氣──理性選擇的問題〉，《新史學》，10 卷 2 期，1999 年 6 月。

張壽安，〈嫂叔無服？嫂叔有服？——「男女有別」觀念的鬆動〉，《十八世紀禮學考證的思想活力——禮教論爭與禮秩重省》，臺北：中研究近史所，2001 年。

曹定雲，〈周代金文中女子稱謂類型研究〉，《考古》，第 6 期（總第 381 期），1999 年 6 月。

盛冬鈴，〈西周銅器銘文中的人名及其對斷代的意義〉，《文史》，第 17 輯，1983 年 6 月。

許倬雲，〈漢代家庭的大小〉，收於《求古編》，臺北：聯經出版公司，1982 年。

陳　平，〈儀征胥浦《先令券書》續考〉，《考古與文物》，第 2 期（總第 70 期），1992 年 3 月。

陳　平，王勤金，〈儀征胥浦 101 號西漢墓《先令券書》初考〉，《文物》，第 1 期（總第 368 期），1987 年 1 月。

陳　雍，〈儀征胥浦 101 號西漢墓《先令券書》補釋〉，《文物》，第 10 期（總第 389 期），1988 年 10 月。

陳　寧，〈春秋時期大國爭霸對諸侯婚姻制度的影響〉，《河北師院學報》，第 4 期，1990 年 12 月。

陳　韻，〈論魏晉之拜時禮與三日禮〉，《淡江大學中文學報》，創刊號（1992 年 3 月）

陳昭容，〈周代婦女在祭祀中的性別、身份與角色研究〉，中研院史語所 2002 年第 7 次講論會。

陳昭容，〈從古文字材料談古代的盥洗用具及其相關問題——自淅川下寺春秋楚墓的青銅水器之名說起〉，《中央研究院歷史語言研究所集刊》，71 本 4 份，2000 年 12 月。

陳夢家，〈漢簡年曆表敘〉，《考古學報》，第 2 期（總第 36 期），1965 年 12 月。

陶晉生，〈北宋婦女的再嫁與改嫁〉，《新史學》，1995 年 9 月。

黃一農，〈嫁娶宜忌——選擇術中的「亥不行嫁」與「陰陽不將」考辨〉，收於《法制與禮俗》，臺北：中研院史語所，2002 年 6 月。

傅隸僕，〈中國有過試婚制度嗎〉，《中央日報》，12 版，1981 年 9 月 25、
　　26 日。

勞　榦，〈六博及博局的演變〉，《中央研究院歷史語言研究所集刊》第 35
　　本，1964 年。

彭　衛，〈論漢代的血族復仇〉《河南大學學報》，第 4 期，1986 年。

彭美玲，〈近代民間婚禮或不親迎問題之研究〉，《文史哲學報》，第 52
　　期，2000 年 6 月。

彭錦華，〈周家台 30 號秦墓「秦始皇三十四年曆譜」釋文與考釋〉，《文
　　物》第 6 期，總第 517 期，1999 年 6 月。

彭錦華，〈關沮秦漢墓清理簡報〉，《文物》第 6 期，總第 517 期，1999 年
　　6 月。

曾憲通，〈秦簡日書歲篇講疏〉，《雲夢秦簡日書研究》，香港：中文大
　　學，1982 年。

曾藍瑩，〈尹灣漢墓《博局占》木牘試解〉，《文物》，第 8 期（總第 399
　　期），1999 年 8 月。

楊巨中，〈《日書·星》釋義〉，《文博》，第 4 期（總第 25 期），1988 年
　　8 月。

楊劍虹，〈從《先令券書》看漢代有關遺產繼承問題〉，《武漢大學學
　　報》，3 期（總第 85 期），1988 年 5 月。

楊儒賓，〈吐生與厚德——土的原型象徵〉，《中國文哲研究集刊》，第 20
　　期，2002 年 3 月。

楊儒賓〈水與先秦諸子思想〉，《語文、情性、義理——中國文學的多層面
　　探討國際學術會議論文集》，臺灣大學中國文學系，1996 年。

楊聯陞，〈東漢的豪族〉，《清華學報》，11 卷 4 期，1936 年 10 月。

葉國良，〈冠笄之禮的演變與字說興衰的關係——兼論文體興衰的原因〉
　　《臺大中文學報》，第 12 期，2000 年 5 月。

葉國良，〈從名物制度之學看經典詮釋〉，《人文學報》，第 20、21 期合
　　刊，1999 年 12 月至 2000 年 6 月。

董家遵，〈我國收繼婚的沿革〉，收於《婦女風俗考》，上海：上海文藝出

版社，1991 年。

裘錫圭，〈殺首子解〉，《中國文化》，9 期，1994 年 2 月。

裘錫圭，〈關於商代的宗族組織與貴族和平民兩個階級的初步研究〉，《文史》，第 17 輯，1983 年 6 月。

雷從雲，〈戰國鐵器農具的考古發現及其意義〉，《考古》，第 3 期（總第 168 期），1980 年 5 月。

鄔玉堂，〈《墻有茨》與「昭伯烝於宣姜」無干——兼論收繼婚制〉，《齊齊哈爾師範學院學報》，第 5 期（總第 63 期），1989 年 9 月。

管東貴，〈中國古代的娣媵制與試婚制〉，收於《中央研究院國際漢學會議論文集》（民俗文化組），臺北：中央研究院，1981 年。

蒲慕州，〈睡虎地秦簡《日書》的世界〉，《中央研究院歷史語言研究所集刊》，第 62 本第 4 分，1993 年 4 月。

黎凱旋，〈周易談過試婚制度嗎？〉，《中央日報》12 版，1981 年 11 月 24、25 日。

劉云輝，〈仰韶文化「魚紋」「人面魚紋」內含二十說述評——兼論「人面魚紋」為巫師面具形象說〉，《文博》，總第 37 期，1990 年 8 月。

劉靜貞，〈私情？公義？孟姜女故事流轉探析〉，欲掩彌彰——中國歷史文化中的「私」與「情」國際學術研討會論文，臺北：漢學研究中心，2001 年 8 月。

劉靜貞，〈劉向《列女傳》的性別意識〉，《東吳歷史學報》，第五期，2001 年。

劉信芳，〈秦簡中的楚國《日書》試析〉，《文博》，第 4 期（總第 49 期），1992 年 8 月。

劉啟益，〈西周金文所見周王后妃〉《考古與文物》，第 4 期（總第 4 期），1980 年 12 月。

劉詠聰，〈漢代之婦人災異論〉，收於《中國婦女史論集》4 集，臺北：稻鄉出版社，1995 年。

劉增貴，〈門戶與中國古代社會〉，《中央研究院歷史語言研究所集刊》第 68 本第 4 分，1997 年 12 月。

劉增貴，〈秦簡《日書》中的出行禮俗與信仰〉，《中央研究院歷史語言研究所集刊》，第 72 本第 3 分，2001 年 9 月。

劉增貴，〈漢代婦女的名字〉，《新史學》，第 7 卷第 4 期，1996 年 12 月。

劉樂賢，〈九店楚簡日書研究〉，《華學》第 2 輯，廣州：中山大學出版社，1996 年 12 月。

劉樂賢，〈九店楚簡日書補釋〉，《簡帛研究》第 3 輯，南寧：廣西教育出版社，1998 年。

劉樂賢，〈睡虎地秦簡《日書》「反支篇」及其相關問題〉，《簡帛研究》，第 1 輯，北京：法律出版社，1993 年。

魯實先，《卜辭姓氏通釋》之一，《東海學報》，1 卷 1 期，1959 年 8 月。

閻雲翔，〈傳統中國社會的叔嫂收繼婚——兼及家與族的關係〉，《九州學報》，5 卷 1 期，1992 年 7 月。

羅彤華，〈「同居」再論——兼答柳教授是否「同居」即家庭之疑問〉，《大陸雜誌》102 卷 2 期，2001 年 2 月。

羅彤華，〈「同居」析論——唐代家庭共財性質之探討〉，《大陸雜誌》100 卷 6 期，2000 年 6 月。

羅彤華，〈敬覆柳教授質疑〉，《大陸雜誌》101 卷 5 期，2000 年 11 月。

羅彤華，〈漢代分家原因初探〉，《漢學研究》，11 卷 1 期，1993 年 6 月。

饒宗頤，〈由《尚書》「余弗子」論殷代為婦子卜命名之禮俗〉，《古文字研究》16 輯，出版地同上，1989 年。

顧頡剛，〈由烝、報等婚姻方式看社會制度的變遷〉（上，下），分見於《文史》，14、15 輯，1982 年 7 月、9 月。

國家圖書館出版品預行編目資料

神聖的教化——
先秦兩漢婚姻禮俗中的宇宙觀、倫理觀與政教論述
林素娟著. – 初版. – 臺北市：臺灣學生，2011.06
面；公分
參考書目：面

ISBN 978-957-15-1483-3 (平裝)

1. 婚姻制度 2. 婚姻倫理 3. 婚姻社會學 4. 秦漢史

544.3092   98024650

神聖的教化——
先秦兩漢婚姻禮俗中的宇宙觀、倫理觀與政教論述

著　作　者：林　　　素　　　娟
出　版　者：臺 灣 學 生 書 局 有 限 公 司
發　行　人：楊　　　雲　　　龍
發　行　所：臺 灣 學 生 書 局 有 限 公 司
　　　　　　臺北市和平東路一段七十五巷十一號
　　　　　　郵 政 劃 撥 帳 號 ： 0 0 0 2 4 6 6 8
　　　　　　電　話 ： (0 2) 2 3 9 2 8 1 8 5
　　　　　　傳　眞 ： (0 2) 2 3 9 2 8 1 0 5
　　　　　　E-mail：student.book@msa.hinet.net
　　　　　　http：//www.studentbooks.com.tw

本 書 局 登
記 證 字 號：行政院新聞局局版北市業字第玖捌壹號

印　刷　所：長 欣 印 刷 企 業 社
　　　　　　中 和 市 永 和 路 三 六 三 巷 四 二 號
　　　　　　電　話 ： (0 2) 2 2 2 6 8 8 5 3

定價：平裝新臺幣八○○元

西 元 二 ○ 一 一 年 六 月 初 版